Gossweiler

Kapital, Reichswehr und NSDAP

Kurt Gossweiler

Kapital, Reichswehr und NSDAP

Zur Frühgeschichte des deutschen Faschismus 1919 – 1924

PapyRossa Verlag

Editorische Vorbemerkung

Das vorliegende Buch ist ein Reprint der Ausgabe des Akademie-Verlags Berlin/DDR von 1982, die im selben Jahr auch im Kölner Pahl-Rugenstein Verlag erschienen ist. Alleine schon die Fülle an empirischem Material, das Kurt Gossweiler erschlossen hat, rechtfertigt diese Neuausgabe. Mag auch die eine oder andere Formulierung heute nicht mehr als aktuell erscheinen, so mindert dies in keiner Hinsicht die wissenschaftliche Leistung des Autors. Seine Forschungsergebnisse sind von bleibendem Wert und können jede seriöse Beschäftigung mit dem Thema bis heute nur befruchten. Aus diesem Grund haben wir uns entschlossen, dieses Werk so gut wie unverändert neu herauszubringen.

PapyRossa Verlag

Luxemburger Str. 202, D–50937 Köln
Tel.: +49 (0) 221 – 44 85 45
Fax: +49 (0) 221 – 44 43 05
E-Mail: mail@papyrossa.de
Internet: www.papyrossa.de

Coverfoto: Erstausgabe des Buches von 1982
Umschlag: Willi Hölzel, luxsiebenzwoplus
Druck: Interpress

Die Deutsche Bibliothek verzeichnet diese Publikation in der Deutschen Nationalbibliografie; detaillierte bibliografische Daten sind im Internet über http: / / dnb.ddb.de abrufbar

ISBN 978-3-89438-455-5

»Vielleicht steht eines Tages ein großer Scharlatan – ein politischer Schuft, Possenreißer, Lügner, Propagandaredner oder in anderer Hinsicht dem Volke genehm – auf, der dennoch ein Staatsmann ist – die Kombination ist nicht unmöglich – und der durch die volkstümlichen Maßnahmen erhaltene Macht für nationale Ziele einsetzt. Das ist eine geringe Aussicht, aber ich sehe keine andere.«

Viscount Alfred Milner,
englischer Staatsmann
im Jahre 1905

»Hier sieht man, wie die Bourgeoisie bewußt nach Formen des Faschismus suchte, lange bevor der Faschismus existierte … Der Faschismus tritt nicht ins Leben, weil ein ›Führer‹ aufsteht. Im Gegenteil, weil die Bourgeoisie den Faschismus braucht, wird ein ›Führer‹ aus dem vorgefundenen Material geschaffen.«

Rajani Palme Dutt
englischer Arbeiterführer,
1934 zu Viscount Milners
Ausspruch

Inhalt

Vorwort

Für marxistische Historiker war die Erforschung des Faschismus und seiner Geschichte zu keiner Zeit eine rückwärtsgewandte Untersuchung vergangener Erscheinungen und Ereignisse, sondern stets ein Beitrag zum aktuellen Kampf der Werktätigen und aller Demokraten gegen diesen Todfeind des Fortschritts der Menschheit. Das gilt auch heute noch, ja, es gilt gerade heute, angesichts des bestialischen Wütens faschistischer Diktaturen in verschiedenen Teilen der noch vom Imperialismus beherrschten Welt und angesichts des immer dreisteren und blutigeren Auftretens des Neofaschismus in Westeuropa, insbesondere in Italien und der BRD.

Sowohl die wachsende Aktivität des Neofaschismus als auch die Auseinandersetzung zwischen marxistischer und bürgerlicher Forschung und Publizistik über das Wesen des Faschismus im letzten Jahrzehnt hat die Frage nach den Ursprüngen des Faschismus, nach der sozialen Schicht oder Klasse, die ihn hervorgebracht hat, in den Vordergrund gerückt. Dieser Umstand veranlaßte mich, von meiner ursprünglichen Absicht abzugehen, eine seit langem als Dissertation vorliegende Arbeit über die sogenannte Röhm-Affäre zum Druck vorzubereiten, und mich statt dessen den Anfängen des deutschen Faschismus zuzuwenden.

Hauptgegenstand der Untersuchung ist deshalb der klassenmäßige Ursprung und Charakter des deutschen Faschismus, die Beziehung der herrschenden Klasse Deutschlands zum Faschismus in Gestalt der NSDAP. Die Geschichte dieser Partei in den Jahren 1919 bis 1924 wird dabei nur in dem Umfange geschildert werden, wie dies zur Aufhellung dieser Beziehungen als notwendig erscheint.

Eine Arbeit über die Anfangsjahre des deutschen Faschismus berührt aber noch eine ganze Anzahl weiterer Probleme, von denen nur einige genannt seien.

Da ist zunächst die Frage nach den Entstehungs- und Entwicklungsbedingungen des Faschismus im allgemeinen, des deutschen im besonderen; sodann die Frage nach den Tendenzen und Elementen, aus denen der Faschismus hervorging; schließlich die Frage nach Besonderheiten der Herausbildungs- und Frühphase des Faschismus. Diesen Problemen sind die ersten beiden Kapitel gewidmet.

Ein weiteres Anliegen der Arbeit besteht in der Untersuchung und Darstellung des Zusammenhanges zwischen dem Treiben der reaktionären und faschistischen Kräfte in Bayern mit den antirepublikanischen Umtrieben und Verschwörungen der Rechtskräfte in den übrigen Teilen des Reiches, besonders in Norddeutschland.

Schließlich liegt es in der Absicht des Verfassers, mit dieser Arbeit einen Beitrag zur Beantwortung jener Frage zu leisten, die uns sowohl von unseren ausländischen Freunden wie von unserer eigenen Jugend immer wieder gestellt wird, die Frage nämlich, wie es geschehen konnte, daß diese Partei – die NSDAP –, und dieser Mann – Hitler – an die Macht gelangen konnten; wie es möglich war, daß sich die Mehrheit des deutschen Volkes nahezu widerstandslos auf einen Weg grauenhaftester, unaussprechlicher Verbrechen und wahnwitzigster Tollheit führen ließ und diesen Weg bis zum infernalischen Ende mitging.

Im Westen werden diese berechtigten und richtig gestellten Fragen verdrängt und durch eine einzige, vorsätzlich und berechnend falsch gestellte Frage ersetzt, die lautet: Wie konnte dies alles *Hitler* gelingen? Diese Fragestellung läßt erst gar nicht den Gedanken aufkommen, daß es außer Hitler noch andere, den Gang der Geschichte maßgeblicher beeinflussende Kräfte gegeben haben könnte, sondern lenkt das Interesse suggestiv auf einen einzigen Punkt: Hitler. Mit gewaltigem Getöse und einer Flut von Büchern, Artikeln, Filmen, Rundfunksendungen usw. wurde eine »Hitlerwelle« inszeniert und hochgepeitscht, auch mit dem Ziel, die Hitlerlegende in alle Köpfe zu pflanzen, damit dort ein anderes Geschichtsbild keinen Platz mehr finden kann.[1] An die Stelle der rationalen und unbestreitbaren Feststellung, daß das faschistische Deutschland das Zentrum der aggressiven, kriegstreiberischen Kräfte in Europa war, setzt die Hitlerlegende die unsinnige, auf den Bildungsstand von Primitiven spekulierende Behauptung, Hitler sei »während eines Jahrzehnts Bewegungszentrum der Welt«[2] gewesen.

Die Entblätterung und Zerstörung der bürgerlichen Legende von Hitler als dem großen, dämonischen, unwiderstehlichen Alleinherrscher und Alleintäter gehört zu den vordringlichen Aufgaben der marxistischen Geschichtsschreibung. Doch kann sie diese nur dann lösen, wenn sie die Frage: Wie konnte es geschehen? nicht allein prinzipiell und im Großen und Ganzen beantwortet, – das hat sie bereits seit langem geleistet – sondern auch im Konkreten und Einzelnen. Dazu gehört natürlich, daß wir nicht nur die Unhaltbarkeit der bürgerlichen Hitlerlegende nachweisen, sondern uns darum bemühen, ein realistisches Bild der tatsächlichen Rolle Hitlers und der übrigen Nazi-

1 Zur neuesten bürgerlichen Faschismusliteratur, ihren Zielen und Tendenzen siehe: *Gerhard Lozek/Rolf Richter*, Legende oder Rechtfertigung? Zur Kritik der Faschismustheorien in der bürgerlichen Geschichtsschreibung, Berlin 1979.

2 So *Fest* in seiner einen ersten Höhepunkt der sogenannten »Hitlerwelle« markierenden Hitlerbiographie; *Joachim C. Fest*, Hitler. Eine Biographie, Frankfurt/M./(West)-Berlin/Wien 1973, S. 18.

führer zu entwerfen. Ein solches Bild muß erst erarbeitet werden. Wie es im Einzelnen beschaffen sein wird, ob es noch jenem Bild ähnlich sein kann, das Erich Weinert seinerzeit zu den Zeilen[3] veranlaßte:

»Später einmal unsere Kinder
Sehn ihn im Panoptikum.
Um den ausgestopften Schinder
Stehn sie dann verwundert rum.
Und sie werden von euch sagen:
Alles könnte man verstehn,
Was das Volk in frühern Tagen
An Gestalten schon ertragen …
Aber ausgerechnet den?«,

darüber gibt es durchaus unterschiedliche Ansichten. Übereinstimmung herrscht jedoch darüber, daß dieses Bild, soll es historisch wahr sein, die Hitler und Konsorten weder zu klein, etwa nur als Marionetten, die an den Drähten der Monopolbourgeoisie zappelten, noch zu groß, z. B. als »Herrscher über Reiche und Arme«[4], zeichnen darf.

So klar und eindeutig die Aufgabe ist, so schwer ist ihre Lösung. Das hat verschiedene Ursachen. Die erste liegt darin, daß es sich um ein sehr komplexes Problem handelt; denn in Wahrheit geht es dabei – vor allem für die Zeit ab 1933 – um die Aufdeckung der vielgestaltigen staatsmonopolistischen Mechanismen, mit deren Hilfe Ökonomie in Politik transponiert wurde, oder, um es konkreter, auf den Gegenstand bezogen auszudrücken: es geht darum, wie Hitler und seine Bande zu Funktionären des Monopolkapitals wurden, und um die spezifische Art und Weise, wie sie diese Funktion unter den gegebenen Bedingungen, zu denen auch, – wenngleich bei weitem nicht an erster Stelle –, ihre persönlichen Fähigkeiten und Charaktereigenschaften zu zählen sind, ausfüllten.

Die zweite Schwierigkeit hat mit der Quellenlage zu tun. Wichtige, für die Rekonstruktion der entscheidenden Vorgänge unentbehrliche Dokumente sind entweder untergegangen bzw. vernichtet worden, andere, in den Konzernarchiven lagernde nicht minder wichtige Akten sind der marxistischen Forschung nicht zugänglich.[5] Die

---

3 Entnommen aus: Erich Weinert erzählt. Berichte und Bilder aus seinem Leben, hg. von Rudolf Engel, Berlin 1955, S. 65.

4 Siehe *George W. F. Hallgarten*, Hitler, Reichswehr und Industrie. Zur Geschichte der Jahre 1918-1933, 2. Aufl., Frankfurt/M. 1955, S. 119.

5 Auf einen Antrag vom 11. Dezember 1973 um Genehmigung der Archivbenutzung durch den Verfasser hielt es die Leitung des Historischen Archives der Gutehoffnungshütte in Oberhausen (Reusch-Archiv) für opportun, überhaupt nicht zu reagieren. Etwas besser erging es dem DDR-Historiker Joachim Petzold. Ihm wurde auf seinen Antrag hin von der Leitung desselben Archivs wenigstens mitgeteilt, daß man sich nicht in der Lage sähe, ihm das Historische Archiv zu öffnen,

bürgerliche Geschichtsschreibung, die von solchen Einschränkungen nicht betroffen ist, steht mit wenigen Ausnahmen ganz und gar im Zeichen der Hitlerlegende, und das schon seit vielen Jahrzehnten.

Während der Jahre der faschistischen Diktatur war es für die imperialistische Bourgeoisie und ihre Ideologen lebenswichtig, Hitler durch den Führerkult zum Alleininhaber der Macht, zum unfehlbaren Volksführer, zum Garanten des Sieges im Frieden wie im Kriege aufzubauen. Der blinde Glaube an den »Führer« und an seinen Erfolg war durch eine zielbewußte Propaganda bereits in den letzten Jahren der Weimarer Republik zu einem der wichtigsten Mittel des Zusammenhaltes der Millionen Anhänger der Faschistenpartei entwickelt worden, er mußte sich nun als wichtigster Faktor für die freiwillige Unterordnung der großen Mehrheit des deutschen Volkes unter das faschistische Regime bewähren. Dazu mußte Hitler aller Kritik und allem Zweifel enthoben werden, er mußte übermenschliches Format erhalten, um seine Integrationswirkung auf die Stufe des früheren Gottesgnadentums der Monarchen oder gar noch darüber hinauszuheben. Diesem Bedürfnis mußte auch die äußerliche Form der Machtausübung entsprechen. Hitler mußte dem Volke nicht nur als derjenige präsentiert werden, der – wie ein Monarch oder Präsident – die Regierungsdekrete durch seine Unterschrift absegnet, sondern als derjenige, dessen Willen allein maßgebend war und von dem jede Entscheidung ausging.

Diesen äußeren Schein der Dinge im »Dritten Reich« nimmt die bürgerliche Geschichtsschreibung nur allzu gerne als ihr wirkliches Wesen. Denn nach dem Zusammenbruch der faschistischen Diktatur unter den Schlägen der Roten Armee und der anderen Armeen der Antihitlerkoalition war das Interesse daran, Hitler in riesig überdimensionierten Maßen abzubilden, bei den ehemaligen Wehrwirtschaftsführern, Generalen und Richtern, Ministern und Staatssekretären des faschistischen Deutschland, kurz, bei der westdeutschen Monopolbourgeoisie und ihren beamteten und nichtbeamteten Funktionären so stark und dringend wie nie zuvor, jetzt aber mit umgekehrtem Vorzeichen. Dem toten Hitler mußte die alleinige Verantwortung für alle Verbrechen des faschistischen deutschen Imperialismus auferlegt werden, damit sie selber aller Verantwortung und Schuld ledig wurden.

Das Interesse an der Freisprechung der Elite der herrschenden Klasse von der Verantwortung für die faschistischen Verbrechen wurde zur dauerhaften Leitlinie der BRD-Geschichtsschreibung. Um diesem Interesse Genüge zu tun, mußte lediglich die faschistische Hitlerlegende mit einem negativen Vorzeichen versehen werden und

---

da – und nun wörtlich – »wir davon ausgehen müssen, daß Sie sehr wahrscheinlich zu uns schon mit einer vorgefaßten Meinung kommen würden, und da wir aus Erfahrung wissen, daß die DDR-Geschichtsforschung an objektiven Ergebnissen nur sehr bedingt interessiert ist.« – Siehe *Joachim Petzold*, Konservative Theoretiker des deutschen Faschismus, Berlin 1978, S. 15.

mußten statt der hellen Farben, die einen lichten, von der Vorsehung gesandten Hitler abbildeten, nunmehr die schwärzesten Farben aufgetragen werden, um aus Hitler einen Mann des bösen Verhängnisses mit übermenschlichen dämonischen Fähigkeiten zu machen.[6]

Man muß der bürgerlichen Geschichtsschreibung bescheinigen, daß sie mit der Verbreitung dieses Hitlerbildes und der Reduzierung der faschistischen Diktatur auf den »Staat Hitlers«[7] sehr erfolgreich war, so erfolgreich, daß sogar die von der UNESCO herausgegebene »Geschichte der Menschheit« diese Falsifikation übernahm; so ist dort – um nur ein Beispiel herauszugreifen – zu lesen, die Tragödie Europas – das seien Hitlers Denken und seine Ideen gewesen.[8]

Angesichts dieser mehrfachen Übermalungen des wirklichen Hitlerbildes mit verschiedenen Versionen der Hitlerlegende ist die Wiederherstellung des Originals, d. h. der geschichtlichen Wahrheit, äußerst schwierig und mühselig.

Dazu kommt noch eine weitere Schwierigkeit für die Erzielung von Übereinstimmung über das »richtige« Hitlerbild. Sie liegt darin, daß z. B. Historiker, die sich mit den Anfängen der Nazibewegung in den zwanziger Jahren beschäftigen, zwangsläufig zu einem anderen Bild der Rolle Hitlers kommen, als solche, die sich – sagen wir – mit der Geschichte des zweiten Weltkrieges befassen; darin also, daß es kein durchgängig gültiges, gleichbleibendes Bild dieser Rolle gibt und geben kann. Sowohl die tatsächliche Rolle wie auch die Auffassung dieser Rolle durch die Zeitgenossen und durch Hitler selbst waren einem mehrfachen Wandel unterworfen. Der Wandel vom Parteiführer zum »Führer und Reichskanzler« bedeutete natürlich einen echten Zuwachs an Macht und eine Ausdehnung des Entscheidungsfreiraumes für Hitler. Und mit der wachsenden Zufriedenheit der Mächtigen, die Hitler zu ihrem politischen Geschäftsführer befördert hatten, mit dessen Leistungen, wurde dieser Freiraum Schritt für Schritt erweitert. Dennoch bestand die Kluft zwischen der Macht, die formaljuristisch in Hitlers Hand gelegt war, und der Macht, über die er tatsächlich verfügte, nicht nur immer weiter, sie vergrößerte sich sogar umso mehr, je größer und unbegrenzter seine

---

6 Mit dem Beginn der 1970er Jahre machte sich das Bedürfnis nach einer neuerlichen Wandlung der Hitlerlegende bemerkbar: verlangt war und geliefert wurde ein Hitler, der nur noch zur Hälfte schwarz, dämonisch und böse, zur andern Hälfte aber fast wieder so hell wie seinerzeit, auf jeden Fall aber menschlich und sympathisch war und der – das war die Hauptsache – die »guten« Seiten einer Diktatur verdeutlichen, die innere Ablehnung ihr gegenüber abbauen und sogar schon wieder die Sehnsucht nach einer starken Führung wecken konnte. Hauptlieferanten dieses neuen, kombinierten Hitlerbildes waren *Fest* mit seiner Hitlerbiographie und *Sebastian Haffner* mit seinen »Anmerkungen zu Hitler«, München 1978; siehe dazu *Lozek/Richter*, S. 51ff.

7 Siehe *Martin Broszat*, Der Staat Hitlers, München 1969.

8 History of mankind. Cultural and scientific Development, vol. VI/1, UNESCO (London), 1966, S. 17.

ihm nach den Gesetzen zustehende Machtvollkommenheit wurde. Denn der nach außen hin in seiner Macht unbeschränkte Diktator blieb in Wahrheit doch immer nur der Geschäftsführer der Firma »Deutscher Imperialismus«, dessen Ziele lange vor ihm abgesteckt worden waren.

Für den Historiker wird es aber umso schwerer, die Grenze zwischen Schein und Wirklichkeit zu erkennen, je mehr Machtvollkommenheiten Hitler auf seine Person vereinigte, und je weniger von den hinter den Kulissen vor sich gehenden Auseinandersetzungen und Kämpfen, die den Entscheidungen und Befehlen Hitlers vorausgingen und sie vorbestimmten, an die Öffentlichkeit drang.

Unter diesem Aspekt betrachtet sind die Anfangsjahre der Nazipartei und der politischen Tätigkeit Hitlers ein für den Historiker besonders günstiger Zeitraum, weil zum einen damals die Differenz zwischen Schein und Wirklichkeit noch minimal war, und weil zum anderen die Quellen eine recht genaue Aussage über die Wirklichkeit zulassen, sowohl, was die persönlichen Eigenschaften Hitlers und seine Qualitäten als Parteiführer angehen als auch über die Rolle, die er im politischen Geschehen jener Jahre spielte. Noch war der Kreis jener Leute aus der herrschenden Klasse, die ein Interesse daran besaßen, Hitler außergewöhnliche Führerqualitäten anzudichten, sehr klein, und noch gab es selbst in den Reihen seiner engsten Mitarbeiter nicht wenige, die ungeschminkt aussprachen, welche Eigenschaften ihm zu einem wirklichen Führer fehlten.[9] Das Persönlichkeitsbild, das von Hitler aus dem Material dieser Jahre hervorgeht, ist daher das von interessierter Legendenbildung noch am wenigsten verfälschte; es kann deshalb zugleich als wertvolle Orientierungshilfe für die Rekonstruktion eines von den Übermalungen der Hitlerlegende befreiten Bildes des Faschistenhäuptlings auch für die darauffolgenden Zeiträume genutzt werden.

Die Quellenlage ist auch für das Vorhaben der Aufhellung der Beziehungen der herrschenden Klasse zur entstehenden faschistischen Bewegung in den unmittelbaren Nachkriegsjahren dank verschiedener Umstände recht günstig. An erster Stelle müssen hier die Untersuchungen der Vorgänge um den Hitler-Ludendorff-Putsch vor dem Münchener Volksgericht und im Untersuchungsausschuß des Bayerischen Landtages genannt werden.[10] Obwohl in beiden Fällen vor allem seitens der Führung der Bayerischen Volkspartei mit größtem Eifer versucht wurde, eine dichte Nebelwand um die tatsächlichen Vorgänge zu legen, um die Teilhabe der BVP-Politiker an den Hochverratsunternehmungen zu vertuschen[11], hat sowohl der Prozeß als auch der Untersuchungsausschuß eine Fülle

9 Charakteristisch dafür ist ein Brief Feders an Hitler vom 10.8.1923, in: vorliegende Arbeit, Dok. Nr. 11.

10 Siehe Kapitel X der vorliegenden Arbeit.

11 Im Oktober 1927 tagte ein auf Forderung der sozialdemokratischen Fraktion einberufener Ausschuß des Bayerischen Landtages zur Untersuchung der Vorgänge um den Hitler-Ludendorff-Putsch.

von Material zutage gefördert, das allein schon erlaubt, ein recht zuverlässiges Bild vom Verhältnis der bürgerlichen Führungskräfte zur NSDAP zu entwerfen.

Eine weitere wichtige Quelle sind die nachrichtendienstlichen Berichte von Reichs- und bayerischen Behörden, besonders des Reichskommissars für Überwachung der öffentlichen Ordnung, der Nachrichtenabteilung der bayerischen Reichswehrdivision und des Münchener Polizeipräsidiums.

Als sehr hilfreich erwiesen sich auch die Berichte der bei der bayerischen Landesregierung akkreditierten Vertreter der Reichsregierung und der preußischen, württembergischen und sächsischen Landesregierung.[12] Die Übernahme von Relikten überlebter Souveränitätsrechte der Länder in die Weimarer Verfassung hat mit diesen Berichten Früchte gezeitigt, die den Historiker dankbar stimmen könnten, müßte er sich nicht sagen, daß ohne diese Relikte eine solch monströse Angelegenheit wie die »Ordnungszelle Bayern« überhaupt nicht möglich geworden wäre.

Während viele der Berichte der Reichsvertreter und der Vertreter Preußens und Württembergs bereits veröffentlicht wurden, trifft dies für die Berichte des sächsischen Geschäftsträgers in München, Maximilian von Dziembowskis, nicht zu. Dabei sind die Berichte Dziembowskis recht instruktiv, trotz oder auch gerade wegen der stockreaktionären deutschnationalen Gesinnung, die aus ihnen spricht; es wirft ein bezeichnendes Schlaglicht auf die Inkonsequenz der linkssozialdemokratischen sächsischen Landesregierung, daß sie als ihren Geschäftsträger einen Mann in München beließ, im Vergleich zu dem die Vertreter des Reiches, Preußens und Württembergs geradezu als Linksliberale erscheinen.

Dabei gab es auch Verhandlungen, von denen die Öffentlichkeit ausgeschlossen wurde. Von diesen vertraulichen Verhandlungen wurden auch die KPD-Abgeordneten ausgeschlossen, weil sie »die Geheimhaltung nicht gewährleisteten«! Beweisanträge zur Finanzierung der Nazibewegung durch Industrielle (u. a. Borsig) wurden von der Ausschußmehrheit abgelehnt. Der erste Berichterstatter des Ausschusses, der Abgeordnete der BVP Graf Josef v. Pestalozza, berichtete Monate später darüber, wie er von seiner Fraktion daran gehindert wurde, die Wahrheit aufzudecken: »Ein Fraktionsbeschluß der Bayerischen Volkspartei, dem er sich fügen mußte, habe ihm aus Koalitionsrücksichten verboten, das, was notwendig gewesen wäre, zu sagen ... Wenn der Ausschuß in seiner Untersuchungsarbeit nicht gehemmt worden wäre, (wäre) mancher hochgestellte Herr um seine Existenz gekommen. Das deutschnationale Mitglied des Ausschusses, der Fraktionsführer Hilpert, hat durch Drohungen und terroristischen Druck Beschlüsse erzwungen, die vom Rechtsstandpunkt aus einfach nicht zu billigen waren. Ich war wiederholt versucht, den Ausschuß einfach zu verlassen. In diesem Untersuchungsausschuß hat man von Recht überhaupt nichts mehr gemerkt, sondern nur von Parteieinstellung. Ich habe aber trotzdem geschwiegen, so schwer es mir auch fiel.« – Zentrales Staatsarchiv Potsdam (im folgenden: ZStAP), Reichsjustizministerium, Nr. 5053/26, Bl. 131ff, 181.

12 ZStAP, Vertretung der Reichsregierung München; Staatsarchiv Dresden (im folgenden: StADr), Gesandtschaft München; Politik in Bayern 1919-1933. Berichte des württembergischen Gesandten Carl Moser von Filseck, hg. und kommentiert von Wolfgang Benz, Stuttgart 1971.

Recht ergiebig sind auch die Aktenbestände von Parteien und Organisationen, besonders der Deutschnationalen Volkspartei und des Alldeutschen Verbandes. Seit etlichen Jahren verfügt das Bundesarchiv Koblenz auch über die von den USA an die BRD übergebenen Bestände aus dem Hauptarchiv der NSDAP.

Ein sehr großer Teil der erwähnten Aktenbestände wurde bereits in verschiedenen Dokumentenpublikationen der Öffentlichkeit zugänglich gemacht, leider fast ausschließlich von seiten westlicher Autoren und Institutionen.[13]

Eine weitere wichtige Quelle stellen die Berichte der zeitgenössischen Presse dar. Vor allem die kommunistische und sozialdemokratische Presse haben dem Aufkommen, den Aktivitäten und der Förderung der Nazipartei durch bürgerliche Politiker und Unternehmer frühzeitig große Aufmerksamkeit gewidmet. Besonders die sozialdemokratische »Münchener Post« hat sich dabei als besonders gut und zuverlässig unterrichtet erwiesen.

Nicht zuletzt dank der günstigen Quellenlage gibt es über die ersten Jahre der NSDAP eine recht umfangreiche, mit dokumentarischem Material gut untermauerte, ihrer Qualität und Seriosität nach allerdings sehr unterschiedliche Literatur. In erster Reihe zu nennen sind hier die Arbeiten von Ernst Deuerlein, Werner Maser, Georg Franz-Willing, Albrecht Tyrell (alle BRD), und des US-Amerikaners Harold J. Gordon.[14]

Von marxistischen Autoren, die sich auch zu diesem Thema geäußert haben, ist aus der DDR zu nennen Manfred Weißbecker, von sowjetischen Historikern L. I. Gincberg und aus der Bundesrepublik der Marburger Historiker Reinhard Kühnl.

Mit der vorliegenden Arbeit wird also nicht völliges Neuland betreten, aber doch zum ersten Male der Versuch unternommen, aus marxistischer Sicht ein detailliertes Bild von der Verflechtung der Politik der bayerischen »Ordnungszelle« mit den Anfängen der faschistischen Bewegung zu geben und zugleich den Zusammenhang und das Zusammenspiel der bayerischen »Ordnungszellenpolitiker« mit den reaktionären, republikfeindlichen Kräften im Norden deutlich werden zu lassen.

Der Verfasser hält diese, das Verhältnis der herrschenden Klasse zum Faschismus aufhellenden Fragen für die wichtigsten zur richtigen Bestimmung des Klassenwesens des Faschismus. Zwangsläufig konnten demgegenüber andere, ebenfalls wichtige Aspekte der frühen Entwicklung der faschistischen NSDAP, wie etwa die soziale Zusammensetzung ihrer Mitgliedschaft, ihre Ausbreitung innerhalb Bayerns und über die Grenzen Bayerns hinaus, Probleme der faschistischen Ideologie und ihrer Wirksamkeit und anderes mehr nur gestreift werden.

---

13 Siehe Quellen- und Literaturverzeichnis.

14 Siehe ebenda.

Mit voller Absicht hat sich der Verfasser nicht darauf beschränkt, einem interessierten Leserkreis gesicherte neue Forschungsergebnisse vorzulegen, sondern hat wiederum auch seine Auffassungen zu strittigen Fragen dargelegt, von der Überzeugung ausgehend, daß der Weg zur besseren und vollständigeren Erkenntnis der Wirklichkeit nur über den Streit der Meinungen führt.

Für die Unterstützung, die ich bei der Anfertigung dieser Arbeit erhielt, habe ich vielfachen Dank abzustatten. Er gilt allen Kolleginnen und Kollegen des Wissenschaftsbereiches Deutsche Geschichte 1917-1945 am Zentralinstitut für Geschichte der Akademie der Wissenschaften der DDR – allen voran meinen Gutachtern Prof. Dr. Wolfgang Ruge und Dr. Joachim Petzold –, deren Kritik und verständnisvolle Anteilnahme am Fortgang der Arbeit für mich eine große Ermutigung darstellten; er gilt ferner meinem Gutachter Dr. Rolf Richter von der Akademie der Gesellschaftswissenschaften beim ZK der SED. Zu danken habe ich des weiteren den Leitern und Mitarbeitern der Archive und Bibliotheken für die freundliche und bereitwillige Unterstützung, die mir zuteil wurde, sowie dem Akademie-Verlag Berlin und seiner Lektorin Heidemarie Kruschwitz. Großen Dank schulde ich ferner Gerhard Volkland, der mir mit seinen kritischen Hinweisen und mit der Erarbeitung des Personen-, Organisations- und Firmenregisters auch bei der Fertigstellung dieser Arbeit ein treuer Helfer war.

Die größte Dankesschuld habe ich wiederum meiner Frau gegenüber abzutragen, deren unermüdliche, geduldige und verständnisvolle Hilfe bei der Erarbeitung des Manuskriptes mir unentbehrlich war.

Berlin-Grünau, Juni 1980

Kapitel 1

Bemerkungen zu Typen und Entwicklungsetappen des Faschismus

1. Zwei Grundtypen faschistischer Diktaturen

Auf dem VII. Weltkongreß der Kommunistischen Internationale wurde im Referat Georgi Dimitroffs und in der Diskussion zu diesem Referat eine umfassende, tiefgründige Analyse des Faschismus gegeben, in deren Mittelpunkt die Kennzeichnung der Klassennatur des Faschismus an der Macht als »offene, terroristische Diktatur der reaktionärsten, am meisten chauvinistischen, am meisten imperialistischen Elemente des Finanzkapitals«[1] stand. Diese Wesensbestimmung des Faschismus hat allen Prüfungen durch die Geschichte standgehalten. Das bedeutet jedoch nicht, daß mit ihr alle Fragen der Faschismusproblematik ein für allemal gelöst wurden. Gegen eine solche dogmatische Auffassung wandte sich Georgi Dimitroff ausdrücklich in seinem Schlußwort zur Diskussion über sein Referat, indem er folgenden wichtigen Hinweis für das richtige Herangehen an die konkrete Analyse des Faschismus gab: Keinerlei allgemeine Charakteristik des Faschismus, so sagte er, sie möge an sich noch so richtig sein, enthebe die Kommunisten der Pflicht, »die Eigenart der Entwicklung des Faschismus und der verschiedenen Formen der faschistischen Diktatur in einzelnen Ländern und in verschiedenen Etappen konkret zu studieren und zu berücksichtigen.«[2] Dimitroff verwies darauf, daß der Faschismus ungeachtet seines gleichbleibenden Wesens zum einen in verschiedenen nationalen Spielarten auftritt und zum anderen eine geschichtliche Entwicklung durchläuft, bei der auf jeder Entwicklungsstufe neue Besonderheiten auftreten. Dies nicht zu berücksichtigen und statt dessen irgendein allgemeines Ent-

1 *Georgi Dimitroff*, Die Offensive des Faschismus und die Aufgaben der Kommunistischen Internationale im Kampf für die Einheit der Arbeiterklasse gegen den Faschismus. Bericht an den VII. Weltkongreß der Kommunistischen Internationale, 2. August 1935, in: *ders.*, Ausgewählte Schriften, Bd. 2, 1921-1935, Berlin 1958, S. 525.

2 *Ders.*, Für die Einheit der Arbeiterklasse gegen den Faschismus. Schlußwort auf dem VII. Weltkongreß der Kommunistischen Internationale, 13. August 1935, in: ebenda, S. 629.

wicklungsschema des Faschismus für alle Länder und alle Völker aufstellen zu wollen, würde uns nicht helfen, sondern uns hindern, den Kampf gegen den Faschismus in richtiger Weise zu führen.[3]

Die Frage der verschiedenen Varianten des Faschismus ist nicht Gegenstand dieser Arbeit[4], doch sei hier wenigstens darauf verwiesen, daß bereits in den ersten Jahren seines Erscheinens der Faschismus an der Macht in zwei Spielarten auftrat, die bis zum heutigen Tage die beiden Hauptformen faschistischer Diktaturen geblieben sind: 1919/20 in Ungarn als eine durch die Armee errichtete und sich vorwiegend auf die Armee stützende Diktatur, 1922 in Italien als ein mit Hilfe einer faschistischen Massenpartei installiertes und sich auf diese Partei neben dem staatlichen Gewaltapparat stützendes Diktaturregime.

Auf die Existenz dieser beiden Spielarten des Faschismus an der Macht und die Besonderheiten der erstgenannten ging Georgi Dimitroff im Jahre 1928 ein. Im Hinblick auf den Faschismus in Ungarn und Bulgarien führte er aus, die Eigentümlichkeit des Faschismus in den Ländern Südosteuropas bestehe darin, daß er sich dort »zum Unterschied vom Faschismus in Italien zum Beispiel, vorwiegend nicht *von unten,* durch eine Massenbewegung, ... durchsetzt, sondern im Gegenteil *von oben.* Sich auf die usurpierte Staatsmacht, die militärischen Kräfte der Bourgeoisie und die Finanzmacht des Bankkapitals stützend, versucht der Faschismus in die Massen einzudringen und sich unter ihnen eine ideologische, politische und organisatorische Stütze zu schaffen«.[5]

Die weitere Geschichte des Faschismus hat gezeigt, daß dieser Typ des Faschismus nicht auf Südosteuropa beschränkt blieb, sondern überhaupt für den Faschismus in Ländern mit ähnlicher Wirtschaftsstruktur und ungefähr gleichem Entwicklungsgrad des Kapitalismus charakteristisch ist (Portugal, Lateinamerika).[6]

Die Geschichte hat weiter gezeigt, daß der Weg der Errichtung der faschistischen Diktatur »von oben«, mit Hilfe eines Militärputsches, viel häufiger ist als der pseudolegale Weg über eine faschistische Massenbewegung. Für den letztgenannten gibt es

---

3 Ebenda, S. 630.

4 Zu dieser Frage siehe *Kurt Gossweiler,* Über Ursprünge und Spielarten des Faschismus, in: Jb. für Geschichte der sozialistischen Länder Europas, Bd. 24/1, Berlin 1980, S. 7-36; ferner Einige Probleme der Faschismusforschung, Sonderheft der Egyetemes Történeti Tanulmányok (Studien zur Allgemeinen Geschichte), Bd. XII, hg. vom Lehrstuhl für Allgemeine Geschichte an der Kossuth-Universität Debrecen unter Redaktion von Orosz István und Gyula Tokody, Debrecen 1978 – darin die Beiträge von *Mária Ormos/Miklós Incze,* und *Kurt Gossweiler,* S. 31-78.

5 *Georgi Dimitroff,* Über die Maßnahmen zum Kampf gegen den Faschismus und die gelben Gewerkschaften. Diskussionsbeitrag auf dem VI. Kongreß der Roten Gewerkschaftsinternationale, in: *ders.*, Ausgewählte Schriften, Bd. 2, S. 369.

6 Zum Faschismus in Lateinamerika siehe *Eberhard Hackethal,* Faschismus in Lateinamerika, in: Faschismusforschung, S. 237ff.

bis jetzt nur zwei Beispiele, Italien und Deutschland, weil es nur dort gelang, noch vor der Errichtung der faschistischen Diktatur eine starke faschistische Massenpartei aufzubauen. Es stellt sich also heraus, daß der »klassische Weg« zur faschistischen Diktatur und ihr »klassischer« Typ gar nicht die Regel sondern die Ausnahme war.

Das hat seinen Grund darin, daß die Entwicklung faschistischer Parteien zu *Massen*parteien Bedingungen zur Voraussetzung hat, die man als Ausnahmebedingungen bezeichnen muß. In Italien wie in Deutschland wurden diese Parteien zu Massenparteien in der Situation einer über Jahre andauernden und sich verschärfenden gesamtnationalen Krise[7], aus der die herrschende Klasse mit den Mitteln des bürgerlichen Parlamentarismus nicht mehr herauskommen konnte (Italien) oder die sie vorsätzlich mit anderen als den Mitteln des bürgerlichen Parlamentarismus überwinden *wollte*, um ihre imperialistischen Expansionsziele nicht preisgeben zu müssen (Deutschland); eine gesamtnationale Krise auch deshalb, weil die Unterschichten nicht mehr wie bisher leben wollten. Aus einer solchen Situation kann, wie Lenin lehrt[8], die Revolution hervorgehen, sofern die Mehrheit der Arbeiter oder wenigstens – wie Lenin präzisierte – »die Mehrheit der klassenbewußten, denkenden, politisch aktiven Arbeiter« die Notwendigkeit des Umsturzes völlig begreift »und bereit ist, seinetwegen in den Tod zu gehen«, und wenn es den Arbeitern darüberhinaus gelingt, die nichtproletarischen Massen – wenigstens zu bedeutenden Teilen – in den Kampf zum Sturz der bestehenden Ordnung mitzureißen.[9] Eine solche Lösung hatten die italienischen Kommunisten 1921 / 22, die deutschen Kommunisten 1932 / 33 erwartet, auf eine solche Lösung hatten sie mit allen Kräften hingearbeitet.

Aus einer solchen gesamtnationalen Krise kann die Bourgeoisie aber auch einen extremreaktionären Ausweg finden[10], wenn die Mehrheit der Arbeiter, gelähmt vom Einfluß des Opportunismus, sich nicht zur revolutionären Tat zu erheben vermag. Dann kann die Stunde faschistischer Putsche oder auch faschistischer Massenparteien schlagen; dann erhalten die faschistischen Parteien die Chance, sich den von der Ar-

---

7 Damit ist nicht die allgemeine Krise des Kapitalismus gemeint, deren Zusammenhang mit der Entstehung des Faschismus hier als bekannt vorausgesetzt wird. Ausführlich wird dieser Zusammenhang behandelt in: Istorija fašizma v Zapadnoj Evrope, Moskau 1978, S. 5ff., 14ff.; ferner in: Faschismusforschung, S. 125ff.

8 *W.I. Lenin*, Der »linke Radikalismus«, die Kinderkrankheit im Kommunismus, in: *ders.*, Werke, Bd. 31, Berlin 1959, S. 71f.

9 Ebenda.

10 Lenin führte auf dem 11. Kongreß der Kommunistischen Internationale am 19. Juli 1920 in einer Polemik gegen solche Revolutionäre, »die versuchen, den Beweis zu führen, daß es absolut keinen Ausweg aus der Krise gebe«, aus, absolut ausweglose Lagen für die Bourgeoisie gebe es nicht, es sei vielmehr Aufgabe der revolutionären Parteien, eine Krise der bürgerlichen Ordnung für eine siegreiche Revolution auszunutzen. – *W.I. Lenin*, Werke, Bd. 31, S. 215.

beiterklasse enttäuschten, verzweifelt nach einem Ausweg Ausschau haltenden kleinbürgerlichen Massen als entschlossene, tatkräftige, zur Rettung der Nation berufenen Partei vorzustellen.

Wir können somit für die Entwicklung faschistischer Parteien zu *Massen*parteien zunächst folgende Bedingungen auf seiten der herrschenden Klasse namhaft machen:

1. Die Existenz einer gesamtnationalen Krise.
2. Die Entschlossenheit der maßgeblichen Kreise der herrschenden Klasse zur Beseitigung des Parlamentarismus, zur Vernichtung der Arbeiterbewegung durch Errichtung einer offenen, terroristischen Diktatur.
3. Ein Klassenkräfteverhältnis, das es der herrschenden Klasse unmöglich oder für sie außerordentlich riskant macht, die Diktatur auf dem Wege des Staatsstreiches errichten zu wollen, wodurch sie veranlaßt wird, nach einem »legalen« Weg der Beseitigung des bürgerlichen Parlamentarismus zu suchen.
4. Eine starke materielle und politische Unterstützung der faschistischen Bewegung durch Vertreter und Organisationen (Verbände, Parteien usw.) der herrschenden Klasse[11] (Monopolkapitalisten *und* Großgrundbesitzer).
5. Eine massive Begünstigung der faschistischen Bewegung und ihres Terrors gegen die Arbeiterorganisationen durch die Staatsorgane (Armee, Polizei, Justiz, Bürokratie).

Ohne Unterstützung durch die Kapitalistenklasse und wohlwollende Duldung durch den kapitalistischen Staat kann eine faschistische Partei nicht einmal zu einer gesamtnationalen Partei, geschweige denn zu einer *Massen*partei werden. Die Punkte 2, 4 und 5 sind deshalb Voraussetzungen, ohne die es auch noch so begabten faschistischen Demagogen und Organisatoren unmöglich ist, eine faschistische Massenpartei aufzuziehen. Für die Frühzeit der NSDAP wird dies in dieser Arbeit nachgewiesen werden.

Aber obwohl dem Imperialismus durchgängig der Drang nach Reaktion und Gewalt eigen ist, und obwohl der Anbruch der allgemeinen Krise des Kapitalismus und insbesondere der Sieg der proletarischen Revolution in Rußland von der Bourgeoisie aller imperialistischen Länder als eine potentielle Bedrohung ihrer Herrschaft empfunden wurde, hat die Monopolbourgeoisie in solchen Hochburgen des Imperialismus wie den Vereinigten Staaten von Amerika und Großbritannien bisher noch keinen Versuch unternommen, ein faschistisches Regime zu installieren. Dies und die Tatsache, daß die Mehrzahl faschistischer Regime in kapitalistisch schwächer entwickelten

11 Der Begriff »herrschende Klasse« wird hier und im folgenden als Kurzformel für die imperialistische Bourgeoisie gebraucht, die nur einen Teil der Klasse der Bourgeoisie darstellt, jedoch den entscheidenden. Zur imperialistischen Bourgeoisie rechne ich für die Zeit nach der Novemberrevolution in Deutschland auch die ostelbischen Junker, die jedoch innerhalb der imperialistischen Bourgeoisie durch Herkunft und ökonomische Sonderinteressen eine gesonderte Fraktion bildeten.

Ländern errichtet wurde, wird von bürgerlicher Seite immer wieder als Widerlegung der marxistischen Erkenntnis von der imperialistischen Natur des Faschismus ins Feld geführt.[12]

Ziehen wir jedoch in Betracht, daß nicht nur Deutschland, sondern auch Japan in den 1930er Jahren ein Regime erhielt, das von namhaften japanischen Historikern und Soziologen als eine spezifisch japanische Ausprägung des Faschismus betrachtet wird;[13] daß ferner einflußreiche Kreise der französischen Finanzoligarchie in den dreißiger Jahren den Faschismus auch in Frankreich an die Herrschaft bringen wollten, was jedoch 1934 durch die einheitliche Abwehrfront der beiden Arbeiterparteien verhindert wurde[14], dann ergibt sich bereits ein ganz anderes, nämlich das folgende Bild: Von den sechs führenden imperialistischen Staaten USA, Deutschland, Großbritannien, Frankreich, Italien und Japan waren in den 30er Jahren drei faschistisch, in einem – Frankreich – fand ein gescheiterter faschistischer Putschversuch statt, und nur in zwei Ländern hatte es keinen ernsthaften Versuch seitens der herrschenden Klasse gegeben, den bürgerlichen Parlamentarismus durch ein faschistisches Regime abzulösen. Es liegt auf der Hand, daß die »Enthaltsamkeit« der us-amerikanischen und englischen Monopolbourgeoisie darauf zurückzuführen ist, daß es in ihren Ländern bislang noch keine gesamtnationale Krise von annähernd gleicher Tiefe und Schwere wie in Italien und Deutschland gab.[15] Dies wiederum ist dem Umstand verdankt, daß diese beiden imperialistischen Mächte über größere Ressourcen und Einflußgebiete außerhalb ihrer Landesgrenzen verfügten, als jede andere imperialistische Macht. Hier ist daran zu

---

12 In einem Literaturbericht über neuere Faschismustheorien werden einige Fragen angeführt, die nach Meinung des Autors von der marxistischen Faschismustheorie nur unzulänglich oder gar nicht beantwortet seien; die erste dieser Fragen lautet: »Wie ist theorieimmanent zu erklären, daß der Faschismus nicht in den kapitalistisch am höchsten entwickelten Ländern wie den USA und England zum Durchbruch gelangte?« – *Ernst Hanisch*, Literaturbericht: Neuere Faschismustheorien, in: Zeitgeschichte, 1. Jahr, Heft 1, Oktober 1973, hg. v. Erika Weinzierl, Historisches Institut der Universität Salzburg.

13 *Yasushi Yamaguchi*, Faschismus als Herrschaftssystem in Japan und Deutschland. Versuch eines Vergleichs, in: Tradition und Neubeginn. Internationale Forschungen zur deutschen Geschichte im 20. Jahrhundert, Köln / (West-)Berlin / Bonn / München 1975; *Masao Nishikawa*, Interpretations of Japanese Fascism, Tokyo 1974 (masch. schriftl. Vervielfältigung im Besitz d. Vf.); *Tatsuo Kage*, Japanese Fascism and National Socialism. A Comparative View, Referat für die X. Linzer Konferenz der Historiker der Arbeiterbewegung, 1974 (masch. schriftl. Vervielfältigung im Besitz d. Vf.); *Okio Murase*, Nationalsozialismusforschung in Japan seit 1945, in: *Immanuel Geiss / Bernd Jürgen Wendt* (Hg.), Deutschland in der Weltpolitik des 19. und 20. Jahrhunderts. Fritz Fischer zum 65. Geburtstag, Düsseldorf 1973.

14 Siehe *Heinz Köller / Bernhard Töpfer*, Frankreich. Ein historischer Abriß, Teil 2: *Heinz Köller*, Von Ludwig XIII. bis zur Gegenwart, Berlin 1973, S. 295ff.

15 Zu den Auswirkungen der Weltwirtschaftskrise auf Japan siehe Weltgeschichte in zehn Bänden, Bd. 9, Berlin 1967, S. 198ff.

erinnern, was Marx und Engels seinerzeit über die Ursachen der Verbürgerlichung großer Teile der englischen Arbeiterklasse ausführten[16], und was Lenin über den Zusammenhang von Imperialismus und Opportunismus schrieb.[17] Besonders auf die USA und England trafen die Worte Lenins aus dem Jahre 1916 zu: »England, Frankreich, die Vereinigten Staaten und Deutschland –, dieses Häuflein Länder hat Monopole in unermeßlichen Ausmaßen entwickelt, bezieht einen *Extra*profit in Höhe von Hunderten Millionen, wenn nicht von Milliarden, saugt die anderen Länder, deren Bevölkerung nach Hunderten und aber Hunderten Millionen zählt, erbarmungslos aus«[18].

Nach dem ersten Weltkrieg traf diese Schilderung, soweit sie das Aussaugen fremder Völker betraf, in vollem und uneingeschränktem Maße nur noch auf die USA, und nächst ihnen auf England zu. Das gab der Monopolbourgeoisie dieser Länder die Möglichkeit, die Auswirkungen der allgemeinen Krise des Kapitalismus und auch der Weltwirtschaftskrise zu einem guten Teil auf die beherrschten und ausgepowerten Völker außerhalb der Landesgrenzen abzuwälzen, wodurch die Krisenerscheinungen im Lande selbst nicht in voller Schärfe zutage traten und der bürgerliche Parlamentarismus nicht der gleichen Belastungsprobe ausgesetzt wurde, wie etwa in Italien und Deutschland. Außerdem entfiel für die imperialistische Bourgeoisie dieser Länder jenes Motiv, das für den Entschluß der deutschen Monopolbourgeoisie zur Errichtung der faschistischen Diktatur eine Hauptrolle spielte: die wilde Gier nach kriegerischer Neuaufteilung der Welt zu ihren Gunsten. Für sie galt es vielmehr in erster Linie den Besitz zu verteidigen und die eigene Position mit vorwiegend ökonomischen Mitteln weiter auszubauen.

Von bürgerlicher Seite wird demgegenüber behauptet, es sei vor allem den demokratischen Traditionen der Länder des Westens zu verdanken, wenn dort der Faschismus zu keiner bedrohlichen Gefahr anwuchs.[19] In Anerkennung der Bedeutung demokratischer Traditionen als Hemmnis für den Vormarsch des Faschismus nahm Georgi Dimitroff gegen eine derartige Auffassung bereits auf dem VII. Weltkongreß sowohl in seinem Referat wie in seinem Schlußwort Stellung. Er wandte sich entschieden gegen die Ansicht, »der Faschismus habe in den Ländern der ›klassischen‹

---

16 Zit. bei: *W. I. Lenin*, Der Imperialismus und die Spaltung des Sozialismus, in: *ders.*, Werke, Bd. 23, Berlin 1960, S. 109ff.

17 Ebenda, S. 111f.

18 Ebenda, S. 112.

19 Siehe *Wolfgang Schieder*, »Faschismus«, in: Sowjetsystem und demokratische Gesellschaft. Eine vergleichende Enzyklopädie, Bd. II, Freiburg / Basel / Wien 1968, Sp. 441; *Karl Dietrich Bracher*, Die Auflösung der Weimarer Republik. Eine Studie zum Problem des Machtverfalls in der Demokratie, Stuttgart / Düsseldorf 1957, S. 3ff.; *ders.*, Staatsbegriff und Demokratie in Deutschland, in: Politische Vierteljahresschrift, Köln / Opladen, 1 / 1968, S. 4ff.; *ders.*, Die deutsche Diktatur. Entstehung, Struktur, Folgen des Nationalsozialismus, Köln / (West-)Berlin 1969, S. 6ff.

bürgerlichen Demokratie keinen Boden«.[20] Im Schlußwort ging er auf diese Frage mit Blick auf Frankreich ausführlicher ein. »Manche Genossen sind der Meinung«, führte er aus, »daß sich der Faschismus in Frankreich überhaupt nicht so leicht entwickeln kann wie in Deutschland. Was ist daran richtig und was unrichtig? Richtig ist, daß es in Deutschland keine so tief eingewurzelten demokratischen Traditionen gab wie in Frankreich ... Richtig ist, daß die Hauptmassen der Bauernschaft in Frankreich republikanisch, antifaschistisch gestimmt sind ...« Aber, fuhr Dimitroff fort, es sei kurzsichtig zu übersehen, daß viele Umstände in Frankreich die Entwicklung des Faschismus begünstigten; daß z. B. die Wirtschaftskrise sich in Frankreich weiter vertiefe, daß der französische Faschismus im Offizierskorps der Armee stärkere Positionen habe, als sie der Nationalsozialismus in der Reichswehr vor 1933 hatte, und daß die französische Bourgeoisie im Faschismus eine Möglichkeit sähe, ihre politische und militärische Hegemonie in Europa zu bewahren.[21]

Die Wahrheit der marxistischen Analyse, wonach die Stabilität der bürgerlichen Demokratie in den imperialistischen Staaten unter anderem vom Ausmaß und der Stabilität der Erzielung von Extraprofiten durch Ausbeutung der Bevölkerung fremder Länder und Gebiete abhängig ist, erfährt in der Gegenwart eine schlagende Bestätigung durch das Beispiel Großbritanniens. Es besteht ein ganz offenkundiger Zusammenhang zwischen dem Zerfall des Empire nach dem zweiten Weltkrieg und der ständig zunehmenden Labilität des bürgerlichen Parlamentarismus in diesem Lande; dem Fortfall riesiger Extraprofite und den immer heftigeren Angriffen der englischen Monopolbourgeoisie auf die Rechte der Gewerkschaften, der Schürung von Nationalismus und Rassenhaß gegen die farbigen Einwanderer aus dem Commonwealth, sowie der Gewaltpolitik in Nordirland. Immer stärker tritt der imperialistische Drang nach Reaktion und Gewalt, der früher sein Hauptbetätigungsfeld in den britischen Kolonien fand, nunmehr im Lande selbst in Erscheinung, immer heftigere Kämpfe muß die englische Arbeiterklasse ausfechten zur Verteidigung ihrer gewerkschaftlichen Rechte und ihres Lebensstandards. Schon heute ist England nach Italien dasjenige Land Westeuropas, in dem die langwierigsten und häufigsten Kämpfe zwischen Kapital und Arbeit stattfinden. Es besteht also keinerlei Grund zu der Annahme, die demokratischen Traditionen eines Landes böten eine zuverlässige und dauernde Gewähr dafür, daß die herrschende Klasse ihren Ausweg aus einer gesamtnationalen Krise nicht im Faschismus suchen würde.

Aber das Streben der herrschenden Klasse nach Errichtung einer faschistischen Diktatur, die Unterstützung der faschistischen Partei durch Monopolkapital und

---

20 *Dimitroff*, Ausgewählte Schriften, Bd. 2, S. 541.

21 Ebenda, S. 630ff,

Großgrundbesitz sowie durch den imperialistischen Staat – das ist nur eine Seite der Angelegenheit. Ohne entsprechende Voraussetzungen in der Bewußtseinslage breiter Massen kann auch die massivste Unterstützung aus faschistischen Parteien keine Massenparteien machen. Eine solche, für die Aufnahme der faschistischen Propaganda günstige Bewußtseinslage ist aber ebenfalls von der Existenz einer gesamtnationalen Krise und weiteren Bedingungen abhängig, von denen oben bereits die Rede war, und die in den folgenden Punkten zusammengefaßt werden können:

1. Eine akute ökonomische und politische Krise, die zum massenhaften Ruin und zur Deklassierung zahlreicher Angehöriger der Mittelschichten, zu deren Abwendung von den alten bürgerlichen Parteien und zur Suche nach Rettung aus der ausweglosen Situation führt.
2. Eine Arbeiterbewegung, die dem Faschismus nicht einheitlich und entschlossen entgegentritt, somit dem Kleinbürgertum kein Vertrauen einflößen und ihm gegenüber keine oder nur geringe Anziehungskraft als Bundesgenosse gegen die Strangulierungspolitik des Finanzkapitals ausüben kann.[22]
3. Die den Faschismus begünstigenden Wirkungen solcher Bedingungen werden noch erheblich verstärkt, wenn zu ihnen auch noch nationale Probleme hinzukommen, die sich auf die Lebenslage der Massen negativ auswirken und die von den Faschisten in demagogischer Weise zur Verleumdung des proletarischen Internationalismus, zur Schürung von Chauvinismus und Rassenhaß ausgenutzt werden können.[23]

Die gesamte Geschichte des Faschismus beweist, daß die für die Hinwendung breiter Massen zum Faschismus erforderliche Massenstimmung nicht von der faschistischen Propaganda, sondern von den objektiven Verhältnissen geschaffen wird.

In Italien wurden Mussolinis Schwarzhemden jahrelang – von 1918 bis 1920 – in der Öffentlichkeit kaum beachtet. Erst nachdem die revolutionäre Bewegung der italienischen Arbeiterklasse mit dem Scheitern der Fabrikbesetzung im Herbst 1920 ihren Höhepunkt überschritten hatte, begannen große Teile des Kleinbürgertums und auch Arbeiter sich der faschistischen Partei zuzuwenden.[24] In Deutschland blieb die NSDAP nach ihrer Neugründung im Jahre 1925 lange Zeit – während der Jahre der relativen Stabilisierung 1924-1928 – eine völkische Sekte. Erst mit dem Einbruch der Weltwirtschaftskrise begannen ihre Propaganda und ihr Auftreten eine bisher unbekannte Massenwirkung zu entfalten. Beide Fälle bestätigen, daß die faschistische Pro-

---

22 Ebenda, S. 535ff., 549ff.

23 Auch darauf wies Dimitroff in seinem Referat hin – ebenda, S. 529.

24 Siehe Istorija fašizma v Zapadnoj Evrope, S. 53ff.; *Clara Zetkin*, Der Kampf gegen den Faschismus. Bericht auf dem II. Erweiterten Plenum des Exekutivkomitees der Kommunistischen Internationale, in: *dies.*, Zur Theorie und Taktik der kommunistischen Bewegung, Leipzig 1974, S. 303f.

paganda keineswegs jene psychologische Wunderwaffe ist, als die sie von bürgerlichen Autoren oft hingestellt wird: sie kann nur eine ihr günstige Bewußtseinslage breiter Massen mehr oder weniger geschickt ausnutzen und für sich ausbeuten, nicht sie schaffen.

Deshalb rangiert unter den Faktoren, die die Entwicklung einer faschistischen Partei zur Massenpartei ermöglichen, die eigene Tätigkeit dieser Partei erst an zweiter Stelle, hinter den ökonomischen und politischen Verhältnissen und deren Auswirkungen auf die soziale Lage und das Bewußtsein der verschiedenen Klassen und Schichten.

Damit soll jedoch keineswegs gesagt sein, daß die Untersuchung der Mittel und Methoden, mit denen es dem Faschismus gelang, große Massen hinter seine Fahne zu bringen, von untergeordneter Bedeutung wäre. Die revolutionäre Arbeiterbewegung hat allen Grund – wie das in vorbildlicher Weise schon im Jahre 1923 von Clara Zetkin und auf dem VII. Weltkongreß von Georgi Dimitroff getan wurde – mit größter Sorgfalt zu verfolgen und zu analysieren, auf welche Weise es der herrschenden Klasse und ihrer faschistischen Partei gelingt, die natürlichen Verbündeten des Proletariats über ihre wahren Interessen zu täuschen und aus ihnen eine Bürgerkriegsarmee gegen die Arbeiterklasse zu formieren.

Soviel zu den verschiedenen Varianten des Faschismus und zu den Voraussetzungen für die Herausbildung faschistischer Massenparteien.

2. Überlegungen zu Entwicklungsetappen des Faschismus

In seinem Schlußwort wies Dimitroff, wie wir bereits sahen, auch auf die Notwendigkeit hin, die Wandlungen zu untersuchen, die der Faschismus in den verschiedenen Etappen seiner Entwicklung erfährt.

Bevor wir uns der Entwicklung des deutschen Faschismus in den Jahren 1919-1923 zuwenden, soll der Versuch unternommen werden, den Platz dieser Jahre und die Besonderheit in der Entwicklung des Faschismus bis 1945 kenntlich zu machen.

Die Entwicklung der kapitalistischen Welt zwischen 1918 und 1945 stellt einen Zyklus vom Krieg über Krisen zu neuem Krieg dar, wobei sie die bekannten Etappen durchlief: revolutionäre Nachkriegskrise (bis 1923), relative Stabilisierung des Kapitalismus (1924-1928), Weltwirtschaftskrise (1929-1933), Kriegsvorbereitung durch die faschistischen Mächte (1933-1939), Zweiter Weltkrieg (1939-1945).

In diesem Ablauf stellte das Jahr 1929 eine Art Wasserscheide dar: was davor lag, war noch Nachkriegszeit, was darauf folgte, gehörte schon der neuen Vorkriegszeit an oder bildete zumindest den Übergang zu ihr.

Der Verlauf der Etappe von 1918 bis 1929 war zunächst (bis 1923) bestimmt durch das, was der erste Weltkrieg an Zerrüttung und revolutionärem Sprengstoff hinterlassen hatte, sodann (1924 bis 1929) vom Einpendeln der interimperialistischen Beziehungen auf ein kurzzeitiges, äußerst labiles Gleichgewicht auf der Grundlage der durch den Kriegsausgang und die ersten Nachkriegsjahre geschaffenen Kräfteverhältnisse zwischen Siegern und Besiegten und zwischen den Siegermächten untereinander, wobei die Existenz der Sowjetunion auf diese heikle Balance nicht ohne Einfluß war.

Spätestens mit dem Einbruch der Weltwirtschaftskrise 1929 nahm der deutsche Imperialismus als räuberischster, aggressivster und zugleich stärkster Imperialismus in Europa erneut – der erste Versuch war schon 1923 unternommen worden und gescheitert – Kurs auf die Revision des Versailler Vertrages, als erste Stufe zur beabsichtigten Eröffnung der zweiten Runde im Kampf um die Neuaufteilung der Welt. Deshalb liegt hier die Grenze zwischen Nachkriegs- und neuer Vorkriegs- (besser: Kriegsvorbereitungs-)zeit.[25]

Als Geschöpf des Imperialismus wurde der Faschismus damals wie heute entscheidend geprägt von den Entwicklungsetappen des Imperialismus und von der Rolle, die ihm von der Monopolbourgeoisie, insbesondere von deren reaktionärsten Kräften in den einzelnen Etappen zugedacht war und ist.

Diese Rolle war allerdings in den verschiedenen Ländern recht unterschiedlich. Um die für die jeweilige Etappe zutreffende Charakteristik des Faschismus zu finden, kann nicht einfach ein Durchschnittswert gesucht werden. Die faschistischen Bewegungen der verschiedenen Länder orientierten sich jedoch in den Jahren von 1922 bis Anfang der dreißiger Jahre vorwiegend am italienischen, danach, besonders seit 1933, zunehmend am deutschen Faschismus. Vom italienischen und deutschen Faschismus und ihren Führern war das faschistische »Leitbild« geprägt, beide stellten – der eine in den zwanziger Jahren, der andere danach – eine Art »Leitbildfaschismus« dar. Deswegen orientiert sich eine Charakterisierung der Besonderheiten des Faschismus in den verschiedenen Etappen am besten an dem jeweiligen »Leitbildfaschismus«.

Unter Berücksichtigung des Gesagten können folgende große Entwicklungsetappen des Faschismus unterschieden werden, deren jede sich wiederum in verschiedene Phasen unterteilt:

1) *Etappe des Nachkriegsfaschismus (1919-1929)*, mit den Phasen
   a) des Frühfaschismus (1919-1923 / 24)[26], der zugleich auch ein Nachrevolutionsfaschismus war;

25 In Ostasien begannen die Kriegshandlungen bekanntlich schon 1931 mit dem Überfall Japans auf China.

26 Eine nähere Kennzeichnung dieser Phase erfolgt in der vorliegenden Arbeit, S. 30ff.

b) des sich konsolidierenden Faschismus (1924-1929). Es konsolidierten sich die faschistischen Regime in Italien, Ungarn und Bulgarien;[27] es konsolidierte sich der Nazifaschismus nach der Neugründung der NSDAP im Jahre 1925;[28] es erweiterte sich sogar der Kreis der faschistischen Staaten durch den Hinzutritt Polens (Staatsstreich Pilsudskis am 12. Mai 1926), Portugals (Staatsstreich Marschall Gomes da Costas vom 28. Mai 1926), und Litauens (faschistischer Umsturz am 17. Dezember 1926). »Leitbildfaschismus« ist in dieser Etappe der italienische Faschismus.

2) Etappe des Vorkriegsfaschismus, richtiger: des *Kriegsvorbereitungsfaschismus (1929-1939)*, mit den Phasen

a) des »Übergangsfaschismus«, (1929-1933) was im Einzelnen bedeutet:
Übergang vom Nachkriegs- zum Kriegsvorbereitungsfaschismus; Überführung des Faschismus aus der Reservestellung in die vorderste Linie der Kapitaloffensive gegen die Arbeiterklasse; Beginn der Orientierung der aggressivsten Elemente des Weltimperialismus auf den deutschen Faschismus als Hauptstoßkraft des geplanten Krieges gegen die Sowjetunion; Beginnender Übergang der Rolle des »Leitbildfaschismus« vom italienischen auf den deutschen Faschismus.

b) Phase der direkten Kriegsvorbereitung (1933-1939).

3) Etappe des Kriegsfaschismus (1939-1945), mit den Phasen

a) des vollentfalteten, seinem Kulminationspunkt zustrebenden Faschismus (1939-1942/43),

b) des zerfallenden, unter den Schlägen der Völker und der Antihitlerkoalition zusammenbrechenden Faschismus.

Mit der Zertrümmerung der faschistischen Mächte – Spanien und Portugal ausgenommen – endete nicht nur eine Entwicklungsetappe, sondern ein ganzer Zyklus der Geschichte des Faschismus. Die nach 1945 folgende Geschichte des Faschismus war nicht einfach eine Fortsetzung des Vorhergehenden und konnte dies auch nicht sein, sondern ein *Neubeginn*, der Beginn eines neuen Zyklus unter einem gänzlich neuen Kräfteverhältnis zwischen Sozialismus und Imperialismus. Der erste Zyklus hatte den Faschismus von seiner Entstehung und Entwicklung als schärfste Waffe des Imperialismus gegen Arbeiterbewegung und Sozialismus über die volle Entfaltung seines barbarischen, menschheitsbedrohenden Charakters zum gesetzmäßigen Zusammenbruch geführt. Aber dieser Zusammenbruch bedeutete noch nicht das Ende, weil der imperialistische Mutterboden, aus dem der Faschismus hervorwuchs, vielerorts noch erhalten blieb.

---

27 Siehe Weltgeschichte, Bd. 9, S. 72ff., 93f., 110.

28 *Manfred Weißbecker*, Nationalsozialistische Deutsche Arbeiterpartei (NSDAP) 1919-1945, in: Handbuch der bürgerlichen Parteien, Bd. II, S. 397ff.; *Kurt Gossweiler*, Hitler und das Kapital 1925-1928, in: Blätter für deutsche und internationale Politik, Köln, 7/1978, S. 842ff., 8/1978, S. 993ff.

Die von zahlreichen bürgerlichen Autoren im Gefolge von Ernst Nolte[29] verbreitete Ansicht, mit dem Zusammenbruch des faschistischen Kriegsblocks sei »die Epoche des Faschismus« zu Ende gegangen, ist in zweifacher Hinsicht falsch und irreführend. Zum ersten, weil der Faschismus keine Epoche gebildet und geprägt hat, sondern ganz im Gegenteil als Waffe der alten, historisch bereits überlebten Mächte gegen das epochenbestimmende Jahrhundertereignis, die Große Sozialistische Oktoberrevolution und ihr Ergebnis, den ersten sozialistischen Staat, entstand und scheiterte. Zum anderen, weil der Faschismus immer wieder nachwachsen wird, solange es noch Imperialismus gibt.

Der neue Zyklus des Faschismus kann natürlich keine Wiederholung des ersten sein. Das lassen das neue Kräfteverhältnis zwischen Sozialismus und Imperialismus und das gewaltige Anwachsen der demokratischen, antifaschistischen und antiimperialistischen Kräfte nicht zu.

Der erste Zyklus war dadurch gekennzeichnet, daß wenige Monate nach dem Ende des ersten Weltkrieges in Gestalt Horthy-Ungarns der erste, knapp vier Jahre nach Kriegsende in Gestalt Mussolini-Italiens der zweite faschistische Staat entstand, elf Jahre nach Kriegsende bereits die neue Vorkriegszeit begann und einundzwanzig Jahre nach dem Ende des ersten der Zweite Weltkrieg vom faschistischen Deutschland entfesselt wurde.

Ein Vergleich dieser Fakten mit der Entwicklung in den 35 Jahren seit dem Ende des Zweiten Weltkrieges macht den Unterschied zwischen dem ersten und dem zweiten Zyklus der Entwicklung des Faschismus offenkundig. Der Untergang der faschistischen Regime in Portugal, Spanien und Griechenland, die Tatsache, daß es seit Kriegsende noch in keinem Lande der kapitalistischen Welt gelang, eine faschistische Massenbewegung aufzubauen, die mit der italienischen und der deutschen des ersten Zyklus verglichen werden könnte, – all dies beweist anschaulich, daß es dem Faschismus in der Welt von heute sehr viel schwerer fällt, in den Massen Fuß zu fassen.

Es wäre jedoch leichtfertig, daraus abzuleiten, der Faschismus stelle in unserer Zeit keine ernstzunehmende Gefahr mehr dar.[30] Die Errichtung des faschistischen Regimes in Griechenland im Jahre 1967 und in Chile 1973, beidemale mit dem Segen und der Unterstützung des USA-Imperialismus, sind mahnende Warnzeichen. Wenn bislang die politische Geographie des Nachkriegsfaschismus dadurch gekennzeichnet war, daß der Faschismus vor allem an der ehemals kolonialen und halbkolonialen Peripherie

29 *Ernst Nolte,* Der Faschismus in seiner Epoche, München 1963, S. 23ff.; *ders.,* Marxismus, Faschismus, Kalter Krieg. Vorträge und Aufsätze 1964-1976, Stuttgart 1977, S. 198ff.

30 Siehe dazu das Referat von *K. I. Saradov* auf dem internationalen wissenschaftlichen Symposion in Essen (BRD) im Jahre 1973 zum Thema: Der gegenwärtige Faschismus und die Realität seiner Gefahr, in: Probleme des Friedens und des Sozialismus, 4/1973, S. 471ff.

des imperialistischen Weltsystems installiert wurde als Hauptinstrument im Kampf gegen die Kräfte der nationalen Befreiungsbewegung und des sozialen Fortschritts[31], so zeigt sich in der zweiten Hälfte der siebziger Jahre, daß die Monopolbourgeoisie in den Hochburgen des Imperialismus in wachsendem Maße die Neigung entwickelt, der weiteren Verschärfung der allgemeinen Krise des Kapitalismus durch den Abbau des bürgerlichen Parlamentarismus und den Übergang zu autoritären Methoden zu begegnen. Schon 1973 stellte K. I. Sarodov fest, es wachse »die Gefahr der immanenten Faschisierung der bürgerlichen Staatsmaschinerie«, die Gefahr der »allmählichen Umwandlung des bürgerlich-demokratischen Regimes in ein faschistisches, das die Möglichkeit schafft, die Reste des Parlamentarismus plötzlich zu beseitigen und eine Diktatur zu errichten.«[32] Das aber bedeutet, daß die Menschheit noch nicht davor sicher ist, eines Tages einem atombewaffneten Faschismus gegenüberzustehen, einem Faschismus also, der noch über viel furchtbarere Mittel zur Menschenvernichtung verfügen würde, als der Nazifaschismus im zweiten Weltkrieg.

Dank der Existenz der sozialistischen Staatengemeinschaft besteht aber heute die reale Möglichkeit, durch den Kampf der Völker zu verhindern, daß es im zweiten Zyklus des Faschismus noch einmal eine Etappe des Vorkriegs- und des Kriegsfaschismus geben wird.

Nach diesem gerafften Überblick über die Entwicklungsetappen des Faschismus wird es leichter sein, zu verstehen, worin die Besonderheiten des Faschismus der Jahre 1919-1923 bestehen, die wir nunmehr einer näheren Betrachtung unterziehen werden.

3. Die Besonderheiten des Faschismus in den Jahren 1919-1923/24

Die erste Welle der Ausbreitung des Faschismus erhob sich in den Jahren 1919-1923.[33] Der Faschismus dieser Jahre war – wenn wir von den nationalen Besonderheiten absehen – geprägt von den spezifischen Bedingungen der revolutionären Nachkriegskrise. Er war ein Nachkriegs- und ein Nachrevolutionsfaschismus. Und er war ein Frühfaschismus, ein Faschismus, der gewissermaßen erst zu sich selbst finden mußte, und dessen Handhabung auch die imperialistische Bourgeoisie erst zu lernen hatte, wie umgekehrt die Arbeiterklasse erst lernen mußte, wie gefährlich dieser neue Gegner und wie er am wirksamsten zu bekämpfen war.

31 Ebenda, S. 478.

32 Ebenda.

33 Istorija fašizma v Zapadnoj Evrope, S. 8.

Vor allem war er ein *Nachrevolutionsfaschismus*. Das bedeutet im Einzelnen:

1. Der Faschismus war der stärkste, konzentrierteste Ausdruck einer Gegenoffensive der Weltbourgeoisie[34] gegen die revolutionäre Woge, die, vom Sieg der Oktoberrevolution ausgelöst, die Kapitalherrschaft auch in anderen Ländern Europas zu überfluten und zu beseitigen drohte. Er fand dort die stärkste Förderung seitens der herrschenden Klasse im Lande und seitens der Weltbourgeoisie, wo die revolutionären Aktivitäten des Proletariats und die Ausstrahlungen der Sowjetmacht die Aufrechterhaltung der bürgerlichen Ordnung am stärksten gefährdeten bzw. ihre Stabilisierung auf andere Weise nicht gelang.

2. Der Faschismus ist engstens verwandt mit dem weißen Terror. Der *Faschismus an der Macht* ist in der Tat weißer, d. h. konterrevolutionärer bürgerlicher Terror; aber nicht *jeder* weiße Terror ist schon Faschismus. Der »gewöhnliche« weiße Terror ist ein zeitlich begrenzter Ausnahmezustand zur Liquidierung der Revolutionäre und der revolutionären Herde, der in aller Regel wieder von einem Regime der sog. »Rechtsstaatlichkeit« abgelöst wird, wenn er seine Aufgabe erfüllt hat. Demgegenüber ist der Faschismus institutionalisierter weißer Terror, weißer Terror in Permanenz, zur »*Normalform*« bürgerlicher Staatlichkeit erhobener weißer Terror, der allenfalls in gesetzliche Formen gebracht wird.[35]

Nun ist der offene Terrorismus zwar das Hauptmerkmal des Faschismus[36], aber seine Kennzeichnung erschöpft sich nicht damit. Ein weiteres Merkmal besteht darin, daß er sich bemüht, der herrschenden Klasse für ihre terroristische Diktatur eine breite Massenbasis zur Verfügung zu stellen.

Gegenüber Auffassungen, die als einen Wesenszug des Faschismus nicht nur die Absicht und das Bemühen, sondern auch die Fähigkeit betrachten, eine Massenbewegung hervorzurufen, muß betont werden, daß von den zahlreichen faschistischen Bewegungen in Vergangenheit und Gegenwart nur die allerwenigsten das erstrebte Ziel erreichten, zur Massenpartei zu werden, daß aber dennoch an ihrem faschistischen Charakter kein Zweifel bestehen kann.[37] Der Faschismus ist keine Frage der Zahl, der Quantität, sondern die einer bestimmten politischen Qualität. Ob es dem Faschismus

---

34 *Zetkin,* Der Kampf gegen den Faschismus, S. 292.

35 Für das Beispiel des Horthyregimes in Ungarn siehe *I. Barta/I. T. Berend/P. Hanák/M. Lacko/L. Makkai/Zs. L. Nagy/Gy. Ranki,* Die Geschichte Ungarns, Budapest 1971, S. 542ff., 547ff.

36 Istorija fašizma v Zapadnoj Evrope, S. 5, 16; *Wsewolod D. Jeschow,* Herkunft und Klassenwesen des Faschismus, in: Gesellschaftswissenschaften, Moskau, 4/1977, S. 102.

37 In der Mitte der 1930er Jahre gab es in 20 Ländern Europas rund 50 faschistische Bewegungen – siehe *Otto-Ernst Schüddekopf,* Bis alles in Scherben fällt. Die Geschichte des Faschismus, München/Gütersloh/Wien 1973, S. 12. Die meisten von ihnen blieben unbedeutende Splittergruppen.

gelingt, zu einer Massenpartei zu werden, hängt eben, wie wir sahen, vor allem von objektiven, außerhalb des Faschismus liegenden Faktoren ab.

Was für die faschistischen Bewegungen gilt, trifft sinngemäß auch auf die faschistischen Diktaturen zu. Zwar ist jedes faschistische Regime, auch ein solches, das sich, wie etwa das chilenische, durch einen Militärputsch an die Macht schoß, darum bemüht, sich nachträglich eine breite Massenbasis zu schaffen.

Es bleibt aber ein faschistisches Regime natürlich auch dann, wenn diesem Bemühen kein Erfolg beschieden ist. Andererseits muß beachtet werden, daß die Massenbasis einer faschistischen Diktatur nicht unbedingt die Gestalt einer straff organisierten faschistischen Massenpartei annehmen muß; ein mehr oder weniger starker Rückhalt in Teilen der Bevölkerung kann auch auf andere Weise, z. B. über den Einfluß der Kirchen oder durch konservative Parteien, bewirkt werden.

3. Die Periode der revolutionären Krise prägte – wenngleich in unterschiedlichem Maße – den Charakter aller faschistischen Bewegungen und Regime, die in diesen Jahren entstanden: Horthy-Ungarn (1919/20), Mussolini-Italien (1922), Zankoff-Bulgarien (1923), NSDAP in Deutschland, u. a. Die Hauptaufgabe der faschistischen Diktaturen und der faschistischen Bewegungen bestand in der Liquidierung der Revolutionsgefahr durch erbarmungslosen Vernichtungskampf gegenüber der revolutionären Arbeiterbewegung. Aber sie mußten dabei den revolutionären Stimmungen und Erwartungen der Massen Rechnung tragen. Der Faschismus tat das, indem er sein zutiefst konterrevolutionäres Wesen verbarg und sich als revolutionär, als antikapitalistisch und antiplutokratisch, ja sogar als sozialistisch ausgab. Von Mussolini und der Hitlerbewegung in Deutschland ist das hinlänglich bekannt. Aber sogar das Horthy-Regime stützte sich auf Bewegungen, die sich als antikapitalistisch ausgaben und einen »ungarischen Sozialismus« als ihr Ziel proklamierten.[38] Ja, man kann sagen, daß die faschistischen Bewegungen sich von den konservativen Konterrevolutionären, von den Rechtsbewegungen alten Stils, die mit ihnen im Ziel der offenen Diktatur übereinstimmen, gerade durch ihren Pseudorevolutionarismus, durch ihre radikale Scheingegnerschaft gegenüber der bürgerlichen Ordnung auszeichnen. Der Faschismus ist jene politische Organisation vornehmlich der äußersten imperialistischen Reaktion, mit deren Hilfe diese sich durch den Appell an die Massen dem neuen Klassenkräfteverhältnis und der neuen strategischen und taktischen Situation der Bourgeoisie anzupassen sucht. Der Faschismus gibt vor, eine Bewegung der Massen für die Massen, ja sogar eine Arbeiterbewegung zu sein; er ist eine Bewegung, von der die imperialistische Bourgeoisie erhofft, daß sie imstande sei, dem krisengeschüttelten hinfälligen Kapita-

38 *B. K.,* Die ungarischen Arbeiter unter der Herrschaft des weißen Terrors, in: Die Kommunistische Internationale, Nr. 13 (1920), S. 189.

lismus neue Kräfte zuzuführen und ihm damit ermöglicht, seine Krise zu überwinden und über die Arbeiterbewegung und den aufsteigenden Sozialismus zu triumphieren.[39] Es ist außerordentlich kennzeichnend, daß selbst dort, wo eine faschistische Diktatur durch einen blanken militärischen Gewaltstreich installiert wurde und wird, ohne sich auf eine faschistische Massenbewegung stützen zu können, die militärfaschistischen Machthaber in aller Regel behaupten, eine Revolution vollzogen zu haben und eine neue, revolutionäre Ordnung zu errichten.

Die Ausstrahlung des revolutionären Epochencharakters war so stark, daß selbst namhafte Konservative sich bemühten, den Konservatismus vom Odium des Rückständigen, Vorgestrigen zu befreien, ihn als für notwendige Veränderungen und Neuerungen durchaus offen zu deklarieren und ihn durch die Kreation des Begriffes »Jungkonservatismus« auf »jugendlich« zu kostümieren.[40] Dabei bildete der Jungkonservatismus der Weimarer Republik ebenso eine Brücke zum Nazifaschismus, wie heute der »Neokonservatismus« zum Neonazismus.[41]

Die Ausprägung als *Nachrevolutions*-Faschismus – um dies noch einmal zusammenfassend zu sagen – kam also vor allem darin zum Ausdruck, daß sein Schwergewicht auf der Funktion der Revolutionsabwehr und Revolutionsliquidierung lag, und darin, daß Auftreten, Programmatik und Propaganda-Losungen des Faschismus stark von der revolutionären Massenstimmung beeinflußt waren und ihr Rechnung tragen mußten.

Der Faschismus wollte und sollte nicht nur der brutalste und terroristischste Stoßtrupp der Konterrevolution sein, sondern zugleich gegen das Heer der organisierten Proletariermassen ein Massenheer aus allen Klassen und Schichten, vor allem aber auch aus der Arbeiterklasse mobilisieren.[42] Deshalb kopierte er bestimmte Attribute, Bräuche und Methoden der Arbeiterbewegung, und nahm für sich in Anspruch, eine neue Gesellschaft zu schaffen; er legte sich einen »revolutionären« Habitus zu, was wiederum die »gemäßigten« bürgerlichen und die sozialreformistischen Antikommunisten zum Anlaß nahmen, Kommunisten und Faschisten als wesensgleiche Feinde der Demokratie zu klassifizieren.[43]

---

39 *Zetkin,* Kampf gegen den Faschismus, S. 300f.

40 Siehe dazu *Joachim Petzold,* Konservative Theoretiker des deutschen Faschismus. Jungkonservative Ideologen in der Weimarer Republik als geistige Wegbereiter der faschistischen Diktatur, Berlin 1978.

41 Ebenda; *Ludwig Elm,* Der »neue« Konservatismus. Zur Ideologie und Politik einer reaktionären Strömung in der BRD, Berlin 1974.

42 Faschismusforschung, S. 111ff., 129ff., 264ff.

43 So schrieb z. B. Luigi Sturzo von einer konservativ-katholischen Position aus schon 1926, »daß … der Bolschewismus eine kommunistische Diktatur oder ein Linksfaschismus« sei, und »der Faschismus eine konservative Diktatur oder ein Rechtsbolschewismus«. – Zit. nach: *Ernst Nolte* (Hg.), Theorien über den Faschismus, Köln / (West-)Berlin 1967, S. 225.

Die scheinrevolutionäre, antibürgerliche Geste und Phrase, besonders stark ausgeprägt in den Jahren 1919-1923, blieb auch über die revolutionäre Nachkriegskrise hinaus ein kennzeichnendes Merkmal faschistischer Bewegungen, mußten und müssen sie doch dem revolutionären Charakter unserer Epoche des Überganges vom Kapitalismus zum Sozialismus Rechnung tragen.

Besonders in Zeiten akuter Krisen und mit ihnen verbundener Radikalisierung breiter Schichten des Kleinbürgertums und der Arbeiterklasse kehrten und kehren die Faschisten ihren Pseudorevolutionarismus hervor.

Die radikale Ablehnung der bestehenden Staatsordnung durch die Faschisten war allerdings nicht nur Ausdruck der Anpassung an revolutionäre Massenstimmungen, sondern auch ein Reflex der Ablehnung der bürgerlichen Demokratie durch die extremreaktionären Kreise der herrschenden Klasse. Die Todfeindschaft dieser Kreise gegen den bürgerlich-parlamentarischen Staat, ihre Bereitschaft, ihn mit illegalen, gewaltsamen – und das hieß im bürgerlichen Verständnis: mit revolutionären – Mitteln zu beseitigen, schuf erst den Boden dafür, daß konterrevolutionäre Bewegungen gerade dadurch der extremen Reaktion den wirkungsvollsten Dienst leisteten, daß sie sich als revolutionär und antibürgerlich ausgaben und dem bestehenden bürgerlichen Staat den unversöhnlichen Kampf ansagten. Für die deutschen konservativen Reaktionäre ergab sich eine solche Situation erst nach der Novemberrevolution; in Frankreich war sie erstmals schon mit der Revolution von 1789 entstanden, und hatte in der dritten Republik beim Übergang zum Imperialismus zur Herausbildung der »Action française« geführt, die in verschiedener Hinsicht den Faschismus schon vorwegnahm.[44] Die faschistischen Bewegungen verdanken ihre Entstehung also auch der neuen, modernen Taktik bestimmter extrem reaktionärer Kreise der imperialistischen Bourgeoisie, die Popularität der Revolution auszunutzen zur Bekämpfung der Revolution und der bürgerlichen Demokratie mit Hilfe einer scheinrevolutionären Massenbewegung, die ihrem Wesen nach in Wirklichkeit eine konterrevolutionäre Kampforganisation ist.

Der Faschismus jener Jahre war ferner ein *Faschismus der unmittelbaren Nachkriegsjahre.* Der erste Weltkrieg war gewissermaßen die Inkubationszeit des Faschismus. Er hat den Faschismus in verschiedener Hinsicht geprägt.

Im ersten Weltkrieg kamen der dem Imperialismus innewohnende Drang nach Gewalt, die ihm eigene Brutalität und Menschenverachtung zu einem explosiven Ausbruch und erreichten Ausmaße, die weit über das bisherige Vorstellungsvermögen hinausgingen.

---

44 *Ders.,* Die faschistischen Bewegungen. Die Krise des liberalen Systems und die Entwicklung des Faschismus, München 1966, S. 289ff.

Im ersten Weltkrieg erreichte aber auch die imperialistische Kunst der Menschenverführung, der Manipulierung und Mobilisierung der Massen für fremde und ihnen sogar feindliche Interessen eine ungeahnte Perfektionierung.

Durch den Faschismus wurden gerade diese beiden »Errungenschaften« des Imperialismus bewahrt und weiterentwickelt. Die spezifisch faschistischen Kampfformen stellen in ihrer Kombination von brutalstem Terror mit raffinierter Massenverführung die Übertragung von Kampfformen und -methoden des ersten Weltkrieges auf die innenpolitischen Auseinandersetzungen, auf den Kampf gegen den inneren Feind dar. Der Faschismus machte, wo immer er es vermochte, in einem bisher unbekannten Maße das eigene Land zu einem Kriegsschauplatz, lange bevor Himmler das so kennzeichnende Wort vom »Kriegsschauplatz Innerdeutschland« prägte. Wenn Clausewitz den Krieg nach außen als Fortsetzung der Politik mit anderen – gewaltsamen – Mitteln definierte, so machte der Faschismus diese Mittel zum Hauptinstrument auch des Klassenkampfes im eigenen Lande. Folgendermaßen schilderte der italienische Faschistenführer Balbo eine typische »Strafexpedition« der Schwarzhemden im Juli 1922 im Gebiet von Ravenna: »Wir unternahmen diese Aufgabe im gleichen Geist, in dem wir im Kriege die feindlichen Lager gestürmt hatten. Die Flammen der großen brennenden Gebäude erhoben sich unheimlich in die Nacht. Eine ganze Stadt war von der Glut beleuchtet. Wir mußten den Terror in das Herz unserer Feinde säen … (Ich) organisierte … eine ›Feuersäule‹, … um unsere Vergeltungsmaßnahmen auf die ganze Provinz auszudehnen … Dieser Zug begann gestern morgen, am 29. um 11 Uhr früh und endete am Morgen des 30. … Wir fuhren durch Rimini, Sant'Arcangelo, Savignano, Cesena, Bertinoro, alle Städte und Zentren der Provinzen Forli und Ravenna, und zerstörten und verbrannten alle roten Häuser, die Sitze der sozialistischen und kommunistischen Organisationen. Es war eine furchtbare Nacht. Unser Zug war gezeichnet durch hohe Säulen von Feuer und Rauch. Die ganze Ebene der Romagna war den Vergeltungstaten der erbosten Faschisten ausgeliefert.[45]

Noch deutlicher von jenem Ungeist weißgardistischer Mordbrennerei, der zu einem konstituierenden Bestandteil des Faschismus wurde, spricht der Brief eines Angehörigen der Brigade Epp über die »Heldentaten« dieser Truppe im Kampf gegen die bereits in Auflösung befindliche Rote Ruhrarmee im März 1920, geschrieben an eine Schwester des Lazaretts der Truppe, in dem der Briefschreiber vorher gelegen hatte: »Bin nun endlich bei meiner Kompanie … nachmittags um 1 Uhr machten wir den ersten Sturm. Selbst die Verwundeten erschießen wir noch. Die Begeisterung ist großartig, fast unglaublich … Alles, was uns in die Hände kommt, wird mit dem

45 *Francis L. Carsten*, Der Aufstieg des Faschismus in Europa, Frankfurt/M. 1968, S. 71f.

Gewehrkolben zuerst abgefertigt, und dann noch mit der Kugel. Ich dachte während des ganzen Gefechts an die Station A. Das kommt nämlich daher, daß wir auch zehn Rote-Kreuz-Schwestern sofort erschossen haben, von denen jede eine Pistole bei sich trug. Mit Freuden schossen wir auf diese Schandbilder, und wie sie geweint und gebeten haben, wir sollten ihnen das Leben lassen! Nichts! Wer mit der Waffe angetroffen wird, der ist unser Gegner und muß dran glauben. Gegen die Franzosen waren wir im Feld viel humaner.«[46]

Der Faschismus zog auch am entschiedensten die Konsequenzen aus den Erfahrungen der herrschenden Klassen und ihrer militärischen Führungen mit der Waffe der »psychologischen Kriegführung« im ersten Weltkrieg. Im Vergleich zu früheren Kriegen gewann die Propaganda in diesem Krieg geradezu den Rang einer neuen Waffengattung, galt es jetzt doch, nicht nur für Monate, sondern für Jahre nicht nur die kämpfenden Truppen, sondern ganze Völker zum Weiterkämpfen und »Durchhalten« zu veranlassen, trotz millionenfachen Todes, entsetzlichen Leides, furchtbarer Entbehrungen und wachsender Friedenssehnsucht.

Nachdem sie den Krieg verloren hatten, führten die deutschen Generale und Politiker die Niederlage unter anderem auf Fehler in der Führung des Propagandakrieges, auf die Überlegenheit der Kriegspropaganda der »Feindmächte« zurück. Von Major Kurt Hesse, einem Spezialisten der neuen »Waffengattung«, erschien 1922 ein Buch unter dem bezeichnenden Titel »Der Feldherr Psychologos«.[47]

Von dem Münchener Psychiater Dr. J. R. Roßbach verfaßt, erschien schon 1919 eine Schrift mit dem Titel »Die Massenseele. Psychologische Betrachtungen über die Entstehung von Volks-(Massen)-Bewegungen (Revolutionen)«.[48] Roßbach versucht darin nachzuweisen, daß es nur deshalb zur Revolution kam, weil die deutsche Führung die »Massenseele« verkannt und deshalb falsch behandelt habe. So hätte dem Volk, »der Masse«, im Kriege ein einfaches, klares Ziel immer wieder eingehämmert werden müssen. »Das ewige Schwanken, das ständige Hin- und Hertaumeln der Reichsleitung in den Kriegszielfragen, bald Machtpolitik, bald wieder Verständigung«, hätten es jedoch verhindert, »dem Volke das eine unbedingte Ziel immer wieder zu geben und zu erhalten, den unbeugsamen Willen zum Sieg; ein Ziel, unabänderlich, so wie der Polarstern ewig an der gleichen Stelle leuchtet.«[49] Die Schrift Roßbachs fand in den Münchener völkischen Kreisen große Beachtung; der »Völkische Beobachter«, damals noch das Blatt der »Deutschsozialistischen Partei«, (einer Konkurrenzorgani-

46 Brief des Oberjägers Max Ziller, zit. nach: *Otto Hennicke*, Die Rote Ruhrarmee, Berlin 1956, S. 113.

47 *Kurt Hesse,* Der Feldherr Psychologos, Berlin 1922.

48 Auf diese Schrift weist *Albrecht Tyrell* in seinem Buch »Vom ›Trommler‹ zum ›Führer‹«, S. 54ff., hin.

49 Ebenda, S. 56.

sation der »Deutschen Arbeiterpartei«)[50] machte auf sie in einer ausführlichen Besprechung aufmerksam. Albrecht Tyrell hat ganz sicher recht mit seiner Vermutung, daß Hitler die Schrift Roßbachs kannte und ihr viele Gedanken entnahm, die er später in seinem Buche »Mein Kampf« als seine Ideen und Gedanken wiedergab, nachdem er sie vorher schon in politische Praxis umgesetzt hatte.[51] Über die Kriegspropaganda schrieb Hitler z. B. »Handelt es sich aber, wie bei der Propaganda für die Durchhaltung eines Krieges, darum, ein ganzes Volk in ihren Wirkungsbereich zu ziehen, so kann die Vorsicht bei der Vermeidung zu hoher geistiger Voraussetzungen gar nicht groß genug sein ... Am allerschlechtesten jedoch begriff man die allererste Voraussetzung jeder propagandistischen Tätigkeit überhaupt: nämlich die grundsätzlich subjektiv einseitige Stellungnahme ... Sowie durch die eigene Propaganda erst einmal nur der Schimmer eines Rechtes auch auf der anderen Seite zugegeben wird, ist der Grund zum Zweifel an dem eigenen Recht schon gelegt ... alle Genialität der Aufmachung der Propaganda wird zu keinem Erfolg führen, wenn nicht ein fundamentaler Grundsatz immer gleich scharf berücksichtigt wird. Sie hat sich auf wenig zu beschränken und dieses ewig zu wiederholen ... Jede Reklame, mag sie auf dem Gebiete des Geschäftes oder der Politik liegen, trägt den Erfolg in der Dauer und gleichmäßigen Einheitlichkeit ihrer Anwendung.«[52]

Der »Feldherr Psychologos« aus dem imperialistischen Weltkrieg war der Lehrmeister und Taufpate des Faschismus auf dem Gebiete der Propaganda.

Der Krieg und die Kriegsfolgen haben auch ganz wesentlich dazu beigetragen, die *Führungskader*, die *Massengefolgschaft* und die *Ideologie* des Faschismus zu formen.

Was die Führungskader betrifft, so hat der erste Weltkrieg soziales Strandgut in Gestalt von Offizieren, Unteroffizieren und Mannschaftsgraden hinterlassen, von »Kriegsrohlingen« und »Landsknechtsnaturen, denen der Terror Genuß ist«[53], denen das Kriegführen zum Bedürfnis wurde und die vor dem Gedanken, wieder einen zivilen Beruf ergreifen zu müssen, tiefen Abscheu empfanden. Sie wollten weiterhin befehlen und Krieg führen, wenn nicht gegen einen äußeren, dann gegen den inneren Feind; dieser innere Feind waren alle, die den Krieg haßten und bekämpften, also in erster Linie »die Roten«. Diese »militärischen Desperados«[54] bildeten nach dem Kriege

---

50 Über diese Parteien siehe Kapitel III und folgende der vorliegenden Arbeit.

51 Tyrell weist darauf hin, daß die Übereinstimmungen, die ein anderer Autor zwischen den Ausführungen *Le Bons* in seinem Werk »Psychologie der Massen« und Hitlerschen Passagen in »Mein Kampf« feststellte, schon für die Schrift Roßbachs und Hitlers Äußerungen aus den Jahren 1920/21 nachweisbar sind. *Tyrell*, S. 55.

52 *Adolf Hitler*, Mein Kampf, München 1939, S. 197,200f., 202,203.

53 *Zetkin*, Der Kampf gegen den Faschismus, S. 325.

54 Diesen Begriff prägte *Wolfgang Sauer* in einem Artikel »National Socialism: Totalitarianism or Fascism?«, in: The American Historical Review, vol. LXXIII, Number 2, December 1967, S. 411.

»die faschistischen ›Milizen‹, die völkischen ›Wehrverbände‹ mit einer eigenartigen militaristischen, antidemokratischen, nationalistischen Ideologie«[55], sie waren das ideale Führerreservoir für den Feldzug an der »inneren Front«, zur Niederwerfung der gegen den Imperialismus kämpfenden Arbeiterklasse.

Aber diese militärischen Desperados waren nicht das soziale Produkt des Kleinbürgertums; was sie geworden waren: brutale, pervertierte, entmenschte Kampf- und Mordmaschinen, das waren sie geworden, nachdem der Imperialismus sie aus ihrer zivilen Existenz herausgerissen hatte, durch die Erziehung, die er ihnen in seinem Krieg und für seine Zwecke hatte angedeihen lassen.

Der imperialistische Krieg schuf auch die Voraussetzungen dafür, daß der Faschismus in einigen Ländern im Kleinbürgertum ein günstiges Rekrutierungsfeld für eine Massengefolgschaft vorfand. Besonders großes Ausmaß nahm die Entwurzelung großer Teile des Kleinbürgertums in Deutschland an. Das Gefühl, nicht nur den sprichwörtlichen goldenen Boden verloren zu haben, sondern nun auch drauf und dran zu sein, überhaupt jeden Boden unter den Füßen zu verlieren, breitete sich in den Kreisen des »alten Mittelstandes«, d. h. der Kleinproduzenten und Kleinhändler, immer mehr aus. »Viele Kleingewerbetreibende mußten ihren Betrieb oder ihr Geschäft aufgeben, weil sie ihre Gehilfen auf Grund des ›Gesetzes über den vaterländischen Hilfsdienst‹ von 1916 an rüstungswichtige Industrien abgeben mußten oder selber in den Krieg zogen. Die in der Heimat verbliebenen Handwerker fühlten sich bei der Rohstoffversorgung, im öffentlichen Verdingungswesen und bei der Kreditvergabe gegenüber der Industrie benachteiligt, während in Kreisen der Kleinhändler besonders über die Folgen der Preisbeschränkungen für Gegenstände des täglichen Bedarfs geklagt wurde. Im Mittelstand verbreitete sich der Eindruck, daß man auf der ›Schattenseite der Kriegskonjunktur‹ stehe und eine ›Proletarisierung breiter erwerbender Volksschichten‹ kaum noch aufzuhalten sei.«[56] Ende 1917 waren etwa 500.000 Handwerker, das waren etwa 50 Prozent aller Handwerker, eingezogen und ca. ein Drittel aller Handwerksbetriebe geschlossen.[57] In den Berichten der stellvertretenden Generalkommandos konnte man ständig Feststellungen wie die folgenden lesen: »Immer schwieriger gestaltet sich die Lage des Mittelstandes, der kleinen Beamten, Geschäftsleute und Handwerker. Gera-

---

55 *Otto Bauer*, Der Faschismus. Zwischen zwei Weltkriegen? Die Krise der Weltwirtschaft, der Demokratie und des Sozialismus, Bratislava 1936, zit. nach: Faschismus und Kapitalismus. Theorien über die sozialen Ursprünge und die Funktion des Faschismus, hg. von Wolfgang Abendroth, Frankfurt/M. 1967, S. 143.

56 *Heinrich August Winkler*, Mittelstand, Demokratie und Nationalsozialismus. Die politische Entwicklung von Handwerk und Kleinhandel in der Weimarer Republik, Köln 1972, S. 27f.

57 *Jürgen Kocka*, Klassengesellschaft im Krieg. Deutsche Sozialgeschichte 1914-1918, Göttingen 1973, S. 86. – Kocka ist allerdings bemüht, die verheerenden Wirkungen des Krieges auf die Existenzgrundlagen der Mittelschichten herabzuspielen – siehe ebenda, S. 87.

de in diesem, vom Kriege allerschwerstens getroffenen Kreise der Bevölkerung findet man häufig Niedergeschlagenheit und entsagende Erbitterung. Weit verbreitet ist bei dem Mittelstand die Überzeugung, daß ihm jede staatliche Unterstützung ermangelt.« »Beim Mittelstand wie bei den Arbeitern macht sich zusehends eine Erbitterung gegen diejenigen Leute geltend, die aus dem Kriege ungeheure Gewinne ziehen.« Mehrfach wurde die Befürchtung ausgesprochen, daß diese Erbitterung die Selbständigen veranlassen könnte, sich der Sozialdemokratie anzuschließen.[58]

Der Krieg verrichtete in wenigen Jahren ein Werk der Zerstörung mittelständischer Existenzen, zu dem der Kapitalismus in seiner »normalen« Gangart sonst Jahrzehnte gebraucht hätte. Die Inflation, durch die Millionen ihrer letzten Ersparnisse beraubt wurden, setzte das Werk der Untergrabung der Existenzgrundlagen des Mittelstandes fort.

Im Wesentlichen ähnliche, wenn auch im Einzelnen unterschiedliche Erfahrungen mit Krieg und Nachkriegszeit machten auch die Angestellten und Beamten, der sogenannte »Neue Mittelstand«.[59]

So schuf der Imperialismus – zunächst spontan, unbewußt – durch die massenhafte Vernichtung und Untergrabung der Existenzbedingungen des Kleinbürgertums ein potentielles Reservoir für eine Massenbewegung, die gegen die eigenen objektiven Interessen für die Zerstörung der proletarischen Massenbewegung mobilisiert werden konnte.

In ihrem großen Referat über den Kampf gegen den Faschismus führte Clara Zetkin vor dem EKKI-Plenum im Juni 1923 zu dieser Problematik aus: »Wir finden schon Symptome für die Proletarisierung bürgerlicher Schichten durch den Kapitalismus in der Vorkriegszeit. Der Krieg hat die kapitalistische Wirtschaft in ihren Tiefen zerrüttet. Das zeigt sich nicht nur in der ungeheuerlichen Verelendung des Proletariats, sondern ebensosehr in der Proletarisierung breitester klein- und mittelbürgerlicher Massen, in dem Notstand des Kleinbauerntums und in dem grauen Elend der Intelligenz ... Augenblicklich erleben all diese Schichten den Bankrott ihrer Hoffnungen auf den Krieg. Ihre Lage hat sich außerordentlich verschlechtert. Schlimmer als alles lastet auf ihnen das Fehlen der Existenzsicherheit, die sie in der Vorkriegszeit noch hatten ... In allen Ländern hat sich die Lage der Mittelschichten erheblich verschlechtert ... In der Folge

58 Ebenda, S. 89. – Für die Methode Kockas ist allerdings kennzeichnend, daß er die reaktionären, antisozialistischen Stellungnahmen der Spitzen der mittelständischen Berufs- und Standesorganisationen als Maßstab für die Beurteilung der Haltung aller Angehörigen der Mittelschichten nimmt, obwohl er selbst einräumen muß, daß die Politik der Innungen, Kammern und freien Verbände von den kapitalstärksten Handwerkern bestimmt wurde – (Ebenda, S. 90).

59 Zu Unterschieden in der Lage und der politischen Haltung von »altem« und »neuem« Mittelstand im Kriege siehe *Kocka*, *S.* 71ff., 85ff.

sind Tausende und Tausende vorhanden, die nach neuen Lebensmöglichkeiten, nach gesichertem Brot, nach sozialer Stellung suchen. Ihre Zahl vermehrt sich durch kleine und mittlere Beamte des Staates, der öffentlichen Dienste.«[60]

Im Kleinbürgertum, bis zum ersten Weltkrieg nicht zu Unrecht als zuverlässige Stütze der bestehenden Ordnung von der herrschenden Klasse eingeschätzt, begann ein Prozeß der politischen Umorientierung, der Suche nach einer neuen politischen Heimat, in der die Vertretung ihrer Interessen besser aufgehoben sein würde, als bei den etablierten bürgerlichen Parteien.

Zunächst knüpften zahlreiche Angehörige dieser Schichten in Deutschland ihre Hoffnungen an die neue, durch die Revolution hervorgebrachte Ordnung. »Ein großer Teil der proletarisierten oder von der Proletarisierung bedrohten klein-und mittelbürgerlichen Schichten,« so führte Clara Zetkin in dem erwähnten Referat aus, »der Beamten, bürgerlichen Intellektuellen hatte die Kriegspsychologie durch eine gewisse Sympathie für den reformistischen Sozialismus ersetzt. Sie erhofften vom reformistischen Sozialismus dank der ›Demokratie‹ eine Weltwende.« »Diese Hoffnungen«, so fuhr Clara Zetkin fort, »sind bitter enttäuscht worden. Die Reformsozialisten treiben eine sanfte Koalitionspolitik, deren Kosten zusammen mit den Proletariern und Angestellten die Beamten, Intellektuellen, Klein- und Mittelbürger jeder Art zahlen.«[61] Clara Zetkin wies darauf hin, daß diese Schichten im allgemeinen der theoretischen, geschichtlichen und politischen Schulung entbehren, daß außerdem ihre Sympathien für den Reformsozialismus nicht tief verwurzelt waren, und daß sie deshalb mit dem Glauben an die reformistischen Führer den Glauben an den Sozialismus überhaupt verloren.

Diese Bemerkungen sind von großer Bedeutung für die richtige Analyse des Verhältnisses der Mittelschichten zum Faschismus. Sie unterstreichen, daß der Faschismus nicht die aus diesen Schichten selbst spontan hervorgehende Reaktion auf ihre Depossedierung ist, und sie weisen ferner daraufhin, daß die Hinwendung dieser Schichten zum Faschismus erst unter ganz bestimmten Umständen erfolgt, unter Umständen, die von einem anderen hervorragenden Führer der Arbeiterbewegung, Palme Dutt, so gekennzeichnet wurden: »Dort, wo die Bewegung der Arbeiterklasse stark ist, eine revolutionäre Linie verfolgt und als der politische Führer aller unterdrückten Schichten im Kampf gegen das Kapital aufzustehen vermag, dort schwimmt die Klasse der Kleinbürger im Kielwasser der Arbeiterklasse. Das war die allgemeine Lage während der revolutionären Welle der Nachkriegsjahre 1919 bis 1920. Während dieser Zeit konnte der Faschismus keinen festen Boden gewinnen.

60 *Zetkin,* Der Kampf gegen den Faschismus, S. 296f.

61 Ebenda, S. 297f.

Aber dort, wo die Bewegung der Arbeiterklasse sich ihrer revolutionären Aufgabe nicht bewußt ist, der Führung des Reformismus folgt und sich so dem Großkapital unterwirft und sogar scheinbar mit ihm zusammenarbeitet, dort suchen die enttäuschten kleinbürgerlichen und deklassierten proletarischen Elemente anderswo nach einer Führung. Auf dieser Grundlage kann der Faschismus festen Boden gewinnen.«[62] Clara Zetkin formulierte zusammenfassend: »Der Faschismus wurde ein Asyl für politisch Obdachlose, für sozial Entwurzelte, für Existenzlose und Enttäuschte.«[63]

Der erste Weltkrieg hatte schließlich großen Anteil an der Herausbildung der faschistischen Ideologie.

Vier Jahre imperialistischer Krieg – das waren vier Jahre ununterbrochener Gewöhnung der Völker an Brutalität, Massenmord, Menschenvernichtung als »normale« Mittel zur Erreichung politischer Ziele, das bedeutete für einen bestimmten Teil der zum Mord Abgerichteten eine nicht mehr rückgängig zu machende Bestialisierung, das bedeutete Vernichtung der bisher gültigen Moralgesetze und ihre durch Kirche, Schule und Staat sanktionierte Ersetzung durch die Heiligung und Heroisierung des Massenmordes an seinesgleichen, an Klassenbrüdern in anderen Uniformen, die von den »Führern der Nation« zum »Feind« erklärt worden waren.

Diese Ideologie der Brutalität, des Chauvinismus und des Mordes als Mittel der Politik – typischer Bestandteil der faschistischen Ideologie – wurde im Laufe des Krieges zwar von einem großen Teil auch der Werktätigen, insbesondere im Kleinbürgertum, aufgenommen; aber sie war keineswegs originär im Kleinbürgertum entstanden, sie war original imperialistische Mobilisierungsideologie für imperialistische Ziele und wurde mit einem bisher unerhörten propagandistischen Aufwand in die Köpfe hineingepredigt und durch die Praxis eingewöhnt. Mit dieser massenhaften Erziehung zum Völkerhaß wurde zugleich auch der Boden für die Saat des Rassenhasses bereitet.

»Die Verachtung für verfassungsmäßige und gesetzliche Formen«, schrieb der englische Arbeiterführer Palme Dutt im Jahre 1934, »die Verherrlichung der Gewalt, die Ablehnung aller liberalen, egalitären und humanitären Ideen, die Forderung nach dem starken und mächtigen Staat, die Inthronisation des Krieges als höchste Form der menschlichen Aktivität – all das ist ein typischer Ausdruck des modernen Monopolkapitalismus ... tatsächlich erwuchs der Faschismus aus der Kriegsagitation unter der leitenden Eingebung der Armeegewaltigen, sowohl in Italien wie auch in Deutschland.«[64]

Die Verherrlichung des Krieges gehörte natürlich schon immer zum Arsenal politischer Reaktion. Aber im ersten Weltkrieg und danach erreichte sie eine neue Qualität

62 *Rajani Palme Dutt,* Faschismus und soziale Revolution, Frankfurt/M. 1972 (Reprint), S. 85f.

63 *Zetkin,* Der Kampf gegen den Faschismus, S. 299.

64 *Dutt,* S. 179f.

und erhielt eine neue Funktion. Die Greuel von vier Jahren imperialistischem Krieg hatten die Völker Europas den Krieg hassen gelehrt und den Frieden sehnlichst herbeiwünschen lassen. Seit der Oktoberrevolution hatte sich die Verbindung der Losungen »Frieden« und »Sozialismus« als eine die Massen bewegende Kraft von unwiderstehlicher Stärke erwiesen.

Obwohl die imperialistische Bourgeoisie geschickt genug war, die Friedenssehnsucht der Massen zu kanalisieren, war die Kriegsgegnerschaft der Massen in allen Ländern höchst unerwünscht, hatte diese doch nicht geringen Anteil daran, daß das Unternehmen, die bolschewistische Revolution durch eine imperialistische Intervention in der Wiege zu erdrosseln, erfolglos abgebrochen und auf unbestimmte Zeit vertagt werden mußte.

Doppelt unerwünscht war diese Kriegsgegnerschaft aber vor allem der deutschen Bourgeoisie, die neben dem gemeinsamen Klassenziel der Abrechnung mit dem Bolschewismus noch von einem zweiten, womöglich noch vorher zu erreichenden Ziel träumte – von der Revanche für die Niederlage und für Versailles. Dazu mußte aber das deutsche Volk erst von seiner »pazifistischen Knochenerweichung« geheilt und wieder in den Zustand »seelischer Kampfbereitschaft« versetzt werden. Dieser Aufgabe unterzog sich die gesamte Rechtsbewegung mit allen ihren Gruppen, Grüppchen und Parteien. Ähnliche Motive bewegten auch die herrschende Klasse Ungarns und Bulgariens, die beide zu den Verlierern gehörten, und Italiens, die sich um den Preis des Sieges geprellt fühlte.

Stärker noch als gegen den äußeren Gegner wandte sich der aufpeitschende Nationalismus gegen den »inneren Feind«, gegen die Arbeiterbewegung, wobei sowohl der reformistische Pazifismus wie der militante Antikriegskampf der Kommunisten gleichermaßen als landesverräterisch denunziert wurden. Ihre Ausmerzung erklärte man zur ersten Voraussetzung für eine Wiedergeburt der Nation und deren Aufstieg zu neuer Größe. Auf diese Weise erhielt das imperialistische Klassenkampfziel der Vernichtung der Arbeiterbewegung in der faschistischen Kriegsverherrlichung eine zusätzliche ideologische und »nationale« Begründung und Rechtfertigung.

Noch in einer weiteren Hinsicht empfing die faschistische Ideologie wesentliche Impulse und Anregungen von der imperialistischen Kriegsideologie und -propaganda. Die »Frontkameradschaft« wurde als stärkster »Beweis« für die »Künstlichkeit« des Klassenkampfes und für die Realisierbarkeit der »Volksgemeinschaft« ausgegeben und als Verwirklichung eines »nationalen Sozialismus« propagiert. Dabei konnte der Faschismus an den Sozialchauvinismus und Sozialimperialismus und dessen Ideologie des »Burgfriedens« und des »Kriegssozialismus« anknüpfen, wenn er den Weltkrieg und das »Fronterlebnis« mythologisierte und verklärte.

Der Faschismus erzielte mit dieser Ideologie seine größten Erfolge bei vielen Angehörigen der jungen Generation, die durch die Schrecken des ersten Weltkrieges gegangen waren in dem Glauben, ihr Leben für höchste Ziele und Werte in die Schanze zu schlagen, und die im Verlaufe des Krieges und des Nachkrieges an diesem Glauben irre wurden. Der Faschismus lenkte ihre Enttäuschung gegen die Arbeiterbewegung und leistete der herrschenden Klasse damit den unschätzbaren Dienst, aus potentiellen Revolutionären »idealistische« Konterrevolutionäre zu machen, Antisozialisten, die ehrlich glaubten und von dem Willen beseelt waren, echte Patrioten, »nationale« Sozialisten zu sein.[65] In ihrem schon mehrfach zitierten Bericht auf dem Plenum der erweiterten Exekutive der Kommunistischen Internationale im Juni 1923 sagte dazu Clara Zetkin: »Wir dürfen nicht vergessen, daß die Gewalthaufen der Faszisten nicht ausschließlich zusammengesetzt sind aus Kriegsrohlingen, aus Landsknechtsnaturen, denen der Terror Genuß ist, aus käuflichen Lumpen. Wir finden in ihnen auch die energischsten, entwicklungsfähigsten Elemente der betreffenden Kreise. Wir müssen mit Ernst und mit Verständnis für ihre Lage und ihre brennende Sehnsucht darangehen, unter ihnen zu arbeiten und ihnen zu zeigen, daß der Ausweg für sie nicht rückwärts führt, vielmehr vorwärts, zum Kommunismus.«[66]

Die Verwurzelung des Faschismus im ersten Weltkrieg und seine Rolle als Waffe der imperialistischen Bourgeoisie gegen die proletarische Revolution charakterisieren ihn als Produkt der allgemeinen Krise des Kapitalismus. Je tiefgehender und schwerer lösbar die ökonomischen, politischen und sozialen Probleme waren, vor die sich die herrschende Klasse in den verschiedenen Ländern gestellt sah, umso mehr neigten ihre reaktionärsten Elemente dazu, die Lösung dieser Probleme auf Kosten der werktätigen Massen mit den Mitteln brutaler Gewalt zu betreiben. Deshalb gewann der Faschismus in den frühen zwanziger Jahren großen Einfluß oder wurde gar an die Macht gebracht in jenen Ländern, die zu den Verliererstaaten gehörten oder sich – wie Italien – in ökonomischer und politischer Hinsicht in einer ähnlich verzweifelten Lage befanden wie jene; in solchen Ländern also, die zu jener Zeit zu den schwächsten Kettengliedern des Imperialismus gehörten.

Auch die Hinwendung großer Teile des Kleinbürgertums zum Faschismus war Ergebnis und zugleich Ausdruck der allgemeinen Krise des Kapitalismus, zeigte sie doch an, daß die offen kapitalistischen bürgerlichen Parteien nicht mehr in der Lage waren, dem Bürgertum in seiner Gesamtheit eine politische Heimat zu bieten, da der Kapitalismus nicht mehr vermochte, allen Schichten des Bürgertums eine gesicherte bürgerliche Existenz zu sichern. Der Faschismus als *Massen*bewegung ist ein Indikator

---

65 Erinnert sei hier an Männer wie Josef (»Beppo«) Römer und Bodo Uhse, die nach dem Kriege in den Reihen der reaktionären Freikorps und Wehrverbände standen, die aber ihr revolutionäres Wollen schließlich in die Reihen der KPD führte. Es muß aber auch gesagt werden, daß solche Fälle seltene Ausnahmen blieben.

66 *Zetkin*, Der Kampf gegen den Faschismus, S. 325.

dafür, daß die Bourgeoisie an einem Punkte angelangt ist, da ihr die Integration von Teilen des Bürgertums nur noch mit Hilfe einer Partei gelingt, die sich als antibürgerliche Partei ausgibt und einen Teil ihrer Schlagwörter von der sozialistischen Arbeiterbewegung entlehnen muß, weil der Gedanke und das Ideal des Sozialismus bereits auch Eingang in bürgerliche Schichten gefunden hat.

Soviel zum Faschismus als Nachkriegs- und Nachrevolutionsfaschismus. Als *Frühfaschismus* bezeichnen wir den Faschismus jener Jahre, weil er sich damals erst herausbildete, noch ganz und gar unfertig war und zur vollen Ausprägung seines Wesens erst ausreifen mußte.

Die traditionellen bürgerlichen Parteien – die demokratischen, die liberalen wie die konservativen – waren gegründet worden als Parteien zur vorwiegend parlamentarischen Vertretung von Interessen verschiedener bürgerlicher Schichten und von Fraktionen der herrschenden Klasse, zugeschnitten auf Zeiten des »friedlichen« Klassen- und Interessenkampfes.

Ganz anders entstanden die faschistischen Parteien. Sie wurden hervorgerufen durch das Ende der »friedlichen« Periode des Klassenkampfes, durch den Eintritt des Kapitalismus in die Etappe seiner allgemeinen Krise, in der die imperialistische Bourgeoisie das Verlangen nach neuen politischen Organisationen verspürte und artikulierte, nach Organisationen, die imstande waren, den bewaffneten Bürgerkrieg gegen die Arbeiterklasse zu führen, die aber auch in den Massen und ganz besonders in der Arbeiterschaft eine nationalistische Missionstätigkeit zu entfalten vermochten.

Die Nachfrage nach solchen Organisationen rief ein entsprechendes Angebot von Organisationen hervor, wobei in der ersten Zeit die einen sich auf den bewaffneten Bürgerkrieg spezialisierten, die andern die nationalistische Propaganda unter den internationalistisch gestimmten Massen als ihre Hauptaufgabe betrachteten (dazu gehörte z. B. auch die 1919 gegründete Deutsche Arbeiterpartei, die spätere Nationalsozialistische Deutsche Arbeiterpartei).

Unter solchen Bedingungen durchlief die Entwicklung der faschistischen Organisationen unvermeidlich eine »Experimentierphase«, in der die zweckmäßigste Organisationsform und die massenwirksamsten Propagandamethoden und -losungen sowie die erfolgreichsten »Führerpersönlichkeiten« aus der großen Zahl von Anwärtern auf die Rolle des »nationalen Retters« herausgefunden werden mußten und die faschistischen Bewegungen ihren »Stil« entwickelten. »Die Entwicklung einer besonderen faschistischen Bewegung«, schrieb der englische Arbeiterführer Palme Dutt, »ist ein komplizierter Prozeß, der ein beträchtliches ›Probieren und Irren‹ konkurrierender Bewegungen enthält, bevor eine erfolgreiche Technik gefunden ist.«[67]

---

67 *Dutt,* S. 256.

Zur Verdeutlichung unserer Feststellungen sei darauf verwiesen, daß in Italien neben Mussolinis »fasci di combattimento« andere, ähnliche Verbände und Organisationen bestanden, wie die »Arditi«, eine aus der italienischen Armee hervorgegangene, etwa den Freikorps in Deutschland vergleichbare militärfaschistische Gruppe, ferner die »Legionäre« D'Annunzios, mit denen dieser durch einen Handstreich Fiume für Italien okkupierte, und schließlich die »squadre azzurre«, die »Blauhemden« der Nationalisten.[68] In Ungarn bestand neben Horthys »Ordnungsabteilungen« die Geheimgesellschaft der antisemitischen »Rasseschützer« von Gyula Gömbös, der mehrfach – von 1919 bis 1920 und von 1929 bis 1932 – Kriegsminister Horthys war und sich bereits 1919 als »ungarischer Nationalsozialist« bezeichnete;[69] ferner zahlreiche Offiziersverbände, darunter der der »Erwachenden Ungarn«, die alle an den Exzessen der Konterrevolution nach dem Sturz der Räterepublik beteiligt und fast alle scharf antisemitisch waren, mit starkem Anhang unter Studenten und städtischem Kleinbürgertum.[70]

In Deutschland waren zunächst die Aufgaben des bewaffneten Kampfes gegen die Arbeiterbewegung und die der nationalistischen Agitation unter den Massen zwischen den Wehrverbänden auf der einen, verschiedenen »völkischen« Parteien und Verbänden, (darunter die DAP / NSDAP) auf der anderen Seite geteilt. Erst später, mit Gründung der »Sturmabteilungen« (SA) der NSDAP, vereinte diese Partei beide Aufgaben in sich, wobei bezeichnenderweise sowohl die Führergarnitur als auch die Mitgliedschaft der SA zu einem großen, wenn nicht überwiegenden Teil aus den Freikorps und Wehrverbänden kamen.

Für den Frühfaschismus ist ferner eine stark ausgeprägte Unbestimmtheit und Unentschiedenheit hinsichtlich der Formulierung des Programms und der Stellungnahme zu den anstehenden politischen Fragen kennzeichnend. Nur eines stand bei ihm von Anfang an unverrückbar fest: sein extremer Nationalismus und seine Todfeindschaft gegenüber der revolutionären Arbeiterbewegung, gegenüber dem Kommunismus. Dagegen paßte er sich im Bestreben nach möglichst großem Masseneinfluß in anderen Fragen in prinzipienloser Weise den Stimmungen der jeweils angesprochenen Klassen und Schichten an. Mussolini machte daraus am Anfang seiner Laufbahn als Faschistenführer gar keinen Hehl; in seinem Blatt »Popolo d'Italia« schrieb er z. B.: »Wir erlauben uns den Luxus, Aristokraten und Demokraten zu sein, Konservative und Progressisten, Reaktionäre und Revolutionäre, Legalisten und Illegalisten je nach den

---

68 *Carsten,* S. 57ff.; *Zetkin,* Der Kampf gegen den Faschismus, S. 222

69 1932 bis zu seinem Tode im Jahre 1936 war Gömbös Horthys Ministerpräsident.

70 *J. Pogany,* Die Krise der Kleinen Entente und Ungarn, in: Die Kommunistische Internationale, Nr. 19 (1922), S. 46ff.

Umständen der Zeit und der Umgebung, in denen wir wirken müssen.«[71] Palmiro Togliatti schrieb in seinen »Lektionen über den Faschismus«: »Das offensichtlichste Kennzeichen jener Periode, die mit dem Marsch auf Rom abschließt, ist der völlige Mangel irgendeines festumrissenen Programms des Faschismus. Wenn ihr die aufeinanderfolgenden Stellungnahmen von 1919-1920 untersucht, so werdet ihr sehen, daß diese sich dauernd ändern.«[72] Mussolini trat zeitweilig mit Forderungen auf, dazu bestimmt, seiner Bewegung bei den Massen den Anstrich einer Linksbewegung zu geben. Er betonte, daß sein Programm dem sozialistischen ähnlich sei, daß der Faschismus die Agrarrevolution durchführen werde. Er begrüßte 1921 die Fabrikbesetzung, und schloß (am 3.8.1921) sogar mit den Sozialisten einen »Friedenspakt« ab – (und sie mit ihm!).[73]

Die Unbestimmtheit und schillernde Vieldeutigkeit im Auftreten des Frühfaschismus resultierte jedoch nicht nur aus dem Bestreben zur Anpassung an die umworbenen Massen, sondern auch aus der sozialen Heterogenität der eigenen Anhängerschaft und der faschistischen Führungsclique selbst. Daraus ergaben sich ständige innere Auseinandersetzungen, aus denen erst allmählich eine stabile Führung und eine Einigung in den Hauptfragen der Politik hervorgingen. Umstritten waren im italienischen wie im deutschen Faschismus hauptsächlich folgende Fragen: der endgültige Charakter und die Taktik der eigenen Organisation (»Bewegung« oder Partei? Vorwiegend militärische oder politische Organisation? Teilnahme oder Nichtteilnahme am Parlament?); das Verhältnis zur Staatsform (Monarchie oder Republik?); die Stellung zu den Gewerkschaften, zum Streikrecht u. ä.

Eine Folge der Unausgereiftheit des Frühfaschismus war auch eine recht große Unsicherheit innerhalb der herrschenden Klasse über die Brauchbarkeit und die Notwendigkeit der Heranziehung der Faschisten, ferner über die Art und Weise, die Dauer und den Umfang ihrer Mitbeteiligung an der Staatsmacht. Auch das Verhältnis der Monopolbourgeoisie als Ganzes zum Faschismus machte in diesen Jahren des Frühfaschismus eine Experimentierphase durch, deren italienische Lösung internationale Bedeutung erlangte.

Mussolinis sogenannter »Marsch auf Rom« im Oktober 1922 war ein wichtiges Ereignis in der Geschichte des internationalen Faschismus; er leitete die letzte Phase des Frühfaschismus ein, dessen Ende fast mit dem Ende der revolutionären Nachkriegskrise zusammenfällt, (in Italien mit der Matteotti-Krise des Sommers 1924 und ihren

71 Istorija fašizma v Zapadnoj Evrope, S. 53.

72 *Palmiro Togliatti*, Lektionen über den Faschismus, Frankfurt/M. 1973, S. 21; siehe auch *Karin Priester*, Der italienische Faschismus. Ökonomische und ideologische Grundlagen, Köln 1972, S. 185ff.

73 *Togliatti*, S. 24; *Priester*, S. 196.

Auswirkungen). Der »Marsch auf Rom« und die Aufrichtung der faschistischen Diktatur in Italien wirkten natürlich vor allem stimulierend auf die faschistischen Bewegungen und überhaupt auf die Rechtsparteien in den anderen kapitalistischen Ländern Europas, ganz besonders in Deutschland. Daß Mussolini-Italien und Horthy-Ungarn sofort ihre Wesensverwandtschaft entdeckten, versteht sich von selbst. Bis 1933 suchte und fand Horthy in Mussolini sein Vorbild. Ab 1933 begann er sich langsam auf das mächtiger werdende faschistische Deutschland umzuorientieren, dessen Bundesgenosse er aus eigenem Antrieb wurde.[74] Aber nicht nur faschistische Politiker brachten dem faschistischen Italien große Sympathie entgegen. Der Übergang zum totalitären Faschismus in Italien, der den bürgerlichen Staat zu stabilisieren und nach innen und außen energisch zu stärken unternahm, erregte lebhaftes Interesse und Sympathie in weiten Kreisen der herrschenden Klasse der »demokratischen« kapitalistischen Länder. So beeilte sich z. B. der englische König, Mussolini mit einem Orden zu beehren, und Churchill erklärte Mussolini anläßlich eines Besuches in Rom im Jahre 1927, wenn er Italiener wäre, wäre er sicher »von Anfang bis Ende Ihres siegreichen Kampfes gegen die bestialischen Triebe und Leidenschaften des Leninismus mit auf Ihrer Seite gewesen«. Der englische Großindustrielle Mond äußerte sich ein Jahr später, ebenfalls in Rom, noch überschwenglicher: »Ich bewundere den Faschismus, weil er erfolgreich bei der Erringung des sozialen Friedens ist … Der Faschismus tendiert zur Verwirklichung meiner politischen Ideen«.[75] Offensichtlich hielten diese Vertreter des englischen Imperialismus nichts von der Totalitarismusdoktrin.

Die in diesem Abschnitt kurz skizzierten Besonderheiten des Frühfaschismus finden wir auch in der Entwicklung des deutschen Faschismus in den Jahren 1919-1923 wieder, wie sich in den folgenden Kapiteln zeigen wird.

---

74 Zu den Beziehungen Horthy-Ungarns zu Italien und Deutschland siehe *Lajos Kerekes,* Abenddämmerung einer Demokratie. Mussolini, Gömbös und die Heimwehr, Wien / Frankfurt/M. / Zürich 1966.

75 *Dutt,* S. 257.

Kapitel II

Die deutsche Monopolbourgeoisie und der Faschismus

1. Die Suche nach einer Massenbasis für die offene Monopoldiktatur

Unmittelbar nach Kriegsende gab es in Deutschland und auch in Italien den Begriff »Faschismus« noch nicht, weil es das, was später mit diesem Begriff bezeichnet wurde, noch nicht bzw. erst in keimhaften Ansätzen gab.[1] Die Überschrift: »Die deutsche Monopolbourgeoisie und der Faschismus« kann deshalb für diese Zeit nicht die Frage meinen, wie sich die deutsche Monopolbourgeoisie zum – noch gar nicht ausgebildeten – Faschismus verhielt, sondern sie zielt auf die Frage, welcher Zusammenhang zwischen den Bestrebungen und der Politik der deutschen Monopolbourgeoisie und der Entstehung des Faschismus in Deutschland bestand.

Hier sei zu dieser Frage nur kurz umrissen, was an anderen Stellen bereits ausführlicher behandelt wurde.[2] Die deutsche imperialistische Bourgeoisie fand sich am Ende des Krieges in einer zutiefst widersprüchlichen Lage. Die Gesetze der monopolkapitalistischen Ökonomik forderten angesichts der Schwächung der ökonomischen Grundlagen des deutschen Imperialismus durch Krieg und Niederlage[3] eine Verstärkung der Ausbeutung der Werktätigen weit über das Vorkriegsmaß hinaus.

1 In den Aufrufen der KPD, soweit sie in den »Materialien und Dokumenten der deutschen Arbeiterbewegung« aus diesen Jahren vorliegen, wird erstmals im Januar 1923 auf die faschistische Bewegung in Bayern warnend hingewiesen. Vorher wurde die Hauptgefahr für die Arbeiterklasse und die Weimarer Republik in der monarchistischen Konterrevolution und in den Einwohnerwehren, insbesondere in der »Orgesch« gesehen. Im Programmentwurf der KPD vom 7. Oktober 1922 findet der Faschismus noch keine Erwähnung. – Siehe Dokumente und Materialien zur Geschichte der deutschen Arbeiterbewegung, Bd. VII, 2. Halbbd., Berlin 1966.

2 Siehe die einschlägigen Artikel im Sammelbd.: Faschismusforschung; ferner *Joachim Petzold*, Konservative Theoretiker des deutschen Faschismus, Berlin 1978; *Wolfgang Ruge*, Germanskaja monopolističeskaja buržuasia i revolucionnii krisis 1919-1923 gg., in: Germanskii imperalizm i militarizm, Sbornik statej, Moskau 1965, S. 92ff.

3 *Manfred Nußbaum*, Wirtschaft und Staat in Deutschland während der Weimarer Republik, Berlin 1978, S. 11ff; *Kurt Gossweiler*, Großbanken, Industriemonopole, Staat, Berlin 1971, S. 95ff.

»Wenn die deutsche Bourgeoisie sich oben halten will, so gibt es für sie nur einen Weg dazu – die Herabdrückung des arbeitenden Volkes in die Lage von Kulis: Lohnabbau, Gehaltskürzungen, Aussperrungen, Stillegung von Betrieben, ungeheurer Steuerabzug, schrankenloser Preiswucher« – so schilderte die Kommunistische Partei die Situation des deutschen Nachkriegsimperialismus.[4]

Einer derartigen Sozial- und Wirtschaftspolitik der direkten Offensive stand aber das Klassenkräfteverhältnis, wie es sich in der Novemberrevolution manifestiert hatte, entgegen. Denn sie hätte eine noch weitgehendere politische Entrechtung der Volksmassen erfordert, als sie im Kaiserreich, unter dem Sozialistengesetz, bestanden hatte.

In der Revolution hatten jedoch die deutschen Arbeiter mit der Waffe in der Hand die Macht der imperialistischen Bourgeoisie ins Wanken gebracht, so daß diese froh sein mußte, daß sie um den Preis erheblicher sozialer und politischer Zugeständnisse an die Werktätigen und dank der Hilfestellung der rechten SPD- und Gewerkschaftsführer das Schlimmste – ihre völlige Entmachtung – verhindern konnte. »Die Monopolherren, Großgrundbesitzer und Militaristen hatten eine schwere Niederlage erlitten. Ihre Macht war erschüttert und ernsthaft gefährdet. Der imperialistische Staatsapparat war weitgehend gelähmt. Sein wichtigstes Machtinstrument, die Armee, befand sich in voller Auflösung.«[5]

Das Dilemma der deutschen Monopolbourgeoisie bestand also darin: die Gesetzmäßigkeiten der monopolkapitalistischen Ökonomik riefen in der imperialistischen Bourgeoisie den dringenden Wunsch nach einem politischen System ihrer offenen, uneingeschränkten Diktatur hervor; das Klassenkräfteverhältnis hingegen zwang sie wider Willen zur Anerkennung der bürgerlich-parlamentarischen Weimarer Republik, jedenfalls so lange, als sie nicht über ausreichende Mittel verfügte, diese Republik zu beseitigen und an ihre Stelle die erstrebte »nationale Diktatur« zu setzen.

Die dazu erforderlichen Mittel konnten von verschiedener Art sein: entweder ausreichende und zuverlässige bewaffnete Kräfte, um den Widerstand der Werktätigen mit Gewalt zu brechen, oder aber eine breite Massenbasis, die für einen legalen Übergang zur offenen Diktatur eine parlamentarische Mehrheit bereitstellen würde, oder drittens – eine Kombination von beidem.

Über die Möglichkeit, in absehbarer Zeit auf dem einen oder anderen Wege der Arbeiterklasse ihre Revolutionserrungenschaften wieder entreißen zu können, herrschten innerhalb der imperialistischen Bourgeoisie tiefgehende Meinungsverschiedenhei-

---

4 Dokumente und Materialien, Bd. VII, 1. Halbbd., S. 537f.

5 Klassenkampf, Tradition, Sozialismus. Von den Anfängen der Geschichte des deutschen Volkes bis zur Gestaltung der entwickelten sozialistischen Gesellschaft in der Deutschen Demokratischen Republik. Grundriß, Berlin 1974, S. 372.

ten.[6] Zwar war man sich darin einig, daß man alles daransetzen müsse, diesem Ziel so rasch wie möglich näher zu kommen. Aber während die einen dabei mit Jahrzehnten rechneten, – die Vertreter dieser Ansicht waren zumeist in den neuen Industriezweigen, mit der Chemie- und Elektroindustrie an der Spitze, zu finden, – wollten andere – vor allem die Vertreter der Ruhrschwerindustrie mit Hugo Stinnes, August Thyssen und Paul Reusch an der Spitze im Verein mit Junkern und Militaristen –, in wenigen Jahren, wenn nicht Monaten zum Ziele kommen.

Wie die Geschichte der Weimarer Republik zeigt, besaß die erste, »gemäßigte« Richtung die realere Einschätzung der Lage. Sowohl das innere Klassenkräfteverhältnis wie auch die außenpolitische Situation des geschlagenen deutschen Imperialismus verhinderten 1919 bis 1923 eine Verwirklichung der Konzeption der extrem-reaktionären Fraktion der imperialistischen deutschen Bourgeoisie. Diese Fraktion richtete ihre Hoffnungen einmal auf die von der Gesamtbourgeoisie unter aktiver Beihilfe der rechten Sozialdemokraten geschaffenen bewaffneten Kräfte in Gestalt unzähliger, von reaktionären kaiserlichen Offizieren geführten Freikorps, von »Bürgerwehren« und »Einwohnerwehren«; zum anderen hofften sie auch auf jene reaktionären bürgerlichen Parteien und Organisationen, die sich zum Ziele setzten, die Enttäuschung der Arbeiter, Bauern, Handwerker, Angestellten und Intellektuellen über die Politik der Sozialdemokratie und der mit ihr in der sogenannten »Weimarer Koalition« zusammengeschlossenen bürgerlichen Parteien auszubeuten und Millionen dieser Werktätigen durch nationalistische Verhetzung und soziale Demagogie auf ihre Seite zu ziehen und sie auf diese Weise zur Massenstütze für den Übergang zur offenen Diktatur zu machen.

Wie weit diese Taktik erfolgreich war, erweist ein Blick auf die Wählerbewegung zwischen den Wahlen zur Nationalversammlung und den Reichstagswahlen vom Mai 1924 (vgl. Tabelle 1 auf der folgenden Seite).

Es war vor allem die zweite Gruppe der imperialistischen Bourgeoisie, deren Bemühungen um den baldmöglichsten Sturz der Weimarer Republik die Saat des Faschismus in Deutschland ausstreute, nachdem sie und ihre Propagandaorganisation, der Alldeutsche Verband, bereits vor dem ersten Weltkrieg, vor allem aber während des Krieges, den Boden für diese Saat bereitet hatten.[7]

---

6 *Jürgen Kuczynski,* Zur Soziologie des imperialistischen Deutschland, in: Jahrbuch für Wirtschaftsgeschichte (im folgenden: JbWG) II/1962, S. 11ff; Geschichte der deutschen Arbeiterbewegung (im folgenden: GdA), Bd. 3, Berlin 1966, S. 236ff.

7 *Jürgen Kuczynski,* Studien zur Geschichte des deutschen Imperialismus, Bd. 11, Propagandaorganisationen des Monopolkapitals, Erstes Kapitel: Der Alldeutsche Verband, Berlin 1950, S. 9ff.; *Edgar Hartwig,* Alldeutscher Verband 1891-1939, in: Die bürgerlichen Parteien in Deutschland. Handbuch der Geschichte der bürgerlichen Parteien und anderer bürgerlicher Interessenorganisationen vom Vormärz bis zum Jahre 1945, Bd. I, Leipzig 1968, S. 1ff.

Tabelle 1:
Wahlergebnisse zur Nationalversammlung 1919, zum Reichstag 1920 und 1924 (in Millionen Stimmen)

	19.1.1919	*6.6.1920*	*4.5.1924*
KPD		0,589	3,693
USPD	2,317	5,046	
SPD	11,509	6,104	6,008
DDP	5,641	2,333	1,655
Linke insgesamt	***19,467***	***14,072***	***11,356***
DVP	1,345	3,919	2,694
DNVP	3,121	4,249	5,696
NSDAP			1,918
Rechte insgesamt	***4,466***	***8,168***	***10,308***

Quelle: *Siegfried Vietzke/Heinz Wohlgemuth,* Deutschland und die deutsche Arbeiterbewegung in der Zeit der Weimarer Republik 1919-1933, Berlin 1966, S. 328f.

Gereifte faschistische Bewegungen der zwanziger und dreißiger Jahre zeichneten sich gegenüber den älteren Organisationen der bürgerlichen Rechten, die entweder Wehrverband oder Partei waren, dadurch aus, daß sie beides in einem waren, sowohl Wehrverband als auch Partei.

Am Beispiel Deutschlands läßt sich verfolgen, welche Erfahrungen der imperialistischen Bourgeoisie es waren, die sie nach Organisationen dieses neuen Typs verlangen ließ. Da war einmal die Erfahrung, daß unter den neuen Bedingungen des Klassenkampfes, die von der siegreichen Oktoberrevolution eingeläutet wurden, »die Machtmittel des bürgerlichen Staates ... teilweise zu versagen (beginnen)« und die Bourgeoisie »die Sicherheit ihrer Klassenherrschaft nicht mehr von den regulären Machtmitteln ihres Staates allein erwarten« kann, sondern daß sie zusätzlich außerstaatliche Machtorganisationen braucht.[8] In Deutschland waren dies zunächst die schon erwähnten Einwohnerwehren und die Freikorps, deren sich die Bourgeoisie neben der regulären Armee und der Polizei für den Kampf gegen die Arbeiterklasse bediente.[9] Obwohl angeblich zum Schutz der Republik aufgeboten, waren vor allem die Freikorps alles andere als republikanische Truppen. An ihrer Spitze standen durchweg ehemals kaiserliche Offiziere, die aus ihrer Feindschaft gegenüber der Republik und aus ihrer monarchistischen Gesinnung überhaupt keinen Hehl machten. Für sie war

8 *Zetkin,* Der Kampf gegen den Faschismus, S. 301.

9 *Karl Nuß,* Militär und Wiederaufrüstung in der Weimarer Republik, Berlin 1977, S. 36ff.; *Erwin Könnemann,* Einwohnerwehren (EW) 1919-1920, in: Handbuch der bürgerlichen Parteien, Bd. I, Berlin 1968, S. 778ff.; *ders.,* Freikorps 1918-1920, in: ebenda, Bd. II, S. 53ff.

die Niederschlagung der Kommunisten nur das Vorspiel für die Abrechnung mit den Sozialdemokraten, mit den »Novemberverbrechern«, der Auftakt für die Errichtung der »nationalen Diktatur« und der Restauration der Monarchie.

Obgleich ihrem eigenen Selbstverständnis nach monarchistisch, waren diese Freikorps zumeist schon viel mehr als das, nämlich Bürgerkriegstruppen der imperialistischen Bourgeoisie. Ihr Monarchismus entsprang viel weniger der Anhänglichkeit an das alte Herrscherhaus, als dem Haß gegen die Republik, für die sie noch keine andere Alternative zu benennen wußten, als die Monarchie. Nach der Novemberrevolution und nachdem die Kommunistische Partei Deutschlands gegründet war, in einer Situation, in der beträchtliche Teile der deutschen Arbeiterklasse zur proletarischen Revolution drängten, wäre es der Bourgeoisie aber unmöglich gewesen, nach Beseitigung der parlamentarischen Republik ihre Herrschaft über die Arbeiterklasse durch einfache Rückkehr zu den alten vorrevolutionären Formen zu sichern; es wäre in diesem Falle ein neuer, scharf terroristischer Typ der Bourgeoisdiktatur erforderlich geworden. Wenn sich dies schon in Ungarn als notwendig erwiesen hatte, um wieviel mal mehr mußte das in Deutschland mit seiner zahlenmäßig starken, gut organisierten Arbeiterklasse gelten, deren revolutionäre Vorhut, die KPD, eine der stärksten Kommunistischen Parteien im kapitalistischen Europa war? So zielte denn auch der fanatische Vernichtungswille der Freikorpsbanden gegenüber der organisierten Arbeiterschaft auf weit mehr als auf Restauration der Monarchie. Was sie erstrebten, fand im Faschismus viel eher seine Erfüllung, als im monarchistischen Vorkriegsdeutschland.

Die Freikorps waren in der Tat einer der Keime, aus denen der deutsche Faschismus hervorging. Das zeigte sich daran, daß – wie bereits erwähnt – die Freikorps das Reservoir wurden, aus dem die faschistischen Sturmabteilungen (SA) und die Schutzstaffeln (SS) der NSDAP ihre Führer und ihre ersten Mannschaften bezogen[10], und daß z. B. der berüchtigte Kapp-Putschist Korvettenkapitän Hermann Ehrhardt seine Marinebrigade im »Dritten Reich« trotz aller Rivalitätsrangeleien mit den Naziführern in die SS überführte.[11] Und kein Zufall ist es auch, daß die sogenannte »Notverfassung«, welche die Kapp-Putschisten vorsorglich ausgearbeitet hatten, fast wörtlich von Ludendorff und Hitler für den Fall übernommen wurde, daß ihr Putsch vom November 1923 erfolgreich sein würde.[12]

Der Kapp-Putsch stellte allerdings endgültig klar, was die hartgesottenen Alldeutschen und ihre Hintermänner bereits im ersten Weltkrieg widerwillig hatten zur

10 Darüber in den folgenden Kapiteln mehr.

11 *Ernst von Salomon*, Der Fragebogen, Hamburg 1952, S. 359ff.

12 *Hans Hubert Hofmann*, Der Hitlerputsch. Krisenjahre deutscher Geschichte 1920-1924, Nymphenburg 1961, S. 284ff.

Kenntnis nehmen müssen, daß nämlich zur Herrschaftssicherung und erst recht zum Eroberungskrieg Gewalt alleine nicht mehr ausreichte, sondern daß man dazu der aktiven Unterstützung durch breite Massen, insbesondere auch der Arbeiterschaft, bedurfte. Das war eine weitere Erfahrung der imperialistischen Bourgeoisie, die sie nunmehr verstärkt nach einer konterrevolutionären Partei neuen Typs verlangen ließ, nachdem sie mit einigen Vorläufern, vor allem mit der »Vaterlandspartei«, schon während des Krieges experimentiert hatte.

Bei den aggressivsten imperialistischen Kräften verstärkte sich also das dringende Bedürfnis nach einer politischen Organisation für die »Nationalisierung der Arbeiterschaft«. Erich Ludendorff, Militärdiktator und Favorit der Rüstungsindustriellen im ersten Weltkrieg, und noch für einige Jahre danach der Abgott und die Hoffnung breitester »nationaler« Kreise, formulierte dieses Bedürfnis als eine Erkenntnis aus dem verlorenen Kriege, wenn er in seinem Buche »Kriegführung und Politik«, erschienen 1921, schrieb: »Es war ein Unglück, daß unsere besitzenden, gebildeten und vor allem die arbeitgebenden Kreise in der Mehrzahl nicht den richtigen Ton der Arbeiterschaft gegenüber fanden, auf ihr Denken eingingen und sich um sie bekümmerten. Sie ließen die Seele des deutschen Arbeiters ihrem Einfluß entgleiten, statt sie zu gewinnen und zu bilden. Eine klare, zielbewußte Einwirkung auf die breite Masse des Volkes und namentlich auf die Arbeiterschaft unterblieb.«[13] Und sogar ein Kronprinz von Hohenzollern hatte aus dem Sturz der Monarchie durch die revolutionären Arbeiter doch immerhin soviel gelernt, daß die Rechtskreise in Deutschland ohne Chancen bleiben würden, solange es ihnen nicht gelang, breite Arbeiterkreise zu gewinnen. Als ihn im Oktober 1920 – die Lehren des gescheiterten Kapp-Putsches waren noch ganz frisch – einer der Führer der Deutschnationalen, Hans-Erdmann v. Lindeiner-Wildau, in Holland besuchte, mag dieser nicht wenig erstaunt gewesen sein darüber, daß für den Kronprinzen das Hauptkriterium für die Brauchbarkeit der Rechtsparteien ihre Eignung »für den Kampf um die Arbeiterschaft« war. Die DVP sei dafür nicht geeignet, meinte der Kronprinz, weil die kapitalistische Einstellung bei ihr viel stärker sei als in der DNVP. Der Kronprinz sprach sich sogar für den »paritätischen Ausbau des Rätegedankens« im Reichswirtschaftsrat aus und gegen die Unterschätzung der sozialen Frage. Des Kronprinzen Lernfähigkeit ging soweit, daß er die Wiedererrichtung der Monarchie für eine gegenwärtig gar nicht wichtige Frage bezeichnete. Erst müsse die »Volkseinheit« und der »Wiederaufbau des Ordnungsstaates« erfolgen, bevor die Frage der Monarchie aktuell werden könne.[14]

Nicht minder brennend empfand man das Problem der Gewinnung der Arbeiterschaft im Kreise der Alldeutschen, die in der Tiefe ihrer Seele für die »Massen« nur hoch-

13 *Erich Ludendorff,* Kriegführung und Politik, Berlin 1922, S. 48.

14 ZStAP, DNVP, Bd. 4, Bl. 78ff.

mütige Verachtung übrig hatten; so sprachen sie z. B. von den deutschen Kriegsgefangenen, die aus Sowjetrußland auf Grund des Brest-Litowsker Vertrages in die Heimat entlassen wurden, als von »bolschewistisch verseuchten Schweinehunden«[15], und Claß bezeichnete die Arbeiter als »Menschen, die nicht denken können«[16] Doch selbst diese Ultra-Reaktionäre konnten nicht umhin, sich mit der Frage der »Zurückführung der deutschen sozialistisch gesinnten Arbeiterschaft zum deutschen Gedanken« zu befassen. Dieses Thema wurde sogar als Punkt drei in die Tagesordnung des Verbandstages des Alldeutschen Verbandes, der am 4. September 1921 in Goslar stattfand, aufgenommen.[17]

Kurzum, bei den reaktionärsten Kreisen der deutschen Großbourgeoisie bestand ein ungeheuer großes Bedürfnis nach einer politischen Kraft, die imstande wäre, gestützt auf eine breite Massenbasis im »Volk«, insbesondere auch in der Arbeiterschaft, die Politik der gewaltsamen Zertrümmerung der bürgerlichen Demokratie und der gesamten Arbeiterbewegung sowie die Revanchepolitik zum Ziele zu führen.

Da im Kapitalismus das Gesetz von Nachfrage und Angebot nicht nur auf ökonomischem, sondern auch auf politischem Gebiet wirksam ist, rief diese so überaus starke und überdies sehr zahlungskräftige Nachfrage auch ein entsprechend reichhaltiges Angebot an »Führern« und Organisationen hervor, die sich berufen fühlten, zum Werk der »Nationalisierung der Arbeiterschaft« beizutragen.

Eine von ihnen war die »Antibolschewistische Liga« Eduard Stadtlers, dieses Protektionskindes zweier der rabiatesten Arbeiterfeinde, nämlich Karl Helfferichs und Hugo Stinnes.[18] Stadtler propagierte einen »deutschen Sozialismus«, an dem die »Welt von der Anarchie genesen« sollte.[19] »Bereits am 7. Dezember 1918, inmitten der deutschen Revolution und viele Monate, ehe Hitler seine ersten politischen Gehversuche unternahm, verlangte Stadtler öffentlich die Errichtung eines nationalsozialistischen Systems unter einem Diktator, gegründet auf nationale Solidarität und Zusammenarbeit und unter Beseitigung von Klassenkampf und Pazifismus.«[20]

Ein weiterer Prophet des »nationalen Sozialismus«, Werner Daitz, begann seine Laufbahn nicht im Dienste eines Industriellen, sondern war selbst einer. 1907-1912

---

15 ZStAP, Alldeutscher Verband, Bd. 121, Bl. 21, General Keim auf der Sitzung des geschäftsführenden Ausschusses am 19./20.10.1918.

16 Ebenda, Bd. 132, Bl. 22, Claß auf der Sitzung des geschäftsführenden Ausschusses am 2.9.1921.

17 Deutsche Zeitung, Nr. 411, 2. Beilage, v. 14.9.1921.

18 *Petzold*, Konservative Theoretiker des deutschen Faschismus, S. 37f.; Handbuch der bürgerlichen Parteien, Bd. I, S. 30f.

19 *Petzold*, S. 49.

20 *George W. F. Hallgarten*, Hitler, Reichswehr und Industrie, Frankfurt/M. 1955, S. 92. – Später spielte Stadtler in der Führung des Stahlhelm und der DNVP eine Rolle und gehörte zu jenen, die 1933 am stärksten auf einen Anschluß an die NSDAP drängten.

war er Betriebsleiter der Kaliwerke Vereinigte Chemische Fabriken Leopoldshall AG, 1912-1922 Generaldirektor der Kautschuk-Gesellschaft Schön & Co. in Hamburg, einem Werk, das später von den IG-Farben übernommen wurde. Seit 1918 betrieb er in Hamburg und Lübeck verschiedene eigene Unternehmungen im Import- und Exporthandel, in der Schiffahrt und in der chemischen Fabrikation. Seit 1915 veröffentlichte er zahlreiche Artikel und Schriften »im nationalsozialistischen Sinne.«[21] In einer von ihnen hieß es: »Ein neuer Typ von Staatssozialismus erscheint auf der Bildfläche, völlig verschieden von allem, was jeder einzelne von uns sich je erträumt oder ausgedacht hat. Auf wirtschaftlichem Gebiet werden weder Privatinitiative noch Privatkapitalismus gelähmt werden, aber der Staatssozialismus wird sie insofern seinen Interessen gemäß organisieren, als das Kapital in der Volkswirtschaft konzentriert und nach außen hin einheitlich gelenkt wird ... Diese Wandlung des Kapitalismus lehnt mit aller ihr innewohnenden Konsequenz eine Wiederherstellung des früheren Gegengewichts, den internationalen Sozialismus, ab. Sie wird in einen nationalen Sozialismus umschlagen«[22].

Die Herkunft dieser Ideen aus dem Chemie-Elektro-Lager läßt sich nicht verleugnen, die Anklänge an Moellendorff-Rathenausche Gedanken[23] sind unüberhörbar. Bezeichnenderweise wurden später nach Hitlers Machtantritt die Daitzschen Schriften von der Propagandaabteilung der IG-Farben wieder aufgelegt und verbreitet.[24] Daitz selbst wurde schon 1931 Mitglied der Reichsleitung der NSDAP. Es ist außerordentlich kennzeichnend für die Unternehmersehnsucht nach dem »nationalen« Arbeiter, daß der Kapitalist Daitz es für angebracht hielt, für seine staatsmonopolistischen Reformideen – denn um nichts anderes handelte es sich dabei – mit dem Etikett eines »nationalen Sozialismus« zu werben.

Es war schon die Rede davon, daß auch der Alldeutsche Verband sich dem Bedürfnis nach »Zurückführung der Arbeiterschaft zum deutschen Gedanken« nicht zu entziehen vermochte.

In der realistischen Erkenntnis, daß der Alldeutsche Verband und sein Führer Claß durch ihre weithin bekannte erzreaktionäre Einstellung und ihre maßlose Kriegshetzerei bei den Massen hoffnungslos diskreditiert waren, überließ die Führung des AV diese Aufgabe anderen, von ihr initiierten Tarnorganisationen, wie z. B. dem »Deutschvölkischen Schutz- und Trutzbund«. Er wurde am 18. Februar 1919 gegründet und vom stellvertretenden Vorsitzenden des AV, dem Bayern Konstantin Freiherr v. Geb-

21 *Cuno Horkenbach*, (Hg.), Das Deutsche Reich von 1918 bis Heute, 1933, Berlin 1935, S. 929.

22 *Richard Sasuly*, IG Farben, Berlin 1952, S. 74.

23 *Gossweiler*, Großbanken, S. 79, 114ff.

24 *Sasuly*, S. 74.

sattel, geleitet. Das Ziel bestand darin, durch den Zusammenschluß aller völkischen Bünde und Verbände, von denen es in Deutschland zu dieser Zeit über 200 gab, eine Massenorganisation zu schaffen, mit deren Hilfe der AV hoffte, seine Ziele erreichen zu können. Gebsattel träumte davon, der AV könnte dank des DSTB schließlich über 5 Millionen Anhänger gebieten. Er schrieb an Claß: »Gelingt die Durchführung, so würde der nur wenigen bekannte Mann an der Spitze eine Macht haben, wie sie wenige Monarchen je gehabt haben … Gelingt eine volle Durchführung, so würde er an der Spitze von mehr als 5 Millionen Männern stehen.«[25]

Durch den Bund wurde die Parole Gottfried Feders – eines seiner Mitglieder – von der »Brechung der Zinsknechtschaft« verbreitet, und um dieser Parole zu noch größerer propagandistischer Wirkung zu verhelfen, richtete der DSTB mehrfach Eingaben an den Reichstag und die Reichsregierung mit der Forderung nach Verstaatlichung der Banken und des Großhandels.[26]

Das Mittel jedoch, mit dem der alldeutsche Schutz- und Trutzbund in erster Linie den erhofften Massenzustrom zu gewinnen trachtete, war der Antisemitismus; gemäß der Hoffnung des Alldeutschen Verbandes glaubte man, durch eine zügellose antijüdische Hetze und die Forderung nach »Sozialisierung« des jüdischen Kapitals große Massen der Arbeiter von der Sozialdemokratie und von der KPD losreißen und für sich gewinnen zu können.

Die hochfliegenden Erwartungen Gebsattels sollten sich jedoch nicht erfüllen. Nach dem Mord an Walther Rathenau wurde der Deutschvölkische Schutz- und Trutzbund auf Grund des Republikschutzgesetzes in den meisten Ländern verboten; eine Ausnahme bildeten von den großen Ländern nur Bayern und Württemberg.

Trotz beträchtlicher finanzieller Mittel erreichte der Bund in seinen besten Zeiten nie mehr als 150.000 Mitglieder. Dessenungeachtet und trotz seiner kurzen Lebenszeit spielte der Deutschvölkische Schutz- und Trutzbund eine nicht zu unterschätzende

25 *Willi Krebs,* Deutschvölkischer Schutz- und Trutzbund (DSTB), 1919-1922, in: Handbuch der bürgerlichen Parteien, Bd. I, S. 776. Von dem Bemühen um die Gewinnung gerade jener Arbeiter, die der Sozialdemokratie folgten, zeugen die Flugblätter und Flugschriften des DSTB; eines von ihnen, überschrieben: »Deutscher Arbeiter, wann erwachst Du?«, argumentierte z. B. folgendermaßen: »Wir Völkischen sind so wenig Kapitalisten wie die Arbeiter, also natürliche Bundesgenossen gegen das jüdische Großkapital. Ist es da nicht barer Widersinn, daß die Arbeiterpartei, die doch die Interessen der Arbeiter angeblich vertreten will, sich zum Schutze der Juden aufwirft, die das Großkapital besitzen? … Ihr Arbeiter bleibt nach wie vor genarrt, wenn Ihr noch länger den Schwindel vom Kampf der Sozialdemokratie gegen das Großkapital glaubt. Das jüdische Banken- und Börsenkapital hat das ganze Volk, ja die ganze Welt in Ketten gelegt, und Ihr werdet nie loskommen, wenn Ihr nicht die Parteibonzen, die Handlanger des jüdischen Leihkapitals, allesamt zum Teufel jagt.« – ZStAP, RKO, Nr. 329, Bl. 119.

26 *Willi Krebs,* Der Alldeutsche Verband in den Jahren 1918-1939, ein politisches Instrument des deutschen Imperialismus. Phil. Diss., Ms., Berlin 1970, S. 99.

Rolle für die Herausbildung des Faschismus in Deutschland. Er lieferte dem Nazifaschismus nicht nur einen wesentlichen Bestandteil seiner Parteiideologie; seine Mitglieder bildeten nach dem Verbot auch vielerorts den Kern der entstehenden Ortsgruppen der NSDAP und der ebenfalls faschistischen Deutschvölkischen Freiheitspartei (DVFP).[27]

Die DVFP stellte eine Absplitterung aus der Deutschnationalen Volkspartei dar[28] Die DNVP krankte an einem unheilbaren Widerspruch. Sie war prinzipiell antiparlamentarisch, und ihre monopolistischen und junkerlichen Hintermänner hätten die Weimarer Republik lieber heute als morgen zum Teufel gejagt und durch eine unverhüllte Diktatur ersetzt. Da aber die Verhältnisse nun einmal nicht so waren, mußte die DNVP bemüht sein, die Interessen der Schwerindustriellen und Junker im Rahmen der bestehenden Staatsform wahrzunehmen. Dies aber war durch Obstruktionspolitik allein nicht zu bewerkstelligen. Solange die Steuer- und Zollgesetze im Parlament beschlossen wurden, konnte man Einfluß auf diese Gesetze nur durch die Mitarbeit im Parlament und in den entsprechenden Ausschüssen nehmen, am besten und wirkungsvollsten aber als Regierungspartei.

Dieser Widerspruch, der in der Sache selbst, in den Verhältnissen lag, spiegelte sich in unaufhörlichen innerparteilichen Kämpfen zwischen einem intransigent antirepublikanischen, im Grunde faschistischen Flügel, und einem »gemäßigt« antirepublikanischen Flügel wider, Kämpfe, die verschiedentlich zu Absplitterungen von der Partei führten.

Zu einer Zuspitzung des Konflikts innerhalb der DNVP kam es nach der Ermordung Walther Rathenaus. Wie bei allen vorhergehenden Anschlägen gegen die Republik oder gegen republikanische Politiker – Kapp-Putsch, Erzberger-Mord – waren auch diesmal deutschnationale Politiker in die Mordaffäre verwickelt. Die empörten Massen forderten in gewaltigen Demonstrationen das Verbot der »deutschnationalen Mörderpartei«. Um einem Verbot zu entgehen, schloß die Parteiführung einen der zumindest intellektuellen Urheber des Rathenau-Mordes, das »völkische« Mitglied der DNVP-Reichstagsfraktion, Major a. D. Wilhelm Henning, aus der Fraktion aus und distanzierte sich offiziell von der Mordtat. Der Konflikt endete schließlich damit, daß sich die Führung der DNVP gezwungen sah, die aktivsten Kräfte der »Völkischen« abzustoßen, die daraufhin am 16. Dezember 1922 eine neue Partei, die Deutschvölkische Freiheitspartei, gründeten. An deren Spitze standen der mecklenburgische Großgrundbesitzer Albrecht v. Graefe-Goldebee, Reinhold Wulle – im Weltkrieg Hauptschriftleiter der Rheinisch-Westfälischen Zeitung, bis 1920 Chefredakteur der

---

27 *Wilfried Böhnke,* Die NSDAP im Ruhrgebiet 1920-1933, Bonn-Bad Godesberg 1974, S. 32ff.

28 *Wolfgang Ruge,* Deutschnationale Volkspartei (DNVP) 1918-1933, in: Handbuch der bürgerlichen Parteien, Bd. I, S. 730ff.

alldeutschen Deutschen Zeitung – und Major Wilhelm Henning, im letzten Kriegsjahr Bevollmächtigter des Kriegsministers bei der deutschen Botschaft in Moskau; ferner Ernst Graf zu Reventlow, Oberst Rudolf Ritter v. Xylander u. a. Schon vor ihrem Bruch mit der DNVP hatten diese deutschnationalen Völkischen vielfache Kontakte mit dem Deutschvölkischen Schutz- und Trutzbund unterhalten.[29] Ihre soziale Herkunft ebenso wie ihre politische Vergangenheit machen deutlich, daß es sich bei ihnen nicht um Kleinbürger handelte, die etwa von der Feindschaft gegen das Großkapital zum »völkischen Gedanken« und zum Antisemitismus geführt worden wären, sondern um großbürgerliche Politiker, die ebenso wie die Alldeutschen den »völkischen Gedanken« und den Antisemitismus ganz bewußt dazu benutzten, für die republik- und demokratiefeindliche Rechte die so schmerzlich vermißte Massenbasis zu gewinnen. Dies geht auch aus einem streng vertraulichen Brief hervor, den Xylander am 6. Juli 1922 an den DNVP-Vorsitzenden Hergt schrieb. Xylander bedauerte, daß die DNVP die Trennung von den Völkischen vollzogen habe, weil sie dadurch ihrer aktivistischsten Elemente verlustig gegangen sei. Die Partei sei nach links gerutscht, weil sie die Lage (nach dem Mord an Rathenau) für schlimmer angesehen habe, als sie sei. Die Folge sei eine Zersplitterung der Rechten. Daraus zog nun Xylander, der ja selbst zur völkischen »Opposition« gehörte, den überraschenden Schluß, wenn die DNVP zur Macht kommen wolle, müsse sie jetzt die Einigung nach links suchen, d. h. sich mit der Deutschen Volkspartei verschmelzen in Form einer Neugründung und zwar sofort.[30] Hier wird deutlich, daß Xylander und seine Gesinnungsgenossen nach wie vor in der DNVP die Führungspartei der Rechten sahen und als ihre Aufgabe betrachteten, die der DNVP drohende Gefahr der Abwanderung breiter völkischer Massen zu anderen Parteien zu verhindern und darüber hinaus neue Massen von der Linken nach rechts zu ziehen. Zu diesem Zweck konnten sie aber die »konstruktive« Politik der DNVP-Führung und deren Beteuerungen zur Verfassungstreue nicht mitmachen, sondern mußten eine demagogisch-radikale Agitation betreiben. So sagten sie nicht nur Versailles, dem Parlamentarismus, der »Judenherrschaft«, dem Marxismus und Bolschewismus, sondern auch dem »Börsenkapitalismus« und der »Ausbeutung der Arbeit« verbal den Kampf an.[31]

Auf dem Vertretertag der DVFP am 10. Februar 1923 trat mit aller Klarheit hervor, daß es dieser Partei ebenso wie der NSDAP vor allem darum ging, in der Arbeiterschaft Fuß zu fassen. Reinhold Wulle drückte die faschistische Doppelaufgabe mit

29 ZStAP, DNVP, Bd. 3.

30 Ebenda, Bl. 38f.

31 *Manfred Weißbecker,* Deutschvölkische Freiheitspartei (DVFP)1922-1933, in: Handbuch der bürgerlichen Parteien, Bd. I, S. 766.

den Worten aus, die DVFP beabsichtige, »den roten Terror mit Gewalt zu brechen«, um fortzufahren, der »besondere Charakter« der Partei müsse sich »vor allem darin ausdrücken, daß wir in unserer Organisation dem Gedanken Rechnung tragen, daß nicht die feudalen und gelehrten Kreise, sondern daß in der Hauptsache die Handarbeiter und Angestellten die Träger ihres Kampfes« seien.[32] Der Parteivorsitzende Graefe bekräftigte diese Ausführungen Wulles, und hob seinerseits hervor, daß »unsere Bewegung ... die Seele des deutschen Arbeiters gewinnen« wolle; aber anders als Hitler und den Seinen muß dem mecklenburgischen Großgrundbesitzer allein schon diese Aufgabenstellung große Beklemmung verursacht haben, denn er sprach freimütig davon, es bedürfe dazu »einer inneren Umstellung von uns, da wir doch durch tausend äußere Momente so große Schwierigkeiten haben, uns in die Seele des Arbeiters einzufühlen.«[33]

Dem Hauptgeschäftsführer Hans Stelter fiel auf dem Vertretertag die Aufgabe zu, ein Aktionsprogramm zu formulieren, dazu geeignet, auf Arbeiter Anziehungskraft auszuüben: die Partei müsse Aktionsausschüsse schaffen zur Kontrolle und zum Einschreiten gegen Wucherer und Schlemmer, gegen Wohnungsnot und Volksverrat, gegen »Prozent- und skrupellosen Geschäftspatriotismus«, meinte er.[34] Stelter hatte sich seine Aufgabe allerdings sehr leicht gemacht: er hatte einfach die populären Forderungen aus den Aufrufen der KPD abgeschrieben und in den nationalistischen Jargon übersetzt.[35]

Es entsprach dem agrarischen Hintergrund der Partei, für die Mecklenburg das Gleiche bedeutete, wie Bayern und München für die NSDAP, daß die monopolistische Düngemittelproduzentin, die Badischen Anilin- und Sodafabriken (B.A.S.F.), Hauptzielscheibe der Angriffe der DVFP war.[36]

Im übrigen enthüllte Graefe in seiner Eröffnungsansprache unfreiwillig die wirkliche Rolle der DVFP und ihrer »Opposition« dadurch, daß er als Verdienst der Partei hervorhob, die Stellung der Regierung Cuno gestärkt zu haben: »Mit der Forderung an die Regierung«, so sagte er, »mit der Drangsalierung der nationalen Bewegung ein Ende zu machen«, habe sie »zweifellos der Regierung gegenüber Frankreich und gegenüber den Flaumachern im eigenen Lande den Rücken gestärkt, wie das übrigens der Kanzler in einer privaten Rücksprache mit mir und Wulle ausdrücklich anerkannt hat.«[37]

---

32 ZStAP, Alldeutscher Verband, Bd. 228, Bl. 36, Pressedienst der DVFP, Nr. 7 v. 21.2.1923.

33 Ebenda.

34 Ebenda.

35 Dokumente und Materialien, Bd. VII, 2. Halbbd., S. 189ff., 245.

36 ZStAP, Alldeutscher Verband, Bd. 228, Bl. 36.

37 Ebenda.

Die Agitation der DVFP ging dennoch vielen deutschnationalen Unternehmern zu weit. Ihre Bedenken sprach der Textilindustrielle Abraham Frowein – einer der potentesten Finanziers der DNVP – in einem Brief an Hergt vom 8. Juli 1922 unverhohlen aus. Er befürchte, schrieb er, daß sich die Agitation der Deutschvölkischen letzten Endes nicht nur gegen das Kapital des Judentums, sondern gegen das Kapitel überhaupt wenden werde. Außerdem richte sich die deutschvölkische Kleinbauernbewegung gegen den Großgrundbesitz. Die Deutschvölkischen, so meinte Frowein besorgt, hätten schon »nationalsozialistischen Charakter«.[38]

Die Deutschvölkische Freiheitspartei war eine faschistische Partei sowohl ihrer Zielstellung als auch ihrer Agitation und ihren Kampfmethoden nach. Ihr Ursprung aus der Deutschnationalen Volkspartei ist kein Zufall, sondern das lebendige Beispiel dafür, daß der Faschismus das Ergebnis ist von Bedürfnissen der extremsten Kreise der herrschenden Klasse nach einer Massenbasis für die Ersetzung der parlamentarischen Demokratie durch die offene Diktatur, Bedürfnisse, denen die alten Parteien am rechten Flügel des bürgerlichen Parteienfeldes nicht mehr gerecht zu werden vermochten. Diese Unfähigkeit rührte zwar auch, aber nicht in erster Linie, vom Verharren ihrer Führer in überlieferten politischen Denkkategorien her; der Hauptgrund, weshalb sie sich nicht selbst in faschistische Parteien verwandeln konnten, solange die Diktatur noch nicht erreicht war, lag in ihrer durch die Umstände erzwungenen Funktion, im Rahmen der gegebenen Staatsordnung die Sonderinteressen der hinter ihnen stehenden Fraktionen der herrschenden Klasse geltend zu machen. Dies läßt eine nur auf Massenwerbung bedachte und von ihr diktierte konsequente Kampfposition gegenüber der zu überwindenden bürgerlich-demokratischen Staatsform nicht zu, sondern erfordert zumindest gelegentlich »konstruktive Mitarbeit«. Eine solche Inkonsequenz im Kampf gegen die Weimarer Republik machte jedoch die Gegnerschaft der DNVP gegen das parlamentarische »System« in den Augen der Massen unglaubwürdig, entlarvte und kompromittierte sie als Partei des Kapitals und zwang sie, sich nach Hilfstruppen zur Gewinnung der Massen umzusehen. Als solche Hilfstruppen boten sich die neu entstandenen Parteien faschistischen Typs an. Erst *nach* Errichtung der faschistischen Diktatur, nachdem die Funktion der Vertretung der Sonderinteressen einer Fraktion der herrschenden Klasse nicht mehr einem bürgerlich-demokratischen Staat gegenüber geltend gemacht werden mußte, sondern im Rahmen des Diktaturstaates, konnte die faschistische Kernnatur auch dieser rechten Flügelparteien offen zutage treten und sich in der Identität ihrer grundlegenden innen- und außenpolitischen Ziele mit denen der faschistischen Partei sowie in der Fusion beider (Italien) bzw. der Selbstauflösung mit nachfolgendem individuellen Anschluß an die faschistische Massenpartei (Deutschland) manifestieren.

38 ZStAP, DNVP, Bd. 3, Bl. 30ff.

Ähnliches wie von der DNVP muß auch vom Alldeutschen Verband gesagt werden. Zwar hatte er seine Rolle als »wichtigste und einflußreichste Organisation des deutschen Monopolkapitals zur ›Schaffung einer öffentlichen Meinung‹«[39] im Sinne der aggressivsten innen- und außenpolitischen Ziele mit dem Ende des Krieges ausgespielt, wenngleich sich der Vorsitzende Heinrich Claß und seine Unentwegten immer noch als geheimer Generalstab aller konterrevolutionären Kräfte dünkten und gebärdeten. Aber wenn Claß im Oktober 1918 im Hinblick auf einen vom AV ins Leben gerufenen »Volksausschuß« erklärte, dieser habe die Kleinarbeit zu leisten, »wir dagegen liefern die Gedanken, mit denen wir die anderen befruchten«[40], dann hatte er treffend einen der beiden Hauptaspekte der bedeutsamen Rolle gekennzeichnet, die der AV gegenüber dem entstehenden Faschismus in Deutschland noch immer spielte. In der Tat stammte die »völkische Weltanschauung« sowohl der Deutschvölkischen als auch der Nazipartei zum größten Teil aus dem alldeutschen Arsenal und ist von dorther übernommen worden, ebenso wie viele taktische Prinzipien des politischen Kampfes. Der zweite Hauptaspekt der Rolle des AV gegenüber dem Faschismus besteht darin, daß der AV in den Jahren bis 1933 seine vielseitigen Verbindungen zu allen möglichen Kreisen der herrschenden Klasse, zu Monopolisten und Junkern, zu Offizieren und zur Bürokratie, zu einflußreichen »nationalen« Parteien und Klubs spielen ließ, um den faschistischen Organisationen Mittel und Beziehungen zu verschaffen. Deshalb ist die Geschichte der Entstehung des deutschen Faschismus untrennbar mit dem Alldeutschen Verband verknüpft, er stellte seine eigentliche »Mutterorganisation« dar.[41]

Die Vorstöße des extrem-reaktionären Flügels der Bourgeoisie gegen die Weimarer Republik, vor allem aber die Entwicklung der faschistischen Bewegung selbst, vermittelte schließlich eine dritte Erfahrung, die Erfahrung nämlich von der Unzweckmäßigkeit der getrennten Existenz von militärischem Kampfverband und politischer faschistischer Partei. Es erwies sich, daß die Aufgabe des Vernichtungskampfes gegen die Arbeiterbewegung, die bislang Sache der bewaffneten Verbände, wie der Freikorps und der Wehrverbände gewesen war, und die Aufgabe der »Nationalisierung der Arbeiterschaft«, mit der sich verschiedene Parteien, wie z. B. die DVFP, die DAP / NSDAP und die DSP abgaben, zweckmäßigerweise nicht als zwei verschiedene Aufgaben betrachtet und behandelt werden durften, sondern als eine einzige, aber zweiseitige Aufgabe, als eine Doppelaufgabe, die eine Organisation verlangte, die in der Lage war, beides zu leisten, also den Vernichtungskampf zu führen und zugleich auch Propaganda unter den

39 *Kuczynski,* Studien zur Geschichte des deutschen Imperialismus Bd. II, S. 9.

40 ZStAP, Alldeutscher Verband, Bd. 121, Bl. 37.

41 Siehe dazu *Joachim Petzold,* Claß und Hitler. Über die Förderung der frühen Nazibewegung durch den Alldeutschen Verband und dessen Einfluß auf die nazistische Ideologie, in: Jahrbuch für Geschichte, Bd. 21, Berlin 1980, S. 247ff.

Massen zu betreiben. Es erwies sich in der Praxis, daß der terroristische Kampf gegen die organisierte Arbeiterschaft den Rückhalt in einer politischen Massenbewegung brauchte, wie umgekehrt die Propagandazüge in die Arbeiterviertel des Schutzes paramilitärischer Abteilungen bedurften. Außerdem erwies sich die Kombination von militärischer Strammheit und militanter radikaler »Weltanschauung« als entscheidendes Erfolgsrezept auch und sogar in erster Linie für die Werbung unter den radikalisierten Kleinbürgern. Kurzum, die Doppelaufgabe erforderte einen neuen Typ der bürgerlichen Partei und einen neuen Typ des bürgerlichen. Parteimenschen; sie erforderte eine Partei, die die Eigenschaften eines militärischen Stoßtrupps mit denen einer volkstümlichen Massenpartei vereinte, und sie erforderte Parteigänger, die den blinden Gehorsam des Soldaten mit dem fanatischen Glauben an die Richtigkeit des Parteizieles verbanden, also den Typ, der im faschistischen Sprachgebrauch als »politischer Soldat« bezeichnet wurde.

Im Gegensatz zur Sozialdemokratie hatte diese bürgerliche Partei neuen Typs nicht die Aufgabe, die bürgerliche Ordnung durch Zügelung der Aktivität der Massen zu schützen, nicht dadurch, daß sie die ihr folgenden Massen zur Passivität, zum Stillhalten, zum Verzicht auf kämpferischen Einsatz bewog; ihre Aufgabe bestand im Gegenteil darin, möglichst große Massen zum Kampf gegen die bestehende parlamentarische Staatsordnung zu mobilisieren, sie in fanatische Kampfbereitschaft zu versetzen – allerdings nicht für ihre eigenen Interessen und nicht zu selbständigen Aktionen, sondern in Erwartung des blindlings auszuführenden Marsch- und Mordbefehls im Interesse ihrer schlimmsten Feinde.

Von den zahlreichen nach dem Krieg gebildeten Keimzellen faschistischer Organisationen mußte diejenige vor allen anderen einen großen Vorsprung erreichen, die es verstand, sich eine solche Organisationsform zu geben, die den Anforderungen der Doppelaufgabe am besten entsprach.

Bei der Betrachtung der Ideologie der verschiedenen faschistischen Organisationen – sowohl der militärischen wie der völkischen – fällt auf, daß ihnen fast ausnahmslos ein rassisch begründeter Antisemitismus gemeinsam ist. Daher einige Bemerkungen zur Rolle und Funktion des Antisemitismus im deutschen Faschismus.

2. Faschismus und Antisemitismus in Deutschland

Antisemitismus und Judenpogrome waren seit vielen Jahrhunderten ein probates Mittel der Herrschenden, für den sozialen Überdruck, für den Haß der Unterdrückten und Ausgebeuteten gegen ihre Unterdrücker und Ausbeuter ein Ventil zu öffnen und der Volkswut die Juden als angebliche Verursacher der Volksnot auszuliefern. Der Kapitalismus erbte dieses Hausmittel von der Feudalgesellschaft.

Es ist hier nicht der Platz, auf die Geschichte der Entwicklung des Antisemitismus und der verschiedenen antisemitischen Organisationen einzugehen. Dies ist in anderen marxistischen Arbeiten bereits in vorbildlicher Weise geschehen.[42]

Hier soll nur eine Frage untersucht werden, die Frage nämlich, weshalb der Rassenantisemitismus zu einer ideologischen Hauptwaffe gerade solcher Organisationen und Parteien der Rechten wurde, die sich die Eroberung großer Teile der Arbeiterschaft zum Ziele setzten.

Die Antwort liegt m. E. darin, daß ein solches Vorhaben erfolgversprechend nur in Angriff genommen werden konnte mit einer Ideologie, die mindestens zwei Bedingungen erfüllte: sie mußte erstens als »Weltanschauung« auftreten, um angesichts der wissenschaftlichen Weltanschauung der Arbeiterbewegung überhaupt Beachtung zu finden[43]; sie mußte sich also wenigstens dem Anschein nach dem Anspruch stellen, eine wissenschaftliche Erklärung sowohl der Vergangenheit der Menschheit wie ihrer gegenwärtigen Probleme zu geben. Und diese »Weltanschauung« mußte als zweite Bedingung dem Kampf gegen einzelne Kapitalisten Raum geben, ohne indessen den Kapitalismus und die Kapitalistenklasse als Ganzes anzugreifen.

Der *Antisemitismus* erfüllte diese Bedingungen in geradezu idealer Weise; er brauchte dazu nur ein wenig umgearbeitet und von der konfessionellen Grundlage auf eine »naturwissenschaftliche«, nämlich die Rassengrundlage, gestellt zu werden. Als konfessioneller Antisemitismus, der für den Begriff des Juden kein objektives, sondern nur ein subjektives und veränderliches Merkmal wie die Zugehörigkeit zu einer Religionsgemeinschaft bot, war er als Grundlage einer »wissenschaftlichen« Weltanschauung natürlich untauglich. Der Übergang zum Rassenantisemitismus entsprach somit dem Bedürfnis nach »Verwissenschaftlichung« des Antisemitismus im Kampf gegen die wissenschaftliche Weltanschauung des Proletariats und befand sich gleichzeitig in Übereinstimmung mit dem voll in Blüte stehenden Sozialdarwinismus, der Übertragung der von Darwin entdeckten Gesetze der natürlichen Auslese im Tierreich auf die menschliche Gesellschaft.

---

42 *Walter Mohrmann*, Antisemitismus. Ideologie und Geschichte im Kaiserreich und in der Weimarer Republik, Berlin 1972, S. 34; *Klaus Drobisch/Rudi Goguel/Werner Müller*, Juden unterm Hakenkreuz, Berlin 1973; *Dieter Fricke*, Antisemitische Parteien 1879-1894, in: Handbuch der bürgerlichen Parteien, Bd. I, S. 36; *Siegbert Kahn*, Antisemitismus und Rassenhetze. Eine Übersicht über ihre Entwicklung in Deutschland, Berlin 1948. *Kurt Pätzold*, Faschismus, Rassenwahn, Judenverfolgung, Berlin 1975.

43 Dies gilt im übrigen auch für die bürgerlichen Parteien in Deutschland allgemein: das rasche und für das Bürgertum bedrohliche Anwachsen der Sozialdemokratischen Partei Deutschlands, die so eng wie keine andere mit der marxistischen Weltanschauung verbunden war, zwang die deutschen bürgerlichen Parteien, den Kampf gegen die Sozialdemokratie ebenfalls als weltanschaulich fundierte Programmparteien zu führen, im Unterschied etwa zu pragmatischen Plattformparteien amerikanischen Zuschnitts.

Mit diesem Übergang war der entscheidende Schritt getan, um der marxistischen Auffassung der Geschichte als einer Geschichte von Klassenkämpfen eine Lehre entgegenzustellen, nach der die Geschichte der Menschheit eine Geschichte von Rassenkämpfen sei, insbesondere des Kampfes der »nordischen Hochrasse« gegen die »jüdische Minderrasse«.

Der Rassenantisemitismus erfüllte wenigstens formell alle Ansprüche, die an eine »Weltanschauung«, die es mit der marxistischen Lehre aufnehmen wollte, zu stellen war: er lieferte einen handhabbaren Schlüssel zur Erklärung der bisherigen Weltgeschichte und er hatte eine Erklärung für die sozialen Mißstände zur Hand.[44] Ihm zufolge waren diese nicht das Ergebnis des herrschenden kapitalistischen Wirtschaftssystems, sondern der Beherrschung der Wirtschaft durch fremdrassige Parasiten: jüdische Bankiers, jüdische Großhändler, jüdische Warenhausbesitzer, kurzum, durch das »aussaugende, nicht wertschaffende Judentum«, das »den schaffenden, ehrlich arbeitenden Deutschen schwer schädigt«, wie schon auf einem Antisemitentag 1889 formuliert wurde.[45] Der Rassenantisemitismus eröffnete – und das war besonders wichtig – die Möglichkeit, ohne Gefährdung des kapitalistischen Systems mit »antikapitalistischen« und »sozialistischen« Losungen hausieren zu gehen, indem nur die jüdischen Kapitalisten als Ausbeuter hingestellt und die Forderung nach Enteignung auf sie beschränkt wurde. Man entsprach damit im Grunde dem kapitalistischen Konkurrenzprinzip, demzufolge die Einen zugrundegehen müssen, damit die Anderen überleben und noch stärker werden können. Die sozialdemagogische Komponente ist dem Antisemitismus, ganz besonders dem Rassenantisemitismus, denn auch von Anfang an eigen, wenngleich bei den einzelnen antisemitischen Gruppen in unterschiedlicher Stärke und mit keineswegs einheitlich positiver Aufnahme seitens des »arischen« oder »christlichen« Unternehmertums.

Obwohl der Rassenantisemitismus in so idealer Weise die Anforderungen an eine Gegen-Weltanschauung zum Marxismus zu erfüllen schien, hatte er doch vor dem ersten Weltkrieg die in ihn gesetzten Erwartungen enttäuscht. Es gelang nicht, mit ihm auch nur irgendwelche nennenswerten Eroberungen in der Arbeiterschaft zu machen. Erfolge hatten die antisemitischen Parteien nur im städtischen und ländlichen Kleinbürgertum aufzuweisen, und auch diese Erfolge waren – verglichen mit der Gefolgschaft der bürgerlichen Hauptparteien – dürftig genug. Ihren Höhepunkt erlebten sie Mitte der neunziger Jahre, von da an traten sie an Bedeutung zurück.[46] Diejenigen Kreise der herrschenden Klasse, die die antisemitischen Organisationen bisher prote-

44 In »Mein Kampf« schrieb Hitler: »Die Rassenfrage gibt nicht nur den Schlüssel zur Weltgeschichte, sondern auch zur menschlichen Kultur überhaupt.« *Hitler,* Mein Kampf, S. 372.

45 Handbuch der bürgerlichen Parteien, Bd. I, S. 38.

46 *Mohrmann,* S. 48.

giert hatten – sie reichten bis ins Kaiserhaus – verloren aus verschiedenen Gründen merklich an Interesse, nicht zuletzt deshalb, weil diesen Parteien ein Erfolg im Kampf gegen die Sozialdemokratie versagt geblieben war. Außerdem zeichneten sich für die herrschende Klasse mit dem Aufkommen des Revisionismus in der Arbeiterbewegung neue Möglichkeiten ab, die von dort her drohenden Gefahren zu bannen.

Dennoch wäre es ganz falsch, aus dem geringen Anhang der antisemitischen Parteien auf einen Mißerfolg des Antisemitismus überhaupt zu schließen. Das Gegenteil war der Fall, denn der Antisemitismus war mehr denn je zu einem festen Bestandteil der Ideologie der deutschen »Elite« geworden.[47] Und für den Fall kommenden Bedarfs in neuen Krisensituationen stand die »Weltanschauung« des Rassenantisemitismus schon bis ins Detail ausgearbeitet bereit.

Dieser neuerliche und noch um vieles dringendere Bedarf ließ nicht lange auf sich warten. Die entscheidenden Daten sind erstens der Sieg der Oktoberrevolution in Rußland, zweitens die Niederlage Deutschlands im ersten Weltkrieg und drittens die Novemberrevolution und das Entstehen einer revolutionären marxistischen Partei in Gestalt der Kommunistischen Partei Deutschlands. Wie schon gezeigt, war die Folge dieser Ereignisse ein vielfach gesteigertes Bedürfnis in der herrschenden Klasse nach einem möglichst massenhaften Herüberholen von Arbeitern auf den Boden des Nationalismus. Und wir hatten auch gezeigt, daß es gerade die völkischen, antisemitischen Gruppen waren, die sich dieser Aufgabe vornehmlich annahmen. Der Antisemitismus als »*Weltanschauung*« wurde wichtiger denn je und mußte sich jetzt bewähren als konterrevolutionäre Mobilisierungsideologie. In dieser Bewährungsprobe konnte er wie nie zuvor seine unbegrenzten Anwendungsmöglichkeiten zum Vorschein bringen: er und nur er allein war imstande, alle Gegner des deutschen Imperialismus auf einen einzigen Nenner zu bringen, die imperialistischen Siegermächte ebenso wie Sowjetrußland und den Kommunismus, auf den Nenner der »jüdischen Weltverschwörung«, die in einem Fall in plutokratischem, im anderen Fall in bolschewistischem Gewande auftrat.

Schon zu Beginn des Jahres 1918 ist festzustellen, daß seitens der hinter der »Deutschen Vaterlandspartei« stehenden alldeutschen Kräfte der »Antisemitismus … als zentrales Moment im ideologischen Instrumentarium betrachtet und eingebracht« wurde.[48] »Antisemitismus, Rassismus und Imperialismus sollten jetzt in eine neue Integrationsideologie zusammengeschmolzen werden, und zwar nicht nur zur Gewinnung des Bürgertums, sondern auch der unteren Gesellschaftsschichten.«[49]

47 Ebenda, S. 49, 59.

48 *Dirk Stegmann,* Zwischen Repression und Manipulation: Konservative Machteliten und Arbeiter- und Angestelltenbewegung 1910-1918. Ein Beitrag zur Vorgeschichte der NSDAP, in: Archiv für Sozialgeschichte, XII. Bd., 1972, Bonn-Bad Godesberg 1972, S. 397.

49 Ebenda, S. 396.

Am Beispiel der Alldeutschen läßt sich der genaue Nachweis erbringen dafür, wie gerade die drohende Revolution dem Antisemitismus eine neue, unentbehrliche Funktion zuwies.

Noch auf der Sitzung des geschäftsführenden Ausschusses des AV im Oktober 1918 hofften die alldeutschen Führer, durch Verstärkung der antisemitischen Hetze die Revolution verhindern und die Massenunzufriedenheit auf die jüdischen Bürger ablenken zu können.[50] Gebsattel, der durch Krankheit an der Teilnahme verhindert war, hatte ein Schriftstück verfaßt, das von Claß verlesen wurde und in dem es hieß, die Lage müsse »zu Fanfaren gegen das Judentum und die Juden als Blitzableiter für alles Unrecht« benutzt werden.[51] Claß fügte dem hinzu, er sei ganz damit einverstanden, »daß ... die Judenfrage nicht nur wissenschaftlich-politisch, sondern auch praktisch-demagogisch behandelt« werde. Er stellte mit Befriedigung fest, daß jetzt alle Alldeutschen auf diesem Standpunkt stünden, und daß auch »die Armee und der preußische Adel mit Vehemenz dabei sind«. Aber das genüge nicht: »das ganze Volk muß es sein und mitmachen«. Er schloß mit den Worten: »Ich werde vor keinem Mittel zurückschrecken und mich in dieser Hinsicht an den Ausspruch Heinrich von Kleists, der auf die Franzosen gemünzt war, halten: Schlagt sie tot, das Weltgericht fragt Euch nach den Gründen nicht.«[52]

Der Gedanke, daß es darauf ankomme, mit dem Antisemitismus die Massen zu erfassen, war der Leitgedanke der Diskussion. Claß selbst erklärte: »Wir dürfen uns nicht allein auf die Rechte stützen, sondern müssen auch die Linke heranziehen, wo zahlreiche Antisemiten stehen«.[53] An wen er dabei dachte, sagte er leider nicht, aber es ist nicht ausgeschlossen, daß ein Noske darunter war, hatte der doch in seinen Erinnerungen offenbart: »Verärgernd empfunden wurde die Prätention, mit der eine Anzahl aus Polen und Rußland stammender Ausländer als Schulmeister für die deutschen Arbeiter auftrat ... Es hat mit Antisemitismus nichts zu tun, wenn festgestellt wird, daß die ostjüdischen ›Marxisten‹ eine besondere Veranlagung dafür besaßen, den Sozialismus zu einem Dogma auszubilden ... Sie brüteten eine Geheimwissenschaft aus, die den deutschen Arbeitern stets unverständlich geblieben ist.«[54]

Ein anderer führender Alldeutscher, Justizrat Stolte, erklärte, auch er sei der Ansicht, »daß es nicht darauf ankommt, die Gebildeten zu gewinnen, sondern darauf, die

50 Für die verstärkte Heranziehung des Antisemitismus im ersten Weltkrieg seitens der herrschenden Klasse als bewußtes Mittel zur Ablenkung der Massenunzufriedenheit siehe *Jürgen Kocka,* Klassengesellschaft im Krieg 1914-1918, Göttingen 1973, S. 103f.

51 ZStAP, Alldeutscher Verband, Bd. 121, Bl. 19.

52 Ebenda, Bl. 44.

53 Ebenda, Bl. 45.

54 *Gustav Noske*, Erlebtes aus Aufstieg und Niedergang einer Demokratie, Offenbach/M. 1947, S. 26.

Massen einzufangen.«[55] Ein Professor Gebhard schließlich unterstrich, daß es nötig sei, die Judenfrage »als Frage der *Weltanschauung*« zu behandeln.[56]

Diese »Weltanschauung« hatte auch Antwort auf die Frage nach den Ursachen der Niederlage des deutschen Imperialismus im ersten Weltkrieg zu geben, aber natürlich keine Antwort, die die wirklichen Ursachen aufzeigte, sondern umgekehrt deren Erkenntnis versperrte. Es mußte eine Antwort sein, die verhinderte, daß sich das deutsche Volk mit dem Ergebnis des ersten Weltkrieges abfand oder gar zu einer dauerhaften Antikriegshaltung gelangte, die es den Herrschenden erschwert, wenn nicht gar unmöglich gemacht haben würde, das Volk ein zweites Mal in einen imperialistischen Eroberungskrieg zu hetzen. Es ging also darum, trotz der Niederlage zu »beweisen«, daß der Sieg nicht nur möglich, sondern daß er gewiß und unausbleiblich gewesen wäre, wäre nur alles mit rechten Dingen zugegangen, und daß er das nächste Mal ganz sicher errungen werde, würde nur rechtzeitig Sorge getroffen, daß die Juden nicht wieder einen Dolchstoß in den Rücken der kämpfenden und siegenden Truppen organisieren können. Es ging also darum, trotz der Niederlage den Glauben an die Unbesiegbarkeit der deutschen Waffen und der Armeen wiederherzustellen und den kriegerischen Geist wiederzuerwecken und zunächst gegen den »inneren Feind« zu lenken.[57]

Es ist somit festzustellen, daß der Antisemitismus nach 1918 *wie nie zuvor zu einem untrennbaren und unentbehrlichen Bestandteil der extrem-reaktionären und extrem-demagogischen Mobilisierungsideologie des deutschen Imperialismus geworden war.* Obwohl seine Behauptungen pures Hirngespinst waren, war er zu einer »Weltanschauung« befördert worden, die mit dem Ziel verbreitet wurde, von den Massen aufgenommen und geglaubt zu werden, um sie dadurch nach Belieben manipulierbar zu machen.

Wie ernst nahmen Claß und seinesgleichen die antisemitischen Erfindungen? Ihr Verhältnis zum Antisemitismus ist ein durchaus zwiespältiges. Einerseits waren sie sich, wie gezeigt, der demagogischen Funktion der Judenhetze klar bewußt. Andererseits zeugen zahlreiche Äußerungen von Claß davon, daß er an die Existenz einer weltweiten jüdischen Verschwörung ernsthaft glaubte.

Ein ganz ähnlich zwiespältiges Verhältnis zum Antisemitismus hatte auch – um dies hier schon vorwegzunehmen – Hitler. Er gab zu, daß der Begriff Rasse, wie er von den Nazis propagiert wurde, wissenschaftlich unhaltbar war; das sei aber ohne

---

55 ZStAP, Alldeutscher Verband, Bd. 121, Bl. 45f.

56 Ebenda, Bl. 45.

57 Zur Entstehung und Funktion der Dolchstoßlegende siehe *Joachim Petzold,* Die Dolchstoßlegende. Eine Geschichtsfälschung im Dienst des deutschen Imperialismus und Militarismus, Berlin 1963.

Belang, meinte er, da dieser Begriff *nützlich* sei. Hitler sah im Antisemitismus das bedeutungsvollste Stück des Propagandaarsenals des Nationalsozialismus.[58] Aber trotz dieser rationalen Handhabung des Antisemitismus als eines Instruments der Massenmanipulierung glaubte er selbst an die behauptete Negativrolle des »Judentums«.

Es liegt nahe, ein solches Phänomen mit den persönlichen Eigenschaften der Betreffenden zu erklären. Aber eine solche Erklärung würde – obwohl sie sicherlich einen Teil der Wahrheit trifft – doch zu kurz greifen. Es dürfte sich dabei um ein Phänomen des Demagogentums in einem viel allgemeineren Sinne handeln. Der Demagoge, der Prediger einer zum Zwecke des Massenfangs ausgeheckten Irrlehre, ist gezwungen, ständig neue »Beweise« für den Wahrheitsgehalt seiner Lehre zu suchen und beizubringen, um die zweifelnde Masse zu überzeugen. Es wird ihm damit zur zweiten Natur, alle Vorgänge der Wirklichkeit wie selbstverständlich vom Standpunkt dieser Lehre aus zu sehen und sie so zu drehen und zu deuten, daß sie diese Lehre bestätigen. Auf diese Weise, aus dem ständigen Zwang, andere vom Wahrheitsgehalt seiner »Lehre« zu überzeugen, überzeugt er vor allem – sich selbst, wird er selbst das gründlichste und zugleich unheilbarste Opfer seiner Demagogie. Und gleichzeitig hört er nie auf, sich des demagogischen Zwecks dieser Lehre voll bewußt zu sein.[59]

Diese quasi Autosuggestion kann sich kurzfristig durchaus als ein Moment des Erfolges erweisen; denn die Massenwirkung eines Demagogen hängt zu einem erheblichen Teil davon ab, daß er den Eindruck vermittelt, selbst unerschütterlich von dem überzeugt zu sein, wovon er die Zuhörer zu überzeugen sucht. Je mehr das jedoch tatsächlich der Fall ist, um so unfähiger wird er, die Wirklichkeit real einzuschätzen.

Es muß allerdings davor gewarnt werden, die Bedeutung dieses Moments zu überschätzen: die entscheidenden Ursachen für Erfolg und Mißerfolg imperialistischer Irrlehren liegen nicht in solchen persönlichen Faktoren, sondern in den allgemeinen gesellschaftlichen Bedingungen. Aber dennoch sollte eine marxistische Geschichtsbetrachtung diese persönlichen Momente nicht außeracht lassen, weil ohne sie zwar die allgemeinen Entwicklungstendenzen ausreichend erklärt, also eine zufriedenstellende Makroanalyse vorgenommen werden kann, jedoch eine Erklärung der konkreten Ausformung dieser allgemeinen Tendenzen, eine Mikroanalyse also, nicht in wünschenswerter Genauigkeit und Schlüssigkeit gegeben werden kann.

58 *Hermann Rauschning,* Gespräche mit Hitler, Zürich/Wien/New York 1940, S. 217ff.; siehe auch den Schluß des Dok. Nr. 6 der vorliegenden Arbeit.

59 Hier tritt ein Effekt ein, auf den in anderem Zusammenhang schon Karl Marx im »Kapital« mit den Worten hinwies: »Die Etikette eines Systems unterscheidet sich von der anderer Artikel u. a. dadurch, daß sie nicht nur den Käufer prellt, sondern oft auch den Verkäufer.« *(Karl Marx,* Das Kapital, Zweiter Band, in: MEW, Bd. 24, Berlin 1970, S. 360.); siehe auch *A.A. Galkin,* Die Ideologie des Faschismus und des Neofaschismus, in: Sowjetwissenschaft, Gesellschaftswissenschaftliche Beiträge, 12/1975, S. 1274.

In diesem Kapitel wurde versucht zu zeigen, von welchen Bedürfnissen der herrschenden Klasse bzw. ihrer reaktionärsten Gruppen das Entstehen neuer politischer Organisationen, Organisationen faschistischen Typs, unmittelbar hervorgerufen wurde, welche organisatorische und ideologische Vorarbeit dazu bereits von anderen geleistet worden ist, und einige Organisationen faschistischen oder wenigstens teilweise faschistischen Charakters zu benennen, die nach 1918 in Deutschland im gesamtnationalen Maßstab entstanden sind.

Den emsigen Bemühungen um die Schaffung einer Massenbasis für die anvisierte »nationale Diktatur« blieb jedoch in den frühen zwanziger Jahren ein Erfolg versagt. Nur in einem Teilstaat Deutschlands, in Bayern, gelang es den reaktionärsten Kräften, ein Regime zu installieren, das dieses Land zum Hauptstützpunkt für alle Ultrareaktionäre aus ganz Deutschland und zu einer Art Treibhaus für faschistische Setzlinge aller Art machte. Deshalb soll hier ein Überblick über die besonderen Verhältnisse im damaligen Bayern folgen.

Kapitel III

»Ordnungszelle« Bayern – Treibhaus für faschistische Kräfte

Oberflächlich betrachtet war das Verhältnis Bayern-Reich in den Jahren 1920-1923 gekennzeichnet durch wiederholte heftige Zusammenstöße zwischen Bayerischer Landesregierung und Reichsregierung, hervorgerufen durch den »bayerischen Partikularismus«.[1] Dies ist indessen nur der äußere Schein. Dahinter verbargen sich sehr viel kompliziertere Prozesse und viel handgreiflichere Interessen, für die der – natürlich nicht zu leugnende – bayerische Partikularismus einen hochwillkommenen Wandschirm bot.

In erster Linie war die politische Entwicklung in Bayern in diesen Jahren ein Bestandteil der Polarisierung der Klassenkräfte in ganz Deutschland, die auf der Grundlage der Nachkriegskrise in jenen Jahren vor sich ging. Bayern wurde zu einem territorialen Stützpunkt der extrem-rechten Kräfte ganz Deutschlands, die unaufhörlich auf den Sturz der Weimarer Republik hinarbeiteten, wie Sachsen im Verlauf des Jahres 1923 zu einem territorialen Stützpunkt der revolutionär-demokratischen Kräfte wurde, die von der Weimarer Republik zu einer höheren Stufe der Demokratie, zu einer Arbeiter- und Bauernregierung im Reichsmaßstab, übergehen wollten. Die unterschiedliche Entwicklung dieser beiden Länder hatte ihre wesentlichste Ursache natürlich in ihrer unterschiedlichen, in mancher Hinsicht fast entgegengesetzten Wirtschafts- und Sozialstruktur (vgl. Tabelle 2 auf der folgenden Seite).

Sachsen war dasjenige Land, dessen Industrie am gleichmäßigsten über fast das ganze Gebiet verteilt war und das den bei weitem größten prozentualen Anteil von Industriearbeitern an der Gesamtbevölkerung aufwies. Dementsprechend erreichten die beiden Arbeiterparteien bei den Landtagswahlen 1920 zusammen 30,1 Prozent

1 Dieser äußere Schein wird in bürgerlichen Darstellungen gewöhnlich für das Wesen genommen; vgl. z. B. *Gerhard Schulz*, Zwischen Demokratie und Diktatur. Verfassungspolitik und Reichsreform in der Weimarer Republik, Bd. I, Berlin 1963 (ein zweiter Band ist bisher nicht erschienen); vgl. auch *Harold J. Gordon jr.*, Hitlerputsch 1923. Machtkampf in Bayern 1923-1924, Frankfurt/M. 1971; *ders.*, Hitler and the Beer Hall Putsch, Princeton 1972.

Tabelle 2:
Prozentuale Verteilung der Erwerbstätigen auf Industrie und Landwirtschaft im Reich, in Sachsen und in Bayern (1925)

	Industrie und Handwerk	*Land- und Forstwirtschaft*
Reich	41,4	30,5
Sachsen	60,9	12,4
Bayern	33,7	43,8

Quelle: *Wl. Woytinsky*, Zehn Jahre neues Deutschland. Ein Gesamtüberblick in Zahlen, Berlin 1929, S. 21.

(SPD 28,1 Prozent, KPD 2,0 Prozent), bei den Landtagswahlen 1922 sogar 52,3 Prozent aller gültigen Stimmen (41,5 Prozent SPD, 10,5 Prozent KPD).[2] In Bayern dagegen stellten die Städte mit stärkerer Industrie gewissermaßen Inseln in einem sonst überwiegend agrarischen Lande dar. Zwar gab es auch andernorts, z. B. in Preußen, weite Landstriche und ganze Provinzen, in denen die Landwirtschaft vor der Industrie rangierte, aber das wirtschaftliche Schwergewicht des Teilstaats Preußen lag doch eindeutig bei der Industrie. In ihr waren 41 Prozent der Erwerbstätigen beschäftigt, in der Land- und Forstwirtschaft dagegen nur 29,5 Prozent. Das entsprach ziemlich genau dem Reichsdurchschnitt (41,4 Prozent zu 30,5 Prozent).[3] In Bayern dagegen waren in Industrie und Handwerk nur 33,7 Prozent, in der Land- und Forstwirtschaft dagegen 43,8 Prozent der Erwerbstätigen beschäftigt. Damit blieb Bayern hinsichtlich seiner Industrialisierung auch beträchtlich hinter den anderen süddeutschen Staaten – Württemberg und Baden – zurück.[4] Das Bayerische Zentrum – es hatte sich am 12. November 1918 von der Zentrumspartei gelöst und unter dem Namen Bayerische Volkspartei (BVP)[5] als Partei des bayerischen Katholizismus und Partikularismus, als Hauptpartei der Bourgeoisie in Bayern, konstituiert –, konnte sich also auf eine relativ homogene Massenbasis katholischer Bauern stützen.

Im Gegensatz dazu mußte die Zentrumspartei, vor allem in Preußen, Rücksicht nehmen auf ihre starke Anhängerschaft unter den katholischen Arbeitern im Rhein-Ruhrgebiet und in Schlesien, die in den Christlichen Gewerkschaften organisiert waren. Deshalb wurde das Zentrum trotz eines starken und den maßgeblichen Einfluß ausübenden rechten Flügels neben der SPD die stärkste Stütze der sogenannten »Wei-

2 *Siegfried Vietzke/Heinz Wohlgemuth*, Deutschland und die deutsche Arbeiterbewegung in der Zeit der Weimarer Republik 1919-1933, Berlin 1966, S. 357.

3 *Wl. Woytinsky*, Zehn Jahre neues Deutschland. Ein Gesamtüberblick in Zahlen, Berlin 1929, S. 21.

4 Württemberg: 39,1 Prozent Industrie und Handwerk, 41,7 Prozent Land- und Forstwirtschaft; Baden: 38,9 zu 36,9 Prozent.

5 Siehe Günter Wirth/Manfred Weißbecker, Bayerische Volkspartei (BVP) 1918-1933, in: Handbuch der bürgerlichen Parteien, Bd. I, S. 79ff.

marer Koalition«; zusammen mit der SPD und der Demokratischen Partei bildete das Zentrum die Regierung im größten, zwei Drittel des Reiches umfassenden Land, in Preußen.

Die Bayerische Volkspartei hingegen konnte ungehemmt als das auftreten, was sie wirklich war – eine ausgesprochene Rechtspartei. Ebenso wie die Deutschnationalen – die in Bayern als »Bayerische Mittelpartei« (BMP) firmierten, um sich dem dortigen »Föderalismus« anzupassen –, und wie die rechtsextremen »Völkischen«, sahen die Führer der BVP eine ihrer Hauptaufgaben in der Beseitigung der »marxistischen« Regierung in Berlin und in der Ausschaltung der Sozialdemokratie von der Regierungsbeteiligung. Verstärkt wurde ihre reaktionäre, antirepublikanische Politik durch den in München besonders starken Einfluß des Vatikans. An der Spitze des katholischen Klerus stand in Bayern Kardinal Michael v. Faulhaber, ein Kirchenfürst, der sich nicht scheute, von den Kanzeln das Kirchenvolk gegen die Republik aufzuhetzen, indem er die Novemberrevolution als »Meineid und Hochverrat« verdammte.[6] Über Kardinal Faulhaber machte der Vatikan seinen Einfluß im Sinne der Verstärkung des reaktionären Kurses der Bayerischen Volkspartei geltend.[7]

Aufgrund der sozialen Struktur der bayerischen Bevölkerung und des starken Einflusses der katholischen Kirche war die BVP in Bayern die weitaus stärkste Partei; zusammen mit der Bayerischen Mittelpartei erreichte sie in den Reichstagswahlen vom Juni 1920 mit 53,2 Prozent (davon BVP 40,6 Prozent) die absolute Mehrheit aller Stimmen; bei den gleichen Wahlen erhielten die drei Arbeiterparteien zusammen 30,8 Prozent; davon SPD 15,4, USPD 13,3, KPD 2,1 Prozent. Im Reichsdurchschnitt lagen die Verhältnisse umgekehrt. Die drei Arbeiterparteien zusammen erhielten 41,6 Prozent aller Stimmen; die Rechtsparteien DNVP, DVP und BVP blieben mit 33,4 Prozent dahinter deutlich zurück.

Wie bereits diese Vergleichszahlen zeigen, wirkte sich die bayerische Wirtschafts- und Sozialstruktur hemmend auf die Arbeiterbewegung aus. Sie hatte ihre Hochburgen in den wenigen großen Industriestädten: München, Augsburg, Nürnberg, Fürth. Die Kommunistische Partei kämpfte unter besonders schwierigen Bedingungen. Während in Nordbayern (infolge eines hohen Anteils einer hochqualifizierten und relativ

---

6 *Georg Franz-Willing*, Die Hitlerbewegung. Der Ursprung 1919-1922, Hamburg/(West-)Berlin 1962, S. 220; *ders.*, Putsch und Verbotszeit, S. 190.

7 StADr, Außenministerium, Film 2982, Bericht des sächsischen Geschäftsträgers in München, Maximilian v. Dziembowski, v. 11.10.1921; siehe auch den mit dem Bericht Dziembowski fast wörtlich übereinstimmenden Bericht des württembergischen Gesandten in München, Carl Moser v. Filseck, v. 18.10.1921, in: Politik in Bayern 1919-1933. Berichte des württembergischen Gesandten Carl Moser von Filseck, hg. und kommentiert von Wolfgang Benz, Stuttgart 1971, S. 89. Über die republikfeindlichen Ausfälle Faulhabers siehe ebenda, S. 39, Bericht Moser v. Filsecks v. 3.11.1919 über den Katholikentag in München.

gut bezahlten Arbeiterschaft insbesondere in der dortigen Maschinenbauindustrie) der Einfluß des Reformismus sehr stark war, wurde in München die Herausbildung einer konsequent revolutionären, marxistischen Partei auch noch durch anarchistische Einflüsse behindert. Das ergab sich aus dem besonderen geistigen und politischen Klima Münchens. Denn München war nicht nur Bayerns Hauptstadt, es war auch Deutschlands führende Kunststadt, die eine schier unwiderstehliche Anziehungskraft insbesondere auf junge, vorwärtsdrängende Künstler – Maler, Dichter, Schriftsteller, Journalisten, Theaterleute usw. – ausübte. Sie wohnten vorzugsweise in Schwabing, einem Münchener Stadtbezirk, der durch sie sein besonderes, einmaliges Fluidum erhielt;[8] mit ihrer Protesthaltung gegen und ihrem Spott über das muffige Spießbürgertum und die verlogene bürgerliche Moral verliehen sie dem geistigen und politischen Leben Münchens eine Frische und Farbigkeit, die in scharfem Kontrast stand zu dem beherrschenden Schwarz, das über dem übrigen Lande, wenigstens über seinen stockkatholischen Teilen, lag.

Die Antibürgerlichkeit, die im Schwabinger Milieu gedieh, war jedoch nicht jene der revolutionären Arbeiterbewegung, sondern ein individualistisch-anarchistischer Revolutionarismus, wie z. B. bei Gustav Landauer und Erich Mühsam, oder eine pazifistische Menschheitsbefreiungs-Utopie, wie bei Kurt Eisner, dem Führer der bayerischen USPD, und Ernst Toller. Alle vier Genannten stellten sich während der Novemberrevolution voller Leidenschaft an die Seite der kämpfenden revolutionären Arbeiter und Soldaten und wurden durch die Wogen der Revolution an ihre Spitze getragen. Aber alsbald zeigte sich, daß sie zwar fähig waren, die Massen zu begeistern, nicht aber, sie zu führen. Ihre Treue zur Sache der Revolution machte sie bei der Bourgeoisie verhaßt, die sie verfolgen und ermorden ließ, wie es Kurt Eisner und Gustav Landauer geschah, oder sie sie einkerkern ließ. wie Erich Mühsam und Ernst Toller. Die politische Schwarmgeisterei und das Unverständnis für die Erfordernisse des Klassenkampfes gaben der Bourgeoisie zugleich die Möglichkeit, diese aufrechten Revolutionäre als Figuren in ihrem Spiel zu benutzen, wie sich zeigte, als Landauer, Mühsam und Toller am 7. April 1919 zusammen mit den Führern der USPD trotz der Warnungen des Führers der Kommunisten, Eugen Leviné, auf den provokatorischen Vorschlag einiger SPD-Führer zur Ausrufung einer »Räterepublik« eingingen.[9]

Die Arbeiterklasse in Bayern und ihre Kommunistische Partei kämpften also unter besonders komplizierten objektiven und subjektiven Bedingungen. Um so höher ist

8 In verschiedenen Kapiteln seines Buches »Namen und Menschen« hat Erich Mühsam über das »Schwabinger« München berichtet, insbesondere im Kapitel »Schwabing«; – *Erich Mühsam*, Namen und Menschen. Unpolitische Erinnerungen, Leipzig 1949, S. 109ff.

9 Ausführlich dazu siehe *Hans Beyer*, Von der Novemberrevolution zur Räterepublik in München, Berlin 1957, S. 68ff.

es zu veranschlagen, daß die revolutionären Arbeiter und Soldaten Bayerns in der Novemberrevolution bereits am 7. November, also zwei Tage früher als in Berlin, früher auch als in den beiden anderen süddeutschen Staaten Baden und Württemberg, den Sieg über die Monarchie errangen, und daß durch ihren Heldenkampf zur Verteidigung der zweiten, echten Räterepublik (13. April bis 3. Mai 1919) die revolutionären Kämpfe des deutschen Proletariats noch einmal einen ruhmvollen Höhepunkt erreichten.

Die Niederschlagung der Bayerischen Räterepublik, der grausame weiße Terror[10], mit dem die Nosketruppen unter dem Befehl des preußischen Generalleutnants Ernst v. Oven und des Kommandeurs der bayerischen Truppen, Generalmajor Arnold v. Möhl, im Verein mit 700 Mann des Freikorps Epp[11] die »Ruhe und Ordnung« in München und Bayern wiederherstellten, machten aus Bayern ein Land, dessen Parlament und dessen Regierung ganz im Schatten der Militärs standen. Am 2. Mai 1919 wurde der Kriegszustand über München verhängt. Er wurde erst am 4. November 1919 aufgehoben. Zwar amtierte die sozialdemokratisch geführte Regierung Hoffmann, die zusammen mit dem Landtag vor der Räterepublik nach Bamberg geflüchtet war und dort noch bis August 1919 verblieb, doch die wirkliche Macht übte das Militär aus. »Das Militär ... war praktisch die einzig staatstragende Macht in Bayern ..., die etwas durchsetzen konnte.«[12]

Die Aufrichtung einer faktischen Militärdiktatur über Bayern war der erste und entscheidende Schritt auf dem Wege Bayerns zur »Ordnungszelle«, d. h. auf dem Wege der Verwandlung Bayerns in ein Reservat für alle Putschisten und Verschwörer gegen die Republik, in eine Aufmarschbasis für einen bewaffneten »Marsch nach Berlin«, in ein Treibhaus und ein bevorzugtes Experimentierfeld der Bourgeoisie für ihre neue politische Waffe »nationalsozialistischer« Parteien, der erste Schritt somit auch zum Hitler-Ludendorff-Putsch vom November 1923.

An der Spitze der bayerischen Truppen stand Generalmajor Möhl. Im Kriege war er Kommandeur der 16. bayerischen Infanteriedivision, im April 1919 Führer der bayerischen Truppen, die im »Oberkommando Möhl« zusammengefaßt und gegen die Räterepublik eingesetzt wurden. Entsprechend dem Gesetz über die Bildung einer vorläufigen Reichswehr vom März 1919 wurden die bayerischen Truppen dem Gruppen-

---

10 Ebenda, S. 133f.

11 Zum Freikorps Epp siehe ebenda, S. 32; ferner *Hans Fenske*, Konservatismus und Rechtsradikalismus in Bayern nach 1918, Bad Homburg v. d. H. / (West-)Berlin / Zürich 1969, S. 58f.

12 Siehe *Horst Nusser*, Militärischer Druck auf die Landesregierung Johannes Hoffmann vom Mai 1919 bis zum Kapputsch. Unter besonderer Berücksichtigung der geheimdienstlichen Überwachung der USP und KP in München und Umgebung, in: Zeitschrift für Bayerische Landesgeschichte, Bd. 33, Heft 2 (1970), München 1970, S. 820.

kommando (Gruko) 4 unterstellt. Oberbefehlshaber des Gruko 4 wurde Möhl.[13] Im Oktober 1919 wurde Möhl in dieser Eigenschaft zugleich Landeskommandant, eine Institution, die eigens dafür geschaffen wurde, um es den Landesregierungen, insbesondere der bayerischen, leichter zu machen, den Verlust der Befehlsgewalt über die im Lande stationierten Truppen zu verschmerzen.

Möhl benutzte die ihm gegebene Machtvollkommenheit, um mit aller Rücksichtslosigkeit gegen die Arbeiterbewegung, und zwar nicht nur gegen die Kommunisten, sondern auch gegen Sozialdemokraten, vorzugehen. Von der Regierung Hoffmann verlangte er, daß sie die KPD und die USPD verbiete, ebenso deren Zeitungen, Zeitschriften, und ihnen überhaupt jedes Auftreten in der Öffentlichkeit unmöglich mache. Er verlangte zugleich, daß für alle, die sich nicht an diese Verbote hielten, Schutzhaft oder Ausweisung in Anwendung gebracht würden.[14]

Der wichtigste Mann nach Möhl war im Gruko 4 dessen Infanterieführer, Oberst Franz Ritter v. Epp. Epp, der sich in der kaiserlichen Armee 1901 und 1904/05 schon an der blutigen Niederwerfung aufständischer Chinesen und Afrikaner beteiligt hatte[15], war berüchtigt ob seiner Grausamkeit, die selbst seine eigenen Mannschaften zu spüren bekamen.[16] Von ihm stammt eine Verlautbarung an die Münchener Stadtkommandantur, in der er erklärte: »Bekanntermaßen sind Truppen erst dann fest in der Hand ihrer Führer, wenn durch scharfes Feuer, durch Schießen auf Treffen, Verluste in der angreifenden Menge entstanden sind, wenn dadurch eine unüberbrückbare Kluft zwischen Angreifer und Verteidiger geschaffen ist ... Ein besonders kritischer Fall ist gegeben, wenn der Angreifer Frauen und Kinder oder Kriegsverletzte vor sich hertreibt. Seinen Zweck, unsere Truppen am Feuer zu verhindern, darf er durch dies Verfahren unter keinen Umständen erreichen.« Daß diese Auffassung ganz nach dem Geschmack Möhls war, bezeugte der durch eine Randnotiz: »Solche Weiber, die sich durch Hetzen offenkundig hervortun, verdienen keine Berücksichtigung.«[17]

Epps soldatisches Ideal war, wie der folgende Ausspruch bezeugt, jenes Landsknechtstum, das die ersten Kader des deutschen Faschismus stellte. »Mit Menschen, deren Sinn auf Bürgerwehren, Stadtsoldaten-, Nachtwächter-, Feuerwehrwesen ge-

13 Ebenda, S. 824. – Das Gruppenkommando 4 wurde im März 1920 aufgelöst; es gab von da an nur noch das Gruppenkommando I, Berlin, und II, Kassel. Die in Bayern stationierten Truppen bildeten ab Herbst 1919 die 7. (Bayerische) Division im Wehrkreiskommando VII beim Gruppenkommando II. Der Divisionskommandeur war in Bayern gleichzeitig Landeskommandant. – *Fenske*, S. 60.

14 *Nusser*, S. 832.

15 *Ernst Deuerlein* (Hg.), Der Hitlerputsch. Bayerische Dokumente zum 8./9. November 1923, Stuttgart 1962, S. 180.

16 *Nusser*, S. 845f.

17 Ebenda, S. 847.

richtet ist, also auf Verdienen des Brotes unter behäbigen Umständen, ist uns nicht gedient. Wir brauchen Männer, denen das Kriegshandwerk Freude macht … Bewußte und entschlossene Landsknechte mit dem Ehrbegriff des Handwerks.«[18]

Bald nach der Revolution hatte Epp begonnen, ein Freikorps zum Kampf um die Wiedererrichtung der Monarchie aufzustellen. Da der Zentralrat der bayerischen Arbeiter-, Bauern- und Soldatenräte nach der Ermordung Eisners (21.2.1919) die Freiwilligenwerbung für konterrevolutionäre Truppen verboten hatte[19], stellte Epp seine Truppe auf dem nahe der bayerischen Grenze gelegenen thüringischen Truppenübungsplatz Ohrdruf auf. Seit April wurde das Freikorps Epp offiziell als »Bayerisches Schützenkorps« bezeichnet, somit als reguläre Truppe anerkannt. Epp und sein Schützenkorps zeichneten sich bei der Niederwerfung der Räterepublik durch besondere Brutalität und Grausamkeit aus. Dies empfahl ihn in den Augen Möhls offenbar in ganz besonderem Maße, denn er setzte durch, daß Epps Truppe als Schützenbrigade 21 mit Epp als Kommandeur in die Reichswehr überführt wurde.[20] Ernst Schneppenhorst, damaliger bayerischer Staatsminister für militärische Angelegenheiten in der Regierung Hoffmann, erhob zwar Einspruch gegen die Ernennung Epps, aber Möhl verstand sich ausgezeichnet mit dem Reichswehrminister Noske und erhielt regelmäßig Rückhalt bei diesem, wenn er sich über Anordnungen und Einsprüche der Landesregierung hinwegsetzte;[21] so auch in diesem Falle. Epps Ernennung erfolgte am 18.10.1919. Seine Machtbefugnisse reichten weit über seine Schützenbrigade hinaus, da ihm nicht nur die Reichswehr im Bereich München-Oberbayern, sondern auch die Stadtpolizei, die Einwohnerwehr und die Technische Nothilfe unterstellt waren.[22]

Die Vormachtstellung der Militärs gegenüber der Landesregierung wurde noch weiter gefestigt durch den Kommandanten der Polizeiwehr München und Chef der militarisierten Landespolizei, Oberst Hans Ritter v. Seisser.[23] Auch er war aus der alten kaiserlichen Armee hervorgegangen, hatte es aber nach der Revolution und der durch den Friedensvertrag erzwungenen Reduzierung des Heeres vorgezogen, sich in der bay-

---

18 *Erwin Könnemann,* Einwohnerwehren und Zeitfreiwilligenverbände. Ihre Funktion beim Aufbau eines neuen imperialistischen Militärsystems (November 1918 bis 1920), Berlin 1971, S. 147.

19 Der »Zentralrat der Bayerischen Republik« war nach der Ermordung des Ministerpräsidenten Kurt Eisner von Vertretern der Arbeiterparteien (USPD, KPD, SPD) und des Vollzugsausschusses der Arbeiter-, Soldaten- und Bauernräte unter Vorsitz von Ernst Niekisch (SPD später USPD) gebildet worden. – *Beyer,* S. 44.

20 *Nusser,* S. 844.

21 Ebenda, S. 833.

22 Ebenda, S. 845.

23 Ebenda, S. 820, 845.

erischen Landespolizei ein neues Betätigungsfeld zu schaffen, in dem er der oberste Chef war und sich auch von Zivilisten nicht dreinreden lassen würde. Zwar unterstand er formal dem bayerischen Innenminister, aber Seisser verstand es, nicht zuletzt durch seine enge Zusammenarbeit mit dem Gruppenkommando, seine zivilen Vorgesetzten daran zu gewöhnen, daß es besser war, ihn unbehelligt gewähren zu lassen und auf seine Unterstellung unter den Innenminister nicht zu pochen.[24]

Das Dreigestirn Möhl, Epp, Seisser arbeitete systematisch darauf hin, den Aktionsbereich der Regierung Hoffmann immer weiter einzuschränken und ihre Autorität völlig zu untergraben.[25] Vor allem drangen sie darauf, daß der Regierung jedes Mitspracherecht in militärischen Dingen genommen würde.[26] Möhl verlangte und erreichte mit Hilfe Noskes sogar die Auflösung des bayerischen Wehrministeriums!

(25. August 1919)[27]. Da die preußischen Truppen mit ihrem Oberkommandierenden Oven bereits am 2. Juni 1919 München wieder verlassen hatten, – worauf Möhl sehr gedrängt hatte[28] –, war die Machtvollkommenheit des Gruko nahezu unbegrenzt.

Möhls Bestreben ging dahin, diesen Zustand so lange als möglich andauern zu lassen; er legte deshalb der Regierung Hoffmann immer wieder nahe, wegen der angeblich so unsicheren Lage in München weiterhin in Bamberg zu bleiben und den Kriegszustand nicht aufzuheben.[29]

Kennzeichnend für die tatsächlichen Machtverhältnisse in Bayern und deren Auswirkungen auf die regierungstreue sozialdemokratische Beamtenschaft ist der Brief eines Eisenbahnbeamten an den Ministerpräsidenten Hoffmann. In diesem Brief hieß es:[30] »So wie sich die Eindrücke heute bieten, müssen wir befürchten, daß nicht die Regierung, sondern die Reaktion am Ruder ist. Die Zeitungsnachrichten aus München, die wir endlich bekommen, müssen den Eindruck erzeugen, als ob es sich nicht um Bekämpfung des Bolschewismus und Kommunismus handelte, sondern um die planmäßige Anbahnung allgemeiner Sozialistenverfolgung. Wo stehen wir denn heute eigentlich? Geben Sie doch bitte Herr Min. Präsident Ihren Genossen, die sich redlich bemüht haben, den geistigen Gewinn der Revolution zu erhalten und zu vertiefen, die doch wohl Ihre Regierung aufbauen halfen, darüber Auskunft, ob es heute Recht oder

---

24 *Harald J. Gordon,* Hitler and the Beer Hall Putsch, S. 122f.

25 *Nusser,* S. 820.

26 Ebenda, S. 831.

27 Ebenda, S. 819, 828.

28 Ebenda, S. 819.

29 Ebenda, S. 825, 831f.

30 Ebenda, S. 828, Brief des Eisenbahnsekretärs *Schug* an Ministerpräsident *Hoffmann,* o. D.

Unrecht ist, Sozialdemokrat zu sein. Wir sind hier sehr beunruhigt.« Der ganze Erfolg dieses Schreibens bestand darin, daß jetzt die politische Betätigung des Briefschreibers observiert wurde.[31]

Eine der wichtigsten Maßnahmen des Gruko war die Einrichtung einer Nachrichtenabteilung sofort nach der »Eroberung« Münchens.[32] Zu den Aufgaben, die ihr gestellt wurden, gehörte es, »die Lage in der Metall- und Bauindustrie zu sondieren, sich Nachrichten über die Stimmung in Arbeiterkreisen zu verschaffen, Nachrichten über bevorstehende Streiks und über die Mittel in den Streikkassen einzuholen. Des weiteren Persönlichkeiten, die durch ihre Zugehörigkeit zur KPD oder USP Unruhe in die Arbeiterschaft bringen und dieselbe zu verhetzen suchen, namhaft zu machen, zu überwachen und gegebenenfalls der Polizeidirektion zuzuführen und in Schutzhaft zu nehmen.« Eine weitere Aufgabe bestand darin, »Verbindung aufrecht (zu halten) zur USP und KPD, indem sie durch geeignete Leute ständig in USP- und KPD-Versammlungen tätig ist, und ... auch mit leitenden Kreisen in engster Verbindung steht.« Der Fahndungsabteilung wurden folgende Aufgaben gestellt: »... die Persönlichkeit politisch nicht einwandfreier Leute festzustellen, dieselben zu überwachen, ebenfalls der Polizeidirektion zuzuführen und in Schutzhaft nehmen zu lassen.« Aber auch folgende Aufgaben übernahm diese Nachrichtenabteilung: »... hervorragende Persönlichkeiten der Industrie und im Baugewerbe, die durch ihre Tätigkeit bei Tarifverhandlungen und Schiedsgerichten in starken Gegensatz zu den Arbeiterverbänden treten, zu warnen und gegebenenfalls zu schützen.«

Zur Lösung dieser Aufgaben wurde ein stattlicher Apparat aufgebaut, der schon bei seiner Gründung 63 Mann in vier Abteilungen beschäftigte. Der erste Leiter dieses Amtes, Hermann Passavant, schied bereits am 30. September 1919 wieder aus. Sein Nachfolger wurde Hauptmann Karl Mayr[33], mit dem wir uns als dem »Entdecker« Hitlers noch mehrfach werden beschäftigen müssen. Mayr war Berufssoldat seit 1901 und hatte im Kriege im Bayerischen Generalstab Dienst getan. Nunmehr sah er seine erstrangige Aufgabe darin, mit Hilfe seiner Nachrichtenabteilung die »unzuverlässigen« Elemente in der Armee ausfindig zu machen und auszumerzen, die Truppe in streng nationalistischem Geiste zu erziehen und möglichst viele Reichswehrangehörige durch politische Bildungskurse zu schulen, damit sie auch außerhalb der Truppe unter der Bevölkerung, besonders unter den Arbeitern, die ja das spezielle Sorgenkind des Gruko bildeten, »aufklärend« im doppelten Sinne des Wortes wirken konnten.

31 Ebenda, S. 829.

32 Für die folgenden Ausführungen siehe *Nusser,* S. 822ff.

33 Siehe Münchener Post, Nr. 150 v. 2. Juli 1923, Der Artikel »Ein Stück bayerische ›Geschichte‹« enthält eine Darstellung der Tätigkeit Mayrs in den Jahren 1918-1921 aus der Feder Mayrs selbst. – ZStAP, RKO, Nr. 232, Bl. 69.

Bei der Behauptung seiner Machtstellung stützte sich das Gruko nicht nur auf seine eigenen Truppen, sondern auch auf die Einwohnerwehren[34], die Freikorps[35] und die aus beiden sich entwickelnden Wehrverbände.

In keinem anderen Land des Reiches bestand eine solche Vielzahl reaktionärer militärischer und halbmilitärischer Verbände, wie in Bayern, und in keinem Lande war der Anteil der durch sie erfaßten Einwohner so groß wie hier.

Das war die Folge der Niederlage der Arbeiterklasse im Kampf um die Bayerische Räterepublik. Die von den siegreichen Militaristen errichtete Militärherrschaft beseitigte alle Hindernisse, die vorher der Entwicklung solcher konterrevolutionärer Verbände enge Grenzen gesetzt hatten.

Den Anstoß zur Bildung von Einwohnerwehren in ganz Deutschland hatte allerdings der sozialdemokratische preußische Innenminister Wolfgang Heine mit einer Verfügung vom 18. März 1919 gegeben.[36] Nach dem Sieg der Konterrevolution in Bayern nahm der Forstrat Escherich ihre Organisierung in diesem Lande in die Hand. In kurzer Zeit erreichten die Bayerischen Einwohnerwehren eine Stärke von 300.000 Mann, bei einer Bevölkerungszahl von 7,3 Millionen.[37]

Im Mai 1920 wurden die Einwohnerwehren in den meisten Teilen des Reiches auf Verlangen der Siegermächte aufgelöst. Nicht so in Bayern. Hier blieben sie noch über ein Jahr lang bestehen, bis schließlich ein Ultimatum der Ententemächte ihre Auflösung auch hier am 27. Juni 1921 erzwang. Allerdings wurden sie für kurze Zeit auch außerhalb Bayerns in getarnter Form weitergeführt. Forstrat Escherich, der Landeshauptmann der bayerischen Einwohnerwehr, hatte schon am 9. Mai 1920 eine getarnte Auffangorganisation gegründet, die er »Organisation Escherich« (abgekürzt »Orgesch«) nannte und als Verein ins Münchener Vereinsregister eintragen ließ.[38] Dieser »Verein« erstreckte sich über ganz Deutschland und stellte den Versuch dar, unter einem neuen Dach die Einwohnerwehren mit zentraler Leitung aufrechtzuerhalten. Escherich vereinte in seiner Hand das Amt des Reichshauptmanns der Orgesch und des Landeshauptmannes der bayerischen Einwohnerwehren. Sein Stellvertreter als Landeshauptmann war der Obergeometer Rudolf Kanzler. Dieser hatte seinerzeit das »Freikorps Chiemgau« zum Kampf gegen die Räterepublik gegründet, aus dem dann große Teile der oberbayerischen Einwohnerwehren hervorgingen.

---

34 *Könnemann*, Einwohnerwehren, S. 778ff.

35 *Ders.*, Freikorps 1918-1920, in: Handbuch der bürgerlichen Parteien, Bd. II, S. 53ff.

36 *Ders.*, Einwohnerwehren, S. 778f.

37 Ebenda, S. 778. – In Preußen betrug die Stärke der Einwohnerwehren mit rund 630.000 Mann nur etwas mehr als das Doppelte der bayerischen, bei einer mit 38,3 Mio um das Fünffache größeren Bevölkerung.

38 *Erwin Könnemann*, Organisation Escherich (Orgesch) 1920-1921, in: Handbuch der bürgerlichen Parteien, Bd. II, S. 459ff.

Außer auf die Einwohnerwehren konnte sich das Gruko auch auf andere bewaffnete konterrevolutionäre Verbände, wie z. B. die Freikorps, stützen. Sie waren in großer Zahl im Kampf gegen die Räterepublik entstanden. Erwähnt wurden bereits die Freikorps Epp und Chiemgau. Ein weiteres war das Freikorps Oberland[39], eine Gründung des Leiters einer sich »Thule« nennenden Geheimorganisation, Rudolf v. Sebottendorf, der übrigens ebenso wie Hauptmann Mayr auch an der Wiege der NSDAP Pate stand.[40] »Oberland« war das stärkste und bedeutendste bayerische Freikorps, dessen blutige Spur überall dorthin führte – ins Ruhrgebiet 1920 zum Kampf gegen die Rote Ruhrarmee, nach Oberschlesien 1921 zum Kampf gegen die polnischen Freischärler – wo es galt, die Interessen des deutschen Imperialismus mit der Waffe in der Hand gegen dessen innere und äußere Feinde zu verteidigen.

Wie die Einwohnerwehren mußten auch die Freikorps auf Verlangen der Siegermächte im Mai 1920 aufgelöst werden, soweit sie nicht bereits von der Reichswehr übernommen worden waren. In Bayern aber wurden die Freikorps ebensowenig wie die Einwohnerwehren aufgelöst. Vielfach wurden sie geschlossen in die Einwohnerwehren übernommen. Diesen Weg ging auch das Freikorps Oberland. Nachdem im Juni 1921 auch diese Wehren aufgelöst werden mußten, wurde das Freikorps in den »Bund Oberland« umgewandelt. Mit ähnlich durchsichtiger Maskerade wurden in Bayern viele der bewaffneten reaktionären Verbände weitergeführt, mit fürsorglicher behördlicher Förderung, ganz besonders seitens des Reichswehr-Gruppenkommandos.

Die Bewaffnung sowohl der Einwohnerwehr wie der anderen Verbände erfolgte durch die Reichswehr. Nach der Auflösung der Einwohnerwehr wurde ein kleiner Teil ihrer Bewaffnung und Ausrüstung von der Regierung eingesammelt und der alliierten Kontroll-Kommission übergeben. Der Hauptteil jedoch – er war umfangreicher als die offiziellen Waffenbestände des Wehrkreiskommandos[41] – blieb in den Händen der Reichswehr, wurde aber vor der Kontrolle und dem Zugriff der Kontrollkommission durch die Anlegung geheimer Waffenlager gesichert. Zur Verwaltung dieser geheimen Waffen- und Munitionslager wurde eine Organisation mit der Bezeichnung »Feldzeugmeisterei« (zumeist abgekürzt FZ) geschaffen. Die Feldzeugmeisterei gründete eine Tochtergesellschaft, die Transportgesellschaft Faber, der die Pflege und Verwaltung der illegalen Bestände an Militärfahrzeugen oblag. Mit der Leitung der Feldzeugmeisterei wurde Hauptmann Ernst Röhm beauftragt, 2. Stabsoffizier des Generals Epp, der für alle Waffenangelegenheiten im Wehrkreiskommando zuständig war.[42] Aus den Be-

39 *Ders.*, Freikorps und Bund Oberland (BO) 1919-1930, in: ebenda, S. 65ff.

40 Darüber ausführlich im Kapitel IV der vorliegenden Arbeit.

41 *Friedrich v. Rabenau*, Seeckt. Aus meinem Leben, 1918-1936, Leipzig 1940, S. 348.

42 *Heinrich Bennecke*, Hitler und die SA, München / Wien 1962, S. 13.

ständen der Feldzeugmeisterei erfolgte die Bewaffnung der konterrevolutionären Bürgerkriegsformationen (der sog. »vaterländischen Verbände«), die von der Reichswehr als ihre Reserve betrachtet wurden, mit deren Hilfe u. a. die Versailler Vertragsbestimmungen über die Begrenzung der Reichswehr auf 100.000 Mann umgangen werden sollten.

Röhm, der für die Entwicklung der NSDAP von noch größerer Bedeutung werden sollte als der Hauptmann Mayr, war wie dieser im ersten Weltkrieg Generalstabsoffizier im Bayerischen Heer gewesen. Erfüllt von unbändigem Haß gegen die Revolution, hatte er sich im Freikorps Epp an der Niederschlagung der Räterepublik beteiligt. Nachdem Epp Infanterieführer des Gruko geworden war, machte er Röhm zu seinem Stabsoffizier. Beide stimmten in ihrer Ablehnung der Forderung nach politischer Abstinenz und Überparteilichkeit der Reichswehr überein. Besonders Röhm sah die Aufgabe der bayerischen Reichswehr darin, alle konterrevolutionären Kräfte unter ihrer Führung zusammenzuschließen und auf den Kampf für den Sturz der verhaßten Weimarer Republik vorzubereiten. Seine Zugehörigkeit zur Armee dieser Republik hinderte ihn nicht im mindesten daran, aktiv am Aufbau zahlreicher konterrevolutionärer Verbände, z.T. in leitender Position, mitzuwirken. So hatte er gemeinsam mit dem damaligen Oberlandführer Joseph Römer[43] eine geheime Vereinigung gegründet, die sich »Eiserne Faust« nannte und die mit entsprechenden Gruppen in Norddeutschland in Verbindung stand, wie z. B. mit dem »Völkischen Kreis« um den Grafen Reventlow.[44] Als der ebenfalls aktive Reichswehrhauptmann Adolf Heiß 1922 in Nürnberg den Wehrverband »Reichsflagge« gründete, übernahm Röhm die Leitung der Münchener Ortsgruppe dieses Verbandes.

Bereits Röhms Schlüsselstellung für die Bewaffnung der sog. vaterländischen Verbände, die ihm den Namen des »Maschinengewehrkönigs von Bayern« eintrug, machte ihn für diese Verbände zu einem der wichtigsten, wenn nicht gar zum wichtigsten Mann in der Reichswehr. Mehr noch wurde er dies jedoch infolge seiner unermüdlichen Aktivität und seines Organisationstalents.

»Bei allen Rechtsvereinigungen, den vaterländischen Verbänden, bei der Gründung des völkischen Offiziersbundes, überall hatte er die Hand im Spiele.«[45]

Das Zusammenspiel von Reichswehr, Einwohnerwehren und »vaterländischen« Verbänden war dazu bestimmt und geeignet, die Führungsrolle des Gruko in der bayerischen Politik zu gewährleisten. Um diese gegen jede Störung seitens der Regierung

---

43 Zu J. Römer siehe Kapitel I, Anmerkung 65.

44 *Werner Maser*, Die Frühgeschichte der NSDAP. Hitlers Weg bis 1924, Frankfurt/M. / Bonn 1965, S. 191; *Franz-Willing*, Die Hitlerbewegung, S. 128.

45 Ebenda, S. 128.

abzusichern, arbeite das Gruko darauf hin, in Bayern anstelle der Regierung Hoffmann eine Rechtsregierung ans Ruder zu bringen.

Zunächst allerdings mußte sich das Gruko damit abfinden. daß die Regierung Hoffmann von Bamberg nach München zurückkehrte (August 1919) und daß am 4. November 1919 der Kriegszustand beendet wurde. Jedoch wurde an seiner Stelle sofort der Belagerungszustand verhängt;[46] die Regierungspräsidenten und der Polizeipräsident von München wurden zu »Staatskommissaren« mit Sondervollmachten zur »Erhaltung der öffentlichen Sicherheit« ernannt.[47] Damit war zwar die Exekutive aus den Händen der Militärs in die Hände von Zivilisten gelegt, sehr zum Verdruß von Möhl. Dennoch fühlte sich die bayerische Reichswehrführung nach wie vor als wirklicher Herr im Lande und benahm sich auch dementsprechend, was naturgemäß zu ständigen Reibereien mit der schwächlichen Hoffmann-Regierung führte.[48] Möhl wurde nicht müde, der Regierung vorzuwerfen, sie ginge nicht energisch genug gegen die Linke vor. Er verlangte z. B. ein generelles Streikverbot, Arbeitszwang und Entzug der Geldunterstützung für Erwerbslose.[49]

Der Putsch der Kappisten in Berlin bot endlich die langerwartete Gelegenheit, die Regierung Hoffmann zu stürzen.

Über verschiedene Drähte hatte das Gruko ständige Verbindung zu den Putschisten in Norddeutschland gehalten. Möhl selbst stand durch den Verbindungsoffizier Adam beim Gruppenkommando I mit dessen Chef, General v. Lüttwitz, der bekanntlich der militärische Leiter des Putsches war, in ständiger Verbindung.[50] Der Leiter von Möhls Nachrichtenabteilung, Hauptmann Mayr, führte vor dem Putsch sogar Verhandlungen sowohl mit Lüttwitz als auch mit Kapp.[51] Mit letzterem hatte er zwei Unterredungen gehabt, in denen er die Meinung vertrat, daß es besser sei, mit dem Putsch noch zwei Monate zu warten und vorher ein engeres Einvernehmen mit den höheren Reichswehrbehörden herzustellen. Als die Putschisten in Berlin jedoch schon am 13. März 1920 losschlugen, benutzte das Gruko die Gelegenheit, um die Hoffmann-Regierung loszuwerden. Man ging dabei nicht ungeschickt vor. Man hütete sich, Kapps Partei zu ergreifen und gab damit der bayerischen Arbeiterschaft zunächst einmal keinen Anlaß, sich dem Generalstreik im Reich anzuschließen. Man setzte die Hoffmann-Regierung auch nicht einfach mit Waffengewalt ab, sondern »verhandelte« mit ihr. Möhl persön-

46 Ebenda, *S.* 59; *Nusser*, S. 833.

47 *Franz-Willing*, Die Hitlerbewegung, S. 59.

48 *Nusser*, S. 833f.

49 Ebenda, S. 841.

50 Ebenda, S. 839, 843.

51 Zentrales Staatsarchiv Merseburg (im folgenden: ZStAM), Nachlaß Kapp E II 26, Bl. 339; siehe auch Dok. Nr. 1 der vorliegenden Arbeit.

lich setzte den Ministerrat in der Nacht zum 14. März mit der Forderung unter Druck, die Funktion des Staatskommissars müsse von Militärs wahrgenommen werden, sonst könne er für die Truppen nicht mehr garantieren. Die Regierung gab dieser Forderung nach; Möhl wurde anstelle des Polizeipräsidenten zum Staatskommissar für Oberbayern ernannt, und darüberhinaus auch noch der Regierungspräsident von Oberbayern, Gustav v. Kahr, zum Zivilkommissar bestellt.[52] Im Laufe des Vormittags des 14. März drang dann – offenbar auf entsprechende Instruktion durch das Gruko – ein Leutnant des Freikorps Oberland, Ludwig Oestreicher, mit zehn Mann in voller Bewaffnung und im Stahlhelm in das Gebäude des Bayerischen Ministeriums des Äußeren ein, in dem der Ministerrat tagte. Oestreicher ließ seine Leute vor dem Hause Posten beziehen und stürmte in den Sitzungssaal mit den Worten: »Jetzt ist's aus, schaun's, daß zum Teufel kommen!«[53]

Die Regierung gab dem vereinten Druck des Gruko und der bewaffneten Freikorpsbande nach. Am Vormittag des 14. März traten die sozialdemokratischen Minister aus der Regierung aus, am Nachmittag folgten die übrigen.

Auf die Nachricht von der Aktion des Militärs hin beschlossen die Arbeiter Münchens den Generalstreik, der am gleichen Morgen auch einsetzte.[54] Da jedoch ein Aufruf zum Widerstand seitens der zurückgetretenen Minister ausblieb und bereits am 16. März durch den Landtag eine neue Regierung gebildet wurde, der zur Beschwichtigung der Massen auch die beiden Vertreter der Demokratischen Partei aus der vorigen Regierung angehörten[55], wurde er am 17. März wieder abgebrochen.[56]

So war in Bayern weitgehend gelungen, was im Reich am geschlossenen Widerstand der Arbeiterklasse schmählich gescheitert war. Mit der neuen Landesregierung unter dem Ministerpräsidenten Kahr war Bayern ein Land geworden, das sich in der Hand der reaktionärsten Kräfte der Bourgeoisie befand. Die Regierung wurde umgebildet in eine Koalition der rechten Kreise des bayerischen Katholizismus mit den bayerischen Deutschnationalen, der Bayerischen Mittelpartei. Wie bereits erwähnt, gewannen diese beiden Parteien bei den Wahlen im Juni 1920 unter den zugunsten der Rechtskräfte veränderten Bedingungen die absolute Mehrheit im Landtag. Dadurch sank der Landtag zu einer machtlosen Staffage herab, in dem Kommunisten

52 Politik in Bayern, S. 55.

53 ZStAP, RKO, Nr. 232, Bl. 41f., Vernehmung des Oberlandführers Ludwig Oestreicher, o. D.

54 Politik in Bayern, S. 55.

55 Es handelt sich um den Justizminister Müller-Meiningen, der am 16. Juli 1920 von Christian Roth abgelöst wurde, und um den Minister für Handel und Gewerbe Eduard Hamm, der am 27. Juli 1922 die bayerische Staatsregierung verließ und am 22. November 1922 zum Staatssekretär in die Reichskanzlei berufen wurde.

56 *Fenske*, S. 98.

und Sozialdemokraten zwar die antinationale, profaschistische Politik der Regierung anprangern, aber auf die Gesetzgebung keinen Einfluß nehmen konnten. Mehr noch als auf ihre Parlamentsmehrheit stützte sich die Regierung auf die Führung der Reichswehr in Bayern und auf die sich formierenden faschistischen Organisationen. Mit der Bildung der neuen Regierung begann der erste Akt des possenhaften Trauerspiels »Ordnungszelle Bayern«. Der traurige Held dieses Stückes hieß Gustav v. Kahr.

Obwohl nicht Katholik, sondern Protestant, war er eine der führenden Figuren der Bayerischen Volkspartei geworden, weil er ein glühender Verfechter der Wiedererrichtung der Wittelsbacher Monarchie und ein unversöhnlicher Streiter gegen die »marxistischen« Regierungen in Berlin und für die Rückgewinnung der bayerischen Reservatrechte der Bismarckschen Verfassung war. Als Ministerpräsident und dann später, im Jahre 1923, als Generalstaatskommissar von Bayern, galt er bald bei der Reaktion in ganz Deutschland als die volkstümliche bajuwarische Kraftnatur, die sich rücksichtslos gegen alle Widerstände durchsetzte und dazu berufen war, als rettender Diktator zuerst Bayern und dann das ganze Reich von den »Roten« zu befreien und Deutschland in die »nationale Diktatur« zu führen.[57] Er hatte bei großen Teilen vor allem der rückständigen bäuerlichen Bevölkerung Oberbayerns große Popularität gewonnen, zum einen als Mitbegründer und Schirmherr der Einwohnerwehren, zum anderen durch seine mit derben Kraftausdrücken und saftigen Angriffen auf »Marxisten« und auf das »Rote Berlin« gewürzten Reden. Sein Weltbild war in Vielem dem Hitlers sehr ähnlich, und gleiches kann auch von seinen Lösungsrezepten gesagt werden. Sie waren von banaler Schlichtheit, um nicht zu sagen: Einfalt. Kahr sah wie Hitler die deutschen und die Weltzustände durch eine Brille provinzieller Borniertheit und ideologischer Voreingenommenheiten, die ihn zu groben Fehleinschätzungen der wirklichen Kräfteverhältnisse verführten. Beide machten die kompromißlose Ablehnung der Forderungen übermächtiger Gegner zur Richtschnur ihrer Politik, beide glaubten – oder machten wenigstens die Massen glauben –, daß man mit »unbeugsamem Willen« und fanatisierten Massen jeden noch so überlegenen Gegner besiegen könne, und beide folgten dem Konzept, ihre bürgerlichen Gegenspieler zum Nachgeben zu veranlassen, indem sie sich selbst als die vortrefflichsten Bekämpfer und Bezwinger des »Bolschewismus« anboten, in der Erwartung, alles werde demjenigen erlaubt oder verziehen, der das Bürgertum vom Alpdruck des Sozialismus befreie oder zu befreien verspricht.

Diese Wesens- und Gesinnungsverwandtschaft hat ihr Teil dazu beigetragen, daß

---

57 Bezeichnend hierfür sind die Erwartungen, die Hugo Stinnes in Kahr setzte. – Näheres dazu im Kapitel IX der vorliegenden Arbeit.

Kahr zum Schirmherrn Hitlers und seiner Bewegung wurde. Umgekehrt geht man sicher nicht fehl mit der Feststellung, daß Hitler, der ja zu Beginn der Kahrschen Ministerpräsidentschaft noch ein ganz kleiner Anfänger in Sachen Politik war, mit Eifer auch bei Kahr studiert hat, mit welchen Mitteln und Kniffen dieser es verstand, auf seine Zuhörer zu wirken.

Das politische Denken Kahrs spiegelt sich z.B. recht deutlich in den Berichten des Reichsvertreters und der Ländervertreter in München[58] wider. Über Kahrs Äußerungen zu den Forderungen der Alliierten vom Januar 1921 berichtete der Vertreter Württembergs, Carl Moser v. Filseck, Kahr sei für ein entschiedenes »Nein« eingetreten. »Wir würden zwar durch eine Weigerung wohl schweren Zeiten entgegengehen«, äußerte Kahr, fügte dem jedoch die Hoffnung hinzu, daß durch eine Zuspitzung des Konflikts mit Frankreich England in die Lage kommen könnte, »uns mit Waffen zu versehen, damit wir gegen Frankreich marschieren könnten.«[59] Diese erstaunliche Erwartung ergänzte Kahr durch eine Bemerkung, die die Wesensverwandtschaft zu Hitler besonders deutlich hervortreten läßt. Kahr erklärte nämlich, die schweren Zeiten, die Deutschland bevorständen, müßten so ertragen werden, wie die Preußen die Folgen des Jahres 1806 ertragen hätten. »Seien wir dazu nicht imstande, so seien wir auch nicht wert, weiter als Nation zu existieren.«[60]

Als im April 1921 die Reichsregierung unter dem Druck der Ententemächte von Kahr die Auflösung der Einwohnerwehren verlangte, machte sich Kahr stark und lehnte ab. Dem württembergischen Gesandten gegenüber äußerte er, hier in Bayern gäbe das Volk die Waffen nicht aus der Hand. Darüber solle man sich in Berlin nicht täu-

---

58 Auch nach der Novemberrevolution hatten die Länder das Recht, in Berlin und in den Hauptstädten der anderen Länder Gesandtschaften zu unterhalten. Die meisten Länder verzichteten auf die Ausübung dieses Rechtes. Bayern legte aber großen Wert darauf, daß seine Eigenstaatlichkeit durch die Anwesenheit von Geschäftsträgern anderer Länder in München unterstrichen wurde. Vertreter der Reichsregierung in München war von Frühjahr 1921 bis Sommer 1922 Julius Graf v. Zech-Burkersroda, ab 1923 bis 1931 Edgar Karl Alfons Haniel von Haimhausen, ein Mitglied der Familie Haniel, deren Konzern anfangs der zwanziger Jahre sich einige namhafte bayerische Maschinenbaubetriebe angliederte. – Siehe vorliegende Arbeit, S. 179. Die Vertreter Württembergs (Moser v. Filseck) und Sachsens (Dziembowski) wurden bereits erwähnt.

59 Politik in Bayern, S. 75.

60 Ebenda. Es ist nicht möglich, diese Worte Kahrs zu lesen, ohne sofort an die bekannte und berüchtigte Erklärung Hitlers zu denken: »Wenn der Krieg verloren geht, wird auch das Volk verloren sein. Dieses Schicksal ist unabwendbar. Es ist nicht notwendig, auf die Grundlagen, die das Volk zu seinem primitivsten Weiterleben braucht, Rücksicht zu nehmen. Im Gegenteil ist es besser, selbst diese Dinge zu zerstören. Denn das Volk hat sich als das schwächere erwiesen und dem stärkeren Ostvolk gehört dann ausschließlich die Zukunft. Was nach dem Kampf übrigbleibt, sind ohnehin nur die Minderwertigen.« – Internationaler Militärgerichtshof Nürnberg. Der Prozeß gegen die Hauptkriegsverbrecher vor dem Internationalen Militärgerichtshof, Nürnberg, 14.XI.1945 bis 1.X.1946, Bd. XVI, Nürnberg 1948, S. 547f.

schen. Man könne Gesetze erlassen und verfügen, soviel man wolle, dies blieben doch nur Papierfetzen.[61]

Am 31. Juli 1921 faßte Kahr dem württembergischen Gesandten gegenüber seine Lagebeurteilung in folgende Sätze: »Die ganze innere und äußere Lage, in der wir uns befänden, sei derartig verzweifelt, daß er nicht sehe, wie wir auf normalem Wege uns allmählich wieder herausarbeiten sollen, er glaube, daß diese Lage nur durch eine gewaltsame Lösung eine Änderung werde erfahren können. Es müsse noch einmal Kämpfe im Innern und Krieg nach außen geben. Diejenigen, die dann noch am Leben seien, könnten dann das neue Deutschland aufbauen. Er … glaube, daß es schon in diesem Winter zu einer Entladung kommen müsse.«[62]

Dem sächsischen Geschäftsträger Maximilian v. Dziembowski gegenüber hatte Kahr erklärt, er denke überhaupt nicht an Rücktritt wegen der Einwohnerwehrfrage, denn er sei »der einzige Mann in Deutschland, … der Macht hinter sich habe.«[63]

Natürlich mußten die Einwohnerwehren in ihrer bisherigen Form allen markigen Versicherungen Kahrs zum Trotz doch aufgelöst werden, und Kahr mußte (am 12. September 1921) zurücktreten, wollte er nicht völlig unglaubwürdig und Gegenstand des allgemeinen Spottes werden. Er war also keineswegs der starke Mann, als den ihn die BVP und er sich selbst der Öffentlichkeit präsentierte, und diejenigen, die näher mit ihm zu tun hatten, wußten das sehr gut.

Der einflußreichste, weil über die bedeutendste Hausmacht verfügende BVP-Führer war Georg Heim, der Leiter der Christlichen Bauernverbände. Diese bildeten die breite, organisierte Massenbasis der BVP auf dem Lande. Heim war es auch, den Möhl in der Nacht zum 14. März 1920 aus Regensburg hatte herbeiholen lassen, um ihn aufzufordern, an die Spitze der Regierung zu treten. Heim war aber klug genug, abzulehnen.[64] Er wußte, daß er auf große Teile der Bevölkerung, besonders in Nordbayern, die nicht partikularistisch »weiß-blau«, sondern nationalistisch »schwarz-weiß-rot«[65]

---

61 Zur Frage der EW und des Tauziehens um ihre Auflösung, insbesondere in Bayern, siehe auch Akten der Reichskanzlei, Weimarer Republik, hg. von Karl Dietrich Erdmann und Wolfgang Mommsen, Das Kabinett Fehrenbach, 25. Juni 1920 bis 4. Mai 1921, bearb. von Peter Wulf, Boppard a. Rh. 1972; ferner Akten der Reichskanzlei, Weimarer Republik, hg. von Karl Dietrich Erdmann und Hans Booms, Die Kabinette Wirth I und II, 10. Mai 1921 bis 26. Oktober 1921, 26. Oktober 1921 bis 22. November 1922, Bd. 1, bearb. von Ingrid Schulze-Bidlingsmaier, Boppard a. Rh. 1973; Bd. 2, Boppard a. Rh. 1973 (Seitenangaben siehe dort in den Sachregistern unter »Wehrverbände«).

62 Politik in Bayern, S. 85.

63 StADr, Außenministerium, Film 2981, Bericht Dziembowskis v. 12.5.1921.

64 *Fenske,* S. 97f.

65 Weiß-blau sind die Farben Bayerns, schwarz-weiß-rot waren die Farben des Hohenzollern-Kaiserreiches.

gesinnt waren, wie ein rotes Tuch wirkte, weil sein Name zu Recht mit Plänen der Separation Bayerns vom Reich in Verbindung gebracht wurde.

Die Auswahlgesichtspunkte, die schließlich zur Ernennung Kahrs führten, schildert ein bürgerlicher Autor so: »Es kam darauf an, einen Mann zu finden, der dort (bei den Einwohnerwehren; K. G.) volles Vertrauen besaß und politisch so wenig wie möglich belastet war. Er sollte als starker Mann gelten, jedoch nicht so stark sein, daß er die Königsmacher überspielen und eine eigene Politik betreiben konnte. Vielmehr sollte er, ohne daß das in der Öffentlichkeit bemerkt wurde, immer vom Kreis seiner Ratgeber abhängig bleiben. Zudem sollte ein Beamtenminister gefunden werden, um so dem Ruf nach einem Fachmannskabinett die Spitze abzubrechen. Diese Überlegungen führten konsequent zur Nominierung Kahrs. Kahr war Beamter, saß als Mitglied in der Vorstandschaft der EW, für deren Aufbau er viel getan hatte, und genoß im Verbande großes Ansehen. Weiter galt er gleichermaßen als straff national wie als bayerisch-royalistisch«[66]

Mit der Kahr-Regierung trat die BVP in die Rolle der führenden Regierungspartei in Bayern ein, eine Rolle, die erst 1933 ein gewaltsames Ende fand. Das gemeinsame Fundament der Koalition BVP-BMP war der Haß gegen die Weimarer Republik und die Absicht, Bayern zum Ausgangspunkt für die Errichtung einer Rechtsdiktatur in ganz Deutschland zu machen, natürlich in Zusammenarbeit mit den Rechtskräften im Norden Deutschlands. Demzufolge waren die wichtigsten Minister der bayerischen Regierung fast ausnahmslos Männer, deren Sympathien allem galten was rechts war, und umso mehr, je radikaler rechts. Die Justizminister Christian Roth (BMP, Minister bis Sept. 1921) und Franz Gürtner (BMP), Roths seßhafter Nachfolger – er amtierte als bayerischer Justizminister, bis ihn im Juni 1932 der neugebackene Reichskanzler Papen zum Reichsjustizminister berief, und in dieser Position verblieb er bis zu seinem Tode im Jahre 1941 –, nahmen insbesondere das Protektionskind der bayerischen Reichswehrführung, die NSDAP, unter ihren Schutz. Zwei ebenso hilfreiche Beschützer fand diese Partei im Münchener Polizeipräsidenten Ernst Pöhner und dem ihm unterstellten Leiter der Politischen Polizei Wilhelm Frick, beides ebenfalls altgediente bayerische Beamte. Von Pöhner wurde erzählt, daß er einem Münchener

66 *Fenske*, S. 97f. – Kahrs Nachfolger, die Ministerpräsidenten Hugo Graf v. Lerchenfeld-Koefering und Eugen v. Knilling, äußerten sich gelegentlich äußerst kritisch über Kahr. Lerchenfeld sagte dem württembergischen Gesandten am 5. September 1922, Kahr sei »ein reines Werkzeug in den Händen der Rechtsradikalen«. Ein vernichtendes Urteil fällte er über deren Diktaturpläne; man versteige sich »zu der größenwahnsinnigen Idee, daß von Bayern aus die Gesundung nicht nur des Deutschen Reiches, sondern ganz Europas kommen müsse.« – Politik in Bayern, S. 109. Knilling meinte im März 1923 zu Moser v. Filseck, »der viele Weihrauch, der Kahr gestreut worden sei, habe ihm den Kopf verdreht. Seine Schwäche den rechtsradikalen Einflüssen gegenüber sei zu groß, und wenn er Staatspräsident werden sollte, wäre er nur eine Puppe in der Hand solcher Kreise« – ebenda, S. 123.

Bürger, der ihn auf die Existenz politischer Mordorganisationen in München hinwies, kaltschnäuzig antwortete, leider gäbe es davon noch nicht genug.[67] Aus der hohen bayerischen Beamtenschaft kamen nicht nur die ersten Beschützer der NS-Faschisten, sondern auch ihre ersten einflußreichen beamteten Parteigänger; Christian Roth trat aus der BMP aus und schloß sich im Herbst 1923 den Nazifaschisten an;[68] zu den Reichstagswahlen 1924 kandidierte er auf der Liste des »Völkischen Rechtsblocks«, als dessen Abgeordneter er in den Reichstag einzog. Pöhner und Frick betätigten sich aktiv in der faschistischen Bewegung und nahmen am Hitler-Ludendorff-Putsch teil. Frick gelangte wie Roth 1924 in den Reichstag und wurde Führer der NSDAP-Fraktion. Zusammen mit Gürtner saß er ab 1933 in der Hitlerregierung, deren Innenminister er bis zu ihrem Ende war.[69]

Der Anteil von Vertretern der hohen Bürokratie und der Justiz – später auch außerhalb Bayerns – am Aufkommen und am Erfolg der Nazibewegung ist so beträchtlich, daß er kaum überschätzt werden kann. Er ist im übrigen ein zusätzliches Indiz für die enge Wesensverwandtschaft von Konservatismus und Faschismus.

Das bayerische Innenministerium wurde am 21. September 1921 mit Franz Schweyer (BVP) besetzt. Schweyer hatte als bayerischer Beamter viele Jahre im Kultus- und im Innenministerium Dienst getan; 1919 wurde er als Ministerialdirektor in das Reichsarbeitsministerium übernommen, 1920 dort zum Staatssekretär ernannt. Nach dem Rücktritt Kahrs wurde er als Innenminister in das bayerische Kabinett berufen. Der Führer der bayerischen SPD, Erhard Auer, selbst ein Repräsentant des äußersten rechten Flügels seiner Partei, charakterisierte Schweyer als einen Mann von rücksichtsloser Energie, der auf der äußersten Rechten stehe und den die Linksparteien am meisten zu fürchten hätten.[70] Trotz seiner unverhohlenen Sympathien für alles, was rechts stand, geriet Schweyer in seinem Bemühen, die Staatsautorität nach allen Seiten hin zu wahren, allerdings auch mehrfach in Konflikt mit den »aktivistischen« Verbänden und der NSDAP.

In den anderthalb Jahren ihrer Regierung verwandelte die Kahr-Mannschaft Bayern in das gelobte Land der Reaktionäre aus allen Teilen des Reiches. Hier wurde die Arbeiterbewegung niedergehalten wie in keinem anderen Lande. Auf dem Bezirksparteitag der KPD Nordbayerns, der am 24./25. September 1921, also kurz nach dem Rücktritt Kahrs, stattfand, kennzeichnete der Bezirkssekretär Richard Staimer die Situation mit den Worten: »Seit der Ära Hoffmann besteht der Ausnahmezustand

67 *Ernst Röhm,* Die Geschichte eines Hochverräters, München 1934, S. 131; *Fenske,* S. 140.

68 Politik in Bayern, S. 134.

69 Frick wurde im Nürnberger Prozeß gegen die Hauptkriegsverbrecher zum Tode verurteilt und im Oktober 1946 hingerichtet.

70 Politik in Bayern, S. 70.

und … am schlimmsten wütet der Kampf gegen die Kommunisten seit der Aktion in Mitteldeutschland unter der Parole der Bourgeoisie: ›Schlagt die Kommunisten tot!‹ … Die KPD in Bayern kann nur unter einem Deckmantel arbeiten, alle Parteiversammlungen und Sitzungen [müssen] illegal abgehalten werden.«[71]

Zur Verfolgung durch die Behörden kam noch der Straßenterror der »Vaterländischen Verbände« hinzu.

Hier in Bayern konnten die Einwohnerwehren und die bewaffneten Rechtsverbände, die im übrigen Deutschland aufgelöst und verboten waren, ungehindert existieren, paradieren und den monarchistischen Umsturz vorbereiten. Am 26. September 1920 organisierte Kahr in München einen Aufmarsch von 40.000 Mann der Einwohnerwehr, den der württembergische Gesandte Moser als ein gewagtes Unternehmen bezeichnete, das wohl als eine Herausforderung aufgefaßt werden könne.[72] Zugleich sprach Moser aber auch von dem »erhebenden Eindruck«, den der Aufmarsch hinterlassen habe; man habe sich »zum ersten Male wieder in bessere Zeiten zurückversetzt glauben« können.

Selbst die »Gemäßigten« unter den Monopolisten schauten mit unverhohlenem Wohlgefallen nach Bayern. Der »Verein zur Wahrung der Interessen der chemischen Industrie Deutschlands« legte mit voller Absicht seine Jahrestagung 1920 nach München. Carl Duisberg, IG-Farben-Vorsitzender, feierte in seiner Ansprache am 25. September 1920 München als »diese wunderbare Stadt, wo Ruhe und Ordnung herrscht«; er pries Kahr als »den zielbewußten, energischen Mann«, und er empfahl allen Teilnehmern der Tagung, sich am nächsten Tage »das erhebende Schauspiel« des Aufmarsches der 40.000 Wehrmänner anzusehen, um »den sicherlich tiefen Eindruck der inneren Sicherheit … nach Norddeutschland mitzunehmen.«[73]

Auch nach der offiziellen Auflösung der Einwohnerwehren im Juni 1921 konnte, wer immer sich danach sehnte, in Bayern solcherart »erhebende Schauspiele« weiterhin erleben. Unter der Leitung des Regensburger Sanitätsrates Dr. Otto Pittinger wurde genau ein Jahr nach Auflösung der bayerischen Einwohnerwehren, am 27. Juni 1922, ein »Bund Bayern und Reich« als eingetragener Verein zur getarnten Weiterführung der Einwohnerwehren gegründet.[74] Pittinger war Landeshauptmann der Einwohnerwehren gewesen und hatte zunächst versucht, sie durch eine Geheimorganisation, die »Org. Pi.« illegal weiterzuführen, was jedoch fehlschlug. Der Bund »Bayern und Reich«

---

71 ZStAP, RKO, Nr. 28, Bl. 4ff.

72 Politik in Bayern, S. 68.

73 *Carl Duisberg*, Abhandlungen, Vorträge und Reden aus den Jahren 1882-1921, Berlin/Leipzig 1923, S. 575.

74 Die Angaben zu diesem Bund sind größtenteils entnommen aus: *Werner Rösler*, Bund »Bayern und Reich« 1922-1929 (Entwurf einer Ausarbeitung, Manuskript im Besitz d. Vf.).

erfüllte zunächst die in ihn gesetzten Hoffnungen, vor allem deshalb, weil an seiner Gründung die führenden Persönlichkeiten der verschiedenen Strömungen der Rechtsbewegung in Bayern sowie die Reichswehrführung beteiligt waren: Gustav Kahr, Ernst Pöhner, Erich Ludendorff, General Epp u. a. Ganz wesentlich für die führende Position, die »Bayern und Reich« in den nächsten Monaten unter den Rechtsverbänden errang, war ferner der Umstand, daß das Bayerische Wehrkreiskommando, und das heißt in diesem Falle, der Hauptmann Röhm, die Versorgung der verschiedenen Wehrverbände mit Waffen, um es nicht mit einer Vielzahl von Verbänden zu tun zu haben, nur über »Bayern und Reich« abwickelte. Das zwang alle anderen, zu »Bayern und Reich« freundschaftliche Beziehungen zu unterhalten und mit ihm auch politisch zusammenzuarbeiten. Diese Monopolstellung von »Bayern und Reich« währte allerdings nur solange, als dies Röhm in seine Pläne und Absichten paßte.

In Bayern herrschte aber nicht nur volle Bewegungsfreiheit für alle Arten von reaktionären Bürgerkriegsformationen, Bayern bot auch allen Verschwörern gegen die Republik, allen Mördern von republikanischen Ministern, großzügig Asyl und die Möglichkeit zur Vorbereitung neuer Anschläge auf den Bestand der Weimarer Republik. Nach München flüchteten nach dem Scheitern des Kapp-Putsches Kapps Mitverschworene General Ludendorff und der berüchtigte Führer der Marinebrigade Ehrhardt, Kapitän Hermann Ehrhardt. Ludendorff bezog in München-Solln eine Villa, die ihm ein Verehrer des »großen Weltkriegsfeldherrn« zur Verfügung gestellt hatte. Ehrhardt, gegen den Haftbefehl wegen seiner führenden Rolle im Kapp-Putsch erlassen war, brauchte in München lediglich seinen Namen zu ändern, um vor jeglichen Nachforschungen sicher zu sein. Als »Konsul H.«[75] konnte er ungestört seine Mordorganisation »OC« (»Organisation Consul«) aufziehen, auf deren Konto die Ermordung Matthias Erzbergers (26. August 1921) und Walther Rathenaus (24. Juni 1922) gingen. Ehrhardt ging beim Ministerpräsidenten Kahr, beim Polizeipräsidenten Pöhner und beim Justizminister Roth ein und aus[76], aber auf Anfragen aus Berlin erklärten die bayerischen Polizeibehörden, nichts über Ehrhardts Aufenthalt zu wissen.

Auch Gerhard Roßbach, ein weiterer berüchtigter Freikorpsführer, fand im Herbst 1923 in München Zuflucht und wurde ein aktiver Führer der faschistischen Banden.[77]

Als auf Grund der Verordnung zum Schutz der Republik von 1921 und des Republikschutzgesetzes von 1922 die Reichsregierung und verschiedene Länderregierungen Verbote gegen rechtsradikale Verbände und Parteien erließen, durften diese in Bayern ihre Tätigkeit ungestört weiterführen. Aus der Vielzahl der Organisationen seien vor

---

75 ZStAP, Bestand 07.07., Nr. 50, Bl. 23f.

76 *Cuno Horkenbach,* Das Deutsche Reich von 1918 bis Heute, 1918-1930, Berlin 1930, S. 132; ZStAP, RKO, Nr. 231, Bl. 181, Münchener Post, Nr. 257 v. 4./5.11.1922.

77 Handbuch der bürgerlichen Parteien, Bd. II, S. 767.

allem genannt der Bund Oberland; er wurde am 24. November 1922 von der Reichsregierung verboten, führte seine Tätigkeit aber in Bayern unbehelligt weiter.[78] Das betrifft ferner den Jungdeutschen Orden des Oberstleutnant a. D. Arthur Mahraun; er wurde im Zusammenhang mit der Ermordung Rathenaus im September 1922 in den meisten Ländern verboten und verlagerte deshalb den Schwerpunkt seiner Tätigkeit nach Nordbayern.[79] Das betrifft schließlich auch die NSDAP; auch sie wurde im November 1922 und später in verschiedenen Ländern, so in Preußen, in Sachsen, Thüringen, Hessen, Braunschweig, Schaumburg-Lippe und in Hamburg, verboten[80], zur gleichen Zeit, da sie in Bayern sich zur lautstärksten und aktivistischsten rechtsradikalen Organisation entfalten konnte.

Um es noch einmal zu unterstreichen: Bayerns *Haupt*rolle bestand nicht, wie gewöhnlich dargestellt wird, darin, Vorkämpfer eigenstaatlicher partikularistischer Belange, sondern darin, Vorkämpfer für die Sache der extrem reaktionären Kräfte ganz Deutschlands zu sein; es war nicht in erster Linie ein Vorposten des Partikularismus, sondern die Hauptbasis des extrem-reaktionären, intransigenten Flügels der deutschen Monopolbourgeoisie in ihrem Kampf gegen die Arbeiterbewegung und gegen die Weimarer Republik, und *deshalb* wurde es unvermeidlich und folgerichtig zur Brutstätte und zum Experimentierfeld des sich formierenden deutschen Faschismus.

Darin liegt die Hauptursache dafür, daß sich die bayerische Regierung derart leicht und ungestraft über die Reichsverfassung und über allgemeinverbindliche Reichsgesetze hinwegsetzen konnte. Die Regierung Wirth stand unter stärkstem Druck einflußreicher norddeutscher Freunde Kahrs aus den Kreisen der Alldeutschen, der Deutschnationalen und der Deutschen Volkspartei ebenso wie aus rechten Zentrumskreisen. Unter diesem Druck war der Reichskanzler Wirth, der ganz sicherlich kein Freund der »Ordnungszellen«-Politik war, z. B. gezwungen, mit der bayerischen Regierung in der Frage der Auflösung der Einwohnerwehren auf ein Verfahren einzugehen, das praktisch die bayerische Sabotage ihrer Auflösung begünstigte. Escherich, der mit dem Reichskanzler die entsprechende Abmachung getroffen hatte, berichtete über ihren Inhalt, Wirth habe sich damit zufrieden gegeben, daß die Auflösung der Einwohnerwehr nur formell erklärt und daß nur ein Teil der Waffen abgeliefert werde; er habe weiter zugesagt, für die »Auflösung« erhebliche Reichsmittel zur Verfügung zu stellen, auf tatsächliche vollständige Auflösung nicht zu drängen und künftig jede Einmischung des Reiches in irgendwelche Entwaffnungsaktionen in Bayern unbedingt zu verhindern.[81]

78 *Könnemann*, Freikorps und Bund Oberland, S. 65ff.

79 *Kurt Finker*, Jungdeutscher Orden (Jungdo) 1920-1933, in: Handbuch der bürgerlichen Parteien, Bd. II, S. 227ff.

80 *Maser*, Die Frühgeschichte, S. 345.

81 ZStAP, RKO, Nr. 231, Bl. 327.

Die Verfolgung der Putschisten und Attentäter seitens der Reichsbehörden war ebenfalls so angelegt, daß im Normalfalle für ihre Flucht nach Bayern oder ins Ausland genügend Zeit zur Verfügung stand. So hatte der Reichswehrminister Geßler für die »Verfolgung« der Kappisten die Richtlinie gegeben, daß die Betreffenden gewarnt und erst 14 Tage danach zugegriffen werden sollte.[82] Dieses Verfahren des »Zugriffs« nach lange vorher erfolgter Vorwarnung war gegenüber den Rechtsradikalen an der Tagesordnung. Davon zeugt auch die Meldung des Reichskommissars für Überwachung der öffentlichen Ordnung (RKO) vom 27. Juli 1922, nach dem Rathenaumord sei ein lebhafter Reiseverkehr aktiver rechtsradikaler Kreise von verschiedenen Bahnhöfen aus nach Bayern zu beobachten gewesen.[83] Man beobachtete und registrierte lediglich, und es mußten schon ganz außergewöhnliche Umstände vorhanden sein, um zu erreichen, daß doch einmal mehr geschah und ein führender Verschwörer gegen die Republik festgenommen wurde. Aber selbst dann erwiesen sich die Gefängnismauern für Leute wie Ehrhardt als außerordentlich durchlässig: Am 30. November 1922 wurde er in München durch einen Untersuchungsrichter des Leipziger Staatsgerichtshofes verhaftet und ins Untersuchungsgefängnis nach Leipzig gebracht. Aber schon am 13. Juli 1923, kurz vor Eröffnung seines Prozesses, konnte er aus der Haft entweichen und nach Österreich entkommen.

Der Zustrom rechtsradikaler »Nationalaktiver« aus Norddeutschland nach Bayern bedeutete einerseits eine Verstärkung des Übergewichts der reaktionären Kräfte über die Arbeiterbewegung und die Kräfte der Demokratie; andererseits führte sie aber zu immer schärferen Gegensätzlichkeiten zwischen der »schwarz-weiß-roten« Reaktion, deren Symbolfigur Ludendorff war, und der »weiß-blauen« Reaktion, die vor allem die Wittelsbacher Monarchie wiedererrichten wollte und sich um den Kronprinzen Rupprecht, um Kahr, Heim und Pittinger scharte.

Der bayerische Partikularismus speiste sich aus ganz verschiedenen Quellen und war keineswegs einheitlich, sondern besaß viele Schattierungen, von der bloßen Forderung nach stärkerer Respektierung »bayerischer Belange« bis zum offenen Separatismus. Im bayerischen Partikularismus klang noch ein traditioneller, allgemein süddeutscher Widerstand gegen das expansive preußische Hegemoniestreben und den preußischen Militarismus nach, ebenso wie dynastische Rivalitäten zwischen Wittelsbachern und Hohenzollern; Kahr und seine Mannen sprachen beispielsweise ganz offen davon, daß die Monarchie in Deutschland durch die Wittelsbacher wiedererrichtet werden müßte, da ja Bayern zum Träger der nationaldeutschen Mission geworden sei.[84]

---

82 Ebenda, Nr. 327, Bl. 108.

83 Ebenda, BI. 133.

84 *Franz-Willing*, Die Hitlerbewegung, S. 57.

Der bayerische Partikularismus wurde vom katholischen Klerus unterstützt, weil er darin eine Möglichkeit sah, die Positionen der katholischen Kirche in diesem Lande unangreifbar zu machen trotz der protestantischen Majorität der Bevölkerung ganz Deutschlands.

Zur Schürung des bayerischen Partikularismus wurde auch ganz bewußt immer wieder das Mißtrauen einer vorwiegend bäuerlichen Bevölkerung gegen den industriellen Norden, gegen die Großstadt im allgemeinen, gegen Berlin im besonderen, angefacht.

Nicht zuletzt lagen dem bayerischen Partikularismus ganz handfeste ökonomische Interessen zugrunde.

Sowohl die bayerischen Bauern als auch die bayerischen Industriellen waren daran interessiert, die Eigenstaatlichkeit Bayerns zu erhalten, weil ohne sie zu befürchten war, daß die spezifischen Interessen der bäuerlichen Veredelungswirtschaft und der verarbeitenden Industrie Bayerns rücksichtslos den Wünschen und Forderungen der ostelbischen Junker und der Kohlen- und Eisenmagnaten an Rhein und Ruhr geopfert würden. Die Position der bayerischen Industrie wurde vom Vertreter des Bayerischen Industriellenverbandes, Dr. Clairemont, in einer Besprechung mit Präsidialmitgliedern des Reichsverbandes der Deutschen Industrie (RDI) am 8. August 1922 präzise formuliert.[85] Kruppdirektor Kurt Sorge, Vorsitzender des RDI, wollte wissen, wie es um die Reichstreue Bayerns bestellt sei[86], Clairemont konnte die Herren beruhigen. Die Lage sei nicht ganz so ernst, wie man in norddeutschen Kreisen der Industrie anzunehmen scheine, führte er aus, und fuhr laut Aktennotiz fort:

»Die bayerische Industrie sei durchaus reichstreu; sie habe nicht versäumt, den Ministerpräsidenten, Grafen Lerchenfeld, auf diese Auffassung nachdrücklich aufmerksam zu machen. Trotzdem habe man in den industriellen Kreisen Bayern[s] das Vorgehen der bayrischen Regierung (d. h. die Nichtanerkennung des Republikschutzgesetzes für Bayern; K. G.) begrüßt, weil man der Auffassung sei, daß die Berliner Regierung zu sehr nach links treibe. Der bayerische Ministerpräsident sei bei seinem Vorgehen einer ganzen Reihe von Einflüssen ausgesetzt, wozu auch diejenigen aus ganz extrem bayrischen (gemeint: separatistischen; K. G.) Kreisen zählen. Er denke aber nicht an eine Lösung vom Reich, welche wirtschaftlich und politisch für Bayern geradezu als eine Unmöglichkeit erscheine. Vielmehr habe er im Einverständnis mit weiten bayrischen Kreisen den Fall der Verordnung des Reichspräsidenten bewußt genutzt, um einmal die Frage der einzelstaatlichen Hoheitsrechte grundsätzlich zu klären und Garantien

85 ZStAP, DNVP, Bd. 27, 77ff.

86 Im August 1922 hatte der Konflikt zwischen Bayern und der Reichsregierung über das Republikschutzgesetz seinen Höhepunkt erreicht, und in Bayern konnte man immer häufiger hören und lesen, es bleibe als Lösung nur noch die Lostrennung Bayerns vom bolschewisierten Berlin übrig.

gegen weitere Eingriffe herauszuholen. Man stehe in Bayern auf dem Standpunkt, daß die allgemeine Verreichlichung vermieden werden müsse … Andererseits hätten gewisse Landesteile – insbesondere Bayern – wegen ihrer geographischen Lage eine Reihe von besonderen Wünschen und Bedürfnissen, deren Vertretung im Rahmen eines Einheitsstaates nicht mit der Wirksamkeit erfolgen könne, wie auf der Grundlage bundesstaatlicher Eigenberechtigung. Aus diesem Grunde sei die bayerische Industrie … bundesstaatlich eingestellt. Aus allen derartigen Erwägungen heraus habe die bayrische Industrie[87] es begrüßt, daß endlich einmal dem Reich eine energische Warnung gegen allzu große Nachgiebigkeit gegenüber der Straße erteilt worden sei.«

Diese Ausführungen Clairemonts wurden von dem zweiten Vertreter der bayrischen Industriellen, Eppner, dahin ergänzt, »daß die bayerische Industrie aus taktischen Gründen ihrer Regierung nach außen hin unter keinen Umständen in den Rücken fallen werde. Der Reichsverband müsse deshalb wissen, daß die warnende und nach Bedarf bremsende Tätigkeit seiner bayerischen Mitglieder sich nur unter der Hand vollziehe.«

Exakt und in der richtigen Reihenfolge hatte hier der Vertreter der bayerischen Industriellen die Gründe für deren partikularistische, bundesstaatliche Einstellung beim Namen genannt; an erster Stelle das Klassenkampfmotiv: die Berliner Regierung trieb »zu sehr nach links«, d. h. sie machte zu viele Zugeständnisse an die Arbeiterklasse; an zweiter Stelle ein Motiv des internen bourgeoisen Machtkampfes: die »bundesstaatliche Eigenberechtigung« wurde von der Bourgeoisie in Bayern als eine unverzichtbare Waffe betrachtet, ihre »besonderen Wünsche und Bedürfnisse« geltend zu machen.

Es gab jedoch auch einen ausgesprochenen separatistischen Flügel im Lager des bayerischen Partikularismus. Am weitesten in dieser Richtung gingen der Schriftsteller Georg Fuchs und Hugo Machhaus, ein ehemaliger Offizier und Mitglied verschiedener »vaterländischer« Organisationen, darunter auch der NSDAP und des Bundes Oberland bzw. des von diesem abgefallenen »Bundes Treu Oberland«. Sie und einige Mitverschworene nahmen mit dem Oberst des französischen Geheimdienstes, Augustin Richert, Verbindung auf, der sich unter falschem Namen mehrfach in München aufhielt und sogar in einen der »vaterländischen« Verbände, den »Blücherbund«, als Mitglied aufgenommen wurde.[88] Geplant war, im Februar 1923 durch einen Putsch die Macht zu übernehmen und mit Frankreichs Hilfe Bayern als selbständigen, durch Teile Österreichs vergrößerten Staat vom Reich loszulösen. Mit dieser Aktion sollte es Frankreich erleichtert werden, seine Ziele im Ruhrgebiet zu erreichen. Richert hatte

87 Im Original irrtümlicherweise »Regierung« statt »Industrie«.

88 *Egelhaafs* Historisch-politische Jahresübersicht für 1923, fortgeführt von Hermann Haug, Stuttgart 1924, S. 102ff.

zur Vorbereitung des separatistischen Unternehmens 100 Millionen Mark, zumeist in ausländischer Valuta, zur Verfügung gestellt. Bevor das Vorhaben ausgeführt werden konnte, wurden am 28. Februar 1923 Fuchs, Machhaus und die übrigen Mitverschworenen verhaftet. Ihre Pläne und Aktivitäten waren durch den uns bereits bekannten Mayr aufgedeckt worden. Mayr war im Juli 1920 im Range eines Majors auf eigenen Wunsch aus der Reichswehr ausgeschieden, hatte jedoch in ihrem Auftrage »im Wege der Abwehrspionage«[89] das separatistische Unternehmen überwacht, indem er sich von Fuchs und Machhaus als Militärexperte »anwerben« ließ. Er hatte in dieser Position auch dafür gesorgt, daß große Teile der französischen Gelder in die Kassen solcher Verbände und Organisationen geleitet wurden, darunter auch der NSDAP, die mit dem Unternehmen Fuchs / Machhaus und überhaupt mit separatistischen Bestrebungen nichts zu tun hatten, sondern ihnen entgegenwirkten.

Nach der Aufdeckung der Fuchs / Machhaus-Affäre und nach dem Prozeß (4.6. bis 9.7.1923) gegen die noch lebenden Beteiligten – Machhaus und ein weiterer Angeklagter hatten, wie es hieß, im Gefängnis Selbstmord begangen – war der direkt an der französischen Leine agierende bayerische Separatismus erledigt.

Nicht ganz so weit wie Fuchs und Machhaus ging der BVP-Politiker Heim in seinen separatistischen Plänen. Zu verschiedenen Zeiten, vor allem 1919 und 1920, war aber auch er und waren mit ihm viele BVP-Politiker einschließlich Kahr davon überzeugt, daß Bayern sich zumindest zeitweilig von Norddeutschland trennen und im Rahmen eines Donau- oder Alpenstaates selbstständig machen müsse. Im Mai 1920 vertrat Heim folgende Ansicht: »An dem Reichsgedanken muß unbedingt festgehalten werden. Der Norden ist dem Bolschewismus verfallen. Rettung [ist] für Deutschland nur möglich, wenn Süddeutschland – in erster Linie Bayern – sich halten kann. Das ist wahrscheinlich. Vom Süden kann dann eine Gesundung und Neuordnung der Dinge kommen. Eine vorübergehende Trennung Bayerns vom Reich ist unvermeidlich.«[90]

Derartige Projekte rückten immer dann in den Vordergrund, wenn die Bemühungen der Rechtskräfte in Norddeutschland, eine Wende zu ihren Gunsten zu erreichen, wieder einmal einen Rückschlag erlitten hatten, wie nach den Morden an Erzberger und Rathenau und nach dem Sturz der Cuno-Regierung.

Am 9. September 1923 gab der württembergische Gesandte nach Stuttgart folgenden Bericht über die Stimmung in führenden BVP-Kreisen nach dem Regierungswechsel in Berlin[91]: »Er – (Mosers Gesprächspartner; K. G.) vermöge dem Ministerium

---

89 Ebenda, S. 103; StADr, Gesandtschaft München, Nr. 381, Bl. 118f., Bericht Dziembowskis v. 14.3.1923.

90 Süddeutsche Demokratische Korrespondenz, München, Nr. 147 v. 2. Juli 1920, S. 2.

91 Politik in Bayern, S. 129, Bericht Moser v. Filsecks über ein Gespräch mit dem Schriftleiter der Bayerischen Volkspartei-Korrespondenz Karl Schwend.

Stresemann kein langes Leben zu prophezeien, und was dann komme, das werde noch schlimmer sein. Der Reichswagen rolle immer mehr dem Abgrund zu, man sei aber in Bayern nicht gesonnen, diese Fahrt bis ans Ende mitzumachen. Wenn man diesen Entschluß gefaßt habe, so sei das noch lange kein Separatismus. Bayern wolle nicht vom Reich los, aber wenn in Berlin das Chaos komme, dann müsse Bayern bemüht sein, vom Reich zu retten, was noch zu retten sei, und man hoffe hier sehr, daß der ganze Süden sich zusammentue, um sich gegen einen bolschewistischen Norden abzuschließen und so einen Rest des Deutschen Reiches aufrechtzuerhalten.« Der gleiche Gedanke wurde dem Gesandten gegenüber wenige Tage später vom bayerischen Ministerpräsidenten, Eugen v. Knilling, selbst geäußert: »Wenn nun Stresemann scheitere und zurücktreten müsse, so könne man sich nichts anderes denken, als daß ein ganz aus Sozialdemokraten, womöglich unter Teilnahme von Kommunisten gebildetes Ministerium komme. Das sei dann der kritische Punkt, wo es sich frage, ob man diese Politik weiter mitmachen solle, die ein Ende der Reichsverfassung bedeuten würde, oder ob man nicht versuchen solle, hier im Süden das Deutsche Reich zu erhalten.«[92]

Daß angesichts derartiger Lostrennungspläne der französische Imperialismus die Vorgänge in Bayern mit gespannter Aufmerksamkeit verfolgte und sie für sich auszunutzen versuchte, kann nicht verwundern, sah er doch darin einen möglichen Hebel zur Förderung seiner Bemühungen um völlige Unterwerfung Deutschlands unter sein Diktat. Ein Erfolg Frankreichs in dieser Hinsicht hätte allerdings nicht den Interessen des britischen Imperialismus entsprochen, der deshalb den diesbezüglichen französischen Bemühungen entgegenwirkte, wie und wo immer er konnte. Dieses Gerangel der Verbündeten nahm in Bayern recht sonderbare Formen an.

Unter Ausnutzung der bayerischen Partikularbestrebungen und um diesen noch weitere Impulse zu verleihen, entsandte Paris Anfang Juli 1920 einen eigenen Gesandten, Emile Dard, nach München, obgleich das nach der Reichsverfassung unzulässig war und der französische Botschafter in Berlin darauf ausdrücklich hingewiesen worden war.[93]

Die französischen Aktivitäten an der Isar wurden in London aufmerksam und argwöhnisch verfolgt. Man hielt es für notwendig, ebenfalls an Ort und Stelle präsent zu sein und sich aus erster Quelle informieren zu können. Da die britische Regierung aber nicht an der Schwächung, sondern an der Stärkung der Stellung der Reichsregierung interessiert war, konnte man das französische Beispiel nicht nachahmen. Man fand jedoch anderthalb Jahre später eine andere, höchst originelle Lösung: der englische Generalkonsul Seeds rief Ende 1921 eine »Mittwoch-Kegel-Gesellschaft« ins Leben, die jeden Mittwoch in der Kegelbahn des Münchener Hotels Wagner einen Kegelabend

92 Ebenda.

93 Siehe Das Kabinett Fehrenbach, S. LVII, 31ff., 102f.; siehe auch Politik in Bayern, S. 65.

veranstaltete, der Politiker, Diplomaten, Beamte, Künstler und andere Prominente zusammenführte. Von den Zusammenkünften waren jedoch Franzosen ausgeschlossen![94]

So sehr die weiß-blaue und die schwarz-weiß-rote Reaktion in der Frage des Partikularismus zerstritten waren, so nahe kamen sie sich wieder als Antisemiten, die sie alle waren. Nirgendwo in Deutschland stand der Antisemitismus zu dieser Zeit schon so in Blüte, wie in Bayern. Antisemitisch waren nicht nur die rechtsradikalen Organisationen und Verbände, sondern auch die katholische Bayerische Volkspartei. Das wüsteste antisemitische Hetzblatt jener Zeit, der »Miesbacher Anzeiger«, ein direkter Vorläufer des berüchtigten antisemitischen Schmutzblattes »Der Stürmer«, stand der BVP nahe. Ihr Hauptschriftleiter, Professor Bernhard Stempfle, der 1924 einer von Hitlers Helfern bei der Abfassung von dessen »Mein Kampf« wurde, zehn Jahre später dann einer von Hitlers Opfern am 30. Juni 1934 werden sollte, stand mit Kahr in engster Beziehung.[95]

Für die antisemitische Grundposition auch des Bundes Oberland zeugte eine seiner Propagandaschriften, in der zu lesen war, er kämpfe gegen »das Juden- und Schiebertum, gegen den jüdisch-russischen Bolschewismus und gegen den jüdisch-amerikanischen Kapitalismus«. Der Bund Oberland bekämpfe den Juden, »weil er ein Fremdkörper, ein Schmarotzer im deutschen, germanischen Volkskörper« sei. Solange Juden wie Rathenau die Politik bestimmten, könne Deutschland nicht gesunden. Pflicht und Aufgabe sei es deshalb, »Deutschland mit den schärfsten Mitteln von dem Einfluß der fremdrassigen Schädlinge zu befreien.«[96]

Vom Führer der BVP im Landtag, dem als gemäßigt geltenden Heinrich Held, konnte man Ähnliches, wenn auch in der Tonlage weniger schrill, hören. Im April 1922 hatte er sich in der Landtagsdebatte zwar gegen die antisemitische Hetze der Nazis gewandt, dem jedoch sogleich hinzugefügt, es sei unbestreitbar, daß viele fremdländische Elemente, »und davon in erster Linie Juden«, eine Vergiftung in das deutsche Volk hineingetragen hätten.[97] Auf dem Parteitag der BVP Ende Oktober 1922 führte derselbe Held aus: »Wir sind gewiß keine Radau-Antisemiten, aber wir verlangen, daß sich die Leute in dem Rahmen halten, in dem sie sich auf Grund ihrer Zahl zu halten haben.« Und er behauptete, ganz wie die Nazis, die Novemberrevolution sei im Grunde genommen nicht von deutschen, sondern von ostjüdischen Elementen gemacht worden.[98] In

94 StADr, Außenministerium, Film 2983, Bl. 19f., Bericht Dziembowskis v. 2.2.1922. – Der württembergische Gesandte berichtete schon am 5. Januar 1921 nach Stuttgart, der englische Generalkonsul Seeds habe durchblicken lassen, daß ihm die Tätigkeit des Herrn Dard hier sehr verdächtig sei. – Politik in Bayern, S. 74.

95 ZStAP, RKO, Nr. 232, Bl. 8.

96 Ebenda, Nr. 343, Bl. 55f.

97 StADr, Außenministerium, Film 2983, Bl. 126ff., Bericht Dziembowskis v. 7.4.1922.

98 Ebenda, Film 2984, Bl. 348, Bericht Dziembowski v. 2.11.1922.

der Landtagsdebatte vom November 1922 ließ er sich dahingehend vernehmen, nach seiner Ansicht sei die Einwanderung der »Neujuden« und ihr »präpotentes Auftreten namentlich in Regierungsstellen während der Revolution« die Ursache für die Formen des »jetzigen Antisemitismus« der Nazis.[99]

Als Kahr am 26. September 1923 zum Generalstaatskommissar ernannt worden war, zog er aus derartigen Feststellungen die Konsequenz, indem er eine Politik der Judenaustreibung einleitete, von der dutzende jüdische Familien betroffen wurden.[100]

Der aktive Antisemitismus der bayerischen Machthaber ist ein ganz wesentlicher Zug der »Ordnungszelle Bayern«.

Nachdem in Berlin an die Stelle der Rechtsregierung Cuno das Kabinett Stresemann getreten war, dem wieder Sozialdemokraten angehörten, wurde in Bayern Ernst gemacht mit den Vorbereitungen, durch eine bewaffnete Aktion von Bayern aus die Reichsregierung zu stürzen und eine Regierung der »nationalen Diktatur« zu errichten. Die Führung dieser Vorbereitungen lag beim Generalstaatskommissar Kahr, beim Wehrkreiskommandeur Otto v. Lossow und beim Kommandeur der Landespolizei Seisser.

Aus einem geringfügigen Anlaß entstand durch die Haltung der bayerischen Seite ein schwerer Konflikt zwischen dem Reichswehrminister und Lossow[101]. Der Reichswehrminister sprach ein Verbot des »Völkischen Beobachters« aus, das infolge des herrschenden Ausnahmezustandes vom Wehrkreiskommandeur auszuführen war. Lossow verweigerte die Ausführung mit der Begründung, die bayerische Regierung billige das Verbot nicht. Das war glatte Meuterei, die dem Reichswehrminister nur die Amtsenthebung Lossows übrig ließ. Nunmehr spitzten die bayerische Regierung und Kahr als Generalstaatskommissar den Konflikt weiter zu, indem sie entgegen dem Befehl des Reichswehrministers den abgesetzten General Lossow mit der Führung der in Bayern stationierten Reichswehrtruppen betrauten und ihm den Auftrag gaben, diese Truppen auf den bayerischen Staat zu verpflichten, was dann tatsächlich am 22. Oktober geschah. Das war vollendeter Hochverrat.

---

99 Ebenda, Film 2985, Bl. 17, Bericht Dziembowski v. 18.11.1922.

100 *Gordon*, Hitler and the Beer Hall Putsch, S. 224. – Die »Jüdische Rundschau« berichtete in einem Artikel, überschrieben »Judenaustreibung aus Bayern« über diese Aktion des Generalstaatskommissars; darin hieß es: »Am 20. Oktober wurden vierzig Ausweisungsbefehle erlassen, welche auf eine Frist von 14 Tagen lauteten. Die Befehle haben alle folgenden Wortlaut: ›Beschluß: X. D. wird hiermit mit seiner Frau: geb. ... und seinen Kindern ... aus München und dem Freistaat Bayern ausgewiesen.‹ ... Vielfach war die Begründung die, daß die Betroffenen vor Jahrzehnten in ärmlichen Verhältnissen eingewandert seien, nun aber reich seien, ›daß sie also verstanden haben, sich während der tiefsten Not des deutschen Volkes zu bereichern.‹ Nirgendwo fehlt der Schluß: X. D. sei also ›ein gefährlicher Schädling des deutschen Volkes, der eine Wiedergesundung des deutschen Volkes behindere und demgemäß auszuweisen sei‹ ... Ausgewiesen sind bisher 70 Familien. Die Ausweisung weiterer 200 Familien ist zu erwarten.« – Zit. nach: *Franz-Willing*, Putsch und Verbotszeit, S. 373ff.

101 Siehe *Horkenbach*, S. 178.

Nach dem Willen von Kahr und der bayerischen Regierung sollte der Konflikt zum Auftakt für den offenen Kampf gegen die Reichsregierung, für den Marsch auf Berlin, werden. Mit aller Deutlichkeit brachte dies Freiherr Hubert von und zu Aufseß, Stellvertreter Kahrs als Generalstaatskommissar, in einer Rede am Abend des 20. Oktober zum Ausdruck, in der er triumphierend feststellte:[102] »Der Bruch zwischen Bayern und Berlin ist heute, abends 8 Uhr 30 erfolgt, und wir sind froh, daß er erfolgt ist. Es heißt für uns nicht, ›Los von Berlin‹, wir sind keine Separatisten, es heißt für uns ›Auf nach Berlin!‹« In Berlin sitze eine Judenregierung, an deren Spitze ein »Matratzeningenieur« stehe (gemeint war Friedrich Ebert, von Beruf Sattler). In Berlin sei alles »verebert und versaut«. »Wir haben … keine Veranlassung, Herrn Ehrhardt zu verhaften. Auch die Erzbergmörder können hier ruhig ihrem Beruf nachgehen. … Wir wollen nicht los vom Reich, nichts gegen das Reich, aber gegen die Reichsregierung. Man wartet in Norddeutschland bloß darauf, daß wir losschlagen; aber das muß alles vorbereitet sein. Es waren Vertreter bei uns von Ostpreußen, Mecklenburg, Pommern, Hamburg, Hannover, Württemberg, die uns ihre vollständige Unterstützung zugesagt haben. … Meine Damen und Herren! Halten Sie sich bereit, wenn in den nächsten Tagen der Aufruf zu den Waffen an alle die ergeht, die schon mit Gewehr und Säbel umgegangen sind. Meine Damen, lassen Sie Ihre Angehörigen, Ihre Brüder ziehen zum großen Befreiungskampf, es wird nur kurze Zeit andauern!«

Solcher Art also waren die politischen Absichten und Ziele der bayerischen Machthaber; solcher Art die politische und geistige Atmosphäre der »Ordnungszelle«.

Die Entwicklung der NSDAP und ihrer Führer von 1919 an ist, ebenso wie der Putsch vom 9. November 1923, nur im Zusammenhang mit der Politik der Führungskräfte Bayerns seit der Niederschlagung der Räterepublik und seit der Errichtung der Kahr-Regierung am 14. März 1920 zu verstehen, wie ihrerseits diese Entwicklung in Bayern nur zu begreifen ist als Bestandteil des Kampfes der *gesamten* deutschen Reaktion gegen die Weimarer Republik. Dabei kam der NSDAP im Reichsmaßstab, aber auch im Rahmen Bayerns, lange Zeit eine absolut untergeordnete Rolle zu. Eine Bedeutung als eine eigene politische Kraft, mit der auch die bayerische Regierung zu rechnen hatte, gewann sie erst im Spätsommer des Jahres 1922.[103] Bis dahin war die NSDAP eine der zahlreichen rechtsradikalen Organisationen, deren sich die Regierung in ihrem Kampf gegen die Arbeiterbewegung in Bayern und für die Vorbereitung des monarchistischen Umsturzes und des »Marsches auf Berlin« bediente.

102 Hitler und Kahr. Die bayerischen Napoleonsgrößen von 1923. Ein im Untersuchungsausschuß des bayerischen Landtags aufgedeckter Justizskandal, München, II. Teil, Mai 1928, S. 36f. (Vf. dieser Schrift war Wilhelm Hoegner).

103 Davon zeugen die Berichte Haniels, Moser v. Filsecks und Dziembowskis.

Kapitel IV

Alldeutsche und Militaristen – Zieheltern der NSDAP

1. Die Deutsche Arbeiterpartei, ihre Gründer und ihre Hintermänner

Die allumfassende Zuständigkeit des Reichswehrgruppenkommandos führte dazu, daß es die politische Entwicklung und alle politischen Parteien, Gruppen und Verbände in Bayern – mehr als 200 an der Zahl – unter ständiger Beobachtung hielt. Es konnte unter diesen Umständen gar nicht ausbleiben, daß dabei auch eine Organisation in sein Blickfeld fiel, die sich »Deutsche Arbeiterpartei« nannte und sich, wie es im Nationalisten-Jargon hieß, zum Ziel setzte, den deutschen Arbeiter dem Einfluß des »jüdischen Marxismus« zu entreißen.

Der Anstoß zur Bildung dieser im Januar 1919 gegründeten »Deutschen Arbeiterpartei« war aus Kreisen der Alldeutschen gekommen. Der Gründer war ein Werkzeugschlosser in den Reichsbahnhauptwerkstätten in München namens Anton Drexler, der, vollgestopft mit bürgerlicher Ideologie, ein begeisterter Anhänger alldeutscher Ideen war und deshalb auch der von den Alldeutschen lancierten »Vaterlandspartei«[1], kaum daß sie 1917 aus der Taufe gehoben worden war, beitrat. Er versuchte eifrig, für diese Partei und ihre Ziele unter seinen Arbeitskollegen zu werben, stieß dabei aber begreiflicherweise auf eine Mauer von Ablehnung und Mißtrauen. Unter dem Einfluß der Alldeutschen, besonders seines geistigen Betreuers, des Industriellen Dr. Ing. Paul Tafel[2], schlug er deshalb einen anderen Weg ein. Er trat aus der Vaterlandspartei wieder

1 *Robert Ullrich*, Deutsche Vaterlandspartei (DVLP) 1917-1918, in: Handbuch der bürgerlichen Parteien Bd. I, S. 620ff.; siehe auch *Manfred Weißbecker*, Entteufelung der braunen Barbarei. Zu einigen neueren Tendenzen in der Geschichtsschreibung der BRD über Faschismus und faschistische Führer, Heft 51 der Reihe »Zur Kritik der bürgerlichen Ideologie«, hg. von *Manfred Buhr*, Berlin 1975.

2 Zu Paul Tafel siehe *Franz-Willing*, Die Hitlerbewegung, S. 63; ferner: *Maser*, Die Frühgeschichte, S. 145. – Tafel saß sowohl im Vorstand des Bayerischen Industriellenverbandes als auch des Alldeutschen Verbandes; (siehe *Willi Krebs*, Der Alldeutsche Verband in den Jahren 1918-1939, ein politisches Instrument des deutschen Imperialismus. Phil. Diss., Ms., Berlin 1970, S. 74).

aus und rief nach dem Vorbild eines in Bremen bereits 1916 auf alldeutsche Initiative ins Leben gerufenen »Freien Arbeiterausschuß für einen deutschen Arbeiterfrieden« im März 1918 in München einen »Freien Arbeiterausschuß für einen guten Frieden« ins Leben. Dieser »Ausschuß« kam über eine Zahl von 40 Mitgliedern, deren Stamm durch Arbeitskollegen Drexlers aus den Reichsbahnwerkstätten gebildet wurde, nie hinaus.

Tafel war Führungsmitglied einer völkischen Organisation, die sich »Germanenorden« nannte; es war dies eine 1912 gegründete Geheimgesellschaft, die nach dem Vorbild der Freimaurerorden wirken und auf diese Weise eine bestimmende Rolle im politischen Leben erringen wollte. In Bayern wurde eine »Ordensprovinz«, die sich aus Tarnungsgründen »Thule-Gesellschaft« nannte, erst 1918, aber noch vor der Novemberrevolution, durch den internationalen Abenteurer Rudolf Freiherr v. Sebottendorf, gegründet und erreichte eine Mitgliederschaft von etwa tausendfünfhundert »Brüdern und Schwestern«.[3] Sebottendorf war ein glühender Hasser der Revolution und wütender Antisemit. Unmittelbar nach dem Sturz der Monarchie, am 9. November 1918, hielt die Thule eine Versammlung ab, in der Sebottendorf zum Kampf gegen die Revolution aufrief: »Wir erlebten gestern den Zusammenbruch alles dessen, was uns vertraut, was uns lieb und wert war. An Stelle unserer blutsverwandten Fürsten herrscht unser Todfeind: Juda ... Die gestrige Revolution, gemacht von Niederrassigen, um den Germanen zu verderben, ist der Beginn der Läuterung ... jetzt wollen wir sagen, daß der Jude unser Todfeind ist, von *heute ab werden wir handeln.*«[4]

Das war keineswegs nur so dahingesagt. Die Thule-Gesellschaft wurde in München in der Tat zu einem Zentrum vielfältigster konterrevolutionärer Aktivitäten. Schon einen Tag nach dieser Rede wurde die Gründung eines »Kampfbundes« beschlossen, der sich zum Ziel setzte, durch terroristische Aktionen zur Niederschlagung der Revolution beizutragen. Kennzeichnend für die durchaus faschistische Geisteshaltung des Sebottendorf ist ein Brief, den er an den Münchener Polizeipräsidenten richtete und in

---

3 Zur Thule-Gesellschaft und zu Sebottendorf siehe: *Rudolf v. Sebottendorf*, Bevor Hitler kam, München 1934; *Reginald H. Phelps*, »Before Hitler came«: Thule Society and Germanen Orden, in: Journal of modern History, Jg. 1963, S. 245ff.; *Franz-Willing*, Die Hitlerbewegung, S. 29; *Dietrich Bronder*, Bevor Hitler kam, Hannover 1964, S. 232ff.; *Fenske*, S. 53f. – Über die Herkunft Sebottendorfs sind verschiedene Versionen im Umlauf; er selbst gab an, als Erwin Torre 1875 in Sachsen geboren worden zu sein; nach anderen Quellen, auf die sich Phelps, Franz-Willing, Fenske u. a. stützen, stammte er aus Schlesien und hieß mit bürgerlichem Namen Rudolf Glauer. 1909 war er – der sozialdemokratischen »Münchener Post« v. 14.3.1923 zufolge – wegen Hochstapelei gerichtlich belangt worden, wanderte dann aus und geriet in den vorderen Orient. In der Türkei, deren Staatsbürgerschaft er annahm, lernte er einen Baron Freiherr v. Sebottendorf kennen und erreichte, daß der ihn adoptierte. Während des ersten Weltkrieges kam er nach Deutschland zurück und begann 1917 im völkischen Milieu Münchens aktiv zu werden.

4 *Franz-Willing*, Die Hitlerbewegung, S. 29.

dem er für den Fall der Verhaftung von Mitgliedern der Thule-Gesellschaft androhte, seine Leute würden dann, »wo immer sie einen finden, einen Juden hoch (nehmen), ... ihn durch die Straßen (schleifen) und behaupten, er habe eine Hostie gestohlen. Dann, Herr Polizeipräsident, haben Sie einen Pogrom, der auch Sie hinwegfegen wird.«[5]

Auch an der Aufstellung der konterrevolutionären Bürgerwehr war die Thule-Gesellschaft maßgeblich beteiligt.

Das Quartier der Thule – das Luxushotel Vierjahreszeiten – wurde zum Sammelpunkt aller reaktionären Organisationen, die es nach dem Sturz der alten Mächte für angebracht hielten, zunächst aus dem Blickfeld der Öffentlichkeit zu verschwinden. Sebottendorf selbst berichtete darüber: »... es gab keinen Verein in München, der irgendwelche nationale Belange vertrat, der nicht in der Thule Unterkunft fand.«[6] Auf diese Weise wurde die Thule auch ein Koordinationszentrum konterrevolutionärer Konspirationen. Dabei reichten ihre Verbindungen weit über die Rechtsverbände hinaus bis in die rechte Sozialdemokratie und in die Regierung hinein. Das zeigte sich bereits am 4. Dezember 1918, als der Kampfbund der Thule-Gesellschaft eine Kundgebung des USPD-Ministerpräsidenten Kurt Eisner – damals der bei der bayerischen Rechten meistgehaßte Mann – dazu benutzen wollte, Eisner gefangenzunehmen und an seiner Stelle den Innenminister, den rechten Sozialdemokraten Auer zum Ministerpräsidenten auszurufen. Das Unternehmen konnte nicht durchgeführt werden, weil Eisner von Arbeitern, bei denen er große Popularität besaß, mit einem undurchdringlichen Kordon geschützt wurde.[7]

Die Tätigkeit des Kampfbund es der Thule nahm – besonders nach Errichtung der Räterepublik – immer stärker militärischen Charakter an. Er bildete im Einvernehmen mit der Regierung Hoffmann eine Werbe- und eine Nachrichtenabteilung.[8] Die Werbeabteilung sammelte Freiwillige für das »Freikorps Epp«, das mit finanzieller Unterstützung der Reichsregierung in Thüringen aufgestellt wurde. Der Kampfbund der Thule war auch in direkter Absprache mit der Regierung Hoffmann am Putsch vom 13. April gegen die erste, (die Schein)-Räteregierung, beteiligt. In Abwehr dieses Putsches wurde eine wirkliche Räteregierung unter Führung der Kommunisten, mit Eugen Leviné an der Spitze, gebildet.[9] Nunmehr gab die Regierung Hoffmann von Bamberg aus die Bildung von Freikorps in Bayern zum Kampf gegen die Räteregierung frei. Der Kampfbund bildete daraufhin eine eigene Formation, das »Freikorps Ober-

5 *Maser,* Die Frühgeschichte, S. 146f.

6 *Sebottendorf,* S. 62.

7 *Franz-Willing,* Die Hitlerbewegung, S. 30.

8 Ebenda, S. 31.

9 *Beyer,* S. 91; *Franz-Willing,* Die Hitlerbewegung, S. 31.

land«, das zusammen mit dem Freikorps Epp und den regulären Truppenverbänden die Räterepublik niederschlug.

Die Tätigkeit der Nachrichtenabteilung des Kampfbundes schildert Franz-Willing wie folgt: »... die Nachrichtenabteilung überwachte die Tätigkeit der Unabhängigen Sozialdemokratischen Partei und der Kommunisten und hielt mit den außerhalb Münchens befindlichen ... Kräften die Fühlung aufrecht. Die linksradikalen Parteien wurden mit Spitzeln durchsetzt, ebenso die roten Soldatenverbände und die aus ihnen hervorgehende ›Rote Armee‹. Gefälschte Fahrausweise für die Bahn wurden in großen Mengen hergestellt, Waffen gesammelt und verteilt. Die finanziellen Mittel stellten wohlhabende Münchner Bürger zur Verfügung.«[10] Am 16. April wurde das konterrevolutionäre Nest der Thule-Gesellschaft durch Angehörige der Roten Garde ausgehoben[11], dabei konnten sieben Verschwörer gefaßt werden.

Aus den gleichzeitig aufgefundenen Unterlagen ging eindeutig hervor, daß es sich bei ihnen um gefährliche Todfeinde der Räterepublik und der Arbeiterklasse handelte; dennoch wurden sie nur in Haft genommen – ganz im Gegensatz zu den Gepflogenheiten des Kampfbundes und der weißen Soldateska, von denen gefangengenommene »Rote« üblicherweise sofort entweder »standrechtlich« oder »auf der Flucht« erschossen wurden. Erst als den die Verschwörer bewachenden Rotgardisten bekannt wurde, daß die Weißen am 29. April in Sternberg zwölf gefangene Rotgardisten und in Possenhof sogar drei Sanitäter kurzerhand »umgelegt« hatten, beantworteten diese den weißen Terror mit dem roten Terror und erschossen die sieben Thule-Leute.[12] Bis zum heutigen Tage wird unter der Schlagzeile »Geiselmord« in der bürgerlichen Geschichtsschreibung dieser Akt revolutionärer Vergeltung für zahllose konterrevolutionäre Bluttaten benutzt, um die angebliche Grausamkeit der »Roten« in den grellsten Farben zu malen und die tatsächliche Bestialität der weißgardistischen Konterrevolution hinter diesem Horrorbild verschwinden zu lassen. Im Gegensatz dazu gibt das keineswegs kommunistenfreundliche »Handbuch der bayerischen Geschichte« vom Wüten der Konterrevolution nach der Niederschlagung der Räterepublik folgende Schilderung: »Wer mit der Waffe in der Hand oder im Besitz einer Waffe betroffen wurde, wurde von den Truppen erbarmungslos und ohne weitere Untersuchung füsiliert, viele aber auch nach Haussuchungen, oft auf Grund von z. T. böswilliger Denunziation oder auf bloßen Verdacht hin verhaftet und gleichfalls ohne Verfahren – auch nicht vor einem Standgericht – erschossen ... Die Zahl der auf den Straßen und Plätzen getöteten Münchner Arbeiter ... wird jedenfalls über 1.000 liegen ... Unter den Getöteten aus

10 Ebenda.

11 Ebenda, S. 33; *Beyer*, S. 100.

12 Ebenda, S. 130.

der Münchner Bevölkerung befanden sich viele Unschuldige, unter ihnen die einundzwanzig katholischen Gesellen, die noch vier Tage nach Einnahme der Stadt vom Regierungsmilitär ermordet worden waren.«[13]

Sebottendorf aber, der bald nach der Niederschlagung der Räterepublik wegen Verdachts der Hochstapelei aus Bayern verschwinden mußte, rühmte sich in seinem Buche, das erstmals 1933 in München erschien, seiner damaligen konterrevolutionären Tätigkeit und nahm für sich – nicht zu Unrecht – in Anspruch, Hitler für sein späteres Wirken die »Rüstung« geliefert zu haben: »Dies Buch« – so schrieb er, »zeigt auf, was war, ehe der Führer in die Bewegung kam. Es zeigt die Quellen, die dann zu dem Strome zusammenflossen, der alles Undeutsche hinwegschwemmen mußte.

Thule-Leute waren es, zu denen Hitler zuerst kam und Thule-Leute waren es, die sich mit Hitler zuerst verbanden!

Die Rüstung des kommenden Führers bestand außer der Thule selber aus dem in der Thule-Gesellschaft von dem Bruder Karl Harrer in München gegründeten Deutschen Arbeiterverein und der von Hans Georg Grassinger in München geleiteten Deutsch-Sozialistischen Partei, deren Organ der Münchner, später der Völkische Beobachter war. Aus diesen drei Quellen schuf Hitler die Nationalsozialistische Arbeiterpartei.«[14]

Halten wir zunächst einmal die zutreffende Aussage fest, daß »der Führer« in eine Bewegung kam, die nicht von ihm geschaffen wurde, die vielmehr ganz erheblich dazu beitrug, ihn zu dem zu machen, der er später wurde.

Auch in der Thule-Gesellschaft hatte sich die Erkenntnis durchgesetzt, »daß das wichtigste Element der modernen Gesellschaft die Arbeiterklasse sei und daß eine nationale Wiedergeburt ohne deren Gewinnung unmöglich sei.«[15] Deshalb gründete die Thule einen »Arbeiter-Ring«, den »Bruder« Harrer, von Beruf Journalist, leitete.[16] Als nun Drexler am 2. Oktober 1918 eine erste öffentliche Versammlung seines »Arbeiterausschusses« ankündigte, befand sich aus begreiflichem Interesse auch Harrer unter den wenigen Zuhörern. Über Harrer erhielt Drexler eine weitere Verbindung zur Thule-Gesellschaft. Selbst Franz-Willing sieht sich zu der Feststellung veranlaßt, daß Drexler »in seinem politischen Wirken persönlich ebenso stark aus dem Hintergrund gesteuert wurde, wie sachlich auch – jedenfalls in den Anfängen – die DAP.«[17] Diese Hintergrundsteuerung war eine Steuerung durch das Besitzbürgertum. Drexlers Men-

13 Handbuch der Bayerischen Geschichte, hg. von Max Spindler, 4. Bd.: Das neue Bayern 1800-1970, 1. Teilband, München 1974, S. 432.

14 *Sebottendorf*, S. 5.

15 *Franz-Willing*, Die Hitlerbewegung, S. 30.

16 Ebenda; siehe auch *Tyrell*, Vom ›Trommler‹, S. 22.

17 *Franz-Willing*, Die Hitlerbewegung, S. 63.

tor Tafel wurde später Vorsitzender des im März 1920 gegründeten großbürgerlichen »Bayerischen Ordnungsblocks« (BOB). Der BOB war »die bedeutendste Organisation des nationalen Bürgertums, die nicht nur die besitzenden Schichten weitgehend erfaßte, sondern auch die nationalen Intelligenzschichten Münchens ... Der BOB spielte in der bayerischen Politik eine wichtige Rolle als Stütze der Regierung Kahr ... als Geburtsstätte der ›Vereinigten Vaterländischen‹ Verbände, eines ausgedehnten Nachrichtendienstes, der auch ins Ausland reichte, sowie der ›Technischen Nothilfe‹ in Bayern.«[18]

Von Harrer wurde Drexler und von diesem Michael Lotter in die Thule-Gesellschaft eingeführt. Lotter, eine außerordentlich zwielichtige Figur, war seit Dezember 1918 Lokomotivführer in den Reichsbahnwerkstätten in München. Anfang Januar 1919 gründete er mit Drexler die DAP, aber gleichzeitig wurde er im Auftrage des bayerischen SPD-Führers Auer gegen den Ministerpräsidenten Kurt Eisner aktiv. In seiner Person tritt in seltener Deutlichkeit das infame Zusammenspiel aller konterrevolutionären Kräfte im München jener Zeit zutage.

Zusammen mit Drexler gründete Harrer noch im Oktober oder November 1918 einen nach konspirativen Ordensregeln aufgebauten »Politischen Arbeiterzirkel.« Der Zirkel, der etwa ein Dutzend Leute umfaßte, diente Harrer vor allem als Tribüne für den Vortrag seiner »Erkenntnisse« über die Ursachen der Niederlage Deutschlands im Kriege. Franz-Willing stellt zutreffend fest: »In diesen Referaten klangen die Grundtöne der Hitlerbewegung deutlich an: Der Jude ist Deutschlands größter Feind; ... Erweiterung des Kolonialbesitzes wird verlangt und Vorwärtskommen des deutschen Arbeiters, der ein Recht hat, als der Tüchtigste die niedere Arbeit andere machen zu lassen; das deutsche Volk hätte den Krieg gewinnen können, wenn es einig gewesen wäre; die Schuld am Verlust des Krieges tragen die Juden und ihre revolutionären Handlanger.[19]

Der »Arbeiterzirkel« war wegen seines konspirativen Charakters nicht geeignet, an eine breitere Arbeiteröffentlichkeit heranzukommen. Deshalb beschlossen Harrer, Drexler und Lotter, zur Gründung einer Partei überzugehen, gewissermaßen als Instrument des Zirkels, damit auch der Thule, die jedoch den einfachen Mitgliedern als Drahtzieher des Ganzen verborgen bleiben sollte.[20]

---

18 Ebenda, S. 69, 48.

19 Ebenda, S. 64f.

20 *Maser*, Die Frühgeschichte, S. 150. Der Geheimbundcharakter des Zirkels geht am deutlichsten aus folgender Bestimmung des Paragraphen 3 der Satzung hervor: »Die Mitglieder des Zirkels verpflichten sich ferner durch Handschlag, über Ort und Zeit der Zusammenkünfte, Namen der Mitglieder und sonstige interne Angelegenheiten strengstes Stillschweigen zu wahren.« – *Franz-Willing*, Putsch und Verbotszeit, S. 300.

Am 5. Januar 1919 wurde die »Deutsche Arbeiter-Partei« von Drexler und Lotter im Beisein von etwa 25 Eisenbahnern, Bekannten der beiden, aus der Taufe gehoben.[21] Bei dieser Gründung fungierte, wie selbst bürgerliche Autoren zugeben müssen[22], Drexler als ferngelenktes Instrument besitzbürgerlicher Kreise. Drexler erschien dafür gerade deshalb als geeignet, weil er »Arbeiter« war. Allerdings war er ein Arbeiter, der – wie seine »Richtlinien« ausweisen, die er an diesem Tage bekanntgab und die auch dem späteren Programm der Partei zugrundegelegt wurden – so tief im bürgerlichen Denken steckte, daß er nie imstande war auf andere als ebenso brav-spießbürgerlich-patriotische »Arbeiter« Anziehungskraft auszuüben, wie er selbst einer war. In diesen Richtlinien war z. B. zu lesen: »Die DAP ist eine aus allen geistig und körperlich schaffenden Volksgenossen zusammengesetzte sozialistische Organisation, die nur von deutschen Führern geleitet sein darf ... Die DAP will die Adelung des deutschen Arbeiters. Die gelernten und ansässigen Arbeiter haben ein Recht, zu dem Mittelstand gerechnet zu werden. Zwischen Arbeiter und Proletarier soll ein scharfer Trennungsstrich gezogen werden ... Das Großkapital ist als Brot- und Arbeitgeber zu schützen, sofern nicht rücksichtsloseste Ausbeutung des Arbeiters diesem ein menschenwürdiges Dasein unmöglich macht. Die DAP sieht in der Sozialisierung des deutschen Wirtschaftslebens einen Zusammenbruch der deutschen Volkswirtschaft ... Darum darf es nicht Sozialisierung, sondern die Gewinnbeteiligung für den deutschen Arbeiter heißen.«[23]

Diese Ausführungen lassen erkennen, weshalb Drexlers Hoffnung, sozialistische Arbeiter von ihren Parteien abziehen und für sich gewinnen zu können, unerfüllt bleiben mußte; solche Erklärungen wie die zitierten wirkten höchstens auf nationalistisch verseuchte und vom Unternehmertum korrumpierte Arbeiter.

Allerdings beschränkten die Leute vom Germanenorden ihre Versuche, an die Arbeiterschaft heranzukommen, nicht auf die Person Drexlers und nicht auf München. So entstand z. B. in Hannover ebenfalls unter tätiger Mitwirkung des Germanenordens die »Deutschsozialistische Partei« (DSP) des Maschinenbauingenieurs Alfred Brunner, die in kurzer Zeit Ortsgruppen in vielen Städten Deutschlands bildete, vor allem in Norddeutschland, aber auch im Süden.[24] Eine Nürnberger Ortsgruppe der DSP wurde noch 1919 von einem übelbeleumdeten ehemaligen Lehrer namens Julius Streicher gegründet; die Münchener Ortsgruppe entstand im Mai 1919 unter der Protektion der

21 *Weißbecker*, Nationalsozialistische Deutsche Arbeiterpartei, S. 388; *Franz-Willing*, Die Hitlerbewegung, S. 65.

22 Ebenda, S. 78.

23 *Maser*, Die Frühgeschichte, S. 150.

24 *Manfred Weißbecker*, Deutschsozialistische Partei (DSP) 1919-1922, in: Handbuch der bürgerlichen Parteien, Bd. I, S. 763f.; *Franz-Willing*, Die Hitlerbewegung, S. 88ff.; *Tyrell*, Vom ›Trommler‹, S. 72ff.

Thule-Gesellschaft – zunächst als »Deutschsozialistische Arbeitsgemeinschaft« –; ihr Leiter war der Buchdrucker Hans-Georg Grassinger. Ein weiteres Führungsmitglied war Max Sesselmann.[25] Die Münchener Ortsgruppe der DSP ging an der Jahreswende 1922/23 in der NSDAP auf.

Brunner, der schon während des Krieges mit der Idee umging, eine völkisch-»sozialistische« Partei zu gründen, verfaßte Ende 1918 einen »Entwurf zur Gründung der Deutschsozialistischen Partei auf judenreiner und kapitalloser Grundlage«, der noch im Dezember 1918 in den »Ordensnachrichten« des Germanenordens veröffentlicht und von Sebottendorf noch im gleichen Monat aus Berlin von der Zentrale des Ordens nach München mitgebracht wurde.[26] Im »Münchener Beobachter«, damals noch Organ der Thule-Gesellschaft. und der Münchener DSP-Ortsgruppe, wurde Brunners Denkschrift im Mai 1919 veröffentlicht und somit allen »Völkischen« in München bekannt.[27]

Das Großbürgertum aus dem Alldeutschen Verband und dem Germanenorden stellte nicht nur die Ideenspender für Drexler und seine DAP; ebenso wichtig für die weitere Entwicklung von Drexlers Partei waren die persönlichen Beziehungen zu vermögenden und einflußreichen bürgerlichen Kreisen, die sie durch die Thule erhielt. Über die Thule-Gesellschaft kamen solche für die weitere Entwicklung der Partei wichtigen Persönlichkeiten wie der Münchener Führer der Alldeutschen, der Verleger J. F. Lehmann, der Schriftsteller Dietrich Eckart, der Ingenieur Gottfried Feder, der deutsch-baltische Architekt Alfred Rosenberg und der in Ägypten geborene Rudolf Heß, wissenschaftlicher Assistent des Geopolitikers General a. D. Professor Karl Haushofer, in Kontakt mit der DAP.[28]

Im übrigen aber war die Thule-Gesellschaft bestrebt, die DAP durch Harrer eng an sich zu binden und zu lenken. Diesem Zweck sollte wohl auch eine weitere Gründung dienen: wenige Tage nach dem 5. Januar 1919, dem Gründungstag der DAP, wurde im Sitz der Thule ein »Nationalsozialistischer deutscher Arbeiterverein« ins Leben gerufen, in dem nicht Drexler, sondern Harrer den Posten des »Reichsvorsitzenden« erhielt; Drexler mußte sich mit der Leitung der Münchener Ortsgruppe und dem

25 *Franz-Willing*, Die Hitlerbewegung, S. 88.

26 Ebenda, S. 88f.

27 Brunner stellte drei Grundforderungen auf, die sich auch im Programm der NSDAP (in den Punkten 11, 17 und 19), allerdings in abgeschwächter Form, wiederfanden; 1. Deutsches Recht anstelle des römischen Rechtes; 2. Neue Bodengesetzgebung: Abschaffung der Bodenspekulation und des privaten Bodenverkaufs, der Freiverkäuflichkeit und Verschuldbarkeit; 3. Umgestaltung des Geldwesens: Abbau der Zinswirtschaft, Verstaatlichung des Geldwesens. – *Franz-Willing,* Die Hitlerbewegung, S. 88.

28 *Franz-Willing,* Die Hitlerbewegung, S. 29f.; *Maser*, Die Frühgeschichte, S. 25.

Amte des stellvertretenden Reichsvorsitzenden begnügen.[29] Harrer war bestrebt, die Tätigkeit der DAP in einem engen, öffentlichkeitsscheuen Rahmen zu halten, wie er ihn vom Germanenorden her gewohnt war. Dafür lagen bis zur Niederschlagung der Räterepublik sogar triftige Gründe vor. Nachdem jedoch die Konterrevolution in München triumphierte, wurde die Fortführung einer solchen Arbeitsweise anachronistisch und entsprach in keiner Weise mehr den Bedürfnissen der großbürgerlichen Hintermänner. Diese Bedürfnisse wurden nun am deutlichsten empfunden und zum Ausdruck gebracht durch die tatsächlichen Inhaber der Staatsgewalt, durch die militärischen Machthaber Bayerns.

Bevor wir untersuchen, welche Auswirkungen diese veränderte Sachlage auf die DAP hatte, darf jedoch ein weiterer Bestandteil der »Rüstung«, welche die spätere NSDAP von der Thule überliefert bekam, nicht unerwähnt bleiben. Es handelt sich dabei um die Abschirmung der terroristischen Tätigkeit durch vorgebliche Pflege des germanischen Ahnenerbes und Erforschung der germanischen Vorgeschichte. Die Terrororganisation der Thule-Gesellschaft, der Kampfbund, gründete zur Tarnung seiner eigentlichen Tätigkeit »Ringe«, die sich mit so harmlosen Dingen wie Familienforschung und Wappenkunde, Erforschung der »nordischen Kultur«, Erforschung des deutschen Rechts u. ä. beschäftigte.[30] Auch diese Form der Camouflage ging in die »Rüstung« der NSDAP ein und wurde später vom »Reichsführer SS« Himmler und seinem »Freundeskreis« zu höchster Perfektion entwickelt.

2. Das Reichswehrgruppenkommando und sein V-Mann

Eine Partei wie die DAP Drexlers, die sich die Gewinnung der Arbeiter für den »nationalen« Gedanken zur Aufgabe stellte, mußte das besondere Interesse des Gruko erregen, teilte es doch mit der Reichswehrführung in Berlin die Überzeugung, »daß die unerläßliche Voraussetzung für einen nationalen Wiederaufstieg (soll heißen: für die Wiedergewinnung einer Großmachtstellung; K. G.) Deutschlands die Gewinnung der

29 *Franz-Willing,* Die Hitlerbewegung, S. 65. – Franz-Willing folgt bei seiner Darstellung der Gründung dieses Vereins Sebottendorf; dessen Zuverlässigkeit wird von Phelps bestritten; Phelps zufolge gab es als gemeinsame Gründung Drexlers und Harrers nur den Arbeiterzirkel und die DAP. Harrer war nach Phelps bis zu seinem Ausscheiden Reichsvorsitzender der DAP, Drexler dagegen bis zu diesem Zeitpunkt nur der Vorsitzende ihrer Münchener Ortsgruppe. – *Phelps,* Before Hitler came, S. 257. Für Phelps' Darstellung spricht, daß auch Hitler von Harrer als dem Vorsitzenden der Partei und von Drexler als dem Vorsitzenden der Münchener Ortsgruppe spricht. – *Hitler,* Mein Kampf, S. 391. Welche Version zutrifft, ist allerdings für den Gegenstand dieser Untersuchung von untergeordneter Bedeutung.

30 *Franz-Willing,* Die Hitlerbewegung, S. 30; *Phelps,* Before Hitler came, S. 252.

breiten Arbeitermassen für den Gedanken der nationalen Volksgemeinschaft« war.[31] Deshalb auch war die Gründung einer »radikal-sozialen Massenpartei nationaler Richtung« seit 1918 ein Hauptanliegen vieler Offiziere.[32]

Zuständig für die Beobachtung der politischen Parteien und Verbände war die Nachrichtenabteilung des Gruko, die Abteilung Ib / P, auch als »Aufklärungsabteilung« oder »Presse-und Propagandaabteilung« bezeichnet. Als V-Leute benutzte die Nachrichtenabteilung vorzugsweise Soldaten, die auf ihre Demobilisierung warteten und auf die eine oder andere Weise ihre Zuverlässigkeit und Eignung für einen derartigen Einsatz unter Beweis gestellt hatten. Mit Vorliebe wurden dazu Leute ausgesucht, die an den von der Propagandaabteilung seit Juni 1919 veranstalteten »Bildungskursen« für Soldaten teilgenommen hatten. Initiator und Organisator dieser Kurse war Hauptmann Mayr.

Er war schon seit Juli 1919 auf die DAP aufmerksam geworden und hatte begonnen, auf sie fördernden Einfluß zu nehmen, indem er ihm besonders geeignet erscheinende Untergebene veranlaßte, der DAP beizutreten. Einer von diesen war Adolf Hitler.

Mayrs Absicht war es, aus der DAP eine massenwirksame »nationale Arbeiterpartei« zu machen, um bei dem für die nahe Zukunft geplanten bewaffneten Angriff auf die Weimarer Republik Rückhalt auch in der Arbeiterschaft zu finden. Wie wir schon sahen[33], stand Mayr mit Kapp in Verbindung und war an den Putschvorbereitungen beteiligt. Nach dem Scheitern des Putsches schrieb er im September 1920 an den nach Schweden geflüchteten Kapp einen Brief, in dem er seine Ansichten über die Ursachen für das Mißlingen des Putsches darlegte, zugleich aber auch seine Entschlossenheit bekräftigte, nicht aufzugeben, sondern den nächsten Angriff auf die Republik besser vorzubereiten. In diesem Zusammenhang legte er dar, welche Rolle dabei der DAP zugedacht war; Mayr schrieb:[34] »Wir arbeiten weiter. Wir schaffen die Organisation des nationalen Radikalismus, ein Prinzip, das nebenbei bemerkt, mit Nationalbolschewismus nichts zu tun hat. Unser Programm liegt bei.[35] Hinter dem Programm steht die Entschlossenheit, zu handeln. Der Zeitpunkt ist noch nicht gewählt. Aber wir lassen ihn uns sicher nicht aus den Händen stehlen …

31 *Franz-Willing*, Die Hitlerbewegung, S. 36.

32 *Otto-Ernst-Schüddekopf*, Das Heer und die Republik. Quellen zur Politik der Reichswehrführung 1918 bis 1933, Hannover / Frankfurt/M. 1955, S. 171.

33 Siehe in der vorliegenden Arbeit, S. 82.

34 StA Merseburg, Nachlaß Kapp, E II 26, Bl. 338ff., Brief Karl Mayrs v. 24.9.1920 an Wolfgang Kapp; siehe Dok. Nr. 1 der vorliegenden Arbeit.

35 Beigelegt waren die 25 Punkte des NSDAP-Programms, die aber bemerkenswerterweise nicht als »Programm der DAP« überschrieben waren, sondern die Überschrift trugen: »Auszug aus dem Programm der nationalsozialistischen Deutschen Arbeiterpartei«.

Die nationale Arbeiterpartei muß die Basis geben für den starken Stoßtrupp, den wir erhoffen. Das Programm ist gewiß noch etwas unbeholfen und vielleicht auch lükkenhaft, wir werden es ergänzen. Sicher ist nur, daß wir unter dieser Fahne doch schon recht viele Anhänger gewonnen haben. Seit Juli vorigen Jahres schon suche soweit mir möglich auch ich die Bewegung zu stärken. Das Wesentliche in jeder langfristigen Aktion scheint mir die Auswahl der Persönlichkeiten zu sein neben dem Hochhalten des eigenen persönlichen Gedankens und Entschlusses. Ich habe sehr tüchtige junge Leute auf die Beine gebracht. Ein Herr Hitler z. B. ist eine bewegende Kraft geworden, ein Volksredner 1. Ranges. In der Ortsgruppe München haben wir über 2.000 Mitglieder, während es im Sommer 19 noch keine 100 waren.

... Wir werden, und zwar nicht im parlamentarisch geruhsamen Tempo der deutsch-nationalen Volkspartei, einen glühenden Nationalismus pflegen. Bolschewismus, Separatismus, Aufgehen in westlerischer Pseudokultur und wirtschaftliches Helotentum von Englands und Frankreichs Gnaden werden wir mit Hörnern und Klauen bekämpfen.«

Dieser Brief wurde fast genau ein Jahr nach dem Tag – dem 12. September 1919 – geschrieben, an dem Mayr dem Gefreiten Hitler den Auftrag gegeben hatte, an einer Versammlung der DAP teilzunehmen und über seine dort gewonnenen Eindrücke zu berichten. Er beweist, daß entgegen bisherigen Ansichten, die auf Hitlers eigener Darstellung der Vorgänge in »Mein Kampf« basierten, das Münchener Reichswehrgruppenkommando in Gestalt Hauptmann Mayrs die DAP schon Mitte des Jahres 1919 unter seine spezielle Obhut genommen hatte.[36]

Was aber ließ Hitler in den Augen seines Vorgesetzten Mayr als geeignet für den ihm erteilten Auftrag erscheinen? Wie war Hitler überhaupt in das Blickfeld des Nachrichtenoffiziers geraten?

Der Gefreite aus Braunau war von der Revolution in einem Lazarett in Pasewalk überrascht worden, wo er wegen einer Gasvergiftung behandelt wurde. Ende November 1918 war er entlassen worden und nach München, zu seinem Ersatz-Bataillon, zurückgekehrt, wo er, zunächst zum Wachdienst eingeteilt, im Februar 1919 vorübergehend nach Traunstein zur Gefangenenbewachung kommandiert wurde, bereits im März aber wieder nach München zu seiner Kompanie zurückkehrte. Als Anfang April 1919 die Scheinräterepublik ausgerufen wurde, schuf sich die sog. Räteregierung in einer für sie bezeichnenden Weise eine bewaffnete Macht: sie erklärte kurzerhand die bestehenden Militärformationen zum Stamm der »Roten

36 Phelps konstatierte anhand der Anwesenheitslisten der Versammlungen der DAP vom Sommer 1919 an einen auffälligen Zustrom von Intellektuellen und Militärpersonen, wodurch die »alte Garde« Drexlers zusehends zurückgedrängt wurde. – *Reginald H. Phelps*, Hitler and the Deutsche Arbeiterpartei, in: The American Historical Review, July 1963, S. 979, Fn. 22.

Armee«. Auf diese Weise wurde auch Hitler »Rotgardist«; wie alle anderen Militärangehörigen trug er als Zeichen dessen eine rote Armbinde. Große Teile der einfachen Mannschaft sympathisierten allerdings tatsächlich mit der Revolution; für Hitler, der schon vor Kriegsbeginn ein gläubiger und fanatischer Angehöriger alldeutscher und antisemitischer Lehren war, traf das jedoch keineswegs zu. Allerdings machte er auch keinerlei Anstalten, aktiv gegen die Räterepublik, weder gegen die unechte, noch später gegen die echte, zu kämpfen. Während sich viele seiner späteren »Mitkämpfer«, wie Röhm, Heß und andere zum Freikorps Epp durchschlugen, unternahm er nichts dergleichen, sondern versah seinen Dienst wie vorher auch. Er soll sogar den Versuch unternommen haben, der Sozialdemokratischen Partei beizutreten.[37] In seinem Buch »Mein Kampf« überging Hitler seine Rolle in diesen Tagen mit auffälliger Einsilbigkeit. Als Ersatz für nicht vollbrachte »Heldentaten« im Kampfe gegen die »Roten« gab er dort jedoch eine erfundene Geschichte zum besten: auf Geheiß des (damals gar nicht mehr existierenden) Zentralrates[38] habe er am 27. April verhaftet werden sollen, weil er dessen »Mißfallen« erregt habe.[39] Es stimmt zwar, daß er verhaftet wurde – aber nicht von den »Roten«, sondern von Angehörigen des Freikorps Epp *nach* der Einnahme Münchens, weil sie aus der Kaserne, in der sich Hitler befand, beschossen worden waren. Durch Fürsprache von Offizieren, die ihn kannten, kam er jedoch bald wieder frei. Dieser tatsächliche Vorfall war es, den Hitler in seinem Buche dann in die Legende seiner Verfolgung durch den Zentralrat umgelogen hat.[40]

Bis dahin hatte er also noch keine Verdienste aufzuweisen, die ihn den Führungsoffizieren des Gruko empfohlen hätten. Nun aber bekam er reichlich Gelegenheit, sich als »vertrauenswürdig« zu erweisen, nämlich als Denunziant seiner Kameraden, die sich für die Räterepublik eingesetzt hatten, oder die eine »linke« Gesinnung hatten erkennen lassen. Beim 2. Infanterieregiment, zu dem er gehörte, wurde eine Untersuchungskommission gebildet, die sich für ihre Tätigkeit solcher Elemente bediente, die bereit waren, als Denunzianten ihre Kameraden ans Messer zu liefern. Als einer der eifrigsten von diesen erwies sich Hitler; als schäbiger Reichswehrspitzel

---

37 *Maser*, Die Frühgeschichte, S. 130, 132; siehe auch *Ernst Deuerlein*, Hitler. Eine politische Biographie, München 1969, S. 41. In der »Westdeutschen Arbeiterzeitung«, dem Organ des Verbandes der katholischen Arbeiter- und Knappenvereine Westdeutschlands, vom 12. März 1932 wurde über Hitlers Rolle berichtet, er habe während der Eisner-Regierung Kameraden gegenüber wörtlich geäußert: »Ich stehe in Verbindung mit dem SPD-Parteisekretär, um in die Propagandaabteilung der SPD einzutreten.« Zit. nach: Die Memoiren des Stabschef Röhm, Saarbrücken 1934, S. 15.

38 Der Zentralrat wurde am 13. April 1919 aufgelöst. Siehe Beyer, S. 93.

39 Hitler, Mein Kampf, S. 226.

40 *Maser*, Die Frühgeschichte, S. 131f.; *Deuerlein*, Hitler, S. 41.

begann er hier seine politische Laufbahn.[41]: »Zur Untersuchungskommission kommandiert, bringen seine Anklageschriften rücksichtslose Klarheit in die unsagbare Schändlichkeit militärischer Verrätereien der Judendiktatur der Rätezeit Münchens«, umschreibt einer seiner frühen Gefolgsleute seine damalige Tätigkeit.[42]

Er zeigt sich so eifrig und anstellig, daß seine Vorgesetzten sich entschlossen, ihn zu dem von Mayr organisierten Aufklärungskurs zu delegieren. »Hier sollten nach den Vorstellungen der in München maßgebenden Militärs, zu denen der General von Epp und ein Hauptmann Röhm gehörten, eine Anzahl geeigneter Mannschaftsdienstgrade zu politischen Agitatoren geschult werden«[43], deren Aufgabe darin bestand, in der Truppe den richtigen »nationalen« Geist zu verbreiten.

Wie der »Geist« beschaffen war, der das Gruko beseelte, mag ein Auszug aus einem Bericht des Gruko über »Die bolschewistische Gefahr und ihre Bekämpfung« vom 15.7.1919 bezeugen. Es heißt da: »Land- und rassenfremde Agitatoren überschwemmten Deutschland und rissen allerorten die Gewalt an sich. Die Gefängnisse und Zuchthäuser öffneten ihre Tore und jene landfremden, skrupellosen Schufte fanden ihre Helfershelfer unter den Ausgestoßenen des Volkes, die zu allem bereit waren.« Betrachte man die Führer der Revolutionszeit in Bayern, so sehe man, »daß sie fast durchweg Nicht-Bayern und einer Rasse angehörten, deren Tätigkeit von alters her darauf gerichtet war, die Massen auszubeuten und selbst große Vermögen anzusammeln. Diese Rasse, die Juden, saßen in allen wichtigen Kriegswirtschaftsgesellschaften ...«[44] Wohlgemerkt, das stand nicht in einem Pamphlet der »Völkischen«, sondern in einem offiziellen Schriftstück der bayerischen Reichswehrführung!

Diesem Geiste entsprechend wurden die Aufklärungskurse ausgerichtet. Der erste dieser Kurse, an dem Hitler teilnahm, fand vom 5. bis 12. Juni 1919 in den Räumen der Münchener Universität statt.[45] Höchstwahrscheinlich nahm Hitler auch die Gelegenheit wahr, an weiteren Kursen bzw. Vorträgen teilzunehmen. Diese Veranstaltungen waren gewissermaßen Hitlers Universitäten, hier erhielt sein krauses, aus zahlreichen nationalistischen und antisemitischen Schmökern angelesenes »Weltbild«[46] seine

41 *Maser*, Die Frühgeschichte, S. 132f. – Hitlers Behauptung, er sei »Bildungsoffizier« gewesen, gehört zu den Erfindungen der Hitlerlegende, deren wichtigster Schöpfer Hitler selbst war. Er wurde in den Listen seiner Einheit als »V-Mann« geführt; – *Ernst Deuerlein*, Hitlers Eintritt in die Politik und die Reichswehr. Dokumentation, in: VfZ, 1969, S. 178.

42 Siehe *Maser*, Die Frühgeschichte, S. 133; *Helmut Heiber*, Adolf Hitler. Eine Biografie, Berlin-Dahlem 1960, S. 32.

43 *Heiber*, S. 32.

44 *Franz-Willing*, Die Hitlerbewegung, S. 37.

45 *Deuerlein*, Hitler, S. 43.

46 Über das von Hitler in »Mein Kampf« behauptete »gründliche Studium« zur Bildung seiner »Weltanschauung« bemerkt Helmut Heiber, die obskuren Quellen und die dilettantische

»wissenschaftliche« Abrundung. Die Themen, die dort behandelt wurden, lauteten im ersten Kurs: »Die deutsche Geschichte seit der Reformation«; »Die politische Geschichte des Krieges«; »Der Sozialismus in Theorie und Praxis«; »Unsere wirtschaftliche Lage und die Friedensbedingungen«; »Der Zusammenhang zwischen äußerer und innerer Politik«. In weiteren Kursen kamen noch Themen über »Rußland und die Bolschewikiherrschaft«, »Die auswärtige Politik seit Kriegsende«, »Die Bedeutung der Reichswehr«, »Bayern und die Reichseinheit« und gleich eine ganze Vortragsreihe über »Nationaler Sozialismus« hinzu. Zu den Vorträgen fanden Seminare und Redeübungen statt. Vortragende waren z. T. Akademiker, wie die Historiker Professor Karl Alexander v. Müller und Professor Erich Marcks, größtenteils aber Persönlichkeiten aus ganz unterschiedlichen Wirkungskreisen, aber alle scharf rechts orientiert. Zu ihnen gehörte einer der Herausgeber der »Süddeutschen Monatshefte«, Prof. Hofmiller; der bekannte monarchistische Partikularist und Leiter der bayerischen Dienststelle der Reichszentrale für Heimatdienst, Karl Graf v. Bothmer, der seinen Zuhörern die Weisheit vermittelte, daß wahrer Sozialismus »seinem Wesen nach, als Dienst am Wohle des Ganzen, des Volkes«, immer nur »die Herrschaft der Tüchtigsten« im Auge haben könne, und diese Tüchtigsten seien »einige wenige«, weshalb der sozialistische Gedanke jeder Demokratie und jeder Internationalität widerspreche. Des weiteren traten auf der Präsident des Statistischen Landesamtes, Prof. Zahn; der Geschäftsführer des Zweckverbandes landwirtschaftlicher Vereine und der Agrarindustrie, Dr. Horlacher (BVP); das Mitglied der bayerischen Abgeordnetenkammer Dr. Dirr; die Regierungsassessoren Dr. Hasselberger und Dr. Merz; natürlich auch Hauptmann Mayr, und schließlich Gottfried Feder, den wir schon als Mitglied der Thule-Gesellschaft kennengelernt haben.[47]

In diesen Lehrgängen geschah es, daß Hitler eine Gabe an sich entdeckte, die ihm und seiner Umwelt bisher verborgen geblieben war: er konnte redend seine Zuhörer fesseln und mitreißen, wie kein anderer der Lehrgangsteilnehmer. Er fiel dadurch auch den Lehrkräften und seinen Vorgesetzten als ein »rhetorisches Naturtalent«[48] auf, wie sie es sich für ihre Zwecke kaum besser wünschen konnten. Als im Juli 1919 ein »Aufklärungskommando« zusammengestellt wurde, dazu bestimmt, im Militär-Lager Lechfeld, einem Durchgangslager für heimkehrende, »bolschewistisch und spartakistisch verseuchte«[49] Kriegsgefangene, »Aufklärungsarbeit« zu leisten, kommandierte

Oberflächlichkeit von Hitlers »Studien« kennzeichnend: »Auf solch nonchalante Weise ... legte dieser junge Faulenzer die Grundlagen seiner sogenannten ›Weltanschauung‹, die er, wie er schreibt, später nur noch ›im einzelnen zu ergänzen‹ für nötig befand.« – *Heiber*, S. 24.

47 *Ulrich v. Hasselbach*, Die Entstehung der nationalsozialistischen deutschen Arbeiterpartei 1919-1923. Phil. Dis., Leipzig 1931, S. 16; siehe auch *Franz-Willing*, Putsch und Verbotszeit, S. 294.

48 *Deuerlein*, Hitlers Eintritt, S. 182.

49 Ebenda, S. 194.

man zu dem 23-köpfigen Kommando daher auch den als »Aufklärer« in jeder Hinsicht bereits bewährten Hitler ab; er wurde als Nr. 17 der Abstellungsliste geführt.[50] Das im Lager Lechfeld abgewickelte Vortragsprogramm war ein Konzentrat der Vorträge der Münchener Kurse, wobei das Schwergewicht auf antibolschewistischer Hetze lag. Die Mehrzahl der Vorträge wurde vom Leiter des Kommandos Rudolf Beyschlag gehalten; neben anderen hielt aber auch Hitler Vorträge, einen über »Friedensbedingungen und Wiederaufbau«, den zweiten über »Sozial- und wirtschaftspolitische Schlagworte«. Außerdem nahm er in der Diskussion zu fast allen Vortragsthemen »temperamentvoll« Stellung und erntete dafür uneingeschränktes Lob der Vorgesetzten und anderer Teilnehmer des Kommandos. So schrieb der Leiter des Lagers Lechfeld, Oberleutnant Bendt, in seinem Schlußbericht an das Gruko in München: »Vorzüglich ergänzt wurde er (Beyschlag – K G.) durch den Gefreiten Hitler der 2. IR Abwicklungsstelle, der einzelne Punkte aus den verschiedenen Vorträgen herausgriff, und in äußerst temperamentvoller, leicht faßlicher Art sie den Leuten klar machte.«[51] Von den im wesentlichen gleichlautenden Einschätzungen anderer Mitglieder des Aufklärungskommandos sei nur eine zitiert, in der es hieß, die Mannschaften seien den Vorträgen mit großem Interesse gefolgt, »namentlich bei H. Beyschlag und Hitler. Letzterer namentlich entpuppte sich als hervorragender und temperamentvoller Redner und fesselte die Aufmerksamkeit der ganzen Zuhörer für seine Ausführungen.«[52] Zweifellos war dieser Einsatz für Hitler ein voller Erfolg und eine wichtige Eignungsprüfung für seine Fähigkeit als Agitator im Dienste der Reichswehr. Dennoch hatte das Aufklärungskommando seine eigentliche Aufgabe nicht erfüllt: an die Soldaten, für die die Vorträge in erster Linie gedacht waren, an die aus Sowjetrußland heimgekehrten Kriegsgefangenen, war man, wie aus dem Bericht des Oberleutnants Bendt zu entnehmen, »wegen der bereits im 1. Bericht geschilderten Verhältnisse«, nicht herangekommen, so daß »die Aufklärung nur bei den Reichswehrtruppen« stattfand.[53] Das war ein Glück für Hitler, denn, wie sich in der Folgezeit wieder und wieder erweisen sollte, vermochte er nur ein solches Publikum zu faszinieren und zu fanatisieren, das bereits in der Grundlinie mit dem Inhalt seiner Ausführungen übereinstimmte oder bildungsmäßig auf einem relativ niedrigen Niveau stand; er versagte dagegen vollständig und erlitt einen sicheren Durchfall, sobald er es etwa mit organisierten, klassenbewußten Arbeitern zu tun hatte. Auf solche Zuhörer wirkte Hitler damals so, wie ihn zeitgenössische Karikaturen der Arbeiterpresse zeigten, und wie er auf heutige Zuschauer wirkt, die den Redner

50 Ebenda, S. 195f.

51 Ebenda, S. 199.

52 Ebenda, S. 200.

53 Ebenda, S. 199.

Hitler in einem Filmstreifen erleben: komisch und lächerlich ob seiner angestrengten, einstudierten, an billiges Schmierentheater erinnernden Gestik und Mimik. Die Massenwirkung des Redners Hitler ist heute ohne die Kenntnis der Sorgen und der geistigen und seelischen Verfassung der von ihm gepackten Zuhörer kaum zu begreifen.

Nach dem erfolgreichen Auftreten im Lager Lechfeld stieg Hitler noch weiter in der Wertschätzung Mayrs. Er setzte Hitler im Januar und Februar 1920 sogar als Referent in den Reichswehrkursen ein[54] und als Mayr sich im September 1919 einmal aus Zeitnot außerstande sah, einen Brief selbst zu beantworten, dessen Schreiber wissen wollte, wie sich die Regierung und die Mehrheitssozialisten zum Kampf gegen das Judentum verhalten, bat er Hitler, die Beantwortung für ihn zu übernehmen. Hitler verfaßte daraufhin ein radikales antisemitisches Pamphlet, ein Konzentrat all des barbarischen Unsinns, mit dem er sein Gehirn durch die Lektüre ganzer antisemitischer Bibliotheken vollgestopft hatte.[55] Der Inhalt dieses Pamphlets wird erst dadurch erwähnenswert, daß Hauptmann Mayr, also gewissermaßen der Propagandachef des Gruko, in einem Begleitschreiben ausdrücklich erklärte, er könne den »sehr klaren Ausführungen« Hitlers »nur durchaus beipflichten«; lediglich gegen die in Bausch-und-Bogen-Verurteilung des Zinses, die Hitler von Gottfried Feder, seinem hochgeschätzten Lehrmeister in volkswirtschaftlichen Angelegenheiten, übernahm, erhob Mayr Einwände.

In seiner Ausarbeitung wandte sich Hitler entschieden gegen einen nur gefühlsmäßigen Antisemitismus. Er hatte durchaus begriffen, daß der Antisemitismus »als politische Bewegung« sich als eine Wissenschaft ausgeben mußte; er forderte daher, der Antisemitismus dürfe »nicht bestimmt werden durch Momente des Gefühls, sondern durch die Erkenntnis von Tatsachen«.[56] Als solche »Tatsache« stellte er, den Stammvätern des Rassenantisemitismus Marr, Glagau, Eugen Dühring, Lagarde, Fritsch, Claß usw. folgend, die Behauptung hin: »Zunächst ist das Judentum unbedingt Rasse und nicht Religionsgenossenschaft«. Die folgenden Ausführungen lassen erkennen, daß Hitler den Antisemitismus bereits als Blitzableiter für antikapitalistische Stimmungen benutzte: »Bewegt sich schon das Gefühl des Juden im rein Materiellen, so noch mehr sein Denken und Streben. Der Tanz ums goldene Kalb wird zum erbarmungslosen Kampf um alle jene Güter, die nach unserem inneren Gefühl nicht die Höchsten

54 *Phelps*, Hitler and the Deutsche Arbeiterpartei, S. 980.

55 In München gehörte Hitler zu den fleißigsten Benutzern der Privatbibliothek des Zahnarztes Friedrich Krohn, eines Mitgliedes des Germanenordens; Krohn hatte bereits 1918 aus eigener Initiative eine Art »nationalsozialistisches Institut« eingerichtet und dafür seine umfangreiche Bibliothek zur Verfügung gestellt. – *Franz-Willing*, Hitlerbewegung, S. 78; siehe auch: *Reginald H. Phelps*, Hitlers »grundlegende« Rede über den Antisemitismus, in: VfZ, 1968, S. 395ff.

56 *Deuerlein,* Hitlers Eintritt, S. 203.

und einzig erstrebenswerten auf dieser Erde sein sollen. Der Wert des Einzelnen wird nicht mehr bestimmt durch seinen Charakter, der Bedeutung seiner Leistung für die Gesamtheit, sondern ausschließlich durch die Größe seines Vermögens, durch sein Geld ... Seine Macht ist die Macht des Geldes, das sich in Form des Zinses in seinen Händen mühe- und endlos vermehrt ... Alles, was Menschen zu Höherem streben läßt, sei es Religion, Sozialismus, Demokratie, es ist ihm alles nur Mittel zum Zweck, Geld- und Herrschgier zu befriedigen. Sein Wirken wird in seinen Folgen zur Rassentuberkulose der Völker.«[57]

Hitler hat also die Lektion der Rassenantisemiten bereits gründlich gelernt: alles, was den Kapitalismus und die Kapitalisten auszeichnet und die »kleinen Leute« bedrückt, wird einem fiktiven »Judentum« in die Schuhe geschoben – und dies keineswegs nur in unschuldigem Irrglauben, sondern in der bereits gekennzeichneten eigentümlichen Mischung von bewußt gehandhabter Demagogie und eigenem Befangensein in den verkündeten Irrlehren.

Aus der Feststellung, daß »der Jude« ein Fremdling unter den Deutschen sei, wird die Forderung abgeleitet, daß er nicht gleichberechtigter Staatsbürger sein könne, sondern unter einer speziellen Fremdengesetzgebung leben müsse; aus der Feststellung, er sei der Erreger einer Tuberkulose der Völker, wird als letztes unverrückbares Ziel des Antisemitismus »die Entfernung der Juden überhaupt« postuliert. Dies zu verwirklichen sei aber – und damit beweist Hitler die Brauchbarkeit des Antisemitismus zur Begründung auch des Kampfes gegen die gerade erst entstandene Weimarer Republik – »nur fähig eine Regierung nationaler Kraft und niemals eine Regierung nationaler Ohnmacht.« Und nun folgt eine scharfe Kampfansage an den Staat, zu dessen Schutz die Reichswehr doch angeblich war: Nötig sei eine »Wiedergeburt der sittlichen und geistigen Kräfte der Nation« – (hier hört man die auf den Reichswehrlehrgängen eingelernten nationalen Phrasen heraus) –, diese Wiedergeburt werde aber »nicht in die Wege geleitet durch eine Staatsführung unverantwortlicher Majoritäten unter dem Einfluß bestimmter Parteidogmen, einer unverantwortlichen Presse, durch Phrasen und Schlagwörter internationaler Prägung, sondern nur durch rücksichtslosen Einsatz national gesinnter Führerpersönlichkeiten mit innerlichem Verantwortungsgefühl.« Derartige Phrasen waren keineswegs eine originäre Schöpfung Hitlers, sondern Allgemeingut aller Redner und Agitatoren der »nationalen Rechten«.

57 Ebenda. – Man vergleiche damit etwa die folgenden Ausführungen Glagaus aus dem Jahre 1879: »Das Judentum ... kennt nur noch den Handel, und auch davon nur den Schacher und Wucher. Es arbeitet nicht selber, sondern läßt Andere für sich arbeiten, es handelt und spekuliert mit den Arbeits- und Geistesprodukten Anderer. Sein Zentrum ist die Börse ... Als ein fremder Stamm steht es dem Deutschen Volk gegenüber und saugt ihm das Mark aus. Die soziale Frage ist wesentlich Gründer- und Judenfrage, alles übrige ist Schwindel.« – Zit. nach: *Mohrmann*, S. 37f.

Seine wirkliche Bedeutung erhält der Hitler-Brief nicht dadurch, daß er Hitler, sondern dadurch, daß er seine Auftraggeber, daß er seine Reichswehrvorgesetzten kennzeichnet; was Hitler hier zu Papier gebracht hatte, unterschied sich nicht von dem, was er in den Reichswehrlehrgängen, was er von seinen Vorgesetzten, insbesondere von Mayr, zu hören bekommen hatte. Deshalb nahm Mayr auch nicht im geringsten Anstoß an dieser antisemitischen Hetze, sondern verschärfte sie noch in seinem Begleitschreiben mit den Worten: »Ich bin mit dem Herrn Hitler durchaus der Anschauung, daß das, was man Regierungssozialdemokratie heißt, vollständig an der Kette der Judenheit liegt ... Alle schädlichen Elemente müssen wie Krankheitserreger ausgestoßen oder ›verkapselt‹ werden. So auch die Juden!«[58] Zwischen dem Herrn Hauptmann und seinem V-Mann bestand also in politischer Hinsicht ein inniges Einverständnis. Verständlich, daß Mayr Hitler für den geeigneten Mann hielt, die Aktivität der Deutschen Arbeiterpartei in seinem Sinne zu beeinflussen. Es ging ihm offenbar darum, dieser Partei – die zwar bisher noch keinerlei politische Bedeutung erlangt hatte, aber zu ihren Gönnern »nationale« Persönlichkeiten zählte, wie z. B. den auch von Mayr sehr geschätzten Diplom-Ingenieur Gottfried Feder – eine starke Anziehungskraft vor allem auf Arbeiterkreise zu verleihen[59]; denn »die Ablehnung der Truppe durch erhebliche Teile der Arbeiterschaft, vor allem in den großen Städten und in den Industriegebieten, bedrückte zweifellos einen Mann wie Hauptmann Mayr.«[60]

3. Der Eintritt des Reichswehrspitzels in die Politik

So also kam es zu dem Auftrag, der Hitler am 12. September 1919 als V-Mann des Reichswehrgruppenkommandos in eine Versammlung der DAP führte. Der Redner des Tages war Feder, dessen Vortrag über die »Brechung der Zinsknechtschaft«, – diesmal unter der Überschrift: »Wie und mit welchen Mitteln beseitigt man den Kapitalismus?« angekündigt – Hitler schon von den Reichswehrkursen her bekannt war. Als nach dem Vortrag in der Aussprache ein bayerischer Partikularist für die Loslösung Bayerns vom Reich und für seinen Zusammenschluß mit Österreich eintrat, ließ sich Hitler die Gelegenheit nicht entgehen, auch hier seine Beredsamkeit zu erproben und donnerte den Vorredner in einem fünfzehnminütigen alldeutschen Dauerfeuer in Grund und Boden. Drexler, selbst nicht eben redegewandt, sagte hingerissen zu dem neben ihm sitzenden Schriftführer: »Mensch, der hat a Gosch'n, den kunnt ma

58 *Deuerlein*, Hitlers Eintritt, S. 203f.

59 *Konrad Heiden*, Adolf Hitler, Zürich 1936, S. 19.

60 *Heinrich Bennecke*, Hitler und die SA, München / Wien 1962, S. 22.

braucha!«[61], und drückte Hitler, bevor dieser die Versammlung verließ, ein Exemplar seiner Schrift »Mein politisches Erwachen« in die Hand. Kurz danach erhielt Hitler eine Postkarte mit einer Einladung, am 16. September zu einer Ausschußsitzung der DAP zu erscheinen, und mit der Mitteilung, er sei bereits in die DAP aufgenommen worden.

In seinem Buch »Mein Kampf« gab Hitler eine Schilderung der Gründe für seinen Eintritt in diese Partei, die sich über das Allerwichtigste, nämlich die Stellungnahme seiner Vorgesetzten, in deren Auftrag er die Versammlung besucht hatte und denen er darüber berichten mußte[62], ausschweigt und alles weitere als Folge seiner alleinigen Überlegungen und Entschlüsse ausgibt. Deuerlein stellt dagegen mit Recht fest, »daß eine solche Betätigung nur mit Wissen und Duldung der vorgesetzten Dienststelle möglich war.[63] Aber das ist noch nicht die ganze Wahrheit; der kommt Bennecke mit der Feststellung am nächsten: »Selbst die Möglichkeit, daß er im Auftrage seiner Reichswehrdienststelle Parteimitglied wurde, läßt sich wohl nicht ausschließen.«[64] Der Brief Mayrs an Kapp bestätigt diese Vermutung Benneckes als voll zutreffend. Hitler war von Mayr zusammen mit anderen als V-Mann der Reichswehr in die DAP geschickt worden, um aus ihr ein politisches Instrument des Gruko zu formen.[65].

Die NSDAP wurde also seit Juli 1919 mehr und mehr eine Partei der Reichswehr, und weil er dort ihr bester Mann war, wurde Hitler mit Hilfe seiner Reichswehrgönner an die Spitze der Partei gebracht. Doch das ist bereits ein Vorgriff auf noch zu schildernde Entwicklungen.

Hitlers Bericht über die DAP-Versammlung fiel jedenfalls so aus, daß Mayr in seiner Absicht bestärkt wurde, mit Hilfe seiner »sehr tüchtigen jungen Leute« aus der noch kleinen, unbedeutenden, aber gerade deshalb noch formbaren und leicht in die Hand zu bekommenden DAP »den starken Stoßtrupp« zu formieren, über den er an Kapp geschrieben hatte.

---

61 *Franz-Willing*, Die Hitlerbewegung, S. 66f.

62 *Hitler*, Mein Kampf, S. 236: »... ich müßte hingehen und mir den Verband einmal ansehen und dann Bericht erstatten.«

63 *Deuerlein*, Hitlers Eintritt, S. 182.

64 *Bennecke*, S. 21.

65 Erst nach Abschluß des Manuskripts wurden dem Autor neu aufgefundene Dokumente bekannt, die erneut die Unzuverlässigkeit der Hitlerschen Erzählungen in »Mein Kampf« bezeugen und die oben gegebenen Darstellungen in einigen Punkten präzisieren. Es handelt sich dabei um ein Schreiben Hitlers vom 3. Oktober 1919 an seinen Vorgesetzten Hauptmann Mayr, in dem Hitler diesen um die Erlaubnis bittet, der DAP beitreten zu dürfen, und zweitens um das Aufnahmegesuch Hitlers an die Leitung der DAP, das wie folgt lautete: »Ich bitte um Aufnahme in die Deutsche Arbeiterpartei ... Mein Beruf ist Kaufmann, möchte aber Werberedner werden, man spricht mir diese Begabung zu. Da ich am 3. Okt. Ihre Versammlung besuchte, bitte ich auch als zahlender Eingeschriebener aufgenommen zu werden.« (Zit. nach: *Eberhard Jäckel/Axel Kuhn,* Hitler. Sämtliche Aufzeichnungen, Stuttgart 1980, S. 90ff.)

Hitler aber wurde durch diesen Entschluß Mayrs zu einer Entscheidung über seinen künftigen Lebensweg gedrängt. Nach der Unterzeichnung des Versailler Vertrages (28.6.1919) war klar, daß von den mehr als 300.000 Mann, die die Reichswehr zu diesem Zeitpunkt noch zählte, nur 100.000 aktiv bleiben konnten. Hitler mußte also mit ziemlicher Sicherheit damit rechnen, daß für ihn das geregelte Leben und das gesicherte Auskommen in der Kaserne nur noch einige Monate währen konnte. Was aber dann? Wie war er für die Rückkehr ins zivile Leben gerüstet? Er war jetzt 30 Jahre. Im Grunde noch ein Nichts, sobald er die Uniform ausziehen mußte. »Der dreißigjährige Gefreite, dem es schwerfiel, die unpersönliche Geborgenheit der Kaserne zu verlassen, hatte keine Zukunft.«[66]

Die Bilanz seines bisherigen zivilen Lebens war zutiefst deprimierend. Alle Chancen, festen Boden unter die Füße zu bekommen, indem er einen Beruf erlernte, hatte er vertan; von Kindheit an war ihm regelmäßige, systematische Tätigkeit zuwider gewesen.[67] Er fühlte in sich die Berufung, ein großer Künstler, Maler oder Architekt zu werden und war von seiner außergewöhnlichen Begabung so überzeugt, daß er es für überflüssig hielt, sich anzustrengen, um Dinge zu lernen, die mit seinen Interessen nichts zu tun hatten. So kam es, daß er, obwohl von zu Hause aus nicht schlecht gestellt und auch intelligent genug, um bei wenigstens durchschnittlichem Lerneifer die Prüfungen zu bestehen, die Realschule nicht beenden konnte. Nach dem Übergang von der Volksschule in Leonding (Österreich) auf die Realschule in Linz war er in der ersten Klasse dieser Schule sitzengeblieben[68]; die Prüfungen für den Übergang zur Oberrealschule hatte er in einigen Fächern nur mit Mühe und nach Wiederholungsprüfungen bestanden und dafür ein nicht eben glänzendes Zeugnis erhalten, woraufhin er auf einen Aufnahmeantrag für die Oberrealschule verzichtete. (Als er in »Mein Kampf« auf diesen wunden Punkt zu sprechen kam, gab er einer Krankheit die Schuld für sein Versagen.[69]) Das war 1903 gewesen. Zwei Jahre lang hatte er danach beschäftigungslos und ohne jeden Versuch, eine Lehrstelle oder Arbeit zu finden, seiner Mutter auf der Tasche gelegen, damit beschäftigt, infantile Pläne über seine große Karriere als Maler oder Architekt zu schmieden.[70] »Der junge Bummelant, der später behaupten wird, er hätte sich schon mit siebzehn Jahren sein Brot selber verdienen müssen, führte mehr als zwei Jahre lang ein solches Rentnerdasein, das er als eine Art autodidaktische Privatschule kaschierte ...«[71]

66 *Deuerlein*, Hitlerputsch, S. 29.

67 *Bradley F. Smith*, Adolf Hitler, His Family, Childhood and Youth, Stanford 1967, S. 100f, 110, 113, passim.

68 *Maser*, Die Frühgeschichte, S. 53, 59.

69 *Smith*, S. 98f.

70 Ebenda, S. 99ff.

71 *Heiber*, S. 10.

Im Herbst 1907 hatte er zum ersten Male den Versuch unternommen, seine Pläne zu realisieren. Er hatte sich um Aufnahme in die Kunstakademie in Wien beworben, war aber bei der Aufnahmeprüfung glatt durchgefallen, mit dem Vermerk: Probe-Zeichnung ungenügend.[72] »Nun hätte er sich ja nach einem anderen Beruf umsehen können, wofür es auch langsam Zeit gewesen wäre, das aber würde den Verzicht auf all seine Rosinen und überdies gar noch das Einhalten einer festen geregelten Arbeitszeit bedeutet haben. Zu beidem war der junge Phantast und Faulenzer alles andere als bereit.«[73] Er blieb in Wien und ließ seine Angehörigen in dem Glauben, ein Studium aufgenommen zu haben, wofür er eine regelmäßige Geldzuwendung erhielt.[74] In Wirklichkeit bestand sein »Studium« im planlosen Lesen von Werken und Zeitschriften aller Art, vor allem über Architektur, in stundenlangen Spaziergängen durch Wien, um die prunkvollen Gebäude berühmter Architekten zu bewundern, und in der Anfertigung von immer neuen Skizzen darüber, wie Wien seiner Ansicht nach umgebaut werden müsse, um noch großartiger und noch prächtiger zu werden. Er besuchte auch häufig die Oper, wobei er Wagneropern, die er für den Gipfel der musikalischen Weltkultur hielt, bevorzugte; von ihnen angeregt, machte er sich sogar selbst an die Ausarbeitung eines Opernlibrettos mit dem Titel »Wieland der Schmied«, das aber – wie alle seine anderen Unternehmungen – nie fertig wurde.[75] 1908 unternahm er einen zweiten Versuch zur Aufnahme in die Kunstakademie, wurde jetzt aber nicht einmal zur Prüfung zugelassen, nachdem er seine Zeichnungen zur Ansicht vorgelegt hatte. Diese ließen zwar eine Fähigkeit zum gefälligen Kopieren erkennen, zugleich aber auch das Fehlen wirklich echter künstlerischer Begabung.[76] Für Hitler war diese zweite Ablehnung ein noch fürchterlicherer Schlag als die erste. Jedoch unfähig, sich selbst kritisch zu sehen, rief sie bei ihm nur eine tiefe Erbitterung gegen die akademischen Prüfer hervor, die er für arrogant und für zu stumpfsinnig hielt, um das in ihm verborgene Genie zu erkennen.[77]

In Wien ging es, nachdem das von den Eltern geerbte Geld aufgezehrt war, allmäh-

---

72 *Maser*, Die Frühgeschichte, S. 62f.

73 *Heiber*, S. 11.

74 *Smith*, S. 113.

75 Ebenda, S. 118f.

76 *Heiber*, S. 19. – Der »Führerbiograph« Maser weiß es natürlich auch hier wie überall wieder besser, daß nämlich Hitler sowohl als Maler wie als Architekt wenn nicht gar ein Genie, so doch auf jeden Fall »niemals eigentlich Schüler, sondern immer nur Lehrer gewesen ist.« – *Werner Maser*, Adolf Hitler. Legende, Mythos, Wirklichkeit, München / Esslingen, 1974, S. 113.

77 Das fand noch in Hitlers Buch in verschiedenen Passagen einen deutlichen Niederschlag, so etwa wenn Hitler sich mokiert: »Diesen ›Gebildeten‹ gilt der größte Hohlkopf, wenn er nur in genügend Zeugnisse eingewickelt ist, mehr als der hellste Junge, dem diese kostbaren Tüten eben fehlen.« – *Hitler*, Mein Kampf, S. 243f.

lich, aber sicher abwärts mit ihm.[78] Einen bürgerlichen Beruf hatte er nicht erlernt, einen Versuch, als Hilfsarbeiter auf dem Bau seinen Unterhalt zu verdienen[79], gab er bald wieder auf, zum einen, weil er sich mit dem Zwang zu geregelter Arbeitszeit nicht abfinden mochte, zum anderen, weil er mit seinen – fast durchweg gewerkschaftlich organisierten – Arbeitskollegen nicht auskommen konnte (und sie nicht mit ihm). Statt ihm respektvolle Anerkennung zu zollen, worauf er in seinem kleinbürgerlichen Dünkel als Angehöriger der »gebildeten« Schicht Anspruch zu haben vermeinte, zogen sie ihn ob seiner verschrobenen Ansichten bestenfalls auf, begegneten ihm aber mit einmütiger Ablehnung, wenn er seine sozialistenfeindlichen, alldeutschen Glaubenssätze vorbrachte. Im Milieu dieser Wiener Arbeiter, die er als Proletarier verachtete und als Sozialisten haßte und denen er sich so unendlich überlegen fühlte, gerade dort erlitt er seine schmerzhaftesten Niederlagen und gerade dort fühlte er sich am meisten gedemütigt. Obwohl er selbst von der Habsburger Monarchie nicht viel hielt, entsetzte ihn, daß diese Arbeiter die gesamte bestehende Ordnung über den Haufen werfen wollten. Selbst viele Jahre später noch, bei Abfassung seines »Mein Kampf«, brach der Untertan und Kleinbürger hervor, dessen politischer Hauptantrieb immer gewesen war und immer blieb: die Verteidigung der bürgerlichen Ordnung gegen den proletarischen Aufstand, als er sich an die Schilderung dieser seiner Wiener Erfahrungen mit Arbeitern begab; da vergaß er sogar die Rolle, die er zu spielen übernommen hatte, die Rolle des »Revolutionärs«, des »Sozialisten«, des »Arbeiterführers«. »Man lehnte da alles ab«, entrüstete er sich, »die Nation, als eine Erfindung der ›kapitalistischen‹ Klassen; das Vaterland als Instrument der Bourgeoisie zur Ausbeutung der Arbeiterschaft; die Autorität des Gesetzes, als Mittel zur Unterdrückung des Proletariats; die Schule als Institut zur Züchtung des Sklavenmaterials, aber auch der Sklavenhalter; die Religion, als Mittel zur Verblödung des zur Ausbeutung bestimmten Volkes; die Moral, als Zeichen dummer Schafsgeduld usw. Es gab da aber rein gar nichts, was nicht so in den Kot einer entsetzlichen Tiefe gezogen wurde.«[80]

Seine kleinbürgerliche Verachtung des Proletariats und sein wilder Haß gegen die Arbeiterbewegung waren aber zugleich gepaart mit neidvoller Bewunderung des kraftvollen Selbstbewußtseins, von dem diese Arbeiter erfüllt waren. Die selbstverständliche Solidarität, der feste Zusammenhalt der organisierten Arbeiterschaft waren ihm fremd,

---

78 *Smith*, S. 126.

79 Der Streit darüber, ob Hitlers Schilderung von seiner Tätigkeit als Hilfsarbeiter auf dem Bau zutreffend sei oder nicht (siehe *Maser*, Die Frühgeschichte, S. 75f.), erscheint ziemlich müßig und fruchtlos. Auf jeden Fall hat Hitler bei der Schilderung seiner Erlebnisse auf dem Bau ein sehr genaues Bild seiner Sicht auf die organisierte Arbeiterschaft gezeichnet. – *Hitler*, Mein Kampf, S. 40ff.

80 Ebenda, S. 41f.

unverständlich und unheimlich, zugleich faszinierte ihn aber die unwiderstehliche Kraft, die von den disziplinierten Massenaufmärschen der sozialistischen Arbeiter ausging.

Über seine Eindrücke gelegentlich einer solchen Demonstration schrieb er noch viele Jahre später, er habe »in die endlosen Viererreihen einer ... Massendemonstration Wiener Arbeiter« gestarrt. »Fast zwei Stunden lang stand ich ... da und beobachtete mit angehaltenem Atem den ungeheueren menschlichen Drachenwurm, der sich ... langsam vorbeiwälzte. In banger Gedrücktheit verließ ich endlich den Platz und wanderte heimwärts.«[81]

Die bange Gedrücktheit beim Anblick dieser Arbeiterkolonnen teilte er, der auf die schiefe Bahn der Deklassierung geratene Kleinbürger, mit den Großbürgern, die ihre Ordnung und ihr Eigentum von diesen Arbeiterheeren bedroht fühlten und deshalb nach Kräften Ausschau hielten, bereit und imstande, diese Ordnung und dieses Eigentum durch eine sichere Schutzwehr abzuschirmen. Damals aber hatte Hitler noch keinerlei politischen Ehrgeiz entwickelt. Er war ein Gescheiterter, der sich nur noch durch Gelegenheitsarbeiten eine notdürftige Existenz sichern konnte; was er dabei verdiente, reichte nicht mehr aus, um sich wie bisher ein Zimmer zu mieten; so landete er im Obdachlosenasyl. Als es ihm gelang, durch einen Hausierhandel mit selbstgemalten Bildern – zumeist Kopien Wiener Ansichten – aus der schlimmsten Notlage herauszukommen, beeilte er sich, von der alleruntersten Sprosse der sozialen Stufenleiter, die er als Asylkunde erreicht hatte, die nächsthöhere zu erklimmen, indem er in ein »Männerheim« umzog, das sozusagen von der »Oberschicht« des Strandgutes der Großstadt Wien bevölkert wurde. Fast drei Jahre, von 1910 bis 1913, wohnte er dort.[82]« Bis 1913 hatte er so ein Leben geführt, das himmelweit von den hochfliegenden Künstlerträumen entfernt war; zwar hatte er in den amtlichen Anmeldebogen bei seinen vielen Umzügen als Beruf gewöhnlich »Kunstmaler« oder auch »Schriftsteller« angegeben; aber das änderte nichts an der rauhen Wirklichkeit, daß er tatsächlich nur ein malender Hausierer war. So fand sich dieser junge Mann, der die Mächtigen und Erfolgreichen hemmungslos bewunderte, von den Vertretern beider Hauptklassen der Gesellschaft abgewiesen und in seinem Aufstieg behindert. Die »Oberklasse« versperrte ihm – wie er es sah – den Zugang zu höherer Bildung, und die Angehörigen der »Unterklasse« ließen ihn nur zu deutlich fühlen, wie wenig sie von Leuten seinesgleichen hielten. Er folgte seiner Neigung zur Selbstbemitleidung und zur Simplifizierung, wenn er in den nationalistischen und antisemitischen Schlagworten der österreichischen Alldeutschen eine Erklärung fand und aufgriff, mit deren Hilfe er sein persönliches Scheitern in Wien als Symptom einer allgemeinen Krankheit der ganzen

81 Ebenda, S. 43.

82 *Smith*, S. 133f., 144.

österreichischen Gesellschaft, der k. u. k.-Monarchie deuten konnte. Die Habsburger lieferten – so lauteten die Anklagen der nationalistischen Deutsch-Österreicher, die er übernahm – den Staat den Slawen und den Juden aus und gaben die Lebensinteressen der Deutschen preis.

In Österreich kam zur sozialen Verunsicherung des Kleinbürgertums durch das aufkommende monopolistische Großkapital noch eine nationale Verunsicherung, die Furcht nämlich, die Privilegien, die alle Deutschen als Angehörige der unterdrückenden und herrschenden Nation gegenüber den Angehörigen der unterdrückten Nationen und Nationalitäten genossen, zu verlieren, falls die Prinzipien der Demokratie und der Gleichberechtigung aller Völker, die von der Arbeiterbewegung verkündet wurden, in die Tat umgesetzt würden.

Die nationalistische Ideologie wurde auch in die Arbeiterklasse hineingetragen, um dem internationalistischen Zusammenschluß aller Arbeiter der Habsburger Monarchie entgegenzuwirken und die Arbeiter der verschiedenen Nationen gegeneinander zu hetzen. Es ist deshalb kein Zufall, daß Idee und Formulierung des Terminus vom »nationalen Sozialismus« gerade in Österreich, und hier vor allem unter den Deutschen in Böhmen, Verbreitung und einen organisatorischen Niederschlag fanden, lange bevor dies in Deutschland der Fall war.[83] Was Hitler betrifft, so wollte er damals allerdings von Sozialismus nichts wissen, nicht einmal als demagogische Verführungsformel. Der Gedanke, daß das Schicksal der bürgerlichen Ordnung in der Hand der Arbeiterklasse liege und deshalb keine Anstrengung zu groß sein könnte, die Arbeiter für die Erhaltung dieser Ordnung zu gewinnen, lag ihm damals noch gänzlich fern; und schon völlig absurd wäre ihm der Gedanke vorgekommen, daß es gerade dieses Geschäft der »Nationalisierung der Arbeiterschaft« sein würde, das sich ihm dereinst als Rettungsanker vor dem völligen Versinken im Bodensatz der bürgerlichen Gesellschaft darbieten würde. Sein Denken war vielmehr darauf gerichtet, der verrotteten Habsburger Monarchie den Rücken zu kehren und in das gelobte Land auszuwandern, in das große, glanzvolle deutsche Kaiserreich der bewunderten Hohenzollern, das sich anschickte, ein Weltreich zu erobern für die deutsche Herrenrasse, womit alle Daseinsnöte für alle Deutschen – also auch für ihn – für immer überwunden wären. Dort, so träumte er, würde man sicherlich sein Künstlertum erkennen und ihn in die Kunstakademie aufnehmen. Außerdem hatte er keine Neigung, der bevorstehenden Einberufung zum

83 In Böhmen war bereits 1903 eine »Deutsche Arbeiterpartei« (als Gegenstück zu der 1897 gegründeten »Československá strana narodne-socialisticka«) entstanden, die im Mai 1918 den Namen »Deutsche Nationalsozialistische Arbeiterpartei« annahm, und sich über ganz Österreich erstreckte. Nach dem Zerfall des österreichischen Vielvölkerstaates teilte sich die Partei in einen »sudetendeutschen« und einen österreichischen Zweig. Der führende Ideologe der DNSAP war Rudolf Jung, Verfasser eines Werkes mit dem Titel »Der nationale Sozialismus«, das 1919 in Aussig erschien. – Vgl. *Franz-Willing,* Die Hitlerbewegung, S. 92ff.

Wehrdienst in der k. u. k.-Armee Folge zu leisten. So verließ er im Juni 1913 das ungeliebte Wien, um sich nach München zu begeben, der großen Heimstätte der Kunst, ins Königreich Bayern, dessen Herrscher seinem Idol Richard Wagner so großzügige Förderung hatte angedeihen lassen. Aber seine unreifen Träumereien zerschellten wie in Wien so auch in München an der so völlig anderen Realität.

Bei seiner polizeilichen Anmeldung hatte er in gewohnter hochstaplerischer Manier als Beruf »Kunstmaler und Schriftsteller« angegeben. Aber auch hier bestand seine ganze »Kunstmalerei« in der Anfertigung von Münchener Ansichten, vorwiegend Kopien nach Vorlagen. Auch hier wurde nichts aus der erhofften Aufnahme in die Kunstakademie, auch hier lebte er am Rande der Gesellschaft und in ständiger Gefahr, ins Lumpenproletariat abzugleiten, da er ebensowenig wie in Wien daran dachte, eine ernsthafte Arbeit aufzunehmen. Er ließ sich treiben wie bisher, Luftschlösser bauend und immer auf einen Zufall hoffend, der ihn schließlich doch noch auf einen glanzvollen Platz in der Gesellschaft befördern würde.

Der Zufall kam ihm in der Tat zu Hilfe, aber in ganz anderer Weise, als er es sich vorgestellt hatte. Die Entfesselung des ersten Weltkrieges durch den deutschen Imperialismus, der Millionen den Tod brachte, die Welt in das furchtbarste Gemetzel der bisherigen Menschheitsgeschichte stürzte und die alte Welt aus den Fugen gehen ließ – sie bedeutete für Hitler die bisher glückhafteste Wendung seines Lebens. Wenn andere durch den Krieg aus ihren Familien, aus ihrem Beruf, aus einem gesicherten Lebensgeleise geworfen wurden – für Hitler bedeutete er das genaue Gegenteil: für ihn hatte alle Ungewißheit und Unsicherheit über den morgigen Tag ein Ende, alle Ziellosigkeit und alle Grübeleien über ein verpfuschtes Leben. Der Kriegsdienst gab ihm zum ersten Male in seinem Leben festen Boden unter die Füße, zum ersten Male erhielt er – eingefügt in die militärische Kriegsmaschinerie – einen festen Halt. Alle Verantwortung für sich selbst war von ihm genommen, er brauchte nichts mehr zu entscheiden[84], das taten andere für ihn. Man darf Hitler ohne weiteres glauben, daß er den Kriegsausbruch begeistert und mit einem Dankgebet begrüßte.[85] Er meldete sich freiwillig bei dem bayerischen Regiment List und wurde angenommen. Er entwickelte offenbar keinerlei Ehrgeiz zum Weiterkommen auf der militärischen Dienstgradleiter, noch ließ er irgendwelche Eignung zum Vorgesetzten erkennen. Mit der ausdrücklichen Begründung, er habe keine Führereigenschaften gezeigt, wurde von einer Beförderung zum Unteroffizier abgesehen[86], obwohl er mit dem Eisernen Kreuz I. Klasse dekoriert wurde. Seiner späteren politischen Karriere war dies aber eher förderlich,

---

84 *Smith*, S. 153, 155; *Alan Bullock*, Hitler. Eine Studie über Tyrannei, Düsseldorf 1957, S. 47, 50; *Heiber*, S. 27.

85 *Hitler*, Mein Kampf, S. 177.

86 *Deuerlein*, Hitler, S. 40.

denn »der unbekannte Gefreite des ersten Weltkrieges«, das hörte sich entschieden volkstümlicher an, als etwa »der unbekannte Unteroffizier« oder gar »der unbekannte Feldwebel«. Der unbekannte Gefreite – der gehörte noch zur Kategorie der Getretenen und Geschuriegelten; darüber begannen schon die Dienstgrade der Schleifer und Soldatenschinder.

Der Zusammenbruch des deutschen Militarismus und die Revolution mußten Hitler, der alle großmäuligen »vaterländischen« Phrasen vom sicheren Endsieg gläubig aufgenommen hatte, wie ein betäubender Keulenschlag getroffen und ihn in eine wahrhafte Götterdämmerungsstimmung versetzt haben. Und dies nicht nur im Hinblick auf Deutschlands Schicksal, sondern mindestens ebensosehr wegen seiner eigenen Zukunft. Was sollte nun aus ihm werden, »unbekannt, unbedeutend und unbehaust«, wie er war?[87] In »Mein Kampf«, dem Buche, in dem die bis 1924 entwickelte Hitlerlegende sozusagen autorisiert und festgeschrieben wurde, steht zu lesen, damals im November 1918 im Lazarett in Pasewalk habe er, Hitler, beschlossen, Politiker zu werden.[88] Diese Propagandalüge wurde von Ernst Deuerlein treffend kommentiert, indem er schrieb, Hitler habe erst bei Niederschrift seines Buches entdeckt, daß er 1918 beschloß, Politiker zu werden. »Nicht Hitler kam zur Politik – die Politik kam zu Hitler.«[89] Auf welchem Wege das geschah, das hatten wir bis zu dem Punkte verfolgt, da Hitler vor die Entscheidung gestellt wurde, im Auftrage der Münchener Reichswehrführung in die DAP einzutreten, um zusammen mit anderen aus dem etwas verschlafenen Stammtischverein eine aktivistische Partei der Konterrevolution zu machen. Allerdings – der Hitler von 1919 war nicht mehr der Hitler vom November 1918. In der Zwischenzeit hatte er einige Erfahrungen gesammelt, über sich selbst und über seine Umwelt, die ihm nicht nur die Zuversicht gaben, die gestellte Aufgabe lösen zu können, sondern ihn auch mit einem vorher bei ihm nicht beobachteten Tatendrang erfüllten. Die erste und wichtigste Erfahrung hatten ihm die Revolution und die Monate seither vermittelt. Sie hatten ihm gezeigt, daß die von ihm so sehr bewunderten Halbgötter in Uniform, die er für allmächtig gehalten hatte, die so viel vermochten, die einen Weltkrieg um die Weltherrschaft geführt und beinahe gewonnen hatten – daß diese Halbgötter nicht imstande waren, ohne die Unterstützung der Massen auszukommen, vor allem nicht ohne die der Arbeiterklasse; und daß sie außerdem trotz des gewaltigen Propagandaapparates, der ihnen zur Verfügung stand, trotz ihrer großen praktischen Erfahrungen auf dem Gebiete des propagandistischen Ringens um die Seelen und die Köpfe der Massen außerstande waren, eben diese Massen für ihre Sache, die »nationa-

87 Ebenda, S. 42; *Bullock*, S. 57.

88 *Hitler*, Mein Kampf, S. 225.

89 *Deuerlein*, Hitler, S. 40.

le« Sache, zu gewinnen und zu begeistern. Und nicht nur sie, die Spitzen der Armee und der Gesellschaft, sondern auch z. B. seine militärischen Vorgesetzten, die an den bedingungslosen Gehorsam ihrer Untergebenen gewöhnt waren – auch diese hatten nicht die Macht besessen, die Soldaten in Gehorsam zu halten. Gerade die von Mayr organisierten Kurse hatten Hitler vor Augen geführt, daß das brennendste Problem für die Führungsschicht in Deutschland das Problem der Massengewinnung und der Massenbeherrschung war, vor allem das der Gewinnung der Arbeiterschaft, und daß zur Lösung dieses Problems die alten Mittel nicht mehr ausreichten.

Angesichts dieser Erkenntnis mußte die zweite Erfahrung für ihn ein ungeheures Erlebnis sein, die Erfahrung nämlich, daß ihm gerade das gegeben war, was den Mächtigen fehlte: die Kraft der Überzeugung durch seine Rede; er vermochte, was ihnen nicht mehr gelingen wollte: Massen auf ihre Seite zu ziehen. Er besaß somit eine Gabe, die ihn in ihren Augen wertvoll machte! Zum ersten Mal hatte er in Mayrs Dienst erlebt, daß ihn seine Vorgesetzten mit bevorzugender Aufmerksamkeit bedachten, eben weil er die Gabe mitreißender Beredsamkeit besaß, wie kein anderer in seiner Einheit.

Aber was sollte er mit dieser Gabe anfangen, wenn die Reichswehr keine Verwendung mehr für ihn hatte, wenn sie ihn aus ihren Reihen entließ? Dieses sein Talent konnte er nur als politischer Redner erfolgversprechend verwerten.

»Werden diese Umstände berücksichtigt« – so die einleuchtenden Überlegungen Benneckes – »dann besteht eine erhebliche Wahrscheinlichkeit, daß Hitlers Entschluß, der ›deutschen Arbeiterpartei‹ beizutreten, keineswegs tiefschürfende politische Gedanken zugrunde gelegen haben. Dieser Entschluß kann durchaus durch persönliche Überlegungen nachhaltig unterstützt worden sein … Hitler mußte … damit rechnen, daß er in absehbarer Zeit seine Lebensgrundlage bei der Reichswehr verlieren würde. Es lag für einen Mann mit den Fähigkeiten Hitlers doch nahe, in einer Betätigung in einer noch derart unvollkommenen Partei wie es die ›Deutsche Arbeiterpartei‹ damals war, die Chance einer Existenz zu sehen.«[90] Angesichts dieser Situation kam der Auftrag Mayrs an Hitler, in die DAP einzutreten, gerade zur rechten Zeit. Es war dies ein Auftrag, mit dessen Erfüllung er nicht nur seinen Vorgesetzten seine Tüchtigkeit und Brauchbarkeit beweisen, sondern sich selbst eine Existenzgrundlage als politischer Werberedner[91], vielleicht sogar als Parteiführer, aufbauen konnte.

Dieser Auftrag mußte ihm wie ein Wink des Schicksals und der Vorsehung erscheinen[92]; wenn überhaupt, dann konnte es auf diesem Wege gelingen, doch noch eine

---

90 *Bennecke*, S. 21.

91 Bezeichnenderweise hieß es in einem V-Mann-Bericht an das Gruppenkommando über eine Versammlung der DAP am 13. November 1919, auf der Hitler sprach: »… er ist Kaufmann und wird berufsmäßiger Werberedner.« – *Deuerlein*, Hitlers Eintritt, S. 206.

92 »Das Schicksal selbst schien mir jetzt einen Fingerzeig zu geben.« – *Hitler*, Mein Kampf, S. 242.

angesehene Position in der bürgerlichen Gesellschaft zu erlangen. Denn erstens war er bei seinem Beginnen nicht auf sich allein gestellt: vorläufig würde er noch Angehöriger der Reichswehr bleiben und von ihr in jeder Hinsicht – materiell und auch personell – bei seiner Tätigkeit in der Drexler-Partei unterstützt werden; zweitens waren gerade die Kleinheit und Bedeutungslosigkeit der Partei und die beschränkte Kleinbürgerlichkeit Drexlers und der übrigen Parteiführungsmitglieder, genau betrachtet, ein Plus: er, Hitler, hatte ihnen allen nicht nur das Redetalent voraus, sondern auch die politische Schulung, die er in der Reichswehr erhalten hatte. Außerdem würde er als einziger sich den ganzen Tag der Parteiarbeit widmen können, während alle Vorstandsmitglieder einen Beruf ausübten und die Parteiarbeit nur ehrenamtlich nebenher leisten konnten. Es sprach also vieles dafür und nichts dagegen, den Auftrag Mayrs anzunehmen. So »beschloß« Hitler also, Politiker zu werden, nachdem die Reichswehrführung in Gestalt des Hauptmann Mayr ihn zur Politik abkommandiert hatte.

Kapitel V

Ein »Führer« wird aufgebaut

Die bürgerliche Geschichtsschreibung, soweit sie der Hitlerlegende folgt und diese weiterspinnt, schildert die weitere Geschichte der DAP bzw. NSDAP als die Geschichte des Mannes Hitler, der sich, getrieben von unstillbarem Machtwillen und begabt mit unbändigen Energien und einem seltenen »Charisma«, einer geheimnisvollen Ausstrahlung, deren magischer Anziehungskraft sich nur wenige zu entziehen vermochten, zielbewußt eine Partei als Instrument zur Eroberung der Macht schuf.

Wenn diese Legende trotz ihrer offenkundig alle gesellschaftlichen Realitäten mißachtenden Absurdität die Leitlinie der meisten westdeutschen bürgerlichen Publikationen zum Thema NSDAP darstellt, dann deshalb, weil diese Legende wie zur Zeit ihrer Erschaffung so auch heute ein dringendes Bedürfnis der herrschenden Klasse, der imperialistischen deutschen Bourgeoisie befriedigt, das Bedürfnis nach Leugnung ihrer Verantwortung für den Faschismus, nach Verschleierung ihrer Herrschaftsmethoden und -praktiken und nach Mythologisierung des Wesens ihrer Macht zum Zwecke der besseren Manipulierbarkeit der Massen.

Absurd ist die Vorstellung, die Rednergabe eines Einzelnen könnte entscheidend sein für den Aufstieg eines bedeutungslosen Stammtischvereins zu einer Partei von zunächst landesweiter, später nationaler Bedeutung. In der Tat sehen sich selbst die Nolte, Fest, Maser, Franz-Willing, Heiber und andere Verbreiter der Hitlerlegende zu der Aussage gezwungen, daß ohne die Unterstützung der Reichswehr und bürgerlicher Politiker sowie einflußreicher Einzelpersönlichkeiten die NSDAP nicht aus ihrer Bedeutungslosigkeit heraus – und Hitler nicht an die Spitze dieser Partei gekommen wäre. Das hindert einige allerdings nicht, in ihren weiteren Darstellungen die Realitäten auf den Kopf zu stellen, indem sie Hitler zum alleinigen Schöpfer der NSDAP und zu dem Manne erklären, ohne den es keinen Faschismus und keinen zweiten Weltkrieg gegeben hätte.

Aber damit Hitler – ebenso wie ein Mussolini oder ein Pinochet – die Rolle eines

Faschistenhäuptlings spielen konnte, mußte erst einmal der Bedarf der herrschenden Klasse nach einer solchen Rolle vorhanden sein. Dieser Bedarf wiederum hing von gesellschaftlichen Zuständen und von elementaren ökonomischen Entwicklungen ab, die überhaupt erst ein Wirkungsfeld für politische Bewegungen faschistischen Typs schufen, darunter auch eine mehr oder weniger stark ausgeprägte Disposition in mehr oder weniger breiten Massen des Kleinbürgertums und proletarischer Randschichten für die Aufnahme faschistischer Ideengänge.

Erst auf der Grundlage solcher objektiver Bedingungen konnten einzelne Persönlichkeiten sich als Führer faschistischer Gruppen und Bewegungen entwickeln, die dann natürlich der jeweiligen Organisation den Stempel ihrer Persönlichkeit aufdrückten, einer Persönlichkeit jedoch, die ihrerseits geprägt war von eben jenen objektiven Bedingungen, die sie erst zu Faschistenführern gemacht hatten. In aller Klarheit und Präzision wurden derartige Zusammenhänge von Objektivem und Subjektivem von Friedrich Engels vor über achtzig Jahren dargelegt, als er in seinem berühmten Brief an W. Borgius schrieb[1]: »Hier kommen dann die sogenannten großen Männer zur Behandlung. Daß ein solcher und grade dieser, zu dieser bestimmten Zeit in diesem gegebenen Lande aufsteht, ist natürlich reiner Zufall. Aber streichen wir ihn weg, so ist Nachfrage da für Ersatz, und dieser Ersatz findet sich, tant bien que mal, aber er findet sich auf die Dauer. Daß Napoleon, grade dieser Korse, der Militärdiktator war, den die durch eignen Krieg erschöpfte französische Republik nötig machte, das war Zufall; daß aber in Ermangelung eines Napoleon ein andrer die Stelle ausgefüllt hätte, das ist bewiesen dadurch, daß der Mann sich jedesmal gefunden, sobald er nötig war: Cäsar, Augustus, Cromwell etc.«

Es steht außer Frage, daß Hitlers Talent als Redner und Massenverführer in erheblichem Maße dazu beitrug, daß die NSDAP hinsichtlich ihrer Massenwirksamkeit schließlich die anderen faschistischen Gruppen hinter sich ließ. Aber darüber darf nicht vergessen werden, daß dafür mindestens ebenso ausschlaggebend die Tatsache war, daß der NSDAP im Rahmen der »vaterländischen« Organisationen gewissermaßen arbeitsteilig die Spezialaufgabe der Gewinnung von Arbeitern zugedacht war – und zwar keineswegs erst von Hitler, sondern zuerst von den alldeutschen Nationalisten und von Reichswehroffizieren –, wodurch die Führungskräfte dieser Partei mit der Nase auf die Notwendigkeit gestoßen wurden, neue Formeln für die Agitation und neue Formen des politischen Kampfes anzuwenden, Formeln und Formen, die allerdings größtenteils nicht erst entdeckt, sondern nur übernommen und angewendet zu werden brauchten.

1 *Friedrich Engels*, Brief an Borgius, v. 25.1.1894, (früher als Brief an H. Starkenburg veröffentlicht), in: MEW, Bd. 39, Berlin 1968, S. 205ff.

Und schließlich: auch in Deutschland wäre vielfacher Ersatz für einen Hitler dagewesen; das ist bewiesen durch die Vielzahl von »nationalen Führern«[2], von Anwärtern auf die Rolle des Diktators; dafür hätte im übrigen auch die Stärke der Nachfrage gesorgt. Sogar innerhalb der NSDAP befanden sich damals schon solche Figuren wie Gregor Strasser und Hermann Göring, die genügend Voraussetzungen mitbrachten, um sich ebenfalls als Faschistenhäuptlinge zu profilieren; ja, selbst ein Julius Streicher und ein Hermann Esser können aus der Reihe solcher möglicher »Führer« nicht ausgeschlossen werden.[3] Wem solche Überlegungen heute abwegig vorkommen, der möge bedenken, daß ein Streicher in Nürnberg bis 1921 keine geringere Rolle spielte, als der Hitler in München, nur, daß eben München die bayerische Hauptstadt, Nürnberg aber Provinz war; ferner, daß Hitler vor Esser in der Hauptsache eines voraus hatte – er war zehn Jahre älter als dieser, hatte also schon das Mindestalter für einen »Führer«anwärter erreicht.

Eine personalistische Geschichtsbetrachtung, die noch immer nicht über den Satz von den Männern, die Geschichte machen, hinausgelangt ist, – selbst wenn sie sich gezwungen sieht, auch dem entgegengesetzten Satz, daß es die Geschichte ist, welche die Männer macht, formell ihre Reverenz zu erweisen – eine solche Geschichtsbetrachtung reagiert auf Überlegungen wie die obigen sofort mit einem Katalog von Hitlerschen Eigenschaften, die ihn gewissermaßen zwangsläufig zum Führer bestimmten, den anderen aber abgingen und sie deshalb zum Führer von vornherein ungeeignet und unfähig machten. Diese Argumentation geht blind an der immer wieder belegten Tatsache vorbei, daß die herrschende Klasse aus dem unterschiedlichsten Material jeweils die Führer zu formen verstand, die sie für ihre Zwecke im gegebenen Augenblick gerade benötigte.

---

2 Um nur eine kleine Auswahl namhaft zu machen: Heinrich Claß, Abrecht v. Graefe, Gustav v. Kahr, Wolfgang Kapp, Erich Ludendorff – als Vertreter der älteren Führergarnitur; Hermann Ehrhardt (Führer der gleichnamigen Marinebrigade), General Franz Ritter v. Epp, Georg Escherich (Führer der Orgesch), Hauptmann Adolf Heiß (Führer der Reichsflagge), Rudolf Kanzler (Führer der Organisation Kanzler), Arthur Mahraun (Führer des Jungdeutschen Ordens), Ludwig Östreicher (Oberland-Führer), Otto Pittinger (Führer des Bundes »Bayern und Reich«), Ernst Röhm, Gerhard Roßbach; Friedrich Weber (Oberland-Führer) – als Vertreter der militärischen Führeranwärter; Alfred Brunner (Gründer der DSP), Hans-Georg Grassinger (Gründer der Münchener DSP-Ortsgruppe), Richard Kunze (Gründer der Deutschsozialen Partei), Max Sesselmann (Führer der Münchener Ortsgruppe der DSP), Eduard Stadtler (Gründer der Antibolschewistischen Liga), Reinhold Wulle (Mitbegründer der Deutschvölkischen Freiheitspartei) – als Vertreter faschistischer Parteigründer und -führer.

3 In diesem Zusammenhang ist auch die Geschichte einer anderen »nationalen« Lokalgröße in Erfurt interessant, über die *Monika Kahl* berichtet: Adolf Schmalix und die faschistische »Großdeutsche Volkspartei«, in: ZfG, 5/1976, S. 547ff. Sie macht vor allem deutlich, daß die späteren Erfolge der NSDAP im Reichsmaßstabe auch durch die Tätigkeit zahlreicher kleiner lokaler »Hitlers« vorbereitet wurde.

Absurd ist ferner die Vorstellung, der Hitler vom September 1919, der über seine Zukunft noch voller Ungewißheit und Besorgnis war und noch keinen größeren Ehrgeiz besaß, als seinen Vorgesetzten seine Brauchbarkeit im Einsatz für ihre Ziele zu beweisen und sich ihnen möglichst unentbehrlich zu machen, dieser Mann also habe sich bereits damals als der künftige Diktator gesehen.

Nüchtern und real betrachtet und ohne spekulatives Hinzutun im Sinne der Hitlerlegende war das Höchste an ehrgeizigen Zielen, die Hitler sich damals stellen konnte, vielleicht auch gestellt hat, aber das ist keineswegs gewiß, seinen Auftrag, die DAP zu seinem Verband von der Art zu machen, wie er Mayr vorschwebte, so gut zu erfüllen, daß er anstelle Drexlers an die Spitze dieser Partei gelangte. Zwischen diesem relativ bescheidenen Ziel und Hitlers Selbstproklamation zum politischen Führer des Deutschen Reiches am 8. November 1923 lagen vier Jahre voll dramatischer Ereignisse innerhalb und außerhalb Deutschlands, lag auch eine ab Herbst 1922 sprunghafte Ausweitung der Bedeutung der NSDAP für die herrschende Klasse, zunächst zwar nur im bayerischen Rahmen, aber doch für eine Politik, die über diesen Rahmen auf die Veränderung der Zustände in ganz Deutschland hinzielte. Mit der etappenweisen Gewichtsvergrößerung der NSDAP, die in erster Linie der Zuspitzung des innenpolitischen Kampfes um Vernichtung oder Erhaltung der Weimarer Republik und erst in zweiter Linie innerparteilichen Entwicklungen in der NSDAP geschuldet war, wuchs auch die Rolle, die der Mann an der Spitze dieser Partei objektiv zu spielen hatte, zugleich damit aber änderte sich natürlich auch seine Vorstellung von der Rolle, zu der er berufen war.

Betrachten wir das *Verhältnis von herrschender Klasse und NSDAP* in diesen vier Jahren, dann muß als erstes festgestellt werden, daß in dieser ganzen Periode für das Schicksal der NSDAP ihr Verhältnis zur bayerischen Reichswehrführung entscheidend war. Dieses Machtorgan der herrschenden Klasse, das in Bayern wie nirgends sonst im Deutschland jener Jahre auch ausschlaggebenden Einfluß auf die innere Politik ausübte, war – wenn auch nicht mit gleichbleibender Intensität – der Hauptprotektor der NSDAP. Als Geschöpf des bayerischen Reichswehrgruppenkommandos wurde aus der DAP die NSDAP, und als Geschöpf der bayerischen Reichswehr, dessen Auftrag es war, auf Massenfang auszugehen, konnte sie sich ein Auftreten erlauben, das ihr wachsenden Zulauf brachte und sie zu einem Faktor der bayerischen Innenpolitik machte, mit dem man immer mehr rechnen mußte.

Wenn wir die NSDAP als Geschöpf der bayerischen Reichswehrführung bezeichnen, dann heißt das natürlich nicht, daß alle bayerischen Reichswehroffiziere dieser Partei in gleicher Weise positiv und fördernd gegenüberstanden. Eine Reihe einflußreicher Offiziere – so etwa der Chef des Stabes der VII. Division, General Freiherr Friedrich Kreß v. Kressenstein, und Hauptmann Hanneken, Offizier im Generalstab des Infanterieführers Epp der VII. Division[4], mißbilligten die engen Beziehungen der Reichswehr zur NSDAP wie überhaupt zu den politischen Organisationen ebenso wie die Entscheidung Lossows für Kahr gegen Seeckt im Herbst 1923.

Aber die Haltung der bayerischen Reichswehr gegenüber der DAP / NSDAP und den »vaterländischen« Verbänden wurde nicht von ihnen, sondern von Röhm, Epp und Lossow bestimmt, und das war eine Haltung, die durch den Versuch gekennzeichnet war, die Verbände als militärisches und die DAP / NSDAP als politisches Instrument der Reichswehr zur Erreichung bestimmter Ziele einzusetzen. Wie stark überdies die Sympathien unter maßgeblichen Reichswehroffizieren für die faschistische NSDAP war, geht aus der großen Zahl von Offizieren hervor, die nach dem 9. November 1923 wegen ihrer Haltung zum Hitler-Ludendorff-Putsch aus der Reichswehr ausscheiden mußten. Dazu gehörten Major Adolf Hühnlein, Generalstabsoffizier beim Infanterieführer der VII. Division, der im Falle eines erfolgreichen Putsches für den Posten des Befehlshabers der Münchener Landespolizei vorgesehen war[5] (er wurde später der Führer des Nationalsozialistischen Kraftfahr-Korps); ferner der Oberst Konstantin Hierl, Offizier im Reichswehrministerium[6] (er wurde später der Führer des faschistischen Reichsarbeitsdienstes); Hauptmann Ritter Fritz v. Krausser, Offizier im Stabe der VII. Division; Oberstleutnant Hans-Georg Hofmann, als aktiver Reichswehroffizier zugleich Führer des »Bund Unterland«, der zwar formal zum weiß-blauen Bund »Bayern und Reich«, aber politisch zu den »schwarz-weiß-roten Verbänden« gehörte.[7]

Aber ebensowenig, wie Reichswehrpolitik eine autonome, von der Politik der herrschenden Klasse isolierte Politik war, ebensowenig war die Reichswehr der einzige und alleinige Protektor der NSDAP aus den Reihen der herrschenden Klasse. Die NSDAP erfuhr fördernde Unterstützung aus Unternehmerkreisen ebenso wie von hochgestellten Staatsbeamten und einflußreichen Einzelpersönlichkeiten, sowie von Führern der Rechtsparteien und -verbände. Sie war nie etwas anderes als eine politische Organisation der herrschenden Klasse, der sie ihre Existenz und ihr Wachstum verdankte und deren reaktionärste Kreise ihre Tätigkeit teils direkt, teils indirekt auf die eigenen Ziele lenkten. Diese Lenkung ließ der Führung der NSDAP jedoch weiten Spielraum für eigene Initiative, da die Naziführung die Ziele dieser reaktionärsten Kreise voll und ganz zu ihren eigenen Zielen gemacht hatte. Dirk Stegmanns Feststellung, daß Hitler

4 *Gordon,* Hitlerputsch, S. 159; dort auch die Namen weiterer Offiziere dieser Einstellung.

5 Ebenda, S. 236f.

6 Ebenda, S. 459.

7 Ebenda, S. 112; weitere Namen von Offizieren, die in der einen oder anderen Weise als Sympathisanten der Putschisten in die Ereignisse des 8./9. November verwickelt waren und deshalb aus der Reichswehr ausschieden – ebenda, S. 459f.

»vom Beginn seiner politischen Laufbahn an … Instrument politisch einflußreicher Hintermänner« war[8], ist deshalb zutreffend; sie galt allerdings keineswegs nur – wie Stegmann meint – für die Jahre bis 1923; und die NSDAP und ihre Führer waren auch nicht nur Instrument irgendwelcher einzelner Hintermänner, sondern politisches Werkzeug der am meisten reaktionären, antidemokratischen Elemente zunächst des bayerischen Bürgertums, später der deutschen Bourgeoisie.

1. Das Gruppenkommando formiert »seine« Partei

Im Juli 1919 begann, wie wir sahen, das Engagement der Nachrichtenabteilung des Gruko[9] für die DAP. Damit ging die erste Etappe der Geschichte dieser Partei und zugleich die erste Etappe im Verhältnis der herrschenden Klasse zu ihr, zu Ende; sie war gekennzeichnet durch das Patronat der Thule-Gesellschaft über die DAP und ihren Gründer Drexler. Eine neue Etappe begann. Sie war geprägt von intensivster direkter Einflußnahme des Reichswehrgruppenkommandos auf die DAP bzw. NSDAP. Hauptinhalt dieser Etappe war die Umformung dieser Partei aus einer bedeutungslosen völkischen Debattierrunde in eine militant an die Öffentlichkeit drängende »Stoßtrupp«- und Propagandaorganisation, die nach dem Willen ihrer militärischen Paten den terroristischen und propagandistischen Kampf gegen die Arbeiterbewegung und die Weimarer Republik führte und zugleich damit bemüht war, der von ihren Hintermännern anvisierten »nationalen Diktatur« eine breite Massenbasis insbesondere in der Arbeiterschaft zu gewinnen. Diese Etappe endete mit dem Übergang der Parteiführung von Drexler an Hitler als dem Ereignis, das den Abschluß dieses Umwandlungsprozesses äußerlich sichtbar machte.

Für die bayerischen politisierenden Militärs, wie Epp, Mayr und Röhm, ergab sich das Interesse für die DAP, wie bereits erwähnt, aus dem Wunsch, ein politisches Vakuum zu füllen. Parteien und Verbände, deren Zielgruppen das kleine und mittlere Bürgertum und die Bauern waren, gab es in Bayern eher zu viel als zu wenig. Was dagegen fehlte, war eine Rechtspartei, die sich um die Gewinnung der Arbeiterschaft kümmerte. Die DAP sollte diese Leerstelle ausfüllen. »Die Reichswehr, die sich von Anfang an für die Nationalsozialistische Arbeiterpartei interessiert hatte, erwartete von ihr, daß sie die sozialistische Arbeiterschaft ihren Organisationen entfremde und Sammelpunkt einer nationalen und wehrfreudigen Bewegung für die breiten Massen

---

8 *Dirk Stegemann*, Zum Verhältnis von Großindustrie und Nationalsozialismus 1930-1933, in: Archiv für Sozialgeschichte, hg. von der Friedrich-Ebert-Stiftung, XIII. Bd., 1973, S. 404.

9 Ab Herbst 1919 Wehrkreiskommando VII.

werde.«[10] Um das zu können, mußte sie aber von Grund auf umgestaltet werden. Sie mußte sich lautstark an die Öffentlichkeit wenden, von sich ständig reden machen, in ihrem Auftreten betont »antibürgerlich«, radikal, militant und »revolutionär« sein; kurzum, sie mußte versuchen, den beiden Arbeiterparteien – KPD und SPD – Konkurrenz zu machen, indem sie sich selbst als »Arbeiterpartei« aufspielte, nicht zuletzt dadurch, daß sie diese in vielen Formen des äußeren Auftretens – Massenaufmärsche und -kundgebungen u. ä. – kopierte. Die Wahl der Kampf- und Propagandamethoden wurde von der Funktionsbestimmung weitgehend diktiert.

Diese Bestimmung erforderte eine untrennbare Verbindung von brutalstem Terror mit skrupelloser Demagogie, erforderte ferner anstelle der auf der Rechten bisher üblichen Furcht vor dem Gebrauch des Wortes »Sozialismus« anders als im negativen Sinne die engste Verbindung von nationaler Verhetzung mit »sozialistischer« Demagogie, erforderte die Propagierung eines »nationalen Sozialismus«. Wie bereits gezeigt, mußte jedoch diese Verbindung nicht erst erfunden werden[11], wie ja überhaupt das ganze Instrumentarium, dessen sich diese Partei zur Lösung ihrer Aufgabe zu bedienen hatte, schon bereitlag; es kam darauf an, es nun auch so sachkundig und wirkungsvoll wie möglich einzusetzen.

Dies war die Aufgabe der »tüchtigen jungen Leute«, die Mayr »auf die Beine gebracht« hatte, an ihrer Spitze Hitler.

Mit der Auswahl Hitlers bewies Mayr die Fähigkeit, den richtigen Mann mit der richtigen Aufgabe zu betrauen. Hitler hatte seine politische Zuverlässigkeit als Denunziant seiner Kameraden in der Untersuchungskommission bewiesen. Er war ein gelehriger Hörer der Schulungskurse gewesen, er lag ideologisch völlig auf der gewünschten und geforderten Linie; er besaß die notwendige Geschicklichkeit und demagogische Skrupellosigkeit, diese Linie »an den Mann zu bringen«. Er hatte sich als Untergebener erwiesen, auf dessen Subordination man sich fest verlassen konnte. Je stärker seine Position in der DAP sein würde, um so sicherer würde man sie zur Durchsetzung der Ziele des Gruko einsetzen können. Und Hitler würde sich mit aller Energie auf die Aufgabe werfen, in der Öffentlichkeit aufzutreten, und danach drängen, seine rednerische Begabung möglichst oft und vor möglichst großem Publikum zu betätigen.

So wurde Hitler Mitglied der DAP und erhielt die Mitgliedsnummer 555; er war also das 55. Mitglied, denn das 1. Mitglied erhielt die Nummer 501, um gleich zu Beginn eine respektable Größe vorzutäuschen. Umgekehrt war Hitler später bestrebt, die Partei zur Zeit seines Eintritts als winziges Nichts darzustellen, um so als der eigentliche Parteigründer zu erscheinen; deshalb gab er in seinem Buch an, er habe die

10 *Schüddekopf*, Das Heer und die Republik, S. 171.

11 Siehe auch dazu *Petzold*, Konservative Theoretiker, S. 44ff.

Mitgliedsnummer *7* erhalten. (In Wirklichkeit wurde er – als Werbeobmann – das 7. Mitglied des *Arbeitsausschusses* der DAP.)[12]

Zum Verständnis der Entwicklung der DAP / NSDAP zur führenden rechtsradikalen Partei in Bayern und Hitlers zum Parteiführer ist es unerläßlich, auch einen Blick auf die wichtigsten der militärischen und zivilen »Mitstreiter«, Gönner und Förderer Hitlers und der Nazipartei zu werfen, ohne die weder er noch die Partei diese Entwicklung hätte nehmen können.

Um diese Zeit kamen noch weitere von Mayr »delegierte« Soldaten in die DAP. Einer von ihnen war *Hermann Esser.* Er galt nach Hitler als der wirkungsvollste Massenredner der Partei;[13] schon 1922 trat er als einer der ersten Naziredner im Ruhrgebiet auf und war dort eifrig um die Schaffung von Stützpunkten der Nazipartei bemüht.[14] Esser übertraf Hitler – soweit das überhaupt möglich war – in seinen Reden und Zeitungsartikeln noch an Erfindungsreichtum in der Beschimpfung und Verleumdung politischer Gegner und an moralischer Skrupellosigkeit.[15] Der 1900 geborene Sohn eines Reichsbahndirektors hatte als Kriegsfreiwilliger das Ende des Krieges erlebt und war dann zunächst in die SPD eingetreten, um an einer sozialdemokratischen Zeitung die journalistische Laufbahn zu beginnen. An der Niederwerfung der Räterepublik war er im »Freikorps Schwaben« beteiligt und nahm dann, wie Hitler, an den Schulungskursen des Hauptmann Mayr teil. Der fand an dem jungen Mann Gefallen und machte ihn im Januar 1920 zu seinem Pressereferenten. Um diese Zeit trat Esser der DAP bei und wurde bald eine der Hauptstützen Hitlers bei dessen Bemühungen um die Eroberung der Führungsposition in dieser Partei.

Vizefeldwebel *Rudolf Schüßler,* von Beruf Kaufmann, Regimentskamerad Hitlers, war ein weiterer Mitarbeiter des Gruko, der kurz nach Hitler der DAP beitrat; er wurde bald darauf der erste Geschäftsführer der Partei. Bezeichnend für das Protektionsverhältnis des Gruko zur DAP ist der Umstand, daß Schüßler seine Dienststube in der Kaserne ungeniert zur gleichzeitigen Geschäftsstelle der DAP machen konnte, solange die Partei noch keinen eigenen Raum besaß.[16]

---

12 *Maser,* Die Frühgeschichte, S. 167.

13 *Franz-Willing,* Die Hitlerbewegung, S. 146.

14 *Böhnke,* S. *48f.;* siehe auch *Georg Franz-Willing,* Krisenjahr der Hitlerbewegung 1923, Preußisch Oldendorf 1975, S. 207.

15 *Heiden,* Geschichte, S. 52: Esser »besitzt weit mehr journalistisches Talent als Hitler … (dem Leser) muß man konkret kommen, was Hitler nicht kann. Hier ist Esser, der Robustere, Mutigere, Skrupellosere, dem Kameraden Hitler über. Die Schule dieses nationalsozialistischen Journalismus war der Miesbacher Anzeiger.« Eine Zusammenstellung typischer Früchte dieses »Journalismus« findet sich bei *Deuerlein,* Hitlerputsch, S. 702ff.; siehe auch *Maser,* S. 199f.; *Franz-Willing,* Die Hitlerbewegung, S. 131; *Deuerlein,* Hitlers Eintritt, S. 183, 196f.

16 *Franz-Willing,* Die Hitlerbewegung, S. 70.

Zu denjenigen, die die »Soldatenfraktion« in der DAP stärkten, gehörte auch Hitlers ehemaliger Regimentsfeldwebel *Max Amann*, der 1921, nachdem Hitler sich an die Spitze der Partei gesetzt hatte, zum Geschäftsführer der Partei aufrückte.[17]

Bei weitem der wichtigste Mann, der aus den Reihen der Reichswehr der DAP beitrat, war jedoch Hauptmann *Ernst Röhm.* Mehr noch als dem Hauptmann Mayr verdankte ihm die DAP eine Unterstützung, ohne die aus ihr niemals ein Faktor der bayerischen Innenpolitik geworden wäre.[18] Dies um so mehr, als Mayr in der Mitte des Jahres 1920 aus den Reihen der Reichswehr mit dem Dienstgrad eines Majors auf eigenen Antrag ausschied.[19] Mayrs Ausscheiden hing sicherlich mit seiner Verwicklung in den Kapp-Putsch zusammen.[20] Aber das offizielle Ausscheiden aus der Reichswehr bedeutete ganz offensichtlich nicht das Ende seiner Tätigkeit im Dienste der Abwehr. Er übernahm jetzt lediglich Aufgaben anderer Art, solche, die mit einer offiziellen Position unvereinbar waren. Ihm oblag es nunmehr, auf die verschiedenste Weise separatistische Bestrebungen auszukundschaften und zu durchkreuzen, sei es durch öffentliche Enthüllungen, sei es durch Eindringen in separatistische Kreise zwecks Tätigkeit als agent provocateur, wie in der schon erwähnten Fuchs-Machhaus-Affäre.[21] Nach seinem Ausscheiden aus der Reichswehr nahm er zunächst den BVP-Politiker Georg Heim aufs Korn. Er veröffentlichte im Juli 1920 Material über Heims Aktivitäten zur Vorbereitung der Lostrennung Bayerns vom Reich, das er in seiner Eigenschaft als Leiter der Nachrichtenstelle gesammelt hatte.[22]

Es hätte bei seiner engen Beziehung zur NSDAP nahegelegen, dieses Material in der rechtsradikalen Presse zu publizieren; Mayr wählte jedoch überraschenderweise den Weg über sozialdemokratische Blätter. Wahrscheinlich deshalb, weil Mayr wie auch das Wehrkreiskommando das wohlwollende Verhältnis der BVP, insbesondere des Ministerpräsidenten Kahr gegenüber der NSDAP nicht gefährden wollten und es deshalb für klüger hielten, die Bombe gegen Heim von der anderen Seite aus, in der ohnehin in Opposition zur BVP stehenden sozialdemokratischen Presse, platzen zu lassen. Durch die Veröffentlichung der Enthüllungen über Heim zog sich Mayr, der selbst Mitglied der BVP war, jedenfalls den wütenden Zorn der Führung dieser Partei und ihrer Presse zu. Er kehrte dieser Partei im Juli 1920 den Rücken und

17 *Maser*, Die Frühgeschichte, S. 277.

18 *Bennecke*, S. 23, 40f.

19 *Franz-Willing*, Die Hitlerbewegung, S. 38.

20 *Fenske*, S. 96.

21 Siehe vorliegende Arbeit, S. 95.

22 Artikel *Mayrs* »Dr. Heim und die deutsche auswärtige Politik«, veröffentlicht in der Süddeutschen Demokratischen Korrespondenz, München, Nr. 147 v. 2.7.1920; siehe vorliegende Arbeit, S. 95.

trat nun auch offiziell »seiner« Partei, der NSDAP, bei.[23] Dort blieb er allerdings nur bis März 1921.[24] Während dieser Zeit stand er jedoch in ständigem Kontakt mit Hitler.[25] Weshalb er sich im Frühjahr 1921 von der Nazipartei zurückzog, ist unklar, doch dürfte dies mit der neuen Aufgabe, der er sich wenig später zuwandte, nämlich der Ausforschung der Gruppe um Fuchs und Machhaus, zusammenhängen. Möglich ist auch, daß sich Drexler und Hitler, gewarnt von ihren Freunden im Münchener Polizeipräsidium, Pöhner und Frick, von Mayr zurückzogen. Dort nämlich war seine Verbindung zur sozialdemokratischen Presse mit großem Mißtrauen registriert worden, und man argwöhnte sogar – möglicherweise nicht zu Unrecht –, daß Mayr insgeheim mit dem Preußischen Staatskommissar für öffentliche Ordnung, Robert Weismann, zusammenarbeitete;[26] so etwas war in bajuwarisch-nationalen Augen gleich ein dreifach strafwürdiges Verbrechen, nämlich die Zusammenarbeit mit einem Preußen, der noch dazu Sozialdemokrat und »Jude« war! Um sich über Mayrs Verbindungen Gewißheit zu verschaffen, arrangierte die in solchen Dingen keineswegs zimperliche Münchener Politische Polizei Anfang Februar 1922 einen kleinen bayerischen Vorläufer von »Watergate«: ein Kriminalbeamter wurde beauftragt, in das Haus Mayrs, den man in Urlaub wähnte, einzudringen und seinen Schreibtisch aufzubrechen. Bei dieser Beschäftigung wurde er jedoch von Mayr überrascht, von diesem mit vorgehaltener Pistole auf die Toilette dirigiert und dort eingeschlossen. Daraufhin rief Mayr im Polizeipräsidium an, um dem Vorgesetzten des Beamten zu erklären, er habe diesen wegen Einbruchs festgesetzt, er könne ihn abholen lassen.[27]

---

23 Siehe die Artikel Mayrs über seine Tätigkeit zwischen 1918 und 1921 unter der Überschrift »Ein Stück bayerischer ›Geschichte‹« in der sozialdemokratischen »Münchener Post« v. 2.7.1923; darin schrieb er, allerdings nur die Hälfte der vollen Wahrheit eingestehend: »1921: Ich habe mich einige Monate für die nationalsozialistische Bewegung interessiert. Im März 1921 habe ich mich zurückgezogen. Mitglied des Parteiausschusses war ich nie. Seit März 1921 habe ich Hitler nicht mehr gesprochen.«

24 Ebenda.

25 Noch im Februar wirkte Mayr bei einer Zwistigkeit zwischen Führern des Bundes Oberland und Hitler als ausgleichender Vermittler, indem er am 2. Februar 1921 eine Aussprache zwischen dem Oberlandführer Oestreicher und Hitler in der Wohnung des letzteren arrangierte, an der außer ihm selbst auch noch Esser teilnahm; siehe ZStAP, RKO, Nr. 343, Bl. 146ff., undatierte Aufzeichnung einer Aussage Mayrs während einer polizeilichen Zeugenvernehmung, etwa März 1921. In dieser Aussage gab er auch zu Protokoll, daß er Mitglied der NSDAP sei.

26 Mayr in der Münchener Post v. 2.7.1923: »Sehr entschieden habe ich mich von der ›vaterländischen‹ Auffassung abgewendet, als bestimmte politische Machenschaften im November 1921 den Eindruck festigten, daß die ›vaterländische Bewegung‹ letztlich nur klerikal-dynastischen Zwecken diene. Das trug mir das Prädikat ›Weismannspitzel‹ ein.«

27 Eine ausführliche Darstellung dieser pikanten, hier nur verkürzt wiedergegebenen Affäre brachte, allerdings ohne Namensnennung, die sozialdemokratische Presse – siehe: »Wer spitzelt in Bayern?«, in: Fränkischer Volksfreund v. 15.4.1922. In einem Personalblatt des Reichskommissars

Nach Bekanntwerden der Rolle Mayrs bei der Aufdeckung der Fuchs-Machhaus-Affäre wurde es eine Weile still um ihn. Obwohl er ein Komplott mit dem »Erbfeind« aufgedeckt hatte, erntete er seitens der »Vaterländischen Verbände« keineswegs Dank, da sie fast alle in dieser oder jener Weise in die Angelegenheit verwickelt und französische Gelder auch in ihre Kassen geflossen waren.[28]

Andererseits konnte man ihn aber für das, was er getan hatte, auch nicht attackieren, ohne sich bloßzustellen. So verschwand er nahezu unbemerkt von der bayerischen Szene.[29]

Mayrs Nachfolger als wichtigster Betreuer und Förderer der NSDAP im Wehrkreiskommando VII wurde Hauptmann Röhm.

Röhm war der DAP bald nach Hitler (Mitgliedsnummer 623) beigetreten.[30] Seine Bedeutung für die DAP geht schon aus seiner Position in der Reichswehr hervor, über die bereits an anderer Stelle berichtet wurde. »Infolge seiner einflußreichen Stellung als Generalstabsoffizier und seiner entschlossenen revolutionären Gesinnung wurde Röhm der tatkräftigste Förderer der NSDAP und Hitlers. Der aktive Reichswehr-

---

für Überwachung der öffentlichen Ordnung über »Meyr (sic!), Major a. D. München«, heißt *es:* »Bekannt ist eine Durchsuchung der Polizeidirektion München durch einen Spitzel bei Meyer (sic!), wobei Meyer den Spitzel im Abort festsetzte.« – ZStAP, RKO, Nr. 232, Bl. 6.

28 Siehe *Franz-Willing,* Krisenjahr, S. 51f.; Georg Franz-Willing macht sich gänzlich die rechtsradikale Einschätzung Mayrs zu eigen, indem er schreibt: »Major Karl Mayr hatte die Anzeige erstattet, um dadurch die ›Rechtsverbände‹ ›hochgehen‹ zu lassen und ihr Verbot vom Reich aus zu erwirken. Mayr galt als marxistischer Spitzel«.

29 Mayr trat in der zweiten Hälfte der zwanziger Jahre wieder in Erscheinung, jetzt aber als Mitglied der SPD und Reichsbannerführer. Die Vermutung liegt nahe, daß der politische Stellungswechsel des einstigen verbissenen Antisemiten und Republikhassers nicht so sehr aus Überzeugungs-, als aus »dienstlichen« Gründen erfolgte; auf jeden Fall beschäftigte er sich als Reichsbannerführer nunmehr auf der republikanischen Seite im Grunde mit der gleichen Aufgabe, wie früher auf der antirepublikanischen, faschistischen: mit der Einspannung von Arbeitern vor den Karren des deutschen Imperialismus und Militarismus. Das ließ ihn im April 1932 sogar eine Verständigung mit seinem einstigen Reichswehrkameraden und jetzigen Stabschef der SA, Ernst Röhm, für eine gemeinsame »antibolschewistische Front« von Reichsbanner und SA suchen – (siehe Internationale Presse-Korrespondenz (im folgenden: Inprekor), 1. Halbj. 1932, S. 2645). Nach 1933 emigrierte Mayr nach Frankreich. 1941 erschien in der amerikanischen Zeitschrift »Current History« (Vol I, No 3, S. 193-199), ein anonymer, aber von Mayr verfaßter Artikel mit dem Titel: I was Hitler's Boss, By a former officer of the Reichswehr; darin schilderte Mayr den Hitler, auf den er nach der Räterepublik in München gestoßen war, als einen Menschen, dem es nicht um das deutsche Volk und Deutschland ging, der vielmehr einem müden streunenden Hund auf der Suche nach einem Herrn glich, und bereit war, jedem Herrn zu dienen. Siehe *Hellmuth Auerbach,* Hitlers politische Lehrjahre und die Münchener Gesellschaft 1919-1923, in: VfZ, 1/1977, S. 17f. Möglicherweise war es dieser Artikel, der ihn das Leben kostete; nach der Niederlage Frankreichs war er nämlich an Deutschland ausgeliefert worden; am 9. Februar 1945 starb er im Konzentrationslager Buchenwald.

30 *Maser,* S. 192; *Franz-Willing,* Die Hitlerbewegung, S. 126ff. Seit Mitte Oktober 1919 ist er als Besucher der DAP-Versammlungen nachweisbar – *Tyrell,* Vom ›Trommler‹, S. 28.

hauptmann bot dem Gefreiten Hitler das freundschaftliche ›Du‹ an und machte ihn so bei den Offizieren gesellschaftsfähig. Er schuf Hitler Verbindungen zu Generalen und Politikern.«[31]

Die Zugehörigkeit zur NSDAP beeinträchtigte in keiner Weise die Beziehungen Röhms zu allen sog. vaterländischen Verbänden, für deren Bewaffnung er zuständig war.

Röhm war davon überzeugt, daß die Führung in der Politik der Soldat haben müsse; nur so könnten die Politiker daran gehindert werden, Schaden anzurichten. Von dieser Grundeinstellung war auch sein Verhältnis zur DAP und zu Hitler geprägt. Aber er hatte wohl erkannt, wie wertvoll Hitler sein konnte, wenn es darum ging, der »nationalen« Sache Massen zuzuführen. Vielleicht konnte er mit Hitlers Hilfe sogar noch viel mehr erreichen: Bei aller Verachtung der Berufspolitiker mußte Röhm einsehen, daß er die von ihm beabsichtigte Zusammenfassung der Verbände unter Führung des Reichswehrkommandos angesichts der Rivalitäten und Eifersüchteleien der Verbandsführer nicht durch Befehl oder Druck erreichen konnte; dies war vielmehr nur auf indirektem Wege, durch mehr oder weniger freiwillige Unterstellung unter eine politische Führung möglich. Röhm kannte alle Führer der Rechtsparteien und Verbände sehr gut. Aber wenn er sich unter ihnen umsah und sich fragte, wer von ihnen zweierlei vereinte: politische Überzeugungskraft und absolute Loyalität gegenüber der Führungsrolle der Reichswehr, wer also seinen Zwecken am besten dienen würde, dann konnte die Antwort nur lauten: der Gefreite Hitler, der ohne die Reichswehr ein Nichts war, der ihr alles verdankte, der bisher jeden Auftrag gewissenhaft und erfolgreich ausgeführt und noch keinen anderen Ehrgeiz bewiesen hatte, als eben dies zu tun. Für Röhm war also das Verhältnis zu Hitler anfänglich ganz selbstverständlich das des Vorgesetzten zu einem Untergebenen, den man durch das freundschaftlich-joviale Duz-Verhältnis nur noch fester an sich band und noch fügsamer machte.

Und für Hitler konnte dieses Verhältnis angesichts der so machtvollen Position, die Röhm bekleidete, zunächst auch in keinem anderen Lichte erscheinen, zumal er sich darüber klar sein mußte, daß eine Karriere in der DAP nur mit Hilfe seiner Gönner im Reichswehrkommando möglich war. Hitler war »im Grunde das Werkzeug und das Geschöpf des Hauptmann Ernst Röhm«, der mit Hitler sein Streben nach einer »nationalen, wehrfreudigen Arbeiterpartei« zu verwirklichen suchte.[32]

Bennecke, seit 1922 Mitglied der NSDAP, 1923 Adjutant des Regiments München der SA, also ein Mann, der die Dinge aus eigener Anschauung kennt, schrieb über die Bedeutung Röhms für die Entwicklung der NSDAP: »Röhm spielte bei allen

31 *Franz-Willing,* Die Hitlerbewegung, *S.* 39, 128.

32 *Schüddekopf,* S. 171.

wichtigen Ereignissen der Nationalsozialistischen Partei bis einschließlich 1. Mai 1923 eine wichtige, wenn nicht gar entscheidende Rolle. Die Entwicklung Hitlers und auch seiner Partei ist ohne Hilfe und Einflußnahme Röhms kaum vorstellbar. Es ist interessant, auch heute noch zu beobachten, daß es der Suggestivkraft der nationalsozialistischen Propaganda später gelungen ist, Hitler für die ersten Jahre seiner Tätigkeit in und für die Partei zur eigentlichen Hauptperson und Männer wie Röhm und Kriebel, die an entscheidenden Stellen standen und wirklichen Einfluß besaßen, zu allenfalls zu erwähnenden Nebenpersonen zu machen.«[33] Was hier für Röhm und Kriebel gesagt wurde, muß mit gleicher Berechtigung auch für Leute wie Dietrich Eckart, General Ludendorff, Scheubner-Richter u. a. gesagt werden. Was Röhm betrifft, so dürfte auf sein Konto der Hauptanteil der für die NSDAP geworbenen Soldaten kommen. Er selbst schrieb darüber: »Ich fehlte fast auf keiner Versammlung (der DAP / NSDAP; K. G.) und konnte zu jeder irgendeinen Freund, hauptsächlich aus dem Kreise der Reichswehr, der Partei zuführen. So konnten auch wir Mitstreiter von der Reichswehr viele Bausteine zu dem Aufstieg der jungen Bewegung legen.«[34] Der Anteil der Mitglieder der Partei, die »in mehr oder weniger engen Beziehungen zur … Reichswehr« standen, wird von Bennecke auf mindestens 20 Prozent geschätzt.[35]

Die Bedeutung Röhms für die NSDAP unterstreicht auch Franz-Willing: »Daß er ›schwarze‹ Reichswehrfonds als Hilfsquelle der Partei erschloß, ist sicher … Tatkräftige Unterstützung mit Kraftfahrzeugen, Waffen usw. wurde durch Röhms Vermittlung der Hitlerbewegung weitgehend zuteil.«[36] Schon bald sollten Hitlers militärische Auftraggeber neuen Grund haben, mit ihm zufrieden zu sein. Hitler, unterstützt von den anderen Mitgliedern der »Soldatenfraktion«, arbeitete zielbewußt darauf hin, dieser Fraktion das Übergewicht, jedenfalls den entscheidenden Einfluß im Arbeitsausschuß der Partei zu sichern. Außer ihm selbst gelangten noch Schüßler als Geschäftsführer und der Offiziersstellvertreter Karl Beggel in den Ausschuß.[37] Mit beiden war Hitler schon seit längerem durch seine Tätigkeit als V-Mann gut bekannt.

Mit der systematischen Infiltration der militärischen Elemente in die DAP bildeten sich dort zwei sozial deutlich unterschiedene Gruppen heraus, die Franz-Willing in seiner Terminologie so charakterisiert: »Die Harrer-Drexler-Gruppe, bestehend aus Arbeitern, Handwerkern und kleinen Geschäftsleuten, mit dem Ziel der nationalen Volksgemeinschaft, über deren Verwirklichung sich die beiden führenden Männer

---

33 *Bennecke*, S. 23.

34 *Röhm*, S. 102f.

35 *Bennecke*, S. 23.

36 *Franz-Willing*, Die Hitlerbewegung, *S.* 187; siehe auch Dok. Nr. 10 der vorliegenden Arbeit.

37 Ebenda, S. 70.

Harrer und Drexler noch völlig unklar waren. Die Hitler-Gruppe auf der anderen Seite setzte sich aus Frontsoldaten zusammen, die den Anschluß ans bürgerliche Leben nicht mehr fanden. Sie waren in der Zielsetzung nicht wesentlich verschieden von der ersten Gruppe; bezüglich der Mittel und Wege aber waren sie die Klaren und Entschlossenen: die revolutionäre (sic!) Gewalttat, der bewaffnete Staatsstreich, die Beseitigung der durch die Novemberrevolution geschaffenen Verhältnisse waren für sie das Mittel, um den Sieg der nationalen Konterrevolution, die Herrschaft der ›Weißen Garde‹ als machtmäßige Voraussetzung zur Schaffung der nationalen Gemeinschaft zu erringen.«[38]

Es ist ganz offensichtlich: die »Klaren«, »Entschlossenen«, das waren jene, die die gründlichste Schule der herrschenden Klasse absolviert hatten, die Schule der Armee, und die dort auch politisch-ideologisch auf ihre jetzige Tätigkeit vorbereitet worden waren. Hitler selbst hat in seinem Buche diese Zurichtung durch die herrschende Klasse mit folgenden Worten charakterisiert:

»Ich war damals selbst noch Soldat. Mein Äußeres und Inneres war nahezu sechs Jahre lang zugeschliffen worden, so daß ich zunächst in diesem Kreise wohl als fremd empfunden werden mußte. Auch ich hatte das Wort verlernt: das geht nicht, das darf man nicht wagen, das ist jetzt zu gefährlich usw.«[39]

Die Delegation Hitlers und seiner Kameraden in die DAP markiert einen Punkt in der Entwicklung dieser Partei, wie er von Togliatti in seinen Lektionen über den Faschismus hinsichtlich der Entwicklung der Mussolini-Partei so gekennzeichnet wurde: »Wann verwandelt sich diese Bewegung im Kleinbürgertum in eine zielgerichtete Bewegung? Nicht von Anfang an, sondern erst Ende 1920. Sie verwandelt sich dann, als ein neues Element hinzutritt, als die reaktionärsten Kräfte der Bourgeoisie als organisierendes Element eingreifen.«[40]

Wir haben bereits gesehen, daß bürgerliche und großbürgerliche Kreise schon bei der Entstehung der DAP initiativ wirksam wurden. Aber sie überließen dieses ihr Geschöpf dann doch weitgehend sich selbst, nicht zuletzt wegen des raschen Rückganges der Bedeutung der Thule-Gesellschaft. Hinzu kam dann noch die sektenhafte Öffentlichkeitsscheu, die von dem »Ordensbruder« Harrer in die DAP getragen worden war. Deshalb war eine grundlegende Veränderung des Charakters dieser Partei und ihrer Arbeitsweise notwendig, sollte sie die Erwartungen erfüllen, die ihre Reichswehr-

---

38 Ebenda, S. 67; *Tyrell* (Vom ›Trommler‹, *S.* 35ff.) weist diese Einschätzung Franz-Willings und anderer mit keineswegs überzeugenden Argumenten zurück. Er kann der Feststellung, daß sich in der DAP soziologisch deutlich unterschiedene Gruppen mit sehr unterschiedlichen Auffassungen über die Methoden zur Erreichung des Zieles herausgebildet haben, keinerlei Tatsachen entgegenstellen.

39 *Hitler*, Mein Kampf, S. 392.

40 *Togliatti*, S. 17.

Protektoren in sie setzten. In Gestalt des Reichswehrgruppenkommandos griffen also die reaktionärsten Kräfte der deutschen Bourgeoisie als organisierendes Element, gestützt auf die in die DAP delegierten Soldaten, in die Entwicklung dieser Partei ein und begannen, sie entsprechend ihren Bedürfnissen umzuformen. Erst dies schuf die Voraussetzungen dafür, daß Hitlers Begabung zum Massenverführer sich entfalten konnte.

Als Haupthindernis für die entschiedene Wendung der Tätigkeit der Partei zu großzügiger Öffentlichkeitsarbeit erwies sich Harrer, der die DAP überhaupt nicht als Partei aufgezogen sehen wollte, sondern als kleinen, abgeschlossenen Zirkel, der nicht selbst in der Öffentlichkeit in Erscheinung trat, sondern nur über seine Mitglieder nach außen wirken sollte. Die Absichten Mayrs und Röhms waren also nur durch Ausschaltung Harrers aus der Parteiführung zu verwirklichen. Ihr bester Mann, Hitler, der sich selbstverständlich auch persönlich in der Entfaltung seiner spezifischen Fähigkeit durch Harrer gebremst fühlte, machte sich erfolgreich daran, dieses Hindernis zu überwinden. Er verfaßte im Dezember 1919 einen Geschäftsordnungsentwurf, in dem es hieß: »Der Ausschuß als Kopf dieser Organisation (der DAP; K. G.) und Leiter der gesamten Bewegung überhaupt kann nur dann mit Aussicht auf Erfolg arbeiten, wenn ihm eine gewisse Autorität verliehen ist ... Das ... schließt jede Form einer Bevormundung einer Über- oder Nebenregierung, sei es als Zirkel oder Loge, ein für allemal aus.«[41] Dies war ein unverhüllter Angriff auf Harrer und seine Hintermänner aus dem Germanenorden. Daß sich Hitler einen solchen Angriff leisten konnte – der ja doch auch Drexler mittreffen mußte – zeigt, wie stark seine Position in der Partei dank seines Rückhaltes in der Reichswehr, der Unterstützung durch die anderen Reichswehrkameraden und seines Wertes für die Partei als zugkräftigster Werberedner in diesen drei Monaten bereits geworden war. Die Attacke auf Harrer erwies sich als erfolgreich. Harrer resignierte und schied Anfang Januar 1920 aus der Partei aus. Im wesentlichen zutreffend bemerkt dazu Albrecht Tyrell: »Die radikale Wendung in die Öffentlichkeit, die Hitler gegen den ausscheidenden Harrer durchsetzte, bedeutete zugleich die Grundlage seines persönlichen Aufstiegs, denn sein einziges, bereits beim Militär erprobtes Talent war seine explosive rednerische Wirkung.«[42] Sein Redetalent war sicher nicht sein einziges Talent, wohl aber das einzige, auf dem er eine Existenz aufbauen konnte, ohne profanem Broterwerb nachgehen zu müssen.

Nach dem Ausscheiden Harrers konnte man endlich im Sinne der Reichswehrhintermänner darangehen, den Plan in die Tat umzusetzen, eine große Massenver-

---

41 *Maser,* Die Frühgeschichte, S. 483.

42 *Albrecht Tyrell,* Führer befiehl ... Selbstzeugnisse aus der »Kampfzeit« der NSDAP. Dokumentation und Analyse, Düsseldorf 1969, S. 13.

sammlung einzuberufen. Zum 24. Februar 1920 rief die DAP zu einem »großen öffentlichen Vortrag« im Festsaal des Hofbräuhauses auf. Im Buch der Legenden über die Entstehung der NSDAP, in Hitlers »Mein Kampf«, nimmt die Schilderung dieser Versammlung einen ganz besonderen Platz ein: sie bildet den hochdramatischen Höhepunkt und Schluß des ersten Bandes: »Ein Feuer war entzündet«, liest man da, »aus dessen Glut dereinst das Schwert kommen muß, das dem germanischen Siegfried die Freiheit, der deutschen Nation das Leben wiedergewinnen soll. Und neben der kommenden Erhebung fühlte ich die Göttin der unerbittlichen Rache schreiten für die Meineidstat des 9. November 1918. So leerte sich langsam der Saal. Die Bewegung nahm ihren Lauf.«[43]

Die Hitlersche Saga über diese Versammlung soll dem Leser die Überzeugung vermitteln, daß recht eigentlich mit ihr und dem von ihm an diesem Tage angeblich vollbrachten Bekehrungswunder an Kommunisten und Sozialdemokraten die Gründung der Partei vollzogen wurde.

Glücklicherweise ist über diese wie über viele andere Versammlungen der NSDAP ein Polizeibericht erhalten, der auf recht eindrucksvolle Weise den Kontrast enthüllt, der zwischen Hitlers effektvollen Erdichtungen und der Wirklichkeit besteht.[44]

Hitlers Darstellung zufolge hat er gegen starken Widerstand im Parteiausschuß durchgesetzt, daß die Veranstaltung in den 2.000 Teilnehmer fassenden Festsaal des Hofbräuhauses gelegt wurde. Nach einer Darstellung Drexlers[45] verhielt es sich aber gerade umgekehrt: von ihm, Drexler, sei der Vorschlag zu einer großen öffentlichen Versammlung im Hofbräuhaus ausgegangen, und Hitler sei es gewesen, der dagegen Einwände erhob. Wie dem auch immer gewesen sein mag, – einen Saal mit 2.000 Menschen zu füllen war bei politischen Veranstaltungen um jene Zeit nichts Außergewöhnliches. Am 7. Januar 1920 z. B. hatte der Deutschvölkische Schutz- und Trutzbund zur ersten antisemitischen Massenversammlung im Münchener Kindl-Keller eingeladen, zu der nicht weniger als 7.000 Münchener erschienen waren. Hitler, der sich unter diesen Siebentausend befand, »erlebte hier zum ersten Mal, welchen agitatorischen Erfolg eine antisemitische Massenversammlung haben konnte.«[46]

---

43 *Hitler*, Mein Kampf, S. 406.

44 Diese PND-Berichte (Berichte des Münchener Polizei-Nachrichtendienstes) wurden in einer Auswahl von Phelps dokumentiert, siehe: *Reginald H. Phelps*, Dokumentation: Hitler als Parteiredner im Jahre 1920, in: VfZ, 3/1963, S. 274ff.

45 Diese Richtigstellung findet sich in einem Brief, den Drexler im Januar 1940 an Hitler gerichtet, aber nicht abgesandt hatte, weil er ihn Hitler erst nach dem Kriege überreichen wollte – siehe *Phelps*, Hitler and the Deutsche Arbeiterpartei, S. 981, 983.

46 Auerbach, S. 10f.

Zudem konnte die DAP bei ihrer Veranstaltung auf die Unterstützung der anderen antisemitischen Organisationen, besonders des DSTB und auch der DSP rechnen, in deren »Münchener Beobachter« alle »völkischen« Veranstaltungen angekündigt wurden. Vor allem aber waren Drexler und Hitler der tatkräftigen Unterstützung durch die Reichswehrfreunde der DAP sicher, die immer dafür gesorgt hatten, daß die Versammlungen von zahlreichen Soldaten und Offizieren besucht wurden. Wie der bayerische SPD-Führer Auer enthüllte, war z. B. die Minenwerferkompanie 19 einschließlich ihres Kommandeurs Hauptmann Hans Streck Mann für Mann Mitglied der DAP und stellte regelmäßig die »Stoßtrupps«, d. h. die Schlägertrupps für ihre Versammlungen. Die Sorgen Drexlers und Hitlers dürften deshalb weniger der Frage gegolten haben, ob der Saal gefüllt sein, als der, ob er nicht vorwiegend mit Gegnern gefüllt sein würde. Und diese Sorge war nicht unbegründet. Die Münchener Arbeiter sahen dem Treiben der neuen rechtsradikalen Organisation nicht tatenlos zu. Kommunisten und Unabhängige Sozialdemokraten waren in großer Zahl im Hofbräuhaus erschienen; zwar machten sie nicht, wie Hitler in gewohnter effektvoller Übertreibung schrieb, »weit über die Hälfte«[47] aus, aber mit rund 400[48] Mann waren sie doch recht kräftig vertreten.

Wollte man Hitlers Erzählung glauben, dann war sein Auftritt die Haupt- und Glanznummer des Abends. Aber auf der Einladung war sein Name überhaupt nicht erwähnt. Hauptredner war der Arzt Dr. Johannes Dingfelder, in völkischen Kreisen als zugkräftiger Wanderredner bekannt, der schon in den neunziger Jahren in der antisemitischen Bewegung aktiv mitgewirkt hatte[49]. Er hatte auf Bitten von Drexler zugesagt, zu der Versammlung über sein schon vielfach erfolgreich behandeltes Standardthema »Was uns nottut« zu sprechen. Anstelle des durch Unpäßlichkeit verhinderten Drexler leitete Hitler die Versammlung. Dingfelder war sichtlich darum bemüht, bei den respekteinflößend stark vertretenen Arbeitern so wenig als möglich Widerspruch hervorzurufen, weshalb er z. B. dort, wo er sonst gewohnt war, das *»jüdische* Großkapital« anzuprangern, nur vom »Großkapital« sprach, überhaupt in seiner Rede, wie der Polizeibericht mit Verwunderung vermerkte, »das Wort Jude nie in den Mund« nahm[50], sich auch nicht prinzipiell gegen den Internationalismus aussprach, sondern lediglich bemerkte, zur Internationalität seien »wir noch nicht reif«, wie der Weltkrieg gezeigt habe;[51] die »Internationale« werde zwar noch kommen, aber es werde noch lange dauern.[52] Seine

47 *Hitler*, Mein Kampf, S. 405.

48 *Phelps*, Hitler and the Deutsche Arbeiterpartei, S. 983.

49 Ebenda.

50 *Phelps*, Hitler als Parteiredner, S. *294*.

51 Ebenda, S. *293*.

52 Ebenda, S. *294*.

Rede wurde denn auch ruhig angehört, wofür Hitler als Versammlungsleiter »den zahlreich anwesenden Gegnern« dankte.[53] In seiner anschließenden Rede befolgte Hitler selbst ein anderes Rezept: er heizte bewußt eine antisemitische Pogromstimmung an, indem er Fragen wie die folgende in den Saal schleuderte:»Wie schützen wir unsere Mitmenschen vor dieser Blutegelbande?«, worauf aus dem Saal die gewünschte Antwort gebrüllt wurde: »Aufhängen! Aufhängen!«[54] Nachdem er solcherart die zugleich auch auf die Einschüchterung der Gegner berechnete erhitzte »Kampfstimmung« erzeugt hatte, ging er daran, die »25 Punkte« zu verlesen und zu erläutern. In seinem Buche behauptete er, daß es ihm nach anfänglichen »heftigen Zusammenstößen« gelungen sei, selbst die Gegner zu jubelndem Beifall mitzureißen: »Von Viertelstunde zu Viertelstunde wurden die Zwischenrufe mehr und mehr zurückgedrängt von beifälligen Zurufen. Und als ich endlich die fünfundzwanzig Thesen Punkt für Punkt der Masse vorlegte und sie bat, selber das Urteil über sie zu sprechen, da wurden sie nun eine nach der anderen unter immer mehr sich erhebendem Jubel angenommen, einstimmig und immer wieder einstimmig, und als die letzte These so den Weg zu den Herzen der Masse gefunden hatte, stand ein Saal voll Menschen vor mir, zusammengeschlossen von einer neuen Überzeugung, einem neuen Glauben, von einem neuen Willen.«[55] Hitler als Messias! Was wir hier vor uns haben, das ist gewissermaßen die Urfassung der Legende von der dämonischen, unwiderstehlichen Überzeugungskraft der Hitlerschen Beredsamkeit, die in der bürgerlichen Literatur immer wieder berufen wird und die vor allem dazu herhalten muß, die in der Tat begeisterte Zustimmung so vieler Wirtschaftskapitäne und Generale zu Hitlers Terror-, Rüstungs- und Kriegsversprechen in den Jahren ab 1930 als Ergebnis übernatürlicher Wirkungskräfte Hitlers glaubhaft zu machen.

Was von derartigen Legenden zu halten ist, zeigt ein Vergleich der Hitlerischen Schilderung mit dem Polizeibericht über den gleichen Vorgang[56]: »Während der Verlesung des Programms kam es von der Gegenseite oft zu Zwischenrufen, denen ›Hinaus‹-Rufe folgten. Es herrschte oftmals ein großer Tumult, so daß ich oft glaubte, jeden Augenblick kommt es zu Schlägereien … Es fällt irgendein Zwischenruf. Darauf große Unruhe. Alles steht auf den Stühlen und Tischen. Ungeheurer Tumult. Hinausrufe. Bei der Abstimmung hätte niemand es wagen dürfen, dagegen zu stimmen, da die Haltung der Versammlung zu drohend wurde. Die Entschließung wurde einstimmig angenommen.«

53 Ebenda.

54 Ebenda, S. *295*.

55 *Hitler*, Mein Kampf, S. 405.

56 *Phelps*, Hitler als Parteiredner, S. 295.

Es gehörte schon sehr großer Mut dazu, angesichts dieser aufgehetzten Masse in der Diskussion eine gegnerische Auffassung zu vertreten. Zwei von den insgesamt vier Diskussionsrednern taten das dennoch, ein Vertreter der Erwerbslosen namens Braig, und ein kommunistischer Arbeiter namens Freiberger. Besonders Freiberger zerpflückte die demagogischen Sprüche der Antisemiten. Das Ende der Versammlung sei noch einmal mit den Worten des Polizeiberichtes beschrieben; ihm zufolge führte Freiberger aus: »Es wurde … auch von einer Diktatur von rechts gesprochen. Dieser werden wir eine Diktatur von links entgegensetzen. (Oho! Beifall! Zwischenrufe! Tumult!) Alles springt wieder auf! Große Unruhe! Hinausrufe! Der Vorsitzende (also Hitler; K. G.) spricht noch einige Worte, die aber im Lärm untergehen und schließt um 10 Uhr die Versammlung. Nach Schluß der Versammlung ließen etwa 100 U. S. P. und Kommunisten, die von der Versammlung kommend, gegen das Tal-Rathaustor gingen, die Räterepublik, die Internationale usw. hochleben und brachten ›Nieder‹-Rufe auf Hindenburg, Ludendorff und die Deutschnationalen aus. Sonst keine Störung.«[57]

Das Programm, das Hitler verkündet hatte, und das im Wesentlichen auf Drexler zurückging[58], war ein ziemlich buntes Sammelsurium der damals gängigsten und zugkräftigsten nationalen und sozialen Forderungen. Es enthielt zunächst einmal die allen nationalistischen deutschen Parteien und Politikern – bis hin zu Stresemann und noch darüber hinaus – gemeinsamen nächsten außenpolitischen Forderungen des deutschen Imperialismus: Großdeutschland (Punkt 1), Aufhebung der Verträge von Versailles und St. Germain (Punkt 2) und Kolonien (Punkt 3). Das waren Forderungen, die wirklich ernst gemeint waren und tatsächliche Ziele wenigstens annäherungsweise aussprachen.

Merkwürdigerweise fehlte in der Aufzählung der außenpolitischen Ziele jeder Hinweis auf den Kampf gegen das bolschewistische Rußland, wie auch unter den innenpolitischen Forderungen ausgerechnet das Hauptziel – die Vernichtung des Kommunismus – unausgesprochen blieb. Es kann das keinesfalls einfach »vergessen« worden sein; dieses »Versäumnis« kennzeichnet vielmehr die politische Situation zum Zeitpunkt der Formulierung des Programms: wenige Monate nach der Unterzeichnung der Friedensverträge und der Annahme der Weimarer Verfassung erschien den Rechtskräften außenpolitisch

---

57 Ebenda, S. 296. – Wilhelm Hoegner, damals ein führender bayerischer Sozialdemokrat, berichtet allerdings in seinen Erinnerungen, daß in dieser Versammlung sogar Schüsse fielen, durch die ein sozialdemokratischer Arbeiter verletzt wurde. *Wilhelm Hoegner,* Der schwierige Außenseiter, München 1959, S. 18f.

58 Die Grundlage für die endgültige Fassung der »25 Punkte« hatte ein Programmentwurf von Drexler gebildet, bei dessen Ausarbeitung ihm zumindest Gottfried Feder und Dietrich Eckart zur Seite gestanden haben dürften; dieser Entwurf wurde im Parteiausschuß beraten, die endgültige Fassung von Drexler und Hitler gemeinsam formuliert – siehe *Phelps,* Hitler and the Deutsche Arbeiterpartei, S. 982. Der Brief Mayrs an Kapp macht es wahrscheinlich, daß auch er an der Programmausarbeitung zumindest gutachtlich beteiligt war.

der Kampf gegen Versailles und innenpolitisch der Kampf gegen das parlamentarische System als jenes Ziel, auf das die volle Aufmerksamkeit und die ganze Kraft der Bevölkerung zu richten waren. Jedenfalls bleibt festzuhalten, daß das NSDAP-Programm nur einen Teil der wirklichen Ziele der Partei enthielt: der Antikommunismus als Hauptbestandteil faschistischer wie überhaupt imperialistischer Politik fand keine Aufnahme.

Eine zweite Gruppe bildeten die rassistischen Programmpunkte. Sie wurden von ihren Verfassern bei weitem nicht in gleicher Weise ernst genommen wie die nationalistischen Großmachtziele. Ihre Hauptfunktion lag vielmehr, wie schon gezeigt, auf dem Gebiet der Demagogie: sie sollten zum einen die Unzufriedenheit und den Zorn der Massen über die Urheber ihrer Nöte von ihrem wirklichen Verursacher, der kapitalistischen Ausbeuterklasse, auf »die Juden« ablenken, also auf eine fiktive, ausgedachte »Ausbeuterrasse«; und sie sollten zum andern der Nazipartei die im Kampf gegen den Marxismus dringend benötigte »weltanschauliche Grundlage« liefern. Im Gegensatz zu den Forderungen der erstgenannten Gruppe waren die antisemitischen Forderungen ihrer Funktion nach keine echten, ursprünglichen Ziele, sondern die Vorspiegelung eines wirksamen Rezeptes zur Wiederherstellung der »heilen Welt« des deutschen Machtstaates, also ein Mittel der Massenverwirrung und -verführung.

Indem die Nazipartei jedoch »die Juden« zur Quelle allen deutschen Unglücks und die Beseitigung »der Juden« zur Voraussetzung für die Befreiung des deutschen Volkes von Not, Ausbeutung und Unterdrückung erklärte, machte sie ihre eigene Haltung zur »Judenfrage« zum Hauptkriterium für ihre Treue zum Programm und damit für ihre Glaubwürdigkeit. Der *proklamierte* Antisemitismus konnte deshalb – selbst wenn die Naziführer es gewollt hätten, was aber natürlich nicht der Fall war – gar nicht mehr in den Grenzen verbal-demagogischer Judenhetze verharren, sondern mußte zum *praktizierten* Antisemitismus, zu antisemitischer Gewalttätigkeit als einem Hauptbestandteil »nationalsozialistischer« politischer Aktivität fortschreiten. Auf diese Weise geschah es, daß die Entfaltung der Judenverfolgung bis zum grauenhaften industriellen Massenmord an sechs Millionen Juden im zweiten Weltkrieg im Rückblick fälschlicherweise als eine genauso exakte Verwirklichung eines schon 1920 formulierten Programmes hingestellt werden konnte, wie es die Aggressionspolitik des faschistischen deutschen Imperialismus tatsächlich war.[59]

Die Unzulänglichkeit der zusammengestoppelten »25 Punkte« war auch ihren Vätern offenbar deutlich bewußt; anders ist kaum zu erklären, daß sie zunächst nicht wagten, diese Punkte allein genommen zum Parteiprogramm zu erklären, sondern ihnen bei ihrer erstmaligen Veröffentlichung die Überschrift *»Auszug* aus dem Programm« gaben. Es war allerdings kein Zufall, daß die mit dieser Formulierung angekündig-

59 Siehe Dok. Nr. 6 der vorliegenden Arbeit.

te Absicht, noch zusätzlich ein Dokument mit einem wirklichen Programmcharakter auszuarbeiten, nie verwirklicht wurde; dies entsprach vielmehr vollkommen dem Charakter dieser Sammlungspartei, deren Führer kein anderes Programm als dies besaßen: dem deutschen Imperialismus eine Massenbasis für die Durchführung seiner aggressiven Pläne zur Verfügung zu stellen und bei deren Verwirklichung aktiv und möglichst an führender Stelle mitwirken zu dürfen. Damit ist zugleich ausgesprochen, daß die gängige Einschätzung des Naziprogramms als eines »kleinbürgerlichen« Programms unzutreffend ist; unzutreffend sowohl in der Deutung, derzufolge die 25 Punkte das Programm einer originären Kleinbürgerpartei seien, deren Kampf sich gleichermaßen gegen das große Kapital wie gegen den proletarischen Sozialismus gerichtet habe, wie auch in jener Deutung, nach der die 25 Punkte von ihren Verfassern von vornherein als Köder für *Kleinbürger* ausgelegt wurden.

Selbstverständlich enthält das Programm – wie übrigens die Programme aller bürgerlichen Parteien – eine ganze Reihe von Forderungen, die auf das Kleinbürgertum zielten, so insbesondere die ominöse zentrale Forderung nach der »Brechung der Zinsknechtschaft«. Aber noch viel mehr Forderungen des Programms zielten auf die Gewinnung von Arbeitern ab[60], was überhaupt nicht verwundern kann, wenn wir uns die hier geschilderte Entstehungsgeschichte und die spezifische Aufgabe und Funktion gerade dieser Partei vergegenwärtigen. Diese gehen mit aller Deutlichkeit aus einer Denkschrift Epps vom Dezember 1922 hervor, in der es rückblickend hieß: »Die unter der Regierung Kahr in den bürgerlichen und bäuerlichen Kreisen geweckten nationalen Kräfte haben durch die nationalsozialistische Bewegung Hitlers in den Arbeiterkreisen starke Bundesgenossen gefunden.«[61]

Nicht anders sah man in der etablierten Rechtspartei, in der DNVP, die Aufgabe der Nazis; der deutschnationale Abgeordnete Hans Hilpert gab im Juli 1920 im bayerischen Landtag seiner Erwartung und Hoffnung Ausdruck, daß die NSDAP den »nationalen Gedanken« in die deutsche Arbeiterschaft tragen werde; denn solange dieser Gedanke nur die bürgerlichen Parteien erfasse, könne er die »Gesundung« nicht herbeiführen.[62]

Dieser Spezialauftrag für die DAP / NSDAP, in die Arbeiterschaft hineinzuwirken, ist auch aus Bemerkungen wie dieser in Berichten von V-Männern der Reichswehr über DAP-Versammlungen zu ersehen: »Leider waren nur 20-30 Arbeiter da, sehr viele Studenten, Offiziere, Kaufleute und Soldaten.«[63]

60 Für eine entsprechende Untersuchung des Programms siehe Faschismusforschung, S. 115ff.

61 *Bennecke*, S. *46*.

62 *Maser*, Die Frühgeschichte, S. *234*.

63 *Deuerlein*, Hitlers Eintritt, S. 206.

Dieser besonderen Aufgabe ist es auch zuzuschreiben, daß anläßlich der Programmverkündung versucht wurde, durch Hinzufügen der Worte »national-sozialistisch« zum bisherigen Namen die Partei bereits durch ihr Etikett für Arbeiter anziehender zu machen. Nach diesem 24. Februar 1920 firmierte die bisherige DAP als NSDAP.

So wenig die Versammlung vom 24. Februar 1920 dem entsprach, wozu Hitler sie in »Mein Kampf« hochstilisierte, so trug sie doch dazu bei, Hitler bei Freund und Feind als den auffälligsten Mann aus der Führung der Hakenkreuzpartei bekannt zu machen. Damit wurde aber auch die Frage seines Ausscheidens aus der Reichswehr akut; denn das Wehrkreiskommando mußte darauf bedacht sein, sich nicht dem Vorwurf auszusetzen, es favorisiere diese Partei, indem sie einen ihrer exponiertesten Führer in ihren Reihen duldete. So schied denn Hitler am 31. März 1920 aus der Reichswehr aus, ohne daß sich zunächst an der engen Verbindung beider etwas geändert hätte.[64] Dafür sorgte schon Röhm; durch Röhms Vermittlung erfreute sich die NSDAP weiterhin der »Schirmherrschaft« der Reichswehr, besonders des Infanterieführers Epp.

Solange Röhm im Stabe Epps tätig war – bis Ende 1922; am 5. Dezember 1922 wurde Röhm aus dem Stab des Infanterieführers Epp in den Generalstab der 7. Division versetzt.[65] –, gehörte Epp zu jenen einflußreichen Männern, deren Hilfe und Unterstützung die NSDAP stets sicher sein konnte. »Nach der Trennung von Röhm ließ jedoch seine Initiative in politischen Fragen nach. Er trat nicht mehr in der bisherigen Weise hervor.«[66] Doch zunächst erfolgte noch jeder weitere Schritt der Partei unter der aktiven Obhut der Reichswehr. Sie führte »ihrer« Partei nicht nur Soldaten zu, sondern brachte auch ihr nahestehende Zivilisten – wie etwa Referenten der »Aufklärungskurse« – in Kontakt mit Hitler. Zu nennen sind hier vor allem Dietrich Eckart und Gottfried Feder. Die Verbindung mit ihnen und anderen, wie etwa Rudolf Heß und Alfred Rosenberg, war für die NSDAP und Hitler ebenfalls von großer Bedeutung, da sie den Zugang zum »nationalen« Bürgertum, zu den Salons und zu den Geldbörsen der Münchener »guten Gesellschaft« und darüber hinaus zu internationalen weißgardistischen Kreisen öffnete.

Dietrich Eckart, 1868 geborener mißratener Sohn aus »gutbürgerlichem« Hause – der Vater war Justizrat –, hatte vor dem ersten Weltkrieg als Journalist und Schriftsteller einige Erfolge errungen, war aber letzten Endes als »Dichter« und als Persönlichkeit gescheitert, hatte sich dem Suff, dem Morphium und der völkischen Politik ergeben. Seit Dezember 1918 gab er mit Unterstützung der Thule-Gesellschaft ein antisemitisches Hetzblatt, »Auf gut deutsch«, heraus, ähnlich dem »Miesbacher Anzeiger« eine

64 *Auerbach*, S. 16.

65 *Bennecke*, S. 46.

66 Ebenda, S. 47.

Art Vorläufer des Streicherschen »Stürmer«. In diesem Blättchen verbreitete Eckart bereits 1919 jene antisemitischen Erfindungen und Wahnideen, die später von Hitler mit Vehemenz Abend für Abend in die vom Alkohol umnebelten Köpfe der Zuhörer seiner Bierkellerreden hineingetrieben wurden. Bereits in Eckarts Antisemitenblatt findet sich die in Hitlers Reden immer wiederkehrende Behauptung, hinter dem Kapitalismus wie hinter dem Kommunismus stecke der »Jude«, der beide benutze, um sich die Völker zu unterwerfen.[67] Dort betrieb er auch eine hemmungslose Pogromhetze; für jüdische Männer, die »deutsche Frauen« heirateten, forderte er Zuchthaus, »im Wiederholungsfalle« die Todesstrafe.[68] Er legte den Gedanken zur Vernichtung aller jüdischen Menschen nahe, indem er schrieb: »Kein Volk in der Welt … würde den Juden am Leben lassen, durchschaute es plötzlich das, was er ist und das, was er will; schreiend vor Grauen erwürgte es ihn noch in der nächsten Minute.«[69]

Von unbändigem Haß gegen die »Judenrepublik« erfüllt, war er aktives Mitglied der Thule-Gesellschaft geworden; von daher kannte er auch die DAP, in deren Versammlung er erstmals am 14. August 1919 auf Drexlers Bitte hin als Redner auftrat.[70] Ohne je Mitglied dieser Partei geworden zu sein[71], nahm er sich ihrer an, da er bei ihr für seine Ideen ein gleichgestimmtes und dankbares Publikum fand.

In der gesamten nationalistischen, republikfeindlichen Rechten hielt man damals mit inbrünstiger Sehnsucht nach einem Führer wie nach einem Messias Ausschau und verbreitete diese Heilserwartung unter den in wachsendem Maße von der Republik enttäuschten und über das Schwinden ihrer Existenzgrundlagen immer mehr verzweifelnden Kleinbürgermassen. Kein »nationales« Blatt, das nicht immer wieder hoffnungsvoll das baldige Erscheinen des ersehnten »Retters« ankündigte. Ein prominentes Mitglied der Thule schrieb z. B. in einer im Juni 1919 verteilten Flugschrift: »Diese Vorarbeiten wollen wir leisten, bis der Mann kommt, der uns alle führen wird. Niemand weiß heute, wer dieser Mann ist und wann er kommen wird. Aber wenn das Feld bearbeitet ist, wird er uns erscheinen. Das ist unser Glaube.«[72] Mit ganz ähnlichen Worten verkündete ein vom Ausgang des Krieges zutiefst enttäuschter Offizier in einem Buche, dem er den bezeichnenden Untertitel »Ein Suchen nach dem Führer der deutschen Zukunft« gab: »Und so wird er sich denn einmal ankündigen, er, auf den wir alle voller Sehnsucht warten, … daß tausend und aber tausend Herzen ihn malen,

67 *Margarete Plewnia,* Auf dem Wege zu Hitler. Der »völkische« Publizist Dietrich Eckart, Bremen 1970, S. 49.

68 *Maser,* Die Frühgeschichte, S. 179f.

69 *Plewnia, S. 52.*

70 Ebenda, S. 66.

71 Ebenda.

72 *Franz-Willing,* Die Hitlerbewegung, S. 48f.

Millionen Stimmen nach ihm rufen ... Woher er kommt, niemand vermag es zu sagen. Aus einem Fürstenpalaste vielleicht oder einer Tagelöhnerhütte. Doch jeder weiß: Er ist der Führer, ihm jubelt jeder zu, ihm gehorcht auch ein jeder.«[73]

Eine Karriere wie die Hitlers ist nur möglich in einem solchen Klima massenhafter erlösungssüchtiger Heils-und Führererwartung, also nur in Zeiten tiefgehender und umfassender gesellschaftlicher Krisen. Auch Eckart hatte dieser Führersehnsucht in einem 1918 verfaßten Schauspiel Ausdruck gegeben[74], und im Dezember 1919 ein Gedicht verfaßt, in dem er vom Kommen des »Helden, auf den wir bauen« kündete.[75]

Der Held, zu dessen Herold er sich auf diese Weise machte, war damals für ihn allerdings noch nicht Hitler. Um diese Zeit setzte er seine ganze Hoffnung noch auf Wolfgang Kapp, dessen Bekanntschaft er, vermutlich durch die Vermittlung Hauptmann Mayrs, im Herbst 1919 machte. Gelegentlich eines Berlin-Aufenthaltes hatte er mit dem »nationalen Diktator in spe« sogar ein längeres Gespräch; dabei empfahl er Kapp im Falle der Regierungsübernahme als eine der dringendsten Maßnahmen, alle »Juden« sofort in Schutzhaft zu nehmen.[76] Nachdem das Kapp-Abenteuer fehlgeschlagen war, mußte Eckart nach einem neuen möglichen Führer und Retter Ausschau halten. An selbsterwählten Führeraspiranten fehlte es nicht, doch keinem von ihnen wollten »alle Herzen zujubeln«, keinem sich alle freudig unterordnen.

Eckart hatte sehr bestimmte Vorstellungen davon, wie der »nationale Führer« in dieser aufgewühlten Nachkriegs- und Nachrevolutionszeit aussehen müßte. Eine neue deutsche Partei müßte her, meinte er, und den Mann an ihrer Spitze beschrieb er folgendermaßen: »Ein Kerl muß sie führen, der ein Maschinengewehr hören kann. Das Pack muß Angst in die Hosen kriegen! Kein Offizier! Vor dem hat das Volk keinen Respekt mehr! Am besten ein Arbeiter, mit dem Maul auf dem rechten Fleck! Bloß kein gelehrter Professor, der zitternd mit vollgeschissenen Hosen dasitzt, wenn die Roten die Stuhlbeine schwingen! ... Verstand braucht er nicht viel, die Politik ist das dümmste Geschäft auf der Welt.« Aber – ein Junggeselle müsse es sein, denn: »Dann kriegen wir die Weiber!«[77]

Nachdem Eckart Hitler und dessen »Naturbegabung« zum Massenverführer kennengelernt hatte, schien ihm dieser junge Mann das Zeug zu haben, um bei entsprechender Lenkung und Bildung in die Rolle eines solchen »Kerls« hineinzuwachsen. Das konnte er am besten, indem er in der Partei zunächst auf dem Gebiet tätig war, das

---

73 *Hesse*, Der Feldherr Psychologos, S. 207.

74 *Plewnia*, S. 61.

75 Ebenda, *S.* 81f.

76 Ebenda, *S.* 64.

77 *Heiden*, Adolf Hitler, Bd. 1, S. 76.

seiner Begabung am meisten entsprach. Eckart gab Hitler deshalb einen Rat, an den sich dieser, solange es nötig war, auch strikt hielt; Eckart empfahl Hitler: »Lassen Sie sich das Ressort Propaganda übertragen und lassen Sie sich um Gottes willen von niemandem dort hineinreden.«[78] Indem Hitler gerade so verfuhr, erlangte er allmählich eine Sonderstellung in der Partei. Er war die Hauptattraktion ihrer Massenversammlungen, seine Auftritte garantierten eine »zünftige Gaudi« und versetzten die aufnahmebereiten Massen in einen Zustand rauschhafter Euphorie. Obwohl der Parteiführer noch immer Drexler hieß, wurde dessen Name im Bewußtsein der Öffentlichkeit immer mehr in den Hintergrund gedrängt durch den Namen Hitler. War von der DAP die Rede, dann vor allem von Hitler und seinen turbulenten Veranstaltungen.

Seine Erfolge als Demagoge machten ihn auch für die Oberschicht in München interessant. Man wollte Näheres über ihn wissen und ihn auch persönlich kennenlernen, um ihn auf seine Brauchbarkeit und Zuverlässigkeit prüfen zu können. Es wurde also notwendig, diesem ungeschliffenen, in der »besseren« Gesellschaft unsicheren, gehemmten und linkischen Manne Manieren und ein sicheres Auftreten beizubringen. Dieser Aufgabe nahm sich Eckart an und wurde für den um rund zwanzig Jahre jüngeren Hitler so etwas wie ein väterlicher Freund.

Das war für Hitlers weiteren Weg in der Partei von nachhaltiger Bedeutung. Eckart verfügte nicht nur über Geld, sondern vor allem über vielseitige gesellschaftliche Beziehungen. »Eckart war ein guter, gewandter Gesellschafter und hielt äußerlich auf gepflegte Sitten. Hitler … lernte manches von ihm. Manchen Hinweis über Schrift, Wort und Stil, erhebliche Geldbeträge, das Auto für Propagandazwecke, wichtige gesellschaftliche Beziehungen und entscheidende Akzente und Stationen seiner Karriere verdankte er Eckart. Der wohlhabende Schriftsteller, der im Gegensatz zu Hitler eine standesgemäße Ausbildung genossen hatte und in adligen und bürgerlichen Häusern offene Türen fand, hat auf Hitler, den Realschüler ohne Abschlußprüfung … einen besonderen Eindruck gemacht … Einige der frühen Gönner und Partei-Mitglieder, die im Laufe der Jahre eine maßgebliche Rolle spielten, sind Hitler und der Partei durch Dietrich Eckart zugeführt worden.«[79]

Dietrich Eckart erfreute sich offenbar ganz besonderen Vertrauens bei der bayerischen Reichswehr. Als Kapp in Berlin seinen Putsch unternommen hatte, sollten auf Initiative Mayrs Verbindungsleute per Flugzeug nach Berlin geschickt werden, um sich an Ort und Stelle über Möglichkeiten gemeinsamen Vorgehens zu informieren. Für diese Mission wurden Eckart und Hitler ausersehen. Als harmlose Geschäftsleute getarnt – Eckart als Papierhändler, Hitler, mit angeklebtem Spitzbart versehen, als sein

78 Ebenda.

79 *Maser*, Die Frühgeschichte, S. 180f.; siehe auch *Plewnia*, S. 67ff.

Buchhalter –, flogen die beiden nach Berlin, wo sie aber nur noch feststellen konnten, daß Kapp bereits das Feld geräumt hatte, worauf die beiden schleunigst nach München zurückkehrten.[80] So sehr diese Episode ein Ereignis am Rande des damaligen Geschehens blieb, so unterstreicht sie doch den hohen Grad von Vertrauenswürdigkeit und Brauchbarkeit, den die Reichswehr ihrem V-Mann Hitler beimaß und das enge persönliche Verhältnis zwischen Eckart und seinem vielversprechenden jungen Freund. Dietrich Eckart sollte sich auch bei späteren Gelegenheiten fast bis zu seinem Tode als ein außerordentlich wichtiger Schutzpatron Hitlers und als »Führermacher« erweisen.

Einer von denen, die Eckart der NSDAP zuführte und mit Hitler persönlich bekannt machte, war der spätere »Führerstellvertreter« *Rudolf Heß.*[81]

Heß kam aus Kreisen der Handelsbourgeoisie. Sein Vater war Inhaber einer der größten Importfirmen in der ägyptischen Hafenstadt Alexandria und besaß im Fichtelgebirgsort Reicholdsgrün ein Grundstück mit Villa, wo die ganze Familie jedes Jahr einige Wochen zu verbringen pflegte. In Alexandria wurde Rudolf Heß 1894 geboren und lebte dort bis zu seinem vierzehnten Lebensjahr. Nach dem Willen des Vaters sollte er die Firma übernehmen und wurde darauf durch eine kaufmännische Ausbildung in Deutschland und in der Schweiz vorbereitet. Der Abschluß dieser Ausbildung wurde durch den ersten Weltkrieg verhindert. Heß, durch Erziehung im Elternhaus und Schule fanatischer Nationalist, meldete sich als Kriegsfreiwilliger und diente im bayerischen Heer, für kurze Zeit sogar im gleichen Regiment List, in dem auch Hitler Dienst tat. Nach einer Verwundung meldete er sich zur Fliegertruppe. Dort wurde seine Ausbildung jedoch erst beendet, als auch der deutsche Militarismus am Ende war. Heß kam nicht mehr zu den erträumten kriegerischen Lorbeeren und wurde im Range eines Leutnants im Dezember 1918 demobilisiert. Er ging nach München, um dort seine Ausbildung als Volkswirt an der Universität abzuschließen. An der Universität nahm sich seiner bald der Generalmajor a. D. und Professor für Geopolitik, Karl Haushofer[82], an, dem er schon während des Krieges von seinem damaligen Freund,

---

80 *Plewnia,* S. 65; *Franz-Willing,* Krisenjahr, S. 202. »... die Maschine steuerte der Pour-le-mérite-Fliegerleutnant Greim ... Hitler meldete sich bei Hauptmann Papst (dem Mörder Rosa Luxemburgs und Karl Liebknechts, dessen korrekte Schreibweise Pabst ist; K. G.) mit einem Einführungsschreiben von Hauptmann Röhm, der ihn als erfolgreichen Redner vor Soldaten und Arbeitern angelegentlich empfahl. Papst war von der Erscheinung Hitlers, der halb zivil, halb militärisch gekleidet (mit Wickelgamaschen) keinen vertrauenerweckenden Eindruck machte, merkwürdig berührt. Er erklärte ihm, daß er wegen seiner österreichischen Aussprache als Redner in Berlin nicht verwendet werden könne und schickte ihn wieder fort. Doch war die Reise nicht umsonst gewesen; durch Eckarts Beziehungen lernte Hitler einige führende Persönlichkeiten der Rechtsbewegung in Berlin kennen, darunter Graf Reventlow und General Ludendorff.«

81 *Wulf Schwarzwäller,* »Der Stellvertreter des Führers« Rudolf Hess – der Mann in Spandau, Wien / München / Zürich 1974, S. 75.

82 Zu den nachfolgenden Ausführungen über Haushofer und Heß siehe *Schwarzwäller,* S. 67ff.

Leutnant Hofweber, vorgestellt worden war; Hofweber war damals Adjutant von Haushofer. Die Beziehung zu Haushofer war nicht nur für Heß, sondern auch für die NSDAP bedeutsam. Zwar mochte Haushofer die Nazis nicht sonderlich – sie rochen ihm zu sehr nach Pöbel, und außerdem hielt er nichts vom völkischen Radauantisemitismus, zumal seine Frau Halbjüdin war –, aber er war – wie die Deutschnationalen, deren politische Linie der seinen am meisten entsprach – in der antidemokratischen und imperialistischen Zielsetzung mit den Nationalsozialisten völlig einig.

Die Familie Haushofer gehörte zu den angesehensten im Münchener Bürgertum. Haushofer selbst hatte schon in seiner Jugend die Militärlaufbahn eingeschlagen, war drei Jahre lang – von 1908 bis 1911 – Militärattaché in Tokio, lernte dort Japanisch und wurde ein hochspezialisierter Fachmann für den ost- und südostasiatischen Raum.

Während des Krieges wurde er in den bayerischen Generalstab berufen. Mit der Geopolitik, deren Hauptvertreter er in Deutschland nach dem ersten Weltkrieg wurde, begründete er die expansiven Zielsetzungen des deutschen Imperialismus. Dadurch, daß Haushofer Rudolf Heß zu seinem Assistenten machte, wurde dieser später, nachdem er Mitglied der NSDAP und Privatsekretär Hitlers geworden war, zu einem Mittler, der sowohl Haushofer näher an die Partei heranbrachte, als auch die Partei für die Aufnahme Haushoferscher Ideen bereitwilliger machte.[83]

Dem schon erwähnten Freunde Hofweber verdankte Heß noch eine weitere Verbindung von großer Bedeutung für seinen weiteren Weg, nämlich die Verbindung zur Thule-Gesellschaft. Hofweber, der über vielseitige Verbindungen zu Unternehmerkreisen verfügte – er selbst war später Direktor in der Landmaschinenfabrik Heinrich Lanz[84] –, verschaffte Rudolf Heß eine Stellung als Korrespondent und Vertreter in der Firma eines seiner Bekannten, der Mitglied der Thule-Gesellschaft war und auch Heß dort einführte. Heß lernte Sebottendorf kennen und die vielseitige konterrevolutionäre Tätigkeit der Thule, die ihn mit Begeisterung und dem Wunsch erfüllte, mitzumachen. Er wurde sehr bald einer der Eifrigsten im Kreise der weißgardistischen Verschwörer. »Der Leutnant a. D. wird zu den erfolgreichsten Waffenbeschaffern der Thule. Gewehre, Munition und Handgranaten werden im Klubraum des eleganten Hotels ... gesammelt. Mit seinen Gesinnungsgenossen klingelt Heß an den Türen der wohlhabenden und als nationalgesinnt bekannten Bürger. Für Waffen braucht man Geld. Waffen zu

83 Die Geopolitik wurde von den Rassefanatikern als »kommunistisch« verschrien, weil sie nicht die Rasse, sondern den geographischen Raum als bestimmend für die Völkerschicksale betrachtete. Mitte der dreißiger Jahre sahen sich die Geopolitiker deshalb scharfen Angriffen ausgesetzt, an denen sich sogar Hermann Göring beteiligte. Haushofer unternahm den Versuch, seine geopolitische Lehre mit der Rassenlehre in Übereinstimmung zu bringen – ZStAP, Nachlaß Haushofer, Film Nr. 1210. Karl Haushofer endete 1946 durch Selbstmord. Sein Sohn Georg Albrecht Haushofer wurde wegen Beteiligung an der Verschwörung des 20. Juli 1944 in der Nacht zum 23. April 1945 erschossen.

84 *Schwarzwäller, S. 54,* 58f.

kaufen, ist weniger schwierig … In einer kleinen Weinstube in der Barer Straße sitzt Rudolf Heß oft mit jungen Leuten zusammen. Studenten, Ex-Offiziere. Die Thule sucht Freiwillige für Bürgerwehren und Freikorps. Heß wirbt einige Hundert an … in München agiert die Thule (während der Münchener Räterepublik; K. G.) als fünfte Kolonne. Überall in die roten Einheiten und Sektionen sind Leute des ›Kampfbundes‹ eingeschleust worden … Ein Augenzeuge berichtet, wie er sich im Auftrage von Leutnant Heß in die Kommunistische Partei aufnehmen ließ; ›Als armer Handelsgehilfe stand meiner Aufnahme nichts im Wege. Nachmittags mußte ich in der Wohnung des Herrn Kommandanten Seidel Ausweiskarten ausstellen. Für uns hatte ich natürlich gut gesorgt in bezug auf Kommunistenausweise.‹ Jedes Mitglied des Kampfbundes besaß eine auf einen anderen Namen lautende Mitgliedskarte des Spartakusbundes … Kuriere, die von der Thule zu den Stäben der sich München nähernden Freikorps und regulären Truppen geschickt wurden, reisten unangefochten mit falschen Papieren als Eisenbahner. Tausende von Freiwilligen wurden mit gefälschten Freifahrscheinen aus München hinausgeschleust … Die Ausgabe der Freifahrscheine und der gefälschten Dokumente im Thule-Hauptquartier überwacht Leutnant a. D. Rudolf Heß. Er führt Sabotagetrupps an.«[85]

Als die bayerische Rote Armee am 26. April das Hauptquartier der Thule aushob, setzte sich Heß mit gefälschten Papieren aus München ab zum Freikorps Regensburg. Mit den weißen Truppen rückte er am 1. Mai 1919 wieder in München ein. Er trat dem Freikorps Epp bei, dem er bis Oktober 1919 angehörte. Dort wurde er auch mit Epp und Röhm persönlich bekannt, nahm auch gelegentlich an Sitzungen der Röhmgründung »Eiserne Faust« teil.

In der Thule-Gesellschaft traf Heß auf Eckart, und der machte ihn auf die NSDAP und Hitler aufmerksam. Im Mai 1920 besuchte Heß eine Versammlung der NSDAP, hörte Hitler sprechen und beschloß sofort, der Partei beizutreten. Er hoffte in Hitler einen Mann gefunden zu haben, der sich zu einem »Führer« bilden ließ. Wie Eckart hatte er ein ziemlich genaues Bild davon, wie dieser Führer beschaffen sein müsse; er machte es sich zur Aufgabe, Hitler nach diesem Bilde zu formen. Ein Preisausschreiben über das Thema: »Wie wird der Mann beschaffen sein, der Deutschland wieder zur Höhe führt?«, veranstaltet von einem nationalistischen Auslandsdeutschen und unterstützt von der Münchener Universität, gab Heß im Sommer 1922 die Gelegenheit, sein »Führerbild« zu Papier zu bringen. Er beschrieb es mit folgenden Worten: »Tiefes Wissen auf allen Gebieten des staatlichen Lebens und der Geschichte, … der Glaube an die Reinheit der eigenen Sache, … eine unbändige Willenskraft geben ihm

---

85 Ebenda, S. 65. Die Darstellung Schwarzwällers dürfte hinsichtlich einiger Fakten in journalistischer Weise übertrieben sein, doch gibt sie sicherlich ein zutreffendes politisches Porträt seines »Helden« Rudolf Heß.

die Macht der hinreißenden Rede, die die Massen ihm zujubeln läßt. Um der Rettung der Nation willen verabscheut er nicht, Waffen des Gegners, Demagogie, Schlagworte, Straßenumzüge usw. zu benutzen. Wo alle Autorität geschwunden, schafft Volkstümlichkeit allein Autorität. Das hat sich bei Mussolini gezeigt … Je tiefer der Diktator ursprünglich in der breiten Masse wurzelt, desto besser versteht er, sie psychologisch zu behandeln, desto weniger Mißtrauen werden ihm die Arbeiter entgegenbringen, desto mehr Anhänger gewinnt er sich aus diesen energischen Reihen des Volkes. Er selbst hat mit der Masse nichts gemein, ist ganz Persönlichkeit wie jeder Große … Wenn die Not es gebietet, scheut er auch nicht davor zurück, Blut zu vergießen. Große Fragen werden immer durch Blut und Eisen entschieden … Sein Ziel zu erreichen, stampft er dabei über seine nächsten Freunde hinweg … Der mit abschreckender Härte vorgehende Gesetzgeber scheut nicht davor zurück, mit dem Tode zu bestrafen. Je nach Bedarf vermag er mit Kürassierstiefeln niederzutreten oder mit vorsichtig empfindsamen Fingern Fäden bis in den Stillen Ozean zu knüpfen … Das Werk darf nicht auf die überragenden Ausmaße des Erbauers zugeschnitten sein, sonst wankt das Ganze bei seinem Hinscheiden, wie der Staat Friedrichs und Bismarcks. Neue selbständige Persönlichkeiten gedeihen unter dem Diktator nicht. Deshalb vollbringt er die letzte große Tat: Statt seine Macht bis zur Neige auszukosten, legt er sie nieder und steht als getreuer Ekkehard zur Seite«[86]

Diese Ausarbeitung von Heß ist in vielerlei Hinsicht aufschlußreich. Unschwer ist zu erkennen, daß für das von Heß entworfene Bild keineswegs – wie etwa Maser behauptet[87] – nur Hitler Modell gestanden hat, sondern daß Heß bei der Schilderung des Mannes, »der Deutschland wieder zur Höhe führt«, eine Mischung aus Bismarck, Mussolini, dem Hitler, wie er ihn kannte, und einem Hitler, wie er nach seinen Vorstellungen sein müßte, vor Augen stand. Von besonderem Interesse ist dabei die Forderung, dieser Mann dürfe nicht »seine Macht bis zur Neige auskosten«, sondern sollte sie nach vollbrachtem Werk niederlegen und als »getreuer Ekkehard« beiseitetreten. Das zeigt, wie weit selbst ein Heß 1922 noch davon entfernt war, in Hitler etwas anderes zu sehen, als einen »Diktator auf Zeit«, der die Vorarbeit der Beseitigung der Revolutionsfolgen zu leisten hatte als Voraussetzung zum »Wiederaufstieg«.

Noch aufschlußreicher allerdings ist es, daß Heß mit seiner Ausarbeitung das Preisausschreiben *gewann;* das heißt, daß er mit seiner Schilderung des »Retters« am besten die Vorstellungen traf, die das Preisrichterkollegium – das man getrost als repräsentativ für das »nationale« intellektuelle Bürgertum ansehen darf – von dem Manne besaß, von dem es erhoffte, daß er Deutschland »wieder zur Höhe« führte. Das ist festzuhal-

86 *Franz-Willing*, Die Hitlerbewegung, S. 123; *Maser*, Die Frühgeschichte, S. 330; *Schwarzwäller*, S. 79.

87 *Maser*, Die Frühgeschichte, S. 350.

ten, denn von diesem Manne hatte Heß immerhin gesagt, daß er »um der Rettung der Nation willen« sich »der Waffen des Gegners« – Demagogie, Schlagworte, Straßenumzüge usw. – bedienen müsse, und daß er möglichst geringer Herkunft sein müsse, um bei den Massen glaubwürdig zu erscheinen; und er hatte dabei besonderen Wert auf die Gewinnung der Arbeiterschaft, dieser »energischen Reihen des Volkes«, gelegt. Er hatte aber sofort hinzugefügt, daß dieser Mann »mit der Masse nichts gemein« haben dürfe, und damit deutlich zum Ausdruck gebracht, daß dessen »Volkstümlichkeit« nur das Mittel darstellt, für die Politik des Bürgertums eine möglichst große Massenbasis zu gewinnen, bei absoluter Verachtung der Massen und der ebenso absoluten und rigorosen Bereitschaft, dieser Politik auch mit Blutvergießen und »abschreckender Härte« Bahn zu brechen.

Diese Übereinstimmung der Vorstellungen von Heß mit denen des »nationalen« Bürgertums, die von den bürgerlichen Autoren gewöhnlich völlig unbeachtet bleibt, ist gerade der *wichtigste* Aspekt der ganzen Preisausschreiben-Angelegenheit: denn sie erklärt – ohne die weithergeholte Fabelei vom besonderen »Charisma« Hitlers[88] – weshalb ein Mann wie dieser zunächst vom Münchener Besitzbürgertum, später von der deutschen Großbourgeoisie als geeignete Figur betrachte wurde, ihre Geschäfte – vor allem das der »Abrechnung mit dem Marxismus« – zu betreiben. Der Heß-Biograph Schwarzwäller stellte fest, Hitler, dem Heß seine preisgekrönte Ausarbeitung mit dem Hinweis zu lesen gab, er habe dabei ihn, Hitler, porträtiert, sei von Worten wie »rücksichtslos« und »abschreckende Härte« fasziniert worden.[89] Das mag durchaus so gewesen sein: aber von viel weittragender Bedeutung war es, daß offenbar auch die Preisrichter von solchen Worten wie überhaupt von dem ganzen Porträt, das Heß ihnen vorlegte, »fasziniert« waren.

Heß war sich darüber im klaren, daß Hitler dem »Idealbild«, das er entworfen hatte, nicht entsprach. Aber er machte es sich zur Doppelaufgabe, erstens: Hitler so weit zu bringen, daß er dem Idealbild möglichst nahe kam; zweitens: der Öffentlichkeit das Idealbild als das Bild des wirklichen Hitler nahezubringen. Albert Krebs, der als einer der frühen Nazis die Führergarnitur der NSDAP persönlich kennengelernt hatte, beschrieb das Verhältnis von Rudolf Heß zu Hitler so: Heß hat sich zum Glauben an Hitler »nicht so sehr aus persönlicher Verehrung für Hitler wie in erster Linie aus einem doktrinären Prinzip« bekannt, »dessen Kernsätze lauteten: Die Zeit der Monarchien und Demokratien ist für Europa vorüber; die Zeit des Cäsarismus ist gekommen. Man darf nicht auf einen Führer warten oder nach ihm rufen, man muß ihn wollen. Wenn alle Nationalsozialisten und wenn schließlich das ganze Volk Hitler aufrichtig zum

---

88 Siehe etwa *Joseph Nyomarkay*, Charisma and Factionalism in the Nazi Party, Minneapolis 1967.

89 *Schwarzwäller*, S. 80.

Führer wollen, ... wird Hitler auch der Führer sein, den Deutschland braucht.« Heß habe sich mit Hagen, dem treuen, starken Gefolgsmann des schwachen Königs Gunther, verglichen, und sei sich über das in diesem Vergleich steckende Werturteil über Hitler klar gewesen. Hingewiesen auf die Unzulänglichkeiten Hitlers, habe er gewöhnlich erwidert: »Ich weiß, ich weiß! Auch Hitler hat Fehler und Schwächen ... Von uns hängt es ab, ob wir der Welt seine Vorzüge oder seine Fehler zeigen.«[90]

Aus dieser im Grunde pragmatischen Haltung, die weitgehend mit der Dietrich Eckarts übereinstimmte, und die Hitler nicht zuletzt deshalb vor allen anderen Führeraspiranten den Vorzug gab, weil er sich außer durch seine Begabung zum volkstümlichen Redner und seine Bereitschaft zu rücksichtsloser Brutalität auch durch ein hohes Maß an Lenkbarkeit und Formbarkeit auszeichnete, wurde Heß ebenso wie Eckart einer der ersten und aktivsten Schöpfer und Verbreiter des Hitlermythos und der Führerlegende.

Die Verbindung mit Gottfried Feder (1883-1941) war ebenfalls sehr bedeutungsvoll für die NSDAP und für Hitler. Auch Feder stammte aus dem gehobenen Bürgertum, aus einer Beamtenfamilie.[91] Nach Abschluß seines Studiums im Jahre 1905 trat er als Konstruktionsingenieur in eine Eisenbetonfirma ein, um sich wenig später als selbständiger Unternehmer zu etablieren. Er selbst schrieb über diese Zeit großspurig von »weit ausgreifender Unternehmertätigkeit im In- und Ausland«, vor allem in Bulgarien, und nannte als Produktionsgebiete den Flugzeughallenbau und die Konstruktion eines Eisenbetonschiffes für den Donauschiffsverkehr.[92] Aber offensichtlich blieb ihm als Unternehmer und Erfinder ein durchschlagender Erfolg versagt, und es dürfte wohl auf der Suche nach den Ursachen für seine Mißerfolge gewesen sein, daß er als Wurzel allen Übels auf der Welt die »Zinsknechtschaft« entdeckte.

Wann sich für ihn der Kampf gegen den Zins als identisch mit dem Kampf gegen das Judentum erwies, ist etwas schwierig zu entscheiden. Im Kriege gehörte er zur Gefolgschaft der Alldeutschen[93], aber im November 1918 überreichte er der von dem »Juden« Eisner geführten bayerischen Regierung eine finanzpolitische Denkschrift.[94] Vielleicht gab die völlige Nichtbeachtung dieses seines Geistesproduktes den letzten Anstoß für die antisemitische Ausformung seines »Kampfes um die Brechung der Zinsknechtschaft«. Im Dezember 1918 war er jedenfalls in den Reihen der

90 *Albert Krebs*, Tendenzen und Gestalten der NSDAP. Erinnerungen an die Frühzeit der Partei, Stuttgart 1959, S. 170ff.

91 *Maser*, Die Frühgeschichte, S. 185ff.

92 *Cuno Horkenbach*, Das Deutsche Reich von 1918 bis Heute (1933), Berlin 1935, S. 937; Das Deutsche Führerlexikon 1934/35, Berlin 1934, S. 120.

93 *Willi Krebs*, Der Alldeutsche Verband, S. 15.

94 *Franz-Willing*, Die Hitlerbewegung, S. 129.

Thule-Gesellschaft zu finden, wo er für seine Ideen ein dankbares Publikum vorfand. Als Hitler den Referenten Feder auf dem Reichswehr-Aufklärungskurs kennenlernte, bekam er von diesem schon die Weisheit zu hören, daß der Zins eine Erfindung des Judentums zur Unterjochung der nichtjüdischen Völker sei und deshalb die Brechung der Zinsknechtschaft untrennbar mit dem Kampf gegen das internationale Judentum verbunden sei. Für Hitler, dessen Kopf aller volkswirtschaftlichen Kenntnisse bar war, hatten die Ausführungen Feders die Bedeutung einer Erleuchtung, die ihm eine empfindliche Lücke seines Weltbildes schließen half. In Hitlers Buch wird man im allgemeinen vergeblich Hinweise auf Autoren suchen, denen er seine »Erkenntnisse« verdankte; er wollte nicht nur als Gründer der Partei, sondern als origineller, eigenständiger Denker, als Schöpfer der »neuen Weltanschauung« des Nationalsozialismus ganz aus Eigenem gelten. Gottfried Feder aber gehörte zu den wenigen, die er als Ideenspender erwähnt in Worten, aus denen noch immer Bewunderung für die platten Banalitäten herauszuhören ist, die er von Feder damals zu hören bekam. »Das Verdienst Feders beruht in meinen Augen darin, mit rücksichtsloser Brutalität« (rücksichtslose Brutalität ist in Hitlers Augen schon für sich allein höchster Bewunderung wert!) »den ebenso spekulativen wie volkswirtschaftlichen Charakter des Börsen- und Leihkapitals festgelegt, seine urewige Voraussetzung des Zinses aber bloßgelegt zu haben.«[95] Feder hatte 1919 sogar einen »Kampfbund zur Brechung der Zinsknechtschaft« gegründet[96], den er später in die NSDAP überführte. Befreundet mit Drexler, war er in die DAP bereits vor Hitler eingetreten (Mitgliedsnummer 531).[97]

Er fühlte in sich die Berufung, dem internationalen Marxismus die Lehre des »nationalen Sozialismus« entgegenzustellen. Deshalb verfaßte er 1919 eine Schrift, mit deren Titel er sowohl Lenin wie Marx plagiierte; sie hieß nämlich: »An alle, alle! Das Manifest zur Brechung der Zinsknechtschaft.« In dieser Schrift wird der »Leihzinsgedanke« zur »teuflischen Erfindung des Großleihkapitals« erklärt, und als »Radikalmittel zur Gesundung der leidenden Menschheit« empfiehlt er die »Brechung der Zinsknechtschaft des Geldes.« Diese solle durch die Aufhebung der »Zinspflicht« und die Verstaatlichung des gesamten Geldwesens erreicht werden.[98]

95 *Hitler*, Mein Kampf, S. 229. Nicht geringer als bei Hitler war die Wertschätzung Feders durch Dietrich Eckart. An den emsigen Geldbeschaffer der NSDAP Emil Gansser schrieb er begeistert über Feders gerade erschienenes Buch »Der Deutsche Staat auf nationaler und sozialer Grundlage« »Darin finden Sie die einzig mögliche Lösung. Großartig!« Der Brief ist abgedruckt bei *Franz-Willing*, Putsch und Verbotszeit, S. 300.

96 *Franz-Willing*, Die Hitlerbewegung, S. 129. – Franz-Willing sieht auch heute noch in Feder einen »bahnbrechenden Theoretiker im Kampf gegen das internationale Leihkapital«! – Ebenda.

97 *Maser*, Die Frühgeschichte, S. 186.

98 *Franz-Willing*, Die Hitlerbewegung, S. 77.

Falls der Staat Geld brauche, solle er keine Anleihen aufnehmen, sondern Staatskassenscheine ausgeben – eine keineswegs originelle Empfehlung, da dies bereits ein Hauptmittel der Kriegsfinanzierung gewesen war. Überhaupt war Feders Geldtheorie – abgesehen von der völkisch-antisemitischen Einfärbung – nur eine Variante einer damals und verstärkt wieder in den Jahren der Weltwirtschaftskrise recht verbreiteten quacksalberischen Heilslehre, die über eine Reform des Geldwesens die ganze Gesellschaft reformieren wollte. Einer ihrer damals prominentesten Vertreter, Silvio Gesell, – wie Feder ein gescheiterter Unternehmer – lebte 1919 ebenfalls in München und war sogar »Volksbeauftragter« für Finanzen in der bayerischen Schein-Räterepublik![99] Wie Feder seinen »Kampfbund«, so hatte Gesell einen »Bund Frei Land, frei Geld« ins Leben gerufen, der außer der Verstaatlichung des Grund und Bodens ein »Schwundgeld« propagierte, das in regelmäßigen Abständen an Wert verlieren sollte, um damit jeder Tendenz zur Geldhortung entgegenzuwirken und das Geld ständig in Umlauf zu halten. Feders Theorien waren erwiesenermaßen stark von den Gedanken Silvio Gesells beeinflußt.[100]

Für die DAP / NSDAP und Hitler bestand die Bedeutung Feders aber nicht nur darin, daß sie mit ihm ihren »programmatischen Theoretiker« gefunden hatten, sondern vor allem auch darin, daß er »seine umfangreichen Beziehungen zur Geschäfts-, Bank- und Industriewelt der NSDAP zur Verfügung« stellte. Er vermittelte sogar von jüdischen Bankhäusern Geld für die Partei![101] Er spielte für den Aufstieg der NSDAP nach Ernst Deuerlein[102] eine überragende Rolle und stellte nach Meinung des gleichen Autors »den Übergang von der nicht unbedeutenden alldeutschen Bewegung Münchens zum Nationalsozialismus dar.«[103]

Bei der Nennung jener aus dem Bürgertum kommenden Antikommunisten und Republikfeinde, die mit der NSDAP und mit Hitler ihren Zielen näher zu kommen hofften, darf *Alfred Rosenberg*, der spätere Gralshüter der NS-»Weltanschauung«, nicht fehlen.

Aus gutbürgerlichem Hause stammend – der Vater war Direktor eines führenden Handelshauses in Reval – erhielt der 1893 Geborene seine besondere politische Prägung durch die Herkunft aus der baltendeutschen bürgerlichen Führungsschicht in der Hauptstadt des zum zaristischen Rußland gehörenden Estland. Waren die Balten-

99 *John Maynard Keynes*, Allgemeine Theorie der Beschäftigung, des Zinses und des Geldes, München / Leipzig 1936, S. 298f.

100 *Wilhelm Grotkopp*, Die große Krise. Lehren aus der Überwindung der Wirtschaftskrise 1929 / 32, Düsseldorf 1954, S. 159.

101 *Franz-Willing*, Die Hitlerbewegung, S. 187.

102 *Deuerlein*, Hitlers Eintritt, S. 192.

103 Ebenda.

deutschen im Nachkriegsdeutschland in der Regel die fanatischsten Hasser der Sowjetmacht, so war Rosenberg in der NSDAP derjenige, für den die Vernichtung der Sowjetmacht mehr als für alle anderen an der Spitze aller politischen Ziele stand. Die Oktoberrevolution hatte ihn jäh aus einer Bahn geworfen, die ihm den Aufstieg zu einer angesehenen bürgerlichen Existenz nach einem abgeschlossenen Studium problemlos gesichert hätte. Ähnlich wie Hitler fühlte er sich zur Malerei und Architektur hingezogen. Er studierte Architektur an der Technischen Hochschule in Riga. Als 1915 die Hochschule vor den heranrückenden deutschen Truppen nach Moskau evakuiert wurde, setzte Rosenberg dort sein Studium fort. Noch vor dessen Beendigung, im Sommer 1917, erhielt er die Möglichkeit, mit einem Paß der Kerenski-Regierung in seine von den Deutschen besetzte Heimatstadt Reval zu reisen. Im Januar 1918, also nach der Oktoberrevolution, kehrte er jedoch nach Moskau zurück, um dort bei seinen alten Professoren das Examen abzulegen. Als Diplomarbeit reichte er den Entwurf einer – Krematoriumsanlage ein! Wie in einem – offenbar von ihm selbst verfaßten – biographischen Artikel[104] dazu bemerkt wird, erzielte er mit dem Entwurf »eine hervorragende Bewertung«.

In besagtem Artikel, der Rosenberg ganz so schildert, wie er selbst von der Öffentlichkeit gesehen werden wollte, wird erzählt, daß er schon mit 15 Jahren Chamberlains »Grundlagen des 19. Jahrhunderts« gelesen habe und dadurch veranlaßt worden sei, sich »für jüdische Kultur und jüdisches Leben« zu interessieren, was eine auf englische Leser zugeschnittene Umschreibung für seine Entwicklung zum fanatischen Antisemiten darstellt. In diesem Artikel wird ferner berichtet, er habe, nach dem Examen nach Reval zurückgekehrt, »den Mittelmächten seine Dienste als Freiwilliger« angeboten, aber ihm sei gesagt worden, Deutschland könne im besetzten Gebiet keine ihm unbekannten Rekruten annehmen. Er habe nach dieser Ablehnung eine Stellung als Zeichenlehrer an einem Revaler Gymnasium angenommen. Nach dem November 1918 habe ihn dann »das leidenschaftliche Verlangen« erfaßt, »Mitteleuropa vor dem Terror des Bolschewismus« zu bewahren. Er sei um diese Zeit mit einem Vortrag über die Judenfragen an die Öffentlichkeit getreten, und habe damit »die Anerkennung der in der Stadt befindlichen deutschen Behörden« gefunden. Am 30. November 1918 habe er dann mit den abziehenden deutschen Truppen Reval verlassen und sich zunächst nach Berlin begeben. Hier blieb er jedoch nur kurze Zeit und begab sich von dort nach München. In der Isar-Stadt wurde er »durch eine baltische Dame, deren Interesse er

---

104 Dieser Artikel (ohne Datum-und Verfasserangabe) befindet sich in den Akten des »Beauftragten des Führers für die gesamte geistige und weltanschauliche Erziehung der NSDAP« im Hauptarchiv der NSDAP und trägt die englischsprachige Überschrift: »The Racial Mysticism of Alfred Rosenberg«; sie wurde wahrscheinlich im Frühjahr oder Sommer 1939 von Rosenberg selbst oder einem seiner Mitarbeiter für Zwecke der Auslandspropaganda verfaßt. – ZStAP, NSDAP, Film Nr. 13705, Bl. 167ff.

gefunden hatte ... mit dem Münchener Schriftsteller Dietrich Eckart bekannt und bot sich ihm als Kämpfer gegen ›Jerusalem‹ an«. Eckart brachte auch ihn zur Thule-Gesellschaft, und wie Eckart selbst, wie Heß und Feder wurde auch Rosenberg ein aktives Mitglied dieser konterrevolutionären, antisemitischen Geheimgesellschaft. Im Mai 1919 lernte er in der Thule Drexler kennen und wurde von Eckart auch in die DAP eingeführt. Ende des Jahres 1919 wurde er deren Mitglied (Mitgliedsnummer 625).[105]

Auch er war eine wertvolle Erwerbung für diese Partei. Zum ersten deshalb, weil die DAP ihren »Kampf« nicht nur mit solchen Schlägertypen wie dem Uhrmacher Emil Maurice oder dem Rausschmeißer Christian Weber führen konnte[106], sondern auch einer Parteiintelligenz bedurfte, die die ebenso notwendige Arbeit der »weltanschaulichen« Grundlegung des »Nationalsozialismus« leisten konnte, um damit auch Parteigänger unter der Intelligenz zu finden und um überhaupt dem hochstaplerischen Anspruch, der in sich geschlossenen Weltanschauung des Marxismus etwas Ebenbürtiges, ja sogar Überlegenes entgegenzustellen, den Schein einer Berechtigung zu verleihen. Rosenberg empfand sich sehr bewußt als wegweisender Ideologe und weltanschaulicher Grundsteinleger der Partei.[107] Als erste parteiamtliche Erläuterung des Parteiprogramms erschien 1922 eine Broschüre von ihm mit dem Titel »Wesen, Grundsätze und Ziele der Nationalsozialistischen Deutschen Arbeiterpartei«, in der sich bereits viele Gedanken finden, die später in Hitlers »Mein Kampf«, z.T. sogar in fast wörtlicher Anlehnung, wieder auftauchen. In dieser Schrift ist bereits in einem kurzen Absatz der Grundgedanke seines späteren »Hauptwerkes« (»Der Mythos des 20. Jahrhunderts«) enthalten, das zwar selbst von Nazis kaum gelesen wurde, aber

105 *Maser,* Die Frühgeschichte, S. 182.

106 Diese Duzfreunde Hitlers verkörperten das »halbkriminelle Rowdytum« (*Joachim* C. *Fest,* Hitler. Eine Biographie, Frankfurt/M. / (West-)Berlin / Wien 1973, S. 199) seiner Umgebung. Maurice organisierte im Frühjahr 1920 die erste »Saalschutz«-Schlägerkolonne der NSDAP. Christian Weber, ehemals Pferdehändler, dann »Rausschmeißer« in einer berüchtigten Münchener Kaschemme, wechselte von dort zur NSDAP, wo seiner brutalen Rauflust ein noch weit größeres Betätigungsfeld geboten wurde.

107 Am 3.8.1934 richtete Rosenberg z.B. ein Schreiben an den Leiter des Parteiverlages Eher, Max Amann, mit dem Vorschlag, aus Anlaß des Erscheinens des 200.000. Exemplars des »Mythos« zu Weihnachten eine Geschenkausgabe herauszubringen, »ähnlich wie es mit dem Werke des Führers geschehen ist«. Der Vorschlag wurde akzeptiert – ZStAP, NSDAP, Film Nr. 13710, Bl. 65f. Rosenberg war sehr um seinen Ruhm und Nachruhm besorgt, wovon die zahlreich erhaltenen Alten seiner diversen Ämter überreichlich Zeugnis ablegen in Gestalt vieler Biographie-Skizzen, die er entweder selbst entwarf oder von seinen Mitarbeitern für die Zeitungen und Zeitschriften – vorwiegend ausländische – anfertigen ließ, und die ihn stets als den großen Denker und Philosophen des Nationalsozialismus herausstellten. Auch die parteiamtliche Rosenberg-Biographie, die unter dem Verfassernamen F. Th. Hart und mit dem Titel »Alfred Rosenberg. Der Mann und sein Werk«, erschien, hat einen Mitarbeiter Rosenbergs zum Autor, genauer: eine Mitarbeiterin der Redaktion des Völkischen Beobachters namens Florentine Hamm. – Ebenda, Film Nr. 13705, Bl. 603.

dessen bloße Existenz wichtig war als »Beweis der wissenschaftlichen Solidität und weltanschaulich-philosophische Tiefe und Gediegenheit des »Nationalsozialismus«. Rosenberg schrieb in der Broschüre, seinen Chamberlain auf eine Kurzformel bringend: »Die heutige Zeit großer Schicksalswenden hat eine neue Welt-, Geschichts- und Staatsanschauung gezeitigt, die zwar noch nicht in klare Form gefaßt, in ihrer Richtung jedoch bereits eindeutig festgelegt ist. Wir erkennen die Geschichte nicht mehr an als ewige Entwicklung der Menschheit, sei es zur Humanität, sei es zur Christianisierung der Völker, sei es zu einer irgendwie vorgestellten Menschheitskultur, auch nicht als rohen Klassenkampf, sondern als eine Auseinandersetzung seelisch-rassischer Mächte mit ihrer Umwelt und anderen Rassen. Im Auftreten und Vergehen der Rassen waltet das letzte große und erkennbare Naturgesetz; seine Mißachtung schuf das Rassenchaos, an dem die großen arischen Kulturen Indiens, Persiens, Griechenlands und Roms einst zugrunde gingen. Das Selbstbewußtwerden europäischen Rassentums deutscher Verkörperung, das ist innerstes Erwachen unserer Gegenwart ... Nach jahrhundertelanger Verleugnung der ewigen Natur gliedert sich die völkische, die nationalsozialistische Bewegung wieder bewußt ein in die Gesetzmäßigkeit des ewigen Lebensprozesses.«[108]

Rosenberg hatte aber nicht nur die Ambition, der weltanschauliche Grundsteinleger der Partei zu sein, er beanspruchte auch die Rolle des führenden Außenpolitikers der Partei[109]; denn schließlich konnte er sich rühmen, Rußlandexperte zu sein, und Sowjetrußland war der außenpolitische Gegner Nummer eins. Außerdem ergab sich seine Kompetenz für die Außenpolitik folgerichtig aus seiner Zuständigkeit für die Weltanschauung, denn aus ihr ging hervor, daß der »Rassenkampf« Anfang und Ende völkischer Außenpolitik war.[110] Nicht zuletzt war Rosenberg für die Partei von großer Bedeutung wegen seiner Beziehungen zu den in Deutschland verstreuten, aber den

108 *Alfred Rosenberg*, Wesen, Grundsätze und Ziele der Nationalsozialistischen Deutschen Arbeiterpartei, München 1937, S. 15.

109 Vgl. dazu: *Alfred Rosenberg*, Der Zukunftsweg einer deutschen Außenpolitik, München 1927. In diesem Machwerk stellt Rosenberg »das Jahr 1914« als »Beginn des börsianisch-bolschewistischen Vernichtungskrieges wider die weiße Rasse mit Hilfe der europäischen Völker selbst« dar, und proklamiert den vorausgesagten »Sieg des völkischen Ideals« zur »eigentlichen Weltrevolution des zwanzigsten Jahrhunderts«. Der »Zukunftsweg deutscher Außenpolitik« sei die Schaffung eines »raumpolitischen Staatensystems«, »England, Deutschland, Italien, die künftige Ukraine umfassend«. Die Vorteile dieses Staatensystems für die ins Auge gefaßten Partner Deutschlands werden wie folgt beschrieben: »Deutschland bietet bei gesicherter Rückendeckung im Westen und freier Hand im Osten: England den Schutz Indiens an der russisch-polnischen Grenze (ein Gedanke Bismarcks), Vernichtung von Pan-Europa, Verhinderung der Antikolonialbewegung, Niederkämpfung des Bolschewismus in Zentraleuropa. Deutschland bietet Italien bei dessen Bindung Frankreichs den Druck auf Südslawien; der Ukraine bei wirtschaftlicher und politischer Unterstützung in der Randstaatenfrage, Industrie und Deckung gegen Polen (dies letztere auf Gegenseitigkeit.)« – Ebenda, S. 143f.

110 *Rosenberg*, Der Zukunftsweg, S. 12: »Das politische Schicksal eines Volkes wird in erster Linie bestimmt durch Rasse, Zahl, geographische Lage, die rassisch-völkische Umwelt und ihre Weltanschauung«.

landsmannschaftlichen Zusammenhalt sorgfältig pflegenden Baltendeutschen, darüber hinaus zur weißgardistischen Emigration überhaupt. Er und Scheubner-Richter, über den noch an anderer Stelle zu sprechen sein wird, hatten den Hauptanteil daran, daß diese Kreise die NSDAP als eine derjenigen Organisationen unterstützten, von denen sie sich eine wirkungsvolle Förderung ihrer Kreuzzugsbestrebungen gegen die Sowjetunion versprachen. Einer der prominentesten ihrer Vertreter war der zaristische ukrainische General Skoropadski, der sich 1918 den Deutschen als Hetmann der Ukraine zur Verfügung gestellt hatte und in der Weimarer Republik zu den verschiedensten rechten Gruppen und Organisationen, darunter auch zu Rosenberg, z. T. sehr intensive Verbindungen unterhielt.

Unter den Förderern der NSDAP muß auch ein Mann genannt werden, der zwar nicht zu ihrem engeren Führungskreis gehörte, aber für ihren Aufstieg doch wegen seiner politischen und gesellschaftlichen Beziehungen außerordentlich viel tun konnte und getan hat; es ist dies der Münchener Führer der Alldeutschen, der Verleger *Julius Lehmann* (1864-1935), einer der vermögendsten Männer der bayerischen Metropole. Sein Verlag war auf völkische, nationalistische Literatur spezialisiert; die bei ihm erschienenen Schriften wurden zum großen Teil durch die Münchener Reichswehrführung für den »Truppenaufklärungsdienst« aufgekauft.[111] Sein Buch- und Zeitungsverlagsgeschäft verdankte sein Florieren zu einem guten Teil direkten und indirekten Subventionen der Reichswehr. Wohl nicht zuletzt dieser Verbindung zur Reichswehr ist es zu verdanken, daß Lehmann auf die NSDAP aufmerksam wurde, ihr 1920 beitrat (Mitgliedsnummer 878) und sie mit beträchtlichen Summen unterstützte.[112] Allerdings waren auch hier die Forderungen meistens noch höher als die geleisteten Zahlungen. So beklagte sich z. B. Major Mayr am 9. August 1920 in einem Brief an Claß über Lehmanns Geiz; Lehmann verspreche viel, zahle aber nicht. Mayr forderte Claß auf, Druck auf Lehmann auszuüben, um ihn zur Einhaltung der versprochenen Zahlungen zu bewegen.[113]

Aus dieser Episode darf jedoch nicht geschlossen werden, Lehmann habe ein distanziertes Verhältnis zur NSDAP gehabt. Das Gegenteil trifft zu. Von allen Mitgliedern des geschäftsführenden Ausschusses des Alldeutschen Verbandes war Lehmann derjenige, der die Politik der NSDAP selbst dann verteidigte, wenn er damit in Gegensatz zu allen übrigen Ausschußmitgliedern geriet. Mit dem »Pg.« Lehmann besaß die NSDAP also eine sehr wertvolle direkte Verbindung zur Leitung des Alldeutschen Verbandes.

111 *Franz-Willing*, Die Hitlerbewegung, S. 47.

112 Allein in den ersten vier Monaten des Jahres 1922 erhielt die NSDAP von Lehmann 10.000 Mark. – ZStAP, Alldeutscher Verband, Nr. 208, Bl. 205, Brief Lehmanns an Claß v. 26.4.1922.

113 ZStAP, AV, Nr. 258, Bl. 84, Brief Mayrs an Claß v. 9.8.1920.

Zu den einflußreichsten Persönlichkeiten, die schon Mitte 1920 als überaus wichtige Protektoren der NSDAP wirkten, gehörten, wie bereits erwähnt, auch der damalige Münchener Polizeipräsident Ernst Pöhner und dessen Mitarbeiter Wilhelm Frick, Leiter der Münchener Politischen Polizei. Im Prozeß vor dem Münchener »Volksgericht« gegen die Putschisten des 9. November 1923 im Jahre 1924 sagte Frick als Zeuge aus: »Wir (gemeint waren Pöhner und er selbst; K. G.) erkannten, daß diese Bewegung der nationalsozialistischen Partei, die damals ja noch klein war – es wäre ein Leichtes gewesen, sie damals noch zu unterdrücken, 1919 bis 1920 – nicht unterdrückt werden dürfe. Wir taten das nicht und taten es bewußt nicht, weil wir in ihr den Keim einer Erneuerung Deutschlands sahen, weil wir von Anfang an die Überzeugung hatten, daß die Bewegung diejenige ist, die geeignet wäre, in der marxistisch verseuchten Arbeiterschaft wieder festen Fuß zu fassen und die Arbeiterschaft ins nationale Lager zurückzuführen. Deshalb hielten wir unsere schützende Hand über Herrn Hitler und die nationalsozialistische Partei.«[114] Sogar Franz-Willing mußte feststellen: »Daß die NSDAP die kritischen Jahre ihrer Entstehung und Frühentwicklung gut überstehen konnte, war großenteils auf die wohlwollende Duldung und Förderung durch die Münchener Polizeidirektion zurückzuführen.«[115] Pöhner nutzte aber auch seine weitreichenden Beziehungen, um der NSDAP neue Verbindungen zu schaffen und Finanzquellen zu erschließen. Als Hitler mit Esser im Dezember 1920 nach Berlin reiste, um in dortigen Rechtskreisen um finanzielle Unterstützung zu bitten, gab ihm Pöhner folgendes Empfehlungsschreiben an den Vorsitzenden des AV, Claß, und den Finanzsachverständigen des AV, Paul Bang, mit:

»Sehr geehrter Herr Justizrat
Sehr geehrter Herr Finanzrat

Der Überbringer gegenwärtigen Briefes, Herr Hitler, ist Ihnen selbst von Ihrem Aufenthalt in München bekannt. Ich selbst habe mit Herrn Hitler bereits eingehende längere Unterredungen gepflogen und mich dabei überzeugt, daß er ein außerordentlich geschickter tatkräftiger Verfechter unserer gemeinsamen Ideen ist. Er ist eine organisatorische und agitatorische Kraft ersten Ranges und als der beste Redner der nationalsozialistischen Deutschen Arbeiterpartei in ganz Bayern bekannt. Die Versammlungen, in denen er spricht, sind stets überfüllt. Herr Hitler ist, wie er mir erklärt hat, gerne bereit, falls er die nötige finanzielle Unterstützung findet, auch in Norddeutschland sich entsprechend zu betätigen. Ich möchte Ihnen hiermit Herrn Hitler aufs wärmste empfehlen und ich bin gewiß, daß er Ihnen vorzügliche Dienste leisten wird.«[116]

---

114 *Franz-Willing,* Die Hitlerbewegung, S. 201.

115 Ebenda.

116 ZStAP: AV, Nr. 258, Bl. 198.

Fassen wir zusammen: Die DAP / NSDAP wurde von führenden Vertretern der reaktionärsten und demokratiefeindlichsten Kreise in Armee, Staatsapparat und Bourgeoisie aufgepäppelt als Instrument zur Erreichung ihrer Ziele; Hitler wurde der »Führer«-Favorit dieser Kreise als derjenige, der ihnen »vorzügliche Dienste« zu leisten versprach, als »geschickter und tatkräftiger Verfechter« ihrer Ideen, als »eine organisatorische und agitatorische Kraft ersten Ranges«, die vollbringen sollte, was für sie lebenswichtig war, aber von ihnen selbst nicht vollbracht werden konnte, nämlich: »die Arbeiterschaft ins nationale Lager« zu locken.

Angesichts all dessen kann nur ungenügende Kenntnis der Fakten oder aber skrupellose Geschichtsfälschung an der Behauptung festhalten lassen, die NSDAP sei entstanden und herangewachsen als kleinbürgerliche Protestbewegung. Gewiß wurde sie auch ein Sammelbecken protestgeladener Kleinbürger. Aber sie war zuerst und von allem Anfang an als ein Protektionskind besitzbürgerlicher Kreise und der bewaffneten Macht der herrschenden Klasse aufgezogen worden mit dem Sonderauftrag, die antikommunistische, antiparlamentarische, die Rechtsdiktatur vorbereitende nationalistische und revanchistische Wirksamkeit der übrigen »vaterländischen« Organisationen bis in die Arbeiterschaft hinein zu verlängern.

In dieser Aufgabe konkurrierte mit ihr die Münchener Ortsgruppe der Deutschsozialistischen Partei. Aber Mitte 1920 war die NSDAP bereits der eindeutige Sieger in diesem Konkurrenzkampf. Diesen Sieg verdankte sie in erster Linie der Reichswehrunterstützung, und zu dieser Unterstützung gehörte auch die Delegierung von »tüchtigen jungen Männern«, darunter des Mannes mit der unvergleichlichen »Goschn«, Hitler, in diesen Verein, der sich zwar schon als »Partei« bezeichnete, aber erst noch zu einer solchen entwickelt werden mußte.

Die Auftritte des Reichswehragenten Hitler waren zweifellos zur Hauptattraktion der NSDAP-Versammlungen geworden. Aber kaum weniger als durch diese Auftritte machte die NSDAP durch die in ihren eigenen oder auch in Versammlungen politischer Gegner provozierten Schlägereien von sich reden. Die sozialdemokratische »Münchener Post« schrieb im August 1920 über den Stil der NSDAP-Versammlungen und die Reden Hitlers: »Die ›Gaudi‹, die in letzter Zeit mit Versammlungen der NSDAP verbunden ist – man hat vor kurzem einen Heim-Bothmer-Jünger frisch-fröhlich an die Luft gesetzt – übt ihre Zugkraft. Am Freitagabend war der große Hofbräuhausfestsaal bis zum letzten Platz besetzt. Der geschäftige Herr Hitler sprach über das Thema ›Warum sind wir Antisemiten?‹[117] ... Eines hat Herr Hitler los, das muß man ihm lassen, er ist der gerissenste Hetzer, der derzeit in München sein Unwesen treibt.«

117 Es war dies die von *Phelps* in seinem Artikel: »Hitlers ›grundlegende‹ Rede über den Antisemitismus« dokumentierte Rede Hitlers vom 13. August 1920.

Über die Taktik der NSDAP und ihrer Protektoren stellt Franz-Willing – der aber ganz im Sinne der Hitlerlegende diese Taktik als Erfindung Hitlers ausgibt – fest: »Diese Komplementärwirkung gerade der feindlichen Presse und Propaganda war es, auf die Hitler wartete, die er bewußt erzeugte und herausforderte. Die Gegner mußten für seine Sache die wirksamste Propaganda machen; damit sie das aber auch taten, mußten seine Anhänger genügend Stoff – möglichst auch Skandalstoff! – liefern, damit die Presse des gegnerischen Lagers gezwungen war, sich mit den Nationalsozialisten zu befassen. Der Zwang dazu ging von der unerhörten Aktivität der Hitlerleute aus, die ihre geringe Zahl durch ein Übermaß an Energie und rücksichtslosem Draufgängertum wettmachten. Eben das war es, was die Besitzbürger beeindruckte und die Linke nötigte, sich schon so früh, als die Partei wirklich noch ein kleines Häuflein verachteter und verspotteter Fanatiker war, aufmerksam mit ihr zu befassen.«[118]

Wer – wie ihre Reichswehrprotektoren, aber auch ein Dietrich Eckart – aus der NSDAP die Basis für einen konterrevolutionären *Stoßtrupp* formieren wollte, dem wurde angesichts der zahlreichen Konkurrenz anderer Rechtsverbände mit einem unvergleichlich größeren Anhang eine derartige Taktik durch die Verhältnisse geradezu aufgezwungen. Hitler war allerdings besonders geeignet, diese taktische Linie seiner Gönner und Ratgeber mit Vehemenz durchzusetzen, ging es für ihn dabei doch immer zugleich darum, seine Unentbehrlichkeit unter Beweis zu stellen und sich an die Spitze der »Partei« zu reden. Aus alledem erklärt sich, daß die NSDAP in ihrer Versammlungsaktivität von keiner anderen Münchener Partei übertroffen wurde. Kaum eine Woche verging ohne eine öffentliche Versammlung. In dem knappen Jahr vom 24. Februar 1920 bis zum 21. Januar 1921 hatte sie 46 solcher Versammlungen abgehalten, dazu noch in jeder Woche einen sogenannten Sprechabend.[119]

Das Niveau der Naziversammlungen kennzeichnete die »Münchener Post« in einem Bericht, der allerdings selbst von rassistischer Überheblichkeit nicht frei war, mit folgender Schilderung: »Als Berichterstatter einer neutralen ausländischen Zeitung hatte ich das zweifelhafte Vergnügen, der Versammlung der Nationalsozialisten im Hackerkeller … beizuwohnen … Ich kann nur sagen, daß ich mich beim Anhören des schauderhaften Blödsinns, den der Redner dem jauchzenden Publikum verzapfte, wiederholt fragen mußte, ob ich mich noch zwischen Europäern, zwischen Weißen, sozusagen denkenden Menschen befände.«[120] Welch unsagbar dürftige geistige Kost und welch eine barbarisch verhunzte Sprache Hitler seinem Publikum tatsächlich zumutete, davon zeugen alle seine Reden aus der sog. »Kampfzeit«. Hier sollen nur einige

118 *Franz-Willing*, Die Hitlerbewegung, S. 152.

119 *Hans Volz*, Daten der Geschichte der NSDAP, Berlin / Leipzig 1936, S. 4.

120 *Franz-Willing*, Die Hitlerbewegung, S. 161.

Kostproben aus einer seiner »berühmtesten« Reden dargeboten werden, die in der Tat ein sehr geeignetes Objekt zum Studium des meisterhaften Demagogen mit den an Primitivität kaum zu unterbietenden Argumenten, aber ebensosehr auch ein Objekt zum Studium der geistigen und seelischen Verfassung jener Massen ist, die sich von derartigen Reden zu fanatischem Jubel hinreißen ließen und mit dem erhebenden Gefühl nach Hause gingen, soeben der Verkündung einer neuen, Hoffnung verheißenden Heilslehre, womöglich durch einen neuen Messias, beigewohnt zu haben.

Diese Rede wurde am 12. April 1922 gehalten, also zur Zeit der Konferenz von Genua.[121] Ihr obligatorischer erster Teil bestand in der »Abrechnung« mit den »Novemberverbrechern« und dem »Nachweis«, daß an allem Unglück Deutschlands die »Juden« schuld seien, und daß die Weimarer Republik eine »Judenrepublik« sei. Das sah z. B. so aus: »Im November wurde dem staunenden Volk erklärt: Nun wird der Hieb in das Genick des Kapitalismus geführt ... Der ›christliche Kapitalismus‹ ist tatsächlich zunächst schon so gut wie vernichtet, der geht mit großen Schritten abwärts. Also müßte man annehmen, daß das internationale jüdische Börsenkapital den gleichen Weg mitginge, denn es wird ja auch vernichtet. Statt dessen kann man es erleben, daß in eben dem Maß, in dem der eine alles verliert, der andere alles gewinnt.

Der Kampf gegen den sogenannten ›Kapitalismus‹ setzt in einer Richtung auf einmal vollständig aus, und wir können nun sehen, wer das wahre Interesse an diesem ganzen Zusammenbruch der völkischen Wirtschaft hatte: Niemand als nur das internationale, wahrhaft große Börsen- und Leihkapital, das sogenannte ›überstaatliche Kapital‹. Jenes Kapital, das seinen Charakter erhält durch die einzige überstaatliche Nation, die selbst national ist bis in die Knochen, sich aber über den anderen Nationen dünkend, sich auch über sie stellt und über sie auch bereits herrscht.«[122]

Diese Rede macht ganz deutlich, daß der Antisemitismus nicht deshalb im Mittelpunkt Hitlerscher Reden und nazifaschistischer Schriften stand, weil dies der »Kern von Hitlers Weltanschauung« war, wie von bürgerlichen »Hitlerologen« immer wieder behauptet wird, sondern weil die Indoktrination des Antisemitismus Hitler wie den Alldeutschen und den Deutschvölkischen usw. als das geeignetste Mittel zur »Widerlegung« der marxistischen Klassenkampflehre und zur Begründung des Kampfes gegen den wirklichen Hauptfeind, die revolutionäre Arbeiterbewegung, erschien. Daher auch das demagogische Vorgehen Hitlers, als ob er seine antisemitischen Behauptungen in wissenschaftlicher Systematik und logischer Ableitung gewönne: »Wir müssen

121 Aus der Rede wird zitiert nach: *Erhard Klöss* (Hg.), Reden des Führers. Politik und Propaganda Adolf Hitlers 1922-1945, München 1967, S. 28ff.

122 Ebenda, S. 32f.

uns nun fragen: Hatte der Jude ein Interesse am Zusammenbruch? Wir können das heute ganz objektiv besprechen.« Nach einer Suggestivbehauptung wird dann – in einer Zeit schlimmer Not und weitverbreiteten Elends – ein antisemitischer Neidkomplex zu erwecken versucht: »Sie werden wissen, daß unter allen Leidtragenden die Juden verhältnismäßig am seltensten sind. Man sage mir nur ja nicht: Die armen Juden aus dem Osten. Selbstverständlich haben die vorher nichts gehabt, aber aus dem einfachen Grunde, weil sie aus einem Lande kamen, das sie durch Jahrhunderte ratzekahl abgewüstet und abgefressen hatten und selber produktiv schaffend nie sind und niemals waren.«[123] Selbst unter Berücksichtigung der Neigung Hitlers zum Denken in groben, primitiven Klischees wird man kaum annehmen dürfen, daß er den blühenden Unsinn über das von den Juden »ratzekahl abgefressene Land« selber als Erklärung für die Rückständigkeit Osteuropas ernst nahm. Aber »der Jude« mußte als Verkörperung des Schmarotzertums so einprägsam geschildert werden, daß dadurch das Bild des Kapitalisten als des wirklichen Ausbeuters verdrängt und die Schlußfolgerung akzeptiert wurde: »Das ist die Schuld des Juden, daß er die breite Masse in diesen Wahnsinn des November … hineingehetzt hat.«[124]

Hitler machte es sich selbstverständlich auch zur Aufgabe, die allgemeine bürgerliche Hetze gegen die Sowjetunion noch zu übertrumpfen und in sein antisemitisches Weltbild paßgerecht einzubauen. Das sah dann z. B. so aus: »Während jetzt in Sowjetrußland die Millionen dahindarben und dahinsterben, fährt Tschitscherin und mit ihm ein Stab von über 200 Sowjetjuden im Expresszug durch Europa, besucht die Kabaretts, läßt sich Nackttänze vorführen, wohnt in feinsten Hotels …« Die Oktoberrevolution malte Hitler in einer Weise, aus der man den Kleinbürger und Obdachlosenasylisten erkannte: »Wohl nahm damals der einzelne Arbeiter die Börse seines Grundbesitzers und Arbeitgebers zu sich; (sic!) wohl nahm er Ringe und Brillanten und jubelte, daß er nun zu den Schätzen gekommen, die bisher nur die ›Bourgeoisie‹ besaß.« Aber natürlich nutzte ihm das alles gar nichts, denn: »Er ist in seine Wüste gebannt, und von Brillanten kann man sich nicht ernähren. Für ein Stückchen Brot gibt er Millionen von Werten hin. Und so fließt denn alles«, – wie könnte es anders sein! – »zurück zu seinen Verführern«, »in die Hände der Juden!«[125]

In diesem hanebüchenen Stil geht es stundenlang weiter. Hitler »beweist« zum Beispiel folgendermaßen, daß es keine Klassen gibt: »Es gibt und kann keine Klassen geben. Klasse heißt Kaste und Kaste heißt Rasse. Wenn es in Indien Kasten gibt – jawohl – dort ist das möglich, dort waren einst Arier und dunkle Ureinwohner. So

123 Ebenda, S. 33.

124 Ebenda, S. 35.

125 Ebenda, S. 36.

war es auch in Ägypten und Rom. Bei uns aber in Deutschland, wo jeder gleiches Blut trägt, der überhaupt Deutscher ist, und gleiche Augen hat und die gleiche Sprache spricht, da kann es keine Klasse geben, da gibt es nur ein Volk und weiter nichts.«[126]

Die gleiche Rede, die solcherart nicht nur ein Bild der von Hitler offenbar zu recht vorausgesetzten Primitivität seiner Zuhörer, sondern auch der Primitivität seines eigenen Denkens liefert, läßt zugleich auch seine hochentwickelten demagogischen Fähigkeiten erkennen, etwa, wenn er einen Ausspruch des bayerischen Ministerpräsidenten Lerchenfeld zitiert, (der gesagt hatte, sein Gefühl als Mensch und Christ müsse ihn abhalten, Antisemit zu sein), und darauf mit folgender, meisterhaft auf seine vorwiegend katholischen Zuhörer zugeschnittenen Replik antwortet: »Mein christliches Gefühl weist mich hin auf meinen Herrn und Heiland als Kämpfer. Es weist mich hin auf den Mann, der einst einsam, nur von wenigen Anhängern umgeben, diese Juden erkannte und zum Kampf gegen sie aufrief, und der, wahrhaftiger Gott, nicht der Größte war als Dulder, sondern der Größte als Streiter! In grenzenloser Liebe lese ich als Christ und Mensch die Stelle durch, die uns verkündet, wie der Herr sich endlich aufraffte und zur Peitsche griff, um die Wucherer, das Nattern- und Otterngezücht hinauszutreiben aus dem Tempel«, usw., usf.[127] Geschickt wurde hier einem Auditorium, das durch seine soziale Lage zum Protest gedrängt wurde und nach radikaler Änderung der Verhältnisse verlangte, eine Auslegung des Christentums gegeben, die diese Protesthaltung und zugleich die brutalen Kampfmethoden der NSDAP nicht nur religiös rechtfertigte, sondern geradezu als Gebot richtig verstandenen Christentums darstellte. Charakteristisch war dabei die unglaublich dreiste Plumpheit, mit der Hitler durch seine Wortwahl eine Analogie von Jesus zu seinem eigenen »Kampf« anklingen ließ. Jedenfalls ist nach der Lektüre von Hitlerreden bei Kenntnis des frenetischen Beifalls, den der Bierhallen-Messias mit ihnen erntete, durchaus verständlich, daß sich kritische Zuhörer solcher Versammlungen fragten, ob sie sich unter normal denkenden Menschen befanden.

So wichtig Versammlungsreden indessen für das Bekanntwerden und das Wachstum der Partei waren, mit ihnen allein war keine Parteiorganisation aufzubauen: es bedurfte dazu unbedingt auch der Presse. Mit dem Anwachsen der Partei – im Januar 1921 war ihre Mitgliederzahl auf knapp dreitausend angestiegen – machte sich das Fehlen eines Presseorganes immer empfindlicher bemerkbar; dies um so mehr, als die zweite Thule-Gründung, die Ortsgruppe der DSP, obwohl sie an Bedeutung hinter die DAP zurückgefallen war, im »Völkischen Beobachter« (dem früheren, seit dem 3. Ja-

126 Ebenda, S. 39f.

127 Ebenda, S. 42.

nuar 1920 umbenannten »Münchener Beobachter«)[128] über ein zweimal wöchentlich erscheinendes eigenes Organ verfügte. Nicht nur die Parteiführung, sondern auch die einflußreichen und geldstarken Protektoren der NSDAP empfanden diesen Zustand offenbar als störend und leiteten den Erwerb des vor dem Bankrott stehenden »Völkischen Beobachters« samt des ihn tragenden Eher-Verlages für die NSDAP ein.[129] Dieser Verlag war ebenso wie der »Münchener Beobachter« von der Witwe des Verlagsgründers Franz Eher im Sommer 1918 an Sebottendorf und die Thule-Gesellschaft verkauft und von dieser der Münchener Ortsgruppe der DSP zur Verfügung gestellt worden.[130] Am 17. Dezember 1920 ging der VB nun in das Eigentum der NSDAP über; der Kaufpreis betrug 120.000 Mark, die Schuldenlast, die mit übernommen wurde, war noch um vieles höher und belief sich auf 250.000 Mark![131] Natürlich konnte eine derartige Summe von der kleinen 2-3000-Mann-Partei niemals aufgebracht werden. Bezeichnenderweise war es General Epp, also die bayerische Reichswehr, die entscheidend dazu beitrug, den Kauf des VB zu ermöglichen. Epp gewährte Dietrich Eckart aus den Reichswehrfonds ein »Darlehen« von 60.000 Mark, womit bereits die Hälfte der Ankaufsumme gedeckt war. Weitere 56.500 Mark wurden von »Pg.« Dr. Gottfried Grandel, einem finanzkräftigen Augsburger Chemie-Fabrikanten, vorgeschossen. Franz-Willing faßt die finanzielle Seite des Erwerbs des VB mit den Worten zusammen: »Der VB war also mit Schulden erworben worden, von denen ein großer Teil Reichswehrmittel waren und der andere Teil Privatmittel von Gesinnungsfreunden der Partei und Hitlers. Praktisch wurden diese Schulden nie zurückgezahlt.«[132]

Trotz dieser Unterstützung war die Erwerbung und der Unterhalt des VB für die NSDAP eine kaum zu verkraftende finanzielle Belastung. Monatelang mußten die Gläubiger – die ehemaligen Gesellschafter, zu denen auch mit einem Anteil von 10.000 Mark Gottfried Feder gehörte – auf ihre Auszahlung warten. Am 13. Februar 1921 mußte Drexler Feder um weiteres Stillhalten bitten; er schrieb ihm: »Wir wissen nicht, ob wir den Verpflichtungen unseren Gläubigern gegenüber, den früheren Gesellschaftern, ohne den Betrieb einstellen zu müssen, nachkommen können und halten

---

128 *Phelps,* Before Hitler came, S. 255f. – Am 9. August 1919 wurde der »Münchener Beobachter« erstmals auch in einer Reichsausgabe gedruckt, die jedoch den Namen »Völkischer Beobachter« trug. Als die Reichsausgabe außerhalb Bayerns verboten wurde, übernahm die Münchener Ausgabe diesen Namen (erstmals am 3. Januar 1920) und behielt ihn fortan bei. Siehe The Story of the Völkischer Beobachter, in: The Wiener Library (Bulletin), London, Vol. VIII, Nr. 5-6, Sept.-Dec. 1954, S. 36 und 39.

129 Die Abonnentenzahl war von 17.000 im Oktober 1919 auf 800 Ende 1920 zurückgegangen – Ebenda.

130 *Franz-Willing,* Die Hitlerbewegung, *S.* 159f.

131 Ebenda, S. 180ff.

132 Ebenda, S. 181.

nun bei Ihnen um eine weitere Stundung Ihrer Forderung an. Sie würden uns und unserer gemeinsamen Sache damit einen großen Dienst erweisen.«[133]

Aber ein Dreivierteljahr später, am 16. November 1921, konnte Hitler, nunmehr zum Parteiführer aufgerückt, vor dem Registergericht München erklären, daß er Alleinbesitzer aller Anteile des VB und des Eher-Verlages sei.[134] Und ab 8. Februar 1923 konnte der VB, der bis dahin nur dreimal in der Woche herauskam, als Tageszeitung erscheinen. Potente Helfer waren immer rechtzeitig zur Stelle; wenn die einen aus bestimmten Gründen einmal die Taschen zuhielten, öffneten andere sie ganz bestimmt um so weiter, wie sich schon beim VB-Erwerb gezeigt hatte. Hitler und Esser hatten nämlich bei ihrem Berlin-Besuch im Dezember 1920 auch Claß um eine finanzielle Unterstützung für den Ausbau des VB gebeten. Claß schrieb daraufhin an den Finanzdirektor der Maschinenfabrik Augsburg-Nürnberg (MAN), Otto Gertung, einen Brief mit der Bitte um Hilfe für den VB, da der Alldeutsche Verband zu solcher Hilfe im Augenblick nicht in der Lage sei; ob im Januar 1921 in der Sache etwas getan werden könne, solle überlegt werden. Claß fuhr dann fort: »Hierzu ist aber notwendig, daß an Ort und Stelle die Verhältnisse einer genauen Prüfung unterzogen werden, insonderheit liegt uns daran, Ihre Ansicht darüber zu erfahren, was Sie nach Prüfung obiger Angaben (über die Finanzlage des VB; K. G.) zur Sicherstellung des Blattes für notwendig halten. Daß das Erscheinen für die Sache selbst und auch in unserem Sinne von größter Bedeutung ist, unterliegt wohl keinem Zweifel. Es handelt sich nur darum, ob und inwiefern geholfen werden möchte und werden kann.«[135] Die Direktion der MAN verweigerte aber die Herausgabe einer Geldsumme für diesen Zweck, mit einer Begründung, die bereits in den Komplex der Parteikrise des Sommers 1921 führt und deshalb auch dort behandelt werden soll. Wichtig ist jedoch die Tatsache des persönlichen Kontaktes zwischen Claß und Hitler und des Einsatzes des AV-Vorsitzenden für die NSDAP. Denn dem alldeutschen Führer »standen in jenen Jahren ... erhebliche Geldmittel zur Verfügung, die zum Teil aus den von der Schwerindustrie geschaffenen ›nationalen Zweckvermögen‹, zum Teil aus Quellen herrührten, deren Bekanntgabe bisher noch nicht ›geschichtsreif‹ schien.«[136] Wie aus den Akten des Alldeutschen Verbandes zu ersehen, waren solche »Quellen« auch Carl Duisberg und die Chemiefirma Th. Goldschmidt, Essen.[137] Seinem eigenen Verband konnte Claß nur einen geringen Teil aus diesem Kampffonds zugehen lassen, »denn er hatte eine ganze Reihe von Wehr-

133 Ebenda, S. 183.

134 Ebenda, S. 181.

135 ZStAP, AV, Nr. 258, Bl. 200, Claß an Gertung, 21.12.1920.

136 *Alfred Kruck,* Geschichte des Alldeutschen Verbandes 1890-1939, Wiesbaden 1954, S. 192.

137 ZStAP, AB, Nr. 392, Bl. 132, Brief v. Dr. Otto Helmut Hopfen, alldeutscher Schriftsteller, von 1921-1933 ständiger Vertreter der »Deutschen Zeitung« in Italien, an Claß v. 1.8.1920.

verbänden und anderen Gruppen zu unterstützen, die in der gleichen Front standen.« Und dazu gehörte natürlich auch der ursprünglich alldeutsche[138] Ableger, die NSDAP.

Im Dezember 1920 war Claß für Hitler immer noch der respekteinflößende Führer des berühmten und mächtigen, von den Linken so sehr gehaßten Alldeutschen Verbandes und der Verfasser zweier Bücher, die auf Hitler einen tiefen Eindruck gemacht hatten und denen er einen guten Teil seiner »Bildung« verdankte, nämlich des vielzitierten »Kaiserbuches«[139] und eines Abrisses der deutschen Geschichte aus alldeutscher, antisemitischer Sicht.[140] Hitler gab sich deshalb auch große Mühe, bei Claß einen guten Eindruck zu hinterlassen. »In der überschwenglichen Art«, – berichtet Kruck über Hitlers Besuch bei Claß –»die ihm in seinen jungen Jahren eigen war, küßte Hitler dem Justizrat die Hände und bekannte sich als einen treuen Schüler. Er hätte mit innerer Erregung den ›Einhart‹ gelesen und nach der Lektüre von ›Wenn ich der Kaiser wär'‹ die Überzeugung gewonnen, daß in diesem Buch alles für das deutsche Volk Wichtige und Notwendige enthalten sei.«[141]

Hitler benutzte die Gelegenheit, durch stundenlange Ausführungen über das Programm der NSDAP auch Claß darüber ins Bild zu setzen, wer der eigentlich führende Kopf dieser Partei war. Es sollte nur noch ein halbes Jahr vergehen, bis er das auch in aller Form war.

2. Die Erhebung des V-Mannes zum Parteiführer

Angesichts der großen Zersplitterung im »völkischen« Lager gab es ständig Bestrebungen und Bemühungen, zu einer Zusammenarbeit und schließlich zu einer Vereinigung zu gelangen. Diese Bemühungen scheiterten aber immer wieder daran, daß jede Richtung in einer vereinten Organisation die Führung für sich beanspruchte und keine bereit war, die Führung durch andere anzuerkennen.

Die Vereinigungsbemühungen, über die im Alldeutschen Verband immer wieder beraten wurde[142], hatten, wie an anderer Stelle schon erwähnt, im Dezember 1919 zunächst zur Gründung eines Kontaktzentrums der österreichischen, der in der Tsche-

138 *Kruck,* S. 192.

139 *Daniel Fryman* (d.i. Heinrich Claß), Wenn ich der Kaiser wär. Politische Wahrheiten und Notwendigkeiten, Leipzig 1912.

140 Es handelt sich um die unter dem Pseudonym *Einhart* 1911 in Leipzig erschienene »Deutsche Geschichte« von Heinrich Claß.

141 *Kruck,* S. 192.

142 ZStAP, AV, Nr. 130, Sitzung des geschäftsführenden Ausschusses am 5./6. Februar 1921; Nr. 131, Bl. 34, Sitzung des gesch. Aussch. am 21./22. Mai 1921, Punkt 6 d. Tagesordnung.

choslowakei wirkenden und der deutschen nationalsozialistischen Parteien in Gestalt der »zwischenstaatlichen Kanzlei« in Wien geführt, deren Leiter der Führer der österreichischen Nationalsozialisten Dr. Walter Riehl war. Die österreichischen Nationalsozialisten hatten schon vor dem Kriege (wo sie noch den Namen »Deutsche Arbeiterpartei« trugen), enge freundschaftliche Beziehungen zum Alldeutschen Verband unterhalten; Walter Riehl war auch nach dem Kriege organisatorisch mit dem Alldeutschen Verband verbunden.[143]

Es verging in den Jahren 1919 / 1922 kaum eine Sitzung der Leitung des AV, in der nicht die Frage des »Anschlusses«, d. h. der Vereinigung Österreichs mit Deutschland, behandelt wurde.[144] Die Auffassung von Claß war hier wie in allen anderen Fragen, daß eine positive Lösung erst nach Errichtung der »nationalen Diktatur« zu verwirklichen sei. Als Grund für diese Haltung wurde angegeben, die jetzige Regierung sei nicht willens und nicht imstande, den »Anschluß« Österreichs durchzusetzen; der wahre Grund bestand darin, daß Claß jeden außen- und innenpolitischen Erfolg der Republik zu hintertreiben bemüht war, aus Furcht vor einer Konsolidierung des republikanischen Systems. Um so mehr war er darum bemüht, die eigene Organisation in Österreich und in den deutschsprachigen Gebieten der Tschechoslowakei und die »völkischen« Parteien der drei Länder zu einer immer engeren Zusammenarbeit zu führen. Diese Bemühungen wurden von Walter Riehl, der sich in seiner Eigenschaft als Leiter der zwischenstaatlichen Kanzlei auch als Leiter der nationalsozialistischen »Gesamtbewegung« fühlte, stärkstens unterstützt. Im Ergebnis solcher Bemühungen kam es am 7. / 8. August 1920 zur ersten zwischenstaatlichen Tagung aller deutschsprachigen nationalsozialistischen Parteien in Salzburg.[145]

Auf dieser Tagung war die NSDAP durch Drexler und Hitler vertreten. Vom AV nahm Dr. Helmut Hopfen teil, der sich sehr lobend über das Auftreten Hitlers ausließ.[146]

Auf der Salzburger Tagung wurden Beschlüsse gefaßt, deren Verwirklichung von weittragender Bedeutung für das Schicksal jeder beteiligten Partei sein mußte.

In der Entschließung der Tagung wurde nicht mehr und nicht weniger verkündet als dies: »Die am 7. und 8. August versammelten Vertreter der völkischen und sozialistischen Parteien und zwar der NSAP der Tschechoslowakei, der NSP Ostschlesiens … der NSDAP Deutschlands (Sitz München) und der Deutschsozialistischen Partei (Sitz Hannover) erklären hiermit ihren Zusammenschluß zur Deutschen Nationalsoziali-

143 *Krebs,* S. 120.

144 ZStAP, AV, Nr. 130, 131, 133-135.

145 *Franz-Willing,* Die Hitlerbewegung, *S.* 89, 94ff.

146 ZStAP, AV, Nr. 392, Bl. 134f., Brief Hopfens an Claß v. 10.8.1920.

stischen Partei.«[147] Ferner wurde zwischen der DSP und der NSDAP eine territoriale Abgrenzung derart getroffen, daß die DSP nördlich der Mainlinie, die NSDAP südlich der Mainlinie wirken sollte; alle NSDAP-Gruppen im Norden sollten sich demzufolge der DSP, alle DSP-Gruppen im Süden der NSDAP anschließen. Eine Ausnahmeregelung wurde für die DSP-Gruppe in Nürnberg, deren Leiter Julius Streicher war, getroffen; sie sollte als selbständige Organisation in Nürnberg weiterbestehen.[148]

Weder der erste noch der zweite Beschluß wurden indessen verwirklicht. Das einzige greifbare Ergebnis der Tagung war ein Redneraustausch in den folgenden Monaten, in dessen Verlauf auf NSDAP-Kundgebungen in München als Referenten Riehl, Jung, Knirsch u. a. auftraten, während Hitler, Esser, Feder u. a. in Versammlungen der österreichischen Nazis sprachen.[149] Zur Finanzierung von Hitlers Österreich-Reise stiftete Claß 1.000 Mark.[150]

Der Konkurrenzkampf zwischen NSDAP und DSP ging jedoch nach der Salzburger Tagung nicht nur weiter, sondern entbrannte nun erst in voller Stärke. Das hatte verschiedene Ursachen. Zum einen war die Führung des Alldeutschen Verbandes an einer Vereinigung der im Reiche wirkenden völkischen Organisationen weit weniger interessiert als am Zusammenschluß der reichsdeutschen mit den österreichischen und den in der Tschechoslowakei wirkenden nationalsozialistischen Parteien. Der Hauptgeschäftsführer des Alldeutschen Verbandes, Vietinghoff-Scheel, erklärte im Mai 1921 auf einer Tagung des geschäftsführenden Ausschusses unumwunden, er habe nie etwas von den Einigungsbestrebungen gehalten, weil es einfach unmöglich sei, alle unter einen Hut zu bringen; aber selbst wenn das gelänge, sei es sehr fraglich, ob das auch gut wäre, weil die Folge unzweifelhaft eine starke Verwässerung sein müsse. Seiner Ansicht nach wäre es besser, eine »gewisse Vielspältigkeit der Bewegung hinzunehmen, als die anerkannten Führer in ihrer Tätigkeit zu behindern.«[151] Diese Äußerung ist vor allem durch den Zeitpunkt, in dem sie getan wurde, bemerkenswert; sie bedeutet eine klare Absage an die zu dieser Zeit gerade ihrem Höhepunkt entgegengehenden Bemühungen des DSP-Führers Brunner um Vereinigung von DSP und NSDAP mit dem Ziel, durch die Verlegung der Leitung der neuen Partei nach Berlin deren Führung zu erlangen.[152]

Die Führung des Alldeutschen Verbandes hatte es ganz offensichtlich lieber mit ei-

147 *Franz-Willing,* Die Hitlerbewegung, *S.* 96.

148 Ebenda, S. 89f.

149 Ebenda, S. 96.

150 ZStAP, AV, Nr. 392, Bl. 142, Claß an Hopfen, 18.8.1920: »Wegen Hitlers Reise nach Deutsch-Österreich können 1.000 Mark flüssig gemacht werden, die ich selbst nach München mitbringen will.«

151 Ebenda, Nr. 131, Bl. 26.

152 *Franz-Willing,* Die Hitlerbewegung, S. 105f.

ner Vielzahl kleinerer, von ihrer Unterstützung abhängiger Organisationen zu tun, als mit großen Organisationen, die sich ihrer Einflußnahme leichter entziehen konnten.

Die Verwirklichung der Brunnerschen Absichten hätte jedoch vor allem die Pläne der bayerischen Reichswehrführung in Bezug auf »ihre« Partei, die NSDAP, durchkreuzt und alle dabei bereits erreichten Erfolge zunichte gemacht. Es war selbstverständlich, daß Röhm und Epp alle Hebel in Bewegung setzten, um zu verhindern, daß ihnen dieses Instrument durch den Brunnerschen Vereinigungsplan aus den Händen genommen wurde.

Für sie war Bayern das Zentrum, von dem aus der Kampf gegen die Republik organisiert wurde, und nur hier in München konnte folglich auch der Sitz der Leitung des *politischen* Stoßtrupps sein, dessen sie sich dabei zu bedienen gedachten. Für Schwärmereien über einen Zusammenschluß aller völkischen Gruppen zu einer »großdeutschen« Partei, die doch nur zu völliger Aktionsunfähigkeit verdammt sein würde, hatten sie nicht das geringste übrig. Die Einigung, die sie herbeizuführen trachteten, war die Einheit aller in *Bayern* existierenden »vaterländischen« Organisationen unter ihrer Führung. Kein Wunder also, daß auch ihr V-Mann Hitler ein entschiedener Gegner der Brunnerschen Vereinigungspläne war. Aber er hatte für diese Gegnerschaft auch einen ganz persönlichen Grund, ging es doch Brunner nicht zuletzt darum, den Einfluß Hitlers auf die Führung der Partei durch die Verlegung der Leitung nach Berlin auszuschalten.

Brunners Gegnerschaft zu Hitler war keineswegs nur persönlich, sondern auch politisch motiviert.

Ein Vergleich der Programme und anderer Verlautbarungen beider Parteien macht als erstes deutlich, daß die sozialdemagogische Komponente bei der Brunner-Partei eine viel größere Rolle spielte als bei der NSDAP.[153] Sie schlug heftigere Töne gegen das »Großkapital« an, und besonders heftig attackierte sie den Großgrundbesitz. Otto Dickel, prominentes DSP-Mitglied aus Augsburg, dessen politische Aktivitäten von dem bereits erwähnten Augsburger Chemiefabrikanten Grandel finanziert wurden[154], führte in einer Versammlung der NSDAP – (der er ebenfalls angehörte) – aus, daß der Großgrundbesitz an Gefährlichkeit dem Judentum gleichkomme.[155]

153 *Weißbecker*, Deutschsozialistische Partei, S. 763.

154 *Franz-Willing*, Die Hitlerbewegung, S. 109. Studienrat Dr. Dickel war ein weitgereister Mann, der sich längere Zeit in China und Indien aufgehalten hatte. Er fühlte sich zur Rettung des Abendlandes berufen. Wodurch und wie das geschehen sollte, legte er in einem Anfang 1921 erschienenen Buche »Die Auferstehung des Abendlandes. Die abendländische Kultur als Ausfluß des planetarischen Weltgefühls, Entwicklung und Zukunft«, Augsburg 1921, dar. Zur Sammlung all derer, die bereit waren, unter seiner Führung die Rettung des Abendlandes in Angriff zu nehmen, gründete er im März 1921 eine »Deutsche Werkgemeinschaft«. Ausführlich zu Dickel und zur DSP siehe *Tyrell*, Vom ›Trommler‹, S. 110ff.

155 *Heiden*, Geschichte, S. 54.

Ein weiterer Unterschied zwischen NSDAP und DSP zeigte sich in den Organisationsprinzipien. Während die NSDAP zentralistisch aufgebaut war, alle Ortsgruppen der Münchener Ortsgruppenleitung unterstanden, war die Verbindung zwischen den Ortsgruppen der DSP relativ lose und jede Ortsgruppe weitgehend selbständig. Auf die Nürnberger und die Münchener Ortsgruppe gar hatte Brunner so gut wie keinen Einfluß.[156]

Diese Unterschiede ergaben sich in erster Linie aus den völlig verschiedenen Verhältnissen, unter denen die DSP in Norddeutschland und die NSDAP in Bayern tätig waren.

Die NSDAP wirkte unter den Bedingungen einer siegreichen bewaffneten weißen Konterrevolution, unter den Bedingungen der faktischen Herrschaft des Militärs, das sich in Ergänzung zu den bereits vorhandenen Einwohnerwehren bzw. Wehrverbänden in Gestalt der NSDAP auch ein politisches Bürgerkriegsinstrument heranzog, dessen Struktur, Organisationsprinzipien und Kampfesweise von dieser Patenschaft und von dieser Zweckbestimmung geprägt waren.

Im Unterschied dazu hatte die DSP ihren Schwerpunkt in Preußen, das von den Parteien der Weimarer Koalition unter Führung der Sozialdemokratie regiert wurde; viele ihrer Ortsgruppen lagen in Ballungszentren der Arbeiterklasse, im Ruhrgebiet, in Berlin, in Leipzig.[157] Zahlenmäßig schwach und ohne den Rückhalt, den die NSDAP seitens der Reichswehr und des Staatsapparates genoß, konnte die Brunner-Partei vorläufig nicht daran denken, sich auf einen nahe bevorstehenden Putsch vorzubereiten; sie mußte vielmehr ihre Aufgabe darin sehen, durch eine Propaganda, in der nicht die nationale, sondern die soziale Demagogie im Vordergrund stand, in der organisierten Arbeiterschaft Fuß zu fassen. Sie konnte sich daher auch nicht leisten, schroff antigewerkschaftlich aufzutreten und die demokratischen Organisationstraditionen der Arbeiterbewegung durch Entmündigung der Mitglieder mittels des Führerprinzips ebenso rigoros zu mißachten, wie das für die Hitlergruppe in der NSDAP kennzeichnend war.[158]

Diese Unterschiede machten aus der DSP natürlich keine »sozialistische« Partei, wie Franz-Willing glauben machen will, wenn er schreibt, die »Deutschsozialisten« hätten einen »sittlich fundierten deutschvölkischen Sozialismus« vertreten, der »die idealistische Grundströmung in der gesamten nationalsozialistischen Bewegung« repräsentiert habe.[159] Mit solchen Einschätzungen gibt Franz-Willing keineswegs ein

---

156 *Franz-Willing*, Die Hitlerbewegung, S. 89.

157 Ebenda.

158 Handbuch der bürgerlichen Parteien, Bd. I, S. 763.

159 *Franz-Willing*, Die Hitlerbewegung, S. 91.

zutreffendes Bild dieser faschistischen Partei, wohl aber charakterisiert er damit seinen eigenen politischen Standort. Richtig ist jedoch seine Feststellung, daß die von Brunner verkörperte Richtung in der NSDAP ebenfalls vertreten war, vor allem in der Person Gregor Strassers.[160]

Hier ist nun auch auf die Ablehnung der finanziellen Unterstützung der NSDAP durch die Leitung der Maschinenfabrik Augsburg-Nürnberg zurückzukommen.[161] Über die Gründe der Ablehnung schrieb Finanzdirektor Gertung an Claß, »daß die Direktion der MAN plötzlich Bedenken gegen die Agitation Hitlers bekommen« habe, weil Hitler »nach ihren Berichten nicht die Arbeiter gewinnen würde, sondern kleinbürgerliche und studentische Kreise mit seinen pseudosozialistischen Gedanken verseuche.«[162]

Diese Stellungnahme ist besonders deshalb aufschlußreich, weil der Generaldirektor der MAN, Anton v. Rieppel, ein profilierter Vertreter der wendigen Fraktion der deutschen Monopolbourgeoisie war.[163] Zwar hatte er vor dem ersten Weltkrieg – wie auch Stresemann – dem Alldeutschen Verband als eifriges Mitglied angehört, sich aber gegen Kriegsende von der Politik der Leitung des AV distanziert. Er schrieb an den stellvertretenden Verbandsvorsitzenden im Oktober 1918 zur Begründung seiner Haltung: »Das Volk hört jetzt nur noch auf die sozialistischen Führer. Alle Aufrufe von Professoren, Rittergutsbesitzern, Industriellen und Offizieren verpuffen spurlos oder können höchstens Schaden anrichten, wenn in ihnen alldeutsche, schwerindustrielle, konservative oder reaktionäre Ziele vermutet werden.«[164]

Rieppel gehörte demnach zu den klügeren Industriellen, die nicht grundsätzlich etwas gegen den Gebrauch »sozialistischer« Demagogie einzuwenden hatten, sondern ihre Berechtigung oder Nichtberechtigung daran maßen, ob sie die richtige Wirkung zeitigte, d. h., ob sie den Arbeiterparteien und nicht etwa den bürgerlichen Parteien Abbruch tat.

Die Dickelsche Werkgemeinschaft in Augsburg entsprach offenbar mehr Rieppels Vorstellungen von den Wegen zur »Nationalisierung« der Arbeiterschaft, als das Vorgehen der Hitlergruppe in München.

Von einer gewissen Bedeutung für die Weigerung der MAN-Direktion, die NSDAP zu unterstützen, könnte auch die Tatsache sein, daß die MAN 1920 dem

160 Ebenda.

161 Siehe vorliegende Arbeit, S. 172.

162 ZStAP, AV, Nr. 258, Bl. 243, Mitteilung v. Claß an Tafel v. 8.6.1921.

163 *Helga Nussbaum*, Zentralverband Deutscher Industrieller, (ZDI) 1876-1919, in: Handbuch der bürgerlichen Parteien, Bd. 11, S. 858.

164 *Edgar Hartwig*, Alldeutscher Verband (ADV) 1891-1939, in: Handbuch der bürgerlichen Parteien, Bd. I, S. 18.

Haniel-Konzern angegliedert wurde.[165] Die Leitung dieses Ruhrkonzerns wurde bereits im Mai 1921 in Voraussicht kommender Verwicklungen mit Frankreich nach Nürnberg verlegt, das zum zweiten Schwerpunkt des Konzerns geworden war, nachdem er sich 1919 das Eisenwerk Nürnberg A.-G. vorm. J. Tafel & Co., ferner 1920 die MAN, 1921 die Fritz Neumeyer A. G. angegliedert und 1920 die den dortigen Raum beherrschende Fränkische Eisenhandelsgesellschaft m. b. H. gegründet hatte.[166] Der Generaldirektor des Hanielkonzerns, Paul Reusch, nahm sehr intensiven Anteil an der Politik in Bayern; er kontrollierte u. a. die auflagenstärkste Zeitung Süddeutschlands, die »Münchner Neueste Nachrichten«[167]. Politisch stand er scharf rechts, aber die Münchener NSDAP war ihm zu plebejisch. Er hielt es mit dem in München lebenden, ihm befreundeten Oswald Spengler, der die Ansicht vertrat, im Kampf um die Beseitigung der Weimarer Republik müsse die Führung in der Hand von Angehörigen der herrschenden Klasse liegen.[168]

In dem damals die Szene der innermonopolistischen Auseinandersetzungen beherrschenden Zweikampf zwischen Rathenau und Stinnes nahm Reusch eine eigenartige Haltung ein. Er stand, soweit es sich darum handelte, die Vormachtstellung der Schwerindustrie gegen Ansprüche der Elektro / Chemie-Gruppe zu verteidigen, fest an der Seite von Stinnes gegen Rathenau. Er verbündete sich aber mit Rathenau, um ein Gegengewicht gegen die Allianz Stinnes-Siemens zu schaffen und um sich gegenüber dem grenzenlosen Expansionsstreben von Stinnes behaupten zu können.[169] Der Haniel-Generaldirektor schloß dieses Bündnis zu einer Zeit, da die alldeutsche Hetze gegen Rathenau immer zügelloser wurde; er stimmte auch in dieser Hinsicht mit Spengler überein, der den primitiven Radauantisemitismus ablehnte.[170] (Der Stinnes-Generaldirektor Albert Vögler hingegen war mit Claß gut bekannt und eines der ein-

---

165 Handbuch der Deutschen Aktiengesellschaften, Berlin / Leipzig 1932, Bd. I, S. 298.

166 Ebenda. – Der Haniel-Konzern firmierte seit der Verlegung als »Gutehoffnungshütte, Aktienverein für Bergbau und Hüttenbetrieb in Nürnberg.« Am 1.7.1923 wurden die im Ruhrgebiet liegenden Grundstücke und Betriebsanlagen an die neugegründete Firma »Gutehoffnungshütte Oberhausen Aktiengesellschaft« überschrieben. Der Sitz der Leitung der neuen Firma verblieb aber bis in das Jahr 1926 ebenfalls in Nürnberg. Die alte Firma Gutehoffnungshütte in Nürnberg wurde nach Gründung der Gutehoffnungshütte Oberhausen als Holdinggesellschaft ohne eigene Betriebsanlagen weitergeführt. Ebenda, 1932, IV, S. 5433ff.

167 *Erwein von Aretin*, Krone und Ketten. Erinnerungen eines bayerischen Edelmannes, München 1955, S. 49f; siehe auch *Kurt Koszyk*, Paul Reusch und die »Münchner Neuesten Nachrichten«. Dokumentation, in: VfZ, 1 / 1972, S. 75ff.

168 *Joachim Petzold*, Das politische Programm Oswald Spenglers im System der imperialistischen Ideologie, in: Jahrbuch für Geschichte, Bd. 5, Berlin 1971, S. 188, 191; ders., Konservative Theoretiker, S. 52ff.

169 *Gossweiler*, Großbanken, S. 124, 134.

170 *Petzold*, Konservative Theoretiker, S. 62.

flußreichsten Mitglieder des Alldeutschen Verbandes!) Es ist möglich und sogar wahrscheinlich, daß die im folgenden zu schildernde Stellungnahme der Brunner-Partei und Dickels gegen die Hitler-Gruppe der NSDAP nicht nur mit der Position Rieppels von der MAN, sondern auch mit der Paul Reuschs zu tun hatte.

Brunner hatte Drexler und Hitler auf der Salzburger Tagung im August 1920 kennengelernt. In einem Brief an einen Parteigänger schilderte er seinen Eindruck von den beiden so: »Hitler und Drexler haben auf mich sofort den Eindruck hinterhältiger Menschen gemacht, die sich auch von alldeutsch-kapitalistischer Seite einspannen lassen.«[171] Der Leiter der Kieler Gruppe der Brunner-Partei, Wriedt, schrieb im Oktober 1920 an Brunner, er habe von Gottfried Feder gehört, daß hinter der Münchener Partei »Herr Stinnes stehen soll. Das positive Wissen wäre für uns von Vorteil, dann können wir sie festlegen.«[172]

Man darf aus solchen Äußerungen natürlich nicht schließen, daß die Brunner-Partei etwa keine kapitalistischen Hintermänner gehabt habe; wir haben ja bereits die Unterstützung der Dickelschen Werkgemeinschaft durch den Chemie-Industriellen Grandel erwähnt. Es war im Rivalitätskampf der verschiedenen völkischen Gruppen und Grüppchen gang und gäbe, die Konkurrenz dadurch anzuschwärzen, daß man ihr alle Todsünden wider den »völkischen Geist« anlastete; dazu gehörte vor allem der Vorwurf, in Wahrheit ein Instrument von Juden und Freimaurern und Kapitalisten zu sein. Selbst innerhalb der völkischen Gruppen wurden die persönlichen Eifersüchteleien und Positionsrangeleien mit der Verdächtigung geführt, keine einwandfreie »arische« Ahnentafel zu haben oder aus kapitalistischen Quellen Geld zu erhalten – wobei letzteres gewöhnlich auch zutraf. Solchen Vorwürfen lag nicht Prinzipientreue zugrunde, sondern sie entsprachen ganz einfach dem Kampfstil der »Völkischen«, alle Gegner und Rivalen unterschiedslos als Werkzeuge des »jüdisch-freimaurerischen Finanzkapitals« abzustempeln. Allerdings zeichnen sich die zitierten Äußerungen von Brunner und Wriedt dadurch aus, daß sie die Münchener Partei zu kompromittieren suchen, indem man ihr Verbindungen zu den Alldeutschen und zu Stinnes nachzuweisen sucht. Das hängt ganz sicherlich damit zusammen, daß Alldeutsche und Stinnes um diese Zeit in der breitesten Öffentlichkeit geradezu als ein Synonym für extremste Reaktion und Arbeiterfeindlichkeit galten. Es kann aber auch als ein weiteres Indiz dafür gewertet werden, daß hinter der Brunner-Partei mit Stinnes konkurrierende Kreise des Monopolkapitals standen, wie etwa Paul Reusch und sein Konzern.

---

171 *Franz-Willing*, Die Hitlerbewegung, S. 105. – Bezeichnenderweise lehnte Hitler einen Vorschlag Hopfens ab, Hitler möge auf einer Tagung der Alldeutschen als Redner auftreten, vermutlich aus Furcht vor einer Kompromittierung und vor der Kritik der DSP-Konkurrenz – ZStAP, AV, Nr. 392, Bl. 134f., Hopfen an Claß, 10.8.1920.

172 *Franz-Willing*, Die Hitlerbewegung, S. 90.

In ihrem Kampf gegen die Hitlergruppe konnten sich Brunner und die Seinen auf Verbündete in der Leitung der NSDAP stützen. Sie waren vor allem unter den »Alten« zu finden, die den Kern der Drexler-Partei ausmachten, bevor sich die Reichswehrführung ihrer angenommen hatte. Zu ihnen gesellte sich auch Gottfried Feder, für den die NSDAP vor allem dazu da war, seine, Feders, Ideen unter die Leute zu bringen; er schätzte zwar Hitler als massenwirksamen Werbeobmann der Partei, beobachtete jedoch dessen offenkundige Diktatorgelüste mit unverhohlenem Mißtrauen. Das geht deutlich aus einem Brief hervor, den der Parteivorsitzende Drexler im Februar 1921 an Feder schrieb, ein Brief, der gleichzeitig zeigt, daß Drexler zwar bemüht war, zwischen den Gegensätzen vermittelnd und ausgleichend zu wirken, aber trotz aller Bedenken schon so weit gebracht war, der Übertragung der Parteiführung an Hitler zuzustimmen. Drexler schrieb an Feder: »Auch Ihr Ziel, Herr Feder, (gemeint ist die »Brechung der Zinsknechtschaft«; K. G.), kann nur auf revolutionärem Wege erreicht werden und wir müssen schon deshalb zusammenhalten. Hier darf ich gleich anknüpfen, daß jede revolutionäre Bewegung einen diktatorischen Kopf haben muß und deshalb halte ich auch gerade unseren Hitler für unsere Bewegung als den geeignetsten, ohne daß ich deshalb in den Hintergrund zu schieben wäre ... Solange sich Hitler und ich ergänzen, solange, wie Sie glauben (und ich wohl zu würdigen und zu schätzen weiß) auch ich über größeren zuverlässigen Anhang verfüge, besteht keine Gefahr ... Es mag sein, daß ich vielleicht als zu nachgiebig und anpassungsfähig gelte, besonders Hitler gegenüber ... Sie dürfen überzeugt sein, Herr Feder, daß ich in entscheidenden Fragen auch mein Wort in die Waagschale zu werfen weiß. Auch an ausgleichender Einwirkung habe ich es bisher nicht fehlen lassen, was auch in Zukunft geschieht ...«[173]

Feders Einstellung zu Hitlers Führungsansprüchen dürfte demgegenüber nicht sehr verschieden gewesen sein von der Ansicht Brunners, der im Dezember 1920 an den Leiter einer DSP-Ortsgruppe schrieb, Hitler werde vielleicht noch einmal im Größenwahn enden. Jedenfalls schrieb Feder noch im August 1923 an Hitler: »Wir räumen Ihnen gern die Ehre ein, der Erste zu sein, aber nur der Erste unter sonst Gleichen und Freien ... für tyrannische Neigungen haben wir kein Verständnis.«[174]

Auch die Mehrheit des Parteiausschusses war gegen Hitler aufgebracht, der sich selbstherrlich über den Ausschuß hinwegsetzte und sich, gestützt auf seine mächtigen Hintermänner in der Reichswehr und auf Leute wie Dietrich Eckart, Röhm, Heß und Esser, bereits als Parteiführer gebärdete. Durch dieses Verhalten hatte Hitler sogar den Geschäftsführer Schüßler, mit dem gemeinsam er anfangs dem Reichswehreinfluß auf

173 Ebenda, S. 105. Der Brief ist im vollen Wortlaut wiedergegeben bei *Maser, S.* 484ff.

174 *Oron James Hale,* Gottfried Feder calls Hitler to Order. An unpublished Letter on Nazi Party Affairs, in: Journal of Modern History, Jg. 1958, S. 358ff.; siehe Dok. Nr. 1 der vorliegenden Arbeit.

die DAP Bahn gebrochen hatte, gegen sich aufgebracht und ihn zu einem erbitterten Gegner gemacht.

Drexler, ständig um Ausgleich bemüht, schwankte zwischen den beiden Strömungen in seiner Partei hin und her. Im Januar 1921 lehnte er in einem Schreiben an Riehl ein Aufgehen der DSP in der NSDAP mit Aufnahme eines Teiles der DSP-Leitung in die NSDAP-Führung grundsätzlich ab, »aus der Überzeugung heraus, daß dabei nur eine Verwässerung unserer Kampfart und dadurch Schwächung der Bewegung eintreten müsse.«[175] Im März 1921 nahm er jedoch am Zeitzer Parteitag der DSP teil und stimmte einem Beschluß zum baldigen Verschmelzen von DSP und NSDAP zur »Deutschen Nationalsozialistischen Arbeiterpartei« und zur Verlegung der Parteileitung nach Berlin zu.[176] Die »Zeitzer Neueste Nachrichten« berichteten unter der Überschrift: »3. Reichsparteitag der deutsch-sozialistischen Partei Deutschlands« wie folgt: »Der Verschmelzung wurde grundsätzlich zugestimmt. Endgültig vollzogen wird sie Mitte April des Jahres in München. Die dadurch zustandegekommene Partei (die Verschmelzung mit der Nationalsozialistischen Partei Österreichs und der Nationalsozialistischen Partei der Tschechoslowakei gilt dadurch ebenfalls als vollzogen) führt fortan den Namen ›Deutsche Nationalsozialistische Partei‹ und hat ihren Sitz in Berlin.«[177]

Auf dem Höhepunkt des Konfliktes wechselte Drexler fast täglich seine Position, bald erschreckt von der Aussicht, durch Hitler von der Spitze der Partei verdrängt zu werden, bald von dem Gedanken an einen Zerfall der Partei. Der Zeitzer Vereinigungsbeschluß war ein Warnsignal sowohl für Hitler als auch für seine Reichswehrprotektoren. Hitler setzte schließlich ein Veto der Münchener Parteileitung gegen den (mit Drexlers Zustimmung gefaßten) Vereinigungsbeschluß durch; in einem Rundschreiben der DSP vom 10. Mai 1921 wurde mitgeteilt, daß die NSDAP Berlin als Leitungssitz ablehne und zur Vereinigung nur bereit sei, wenn der Sitz der Leitung nach München gelegt wird.[178] Damit waren aber die Bemühungen um einen Zusammenschluß der völkischen Gruppen noch nicht erledigt. Sie wurden nun vor allem von Otto Dickel, dem Führer der Augsburger Werkgemeinschaft, assistiert von Julius Streicher, dem Führer der Nürnberger DSP-Ortsgruppe, vorangetrieben. Dickel hatte in Anknüpfung an Spenglers Buch »Der Untergang des Abendlandes« sein Buch »Die Auferstehung des Abendlandes« verfaßt, in dem er die Schaffung eines im völkischen Sinne geeinten »Abendlandes« propagierte. Diese Einigung sollte mit der Zusammenfassung der deutschen völkischen Organisation unter dem Dache eines von ihm

175 *Franz-Willing,* Die Hitlerbewegung, S. 106.

176 Ebenda, S. 108

177 Ebenda.

178 Ebenda, S. 90f.

in Augsburg gegründeten »Abendländischen Werkbundes« beginnen.[179] Zu diesem Zweck hatte er zum 10. Juli 1921 zu einer Besprechung von Führern der infrage kommenden Organisationen eingeladen, nachdem er vorher in Hitlers Abwesenheit den Ausschuß der NSDAP für seine Vereinigungspläne zu gewinnen verstanden hatte.[180]

Hitler hatte sich zu diesem Zeitpunkt schon sechs Wochen in Berlin aufgehalten, um dort mit führenden Vertretern der Rechten und Unternehmern über Möglichkeiten und Voraussetzungen einer Ausdehnung der Tätigkeit der NSDAP nach Norddeutschland zu beraten. Er nahm u. a. Verbindung auf zu Vertretern des Junkertums, wie zum Grafen Yorck v. Wartenberg, verhandelte mit konservativen Führern und anderen Persönlichkeiten, deren Unterstützung für die Partei wichtig werden konnte.[181] Natürlich konnte Hitler, der damals außerhalb Bayerns noch kaum bekannt war, mit diesen Kreisen nicht auf eigene Faust, sondern nur durch Vermittlung und Empfehlung seiner auch hier bekannten und anerkannten Protektoren und Gönner, wie Eckart, Claß und des Pianofabrikanten Carl Bechstein, in dessen Villa er während seines Berlin-Aufenthaltes wohnte, in Verbindung treten.[182]

Im übrigen waren Hitlers Tage in Berlin auch damit ausgefüllt, sich durch Sprachunterricht als Redner zu vervollkommnen.[183]

Als Hitlers Protektoren in München bemerkten, wie der Wind im Ausschuß der Partei wehte, nämlich in Richtung auf Schaffung vollendeter Vereinigungstatsachen in Hitlers Abwesenheit, riefen Eckart und Heß diesen schleunigst telegrafisch zurück; er kam gerade noch rechtzeitig, um an der von Dickel und Streicher einberufenen Besprechung am 10. Juli 1921 in Augsburg teilnehmen zu können. Er konnte sich jedoch mit seiner Opposition gegen die Einigungsverhandlungen nicht durchsetzen und verließ deshalb die Besprechungen, um sie durch seinen Weggang zum Scheitern zu bringen. Die Zurückgebliebenen ließen sich dadurch jedoch nicht beeindrucken und setzten die Verhandlungen fort.[184] Es war so gut wie sicher, daß in ihrem Endergebnis die Pläne zur Vereinigung und Verlegung der Leitung aus München allgemeine Zustimmung der Ausschußmitglieder finden würden. Das konnte das Reichswehrkommando noch weniger zulassen als sein V-Mann.

Der Ausschuß und Drexler hatten offenbar angenommen, durch geschlossenes und entschiedenes Auftreten Hitler zum Einlenken bewegen zu können, und diese

179 Ebenda, S. 109; *Heiden*, Geschichte, S. 53.

180 *Franz-Willing*, Die Hitlerbewegung, S. 108; *Heiden*, Geschichte, S. 54

181 Ebenda, S. 53.

182 *Schwarzwäller*, S. 81; *Maser*, Die Frühgeschichte, S. 266; *Franz-Willing*, Krisenjahr, S. 203f.

183 *Schwarzwäller*, S. 81.

184 Ebenda, S. 82; *Franz-Willing*, Die Hitlerbewegung, S. 110.

Annahme wäre wohl auch berechtigt gewesen, wenn sie es nur mit Hitler allein zu tun gehabt hätten. Aber sie hatten dabei übersehen, daß »ihre« Partei in Wahrheit schon lange nicht mehr *ihre* Partei, sondern eine Reichswehrpartei war, und daß sie den Aufschwung, den die NSDAP in den letzten Monaten genommen hatte, zu allererst der materiellen, personellen und politischen Unterstützung verdankten, die von dorther gekommen war. Sie hatten sich keine Rechenschaft darüber abgelegt, daß ihre Macht nur auf dem Papier stand, auf dem die Satzung gedruckt war, die wirkliche Macht aber bei solchen Mitgliedern wie Hitler, Röhm, Eckart, Esser, Heß und Rosenberg lag, die zwar nicht die Satzung, aber dafür viel Entscheidenderes hinter sich hatten: die Macht der herrschenden Klasse in Gestalt ihrer bewaffneten Kräfte und wohlhabender Gönner. Diese waren nicht bereit, sich von einem Ausschuß von Handlungsgehilfen, Schriftsetzern, Schreibwarenhändlern und Schlossern[185] ihren »Stoßtrupp« aus der Hand nehmen zu lassen.

Eckart und Heß hatten Hitler nicht vergeblich aus Berlin herbeigerufen. Am 11. Juli 1921 erklärte dieser den verblüfften Auschußmitgliedern seinen Austritt aus der NSDAP und gab am 14. Juli dazu eine weitschweifige Erklärung, die in dem Vorwurf gipfelte, die Parteileitung habe »den Boden verlassen, der in Statuten, Programm, vor allem aber im Herzen unserer Mitglieder verankert ist.« Dazu komme »ein völliges Abschwenken von den taktischen Grundsätzen der Bewegung.« Er schloß die lange Liste seiner Vorwürfe mit den theatralischen Worten: »In einer solchen Bewegung will und kann ich nicht mehr sein.«[186]

Im einzelnen warf er der Parteileitung vor, daß sie von den Grundsätzen der Ablehnung jeder parlamentarischen Taktik, der Unabänderlichkeit des Programms und der statutenmäßigen Festlegung des Sitzes der Parteileitung in München abgewichen sei. Besonders scharf verurteilte er die Zustimmung zu den Beschlüssen des Zeitzer Parteitages und die Teilnahme an den Verhandlungen in Augsburg.

Er warf der Parteileitung ferner vor, sie habe, indem sie Dickel mit der Leitung wichtigster Verhandlungen beauftragte, einen Mann in eine führende Stellung der Bewegung gebracht, der ihr als »extremster Gegner« gegenüberstehe. Als Beweis für diese Behauptung führte er Zitate aus Dickels Buch »Die Auferstehung des Abendlandes« an, in denen der Verfasser Verständnis für England und das gegenwärtige Regierungssystem in Deutschland, vor allem auch für Rathenau, zeigte.[187]

Die Austrittserklärung war ein effektvoller Theatercoup. Schon bevor Hitler sie niederschrieb, hatte Drexler seine Bereitschaft erklärt, die ganze Angelegenheit gütlich

185 Ebenda, S. 100.

186 Ebenda, S. 108.

187 Ebenda.

beizulegen und vorgeschlagen, Dietrich Eckart die Vermittlung zu übertragen. Das war bereits die halbe Kapitulation. Sie gab Hitler die Möglichkeit, die Bedingungen für seinen Wiedereintritt in die Partei zu formulieren. Er nannte 6 Punkte, in deren erstem er den Vorsitz und diktatorische Vollmachten verlangte. Es hieß da: »Der derzeitige Ausschuß der Partei legt seine Ämter nieder, bei der Neuwahl desselben fordere ich den Posten des ersten Vorsitzenden mit diktatorischer Machtbefugnis zu sofortiger Zusammenstellung eines Aktionsausschusses, der die rücksichtslose Reinigung der Partei ... durchzuführen hat.«[188]

In Punkt 2 forderte er die »unverrückbare Festlegung des Grundsatzes, daß Sitz der Bewegung München ist und für immer bleibt.« Die Leitung der Gesamtbewegung solle von der Ortsgruppe München solange erfolgen, als die Bewegung sich noch keine eigene Parteileitung leisten könne.

Punkt 3 legte in einer kuriosen Wendung fest, daß »jede weitere Veränderung des Namens oder des Programms ... ein für allemal zunächst auf die Dauer von sechs Jahren« (!) vermieden wird.

In Punkt 4 verlangte Hitler das Verbot jeglicher weiterer Versuche zum Zusammenschluß mit der Brunner-Partei. »Für die Partei kann es niemals einen Zusammenschluß mit denjenigen geben, die mit uns in Verbindung treten wollen, sondern nur deren Anschluß. Kompensationen unsererseits sind vollständig ausgeschlossen.« Die Reichswehrprotektoren wollten ihren Stoßtrupp, und Hitler die Parteiführung fest in der Hand behalten!

In Punkt 5 verlangte Hitler, daß Anschlußverhandlungen nur mit seiner persönlichen Einwilligung stattfinden dürften und er allein befugt sei, die Teilnehmer auszuwählen.

Punkt 6 schließlich forderte, daß der Linzer Parteitag (der deutschen, österreichischen und sudetendeutschen Nationalsozialisten), der im August stattfinden sollte, nicht beschickt werde.

Zum Schluß seines Ultimatums – um nichts anderes handelte es sich – versetzte er Dickel noch einmal einen Seitenhieb, indem er versicherte, er stelle diese Forderungen nicht aus Machtlüsternheit, sondern um zu sichern, daß die Partei bleibe, was sie sein solle: »Eine nationalsozialistische Deutsche Arbeiterpartei und kein Abendländischer Bund.«

Für jene bürgerlichen Historiker und Publizisten, für die sich die Geschichte der NSDAP bis 1933 und die Geschichte Deutschlands ab 1933 auf den einen Nenner bringen läßt, nämlich den des »unbändigen Machtwillens Hitlers«, ist dieses Doku-

---

188 Der Wortlaut der Erklärung Hitlers v. 14. Juli 1921 bei: *Franz-Willing*, Putsch und Verbotszeit, S. 317ff.

ment ein, wenn nicht das Hauptbeweisstück für die Richtigkeit ihrer Interpretation. Aber selbst Franz-Willing sieht hier tiefer, wenn er schreibt: »Das lag in der Luft; der Diktator Hitler war, wie er heute in der Geschichte dasteht, ein Erzeugnis der Zeitumstände und ihrer Menschen, die ihn ermöglicht und gemacht haben.« Und er erinnert zu Recht daran, »daß die Frage der autoritären Umgestaltung der Parteiführung mit Hitler an maßgeblicher Stelle mindestens seit der Jahreswende 1920/21 die leitenden Persönlichkeiten der völkischen Bewegung in- und außerhalb der Partei beschäftigte«, und daran, daß »Drexler selbst ... gewillt (war), Hitler den leitenden Einfluß zu gewähren.«[189] Dagegen läßt er das Reichswehr-Interesse am Verbleib der Parteileitung in München unerwähnt.

Die Ablehnung innerorganisatorischer Demokratie, das »Führerprinzip« des Befehlens von oben nach unten und des Gehorchens von unten nach oben, war absolut keine neue Erfindung, sondern gehört zu den Wesenszügen von Parteien und Organisationen, deren Aufgabe es ist, Massen zum Kampf gegen Demokratie und für die offene Ausbeuterdiktatur zu mobilisieren; gehört folglich zum Wesen faschistischer Organisationen, wer immer an ihrer Spitze steht. Und wer immer an die Spitze einer solchen Partei gelangen will oder gelangt ist, muß Machtwillen besitzen oder, falls nicht vorhanden oder schwach entwickelt, erwerben und kultivieren; anders kann er sich nicht an der Spitze halten, wie das Beispiel Drexlers zeigte. Der »Machtwille« eines Hitler ist, wie der Faschismus überhaupt, ein Produkt vom Finanzkapital geprägter gesellschaftlicher Verhältnisse.

Die Antwort der Parteileitung auf Hitlers Erklärung erfolgte einen Tag später, am 15. Juli. Sie macht deutlich, daß sich Drexler und die Ausschußmitglieder inzwischen über das wahre Kräfteverhältnis klargeworden waren. Obwohl sie Hitlers Vorwürfe als unberechtigt zurückwiesen, kapitulierten sie vor seinen maßlosen Forderungen nach völliger Unterwerfung. Wie widerwillig diese Kapitulation erfolgte, wie sehr sie dabei nicht ihrer Überzeugung folgten, sondern dem auf sie ausgeübten Druck nachgaben, wird daran ersichtlich, daß sie den demagogischen Charakter der Hitlerschen Vor-

---

189 *Ders.*, Die Hitlerbewegung, S. 104f. – Vgl. dazu jedoch die weit überzogenen rein spekulativen und in sich widersprüchlichen Betrachtungen Tyrells über Hitlers Haltung in jenen Tagen: Hitlers Parteiaustritt sei keineswegs mit dem Ziel erfolgt, Drexler und den Ausschuß zur Annahme seiner Bedingungen zu zwingen, sondern lediglich Ausdruck der »hilflosen Wut und Enttäuschung« eines »gehemmten und entschlußlosen Einzelgängers« gewesen, der an die Übernahme der Parteiführung überhaupt nicht dachte, weil er sich davor gefürchtet habe; an die Spitze der Partei habe er sich nur gezwungenermaßen stellen lassen. Tyrell bemerkt offenbar gar nicht, daß die von ihm im gleichen Zusammenhang berichtete Absicht Hitlers, eventuell sogar eine Konkurrenzpartei aufzumachen, diese seine Version ad absurdum führt, zeugt dies doch davon, daß Hitler sich nicht einmal davor fürchtete, an die Spitze einer Partei zu treten, die ganz von vorn hätte anfangen müssen, während es sich bei der NSDAP nur darum handelte, daß er aus dem heimlichen Führer der Partei nun auch ihr offizieller Führer wurde. – *Tyrell*, Vom ›Trommler‹, S. 122f.

würfe zwar zaghaft, aber dennoch unüberhörbar ansprachen; so etwa, wenn die Vorwürfe hinsichtlich des Dickelschen Buches mit der Bemerkung quittiert wurden: »Ein Buch von dem Umfang des Dr. Dickelschen kann von Leuten, die tagsüber ihrem Erwerb nachgehen und schließlich auch noch andere Arbeiten für die Bewegung zu leisten haben, nicht in kurzer Zeit geprüft werden.«[190] Diese Bemerkung enthielt nicht nur den Hinweis auf die privilegierte Stellung Hitlers, der es nicht nötig hatte, einem Broterwerb nachzugehen, sondern auch die versteckte Drohung mit der öffentlichen Frage nach den dunklen Quellen seines Einkommens. Selbst die Formulierung der Kapitulationserklärung enthielt noch den Vorwurf, daß das Ultimatum ganz überflüssig gewesen sei, weil Hitler nur forderte, was der Ausschuß ihm längst angeboten habe: »Die Zeit hat gelehrt«, hieß es da, »daß es nicht richtig war, daß Sie nur als ein außen oder über der Sache Stehender, nur moralisch Verantwortlicher in der Leitung tätig sind. Der gesamte Ausschuß begrüßt es, daß Sie nun auch als offizieller und verantwortlich Zeichnender an die erste Stelle des Ausschusses treten wollen. Der Ausschuß ist bereit, in Anerkennung Ihres ungeheuren Wissens, Ihrer mit seltener Aufopferung und nur ehrenamtlich geleisteten Verdienste für das Gedeihen der Bewegung, Ihrer seltenen Rednergabe, Ihnen diktatorische Machtbefugnisse einzuräumen und begrüßt es auf das freudigste, wenn Sie nach Ihrem Wiedereintritt die Ihnen von Drexler schon wiederholt und schon lange vorher angebotene Stelle des ersten Vorsitzenden übernehmen.«[191]

Nach dieser Erklärung vom 15. Juli schien der Konflikt beigelegt. Aber die Mitgliederversammlung, auf der Hitler zum ersten Vorsitzenden der Partei mit diktatorischen Vollmachten gewählt wurde, fand erst am 29. Juli statt. In den dazwischen liegenden beiden Wochen erreichten die Auseinandersetzungen zwischen dem Ausschuß und der Hitlergruppe erst ihren Höhepunkt. Offensichtlich hatten sich bei Drexler und dem Ausschuß nachträglich Kräfte durchgesetzt, die die Kapitulation für voreilig und einen offenen Kampf gegen die Hitlergruppe durch Veröffentlichungen von Enthüllungen über Hitlers Hintermänner für erfolgversprechend hielten.

Am 20. Juli empfing ein halbes Hundert NSDAP-Mitglieder, darunter auch Drexler und die übrigen Ausschußmitglieder, und auch Hitler, per Post ein anonymes Flugblatt mit der Überschrift: »Adolf Hitler – ein Verräter?«, in dem einige kompromittierende Tatsachen über Hitler angeführt wurden, um daran in echt völkischer Manier die Behauptung zu knüpfen, daß Hitler »die Geschäfte des Judentums« betreibe.[192] Die

190 *Franz-Willing,* Die Hitlerbewegung, S. 112.

191 Ebenda, S. 113; der volle Wortlaut bei *ders.,* Putsch und Verbotszeit, S. 320ff.

192 Für den Inhalt des Flugblattes siehe *Franz-Willing,* Die Hitlerbewegung, S. 117; siehe auch *Heiden,* Die Geschichte, *S.* 56f.

wichtigsten Punkte des Flugblattes, aus denen geschlossen werden konnte, daß der oder die Verfasser noch weiteres Material bereithielten, lauteten: »Machtdünkel und persönlicher Ehrgeiz haben Herrn Adolf Hitler nach seiner sechswöchigen Reise nach Berlin, über deren Zweck er sich bis heute noch nicht ausgesprochen hat, auf den Posten gerufen. Er glaubt die Zeit für gekommen zu erachten, um im Auftrag seiner dunklen Hintermänner Uneinigkeit und Zersplitterung in unsere Reihen zu tragen und dadurch die Geschäfte des Judentums und seiner Helfer zu besorgen.« Das Flugblatt ging dann auf die für Hitler besonders heikle »Berufs- und Geldfrage« ein: »Auf Fragen seitens einzelner Mitglieder, von was er denn eigentlich lebe und welchen Beruf er früher gehabt habe, geriet er jedesmal in Zorn und Erregung. Eine Beantwortung dieser Frage ist bis heute noch nicht erfolgt. Sein Gewissen kann also nicht rein sein ...«

Das Flugblatt kam dann auf Hitlers Kampf gegen den Parteigründer Drexler zu sprechen und führte dazu aus: »Und wie führt er den Kampf? Echt jüdisch. Er verdreht alle Tatsachen und stellt die Sache so hin, als ob Drexler nicht revolutionär genug sei und ins parlamentarische System zurückfallen wolle ...«

Mit besonderer Schärfe wandte sich das Flugblatt gegen Hermann Esser: »Diesen Mann, ... den Hitler selbst wiederholt schon als Schädling der Bewegung bezeichnete ..., der bei Drexler schon wiederholt den Sturz Hitlers forderte, der ferner dem Völkischen Beobachter durch seinen Sauhirtenton das Verbot trotz wiederholter polizeilicher Verwarnung absichtlich zuführte, diesen Mann nahm sich plötzlich Hitler, um seine dunklen Pläne durchzuführen. Das merkwürdigste ist, daß Hitler selbst wiederholt erklärte, was unter Zeugen festgestellt werden kann: Ich weiß, daß Esser ein Lump ist, aber ich behalte ihn nur so lange, als ich ihn brauchen kann.«

Schließlich wurde Hitler als Demagoge gekennzeichnet, der sich »nur auf seine Rednergabe (stützt), er glaubt damit, das deutsche Volk irrezuführen und Euch besonders Dinge aufzuschwätzen, die alles andere sind als die Wahrheit.«

Vielleicht am aufschlußreichsten war eine Mitteilung, die dem Flugblatt als VB angefügt war. Sie lautete: »Wie uns bekannt geworden ist, hat sich Hitler einige stellenlose Leute, darunter auch ehemalige Oberschlesien-Kämpfer gegen ein Tagegeld von Mark 50,– gekauft, die beauftragt sind, falsche Gerüchte zu verbreiten.« Diese Mitteilung wurde vom Geschäftsführer Schüßler der Polizei gegenüber am 25. Juli im wesentlichen bestätigt; in dem entsprechenden Polizeibericht hieß es darüber: »Bei dieser Gelegenheit erklärte Schüßler, er wundere sich, woher Hitler das Geld nehme; die Partei habe Schulden, Hitler aber habe bei der letzten Versammlung im Zirkus Krone sicher eintausend Mark draufbezahlt, außerdem habe er eine Schutzgarde aus entlassenen Oberschlesien-Kämpfern gebildet, von denen jeder Mann täglich 15 RM bekomme.«[193]

193 *Franz-Willing*, Die Hitlerbewegung, S. 115.

Schüßler dürfte sich aufgrund seiner eigenen, gemeinsam mit Hitler im Dienste der Reichswehr gesammelten Erfahrungen durchaus darüber im klaren gewesen sein, woher Hitler die Subsidien erhielt, doch war es natürlich ausgeschlossen, bei der Polizei gewissermaßen Anzeige gegen die Münchener Reichswehrführung zu erstatten; Schüßler ging es ja auch nur darum, die Polizei zum Vorgehen gegen Hitler zu veranlassen. Deswegen fügte er hinzu, bei den entlassenen Oberschlesien-Kämpfern handele es sich um Leute, »die entlassen worden seien, weil sie stehlen und plündern wollten, und diese Elemente sammle Hitler um sich.«

In diesen Tagen erreichten die Schwankungen Drexlers ihren Höhepunkt. Am 15. Juli hatte er Hitler die Kapitulation angeboten; am 20. Juli, nach Erhalt des Flugblattes, sah er keine andere Möglichkeit, Hitlers Verdacht, das Flugblatt stamme von Drexler selber, zu entkräften, als gemeinsam mit Hitler zur Polizei zu gehen, um gegen die unbekannten Verfasser Anzeige zu erstatten. Bereits am nächsten Tag jedoch, am 21. Juli, erließ er ein Rundschreiben, mitunterzeichnet von Schüßler, in dem der Ausschluß Essers aus der Partei und der (bereits am 11. Juli erfolgte) Austritt des zweiten Vorsitzenden Oskar Körner, eines Hitler-Gefolgsmannes, aus dem Ausschuß und schließlich die Einberufung einer außerordentlichen Mitgliederversammlung zum 29. Juli bekanntgegeben wurde. In Erwartung eines Spaltungsversuches der Hitlergruppe wurde allen Mitgliedern eingeschärft, »daß die einzig zuständige Stelle nach wie vor der Ausschuß der Partei ist, der einzig und allein die gesamte Leitung in Händen hat.«[194]

Der Spaltungsversuch wurde auch umgehend unternommen, indem die Hitlergruppe, dem Ausschuß zuvorkommend, durch Plakatanschlag bereits zum 26. Juli eine Mitgliederversammlung einberief.

Drexler suchte nun Unterstützung bei den Behörden, jedoch vergeblich. Es gehört zu den auffallendsten Begleitumständen dieser Parteikrise der NSDAP, daß die staatlichen Stellen, soweit sie angesprochen wurden, stets zugunsten der Hitlergruppe Stellung bezogen. Dafür einige Beispiele. Erstes Beispiel: Drexler begab sich am 25. Juli zur Polizeidirektion München, um zu erklären, daß das Plakat, das zur Mitgliederversammlung am 26. Juli aufrufe, nicht von der Parteileitung ausgehe, und daß die Unterzeichner – Esser, Körner, Hitler u. a. – nicht mehr Mitglieder der Partei seien, weshalb er verlangte, dieses Plakat polizeilich zu verbieten. Offenbar, um die alleinige Legitimität seiner Richtung zu unterstreichen, kennzeichnete Drexler den Unterschied der Hitlerrichtung zu seiner eigenen folgendermaßen: »die Hitlerrichtung wolle die Parteiziele auf revolutionärem Weg unter Anwendung von Gewalt verwirklichen, seine eigene dagegen schlage den gesetzlichen, parlamentarischen Weg

194 Ebenda, S. 114.

ein.«[195] Dennoch wurde ein Verbot des Plakats seitens der Polizei abgelehnt und Drexler nur der Ratschlag gegeben, einen Widerruf zu veröffentlichen oder den Weg der Klage zu beschreiten.

Zweites Beispiel: Anfang August 1921 erschien laut Polizeibericht vom 6. August der Kaufmann Ernst Ehrensperger – einer der erbittertsten Gegner Hitlers in der NSDAP – und ersuchte um Genehmigung eines gegen Hitler gerichteten Plakates, überschrieben: »Erklärung des bisherigen revolutionären Ausschußes der NSDAP«, und unterzeichnet von dem bisherigen NSDAP-Ausschußmitglied Settele, von Beruf Justizreferendar. In dem Plakat wurde der »krankhafte Machtwahnsinn« Hitlers, der glaube, »König von München« zu sein, angeprangert, darauf verwiesen, daß der »gesamte Ausschuß, vier Hand- und ein Kopfarbeiter, zwei Kaufleute«, eine Mitarbeit in Hitlers Richtung nicht mit seinem Gewissen vereinbaren konnte und deshalb geschlossen aus der Partei ausgetreten sei, und nur Anton Drexler, »unser ewiger Idealist« sich, gezwungen durch Drohungen, als Märtyrer geopfert habe, um sein Werk vor Hitlers Putsch zu retten. Schließlich wurde angekündigt, daß demnächst eine Schrift erscheinen werde, »die sämtliches Material zur Erledigung Hitlers enthält.« Die Verbreitung dieses Plakates wurde von der Polizei nicht genehmigt![196]

Drittes Beispiel: Die »Münchener Post«, das Organ der SPD, hatte das anonyme Flugblatt gegen Hitler abgedruckt; Hitler erhob deshalb Beleidigungsklage gegen die Zeitung, und prompt wurde der verantwortliche Schriftleiter zu 600 Mark Geldstrafe verurteilt![197]

Die Erklärung für diese Parteilichkeit gab Konrad Heiden schon in seiner 1932 erschienenen Geschichte des Nationalsozialismus, wenn er schrieb: »Das Flugblatt war ein schwerer taktischer Fehler, obwohl es in manchem recht hatte. Hitler hatte wirklich die Partei usurpiert ... Er hatte auch Hintermänner, die dunkel waren und um jeden Preis dunkel bleiben mußten, denn sie saßen in der Reichswehr.«[198] Heiden hat aber möglicherweise Unrecht mit der Ansicht, die Kritiker hätten nichts gehabt als ihren Argwohn, keine Beweise und keine Zeugen.[199] Die angekündigte Schrift war offensichtlich Anfang August schon zum Druck vorbereitet. Ihr Erscheinen wurde nicht nur von dem oben erwähnten, polizeilich nicht zugelassenen Plakat angekündigt, sondern auch in einer weiteren Erklärung der aus der Partei ausgetretenen bisherigen

195 Ebenda, S. 114f. – Mit dieser Aussage bestätigte Drexler den gegen ihn erhobenen Vorwurf Hitlers und verleugnete seine bisherigen Stellungnahmen, wie er sie z. B. im Brief an Feder im März 1921 zum Ausdruck gebracht hatte.

196 Ebenda, S. 118f.

197 Ebenda, S. 120.

198 *Heiden*, Geschichte.

199 Ebenda.

Ausschußmitglieder; in dieser Erklärung wurde eine Aufklärungsschrift angekündigt, »belegt mit zwingenden Beweisen«, um den »von uns bekämpften Persönlichkeiten, die wir als gefährliche Schädlinge erkannt haben, die Maske vom Gesicht zu reißen und sie als das zu entlarven, was sie sind: – politische Abenteurer.«[200] Wenn diese angekündigte Schrift nie erschien, dann ganz offenkundig deshalb, weil ihr Erscheinen verhindert wurde – eben weil die Hintermänner Hitlers im Dunkel bleiben und ihr Schützling Hitler beschützt werden mußte. Hier wie gewöhnlich setzte sich Hitler nicht aus eigener Kraft durch, sondern dank der Kräfte, die hinter ihm standen und sich seiner bedienten, um ihren Zielen näherzukommen.

Auf diese Weise endeten die langen und erbitterten innerparteilichen Auseinandersetzungen am 29. Juli 1921 mit dem vollen Sieg der Hitlergruppe.[201] Die Versammlung, von etwa 1.200 Mitgliedern besucht, bestätigte Hitler als ersten Vorsitzenden der NSDAP. Der Gründer Drexler wurde Ehrenvorsitzender. Die Versammlung bestätigte ferner das von der Hitlergruppe vorsorglich vorbereitete neue Statut, in dessen Paragraphen 5, 7 und 10 die diktatorischen Vollmachten Hitlers festgelegt wurden.[202]

In Paragraph 5 lautete der letzte Absatz: »Da die eigentliche verantwortliche Leitung des [nationalsozialistischen deutschen Arbeiter] Vereins in den Händen des I. Vorsitzenden liegt, ist dessen Stellung als über dem Ausschuß stehend zu betrachten. Er ist verantwortlich nur vor der Mitglieder-Versammlung.« In Paragraph 7 hieß es: »Um dem I. Vorsitzenden der Partei in der Leitung derselben weitesten Spielraum zu gewähren, ihn unabhängig von Majoritätsbeschlüssen des Ausschusses zu machen, aber das Verlassen des durch Partei-Programm und Statuten vorgezeichneten Rahmens zu verhindern, steht das Recht zur Einberufung einer außerordentlichen Mitglieder-Versammlung, um ihn vor dieser zur Verantwortung zu ziehen bzw. seine Neuwahl zu verhindern, zu: 1. dem Gründungs-Vorsitzenden Ehrenmitglied Anton Drexler, 2. dem von der Mitglieder-Versammlung gewählten Ausschuß, bestehend aus dem II. Vorsitzenden, den beiden Schriftführern und Kassierern, 3. einem Zehntel von Mitgliedern der Gesamtbewegung.« Die hier fixierten Begrenzungen der Diktatur des I. Vorsitzenden waren zwar symptomatisch für die Vorbehalte, die Hitler gegenüber bestanden, aber ohne praktische Bedeutung. Paragraph 10 bestimmte: »Um in Zeiten

200 *Franz-Willing*, Putsch und Verbotszeit, S. 316f. In dieser Erklärung, die von J. Berchtold unterzeichnet war, distanzierten sich die ausgetretenen Ausschußmitglieder von dem oben erwähnten Plakat und gaben gleichzeitig bekannt, daß sie eine »Freie Nationalsozialistische Vereinigung München« ins Leben gerufen hätten als Sammelbecken für alle, die die NSDAP »von allen schädlichen Schlacken« reinigen wollten.

201 *Franz-Willing*, Die Hitlerbewegung, S. 256.

202 Der volle Wortlaut der Satzung vom 29.7.1921 ist abgedruckt in: *Albrecht Tyrell*, Führer befiehl ..., Düsseldorf 1969, S. 31ff. und bei *Franz-Willing*, Putsch und Verbotszeit, S. 325ff.

dringender Not eine straffe und energische Führung der Gesamt-Bewegung sicherzustellen, steht dem I. Vorsitzenden das Recht zu, einen Aktions-Ausschuß, bestehend aus ihm und drei weiteren Mitgliedern einzusetzen.

Die Namen dieser Mitglieder bleiben der breiten Öffentlichkeit gegenüber geheim, doch müssen sie die Billigung des Gründungs-Vorsitzenden finden.«

Immerhin war die Mitwirkung Drexlers doch insofern von Bedeutung, als sie dazu beitrug, daß alle Versuche der ausgetretenen Ausschußmitglieder, eine parallele Partei ins Leben zu rufen, erfolglos blieben: die meisten von ihnen, darunter der Leutnant a. D. und spätere erste Führer der SS, Joseph Berchtold, schlossen sich noch im gleichen Jahr wieder der Partei an.[203] Im neuen Statut wurde in Paragraph 2 auch die Unabänderlichkeit des Programms festgelegt. Diese Festlegung war kein Zeichen einer besonders hohen Bedeutung des Programms für die Politik der Partei, sondern im Gegenteil ein Zeichen der völligen Gleichgültigkeit der praktischen Politik gegenüber dem Programm, – wenigstens was die pseudosozialistischen Forderungen betrifft. Die Unabänderlichkeits-Festlegung zog die Konsequenz aus der Erfahrung, daß eine Programmdiskussion die Partei auseinanderreißen und die Autorität der Führung gefährden konnte. Um eine Wiederholung solcher Krisen wie der gerade überwundenen zu vermeiden, mußte der im Programm liegende Sprengstoff entschärft werden, indem das Programm jeder Diskussion entzogen wurde. Indem es tabuisiert, also quasi heiliggesprochen wurde, wurde es in Wahrheit als Programm sterilisiert und sein wirklicher Charakter als bloßes Propagandavehikel unfreiwillig offenbart. Allerdings mußte sich auch die Propaganda an veränderte Bedingungen anpassen, und den Vorteilen des Unveränderlichkeitsdiktums standen auch Nachteile gegenüber, wie sich später zeigen sollte: Nachteile, die jedoch mit Hilfe von entschärfenden Auslegungen der besonders brisanten Programmpunkte ausgeglichen werden konnten.[204]

Einige wichtige Änderungen in der Besetzung verschiedener Parteifunktionen schlossen sich an den Führungswechsel vom 29. Juli 1921 an.[205] Schüßler wurde als Geschäftsführer der Partei von Max Amann, dem früheren Feldwebel Hitlers abgelöst; Dietrich Eckart, der eine ganz entscheidende Rolle bei der Erhebung Hitlers zum Parteiführer gespielt hatte[206], übernahm die Schriftleitung des VB und behielt sie bis März

203 *Franz-Willing*, Die Hitlerbewegung, S. 123; *Heiden*, Geschichte, S. 210.

204 Man denke z. B. an Hitlers Erläuterung des Punktes 17, gegeben 1928: die NSDAP stehe auf dem Boden des Privateigentums, die in Punkt 17 erwähnte »Unentgeltliche Enteignung des Bodens« beziehe sich folglich nur auf unrechtmäßig erworbenen Boden, in erster Linie auf die jüdischen Grundspekulationsgesellschaften. – Siehe *Ulrike Hörster-Philipps*, Wer war Hitler wirklich? Großkapital und Faschismus 1918-1945. Dokumente, Köln 1978, S. 32; dort, S. 33ff., auch ähnliche Erläuterungen Feders.

205 *Franz-Willing*, Die Hitlerbewegung, S. 124, 127.

206 *Plewnia*, S. 79f.

1923.[207] Esser, dessen Ausschluß rückgängig gemacht wurde, erhielt die Propagandaleitung der Partei.[208]

Auch die Finanzquellen der Partei flossen nun reichlicher, ablesbar daran, daß die NSDAP im August 1921 dazu übergehen konnte, sich eine Parteitruppe zuzulegen, und daß sie im November 1921 eine neue, größere Geschäftsstelle beziehen und bereits 13 hauptamtliche Angestellte beschäftigen konnte.[209]

Konrad Heiden kommentierte den Abschluß der Parteikrise mit der Einsetzung Hitlers als Parteiführer folgendermaßen: »Das Geld, das der Reichswehrgeneral von Epp ein halbes Jahr zuvor in Dietrich Eckarts Hand legte, hatte bereits Zinsen getragen.«[210]

Der Führungswechsel war mehr als eine Auswechslung von Personen an der Spitze. Er war der Abschluß der Transformation der DAP / NSDAP aus einer Organisation, die zwar ihrer Ideologie und Zielsetzung nach bereits faschistisch, jedoch noch ungeeignet zur Durchführung einer faschistischen Massenpolitik war, in eine »moderne«, den neuen politischen Verhältnissen angepaßte politische Kampforganisation der reaktionärsten und aggressivsten Kreise der herrschenden Klasse. Der Führungswechsel war eine wichtige Etappe auf dem Wege der Herausbildung der NSDAP zu einer Partei, die Togliatti in seinen Lektionen als »gleichsam eine Partei ›neuen Typs‹ der Bourgeoisie« bezeichnete, als eine Partei, die der Bourgeoisie gab, was ihr bisher fehlte, »eine starke, zentralisierte und disziplinierte Einheitspartei, die über bewaffnete Formationen verfügt.«[211]

Der Führungswechsel war folglich eine außerordentlich wichtige Zäsur in der Entwicklung des deutschen Faschismus; indem die NSDAP als erste faschistische Gruppierung ihre alldeutsch-völkischen Eierschalen abstreifte und – den scharf akzentuierten Bedürfnissen ihrer Protektoren entsprechend – sich eine Struktur gab und Kampfmethoden entwickelte, die sich an den neuen politischen Bedingungen orientierten und auf stärkste Massenwirkungen ausgingen, schuf sie die Voraussetzungen dafür, unter den faschistischen und rechten Kräften in Bayern eine führende Position zu erringen; allerdings keineswegs als autonome, selbständige Kraft oder gar als die Partei eines einzigen Mannes, wie die meisten bürgerlichen Autoren die Sache darstellen, sondern als Partei der reaktionärsten, aggressivsten Kreise des Bürgertums, die in Hitler einen Parteiführer gefunden hatten, der ihm erteilte Lektionen gut verarbeitete und eine vielversprechende Veranlagung erkennen ließ, sie in politische Aktionen umzusetzen.

---

207 Ebenda, S. 83, 88f. Die Schriftleiter des VB seit Übernahme durch die NSDAP waren: Hugo Machhaus (25.12.1920-15.5.1921), Hermann Esser (15.5.1921-12.8.1921), Dietrich Eckart (12.8.1921-März 1923), Alfred Rosenberg ab März 1923.

208 *Maser*, Die Frühgeschichte, S. 277.

209 *Franz-Willing*, Die Hitlerbewegung, S. 172.

210 *Heiden*, Geschichte, S. 58.

211 *Togliatti*, S. 126.

Kapitel VI

Der Marsch aus der Bedeutungslosigkeit zu einem Machtfaktor in Bayern

Die Übernahme der Führung der NSDAP durch Hitler leitete eine neue, die dritte Etappe in der Geschichte dieser Partei ein. Sie markiert ebenfalls den Beginn einer neuen Etappe im Verhältnis der herrschenden Klasse zur Nazipartei. Der Hauptgrund dafür war jedoch nicht die Person des neuen Parteiführers, sondern die Gestaltung der politischen Verhältnisse in Bayern und im Reich, die zu einer Aufwertung aller republikfeindlichen Organisationen und Verbände führte, deren Einsatz geeignet schien, die antirepublikanische Front zu verbreitern und ihre Stoßkraft zu verstärken.

Hitler war noch keinen Monat lang Parteivorsitzender, als die reaktionären Angriffe auf die Weimarer Republik mit der Ermordung des früheren Reichsfinanzministers Matthias Erzberger am 26. August 1921 einen neuen Höhepunkt erreichten. Das Kabinett des Reichskanzlers Josef Wirth, seit Anfang Mai 1921 im Amte und vom ersten Tage an Zielscheibe wütender und haßerfüllter Angriffe der Rechten, beantwortete den Mordanschlag am 29. August 1921 mit einer »Verordnung zum Schutze der Republik«. Obwohl diese Verordnung, wie sich nur zu bald erweisen sollte, in keiner Weise geeignet war, den nationalistischen Mordorganisationen das blutige Handwerk zu legen, wurde von den reaktionären konservativen und faschistischen Kräften ein ungeheures Geschrei gegen dieses »einseitig gegen rechts gerichtete Ausnahmegesetz« erhoben. An die Spitze der Kampagne gegen die Reichsregierung stellte sich Bayerns »starker Mann«, der Ministerpräsident Kahr. Die bayerische Regierung lehnte kurzerhand die Durchführung dieser Verordnung in Bayern ab mit der Begründung, das bayerische Volk könne mit seinem »ausgeprägten demokratischen Empfinden eine einseitige Anwendung außerordentlicher Maßnahmen nicht billigen«[1] – eine Begründung, die neben allem anderen auch von dem eigenartigen Humor der bayerischen Ordnungszellenpolitiker Zeugnis abgelegt. Die maßgeblichen Kreise der Bourgeoisie in Bayern legten es natürlich nicht auf einen Bruch mit Berlin an, sondern darauf, auch

1 *Horkenbach*, 1918-1930. S. 131.

in diesem Falle, wie schon im Konflikt über die Einwohnerwehren, von der Reichsregierung als Gegenleistung für bayerische Verhandlungsbereitschaft eine Garantieerklärung zu erhalten, sich nicht in die »inneren Angelegenheiten« der »Ordnungszelle« einzumischen.

Für Kahr allerdings war ein Einlenken nicht möglich. Er hatte sich in dem Bestreben, die von ihm erwartete »Stärke« unter Beweis zu stellen, in seinen Erklärungen schon so auf Unnachgiebigkeit festgelegt, daß ihm in dieser Situation nur noch ein Weg – der Rücktritt – offen blieb, den er am 11. September 1921 erklärte. Dafür wurde ihm von deutschnationaler Seite lobend »charaktervolle Festigkeit« bescheinigt, – während seine Partei, die BVP, getadelt wurde, sie sei »weich geworden« und habe »den selbstgewählten Führer im Stich gelassen«[2].

Zum Nachfolger Kahrs wählte der bayerische Landtag am 21. September den Grafen Lerchenfeld. Die Mehrheit der BVP-Abgeordneten hielt den fünfzigjährigen Diplomaten unter den gegebenen Umständen für den am besten geeigneten Mann für dieses Amt: als treuer Sohn der katholischen Kirche und bayerischer Monarchist, der selbst von sich sagte, daß er zuerst Bayer und erst in zweiter Linie Angehöriger des deutschen Reiches sei[3], konnte von ihm erwartet werden, daß er im Rahmen des Möglichen zäh die bayerischen Forderungen nach Sonderrechten vertreten werde; andererseits besaß er das Vertrauen der Reichsregierung, die er seit 1920 bis zu seiner Wahl zum Ministerpräsidenten bei der Hessischen Regierung in Darmstadt vertreten hatte.

In den von Lerchenfeld sofort eingeleiteten Verhandlungen wurde ein Kompromiß erzielt, bei dem die Reichsregierung den bayerischen Forderungen weit entgegenkam. Sie nahm ihre Verordnung vom 29. August zurück und erließ an ihrer Stelle am 28. September eine entsprechend den bayerischen Wünschen veränderte neue Verordnung. Dafür hob die Regierung Lerchenfeld am 6. Oktober den bayerischen Ausnahmezustand auf.[4] Diese Beilegung des Konfliktes war aber nicht nach dem Geschmack der reaktionärsten Kreise, weder in Bayern noch im übrigen Reich. Die Bayerische Mittelpartei hatte schon bei der Wahl des Ministerpräsidenten gegen Lerchenfeld gestimmt, der von ihr gestellte Justizminister Roth, der zusammen mit Kahr zurückgetreten war, hatte sich geweigert, in das Kabinett Lerchenfeld einzutreten, und der ebenfalls dieser Partei angehörende Polizeipräsident Pöhner war Ende September 1921 aus Protest gegen die Aufhebung des bayerischen Ausnahmezustandes von sei-

---

2 *Egelhaafs* Historisch-politische Jahresübersicht für 1921, fortgeführt von Hermann Haug, Stuttgart 1922, S. 228.

3 Politik in Bayern, S. 100.

4 *Egelhaaf* 1921, S. 233f.

nem Amt zurückgetreten und hatte eine entsprechende Erklärung sogar öffentlich plakatieren lassen.[5]

Für diese Kräfte war der mit einer Amerikanerin verheiratete Lerchenfeld ein »Liberaler«, den man so bald als möglich wieder loswerden mußte. Die Zeit dafür schien ihnen ein Jahr später reif zu sein. Wiederum war es zum Konflikt zwischen Bayern und Reich gekommen, und wiederum war sein Ausgangspunkt die Ermordung eines republikanischen Ministers, diesmal des Außenministers Walter Rathenau gewesen. Die Reichsregierung erließ als Antwort am 18. Juli 1922 ein auf Artikel 48 der Reichsverfassung gestütztes »Gesetz zum Schutze der Republik«. Ebenso wie im Vorjahre Kahr lehnte jetzt Lerchenfeld dessen Durchführung in Bayern ab und erließ an seiner statt am 24. Juli eine bayerische »Verordnung zum Schutze der Verfassung der Republik«. Das war offener Verfassungsbruch, besagte doch Artikel 13 der Reichsverfassung, daß Reichsrecht vor Landesrecht ging.

Die weiß-blauen Republikfeinde – Kahr, Heim, Pittinger usw. – legten es ebenso wie die schwarz-weiß-roten um Ludendorff in dieser Situation darauf an, den Konflikt zu schüren und anzuheizen bis zum völligen Bruch mit der Reichsregierung und bis zu deren gewaltsamem Sturz. Das aber war den maßgeblichen Kreisen der Bourgeoisie in Bayern ein zu riskantes Spiel. Lerchenfeld verfuhr in ihrem Sinne, als er wie im Vorjahre den Konflikt durch Verhandlungen aus der Welt zu schaffen bemüht war, und dabei wiederum erreichte, daß die Reichsregierung vor den bayerischen Forderungen zurückwich. Sie gab weitgehende Zusagen, die darauf hinausliefen, auf die Anwendung des Republikschutzgesetzes in Bayern nahezu völlig zu verzichten. Diese Zusagen bedeuteten, daß die rechtsradikalen Organisationen, die für die verbrecherischen Mordanschläge auf republikanische Politiker verantwortlich waren, auf bayerischem Gebiet weiterhin tätig und vor Strafverfolgung sicher sein konnten. Als Gegenleistung hob die bayerische Regierung ihre eigene Verordnung vom 24. Juli wieder auf.[6]

Obwohl Lerchenfeld somit einen Erfolg erzielt hatte, der die ungestörte Fortführung der Ordnungszellenpolitik sicherstellte, begann nun erst recht ein heftiger Feldzug gegen ihn, an dem sich der rechte Flügel seiner eigenen Partei, der BVP, gemein-

---

5 Ebenda, S. 272; voller Wortlaut der Pöhner-Erklärung in: Politik in Bayern, S. 87. – Die Regierung Lerchenfeld war somit bis zum 27. Juli 1922, dem Zeitpunkt des Rücktritts des Handelsministers Eduard Hamm (DDP), eine Koalitionsregierung zwischen BVP und Demokratischer Partei. Hamm hatte das Handelsministerium seit dem 31. Mai 1919 geleitet. Mit Bildung der Reichsregierung Cuno wurde Hamm zum Staatssekretär der Reichskanzlei berufen. Die Regierung Lerchenfeld wurde wenige Tage nach Hamms Rücktritt (am 4. August) durch den Eintritt des Deutschnationalen Franz Gürtner als Justizminister zu einer Koalitionsregierung aus BVP und Bayerischer Mittelpartei.

6 *Egelhaafs* Historisch-politische Jahresübersicht für 1922, fortgeführt von Hermann Haug, Stuttgart 1923, S. 175ff.

sam mit der Mittelpartei eifrig beteiligte. Lerchenfeld sei »besonders verhaßt« und es werde ihm »Schlappheit Berlin gegenüber« vorgeworfen, berichtete der württembergische Gesandte am 31. August nach Stuttgart, und fügte dem hinzu, es scheine kein Zweifel mehr darüber zu bestehen, daß Lerchenfeld bald werde zurücktreten müssen.[7] Lerchenfeld war sich über die Urheber der Stimmungsmache gegen ihn nicht im Unklaren. Er traue Kahr, dessen Haltung sehr undurchsichtig sei, gar nicht recht, weil er ein reines Werk in den Händen der Rechtsradikalen sei, äußerte er gegenüber dem württembergischen Gesandten.[8] Kahr hatte sich in den letzten Monaten erneut in den Vordergrund geschoben und als Anwärter auf die Staatsführung in Erinnerung gebracht.

Lerchenfeld hatte zwar im August den Deutschnationalen Gürtner in sein Kabinett als Justizminister aufgenommen, wohl in der Hoffnung, damit einen gewissen Flankenschutz gegen Angriffe von rechts zu erhalten, doch hatte ihm das wenig geholfen. Im Herbst 1922, als sich das Scheitern der Erfüllungspolitik immer deutlicher abzeichnete, bereiteten sich die entscheidenden Kreise des deutschen Imperialismus auf eine Kraftprobe mit der französischen Siegermacht vor. Der deutsche Imperialismus brauchte jetzt wieder »starke Männer« am Staatsruder. Damit hatte das Stündlein der Wirth-Regierung im Reich, aber auch – und sogar noch vorher – das Stündlein der Regierung Lerchenfeld in Bayern geschlagen. Die Rechten im Reich forderten immer lauter den Rücktritt von Wirth, diejenigen in Bayern den von Lerchenfeld. Letzterer trat am 8. November zurück, sechs Tage später, am 14. November, gab auch Reichskanzler Wirth auf und machte seinem Nachfolger, dem HAPAG-Direktor Wilhelm Cuno, Platz.

Mit den Ende der Regierung Lerchenfeld in Bayern und der Reichsregierung Wirth ging auch die dritte Etappe in der Geschichte der Beziehungen der herrschenden Klasse zur NSDAP zu Ende. Die 15 Monate vom Juli 1921 bis zum Oktober 1922 standen im Reichsmaßstabe ganz im Zeichen des Kampfes der »Katastrophenpolitiker« gegen die in Berlin an der Regierung befindlichen »Erfüllungspolitiker« und in Bayern im Zeichen des Kampfes der den Konflikt mit Berlin suchenden »Konfrontationspolitiker« gegen die um einen modus vivendi mit der Reichsregierung bemühte Regierung Lerchenfeld. Diese Kampfkonstellation machte die NSDAP und ihren so virtuos auf dem Klavier der Massenstimmung spielenden Führer zu einem begehrten Bundesgenossen der weiß-blauen ebenso wie der schwarz-weiß-roten Scharfmacher. Deshalb war diese Etappe dadurch gekennzeichnet, daß die NSDAP voll ins politische Kräftefeld in Bayern einbezogen wurde und die Verbindungen von Persönlichkeiten

7 Politik in Bayern S. 108.

8 Ebenda, S. 109.

und Institutionen der herrschenden Klasse, von Unternehmern und Unternehmerorganisationen, von Parteien und Verbänden sowie vom Staatsapparat zu dieser Partei sich beträchtlich erweiterten und festigten. Die Führung der NSDAP verstand es, diese günstige Konstellation zu nutzen und errang in diesen Monaten den Ruf als aktivste, rücksichtsloseste und massenwirksamste aller rechtsradikalen Organisationen in Bayern. Einen bedeutenden Anteil daran hatte die Umwandlung der Schlägertruppe der NSDAP in die straff militärisch organisierten Sturmabteilungen der Partei.

1. Die Gründung der SA

Wenige Tage nach dem Wechsel in der Führung der NSDAP erfolgte eine weitere Veränderung von weittragender Bedeutung: das bisherige Rollkommando der Partei, das zur Sprengung gegnerischer Versammlungen und zur Niederknüppelung von Gegnern in eigenen Versammlungen formiert worden war, wurde am 3. August 1921 als »Turn- und Sportabteilung« der NSDAP in eine feste Organisationsform gebracht und zwei Monate später, am 5. Oktober, in »Sturmabteilungen« umbenannt.

Die Hitlerlegende stellt die Sache so dar, als habe Hitler diese Truppe sofort mit dem weitgesteckten Ziel geschaffen, damit eine Parteiarmee als Instrument zur gewaltsamen Machteroberung aufzubauen.[9] Mit dieser Darstellung soll das Bild des Hitler, der von allem Anfang an darauf aus war, der Diktator in Deutschland zu werden und dieses Ziel mit bewundernswerter Planmäßigkeit und Hartnäckigkeit verfolgt habe, untermauert werden. Der Erfinder dieser Legende war Hitler selbst und jene, die ihn bei Abfassung seines Buches »Mein Kampf« berieten. Während Maser, Franz-Willing und die meisten anderen bürgerlichen Autoren bei der Darstellung der Entstehung der SA kritiklos die Ausführungen Hitlers zugrundelegen[10], gibt Bennecke, der die Anfänge der SA aus eigener Beteiligung sehr genau kennt, eine sehr viel realistischere Erklärung für die Ursprünge der SA, wenn er schreibt: »Im Sommer 1921 beschränkte sich die Tätigkeit der nationalsozialistischen Partei und damit auch Hitlers im wesentlichen auf München. Hier dürften der Partei genügend ›Ordner‹ zur Verfügung gestanden haben, zumal sich auch Angehörige der Reichswehr bereit fanden, die Partei bei dieser Aufgabe zu unterstützen … Die bisherige, wahrscheinlich aber auch die voraussehbare Tätigkeit der Partei schienen die Bildung der SA nicht erforderlich zu machen; daher können planende Erwägungen Hitlers als Ursache ihrer Gründung kaum angenommen werden. Hitler war nicht nur verbündet mit, sondern auch gebunden an

9 *Fest*, S. 208ff.; *Deuerlein*, Hitlerputsch, S. 46.

10 *Franz-Willing*, Die Hitlerbewegung, S. 138f.

die politischen und militärischen Kräfte in Bayern, die zu dieser Zeit alle vorhandenen Machtmittel repräsentierten ... Der Schlüssel für die Entstehung der SA dürfte daher außerhalb der nationalsozialistischen Partei zu suchen sein. Bemerkenswert ist schon der Zeitpunkt ihrer Bildung. Am 28. Juni 1921 war die Einwohnerwehr ... aufgelöst worden.«[11] Schon Heiden wies auf den Zusammenhang zwischen Auflösung der Einwohnerwehren und Gründung der SA hin, und stellte fest, daß mit dieser Gründung *Röhm* »ein Lieblingsziel« erreicht hatte, nämlich »die Militarisierung seiner Partei.«[12] Dieses Ziel hatte er aber nur erreichen können, nachdem der V-Mann der Reichswehr, Hitler, an die Spitze der Partei gerückt war.

Die reaktionären Kräfte Bayerns dürften aber noch einen zusätzlichen Grund dafür gehabt haben, die Schlägerkolonnen der Nazipartei noch schlagkräftiger machen zu lassen für den Kampf gegen die organisierten Arbeiter, hatten diese doch im Sommer 1921 nachdrücklich ihren ungebrochenen Kampfwillen unter Beweis gestellt. Als am 9. Juni 1921 der Vorsitzende der USPD-Fraktion im bayerischen Landtag, Karl Gareis, von Reaktionären ermordet wurde[13], traten große Teile der Münchener Arbeiterschaft, einem Aufruf der KPD, der USPD und der SPD folgend, in einen befristeten Generalstreik. Auch in anderen bayerischen Städten, wenngleich nicht in allen, wurde die Arbeit niedergelegt. Noch stärker beeindruckt und geradezu erschrocken zeigten sich die Münchener Machthaber über eine Demonstration der Münchener Arbeiterschaft, zu der die Gewerkschaften als Protest gegen die wachsende Teuerung für den 26. August 1921 aufgerufen hatten. Durch den am gleichen Tage erfolgten Mord an Erzberger gestaltete sich diese Demonstration zu einer machtvollen Manifestation gegen die Hungerpolitik der Herrschenden und gegen den Mordterror ihrer bewaffneten Banden.

Die großbürgerlichen »Münchner Neuesten Nachrichten« schrieben tief beeindruckt am Tage danach: »Dem Aufruf des Gewerkschaftvereins und der freigewerkschaftlichen Betriebsräte gegen die Teuerung waren die Arbeiter und Arbeiterinnen in solchen Massen gefolgt, daß die Säle im Münchener Kindlkeller, Bürgerbräu, Franziskaner- und Salvatorkeller und die dazu gehörenden Gärten voll besetzt waren.«[14] Der Sächsische Geschäftsträger Dziembowski berichtete am gleichen Tag nach Dresden: »Man kann wohl mit Recht sagen, daß München kaum je einen so großen Demon-

---

11 *Bennecke,* S. 27f.

12 *Heiden,* Geschichte, S. 87 (Hervorhebung von mir; K. G.).

13 Gareis hatte mit mehrfachen Enthüllungen über geheime Waffenlager der Einwohnerwehren den Haß der Rechtskreise auf sich gezogen. Der »Miesbacher Anzeiger« hatte Anfang Juni sogar dazu aufgerufen, Gareis »wie einen tollen Hund« totzuschlagen. – *Wilhelm Hoegner,* Die verratene Republik, München 1958, S. 88.

14 MNN, Nr. 360 v. 27.8.1921.

strationszug gesehen hat, als wie er gestern abend nach der Versammlung, die der Gewerkschaftsverein und die freigewerkschaftlichen Betriebsräte einberufen hatten, durch die Straßen zog.«[15]

Die Kahr und Pöhner setzten gegen die organisierte Arbeiterschaft nicht anders als die Röhm und Hitler auf Unterdrückung und Terror. Pöhner ließ seine Polizei in den Demonstrationszug feuern, ein Arbeiter wurde dabei erschossen. Vorsorglich hatte Pöhner schon vor der Demonstration die Lüge verbreiten lassen, mit der Straßenkundgebung der Gewerkschaften solle eine politische Umwälzung eingeleitet werden und angekündigt, er werde alle derartigen Versuche rücksichtslos unterdrücken.[16] Erschreckt von der unerwarteten Wucht der Demonstration der Münchener Arbeiter sah die Kahr-Pöhner-Mannschaft in den Nazischlägerkommandos eine ebenso willkommene Hilfstruppe für die gewaltsame Unterdrückung der Arbeiterbewegung wie in der Nazipartei für den politischen Kampf gegen sie.

So waren es denn verschiedene Umstände, die die Umwandlung der Schlägertruppe der NSDAP in einen straff organisierten und militarisierten Wehrverband auch den militärischen und zivilen Gönnern und Hintermännern der Nazipartei als wünschenswert erscheinen ließen. Dominierend war hierbei ohne Zweifel das Interesse der Reichswehr und hier besonders ihres energischsten und einflußreichsten politischen Offiziers, Röhm. Röhm konnte seine Absicht, über die NSDAP politischen Einfluß auf die Wehrverbände zu nehmen und sie zu einem gemeinsamen Vorgehen zu bewegen, nur erreichen, wenn der Führer der NSDAP zugleich auch Führer eines solchen Verbandes wurde. Für Röhm war dabei klar, daß die Unterstellung dieser Truppe unter die Partei und Hitler zurückzutreten hatte gegenüber ihrer tatsächlichen Unterstellung unter das Kommando der Reichswehr. Für ihn war die SA wie jeder andere Wehrverband vor allem ein Mittel, um die Begrenzung der deutschen Streitkräfte durch den Versailler Vertrag zu umgehen und um zugleich eine Bürgerkriegstruppe für den innenpolitischen Kampf gegen die Weimarer Republik aufzubauen. Deshalb sorgte er auch dafür, daß die SA solche Führer bekam, die den Vorrang des Militärischen vor dem Politischen gewährleisteten. Sie kamen aus der Ehrhardtschen OC, die nach dem von ihren Mitgliedern verübten Mord an Erzberger zeitweiligen Unterschlupf in anderen Organisationen suchen mußten, ohne ihre Zugehörigkeit zur Ehrhardt-Organisation dadurch aufzugeben.[17] So wurde zum ersten Führer der SA (der »Turn- und Sportabteilung«) nicht, was ja nahegelegen hätte, der Gründer und Organisator der Nazi-»Ordner«-Truppe, Emil Maurice, sondern der Ehrhardt-Offizier Hans-Ulrich

15 StADr, Außenministerium, Film 2982, Bericht Nr. 332 v. 27.8.1921.

16 Münchener Post, Nr. 197 v. 26.8.1921.

17 *Bennecke*, S. 29.

Klintzsch ernannt; er wurde von Ehrhardts Marinebrigade besoldet und kehrte im Mai 1923, nachdem er vom Posten des SA-Führers durch Hermann Göring abgelöst worden war, zu dieser zurück.[18] Andere OC-Leute, die von Ehrhardt in die SA-Führung delegiert wurden, waren der Kapitänleutnant Alfred Hoffmann und Kapitänleutnant Manfred v. Killinger.[19]

Die Verbindung zwischen der NSDAP und der OC Ehrhardts wurde durch die Gründung der SA so eng, daß Heiden sie geradezu als »Verschmelzung von SA und OC« bezeichnete, die maßgeblich von Röhm herbeigeführt worden sei, der als »Syndikus aller Münchener Wehrverbände« die Ehrhardt-Offiziere »der neuen SA zu(schob).«[20] Durch diese Führung blieb die SA faktisch unter der militärischen Befehlsgewalt Ehrhardts bzw. der Reichswehr, stand aber Hitler für seine politischen Parteiziele zur Verfügung.[21]

Die auf solche Weise geknüpfte Verbindung zur OC bot der NSDAP natürlich mancherlei Vorteile; vor allem erfuhr sie selbst eine gewaltige Aufwertung durch das enge freundschaftliche Zusammengehen mit der Ehrhardt-Organisation, die wegen ihrer bedenkenlosen Mordaktionen gegenüber Kommunisten und Weimarer Politikern höchstes Ansehen und Bewunderung in den sogenannten vaterländischen Kreisen genoß. Hinzu kam, daß die NSDAP sich nun bei der Ausdehnung ihrer Aktivität über München hinaus auf die dort bereits bestehenden Gruppen von Ehrhardtleuten stützen konnte, was ihr besonders in Oberbayern, aber auch in West- und Norddeutschland zugute kommen sollte.[22]

Im Unterschied zu den anderen Wehrverbänden bestand aber bei den SA der NSDAP von der Gründung an ein Konkurrenzverhältnis zwischen militärischer und politischer Aufgabenstellung, zwischen der Eigenschaft als Wehrverband, der, wie auch die anderen Wehrverbände, von der bayerischen Reichswehrführung als eine Art »stille Reserve« betrachtet wurde[23], und Parteitruppe zur Verfügung der Parteiführung für deren engere Parteiziele. Dieser Konflikt trat zu Beginn, da die NSDAP als Ganzes selbst noch vorwiegend ein Geschöpf der Reichswehr war, kaum in Erscheinung. Er trat jedoch in dem Maße hervor, wie der Kreis der Förderer der NSDAP aus der herrschenden Klasse sich erweiterte und damit auch immer mehr andere als die spezifischen In-

18 Ebenda, S. 28.

19 *Heiden*, Geschichte, S. 87. – Killinger, mitbeteiligt am Erzberger-Mord, einer der berüchtigtsten SA-Führer, war von 1941 an als diplomatischer Vertreter Nazi-Deutschlands in Bukarest; beging nach dem Sieg des rumänischen Volksaufstandes vom 23. August 1944 am 3. September Selbstmord.

20 Ebenda.

21 *Bennecke*, S. 29.

22 Ebenda.

23 *Hofmann*, S. 66.

teressen der bayerischen Reichswehrführung auf die Führung der NSDAP einwirkten. Die Lösung dieses Konfliktes erfolgte aber, so oft er bis Ende 1923 akut wurde, letzten Endes immer im Sinne des Vorranges der militärischen Führung vor der politischen.

Der Dualismus von Wehrverband und Parteitruppe kam bereits im ersten Aufruf zum Vorschein, den Klintzsch als Vorsitzender der »Turn- und Sportabteilung« der NSDAP im VB vom 14. August veröffentlichte. Über deren Aufgaben hieß es da: »Sie soll unsere jungen Parteimitglieder zusammenschließen, um als eiserne Organisation ihre Kraft *der Gesamtbewegung als Sturmbock* zur Verfügung zu stellen. Sie soll *Trägerin des Wehrgedankens* eines freien Volkes sein. Sie soll den Schutz stellen für die von den *Führern* zu leistende Aufklärungsarbeit«[24].

Zahlenmäßig spielte die SA im Kreise der anderen Wehrverbände eine untergeordnete Rolle. Die Münchener Einwohnerwehren schlossen sich nach ihrer offiziellen Auflösung zu den Vaterländischen Vereinen München (VVM) zusammen unter Führung des Großkaufmannes Alfred Zeller; ihre Stärke wurde noch im April 1923 mit 30.000, ihre Bewaffnung als reichlich angegeben.[25]

Die Einwohnerwehren im übrigen Bayern schlossen sich, wie bereits erwähnt, nach ihrer Auflösung zum überwiegenden Teil zur geheimen »Organisation Pittinger« zusammen, die sich im Juni 1922 unter der Bezeichnung Bund »Bayern und Reich« in eine legale Organisation verwandelte. Seine Stärke betrug schätzungsweise 45.000 Mann.[26] Er war damit der bei weitem stärkste Wehrverband Bayerns.

Eine beträchtliche Rolle spielte ferner die »Reichsflagge«, ein Wehrverband, der vor allem in Franken verwurzelt war, aber auch in München eine Formation von 300 Anhängern besaß. Seine Gesamtstärke betrug etwa 4.000 Mann.[27] Sein Führer, Hauptmann Heiß, war als Kompanieführer in Nürnberg aktiver Reichswehroffizier[28], ebenso wie Ernst Röhm, der die Münchener Ortsgruppe der Reichsflagge leitete.

Größere Bedeutung besaß auch der bereits erwähnte »Bund Oberland«. Nach einigen inneren Kämpfen übernahm die Leitung des Bundes durch gerichtlichen Beschluß[29] Dr. Friedrich Weber, der an der Münchener Universität als Veterinär tätig

24 *Franz-Willing*, Die Hitlerbewegung, S. 139. (Hervorhebungen von mir; K. G.)

25 Akten der Reichskanzlei, Weimarer Republik, hg. von Karl Dietrich Erdmann und Wolfgang Mommsen, Das Kabinett Cuno, 22. November 1922 bis 12. August 1923, bearb. von Karl-Heinz Harbeck, (künftig: Das Kabinett Cuno), Boppard am Rhein, 1968, S. 358, Bericht des Staatssekretärs der Reichskanzlei, Eduard Hamm, vom 2.4.1923.

26 Siehe *Rösler*, Bayern und Reich, S. 5. – Hamm bemerkte zur Stärke von »Bayern und Reich«: »Im ganzen auf 15.000 Mann geschätzt (nach meiner Auffassung viel zu wenig). Überreich bewaffnet.« Das Kabinett Cuno, S. 358.

27 Siehe *Gordon*, Hitler and the Beer Hall Putsch, S. 100.

28 ZStAP, RKO, Nr. 374 (Reichsflagge), Bl. 14.

29 Ebenda, Nr. 343 (Bund Oberland), Bl. 64, 199.

war; er war der Schwiegersohn des Verlegers Lehmann, der auch zu den Geldgebern des Bundes gehörte.[30] Der prominenteste Förderer des Bundes war aber zweifellos Erich Ludendorff. Die Mitgliederzahl vom Bund Oberland wurde im August 1922 allein in München mit 20.000 Mann angegeben[31], wobei dies allerdings nicht die Gefechtsstärke war, diese lag erheblich darunter. Auf jeden Fall aber war Oberland um vieles stärker als die SA. Deren Mitgliederzahl betrug im September 1922 700-800 Mann, sie war am Ende des Jahres 1922 auf ca. 1.000 angewachsen und erreichte im September 1923, also kurz vor dem Novemberputsch, ca. 3.000 bis 4.000 Mann.[32]

Die zahlenmäßige Geringfügigkeit der SA im Vergleich zu den anderen Wehrverbänden und die weitere Haltung Röhms der SA gegenüber unterstreicht, daß von seiner Seite ihre Gründung vor allem als ein Mittel gedacht war, Hitler als Führer der NSDAP auch zum Führer eines Wehrverbandes und damit zu einem zu akzeptierenden Verhandlungspartner für die anderen Verbandsführer zu machen, weil er sich erhoffte, mit Hilfe der suggestiven Überzeugungskraft Hitlers seine, Röhms, politische Linie zur allgemeinen Linie aller Verbände machen zu können.

Röhms Erfahrungen im Kampf gegen die Republik besagten, daß auch ein Militärputsch an der Spitze einen Politiker brauchte. Als er und Epp 1920 nach der Niederschlagung der Roten Ruhrarmee, an der sie teilnahmen, dem Reichswehrkommandeur General v. Watter vorgeschlagen hatten, nun gleich ganze Arbeit zu machen und die Weimarer Republik zu liquidieren, konnte der sich dazu nicht entschließen. »Das Mitglied der Deutschen Arbeiterpartei, Reichswehrhauptmann Röhm, zog daraus seine Lehren. Er widmete die folgenden Jahre der Aufgabe, aus seinem Standort München ein Aktionszentrum für die kommende Militärrevolution zu machen. Dies Zentrum sollte keinen General, sondern einen Politiker als Kopf haben. Welchen? Einige Jahre später wußte es Röhm: Adolf Hitler.«[33] Aber dieser Politiker hatte nach Auffassung Röhms die Sache der Militärs zu betreiben, nicht umgekehrt!

Für Hitler allerdings war die SA vor allem ein willkommenes Instrument, den Terror gegen die organisierte Arbeiterschaft zu verstärken und der NSDAP im Wettbewerb mit den anderen »nationalen« Organisationen durch Veranstaltung von aufsehenerregenden Umzügen, Kundgebungen, Saal- und Straßenschlachten den Ruf der aktivsten, entschlossensten, kämpferischsten und konsequentesten nationalen, antikommunistischen und antirepublikanischen Bewegung zu verschaffen. Das war ihr

---

30 *Hofmann*, S. 168.

31 ZStAP, RKO, Nr. 343, B. 45.

32 *Bennecke*, S. 45, 73; Das Kabinett Cuno, S. 358.

33 *Heiden*, Geschichte, S. 84.

umso leichter möglich, als der SA auch »aktive Reichswehrsoldaten und Polizisten … an(gehörten) und … dort, soweit sie beruflich dazu in der Lage waren, Dienst in Versammlungen, als Rednerschutz oder als Rollkommandos in gegnerischen Versammlungen (machten).« Polizei- und Reichswehrangehörige waren in der SA als Ausbilder tätig.[34] Im Dezember 1922 erhielt die SA eine »wertvolle« Verstärkung: die Münchener Ortsgruppe des berüchtigten Freikorps »Roßbach« unter ihrem Führer, dem Leutnant a. D. Edmund Heines, schloß sich korporativ der SA an.[35] (Heines erlangte traurige Berühmtheit als gemeiner Fememörder und einer der brutalsten Sadisten aus der Bande der SA-Führer).

Alles in allem trug die Gründung der SA erheblich dazu bei, daß die NSDAP innerhalb kurzer Zeit – von 1921 bis 1923 – sich in Bayern an die Spitze aller extrem-rechten Organisationen setzen konnte. Sie war die einzige Partei, die über eine »Privatarmee« verfügte; keine andere konnte deshalb den Kampf gegen die »Roten« so »schlagkräftig« führen, wie sie. Die SA wiederum war der einzige Wehrverband, der nicht allgemein auf »nationale« Ziele und Wehrerziehung eingeschworen war, sondern auf die politischen Ziele und die Ideologie einer politischen Partei, und zwar einer Partei, die bewußt darauf ausging, mit pseudorevolutionären Parolen gerade die aktivistischsten Kräfte im Lager der Rechten für sich zu gewinnen. Sie vereinte in sich wie keine andere militärische Disziplin und politischen Fanatismus.

Durch ihre SA wurde die NSDAP für die Reichswehrführung – für Röhm und Epp – noch wichtiger als vorher. Die Schaffung der SA trug so ganz entscheidend dazu bei, daß die NSDAP im Verlauf eines Jahres im Lager der sogenannten »Vaterländischen Verbände« die Anerkennung als gleichberechtigter Partner errang.

2. Die NSDAP und die Regierungen Kahr und Lerchenfeld

Noch bevor Hitler Parteiführer wurde, hatte sich die NSDAP darum bemüht, das Wohlwollen der Staatsregierung der »Ordnungszelle« zu sichern, die sich unter der Ministerpräsidentenschaft Kahrs zum Schirmherren der vaterländischen Organisationen gemacht hatte.

34 *Franz-Willing*, Die Hitlerbewegung, S. 141.

35 Ebenda, S. 143f. – In Norddeutschland hatte sich Roßbach mit seinen Leuten der NSDAP angeschlossen; nachdem diese dort verboten wurde, hatte er als Nachfolgeorganisation die »Großdeutsche Arbeiterpartei« aufgezogen; nachdem auch diese verboten wurde, schloß er sich entsprechend einem Übereinkommen zwischen der NSDAP und der Deutschvölkischen Freiheitspartei im Februar 1923 dieser Partei an. Pressedienst der DVFP Nr. 6 v. 15.2.1923, in: ZStAP, AV, Nr. 228, Bl. 44; siehe auch *Hofmann*, S. 72.

Die scharfe Kampfstellung der Kahr-Regierung gegen die Regierung Wirth gab den Führern der NSDAP die Möglichkeit, ihre Unterstützung anzubieten und damit zugleich die eigene Bedeutung in den Augen der Öffentlichkeit zu steigern. Sie baten um den Empfang einer Delegation der NSDAP durch Kahr, der am 14. Mai 1921 gewährt wurde. Der Delegation gehörten Heß, Hitler u. a. an.[36] Kahr ließ in dieser Unterredung die Bereitschaft zu einer zweiten Begegnung mit Hitler in einem kleineren Kreise erkennen. Zur Vorbereitung auf diese zweite Besprechung – von der nicht bekannt ist, ob sie tatsächlich zustandekam – schrieb Heß an Kahr am 17. Mai einen in verschiedener Hinsicht bemerkenswerten Brief: der aus gutbürgerlichem Hause stammende Heß trat hier gewissermaßen als Bürge für die politische Unbedenklichkeit und Zuverlässigkeit seines Parteiführers auf; mit besonderem Nachdruck und unter maßloser Übertreibung stellte er heraus, daß sich Hitler vor allem erfolgreich um die Gewinnung der Arbeiter bemühe. Heß schrieb:[37] »H. stammt aus dem deutsch-böhmischen Grenzgebiet, sein Nationalgefühl wurde daher früh ausgeprägt.

Aus ganz einfachen Verhältnissen kommend, führte er einen schweren Lebenskampf, um sich durchzuringen. Durch eigenes Studium erwarb er sich ein anerkennenswertes, vielseitiges Wissen, das besonders in der Geschichte weit über dem Durchschnitt steht. Damit vereint er ein seltenes Gefühl für das Volksempfinden, politischen Instinkt und eine gewaltige Willenskraft.

Dem ist es zu verdanken, daß H. im politischen Kampf in kurzer Zeit zu einer ebenso gefürchteten wie auf der anderen Seite verehrten Persönlichkeit wurde, deren Macht sehr viel weiter reicht, als man in der Öffentlichkeit ahnt.[38] Über die Ziele seiner[39] Bewegung dürften Exzellenz unterrichtet sein. Der Kernpunkt ist, daß H. überzeugt ist, daß ein Wiederaufstieg nur möglich ist, wenn es gelingt, die große Masse, besonders die Arbeiter, zum Nationalen zurückzuführen. Dies wiederum ist aber nur denkbar in der Gemeinschaft mit einem vernünftigen, ehrlichen Sozialismus, auch Befreiung der Massen aus den Händen der fremdrassigen Führer. – Tatsächlich sind schon ehemalige Kommunisten und USP-Angehörige in großer Zahl der ›Nationalsozialistischen Deutschen Arbeiterpartei‹ beigetreten … Klassengegensätze sind überbrückt, der Handarbeiter unterhält sich in den Versammlungen mit dem Offizier und Studenten … Herrn H. kenne ich persönlich sehr gut, da ich ihn beinahe täglich

36 *Franz-Willing,* Die Hitlerbewegung, S. 206f; nach Deuerlein (Hitlerputsch, S. 39) stand die Delegation unter Leitung Hitlers.

37 *Franz-Willing,* Die Hitlerbewegung, S. 208; *Maser,* Die Frühgeschichte, S. 288ff.

38 Offenbar ein Hinweis auf die Beziehungen Hitlers zur bayerischen Reichsführung und zu einflußreichen Persönlichkeiten im bayerischen Staatsapparat, wie Pöhner und Frick.

39 Diese Formulierung ist kennzeichnend für den »Führermacher« Heß; denn noch war nicht Hitler, sondern Drexler Parteivorsitzender.

spreche und ihm auch menschlich nahe stehe. Er ist ein selten anständiger und lauterer Charakter, voll tiefer Herzensgüte, religiös ein guter Katholik. Er hat nur ein Ziel: das Wohl seines Landes. Für dieses opfert er viel in selbstloser Weise, ohne daß er von der Bewegung dafür einen Pfennig erhält. Er lebt vom Honorar, welches er für Vorträge bekommt, die er gelegentlich aus freien Stücken anderwärts hält ...

Euer Exzellenz können H. unbedingt vertrauen. Auch kann H. völlig schweigen, was ich selbst ausprobierte.«

Um seinem Empfehlungsschreiben die erforderliche Respektabilität zu verleihen, forderte Heß Kahr auf, nötigenfalls über sich Auskunft einzuholen »bei Herrn General Prof. Dr. Haushofer, mit welchem ich eng befreundet bin.«

Kahr, obgleich protestantischer Konfession, hatte seine Hauptstütze im rechten Flügel der katholischen Bayerischen Volkspartei, zu deren Zielen die Wiedererrichtung der Wittelsbacher Monarchie gehörte. Deshalb war die NSDAP, die eine radikal »schwarz-weiß-rote«, auf eine »starke Zentralgewalt des Reiches,«[40] zielende Propaganda führte, in den Augen Kahrs zwar nützlich im Kampf gegen die republikanischen Reichsregierungen, aber unzuverlässig im Hinblick auf die Verfechtung der »bayrischen Belange«. Dieser Gegensatz, der 1923 offen ausbrach, konnte sich indessen 1921 noch nicht voll entfalten, da Kahr bereits im September als Ministerpräsident zurücktrat. Zunächst trug der persönliche Kontakt, den Hitler dank seiner Freunde mit dem »starken Manne« Bayerns Kahr aufnehmen konnte, dazu bei, seine Autorität auch in der Partei zu festigen, was für ihn im Hinblick auf die innerparteilichen Auseinandersetzungen von nicht geringer Bedeutung war.[41] Die NSDAP übertrumpfte in ihren Angriffen auf die Reichsregierung an Lautstärke und Radikalität alle anderen. So forderte Hitler in einer Rede Anfang Mai 1921 die bayerische Regierung auf, den »Verbrecher, Volksschädling« und »Erzlumpen« Erzberger, falls er nach München kommen sollte, sofort zu verhaften und für ein paar Jahre festzusetzen. Daran knüpfte er die drohende Ankündigung: »Wenn es die bayerische Regierung nicht tun kann, so werden wir es selber besorgen.«[42] Es ist kennzeichnend genug für die Position Kahrs, daß er Hitler wenige Tage nach dieser Rede den bereits erwähnten Empfang gewährte.

Den Rücktritt Kahrs nahm die NSDAP zum Anlaß für eine unflätige Schimpfkanonade gegen die Reichsregierung und dazu, sich als eifrigster Wahrer bayerischer Belange aufzuspielen. In einer von Hitler unterzeichneten »Stellungnahme der Partei zu den Ereignissen«, datiert vom 17. September 1921, an deren Abfassung, dem Stile

40 Punkt *25* des Parteiprogrammes: »Zur Durchführung all dessen fordern wir die Schaffung einer starken Zentralgewalt des Reiches.« In keinem der 25 Punkte des Programmes der Nazipartei war dagegen von den Rechten der Länder die Rede.

41 *Deuerlein*, Hitlerputsch, S. 40.

42 Ebenda, S. 39.

nach zu urteilen, Hermann Esser maßgeblich beteiligt war, hieß es u. a.: »Der Rücktritt des Ministerpräsidenten v. Kahr und des Justizministers Roth ist nur eine Phase in dem großen Kampf des Judentums in Deutschland zur Erringung der absoluten Macht ... Denn darüber sind wir uns klar, die Berliner Juden kämpfen gegen uns heute nicht, weil wir Bayern sind, sondern weil die Bayern heute den letzten Rest deutscher Freiheit darstellen ... Es ist ein trauriges Zeichen, daß sich Angehörige einer Partei, die sich sonst als christlich bezeichnende Bayerische Volkspartei, herbeiließen, den Standpunkt der Sowjetjuden von Berlin zu ihrem eigenen zu machen gegen ihr deutsches und bayerisches Heimatland ...

Unsere Parole heißt: Weg mit den parlamentarischen Spulwürmern. Weg mit den Schleimsiedern. Weg mit den Berliner Judenknechten.«[43]

In diesem Stile wurde weiter gegen die Berliner Reichsregierung und jene bayerischen Politiker gehetzt, die bereit waren, mit ihr zusammenzuarbeiten, als gegen »ehrgeizige Lumpen« und »parlamentarisches Geschmeiß«. Zum Schluß hieß es: »Wenn es notwendig sein sollte, dann muß diesen Berliner Asiaten und ihrem verworfenen Anhang bei uns der deutsche Schädel und die bayerische Faust entgegengestellt werden.«

Damit war schon klar, was die Regierung Lerchenfeld von der Nazipartei mehr noch als von allen anderen sogenannten »vaterländischen« Organisationen bis hin zum rechten Flügel der Bayerischen Volkspartei zu erwarten hatte. Sie ließ denn auch vorsorglich Hitler am 21. September wegen Verteilung aufhetzender Flugblätter und versuchter Unruhestiftung vorübergehend in Haft nehmen.[44]

Mit dem Rücktritt des Polizeipräsidenten Pöhner und des Leiters der Politischen Polizei, Frick, hatte die NSDAP zwei zuverlässige Freunde und Helfer im Polizeipräsidium verloren, denn der neue Polizeipräsident Eduard Nortz war ein Mann, der die Nazipartei zwar nicht bekämpfte, aber auch nicht mehr im gleichen Maße begünstigte wie sein Vorgänger, sondern bemüht war, ihrer Agitation gegen die Landesregierung Zügel anzulegen.[45] In die gleiche Richtung gingen auch die Bemühungen des neuen Innenministers Schweyer.

Ende Januar 1922 (vom 29.-31.1.) trat die NSDAP – erstmals unter ihrer neuen Leitung – zu ihrer Generalversammlung, die gleichbedeutend war mit ihrem ersten Parteitag, zusammen. Auf diesem Parteitag ging es darum, Hitlers Führung endgültig durchzusetzen. Sie war einerseits durch die noch immer nicht völlig aufgegebenen Versuche bedroht, die NSDAP in ein Kartellverhältnis zu anderen völkischen Gruppen

---

43 *Franz-Willing,* Die Hitlerbewegung, S. 208f.

44 Politik in Bayern, S. 87; StADr., Sächs. Außenministerium, Film 2982, Bericht Dziembowski, Nr. 375 v. 21.9.1921.

45 *Heiden*, Geschichte, S. 99.

zu bringen, zum anderen durch den Anspruch von Ortsgruppen, die sich inzwischen außerhalb Bayerns gebildet hatten – anwesend waren z. B. Vertreter aus Mannheim, Stuttgart, Halle, Hannover, Zwickau –, auf Gleichberechtigung mit der Münchener Ortsgruppe.[46] In einer Proklamation zum Parteitag grenzte deshalb Hitler die NSDAP scharf von den von ihm verächtlich behandelten und lächerlich gemachten völkischen Gruppen und Personen ab, die ihre Hauptbeschäftigung in der romantischen Verklärung der germanischen Vorfahren sahen. Es gelte, so führte er aus, die Bewegung reinzufegen, denn sie sei eine »Brutstätte gutgesinnter, aber deshalb um so gefährlicherer Narren, die im Sachsen- oder Schwabenspiegel[47] wühlen, unser Volk um tausend Jahre zurückverschieben wollen, weltfremd nicht merken, daß es sich nicht um die Wiedergeburt überlebter Formen handeln kann, sondern nur um die Schöpfung eines neuen germanischen Rechts, auf das schärfste angepasst den wirtschaftlichen Bedingungen unserer Zeit.«[48] Wie gut Hitler diese Bedingungen der damaligen Zeit, die ganz im Zeichen eines Stinnes standen, begriffen hatte, zeigen spätere Ausführungen von ihm, die genausogut von eben diesem Stinnes hätten stammen können. »Die Inflation« – so Hitler, »ist eine Folge der Unproduktivität der Staatsbetriebe. Diese muß mit eiserner Strenge beseitigt werden. Die Beamtenmißwirtschaft kann nur durch einen Diktator, der sich nicht um das Geschrei der öffentlichen Meinung zu kümmern braucht, abgeschafft werden … Der Diktator wird unter dem Zeichen des Generalstreiks in sein Amt treten. Er wird die Arbeitsaufnahme dadurch erzwingen, daß alles, was nicht unter den diktierten Bedingungen arbeiten will, als entlassen gilt.«[49] In der Parteitagsproklamation verteidigte Hitler entschieden die Festlegung, daß die Leitung der Partei in München zu bleiben habe; aber natürlich gab er dafür nicht den wahren Grund an, der – wie Heiden völlig zutreffend bemerkt – in der schlichten Tatsache bestand, daß, »wollte man die Partei von München wegverlegen, … man die Münchener Reichswehr (hätte) mitverlegen müssen. Denn sie war Kern und Basis der Partei. Daß eine solche Trennung unterblieb, brauchten die Reichswehrleute Hitler nicht erst zu befehlen. Er hatte ein halbes Jahr vorher lockende Berliner Angebote ausgeschlagen, denn er wußte, daß sein Unternehmen mit der Reichswehr stand und fiel.«[50] Der Parteitag, der eine Verdoppelung der Mitgliederzahl im abgelaufenen Jahr von 3.000 auf 6.000 registrieren konnte, bestätigte die am 29. Juli 1921 vollzogenen Veränderungen in der Parteispitze, somit die diktatorische Führung der Partei durch Hitler und alle durch ihn getroffenen Maßnahmen.

46 Ebenda, S. 102; *Franz-Willing*, Die Hitlerbewegung, S. 174.

47 Alte deutsche Rechtsbücher.

48 *Heiden*, Geschichte, S. 103.

49 Münchener Post, Nr. 15 v. 19.1.1923. – Vgl. zu diesen Ausführungen Hitlers den »Stinnes-Plan« vom Oktober 1922! – GdA, Bd. 3, S. 639ff.

50 *Heiden*, Geschichte, S. 103.

Mit gesteigerter Angriffslust setzten die Nazis ihren Kampf mit Worten und mit Knüppeln und Pistolen fort, in erster Linie gegen kommunistische und sozialdemokratische Arbeiter und Gewerkschaftler und Bürger jüdischer Herkunft. Aber auch gegenüber der Regierung Lerchenfeld schlug die NSDAP einen immer aggressiveren Ton an. Dabei überspannte Hitler jedoch den Bogen. Die Erfahrung, daß ihm die Behörden aus Sympathie für seinen Terrorfeldzug gegen den »Marxismus« gewöhnlich seine Attacken gegen »nationale« bürgerliche Kräfte nachsahen, hatte ihn zu der irrigen Auffassung geführt, er könne sich schlechterdings alles ungestraft erlauben, zumal er unter dem Einfluß seiner Reichswehrfreunde, insbesondere Röhms, sich angewöhnt hatte, bürgerliche Politiker grundsätzlich als unfähig, schlapp und entschlußlos anzusehen. In dieser Haltung war er durch einen Prozeß, den das führende Mitglied des »Bayernbundes«, Ballerstedt, gegen ihn angestrengt hatte, weil er mit seinen Anhängern dessen Versammlung am 14. September 1921 in besonders brutaler Weise gesprengt hatte[51], noch bestärkt worden. In diesem Prozeß, der im Januar 1922 stattfand, wurde er wegen Landfriedensbruch zwar zu einer Strafe von drei Monaten Haft verurteilt, aber er hatte die Genugtuung, daß als Entlastungszeuge für ihn u. a. sogar ein Fürst Karl Wrede auftrat; daß ihm außerdem zwei Drittel der Strafe auf Bewährung erlassen wurden und er den Rest der Strafe nicht sofort anzutreten brauchte, und daß auch Ballerstedt, – dieser wegen »übler Nachrede« – zu 200 Mark Geldstrafe oder 20 Tagen Haft verurteilt wurde.[52] Alles in allem hatte der Prozeß höchstens dazu beigetragen, Hitlers Popularität zu steigern. Um so schwerer und unerwarteter traf es ihn, als der Innenminister Schweyer ihm im Bayerischen Landtag im März 1922 wegen ständiger Störungen der Ruhe und Ordnung mit der Ausweisung drohte. Heiden zufolge versetzte diese Drohung Hitler einen derartigen Schock, daß er sich für längere Zeit vom politischen Geschäft völlig zurückzog und geradezu menschenscheu wurde[53] –, eine für ihn typische Reaktion auf Rückschläge und unerwartete Niederlagen, die in krassem Widerspruch stand zu dem Bild der Hitlerlegende vom unbeugsamen Führer, dessen Willensstärke jede Situation meistert. Allerdings mußte es Schweyer bei der Ausweisungsdrohung belassen, denn »ein Sturm der Entrüstung brach aus, nicht nur in der NSDAP, sondern auch bei allen Rechtsverbänden. »[54]

Den Gegnern der Ausweisung Hitlers erwuchs im Führer der bayerischen Sozialdemokratie Erhard Auer ein unerwarteter Verbündeter. Er sprach sich in einer Unterre-

---

51 Ballerstedt war von den Nazischlägern brutal die Podiumstreppe hinuntergestoßen worden und hatte sich dabei erheblich verletzt. – *Ernst Deuerlein*, Der Aufstieg der NSDAP in Augenzeugenberichten, Düsseldorf 1968, S. 145f.

52 *Franz-Willing*, Die Hitlerbewegung, S. 171; *Deuerlein*, Der Aufstieg, S. 150f.

53 *Heiden*, Geschichte, S. 104.

54 *Franz-Willing*, Die Hitlerbewegung, S. 213.

dung Schweyers mit den Parteiführern am 17. März 1922 gegen die Ausweisung Hitlers aus. Schweyer hatte unter der Zustimmung der Vertreter der bürgerlichen Parteien die ins Auge gefaßte Ausweisung damit begründet, das Bandenunwesen, das Hitler in den Straßen Münchens organisierte, werde allmählich unerträglich, Hitler gebärde sich, als wäre er der Herr der bayerischen Hauptstadt. Auer war der einzige, der gegen Schweyer auftrat, mit einer Begründung, die den rechten SP-Führern gewöhnlich nur einfällt, wenn Maßnahmen gegen Rechts zur Debatte stehen; er sagte nämlich, eine Ausweisung widerspreche den freiheitlich-demokratischen Grundsätzen. Dem fügte er noch hinzu, Hitler sei ja doch nur eine komische Figur, mit der fertigzuwerden für die Arbeiterschaft ein Leichtes sei.[55]

Entscheidend aber war, daß die militärischen Schutzgötter Hitlers gegen Schweyers Pläne ihr entschiedenes Veto erhoben. Allerdings schwebte Hitler noch geraume Zeit in Ungewißheit darüber, wie die Entscheidung ausfallen würde. Noch am 5. April 1922 gab Ministerpräsident Lerchenfeld Hitler deutlich zu verstehen, daß er in Bayern nur geduldet sei; im Landtag erklärte Lerchenfeld nämlich, es sei begrüßenswert, daß Hitler im Felde seine Pflicht getan habe, nun solle er aber auch darauf bedacht sein, »daß er nicht durch eine alles Maß überschreitende Hetze gegen Regierung und Volksgenossen, die ihm gerade nicht gefallen, das Gastrecht mißbrauchte, das er in Bayern genießt.«[56]

Die Tatsache, daß der großmäulige Hitler, der sich sonst immer gebärdete, als könne ihn weder Tod noch Teufel schrecken und einschüchtern, allein schon durch eine schwache Andeutung eines ernsthaften Vorgehens der Staatsmacht gegen ihn zu ducken und zur Raison zu bringen war, zeigt erneut mit aller nur wünschenswerten Deutlichkeit die Wurzel und die Grenzen seiner Macht: er und seine Bewegung konnten aggressiv und provokatorisch nur auftreten dank der wohlwollenden Förderung, die ihnen und solange sie ihnen seitens der herrschenden Klasse, ihren Machtorganen und ihren Organisationen entgegengebracht wurde. Von diesen Wurzeln abgeschnitten, blieb in der Tat nicht mehr von Hitler übrig, als eine »politische Kuriosität«[57], eine demagogische Lokalgröße.

Im Mai 1922 hatte sich Hitler indessen wieder soweit gefangen, daß er einer Einladung zu einem Vortrag vor dem Nationalklub in Berlin folgte. Die neuerliche Kontaktaufnahme mit diesem einflußreichen Gremium des rabiaten, extrem-reaktionären

55 *Ernst Niekisch,* Gewagtes Leben: Begegnungen und Begebnisse, Köln / (West-)Berlin 1958, S. 109.

56 *Franz-Willing,* Die Hitlerbewegung, S. 214. – Bezeichnend für die wirkliche Einstellung Lerchenfelds ist es, daß er den Besuch einer »Deputation von Juden«, die sich bei ihm für die Abwehr des Antisemitismus bedanken wollte, als einen »unerwünschten Erfolg« seiner Landtagsrede bezeichnete – Politik in Bayern, S. 95.

57 Siehe *Deuerlein,* Hitlerputsch, S. 52.

Flügels der deutschen Monopolbourgeoisie – die erste hatte bereits im Dezember 1921 stattgefunden[58] – gab ihm offenbar den notwendigen Auftrieb, um zu seiner alten Form zurückzufinden. Er hielt vor diesem Forum zwei Vorträge, den ersten am 29. Mai, den zweiten am 5. bzw. 12. Juni 1922.[59] Bei dieser Gelegenheit schloß er auch persönliche Bekanntschaft mit dem späteren Führer der Deutsch-Völkischen Freiheitspartei, Graefe[60], und konnte die Unterstützung Ernst v. Borsigs gewinnen, der damals als Präsidialmitglied des Reichsverbandes der Deutschen Industrie und Vorsitzender des Vereins Deutscher Maschinenbau-Anstalten einer der einflußreichsten deutschen Monopolisten war und zudem über ganz intime Beziehungen zur Spitze der Reichswehr verfügte.[61]

3. Die NSDAP im Aufwind

In der zweiten Hälfte des Jahres 1922 konnte die NSDAP ihren Einfluß beträchtlich verstärken. Im Herbst dieses Jahres war der Aufschwung dieser Partei so auffällig, daß alle Berichterstatter aus München dieser Entwicklung besondere Aufmerksamkeit widmeten und dabei hervorhoben, daß die Rolle der NSDAP und die Stellung zu ihr ein Hauptproblem für die bayerische Regierung zu werden begann.

Auf dem Höhepunkt des von Bayern hochgespielten Konflikts über das Republikschutzgesetz, am 31. August 1922, berichtete der württembergische Gesandte Moser über ein Gespräch mit dem Staatsrat im bayerischen Ministerium des Äußeren, Hans Schmelzle, in dem dieser davon gesprochen hatte, es bestehe eine große Erregtheit in weiten Kreisen der Bevölkerung, und besonders die Nationalsozialisten hätten einen enormen Zulauf; wie Schmelzle glaubte, habe die Sozialdemokratie viele ihrer Angehörigen an die Nazis verloren, deren Führer Hitler »eine ganz faszinierende Persönlichkeit« sein müsse.[62]

Am 21. Oktober 1922 gab der sächsische Geschäftsträger Dziembowski einen Überblick über den Faschismus in Bayern; darin schrieb er: »Ich habe schon seit Jahr und Tag in meinen Berichten die national-sozialistische Arbeiterpartei in München erwähnt und habe deren Bedeutung als augenblicklich nicht groß hingestellt, jedoch immer mit Aufmerksamkeit deren Entwicklung beobachtet. Es ist nicht von der Hand

58 *Volz,* S. 5.

59 Ob der zweite Vortrag am 5. oder am 12. Juni stattfand, ist nicht eindeutig festgestellt. Vgl. *Tyrell,* Vom ›Trommler‹, S. 259, Anm. 437.

60 *Heiden,* Geschichte, S. 104; siehe auch *Tyrell,* Führer befiehl, S. 46.

61 *Heiden,* Geschichte, S. 104.

62 Politik in Bayern, S. 1071.

zu weisen, daß die Not unserer Zeit, aber auch die Politik unserer Feinde, dieser Partei immer mehr Anhänger zugetrieben hat.«[63]

Einen Monat später, am 22. November 1922, berichtete er nach Dresden: »Es besteht kein Zweifel darüber, daß die Nationalsozialisten sich hier immer mehr zu einem politischen Machtfaktor auswachsen.«[64]

Ein Bericht des Reichskommissars für Überwachung der öffentlichen Ordnung über »Die Lage in Bayern« vom 8. November 1922 enthielt folgende Einschätzung: der Einfluß von Kapitän Ehrhardt und von Escherich sei in Bayern bedeutungslos geworden. Die ausschlaggebende Rolle bei den Rechtsparteien spiele Georg Heim. In der Bayerischen Volkspartei trete immer unverhüllter ein ziemlich scharfer Antisemitismus zutage. Über die NSDAP hieß es: »Die nationalsozialistische Bewegung in Bayern ist in stetigem außerordentlich starkem Zunehmen begriffen. Namentlich hat sie in München und auf dem platten Lande in den letzten Wochen ganz außerordentliche Erfolge zu verzeichnen gehabt. Selbst in Nordbayern, das an sich kein günstiger Boden für die Bewegung ist, hat sie erheblich zugenommen.«[65]

Am ausführlichsten und zugleich kritischsten berichtete die Vertretung der Reichsregierung in München über die Entwicklung in Bayern. Sehr aufschlußreich ist ein Bericht vom 9. November 1922, überschrieben: »Die nationalsozialistische Bewegung.« Dort heißt es: »Die nationalsozialistische Bewegung in Bayern, die noch vor verhältnismäßig kurzer Zeit keine bedeutende Rolle spielte, ist allmählich zu einem ernste Besorgnisse einflößenden Faktor herangeschwollen. Der aus Oesterreich stammende Führer, Herr Hitler, beschränkte sich bisher auf eine geräuschvoll lärmende Propaganda und Agitation, die ihren Ausdruck in auffallenden Plakaten und Radauversammlungen fand. Auch gewaltsame Störungen der sozialistischen Versammlungen und Prügeleien gehörten zu dem modus procedendi der Hitler-Leute. Ein irgendwie nennenswertes Programm besaßen und besitzen die Nationalsozialisten nicht.«[66]

Sodann kam der Berichterstatter auf die Ursachen für das Anschwellen der Nazibewegung und auf die Herkunft ihrer neuen Anhänger zu sprechen und führte aus: »Die ganze Bewegung ist unter der wohlwollenden Duldung der Regierung Kahr herangewachsen und hat durch ihre Propaganda Zulauf unter den vom sozialistischen Programm enttäuschten Arbeitern gefunden. Allmählich fingen aber auch einige Gruppen der Nationalisten an, mit den Hitler-Leuten zu liebäugeln. Heute finden sich neben Arbeitern auch nationale Studenten in den Reihen der Nationalsozialisten,

63 StADr, Außenministerium, Film 2984, Bericht 342 v. 21.10.1922.

64 Ebenda, Film 2985, Bericht Nr. 393 v. 22.11.1922.

65 ZStAP, RKO, Nr. 231, Bl. 320f.

66 Ebenda, Vertretung der Reichsregierung München, Nr. 40, Bl. 20.

ebenso der Anhang Herrn von Xylanders und ähnlicher Freunde des Herrn von Kahr. In dieser Weise ist der Nationalsozialismus zur Zeit mit der Mittelstandsbewegung durchsetzt und verquickt worden.«[67].

In den Berichten wurde jedoch nicht nur der außerordentlich starke Zulauf für die Nazipartei registriert, sondern auch die überraschend gute Finanzlage dieser Partei. Sie hatte den bayerischen Ministerpräsidenten Eugen v. Knilling, (Nachfolger Lerchenfelds) zu der Äußerung veranlaßt, es sei ihm unbegreiflich, »wie die Partei zu dem vielen Geld komme, denn sie sei glänzend finanziert. Hitler fahre im Auto im ganzen Land umher und habe sich schon mehrfach Sonderzüge stellen lassen.«[68] Auch Dziembowski berichtete am 22. Dezember 1922: »Die Nationalsozialisten scheinen tatsächlich über große Geldmittel zu verfügen«.[69] Mehrfach gingen auch die Berichte der Reichsvertretung auf die Finanzquellen der Nazipartei ein; so lesen wir in einem Bericht vom 15. Dezember 1922: »Wie bereits wiederholt berichtet, sucht man seit langem vergeblich nach der Quelle, aus der die Mittel für die nationalistische Bewegung in Bayern fließen. Bisher neigte man in unterrichteten Kreisen zu der Annahme, daß die Geldgeber im Bereich der nord- und mitteldeutschen Industrie zu suchen seien. Nunmehr glaubt die Süddeutsche demokratische Korrespondenz einen neuen Faden gefunden zu haben, der zu dem Vorstandsmitglied des Bayerischen Industriellen-Verbandes, Dr. Kuhlo, leitet. Die Korrespondenz behauptet, Beweise dafür zu haben, daß Dr. Kuhlo die Nationalsozialisten und andere Organisationen mit Mitteln versehen hat.«[70] In einem weiteren Bericht aus München heißt es schon erheblich entschiedener: »Die Finanzierung ist sehr gut. Vor allem kommt der Bayerische Industriellenverband in Betracht. Es dürfte damit im Zusammenhang stehen, daß Hitler die Parole ausgibt: Kampf gegen das Börsenkapital, Schutz dem Industriekapital. Das eine wird als jüdisch, das andere als arisch bezeichnet.«[71]

Auf der Grundlage zunehmender Pauperisierung der Mittelschichten ergab sich eine enge Wechselwirkung zwischen zunehmendem Masseneinfluß und wachsendem Subsidienstrom: je größer der Masseneinfluß der Nazipartei war, desto wichtiger wurde sie für die Politik der herrschenden Klasse, und je reichlicher ihr von dort Finanzmittel zuflossen, um so großzügiger und wirkungsvoller konnte sie ihre Agitation entfalten, um so häufigere und gigantischere Massenversammlungen konnte sie veranstalten.

---

67 Ebenda, Bl. 20f.

68 Politik in Bayern, S. 113.

69 StADr, Gesandtschaft München, Nr. 397, 108f.

70 ZStAP, Vertretung der Reichsregierung München, Bd. 40, Bl. 60, Bericht des Legationsrats Wilhelm v. Frerichs.

71 Ebenda, Bl. 98, Bericht ohne Datum und Unterschrift.

Gegen Ende des Jahres 1922 erreichte die NSDAP nach Angaben Hitlers eine Stärke von 35.000 Mitgliedern; in München betrug die Mitgliederzahl rund 10.000.[72] Im Oktober 1922 war ihr auch ein entscheidender Durchbruch nördlich der Donau gelungen: Julius Streicher, Führer der Nürnberger Deutschsozialistischen Partei und bislang erbitterter Gegner Hitlers in Franken, kapitulierte und lief mit fliegenden Fahnen zu Hitler über.[73] Dadurch überflügelte die NSDAP nunmehr auch in Nordbayern die konkurrierende DSP.

Der Aufschwung der Nazipartei beruhte natürlich auf verschiedenen Faktoren. Der wichtigste von ihnen war jener Faktor, ohne den es noch nie faschistische Massenbewegungen gab und auch nicht geben kann – die schwere wirtschaftliche Zerrüttung des Landes und die Verelendung nicht nur der Arbeiterklasse, sondern auch breiter Schichten des kleinen und mittleren Bürgertums. Mit der Inflation erreichte das deutsche Monopolkapital nicht nur die Herabdrückung des Reallohnes der Arbeiter bis in die Nähe des nackten Existenzminimums, sondern es unternahm damit auch einen ungeheuren Raubzug gegen das gesamte deutsche Volk, der zur faktischen Enteignung von Millionen mittelständischer Existenzen führte.

»Der Hauptnutznießer der Inflation war innenpolitisch die Hitlerbewegung, jedenfalls in Bayern; die Kurve ihrer Aufwärtsentwicklung verlief bis Ende 1922 etwa parallel zur Entwertungskurve der deutschen Mark«[74]; diese Feststellung Franz-Willings trifft zwar nicht wörtlich zu, weist aber richtig auf den Zusammenhang zwischen Inflationsrate und Wachstum der NSDAP hin.

Im Jahre 1920, als der Dollarkurs der Mark relativ stabil blieb und auf einem Stand unter der 100-Mark-Grenze für einen Dollar verharrte[75], stagnierte auch die Mitgliederzahl der NSDAP. Im Verlauf des Jahres 1921 stieg der Dollarkurs von 74,50 auf 190 Mark, die Inflation betrug also rund 250 Prozent. In diesem Jahr 1921 wuchs die Mitgliederzahl der NSDAP auf das Doppelte, von 3.000 auf 6.000.

---

72 Politik in Bayern, S. 113; *Franz-Willing*, Die Hitlerbewegung, S. 223. Diese Zahlen dürften ebenso wie die Angaben der Stärke der SA mit 4.000 Mann zu hoch gegriffen sein. Nach *Heiden* (Geschichte, S. 146) zählte die NSDAP im November 1923, unmittelbar vor dem Putsch, 15.000 mit Legitimation versehene und zahlende Mitglieder. *Franz-Willing* (Die Hitlerbewegung, S. 177) gibt allerdings für den gleichen Zeitpunkt 55.587 Mitglieder an – jedoch ohne Quellenhinweis.

73 *Heiden*, Geschichte, S. 122; *Jay W. Baird*, Das politische Testament Julius Streichers. Ein Dokument aus den Papieren des Hauptmann Dolibois, Dokumentation, in: VfZ, 4/1978, S. 682f. – Hitler selbst äußerte im April 1942, daß sich Streicher »um das Gewinnen der Arbeiterschaft für die Bewegung … besondere Verdienste erworben« habe. – *Picker*, Hitlers Tischgespräche, S. 262.

74 *Franz-Willing*, Die Hitlerbewegung, S. 226.

75 Die Zahlen für den Dollarkurs der Mark sind entnommen: Jedermanns Lexikon in zehn Bänden, 5. Bd., Berlin-Grunewald 1930, S. 330f.; siehe dazu auch *Karl Elster*, Von der Mark zur Reichsmark. Die Geschichte der deutschen Währung in den Jahren 1914 bis 1924, Jena 1928, S. 433, 440.

Im Jahre 1922 begann um die Jahresmitte eine sprunghafte Steigerung der Inflation; der Dollarkurs kletterte von 272 Mark Anfang Juni auf 401 Anfang Juli, sprang dann auf 776 Anfang August, auf 1298 Anfang September und erreichte Anfang Dezember gar 8.250 Mark. Anders ausgedrückt: Am Ende des Jahres 1922 war die Mark nur noch 2,3 Prozent dessen wert, was sie zu Beginn des Jahres dargestellt hatte (Januar: 1 Dollar = 188 Mark).

In der gleichen Zeit, von Januar bis Dezember 1922, stieg die Mitgliederzahl der NSDAP von 6.000 auf rund 35.000, also um das Sechsfache, wobei der Hauptzustrom erst in der zweiten Hälfte des Jahres einsetzte, also parallel zur rasanten Verschlechterung des Markkurses.

In den Gesandtschaftsberichten wird denn auch immer auf den Zusammenhang zwischen zunehmender Teuerung und Wachstum der NSDAP-Anhängerschaft hingewiesen. Der bayerische Ministerpräsident sprach – einem Bericht des württembergischen Gesandten Moser vom 14. November 1922 zufolge – »von der großen Unzufriedenheit und Erregung, die im Volk herrsche wegen der unaufhaltsam steigenden Teuerung und daß Ausbrüche des Volksunwillens nicht in den Bereich des Unmöglichen gehörten«. Doch seien solche Ausbrüche nicht von der linken Seite, sondern eher von den Nationalsozialisten zu befürchten, die immer mehr erstarkten.[76] Dziembowski berichtete am 1. Dezember 1922, daß die Zugkraft Hitlers immer stärker werde, und daß »namentlich der verbitterte Mittelstand« jetzt scharenweise zu ihm übergehe.[77] Im gleichen Sinne hieß es im Bericht der Reichsvertretung in München vom 9. November 1922: »Wie bereits vermerkt, spielt nunmehr in die nationalsozialistische Bewegung die Verzweiflung des verelendenden Mittelstandes mit hinein.«[78]

Die Inflation wurde bewußt und systematisch von den deutschen »Wirtschaftsführern« mit Stinnes an der Spitze angeheizt. Als der bayerische Staatsrat Schmelzle Stinnes gegenüber äußerte, es müsse endlich etwas Entscheidendes geschehen, um der Inflation ein Ende zu bereiten, antwortete Stinnes, die Geldentwertung müsse im Gegenteil noch viel weiter gehen. Die deutsche Wirtschaft (er meinte damit natürlich vor allem sein eigenes Wirtschaftsimperium!) – werde dann aus der ganzen Krisis so gekräftigt hervorgehen, daß sie allen anderen Volkswirtschaften überlegen sein werde. Aber auch bei der bayerischen Staatsregierung stieß Schmelzle mit seiner Forderung nach Maßnahmen zur Beendigung der Inflation auf entschiedene Ablehnung.[79]

76 Politik in Bayern, S. 113.

77 StADr, Außenministerium, Film Nr. 2985, Bericht Nr. 424 v. 1.12.1922.

78 ZStAP, Vertretung der Reichsregierung München, Bd. 40, BI. 20.

79 *Franz-Willing*, Die Hitlerbewegung, S. 225.

Die Rolle der Nazis war in dieser Situation von unschätzbarem Wert für die wirklich Verantwortlichen, weil sie mit unglaublicher Dreistigkeit die Tatsachen verdrehten und die Volkswut von den wahren Schuldigen ablenkten auf die Siegermächte, die »Novemberverbrecher« und vor allem auf die »Juden«. Die Reden Hitlers aus dieser Zeit lassen die Rolle der Nazis als Zutreiber des Großkapitals deutlich erkennen; er ging gewöhnlich so vor, daß er sich zunächst als leidenschaftlicher Anwalt der »kleinen Leute« aufspielte, um dann mit einer antisemitischen Wendung das kleine und das große Kapital als gemeinsame Opfer der »Juden« darzustellen, die von zwei Seiten und mit zweierlei Mitteln, zum einen mit der wirtschaftlichen Strangulierung durch das Leihkapital und zum anderen politisch durch den »jüdischen Marxismus«, in den Untergang getrieben würden. So z. B. in einer Rede Hitlers vom 18. September 1922: »Das erste, was uns hier auffällt, ist die Vernichtung der unabhängigen Existenzen. Der kleine Kaufmann muß heute entweder seinen Warenbestand verringern oder Schulden machen. Er gerät immer mehr in die Hände des Leihkapitals. Gegen die Großwirtschaften wird mit politischen Mitteln vorgegangen: Streiks, Sabotage, Revolutionen usw. Der einzelne wird hier gezwungen, sich zur anonymen A.-G. zu bequemen, deren Aktien dann vom Ausland aufgekauft werden. So wird das mobile Vermögen Herr über unser Nationalvermögen. Diese Verinternationalisierung bedeutet nichts als Verjudaisierung. Wir sind heute so weit, daß ein 60-Millionen-Volk sein Schicksal im Willen von ein paar Dutzend jüdischer Bankiers sieht.«[80]

Daraus leitete Hitler dann »grundlegende Forderungen« wie diese ab: »Abrechnung mit den Novemberverbrechern von 1918 ... Vaterlandsverräter und Denunzianten gehören an den Galgen ...« Gegen Wucherer »ist dieselbe Strafe am Platz, wie bei den Verrätern am Vaterlande ... Als Grundlage für eine neue Währung hat das Vermögen derjenigen zu dienen, die nicht unseres Blutes sind. Wenn man deutsche Geschlechter, die seit 1.000 Jahren in Deutschland wohnen, enteignet, dann muß man es auch den jüdischen Wucherern gegenüber tun ... Sofortige Ausweisung sämtlicher seit 1914 eingewanderten Juden ... Extreme müssen durch Extreme bekämpft werden. Der materialistischen Verseuchung, der jüdischen Pest müssen wir ein flammendes Ideal entgegenhalten ...«[81] Die hier von Hitler praktizierte Demagogie weist ihn als einen Meisterschüler der alldeutschen Schule der Claß und Bang aus. Auf der Tagung des geschäftsführenden Ausschusses des Verbandes am 27. und 28. Mai 1922 hatte der Finanzsachverständige des AV und Intimus Hugenbergs, Paul Bang, erklärt, alle Staatsmänner stellten eine internationale Schiebergesellschaft dar, die von der

80 Adolf Hitlers Reden, München 1925, S. 46.

81 Ebenda, S. 48f.

Börse vorgeschoben seien; Zweck der Washingtoner Konferenz[82]sei es gewesen, die internationale jüdische Weltregierung zu konstituieren; die Konferenz von Genua[83] sei nur eine Versammlung jüdischer Interessenten; die Welt stünde jetzt vor dem Versuch der Vollendung des jüdischen Weltsystems, vor der Errichtung des jüdischen Bankenstaates und vor der Beseitigung der letzten Reste deutscher Freiheit.[84] Auf der gleichen Tagung wurde die Notwendigkeit betont, den »nationalen Gedanken« in der Arbeiterschaft zu pflegen. Der Vorsitzende Claß selbst steuerte die Idee bei, die Inflation sei nur durch Anwendung der Sozialisierungsgesetze auf die jüdischen Vermögen zu überwinden. Damit könne auch die Arbeiterschaft gewonnen werden.[85]

Für die bedenkenlose, aber für die Bourgeoisie schon nicht mehr unbedenkliche Demagogie der kleinen Nazipropagandisten, vielleicht aber auch für die mißverstandene Auslegung, die Hitlers Auslassungen unter seiner Gefolgschaft fanden, sind die folgenden Ausführungen eines Naziredners charakteristisch, der laut Polizeibericht vom Dezember 1922 seinen Zuhörern zurief: »Geduldet Euch noch kurze Zeit! Dann aber, wenn wir euch rufen, dann schont die Sparkassen, denn dort haben wir Proletarier unsere Sparpfennige, aber stürmt die Großbanken, nehmt alles Geld, das ihr dort findet und werft es auf die Straße und zündet den großen Haufen an. Und an die Galgen der Straßenbahn hängt die schwarzen und die weißen Juden!«[86]

In welch großem Maße die Wirkung der Nazipropaganda abhängig war vom Grad der Verelendung und Verzweiflung der Massen, geht auch daraus hervor, daß von dieser Wirkung in der Inflation die bäuerliche Bevölkerung lange unberührt blieb.[87] Für

---

82 Konferenz der imperialistischen Hauptsiegermächte USA, Großbritannien und Frankreich, sowie Japans in Washington vom 12.11.1921 bis 6.2.1922; in drei Verträgen schuf die Washingtoner Konferenz eine fernöstliche Ergänzung des Versailler Systems, die dem Wesen nach auf eine Allianz der imperialistischen Siegermächte gegen die nationalen Befreiungsbewegungen im Fernen Osten und gegen Sowjetrußland hinauslief. Handbuch der Verträge 1871-1964, hg. v. Helmuth Stoecker, Berlin 1968, S. 220.

83 Die Konferenz von Genua (10.4.-19.5.1922) war die erste Weltwirtschaftskonferenz nach dem ersten Weltkriege. Ihre Bedeutung erhielt sie vor allem dadurch, daß erstmals die Sowjetunion als gleichberechtigtes Mitglied an einer derartigen Konferenz teilnahm. Ziel der imperialistischen Siegermächte war es, zu einem Wiederaufbau der kapitalistischen Weltwirtschaft auf Kosten der Sowjetunion und Deutschlands zu gelangen. Diese Absicht wurde durch den auf Initiative der Sowjetunion zustandegekommenen Rapallo-Vertrag (16.4.1922) zwischen Deutschland und der Sowjetunion durchkreuzt.

84 ZStAP, AV, Nr. 134, S. 14, 22.

85 Ebenda, S. 12.

86 *Franz-Willing,* Die Hitlerbewegung, S. 226.

87 Die voraussichtliche Haltung der bayerischen Bauern zu einem befürchteten Putsch der Nazis schätzte Frerichs wie folgt ein: »Die Bauernschaft würde einem Putschversuch zunächst wahrscheinlich teilnahmslos gegenüberstehen; ihre Führer sind dem Treiben der Nationalsozialisten abhold, doch darf nicht übersehen werden, daß die Propaganda Hitlers wie auch der reinen Nationalisten auf

sie als »Sachwertbesitzer« bedeutete die Inflation eine einmalige Gelegenheit, sich von einer erdrückenden Schuldenlast im buchstäblichen Sinne des Wortes mit ein paar Butterbroten zu befreien. So war von 2 Milliarden Goldmark Gesamtverschuldung der bayerischen Bauern im Jahre 1903 gegen Ende der Inflation im Jahre 1923 nur noch ein Rest von 283 Millionen übrig geblieben.[88]

Die NSDAP erhielt, wie schon erwähnt, erheblichen Auftrieb auch durch die Angriffe aller Rechtskräfte unter Führung der Stinnes-Gruppe gegen die Regierung Wirth. Diese Angriffe nahmen nach dem Erlaß des Republikschutzgesetzes an Heftigkeit immer mehr zu und zielten auf den Sturz der Regierung. In der Stinnes gehörenden »Deutschen Allgemeinen Zeitung« war im Leitartikel vom 1. September 1922 zu lesen, es sei nötig, »sehr deutlich auszusprechen, daß an dem Schicksal der Nation alles, am Schicksal der augenblicklichen Regierung nichts gelegen« sei. Sie habe »das Vertrauen des Auslandes nie besessen und das des Inlandes längst verloren.«[89] Später wurde bekannt, daß der Leitartikel auf ausdrückliche Forderung von Stinnes durch diese von ihm selbst verfaßten Sätze verschärft worden war.[90]

Die Stimmung der breiten Öffentlichkeit war jedoch im Gegensatz zu diesen scharfmacherischen Darlegungen durch eine ungeheure Empörung über den feigen Meuchelmord am Außenminister Rathenau gekennzeichnet.

In Bayern dagegen verlief die Entwicklung der Massenstimmung aufgrund der besonderen Treibhausbedingungen für die Rechtskräfte aller Schattierungen in genau umgekehrter Richtung. Dort konnten solche kraftmeierischen Sprüche, wie sie Hitlers Reden auszeichneten, für bare Münze genommen werden, etwa, wenn er immer wieder Sätze wie diesen in die Massen schleuderte: »Was wäre heute Frankreich, wenn es in Deutschland keine Internationalen, sondern nur Nationalisten gäbe! Und wenn wir nichts hätten, als zunächst unsere Fäuste! Wenn aber 60 Millionen Menschen nur den einen Willen hätten, fanatisch national eingestellt zu sein – aus der Faust würden die Waffen herausquellen.«[91]

So sehr diese Treibhausatmosphäre dem Wachstum der Nazipartei zugutekam, so sehr beeinträchtigte sie je länger desto mehr die Fähigkeit zu einer realistischen Einschätzung des Kräfteverhältnisses und der politisch und militärisch wirksamen Bedin-

---

dem platten Lande, auf das sich viele Offiziere und Mittelstandesangehörige zurückgezogen haben, teilweise erheblichen Boden gewonnen hat.« ZStAP, Vertretung der Reichsregierung München, Bd. 40, Bl. 20f.

88 *Wolfgang Zorn*, Kleine Wirtschafts- und Sozialgeschichte Bayerns 1806-1933, München 1962, S. 42ff.

89 Die Kabinette Wirth I und II, Bd. 2, Boppard a.R. 1973, S. 1077.

90 Ebenda.

91 Adolf Hitlers Reden, S. 81.

gungen außerhalb Bayerns, und zwar keineswegs nur bei der Führung der NSDAP. Nur dadurch ist zu erklären, daß die Idee vom »Marsch nach Berlin«, von der Errichtung der »nationalen Diktatur« von München aus, oder gar die Idee von der Wiedererrichtung des deutschen Kaiserreiches unter dem Hause Wittelsbach ernsthaft von verantwortlichen Politikern und Militärs erwogen werden konnte.

Während die größte Sorge der deutschen Bourgeoisie außerhalb Bayerns darin bestand, die durch den Rathenaumord stürmisch erregten Massen wieder zu beruhigen, jagten sich in München die Gerüchte über einen bevorstehenden Rechtsputsch gegen die Regierung Lerchenfeld. Zumeist wurde ein solcher Putsch von Seiten der Nazis erwartet. »Staatsrat Schmelzle … sieht die Lage hier für durchaus noch nicht geklärt an«, berichtete Moser aus München am 31. August 1922. »Die Haltung der extrem rechtsgerichteten Kreise macht ihm Sorge und er befürchtet für die nächste Zeit eine Aktion derselben.« Es sei gar nicht unmöglich, daß die Nationalsozialisten »in der nächsten Zeit hier einen Putsch versuchen werden, wobei sie die steigende Teuerung als Vorwand benützen würden.«[92]

Aber die Front der Gegner Lerchenfelds und der Putschanhänger war viel breiter. Moser schrieb im gleichen Bericht: »Es liegt etwas in der Luft, und zur Zeit ist es vor allem die Unzufriedenheit mit der Regierung Lerchenfeld, gegen die wegen des Versammlungsverbotes[93] ein flammender Protest erlassen und plakatiert worden ist. Unterzeichnet ist derselbe von folgenden Verbänden: Bayerischer Ordnungsblock. – Bund Bayern und Reich. – Vaterländische Vereine. – Bayerischer Heimat- und Königsbund. – Zentralverband deutscher Kriegsbeschädigter. – Alldeutscher Verband. – Schutz- und Trutzbund. – Nationalverband deutscher Offiziere. – Verband nationalgesinnter Soldaten. – Verband der Bayerischen Offiziersregimentsvereine. – Deutscher Offiziersbund, Landesverband Bayern. – Nationalsozialistische Deutsche Arbeiterpartei. – Reichsbund der Kriegsteilnehmer Deutscher Hochschulen. – Reichsflagge. – Interessengemeinschaft deutscher Heeres- und Marine-Angehörigen. – Deutschvölkische Arbeitsgemeinschaft.«

In der Tat kam es in den letzten Augusttagen 1922 zu Putschversuchen, die allerdings in den Anfängen steckenblieben. Der Reichskommissar für Überwachung der öffentlichen Ordnung berichtete der Reichskanzlei am 8. September rückblickend über die Vorgänge in Bayern:

»Darüber, dass gewisse Kreise mit allen Mitteln auf eine gewaltsame Beseitigung der gegenwärtigen bayerischen Regierung und Abschaffung der gegenwärtigen Staats-

92 Politik in Bayern, S. 107f.

93 Die bayerische Staatsregierung hatte eine von den Rechtskräften angesetzte »Protestversammlung« gegen das Abkommen mit Berlin in der Frage des Republikschutzgesetzes verboten.

form und Ersetzung durch eine Diktatur, wenn nicht sofort durch die Monarchie hinarbeiten, ist nach allen mir vorliegenden Mitteilungen kein Zweifel ... Die Führer in dieser Hetze sind vor allem in den Kreisen der nationalsozialistischen deutschen Arbeiter-Partei zu suchen, wo sich Hitler (sic!) und Esser in den letzten Wochen ganz besonders hervorgetan haben. Ferner ist es Pittinger mit seiner Organisation, der insbesondere in der Zeitung ›Heimatland‹ den Kampf gegen die bayerische Regierung und das Reich unablässig predigt. In der Ausgabe des ›Heimatland‹ vom 1. September – Nr. 36 – ruft Professor Stempfle in aller Öffentlichkeit nach dem Diktator.

Unterstützt werden diese Kreise von Oberst Xylander und seinem Anhang, von dem Ober-Geometer Kanzler und der Orka, den Reichswehrführern Möhl und Epp und der Organisation ›Reichsflagge‹, die nach hier vorliegenden Nachrichten eine Reserve-Formation für die Reichswehr darstellt. Der bayerische Ordnungsblock (Dr. Tafel und Dr. Pixis) scheint in seinen Führern und einem grossen Teil seiner Mitglieder diese Politik mitzumachen ... Bei der grossen Zahl der von dieser Kampfstimmung Erfassten und ihrem überaus aktiven Charakter ist wenig Aussicht vorhanden, dass sich ein Ausbruch dieser Kampfstimmung vermeiden lässt, nachdem sehr umfangreiche Vorbereitungen getroffen sind. Diese gehen sogar soweit, dass eigene Banknoten für die kommende königlich-bayerische Regierung hergestellt worden sind, da man offenbar, jedenfalls für die erste Zeit, mit einem Mangel an Zahlungsmitteln rechnet, und daß Verhandlungen mit tschechisch-slowakischen, ungarischen und rumänischen Kreisen wegen Lieferung von Kohlen und Lebensmitteln gepflogen worden sind.

Hinsichtlich des Zeitpunktes, zu dem die Aktion unternommen werden soll, scheint man allerdings in diesen Kreisen nicht sehr sicher zu sein. Es ist bekannt geworden, dass man auf Grund gewisser Mitteilungen aus Berlin über die baldige Wahrscheinlichkeit eines Linksputsches in Norddeutschland den Zeitpunkt des Losschlagens verschoben hat, und dass man von gewisser Seite, nachdem die Aussicht auf diesen Linksputsch geschwunden ist, damit arbeitet, durch Verbreitung übertriebener Gerüchte die Kommunisten zu provozieren.

Ein kritischer Tag war der Freitag, der 25. August, an welchem eine Versammlung der genannten Rechtsverbände im Münchener Kindlkeller stattfand. Über den Verlauf dieser Versammlung gibt der Bericht (in Anlage beigefügt) eines Augen- und Ohrenzeugen eine eingehende Darstellung.

Ein zweiter gefährlicher Zeitpunkt soll der Donnerstag, 31. August, gewesen sein, an welchem Tage in Rosenheim in einer Schule sich eine grosse Anzahl junger Leute sammeln sollten. Durch rechtzeitige Verständigung der bayerischen Behörden scheint es gelungen zu sein, die nach Rosenheim reisenden Trupps, meist schon am Abreiseort, aufzuhalten. Die Mitglieder der Trupps sollen mit Ausweisen des Generals Möhl versehen gewesen sein. Bemerkenswert ist, dass am gleichen Tage das in München stationierte Reichswehr-Infanterie-Bataillon zum Truppenplatz Grafenwöhr bei Weiden (Oberpfalz) abgerückt ist. Gewisse politische Kreise fassten diese Dislokation als eine Sicherungsmassnahme gegen die Nürnberg-Fürther-Arbeiterschaft auf.

Recht bedenklich war der Artillerietag in Nürnberg am Sonntag, den 3. September, dessen Abhaltung der Magistrat Nürnberg in richtiger Erkenntnis der Wirkung auf die Arbeiterschaft untersagt hatte. Man kann der Ansicht gewisser politischer Kreise nicht so ganz die Berechtigung absprechen, dass diese Tagung nur den Zweck hatte, die Arbeiterschaft herauszufordern, Unruhen zu stiften und damit einen Vorwand für das Losschlagen in Südbayern zu haben.

In Nordbayern und auch in Schwaben finden die von München und Oberbayern ausgehenden Putschbestrebungen weniger Anhang. In Nordbayern ist ausgehend von der Arbeiterschaft und einem grossen Teil der Beamtenschaft, insbesondere den Verkehrsbeamten, ziemlich sicher mit einem grossen Widerstand gegen die Durchführung der südbayerischen Putschpläne zu rechnen.«[94]

Der erwähnte Augenzeuge berichtet weiter:

»Die mit lauten Fanfaren eingeleitete Aktion der Münchener Rechtsputschisten ist im Sande verlaufen. Wer sich stundenlang in dem brodelnden Hexenkessel des Feldlagers im Kindlkellersaal aufhielt, die unerhört aufreizenden Reden und die grosssprecherische, kampfeslustige Stimmung sah, musste auf Schlimmeres gefasst sein, als auf friedliches Nachhausegehen. Alle Augenblicke liefen Leute erregt durch den überfüllten Saal und riefen: ›Alles was Waffen hat, bereit halten!‹ Die Sturmtruppen mussten antreten, aber immer bald wieder wegtreten. Das Starkbier verfehlte ebenfalls nicht seine Wirkung. Einmal verliess sogar die Sturmtruppe unter dem Jubel und dem Abschiedswinken der 5.000-6.000 fanatisierten Menschen den Saal, um sich schon auf der Treppe wieder aufzulösen. Jedermann im Saale wurde in die Gruppen eingeteilt, die man zu bilden versuchte. Es gelang jedoch nicht, Ordnung in die schreiende, trinkende, singende Masse zu bringen. So blieb das Ganze eine verantwortungslose Revolutionsspielerei. Immer wieder konnte man hören: ›Spätestens bis 10 Uhr geht's los!‹ oder: ›Der Lerchenfeld muss heute noch siegeln!‹, d.h. sein Siegel unter seine Abdankungsurkunde setzen; aber es passierte nichts! Unglaublich rohe Beschimpfungen des Grafen Lerchenfeld sollten den Boden für Gewaltsamkeiten bereiten. Aber niemand gab das entscheidende Signal, auch nicht der anwesende Demagoge Hitler! Niemand wagte sich an die Verantwortung; die politische und militärische Oberleitung fehlte völlig! Die Erregung wuchs, als sich auf der Strasse einige hundert Arbeiter ansammelten, die die Internationale anstimmten. Hastig wurden sogleich die Notausgänge besetzt, um ein Eindringen der sofort zu ›Kommunisten‹ gestempelten Arbeiter

94 ZStAP, RKO, Nr. 231, Bl. 1171.

zu verhindern. Man liess auch neuerdings die Sturmtruppen antreten, aber es passierte immer wieder nichts. Die Musikkapelle spielte unentwegt Militärmärsche und patriotische Lieder, die von den Versammelten, die meist auf ihre Stühle kletterten, mitgesungen wurden, während die zahlreichen schwarz-weiß-roten Fahnen und die roten Parteifahnen der National- Sozialisten, die auf weissem rundem Felde ein riesiges schwarzes Hakenkreuz tragen, hin- und hergeschwenkt wurden. Hochrufe auf König Rupprecht und *Herrn von Kahr* wurden mit grossem Jubel von der Masse aufgenommen, die mit Recht in Kahr einen Schutzherrn sehen …

Auf der Straße halten ein knappes Dutzend Polizisten die sozialistisch gesinnte Menge von den Türen zum Saaleingang fern. Eine Abteilung von etwa 30 berittenen Schutzleuten ›säubert‹ in viel zu schroffem Tempo die Strasse von den Arbeitern …

Wir erwarten die Auflösung der Versammlung im Kindlkeller und die rasche Räumung des Saales, da die Hundertschaften durchaus Herren der Lage sind. Aber nichts dergleichen geschieht. Die bayerische Landespolizei kennt nur linksgerichtete Ruhestörer! Man paktiert mit den national-sozialistischen Herrschaften im Kindlkeller … Allmählich löst sich die Versammlung auf … Der Führer der National-Sozialisten Hitler versucht mit einigen tönenden Phrasen, die allgemeine Enttäuschung zu bannen. ›Haltet Euch bereit für nur ein paar Tage! Wenn wir uns die Berliner Schutzgesetze gefallen liessen, wären wir nicht wert, Deutsche und Bayern zu heissen, sondern Hundsfötter. Bereit sein ist alles!‹

Schließlich fordert auch Hitler die Anwesenden auf, ruhig nach Hause zu gehen. Man leistet Folge mit dem Gefühl, dem auch vielfach Ausdruck gegeben wird, dass man schön an der Nase herumgeführt worden sei.

… Bayerisch-Politisches hat immer eine starke Dosis unfreiwilliger Komik. Aber darüber darf die ständige Gefahr nicht übersehen werden, die in der systematischen Aufreizung und militärähnlicher Organisierung junger Leute liegt, die eines Tages für den Führer eines Umsturzes Versuchung und Mittel zum Ziele zugleich bilden.«[95]

Bei den Vorgängen am 25. August handelte es sich allerdings nicht um einen, sondern um »zwei halbausgegorene Putschversuche«[96], die unabhängig voneinander geplant waren und sich gegenseitig in die Quere kamen.

»Die Reichswehroffiziere um Epp, und das hieß also Röhm, sahen in der nationalistischen Welle gegen das Republikschutzgesetz die Möglichkeit einer ›Angora-Lösung‹[97] und wollten in stillem Einverständnis mit Möhl die auf dem Truppenübungsplatz Grafenwöhr versammelte bayerische Division zum Marsch auf Berlin ansetzen. Schon

95 Ebenda, Bl. 119ff.

96 *Hofmann*, S. 58.

97 Siehe vorliegende Arbeit, S. 228, 361f.

war das Infanterieregiment 21 hierfür vom thüringischen Übungsplatz Ohrdruf herangezogen worden, als plötzlich Pittinger in München mit Hilfe Pöhners Lerchenfeld zu stürzen plante, um – gestützt auf die Hilfe Frankreichs – die vorübergehende Separation Bayerns zu proklamieren.«[98]

Dies lag nun freilich nicht im Sinne der Epp, Möhl und Röhm. »Zweifellos auf Weisung Röhms nahm ›Oberland‹ eine scharfe Haltung gegen Pittingers Bund ›Bayern und Reich‹ ein. Vermutlich hatten auch andere Politiker – man sprach von Dr. Heim – abgewinkt, als Sondierungen zeigten, daß die Entente nicht genügend Deckung gab. Pittinger vermochte in letzter Minute, seine zum Aufmarsch auf dem Königsplatz befohlenen Mannen in den Münchner-Kindl-Keller zu dirigieren, wo ›die Revolution‹ im Bier erstickt wurde.«[99]

Mit dem Scheitern des »PP-Putsches« – so wurde der Pittinger-Pöhner-Putsch abgekürzt genannt – war aber das geplante Unternehmen gegen die Reichsregierung unausführbar geworden. Die Schuld dafür gaben Epp, Röhm und Hitler dem eigenmächtigen Vorgehen Pittingers, dessen Organisation »Bayern und Reich« wenige Monate später ihrer Monopolstellung als Wehrergänzungsorganisation verlustig ging.[100]

Aber auch Röhm und Möhl bekamen ihre politischen Aktivitäten nicht gut. Im November 1922 verfügte das Reichswehrministerium in Berlin Röhms Versetzung aus dem Stabe des Infanterieführers Epp in den Generalstab des Divisionskommandeurs.[101] Das war äußerlich eine Beförderung, aber beabsichtigt war vom Ministerium, Röhms Aktivitäten direkt unter die Kontrolle des Divisionskommandeurs zu stellen, der ab Januar 1923 jedoch nicht mehr Möhl, sondern Lossow hieß. Denn auch Möhl wurde wegen seiner politischen Extratouren von der bayerischen Division entfernt und nach Kassel versetzt, als Befehlshaber des Gruppenkommandos II, »wo er von Offizieren umgeben war, die treu zur Heeresleitung standen und wo er von seiner militärischen und politischen Basis isoliert blieb.«[102] Im Gegensatz zu Möhl galt Lossow, den Seeckt schon aus dem ersten Weltkrieg kannte – sie hatten beide als Vertreter der deutschen Armee beim türkischen Verbündeten miteinander zu tun gehabt[103] –, als einer jener bayerischen Offiziere, die sich loyal zur Heeresleitung verhielten.[104] Unter seinen Augen würde, so hoffte man, Röhm seine in Berlin keineswegs geschätzten

98 *Hofmann*, S. 58.

99 Ebenda.

100 *Heiden*, Geschichte, S. 104; *Franz-Willing*, Die Hitlerbewegung, S. 218f.

101 *Heiden*, Geschichte, S. 107; *Bennecke*, S. 46.

102 *Gordon*, Hitlerputsch, S. 132.

103 *Hans Meier-Welcker*, Seeckt, Frankfurt/M. 1967, S. 135, passim.

104 Ebenda, S. 358

Eigenmächtigkeiten nicht fortführen können. Es sollte jedoch ganz anders kommen. Lossow geriet nach kurzer Zeit fast noch mehr ins weiß-blaue Fahrwasser, als vorher Möhl, und binnen kurzem gelang es auch Röhm, das Vertrauen und die Wertschätzung seines neuen Vorgesetzten zu erlangen und ihn besonders auch im Hinblick auf die Förderung der NSDAP in seinem Sinne zu beeinflussen.[105]

Ein weiterer Faktor, der die Bedeutung der NSDAP für die herrschende Klasse weiter anwachsen ließ, war die Vorbereitung auf die Kraftprobe mit Frankreich, mit der in Reichswehrkreisen auch die Vorbereitung auf eine eventuelle bewaffnete Auseinandersetzung Hand in Hand ging. Damit gewann die SA der NSDAP trotz ihrer zahlenmäßigen Geringfügigkeit an Bedeutung. Die SA war in gewisser Weise unter den Wehrverbänden Röhms Lieblingskind, deren Ausbau ihm besonders am Herzen lag. Am 16. August 1922 trat sie auf einer Protestkundgebung in München gegen den Kompromiß der Lerchenfeld-Regierung mit der Regierung Wirth über das Republikschutzgesetz erstmals als geschlossene Formation auf[106] und demonstrierte auf diese Weise, daß die NSDAP nunmehr mit ihren Sturmabteilungen über einen eigenen Wehrverband verfügte. Die nächste Gelegenheit zu einer solchen Demonstration bot eine Einladung des »Deutschen Schutz- und Trutzbundes« an die NSDAP zur Teilnahme am sogenannten »Deutschen Tag«, der, wie alljährlich von den rechten Parteien und Verbänden veranstaltet, diesmal am 14. und 15. Oktober 1922 in Coburg stattfinden sollte[107], das 1920 durch eine Volksabstimmung von Thüringen an Bayern gekommen war. (Der Herzog Eduard Carl v. Sachsen-Coburg-Gotha gehörte zu den frühesten fürstlichen Förderern der »Arbeiterpartei« Hitlerscher Prägung.[108]) Die Einladung war nur an Hitler und »einige Begleitung« gerichtet. Die Nazis trommelten aber alles zusammen, was sie zu dieser Zeit schon an SA-Schlägern aus ganz Bayern aufbieten konnten. Ihre Freunde in den Amtsstuben sorgten dafür, daß ihnen ein Sonderzug nach Coburg zur Verfügung gestellt wurde. Dort marschierten sie am 14. Oktober 1922 mit flatternden Fahnen, in geschlossenen Formationen und mit »klingendem Spiel« provozierend durch die Stadt, obwohl ihnen mit Rücksicht auf befürchtete Gegendemonstrationen der Arbeiterschaft nur gestattet worden war, in loser Formation, mit eingerollten Fahnen und ohne Musik, vom Bahnhof zum Ver-

105 *Heiden*, Geschichte, S. 108; *Franz-Willing*, Die Hitlerbewegung, S. 128.

106 *Franz-Willing*, Die Hitlerbewegung, S. 217.

107 *Bennecke*, S. 42f.; ZStAP, RKO Nr. 327, Bl. 203f. Einladung und Tagesordnung des Dritten Deutschen Tages in Coburg; ebenda, Bl. 207, Bericht des Thüringischen Ministeriums des Innern v. 21.10.1922 über den Deutschen Tag in Coburg.

108 *Albert Norden*, Fälscher. Zur Geschichte der deutsch-sowjetischen Beziehungen, Berlin 1959, S. 131; *James & Suzanne Pool*, Hitlers Wegbereiter zur Macht. Die geheimen deutschen und internationalen Geldquellen, die Hitlers Aufstieg zur Macht ermöglichten, Bern/München 1979, S. 364.

sammlungslokal zu ziehen. Auf dem Rückweg provozierten sie in der gleichen Weise und fielen, beschützt durch die Polizei, brutal über Coburger Arbeiter her, die ihren Marsch mit Protestkundgebungen begleiteten.[109] Die provozierten Straßenschlachten dieses »Tages von Coburg« wurden seitdem als die erste große Bewährungsprobe der SA-Banden und einer der Höhepunkte der sogenannten »Kampfzeit« von den Nazis gefeiert. Als sie, ermutigt durch den »Erfolg« in Coburg, kurz danach einen ähnlichen SA-Aufmarsch in Regensburg durchführen wollten, konnten sie freilich diese Absicht nicht durchführen, weil die Münchener Eisenbahner, gewarnt durch die Coburger Ereignisse, sich weigerten, den für den 18. November von der Bahnverwaltung bereits zugesagten Sonderzug zu befördern.[110] Immerhin hatte ihr Auftritt in Coburg dazu bei getragen, ihr Prestige bei den Rechtsverbänden weiter zu steigern.

Das zeigte sich wenig später bei der Gründung der Dachorganisation »Vereinigung der Vaterländischen Verbände Bayerns« (VVVB), die am 9. November 1922 in feierlichem Rahmen im Hofbräuhaus stattfand.[111] Die Bedeutung dieser Gründung sollte durch die Anwesenheit des Landeskommandanten Möhl und seines Infanterieführers Epp unterstrichen werden. Während Hitler im Juni 1922 noch die Teilnahme an einer Konferenz »vaterländischer« Organisationen mit der Begründung verweigert worden war, seine Tendenzen wiesen eine zu starke Hinneigung zum Bolschewismus auf[112], wurde er jetzt bei seinem Erscheinen mit großem Beifall und brausenden Heilrufen empfangen.[113] Allerdings gab es im Verlaufe der Veranstaltung noch einen kleinen Mißklang; als der zum Vorsitzenden der VVVB gewählte Gymnasialprofessor Hermann Bauer unter allgemeinem Jubel auch »unseren Freund Hitler« aufforderte, eine Ansprache zu halten, mußte man peinlich berührt feststellen, daß der die Versammlung bereits verlassen hatte, um zu einer anderen Sitzung zu eilen.[114]

Der VVVB gehörten außer der NSDAP fast alle namhaften »vaterländischen« Organisationen an, wie der Alldeutsche Verband, der Bund Bayern und Reich, der BOB, der Deutschvölkische Schutz- und Trutzbund, die Reichsflagge, die Vaterländischen Vereine München (VVM), und noch zahlreiche kleinere Soldaten- und Offiziers-

---

109 ZStAP, RKO, Nr. 327, Bl. 207; *Gincberg*, S. 49.

110 Politik in Bayern, S. 114; der Sächsische Geschäftsträger Dziembowski kommentierte den Vorfall so: »Wie ich in Erfahrung gebracht habe, werden nunmehr die Nationalsozialisten am Samstag in Autos nach Regensburg fahren. Man sieht daraus, welche Machtmittel an Geld usw. ihnen zur Verfügung stehen!« StADr, Außenministerium, Film 2985, Bericht Nr. 398 v. 23.11.1922.

111 ZStAP, RKO, Nr. 345, Bl. 247, Bericht der Münchener Post v. 10.11.1922 über die Gründungsversammlung.

112 Ebenda, RKO, Nr. 562/6, Bl. 120.

113 *Franz-Willing*, Die Hitlerbewegung, S. 223.

114 ZStAP, RKO, Nr. 345, Bl. 247.

bünde, Studentenvereinigungen usw.[115] Die Gründung dieser Dachorganisation verfolgte nicht zuletzt das Ziel, im Hinblick auf die bevorstehende Auseinandersetzung mit Frankreich möglichst alle nationalistischen Organisationen zusammenzufassen und auf einen gemeinsamen Kurs festzulegen. Es war vor allem Röhm, der mit dieser Absicht den Zusammenschluß betrieben hatte, und Röhms Einfluß war es auch in erster Linie gewesen, der den bis dahin noch sehr wenig hervorgetretenen Hermann Bauer[116] an die Spitze der Vereinigung katapultiert hatte[117], sicherlich in der Annahme, in ihm einen willfährigen Vollstrecker Röhmscher Direktiven zu finden. Allerdings erfüllte die neue Dachorganisation nicht die in sie gesetzten Hoffnungen. Bei der ersten größeren Belastungsprobe zerfiel sie im März 1923 in ihre beiden Hauptbestandteile, in eine Gruppe weiß-blauer und in eine zweite Gruppe schwarz-weiß-roter Organisationen. Bedeutsam blieb jedoch der Tag ihrer Gründung, weil mit der Aufnahme der NSDAP dokumentiert worden war, daß dieser Partei nunmehr der Durchbruch zur offiziellen Anerkennung als ernstzunehmende und gleichberechtigte »vaterländische« Organisation gelungen war.

Auch bestimmte Ereignisse außerhalb Deutschlands trugen im Herbst 1922 dazu bei, das Gewicht der Nazipartei zu erhöhen und ihr Selbstbewußtsein und das ihres Führers Hitler zu festigen. Hier muß an erster Stelle Mussolinis erfolgreicher sogenannter »Marsch auf Rom« vom 28. Oktober 1922 genannt werden.

In Italien war zum ersten Male einem Faschistenführer von den Herrschenden die Führung der Regierung übertragen worden, und zwar unter äußerlichen Formen, die das ganze als eine »Machtergreifung«, gestützt auf die Sturmabteilungen der faschistischen Partei, erscheinen ließen. In Wirklichkeit handelte es sich auch hier, wie 1933 in Deutschland, um eine Übertragung der Regierungsgewalt an den Faschistenführer durch die bestehenden staatlichen Institutionen, in diesem Falle durch den König. Die 20.000 schlecht bewaffneten Schwarzhemden, die zum »Marsch auf Rom« bereit standen, wären im Falle eines Kampfes von den militärisch weit überlegenen regulären Truppen ohne große Mühe zurückgeschlagen worden.[118] Die Drohung mit dem Marsch sollte vor allem Druck auf jene Teile der italienischen Bourgeoisie ausüben, die gegen eine Ernennung Mussolinis zum Ministerpräsidenten noch opponierten. Der Marschbefehl brauchte aber gar nicht gegeben zu werden, denn die Leiter des Unternehmerverbandes, des Großgrundbesitzerverbandes und der Bankiersvereinigung bestürmten den König Viktor Emanuel III. – wie 10 Jahre später ihre deutschen

115 Ebenda, Nr. 327, Bl. 199.

116 *Phelps*, Before Hitler came, S. 259.

117 *Franz-Willing*, Die Hitlerbewegung, S. 223.

118 *Francis L. Carsten*, Der Aufstieg des Faschismus in Europa, Frankfurt/M. 1968, S. 75.

Kollegen den Reichspräsidenten Hindenburg – mit der Aufforderung, dem Führer der Faschistenpartei die Regierung zu übertragen[119]. Am 29. Oktober wurde Mussolini telegrafisch benachrichtigt, daß der König ihn zum Ministerpräsidenten ernannt habe, am 30. Oktober traf er in einer einigermaßen abenteuerlichen Kostümierung – nämlich in Schwarzhemduniform, aber mit einer Melone auf dem Kopf[120], solcherart treffend die »Machtergreifung« von Königs Gnaden symbolisierend – in Rom zur Audienz beim König ein. Aber die Beauftragung Mussolinis 1922 war ebensowenig wie die Beauftragung Hitlers 1933 ein einfacher Regierungswechsel, sondern der Übergang zur offenen, terroristischen Diktatur des Finanzkapitals.

Der Sieg der Faschisten über die italienische Arbeiterbewegung ließ die NSDAP und ihren Führer von einem Tag auf den anderen in einem neuen, bedeutenderen Lichte erscheinen. Ein Bericht der Münchener Polizei aus diesen Tagen vermerkte, durch Mussolinis Machtergreifung habe die NSDAP »eine besondere Schwerkraft erlangt.«[121] Es gab in Deutschland keine andere Partei, die der Mussolini-Partei in allen Belangen in gleicher Weise entsprochen hätte, wie die NSDAP. Mussolini hatte jenen Kreisen der deutschen Monopolbourgeoisie, die nach dem kürzesten Wege zur Errichtung der »nationalen« Diktatur suchten und die bisher in ihrer Mehrheit geneigt waren, diesen Weg in der Wiedererrichtung der Monarchie, gestützt auf die bürgerlichen Rechtsparteien und die militaristischen Verbände, wie z. B. Stahlhelm, zu sehen, gezeigt, daß es dazu auch eine andere, erfolgversprechendere Möglichkeit gab, den Weg über die Sammlung einer militanten Massenbasis durch eine bürgerliche Partei neuen, faschistischen Typs. Das mußte die Aufmerksamkeit der deutschen Reaktionäre weit über die Grenzen Bayerns hinaus auf die NSDAP und ihren Führer Hitler lenken.

Ein anderes Ereignis im Auslande, das in Deutschland, besonders aber in Bayern stärkste Beachtung fand und nicht zuletzt auch zur Kurssteigerung der NSDAP beitrug, war der Sieg Kemal Paschas, des Führers der sogenannten Jungtürken. Kemal hatte 1920 in Angora (dem heutigen Ankara) eine Gegenregierung gegen den in der Hauptstadt Konstantinopel residierenden Sultan gebildet, die sich zum Ziel setzte, die vom Sultan bereits akzeptierte Abtretung türkischen Gebietes an Griechenland in Kleinasien nicht zuzulassen. Kemal Pascha hatte mit seinen Truppen zuerst die Griechen aus Anatolien vertrieben und danach den Sultan gestürzt (1. Nov. 1922). »Die Regierung in Angora wurde dadurch den rechtsstehenden Kreisen zum Symbol des erfolgreichen Widerstandes unterlegener Kräfte gegen die Siegermächte des

119 Ebenda, S. 74.

120 Ebenda, S. 75.

121 *Franz-Willing*, Die Hitlerbewegung, S. 221.

Weltkrieges.«[122] Seitdem träumten bayerische Reaktionäre aller Schattierungen davon, in München eine »Angora-Regierung« zu bilden, als deren deutscher Kemal Pascha je nach politischem Standort die verschiedensten Namen – Kahr, Prinz Rupprecht, Ludendorff – rangierten, von denen jeder auf die Unterstützung einer so aktivistischen und massenwirksamen Bewegung wie die der Nazis angewiesen sein würde.

4. NSDAP und Hitler – Selbstverständnis und Urteil anderer (Ende 1922)

Ende 1922 hatte die NSDAP in München und darüberhinaus in Bayern einen Masseneinfluß erreicht, der sie instand setzte, die Regierungspolitik empfindlich zu stören, wenn sie bzw. ihre Hintermänner dies als im eigenen Interesse liegend befanden. Seitens der bayerischen Staatsregierung wurde denn auch mit Besorgnis verfolgt, daß das Auftreten der Nazis oft nicht gerade dazu beitrug, die Staatsautorität zu festigen. Sie beriet deshalb immer wieder über das »Problem NSDAP«. In einem Polizeibericht vom 9. November 1922 hieß es dazu, polizeiliche Überwachung sei notwendig, um das »Überschäumen des jugendlichen Kraftgefühls rechtzeitig verhindern zu können.« Mit der Bewegung als Machtfaktor sei zu rechnen, »zertreten kann sie nicht mehr werden, mehr und mehr wird sie sich ausbreiten«.[123]

Von der Stärke ihres Masseneinflußes zumindest in München sprach die Tatsache, daß die von der NSDAP veranstalteten Versammlungen regelmäßig überfüllt waren, selbst dann, wenn an einem Abend gleich zu fünf – wie am 30. November – oder gar zu zehn Kundgebungen – wie am 13. Dezember 1922 – in die Riesensäle der Münchener Bierhäuser eingeladen wurde. In dem erwähnten Polizeibericht wurde aber auch festgestellt, die nationalsozialistische Partei sei »notwendig als ausgleichendes Moment gegenüber den Anmaßungen der freien Gewerkschaften.«

Die gleiche Mischung von prinzipiellem Wohlwollen und Besorgnissen sprach aus den meisten Verlautbarungen bayerischer Staatsbeamter. Bei dem von den Nazis heftig bekämpften Ministerpräsidenten Lerchenfeld überwogen allerdings begreiflicherweise die Besorgnisse. Am Tage seines Rücktritts erklärte er, die Stellungnahme zu den Nationalsozialisten sei eine eminent wichtige Aufgabe der Regierung, denn diese hätten einen »gefahrdrohenden Aufschwung« genommen, dem zu begegnen es zwei Möglichkeiten gäbe: entweder müsse man versuchen, die Bewegung mit Verboten zu unter-

122 *Bennecke*, S. 35.

123 *Franz-Willing*, Die Hitlerbewegung, S. 222.

drücken, oder aber man müsse sie veranlassen, Verantwortung zu tragen. Als Gründe für den Aufschwung der Nazibewegung nannte er die Uneinigkeit der vaterländischen Verbände und ihrer Führer Escherich, Ludendorff und Pittinger, sowie das »gefährlich ansteckende Beispiel der italienischen Faschisten«.[124]

Lerchenfelds Nachfolger als bayerischer Ministerpräsident, Knilling[125], beurteilte die Nazis wesentlich positiver als sein Vorgänger, aber auch ihn beunruhigten die Gerüchte über Putschvorbereitungen von ihrer Seite.

Knilling war als Kandidat des rechten Flügels der BVP in sein neues Amt gelangt mit einem Auftrag, den er in seiner Regierungserklärung mit den Worten umriß, sein Programm sei das des früheren Ministerpräsidenten Kahr.[126] Allerdings bezog sich dies mehr auf die bayerische Innenpolitik als auf das Verhältnis zur Reichsregierung. Der Ruhrkonflikt, von deutscher Seite bewußt provoziert, warf bereits seine Schatten voraus und verlangte in Bayern selbst nach einer Politik, die wieder voll auf den Kahrschen »Ordnungszellenkurs« einschwenkte, im Verhältnis zur neuen Reichsregierung Cuno indessen nicht die Konfrontation suchte, sondern auf die »nationale Einheitsfront« gegen Frankreich Kurs nahm.

Knilling bedauerte zwar, daß die Nationalsozialisten »in weiten Kreisen der Bürgerschaft die größten Sympathien genössen und daß diese von ihnen das Heil erwarteten.« Die Regierung könne auch nicht tatenlos zusehen, da0 die NSDAP über Sturmtrupps in Stärke von 4.000 Mann verfüge, denn wenn sie das den Nationalsozialisten zugestehe, dann könne sie dasselbe den Parteien der Linken nicht verwehren. Aber die einzige Gegenmaßnahme, die er ankündigte, war ein »Verbot des Führens von Gummiknütteln.« Überhaupt glaube er, daß die Gefahr eines nationalsozialistischen Putsches »etwas übertrieben werde«, und daß daran »das Angstgeschrei der Sozialdemokraten nicht zum mindesten die Schuld trage.« Von Hitler jedenfalls befürchtete er keine Putschaktionen, da dieser doch »verschiedenen Parteiführern des Landtags in dieser Hinsicht beruhigende Versicherungen gegeben habe.« Hitler habe jedoch »auch allerhand Unterführer, die weniger zuverlässig seien und unter denen sich manche Desperados befänden, da könne man nie wissen, ob diese nicht eines Tages auf eigene Faust losschlügen.«[127]

124 Politik in Bayern, S. 111.

125 Über Eugen Ritter v. Knilling berichtete Dziembowski mit einer Mischung voll Hochachtung und Naserümpfen, sein Vater sei Hausmeister im Bayerischen Finanzministerium gewesen; dank seiner hohen Begabung habe sich Knilling im Staatsdienst »von Stufe zu Stufe heraufgearbeitet«. Von 1912 bis 1918 war Knilling Minister für Kirchen- und Schulangelegenheiten und erhielt vom bayerischen König den persönlichen Adel verliehen. StADr, Außenministerium, Film 2985, Bericht Nr. 365 v. 4.11.1922; siehe auch Handbuch der bayerischen Geschichte, 4. Bd., Das neue Bayern 1800-1970, 1. Teilbd., München 1974, S. 471.

126 *Horkenbach,* 1918-1930, S. 152.

127 Politik in Bayern, S. 113f.

Im November 1922 fand im Landtag eine aufschlußreiche Debatte über die NSDAP statt. Anlaß für diese Debatte war eine sozialdemokratische Interpellation, in der ein Vorgehen der Staatsregierung gegen den wachsenden Terror der NSDAP gefordert wurde. Der Führer der bayerischen SPD, Auer, hielt eine scharfe Rede gegen die NSDAP und ihre amtlichen Beschützer; darin führte er aus: »Durch ihren Terror, begünstigt durch die Passivität der Staatsorgane, bedroht sie heute die öffentliche Sicherheit, Leben und Gut friedlicher Einwohner; sie schickt sich an, durch bewaffnete Sturmtrupps die verfassungsmäßigen Bindungen aufzuheben und eine Diktatur ihrer gewalttätigen Leute aufzurichten. Diese Saat wurde gesät durch das System Kahr-Pöhner und gepflegt durch die unverständliche Lässigkeit der Regierung Lerchenfeld und es ist soweit, daß heute die Staatsautorität und der Staatsgedanke so überwuchert sind, daß diese rechtsbolschewistischen Treibereien zu einer gewissen Gefahr für das Staatswesen geworden sind«.[128]

Diese Ausführungen zeigen die ganze Zwiespältigkeit des sozialdemokratischen Kampfes gegen den Faschismus: von Anfang an wurde er mit antikommunistischer Spitze geführt, die Faschisten wurden nicht als Faschisten, als Schutzgarde des Kapitals, bekämpft, sondern als »Bolschewisten«. Die »Münchener Post«, das Organ der bayerischen SPD, brachte fast täglich Enthüllungen und Anklagen gegen die Nazis, aber fast nie fehlte darin der Terminus von den »Rechtsbolschewisten«: der sozialdemokratische Arbeiter sollte auf keinen Fall auf die Idee kommen, dem Faschismus gemeinsam mit seinen kommunistischen Klassenbrüdern, (die in der »Münchener Post« nicht selten als »Linksfaschisten« beschimpft wurden), entgegenzutreten.[129] Somit blieb der sozialdemokratische Kampf gegen den Faschismus vornehmlich auf parlamentarische Rededuelle und Presseattacken beschränkt. Daran änderte auch die im November 1921 erfolgte Gründung eigener Selbstschutzabteilungen (abgekürzt SA, wie die faschistischen »Sturmabteilungen«, zumeist aber »Auergarde« genannt), nicht viel; sie war ein widerwilliges Zugeständnis der Führung an die zum wirksamen Widerstand gegen den Faschistenterror drängenden sozialdemokratischen Arbeiter. Auer ließ das durchblicken, als er in der Landtagsdebatte erklärte: »Weil wir uns nicht terrorisieren und weil wir das Eigentum der Arbeiter nicht von gewissenlosen Leuten zerstören lassen, deshalb ist die, wie Sie sagen, Auergarde gebildet worden. Wir

128 Ursachen und Folgen. Vom deutschen Zusammenbruch 1918 und 1945 bis zur staatlichen Neuordnung Deutschlands in der Gegenwart. Eine Urkunden- und Dokumentensammlung zur Zeitgeschichte (im folgenden: Ursachen und Folgen), Fünfter Band: Die Weimarer Republik. Das kritische Jahr 1923, (West-)Berlin 1960, S. 423.

129 Der Vorwärts, das Zentralorgan der SPD, brachte am 1. April 1923 sogar einen Artikel, in dem behauptet wurde, die Hitlerbanden würden nicht nur von Ford, sondern auch mit »bolschewistischen Millionen« finanziert!

führen diese Art des Kampfes nicht gerne, ... wir haben aber kein anderes Mittel der Abwehr«.[130] Die sozialdemokratische Interpellation gegen die Nazifaschisten rief sofort deren Verteidiger auf den Plan.

Der Innenminister Schweyer ergriff zur Abwehr der sozialdemokratischen Vorwürfe gleich mehrfach das Wort, wobei er zu Beginn noch bemüht war, den Schein der Unparteilichkeit und Gerechtigkeit nach allen Seiten zu wahren. Daß die nationalsozialistische Bewegung scharf gegen den Marxismus Stellung nehme, sei ihr gutes Recht, aber ihr terroristischer Antisemitismus sei abzulehnen, meinte er. Die Bayerische Regierung könne weder eine Hitler- noch eine Auergarde dulden. Im weiteren Verlauf der Debatte nahm Schweyer jedoch in einer Weise Stellung, daß selbst der erzreaktionäre Dziembowski erstaunt feststellte, Schweyer habe in auffälliger Weise in seiner Antwort die Nazis zu decken gesucht.[131] Die nationalsozialistische Bewegung, so der Innenminister, sei seit Mussolinis Staatsstreich für viele der Brennpunkt aller Hoffnungen und Gegenstand stürmischer Begeisterung, für andere dagegen sei sie der Gegenstand äußerster Sorge. Verschiedene Programmpunkte der Partei, wie etwa ihr Reichsunitarismus und die Forderung nach Verstaatlichung aller bereits vergesellschafteter Betriebe, seien abzulehnen, aber mit einer Reihe anderer, wie Gleichberechtigung des deutschen Volkes, Aufhebung des Friedensvertrages und Betonung des nationalen Gedankens müsse man sich einverstanden erklären. Als besonderes Verdienst rechnete er es der NSDAP an, daß sie angeblich »namentlich aus den Linksparteien« großen Zulauf erhalten habe. Die Ursache für diesen Zulauf liege im Versailler Vertrag, »zu dem sich das deutsche Volk, irregeleitet von internationalen Phrasen«, habe verleiten lassen. Sodann wandte er sich gegen das Verbot der NSDAP in Preußen, das er nicht für gerechtfertigt anerkennen könne. Zwar müsse sich die nationalsozialistische Partei »zweifelsohne von manchen Schlacken reinigen«, aber andere Bewegungen, die man in Preußen nicht aufgelöst habe, (damit meinte er offenbar die KPD), hätten sich als noch gefährlicher erwiesen.

Der BVP-Abgeordnete Fritz Schäffer kam, wie Dziembowski vermerkte, den Nationalsozialisten noch mehr entgegen als Schweyer. Man habe den Eindruck gehabt, daß er »stark mit den Hitler-Leuten sympathisiert.«[132] Schäffer führte aus, die sozialdemokratische Interpellation richte sich letzten Endes gerade gegen jene Kreise, die in jeder Stunde die Retter des Vaterlandes gewesen seien. »Wir haben keinen Anlaß, uns gegen diese Verbände zu wenden, wir haben keinen Anlaß, mit Mißtrauen ihnen entgegenzutreten. Im Gegenteil, wir wissen, der Gedanke, der das Volk seinerzeit

130 Ursachen und Folgen, Bd. 5, S. 425.

131 StADr, Außenministerium, Film Nr. 2985, Bericht Nr. 385 v. 18.11.1922.

132 Ebenda, Bericht Nr. 393 v. 22.11.1922.

gerettet hat, der wird es auch künftig retten müssen, bis einmal der Friedensvertrag zerrissen und der Staat damit in der Lage ist, seine eigenen genügenden Machtmittel zu schaffen und sich damit selbst zu schützen.«[133] Des Weiteren erklärte Schäffer: »Wer will es nicht verstehen, daß ... die Bewegung gegen diesen internationalen Marxismus eine so überströmende im deutschen Volke wird, und daß diese Bewegung sich nicht mehr eindämmen läßt? Wer will es da nicht verstehen, daß gerade hieraus eine junge neue Bewegung ersteht, die als besonderes Charakteristikum die antimarxistische Note hat? ... Wir gehen in diesem Punkte mit dieser Bewegung vollkommen einig.«[134]

Schäffer wandte sich auch gegen die Bezeichnung der Nazipartei und der Rechtsorganisationen als »Reaktion« und gab eine auch heute wieder bei den Neokonservativen beliebte Definition von »Reaktion« und »Fortschritt«: »Was heißt Reaktion? Reaktion heißt Rückschritt und heißt Stillstand und Reaktion ist der Gegensatz von Fortschritt und fortschreitender Entwicklung; und die Leute, die den Stillstand wollen, die Leute, die den Uhrzeiger der Zeit festhalten wollen auf einem Tag, auf dem 7. November 1918, ... die Leute haben kein Recht und keine Befugnis, anderen Leuten gegenüber von Reaktion zu sprechen, anderen Leuten gegenüber, die eine fortschreitende Entwicklung ihres Vaterlandes aus dem Zustand der Schmach und der Schande, in die die Revolution es gestürzt, ehrlich erarbeiten und mit ehrlichen Opfern erkaufen wollen.«[135] Es ist dies der alte Trick der Reaktionäre: die Verteidigung einer durch die Revolution geschaffenen Ordnung wird als Reaktion, der Kampf um ihre Beseitigung zwecks Restauration der alten Ordnung wird dagegen als Fortschritt, wenn nicht gar als Revolution ausgegeben.

Auch Heinrich Held, damals Fraktionsführer der BVP, stellte sich schützend vor die Nazis. Die nationalen Bewegungen enthielten eine »Fülle staatserhaltender Kräfte; wenn hierbei Auswüchse vorkämen, so hätte die Linke kein Recht, sich darüber zu beschweren, denn es seien dies Methoden, die sie selber erst vorgemacht hätte.«[136]

Ein anderer Sprecher der BVP, der Prälat Georg Wohlmuth, ließ erkennen, weshalb seinesgleichen an Hitler so viel gelegen war, als er über die Ursachen des »deutschen

133 Ursachen und Folgen, Bd. 5, Bl. 442.

134 *Auerbach*, S. 43.

135 Ursachen und Folgen, Bd. 5, S. 421ff. – Fritz Schäffer war später von 1929-1933 Vorsitzender der BVP. In dieser Eigenschaft wurde er am 19. November 1932 vom Reichspräsidenten Hindenburg gefragt, wie er zur Person Hitlers und zu dessen Anspruch auf die Kanzlerschaft stehe. Schäffers damalige Antwort: »Ich selbst beurteile den Charakter und die Person Hitlers nicht ungünstig. Die Gefahr liegt weniger in der Person Hitlers als in seiner Umgebung ... Hitler persönlich hat zweifellos etwas gelernt.« – ZStAP, Büro des Reichspräsidenten, Nr. 47, Bl. 349f. – Nach 1945 war Schäffer Adenauers erster Finanzminister, 1957 Bundesjustizminister.

136 StADr, Außenministerium, Nr. 2985, Bericht Nr. 385 v. 18.11.1922.

Zusammenbruchs von 1918« erklärte: »An geknicktem Willen sind wir unterlegen«, und an einen Ausspruch Lloyd Georges erinnerte, der im Hinblick auf die Verhältnisse in Deutschland im Jahre 1918 das Wort geprägt hätte, Deutschland habe es an einem Trommler gefehlt.[137]

Den damals fehlenden Trommler hatte man jetzt, und die Knilling, Schweyer, Held und Schäffer hielten ihn für unentbehrlich.

Seinen Gesamteindruck über die Landtagsdebatte faßte Dziembowski in die Worte, sie habe den ausgeprägten Rechtskurs der beiden stärksten bayerischen Koalitionsparteien, der Bayerischen Volkspartei und der Bayerischen Mittelpartei gezeigt.[138] In der Tat hatte diese Debatte eindringlich bestätigt, daß die nazifaschistische Bewegung wie alle anderen rechtsradikalen Organisationen in Bayern ein besonders sorgsam gepflegtes und behütetes Gewächs der politischen Pflanzschule der herrschenden Klasse darstellte.

Die herrschende Klasse in Bayern stellte sich schützend vor die Nazipartei, weil diese Partei die Massen brachte, ohne die das Ziel der Errichtung einer Rechtsdiktatur in ganz Deutschland kaum zu erreichen war.

Die Grundtendenz und die Wechselfälle im Verhältnis der herrschenden Klasse zur NSDAP sind überhaupt nur begreifbar, wenn immer im Auge behalten wird, daß es dabei letzten Endes um dieses Ziel, um die Errichtung der offenen Diktatur der reaktionärsten Kreise der herrschenden Klasse ging. Die auftretenden Störungen im Verhältnis der herrschenden Klasse zu ihrer faschistischen Partei rührten von gelegentlichen Zweifeln über das zuverlässige Funktionieren dieser Hilfstruppe her, von Zweifeln, zu denen bestimmte Vorfälle immer wieder neuen Anlaß gaben. Die auftretenden Bedenken galten dabei nur selten dem Parteiführer Hitler selbst, um so mehr jedoch seinen Unterführern, vor allem aber der radikalisierten Gefolgschaft; sie entsprangen der Furcht davor, diese könnten sich nicht damit zufrieden geben, die Kastanien für die Bourgeoisie aus dem Feuer zu holen, sondern würden möglicherweise selbst Anteil an der Macht und an den Früchten des Sieges fordern, wenn nicht gar überhaupt auf eigene Rechnung putschen.

Ob die Regierung vor solch unerwünschten Entwicklungen bewahrt bleiben würde, das hing weitgehend von den Fähigkeiten, der Autorität und den Absichten des Parteiführers ab. Darum war es für die Regierenden und die bürgerlichen Politiker so wichtig, ein richtiges Bild von den persönlichen Eigenschaften und von den politischen Zielsetzungen des Mannes an der Spitze zu haben, einschließlich seiner Vorstellungen über die Rolle, die ihm selbst in der Zukunft zukam.

137 Ebenda, Bericht Nr. 384 v. 16.11.1922.

138 Ebenda, Bericht Nr. 398 v. 23.11.1922.

Bei den Vertretern der herrschenden Klasse und ihren Parteien gab es in diesem Punkt keine Meinungsverschiedenheiten: für sie hatte sich die Rolle Hitlers auf die des »Trommlers« und Seelenfängers zu beschränken, dem eine Führungsrolle außerhalb seiner Partei nicht zukam, schon gar nicht die eines Staatsmannes; dafür notwendige Qualitäten fehlten ihm nach einhelligem Urteil völlig.[139] Deshalb mußte man ihn unter ständiger Kontrolle halten, damit er sich nicht unter dem Einfluß seiner radikalen Gefolgschaft und ehrgeiziger Unterführer zu selbständigen und vorzeitigen Putschunternehmungen hinreißen ließ. Aus diesem Grunde hielt es der Innenminister Schweyer, der Hitler ja bereits Anfang 1922 mit seiner Ausweisungsdrohung ein Warnsignal gesetzt hatte, im November 1922 erneut für erforderlich, Hitler in die Schranken zu weisen. Er zitierte Hitler zu sich und warnte ihn davor, einen Putsch zu unternehmen. Hitler versicherte eilfertig und pathetisch: »Herr Minister, ich gebe Ihnen mein Ehrenwort, ich werde nie in meinem Leben einen Putsch machen!«[140]

Auch die militärischen Mentoren und Schirmherren der NSDAP sahen in Hitler in erster Linie den Mann, der die Massen zusammentrommeln und die Arbeiter »nationalisieren« sollte; für Röhm war er darüberhinaus, wie bereits erwähnt, auch der Mann, von dem er hoffte, er würde den eifersüchtig ihre Eigenständigkeit wahrenden Wehrverbänden eine gemeinsame politische Führung und Ausrichtung geben können, natürlich ohne die oberste Führungsrolle der Reichswehr in Frage zu stellen. Er betrachtete Hitler ganz selbstverständlich als einen der vielen Ausführenden seiner Absichten, dem *er* die Marschroute vorschrieb, nicht etwa umgekehrt.

Die anderen Wehrverbandsführer wie Heiß, Weber, Roßbach, Ehrhardt, Klintzsch usw. anerkannten Hitler zwar als den mitreißenden Agitator, aber keineswegs als ebenbürtigen Führer eines militärischen Verbandes, somit auch nicht als einen politischen Führer, dem irgendwann einmal eine Führungsrolle im Staate zukommen könnte. Dafür waren sie viel zu sehr von ihrer eigenen Bedeutung überzeugt, und außerdem war der Führer, dem allein sie freiwillig bereit waren, sich unterzuordnen, der Weltkriegsfeldherr General Ludendorff. Ludendorff blieb in der Tat auch über das ganze Jahr 1923 hinweg der einzige, von allen schwarz-weiß-roten Nationalisten gleichermaßen anerkannte oberste Führer, aus dessen Schatten vor dem Novemberputsch auch Hitler nicht herauszutreten vermochte. Die Autorität, die Hitler bei den Wehrverbandsführern besaß, genoß er als Protegé Röhms und Ludendorffs, nicht als eigenständiger politischer Führer. Roßbach, der sich selbst als künftiger Retter Deutschlands fühlte

---

139 Die Zeitschrift »Die Deutsche Nation« brachte diese Ansicht in ihrem Märzheft 1923 auf die knappe Formel: »Was den Agitator macht, hat Hitler, was den Führer macht, fehlt ihm.« – zit. nach: *Franz-Willing*. Krisenjahr, S. 20. – Ausführlicher dazu in den folgenden Kapiteln.

140 *Heiden*, Geschichte, S. 118.

und sich als solcher seinem Publikum vorstellte[141], entwarf später folgendes Bild von Hitler, das weitgehend dem entsprechen dürfte, welches auch die anderen militärischen Führer von ihm hatten:

»Ich bin einer der wenigen noch Lebenden, die Adolf Hitler aus einer Zeit kannten, in der er noch nichts als nur ein Redner war ... Ich kenne ihn aus dieser Zeit so: weich, mit dem Willen zur Härte, halbgebildet, mit dem Wunsche, universell zu sein, ein Bohémien, der Soldat werden mußte, wenn er wirklichen Soldaten imponieren wollte. Ein Mann, mißtrauisch gegen sich selbst und seine Möglichkeiten, deshalb voller Minderwertigkeitskomplexe all denen gegenüber, die schon etwas waren oder auf dem Wege waren, ihn zu überflügeln. Devot und unsicher, dabei oft grob, wo er ein Gefühl von Begrenzung hatte. Er war nie ein Herr. Auch später nicht im Frack.

Röhm zog diesem Intelligenten, Weichen, aber Besessenen die hohen Stiefel der SA an und setzte ihn in Marsch....«[142]

Wir erwähnten bereits, daß Abrecht Tyrell einen Streit darüber entfacht hat, bis zu welchem Zeitpunkt sich Hitler nur als »Trommler« und ab wann er sich als »Führer« gefühlt habe. Dieser Streit erscheint uns fruchtlos und müßig; er ist es prinzipiell, weil er im Bannkreis der Hitlerlegende verbleibt, insofern er Hitlers Selbstverständnis als Schlüssel für das Verständnis der Entwicklung der NSDAP betrachtet; und er ist es auch deshalb, weil er überhaupt nicht schlüssig entschieden werden kann. Es lassen sich ebenso beweiskräftige Fakten dafür anführen, daß sich Hitler bereits im Juli 1921, auf jeden Fall aber Ende 1922 als »Führer«, als zweiter »Mussolini« fühlte und aufführte, wie sich mit Tatsachen belegen läßt, daß er sich sogar noch zum Zeitpunkt des Putsches und noch viel später nicht als den kommenden Diktator, sondern nur als »Trommler« empfand. Das liegt ganz einfach daran, daß der psychisch außerordentlich labile Hitler, wie in jeder anderen Frage so auch in der seiner eigenen Rolle, in hohem Maße von äußeren Einflüssen, von der Gunst oder Ungunst der Stunde, von seinen eigenen Stimmungen usw. abhängig war. Das Schwanken seines Selbstverständnisses zwischen »Trommler« und »Führer«, zwischen »Johannes«[143] und »Messias«, hatte überdies auch eine objektive Grundlage in dem Spannungsfeld, in dem er seit dem

---

141 Im November 1922 hielt sich Roßbach anläßlich einer Beratung von Führern nationalistischer und faschistischer Verbände mit Hitler in München auf. Am Tage vor dieser Beratung arrangierte Roßbach eine Festveranstaltung der »Roßbacher«, auf der ein Schauspieler folgenden Text zu deklamieren hatte: »Tritt auf, Du größter aller Diktatoren, daß wieder blüh' die Heimatflur!« Danach erfolgte ein Tusch, der Vorhang öffnete sich und auf der Bühne erschien, von frenetischem Beifall begrüßt, Gerhard Roßbach. ZStAP, RKO, Nr. 345, Bl. 267.

142 Auerbach, S. 34f.

143 Hitler äußerte gelegentlich, er sei nur eine »Johannes-Natur«, d. h. der Verkünder des Messias, nicht dieser selbst.

Sommer 1921 stand: von den Mächtigen und ihren Machthabern wurde er als Führer seiner Partei nur anerkannt, solange er bereit war, sich mit der Rolle des Trommlers und Helfers zu begnügen. Sein Einfluß auf die Massen hingegen wuchs in dem Maße, wie er sich ihnen als über allen irdischen Mächten stehender Retter und Erlöser glaubhaft zu präsentieren verstand. Letztere Rolle war aber nur eine angenommene, fiktive, die zu spielen er lernen mußte. Seine wirkliche Rolle hingegen, die seine reale Existenz ausmachte, war die Rolle des den Mächtigen freiwillig Dienenden. Aber mit dem sich steigernden Führerkult, den seine Umgebung wohlberechnet um ihn herum aufbaute, ferner mit dem Anschwellen der ihm gläubig folgenden Massen, vor allem aber nach der Verwandlung des italienischen Faschistenführers in den siegreichen Staatsmann und Diktator, mußte sich auch Hitler immer bohrender die Frage aufdrängen, warum eigentlich die fiktive Rolle immer fiktiv bleiben müsse, weshalb nicht auch ihm die Verwandlung gelingen sollte, die Mussolini gelungen war.

Mochte Hitler bisher mit einem solchen tollkühnen Gedanken nur in Augenblikken besonderer Hochstimmung gespielt haben – jetzt verlor dieser Gedanke viel von seiner Tollheit und Verwegenheit. Dazu Hitler selbst: »Der Marsch auf Rom 1922 war einer der Wendepunkte in der Geschichte. Die Tatsache allein, daß man das machen kann, hat uns einen Auftrieb gegeben.«[144]

Wenn Hitler in seinen Bierhallenversammlungen die Massen durch die Macht seiner Rede in einen Rausch, gemischt aus Begeisterung, Haß und inbrünstigem Glauben versetzte, dann schmolzen seine Zweifel über seine Eignung zum Diktator dahin, dann fühlte er sich den bürgerlichen Politikern, die es wagten, ihm mit Ausweisung zu drohen, aber nichts anderes hinter sich hatten als den Apparat der Macht, haushoch überlegen. Wenn jedoch der Rausch der Bierhallen verflogen war, dann fand er sich wieder auf die Rolle des Trommlers reduziert, dann konnte er sich nicht darüber hinwegtäuschen, daß seine Position als Parteiführer davon abhing, daß seine militärischen Freunde mit ihm zufrieden waren, die Herren der Industrie ihre Taschen für ihn aufknöpften und Armee, Polizei und Justiz seinen Kampf gegen die Linke tatkräftig unterstützten. So schwankte sein Selbstverständnis wie seine Existenz zwischen Rausch und Wirklichkeit, zwischen »Diktator«-Traum und »Trommler«-Alltag, ohne sich an einem der beiden Pole des Spannungsfeldes dauerhaft festmachen zu können.

Allerdings wurde im Laufe der Zeit, ganz besonders aber ab Oktober 1922, offenbar, daß ihm die Rolle des Führers und Diktators immer häufiger nicht nur möglich, sondern als die ihm gemäße Rolle erschien, während die Zeiträume, in denen er bereit war, sich auch fürderhin mit der Rolle des Trommlers zu bescheiden, immer seltener

144 *Henry Picker*, Hitlers Tischgespräche im Führerhauptquartier 1941 bis 1942, Stuttgart 1965, S. 133f. Hitler fügte dem zitierten Ausspruch hinzu: »Würde Mussolini damals vom Marxismus überrannt worden sein, ich weiß nicht, ob wir uns hätten halten können.«

wurden. Diese Wandlung wurde von vielen Zeitgenossen registriert und z.T. recht drastisch kommentiert.

Noch im Mai 1922 hatte bei dem Chefredakteur der »Deutschen Zeitung« des Alldeutschen Verbandes, Max Maurenbrecher, der mit Hitler ein längeres Gespräch führte, dessen Selbstbescheidung den stärksten Eindruck hinterlassen: »Was mir den tiefsten Eindruck machte,« – so berichtete er später – »war die unumwundene Klarheit, mit der Hitler damals die Grenzen seiner Begabung selbst überschaute. Er sagte mit deutlichen Worten, daß er nicht der Führer und Staatsmann sei, der das im Chaos versinkende Vaterland zu retten vermöge. Er sei wohl der Agitator, der Massen zu sammeln verstehe. Aber er sei nicht der Baumeister, der Plan und Aufriß des neuen Gebäudes bildhaft klar vor seinen Augen sieht und mit ruhiger Festigkeit in schöpferischer Arbeit einen Stein auf den anderen zu legen vermag. Er brauche den *Größeren* hinter sich, an dessen *Befehl* er sich anlehnen dürfe. – Wir waren beide damals einig darin, daß er diesen Größeren hinter sich *hatte* und daß er so, wie dargestellt, seine Aufgabe richtig umschrieb.«[145] Mit dem Größeren war natürlich der AV-Vorsitzende Claß gemeint.

Nach dem Zeugnis von Rudolf Pechel sprach sich Hitler um diese Zeit sowohl ihm gegenüber als auch gegenüber Moeller van den Bruck, einem der Ideenspender Hitlers, in ganz ähnlichem Sinne, nämlich dahingehend aus, daß er nur ein Trommler und Sammler sei.[146]

Im *Herbst* 1922 dagegen machte Hitler auf viele den Eindruck, größenwahnsinnig geworden zu sein.[147] Diesen Eindruck muß um diese Zeit auch der Innenminister Schweyer von Hitler gewonnen haben. In einem Bericht, den er im Dezember 1922 verfaßte, wies er auf den Auftrieb hin, den die NSDAP durch Mussolinis sogenannten Marsch auf Rom erhalten hatte und gab dann folgende Einschätzung Hitlers: »Adolf Hitler war anfangs zweifellos von guten vaterländischen Absichten beseelt. Mit der Erstarkung seiner Gefolgschaft, mit dem Wachstum seiner äußeren Macht wuchs auch sein Selbstbewußtsein bis zum Größenwahnsinn, und mit der Zunahme des einen Teil der Unterführer immer mehr erfassenden Radikalismus wurde auch er selbst immer mehr vom Strudel der politischen Leidenschaft fortgerissen.«[148]

Daß der von Schweyer erwähnte Hitlersche Größenwahn zu einem gut Teil auf das Konto seiner ihn zum Übermenschen erhebenden Umgebung ging, darin waren sich viele zeitgenössische Beobachter einig. »Das ständige Schüren seiner Eitelkeit«, schrieb

145 *Alfred Kruck,* Geschichte des Alldeutschen Verbandes 1890-1939, Wiesbaden 1954, S. 192f.

146 *Plewnia,* S. *85.*

147 Ebenda.

148 *Bennecke,* S. *41.*

einer von ihnen, »brachte Hitler allmählich dazu, sich selbst als den kommenden Großen zu betrachten, der Deutschland befreit.«[149]

Der Erfolg des italienischen Faschistenführers war auch der Auftakt für eine gewaltige Steigerung des Führerkultes um Hitler. Das Stichwort dazu gab Hermann Esser am 3. November 1922, als er in einer Versammlung in München ausrief: »Den Mussolini Italiens haben wir auch in Bayern. Er heißt Adolf Hitler!«[150] Von nun an wurde Hitler auf Naziplakaten immer öfter als »Unser Führer Adolf Hitler« angekündigt. Einen Höhepunkt erreichte dieser Kult um Hitler zu seinem 34. Geburtstag im April 1923. Dietrich Eckart feierte ihn als »Erlöser« und widmete ihm ein Gedicht unter der dicken Balken-Überschrift: »Deutschlands Führer«, dessen letzte Zeilen lauteten:

Nicht eine Kraft mehr, die uns Sieg verbürgt?
Die Herzen auf! Wer sehen will, der sieht!
Die Kraft ist da, vor der die Nacht entflieht![151]

Um Hitlers Größe ins rechte Licht zu stellen, wurde er nicht nur in eine Reihe mit Mussolini, sondern auch mit Bismarck gestellt. Aber auch das reichte Eckart und Rosenberg noch nicht aus: in einer Kundgebung im Zirkus Krone anläßlich Hitlers Geburtstages verglichen sie Hitler mit – Lenin![152] So sehr hatte die russische Revolution die Epoche geprägt, daß selbst die Konterrevolution kein eindrucksvolleres Verfahren wußte, ihren Führern Größe zu bescheinigen, als sie in eine Reihe mit dem Führer der ersten siegreichen proletarischen Revolution zu stellen!

---

149 *Plewnia, S. 85.*

150 *Franz-Willing,* Die Hitlerbewegung, S. 221.

151 *Plewnia,* S. 90.

152 Ebenda.

Kapitel VII

Die »Arbeiterpartei« der feinen Leute

In ihrem Kampf gegen den Faschismus hat die Arbeiterbewegung von Anfang an auf die merkwürdige Sympathie der »feinen Leute« für diese »Arbeiterpartei« hingewiesen, die sich außer in lobenden Anerkennungen vor allem in großzügiger Spendierfreudigkeit äußerte. Mit Recht haben alle Sozialisten in der Finanzierung dieser Partei durch das Kapital einen Beweis für ihren Charakter als einer Partei im Dienste des Kapitals gesehen.

Mit genau so großer Hartnäckigkeit werden von den Apologeten des Kapitals – mögen sie nun Heinrichsbauer oder Lochner oder Nolte, Turner, Fest[1], Franz-Willing oder Tyrell heißen – bis zum heutigen Tage die allergrößten Anstrengungen unternommen, um die Beweiskraft dieser schlichten Schlußfolgerung zu bestreiten oder aber die Tatsache der Finanzierung der Nazipartei durch die herrschende Klasse überhaupt zu leugnen, zumindest aber zu bagatellisieren.

Warum dieser Eifer? Einer von ihnen, Turner, sprach den Grund mit begrüßenswerter Offenheit aus: »Entspricht die weit verbreitete Ansicht, daß der Faschismus ein Produkt des modernen Kapitalismus ist, den Tatsachen, dann ist dieses System kaum zu verteidigen.«[2] Also muß nachgewiesen werden, daß dem nicht so ist. So wird denn der Spieß einfach umgedreht: diejenigen, die die Nazipartei finanzierten, werden zu seltenen Ausnahmen, gewissermaßen zu schwarzen Schafen in einer Herde von weißen Unschuldslämmern erklärt.[3] Und selbst diese schwarzen Schafe seien in Wirklichkeit

---

1 *August Heinrichsbauer*, Schwerindustrie und Politik, Essen / Kottwig 1948; *Louis P. Lochner*, »Die Mächtigen und der Tyrann«, Darmstadt 1955; Ernst *Nolte*, Hitlers Aufstieg und die Großindustrie, in: ders., Der Nationalsozialismus, Frankfurt/M. / (West-)Berlin / Wien 1970, S. 188f.; *Henry Ashby Turner*, Faschismus und Kapitalismus in Deutschland, Göttingen 1972; *Joachim C. Fest*, Hitler; ders., »Zeit« – Gespräch mit Joachim C. Fest, in: Die Zeit, Hamburg, Nr. 42 v. 12.10.1973.

2 *Turner*, S. 7.

3 *Heinrichsbauer*, S. 57: »Die Unterstützung einer Handvoll von einzelnen mächtigen Industriellen, wie Thyssen oder Kirdorf … trug im gewissen Ausmaß zu seinem Erfolg bei, obwohl ihre Bedeutung viel geringer war als die der Mehrzahl der Industriellen, die dem Nazismus Widerstand leisteten.« Analog *Lochner*, S. 39ff.; *Turner*, S. 30: Die Macht »hatte Hitler ohne die Unterstützung der meisten Großunternehmer erlangt, ja sogar trotz deren massiver Hilfe für seine Gegner und Rivalen.« Turner ist aber nur um den Freispruch der Großunternehmer bemüht: »Von kleinen

einer ganz üblen Täuschung der Nazis über ihre wahren Ziele und Absichten zum Opfer gefallen oder hätten ihre Gelder gar nur als eine Art Lösegeld vor den finsteren Enteignungsabsichten der Nazis, also unter Zwang, gespendet.[4] Außerdem seien die Beträge ja doch so gering gewesen, daß sie gegenüber den Mitgliedsbeiträgen kaum ins Gewicht gefallen seien.[5] Eins stehe jedenfalls mit Sicherheit fest: es seien auf keinen Fall die Millionen der Unternehmer gewesen, die Hitler an die Macht brachten, sondern die Millionen Wähler, die Hitler ihre Stimme gegeben hätten.[6] Es gehört schon eine gehörige Portion Unverfrorenheit im Verschweigen und in der Verfälschung der Wahrheit dazu, eine derartige Argumentation zu wagen.[7] Die Weißwäscher der Herr-

---

und mittleren Unternehmern erhielt Hitler wahrscheinlich« (den kleinen Unternehmern gegenüber sind sogar Vermutungen erlaubt, während bei den großen sogar deren eigene Bekenntnisse noch angezweifelt werden!) »beträchtliche finanzielle Unterstützung.« – Ebenda.

4 *Heinrichsbauer*, S. 40: »Nachdem sich praktisch keine Möglichkeit gezeigt hatte, von außen her die Ausbreitung des Nationalsozialismus einzuschränken, blieb kein anderer Weg als der, durch Beeinflussung von innen den Versuch fortzusetzen, die Bewegung in den Bahnen der Vernunft zu halten.« – *Lochner*, S. 227: Hitler habe seine Aggressionspläne vor den Industriellen verheimlicht, erst am 15. November 1937 erste Andeutungen darüber gemacht. Die Industriellen aber hätten geglaubt, die Rüstung diene nur der Verteidigung. – *Nolte*, Der Nationalsozialismus, S. 191: »So geht doch nichts aus dem Flick-Prozeß mit größerer Deutlichkeit hervor als das ängstliche Bemühen des exponierten Konzerns, sich nach allen Seiten hin durch Geldzahlungen vor politischen Angriffen zu sichern …«.

5 *Franz-Willing*, Die Hitlerbewegung S. 198: »Die Geldmittel, die seitens der Industrie und auch des Auslandes flossen, waren und blieben eine sehr unsichere zusätzliche Hilfe; im Grunde hatte sich die Partei finanziell immer auf die Pflichtbeiträge und die freiwilligen Spenden, auf den Opfergeist ihrer Anhänger stützen müssen.« – *Heinrichsbauer*, S. 57: »Was die Nazipartei betrifft, so besteht ein gutes Recht zu glauben, daß mindestens drei Viertel ihres Vermögens sogar nach 1930 von den wöchentlichen Beiträgen herkam, die insbesondere von der Arbeiterklasse und den Bauern gezahlt wurden …«

6 Joachim C. Fest im »Zeit«-Interview (Anm. 358): »Zweifellos bildete der verarmte, panische Mittelstand das Hauptreservoir. Diese Millionen sind es gewesen, die den Erfolg Hitlers ermöglichten, nicht die der Industrie. Und sicherlich große Teile der Arbeitslosen.« – *Nolte*, Der Nationalsozialismus, S. 191: »Aber nachdem Hitler einmal den überwältigenden *Wahlsieg* (Hervorhebung von mir; K. G.) vom Juli 1932 errungen hatte, bestand das Problem durchaus nicht mehr darin, wie er an die Macht zu bringen, sondern wie er von der Macht fernzuhalten sei.«

7 Turners Unverfrorenheit in der Verfälschung der Wahrheit wird durch Dirk Stegmann in seiner Dokumentation auf vielen Seiten nachgewiesen. Im Gegensatz zu den Apologeten vom Schlage Turner und Fest hatte Richard Lewinsohn 1930 keine Scheu, die Wahrheit über das Verhältnis von Kapital und Nationalsozialisten offen auszusprechen: »Auch die stärkste und bedeutendste Kampfgruppe der Rechten: die Nationalsozialisten, traten anfangs unter dem Kampfruf ›Gegen den Bolschewismus‹ auf den Plan. Ihre besondere Nuance bestand eigentlich nur darin, daß nach ihren Beobachtungen der Bolschewismus eine Erfindung der Juden, wahrscheinlich sogar eine heimtückische Waffe des jüdischen Weltkapitals war, bestimmt, die anderen Völker zu verderben. Das reimte sich ganz gut mit den älteren antisemitischen Tendenzen der äußersten Rechten zusammen, klang nicht direkt kapitalfeindlich und schien zudem ein bequemes Mittel zu sein, die Massen einzufangen und vom Sozialismus abzubringen … So erklärt es sich, daß das

schenden lassen völlig außer acht, was von jedem gewissenhaften Forscher als erstes zu berücksichtigen ist, daß nämlich die Parteifinanzierung im allgemeinen, die Finanzierung faschistischer Parteien im besonderen zu den bestgehüteten Geheimnissen kapitalistischer Unternehmen gehört; daß also, da die Masse der Konzern-Archive für die Forschung noch nicht freigegeben wurde und da es bei denen, die inzwischen einem ausgewählten Kreis von Benutzern zugänglich gemacht wurden, keinerlei Gewähr dafür gibt, daß sie nicht vorher sorgfältig überprüft und von allzu belastenden Dokumenten »befreit« wurden, da ferner wesentliche Aktenbestände für immer verloren gingen[8], ist das, was wir bisher über die Finanzierung der NSDAP durch das Monopolkapital kennen, ohne Zweifel nur ein Bruchteil des Ganzen, gewissermaßen die Spitze des vielberufenen Eisberges.[9] Folglich kann niemand guten Gewissens auftreten und behaupten, außer den Fällen, die uns heute bekannt sind, habe es keine weiteren gegeben. Gerade so aber treten die Turner und Franz-Willing usw. auf, sie tun so, als sei das, was nur ausnahmsweise und dank besonderer einmaliger Umstände[10] in die Öffentlichkeit drang, tatsächlich alles, was in dieser Frage überhaupt zutage zu fördern sei. Darauf gründet dann ihre unhaltbare These von den wenigen schwarzen Schafen.

Aber selbst wenn diese These zuträfe, so bewiese sie überhaupt nichts gegen den Zusammenhang von Kapitalismus und Faschismus. Es ist ein zwar weitverbreiteter, aber grundlegender Irrtum zu glauben, die Finanzierung der Faschistenparteien sei der einzige oder auch nur der hauptsächliche Beweis für diesen Zusammenhang. Der Zusammenhang von Kapitalismus und Faschismus ist – wie im ersten Kapitel gezeigt – organi-

---

Industriekapital in Deutschland eine Bewegung großgezüchtet und jahrelang unterhalten hat, die schon in ihrem Wappenschild das Wort ›sozialistisch‹ trägt.« *Richard Lewinsohn (Morus)*, Das Geld in der Politik, Berlin 1930, S. 146.

8 So vor allem die Akten des Schatzmeisters der NSDAP, Franz Xaver Schwarz, die ebenso wie dessen Tagebücher kurz vor dem Einmarsch der Alliierten in München im Braunen Haus vernichtet wurden; (*Hallgarten*, S. 127). Außerdem wurden auch 356 Gerichtsakten aus der sogenannten »Kampfzeit der Bewegung«, die im Braunen Haus deponiert waren, verbrannt. – *Deuerlein*, Hitlerputsch, S. 117f.

9 *Gordon*, Hitlerputsch, S. 62, über die Geldquellen der Nazis 1923: »Einige Geldquellen sind bekannt, die meisten nicht.« Dies dürfte auch für die nachfolgenden Jahre bis 1933 Gültigkeit haben. Siehe *Martin Vogt*, Zur Finanzierung der NSDAP zwischen 1924 und 1928, in: Geschichte in Wissenschaft und Unterricht (GWU), 4/1970, S. 238: Die Geldquellen zwischen 1924 und 1928 sind »im wesentlichen unbekannt.«

10 Für die Frühgeschichte war das der Hitlerprozeß und die Untersuchungen des bayerischen Landtagsausschusses, für die dreißiger und vierziger Jahre waren es vor allem die Nürnberger Prozesse. Allerdings zeigten sich die bürgerlichen Richter keineswegs sonderlich an der Aufdeckung der Geldquellen der Nazipartei interessiert; hinsichtlich der frühen zwanziger Jahre und insbesondere des Hitlerprozesses stellte Hoegner fest: »Die Gerichte haben es nicht der Mühe wert gehalten, die Finanzierung der Hitlerbewegung so zu ergründen, wie es notwendig gewesen wäre.« – *Vogt*, S. 238. Bekanntlich wurde diese Frage auch in den Nürnberger Prozessen aus nur zu begreiflichen Gründen seitens der Anklagevertreter aus den imperialistischen Ländern nur sehr widerwillig und mit äußerster Zurückhaltung behandelt.

scher Natur, die Finanzierung schafft ihn nicht, sondern ist seine Folge. Turner, der einen solchen Einwand offenbar erwartete, versuchte ihn gleich im voraus zu widerlegen mit folgender sophistischer Argumentation: »Der Nationalsozialismus war … unleugbar ein Kind des kapitalistischen Systems. Man sollte dieser Tatsache jedoch nicht zuviel Gewicht beimessen … überdies entstammt nicht nur der Nationalsozialismus, sondern auch jede andere vom modernen Europa ausgehende politische Bewegung, die liberale Demokratie ebenso wie der Kommunismus, dem gleichen kapitalistischen System.«[11] Wer auf solchem Niveau argumentiert, wem es keinen wesentlichen Unterschied macht, ob die revolutionäre Klasse eine Partei zur *Überwindung* des Kapitalismus und zur Erringung echter Demokratie formiert, oder ob die Kapitalistenklasse eine Partei zu seiner Verteidigung gegen die revolutionäre Klasse und zur Vernichtung des parlamentarischen Systems hervorbringt und ausrüstet, der disqualifiziert sich in wissenschaftlicher Hinsicht selbst.

Mit Nachdruck gilt es also klarzumachen, daß es bei der Frage der Finanzierung der Faschistenpartei durch das Kapital nicht um den Nachweis geht, daß die Faschistenführer vom Kapital bestochene Kreaturen sind. Sie brauchten nicht »gekauft« zu werden. Die faschistischen Führer haben sich von Anfang an immer die Aufgabe gestellt, die bürgerliche Ordnung vor der proletarischen Revolution zu schützen und die Voraussetzung für Expansionspolitik zu schaffen. Ihr Programm ist in seinen wesentlichen Punkten das Programm des Imperialismus.

Von Lenin stammt das großartige Wort, daß Kommunist einer nur dann werden kann, wenn er sein Gedächtnis um alle die Schätze bereichert, die von der Menschheit gehoben worden sind.[12] Im Gegensatz dazu kann, ja muß einer Faschist dann werden, wenn er all das in sich aufnimmt und zur Grundlage seines Denkens und Handelns macht, was der Imperialismus an menschenfeindlicher, Eroberungskriege und Brutalität verherrlichender, Verachtung fremder Völker und Rassen und Haß gegen Demokratie und Kommunismus einimpfender Ideologie hervorgebracht hat. Die Faschistenführer sind bereits vom Imperialismus abgerichtet, bevor sie Faschistenführer werden; sie können es überhaupt nur deshalb werden, denn der Faschismus ist nichts anderes als das, was als innerster Kern der politischen Theorie und Praxis des Imperialismus in der Epoche des Überganges vom Kapitalismus zum Sozialismus übrigbleibt, wenn im Kampf um die Erhaltung und Festigung der Macht die demokratischen Hüllen verschlissen sind.

Es braucht uns also niemand davon zu überzeugen, daß die Faschistenführer, auch ohne einen Pfennig von den Kapitalisten zu erhalten, kein anderes politisches Programm verfolgt hätten, als sie es tatsächlich taten.[13] Nur wäre es ihnen dann eben nie gelungen,

---

11 *Turner*, S. 32.

12 *Lenin*, Werke, Bd. 31, S. 277.

13 Das nimmt allerdings der folgenden Feststellung von Heiden (Geschichte, S. 143f.) nichts von ihrer

für die Ziele der imperialistischen Bourgeoisie eine solche Massenbewegung auf die Beine zu bringen, wie es ihnen dank der »Spenden« ihrer kapitalistischen und militaristischen Gönner und Protektoren in einigen Ländern möglich wurde. Weil jedoch die reaktionärsten Kreise der herrschenden Klasse Deutschlands eine solche Massenbewegung dringend brauchten und ersehnten, deshalb finanzierten sie das von ihnen inspirierte und lancierte, von den Faschistenführern betriebene Unternehmen Faschismus.

Es ist einfach lächerlich, noch heute, da selbst die bürgerliche Soziologie und Politikwissenschaft längst nachgewiesen haben, daß keine ernstzunehmende bürgerliche Partei ohne »Fremdfinanzierung«, ohne beträchtliche Subsidien, auskommen konnte und kann, im Ernst glauben machen zu wollen, die Finanzierung der NSDAP aus den Reihen der Unternehmer falle überhaupt nicht ins Gewicht gegenüber den regelmäßigen Beitragszahlungen der Mitglieder. Das war ein »Amann-Märchen«, das möglicherweise von den bayerischen Richtern im Hitlerprozeß wohlwollend abgenommen wurde[14], das aber heutzutage ein Autor seinen Lesern nicht zumuten sollte, nicht einmal in der BRD.

Natürlich appellierte die NSDAP an die Opferbereitschaft ihrer Mitglieder und Anhänger; denn erstens war das Geld bei ihr wie bei allen anderen, selbst den am besten »versorgten« bürgerlichen Honoratiorenparteien, wie DNVP und DVP, immer knapp[15], da mit wachsendem Einfluß auch die Ausgaben wuchsen. Zweitens konnte der Appell an die Opferwilligkeit der Anhänger die Glaubwürdigkeit einer Partei, die ihre Mitglieder mit dem Netz antikapitalistischer Demagogie einfing, nur stärken; drittens half dieser Appell, die Unkosten für die im Dunkel bleibenden Geldgeber so niedrig wie möglich zu halten, und das war natürlich von nicht geringer Bedeutung, da ja die wichtigsten von ihnen nicht nur diese eine Partei finanzierten und die Parteienfinanzierung schließlich zu Lasten des unmittelbaren Profits ging.

Wenn wir aber das wirkliche Gewicht der regulären Mitgliedsbeiträge einerseits und der Finanzierung seitens der Vertreter der herrschenden Klasse andererseits abwägen wollen, dann müssen wir uns vergegenwärtigen, daß im Januar 1922 bei einer Mitgliederzahl

---

Richtigkeit: »Geld, zumal solches, das regelmäßig gegeben wird, erzwingt immer Folgsamkeit, auch ohne daß es seine Befehle diktiert. Es erzwingt sie dadurch, daß es ausbleibt, sobald die Partei einen Kurs einschlägt, der dem Gelde nicht genehm ist.« Die Käuflichkeit der NSDAP betraf nicht die allgemeinen Ziele des deutschen Imperialismus, sondern die Vertretung von Interessen einzelner seiner Vertreter oder Gruppen.

14 Der Geschäftsführer der Nazipartei und des Eher-Verlages, Max Amann, erklärte bei seiner Vernehmung im Zusammenhang mit dem Prozeß gegen die Putschisten des 8. / 9. November 1923: »Die Finanzierung der Partei geschah hauptsächlich durch Beitreibung von Mitgliedsbeiträgen« – *Franz-Willing*, Die Hitlerbewegung, S. 195.

15 Aus den Akten aller bürgerlichen Parteien und Verbände, auch der wohldotiertesten, sind ständige Klagen über zu geringe Geldmittel zu entnehmen; die Feststellung von akuter Geldnot bei den Nazis kann deshalb keineswegs, wie *Turner* es versucht (S. 25), als Beweis für die Geringfügigkeit der Spenden aus Unternehmerkreisen ins Feld geführt werden.

von 6.000 und einem Mitgliedsbeitrag von 1,– Mark[16] (davon 50 Pfennig für den Unterhalt des VB) monatlich 6.000 Mark an regulärem Beitrag aufkam, vorausgesetzt, daß alle eingeschriebenen Mitglieder auch zahlende Mitglieder gewesen sind, was mit Sicherheit ebensowenig der Fall war wie bei anderen Parteien. Was *über* diesen Betrag hinaus aufkam, waren bereits »Spenden« wohlhabenderer Mitglieder. Von diesen 6.000 Mark ging die Hälfte ab für die Parteizeitung. Mit dem Rest von 3.000 Mark waren zu zahlen:

1. Miete für die Geschäftsstelle,
2. Gehälter für 10 hauptamtliche Kräfte[17],
3. Saalmiete für die zahlreichen Versammlungen und die monatlichen »Sprechabende« (die Eintrittsgelder brachten nur einen Teil der Kosten ein),
4. Honorare für die Parteiredner,
5. Kosten für die verschwenderisch betriebene Propaganda mit Flugblättern, Plakaten, Klebezetteln,
6. Besoldung der SA-Führer (die 1923 z. T. in Valuta erfolgte!),
7. Beschaffung von Ausrüstung, Kleidung und Waffen für die SA,
8. Handgeld für die Rollkommandos (erinnern wir uns: im Juli 1921 zahlte Hitler an seine Schlägergarde zwischen 15 und 50 Mark Tagegelder),
9. Transportkosten (Sonderzüge!) für die Aufmärsche, »Deutsche Tage« etc.,
10. Kosten für die im Februar 1922 durch Rudolf Heß errichtete »Nachrichtenabteilung« der Partei[18],
11. Kosten für »kulturelle« Veranstaltungen wie Konzerte, Weihnachtsfeiern u. ä.,
12. Kosten für die regelmäßig erscheinenden »Mitteilungsblätter« und die Rundschreiben[19] der NSDAP, u. v. a. m.[20]

---

16 Ab 1. Januar 1923 wurde der Monatsbeitrag auf 50,– Mark erhöht, also um das Fünfzigfache. – *Franz-Willing*, Die Hitlerbewegung, S. 197; der Kurs der Mark war um diese Zeit bereits um das Zweitausendfache gefallen; das Gewicht der Parteibeiträge für die Parteifinanzierung ist also um das Zwanzigfache zurückgegangen. Im Juni 1923 wurde der Monatsbeitrag auf 200 Mark erhöht. – Ebenda, S. 198. Um diese Zeit war der Dollarkurs von 802 Mark am 4. Januar 1923 auf 74.750 Mark am 4. Juni gestiegen, der Wert der Mark also um das Neunfache gefallen. Die Erhöhung der Beiträge hinkte also erneut hinter der Geldentwertung hinterher, diesmal um rund die Hälfte.

17 In der Zahl von 13 hauptamtlichen Angestellten, die in der vorliegenden Arbeit, S. 193, genannt wurden, sind 3 SA-Führer eingeschlossen, die von der OC abkommandiert worden waren und von dort besoldet wurden.

18 *Franz-Willing*, Die Hitlerbewegung, S. 175.

19 Ebenda.

20 Für den ganzen Komplex der hier aufgezählten Ausgabenposten siehe ferner *Vogt*, S. 234. Vogt zitiert aus einem Schreiben der Reichszentrale für Heimatdienst vom 3.4.1923 an die Reichskanzlei, in dem es heißt, die Mittel, die den Nazis zur Verfügung gestanden hätten, müßten erheblich gewesen sein, da die Ausrüstung und Versorgung der nationalsozialistischen Hundertschaften erhebliche Summen verschlungen hätte. – Ebenda, S. 238.

Ist schon diese Gegenüberstellung von Beitragsaufkommen und Ausgabenumkreis ausreichend dafür, die These von der weitgehenden »Selbstfinanzierung« der Nazipartei ad absurdum zu führen, so muß noch der besondere Charakter dieser Partei und ihrer Führer in Betracht gezogen werden. Es gehörte zu den Standardpraktiken der Nazipropaganda, alle übrigen, vor allem aber die Regierungsparteien und ihre Führer, als durch und durch korrupt und verfault darzustellen und demgegenüber den angeblich »selbstlosen Idealismus« Hitlers und der anderen Naziführer in den leuchtendsten Farben auszumalen. In Wirklichkeit gab es wohl kaum eine andere bürgerliche Partei, deren Führungskorps und Anhängerschaft so sehr erfüllt war von rücksichtsloser Entschlossenheit, die Partei als Instrument der eigenen Karriere und, wo möglich, auch der Bereicherung zu benutzen.[21]

Als Beispiel für den »Idealismus« dieser »deutschen Sozialisten« mag Eckart dienen. Von ihm ist folgender Brief vom 3.8.1922 an einen der erfolgreichsten Geldsammler der Partei, Gansser, überliefert, der für sich selbst spricht: »Vor etwa drei Wochen ließ ich mir von Amann 20.000 Mark geben, um damit die von Wuz[22] für einen Druckerwechsel (Beobachter) entliehenen 25.000 Mark teilweise zu decken. Nun sagte mir Wuz damals, er brauche das Geld noch nicht; so daß ich die 20.000 zurückbehielt, bzw. ich gab davon Dir die 3.000 Mark, der Frau Vogl 2.000 und unlängst unserem Ehrenvorsitzenden Drexler 5.000, und zwar diesem, weil er mir dafür demnächst Wertpapiere geben will. Den Rest von 10.000 Mark behielt ich mangels jeglichen Einkommens für mich und brauchte natürlich auch schon einen ziemlichen Posten davon. Jetzt kommt das Unangenehme. Bei der letzten Versammlung sagte mir Wuz, daß er die 25.000 Mark bis nächsten Mittwoch nötig habe. Was tun? Ich denke wohl, daß soviel in der ›Beobachter‹-Kasse … ist. Rede sofort mit Hitler. Persönliche Außenstände, die im Laufe dieses Monats alle fällig sind, habe ich rund 50.000 RM. Sobald ich sie eingezogen haben werde, bin ich selbstverständlich zur Deckung der 25.000 RM da. Schließlich muß aber auch Berlin sich endlich einstellen.«[23]

Aber auch der oberste Tugendbold der Partei, Hitler selbst, hatte seine Methode, Kunstsinn mit Daseinsvorsorge zu verbinden. In der bereits zitierten Dokumentation Hoegners, »Hitler und Kahr«, die vom Landesausschuß Bayern der SPD herausgegeben wurde, ist dazu zu lesen: »Nach unwidersprochenen Pressemeldungen vom Dezember

21 *Kurt G. W. Luedecke*, (d. i. Lüdecke), I knew Hitler, New York 1937, S. 120, 225 (die Nazi-Führer – Wölfe gegeneinander, falsch, intrigant, Karrieristen, die nur daran dachten, durch die Partei Einfluß und Macht zu gewinnen. Diese Kennzeichnung traf allerdings auf Lüdecke selbst in gleicher Weise zu).

22 Richtig: Wutz. Max Wutz war 2. Kassierer in dem Vorstand der NSDAP, der am 29. Juli 1921 gebildet wurde. – *Maser*, Die Frühgeschichte, S. 274.

23 *Franz-Willing*, Die Hitlerbewegung, S. 184f.

1924 hat Hitler unmittelbar vor dem 8./9. November 1923 bei seiner persönlichen Anwesenheit in der Schweiz 33.000 Franken erhalten. Mit den Schweizer Franken ist Hitler großzügig umgegangen. So hat er dem Kunsthändler Keller in München im Frühjahr 1923 in Begleitung von Dietrich Eckart ein Gemälde um 500 Franken abgekauft. Das Bild war aber gefälscht und mußte von Keller zurückgenommen werden.«[24]

Die Verwendung von Parteigeldern für persönliche Zwecke wurde dadurch begünstigt, daß Hitler als diktatorischer Parteiführer niemandem Rechenschaft schuldig war, weder über die Verwendung der eingehenden Mitgliedsbeiträge und Spenden noch über die Höhe und Herkunft der Spenden.[25]

Die Absurdität der Behauptung von der Selbstfinanzierung durch Mitgliedsbeiträge wird besonders klar bei Berücksichtigung der besonderen Bedingungen der Inflationszeit, auf die schon Heiden hinwies. Er schrieb: »Im November 1923 hatte die NSDAP etwa fünftausend mit Legitimation versehene und wahrscheinlich zahlende Mitglieder. Von Papiermark-Beiträgen aber konnte damals keine Partei leben ... Es war Inflation, und alle Geldempfänger legten Gewicht auf die Wertbeständigkeit erhaltener Gelder. Daher hat Hitler auch systematisch im Ausland sammeln lassen ... Empfänger, Treuhänder und den Geldgebern.

Verantwortlicher für diese Zuwendungen war Hitler und immer wieder nur Hitler. Er durfte schon mit Rücksicht auf die Geber niemandem über die Herkunft des Geldes etwas sagen; allenfalls sein Geschäftsführer Amann wurde eingeweiht ... Mit verhältnismäßig geringstelligen Beträgen konnte in jener Zeit außerordentlich viel geleistet werden, wenn der Betrag auf eine gute Valuta lautete.«[26] Das wird deutlich, wenn wir uns vergegenwärtigen, daß im Januar 1922 der Gegenwert des gesamten Monatsaufkommens an regulären Mitgliedsbeiträgen weniger als 30 US-Dollar ausmachte. Mit einer Spende von 360 Dollar war also das gesamte Jahresaufkommen an Mitgliedsbeiträgen aufgewogen! Man kann demnach ermessen, was es für die Partei bedeutete, daß, wie die »Münchener Post« vom 6. April 1923 berichtete, ein amerikanischer Verleger 600 Dollar bezahlte allein für die Erlaubnis zur Vervielfältigung und zum Vertrieb von Hitler- und Eckart-Bildern.[27]

Besonders aufschlußreich ist eine Denkschrift Hitlers, verfaßt im Oktober 1922, offenbar gemeinsam von den Propaganda- und Finanzfachleuten der Partei, und bestimmt für das zahlungskräftige Bürgertum; in ihr wurde dazu aufgefordert, der

---

24 Hitler und Kahr, II, S. 101. – Schon am 31. Januar 1923 wußte die sozialdemokratische »Münchener Post« über hohe Frankenbeträge zu berichten, die in die Kassen der NSDAP flossen. – *Franz-Willing*, Die Hitlerbewegung, S. 187.

25 *Gordon*, Hitlerputsch, S. 62.

26 *Heiden*, Geschichte, S. 146f.

27 *Maser*, Die Frühgeschichte, S. 397.

NSDAP umgehend 53 Millionen 240 Tausend Mark zur Verfügung zu stellen, damit sie in die Lage versetzt werde, Deutschland vor dem Bolschewismus zu retten.[28]

Diese Denkschrift ist in jeder Hinsicht hochinteressant und aufschlußreich. Sie bezeugt in aller Eindeutigkeit, daß sich die Hitlerpartei dem Kapital als einzig zuverlässige Schutztruppe anpries und zur Verfügung stellte; sie enthält des weiteren bereits alle Hauptelemente der später bekannt gewordenen Reden und Denkschriften, mit denen Hitler den Vertretern des Großkapitals und des Großgrundbesitzes seine Partei sozusagen als »Wach- und Schießgesellschaft«[29] gegen die Arbeiterbewegung und die Gefahr der sozialen Revolution anbot.[30] Sie belegt weiter, daß die Argumente der Naziführung größtenteils von den Alldeutschen, von Ludendorff und anderen Ideenspendern, entlehnt waren. Und sie beweist schließlich ein übriges Mal, daß die Kosten für den Ausbau der Partei mit den Mitteln der Mitgliedsbeiträge nicht bestritten werden konnten, daß vielmehr die entscheidende materielle und finanzielle Grundlage des Wachstums und des Ausbaus der Partei durch die Zuschüsse von Vertretern und Institutionen der herrschenden Klasse gelegt wurde. Es ist deshalb gerechtfertigt, dieser Denkschrift etwas größere Aufmerksamkeit zu widmen.

Einleitend wird gegen die These vom Vorrang der Wirtschaft für den Wiederanstieg des deutschen Imperialismus polemisiert: Es sei ein »Irrtum, daß die ›Wirtschaft‹ wohl in der Lage wäre, den ›Wiederaufbau‹ Deutschlands durchzuführen.« Ein Irrtum deshalb, »weil Wirtschaft laut geschichtlicher Erfahrung immer eine sekundäre Erscheinung im Völkerleben ist, gebunden an die primäre Voraussetzung des Staatsgedankens und Staatserhaltungstriebes einer Nation«. Der »Zusammenbruch« von 1918 sei das Ergebnis des Mangels an Nationalgefühl und Staatserhaltungstrieb, nicht eines Versagens der Wirtschaft gewesen. Daraus wird gefolgert: »Die Frage einer Genesung unseres deutschen Volkes ist nicht die der Genesung unserer Wirtschaft, sondern die der Wiedergewinnung jener inneren Einstellung ..., die allein staatliche Größe, damit aber auch wirtschaftliche Wohlfahrt zu gewährleisten vermag.«[31]

---

28 Wortlaut der Denkschrift bei *Tyrell*, Führer befiehl, S. 47ff.; siehe auch Dok. Nr. 5 der vorliegenden Arbeit.

29 Diese Bezeichnung, die an den Namen der damals in Deutschland verbreiteten sogenannten Wach- und Schließgesellschaften anknüpft, trifft recht gut die Rolle der NSDAP und ihrer SA.

30 Zu denken ist hier etwa an Hitlers Rede vor dem Hamburger Nationalklub von 1919, gehalten am 28. Februar 1926 (siehe *Werner Jochmann,* Im Kampf um die Macht, Hitlers Rede vor dem Hamburger Nationalklub von 1919, Frankfurt/M. 1960), und Hitlers Denkschrift für Kirdorf »Der Weg zum Wiederaufstieg« von 1927 (*Turner*, S. 41f.), sowie an Hitlers Vortrag vor deutschen Monopolherren im Stahlhaus zu Düsseldorf v. 26.1.1932 – VB v. 19.4.1932; siehe auch *Kurt Gossweiler*, Hitler und das Kapital, Blätter für deutsche und internationale Politik, Köln, Nr. 7 / 1978, S. 842ff., Nr. 8 / 1978, S. 993.

31 Ganz ähnlich hieß es schon bei Ludendorff: »Besonders schwerwiegend war, daß die Regierung die ausschlaggebende Bedeutung des Volksgeistes für den Ausgang des Krieges und den

Nach dieser »Klarstellung«, was primär und was sekundär sei, erfolgt ein Bild schwarz in schwarz vom gegenwärtigen Zustand und von der nahezu hoffnungslosen Situation, die vor allem dadurch hervorgerufen sei, daß »die Summe der ›international-marxistisch‹ eingestellten Angehörigen unseres Volkes über 40 % unserer Gesamtbevölkerung« darstelle. »Eine entsetzliche Wahrheit besonders deshalb, weil in diesen 40 % die aktivsten, tatkräftigsten Elemente der Nation zur Zeit vereinigt sind.«[32] In genauer Kenntnis der aus einer Mischung von Haß und Furcht vor der Arbeiterbewegung bestehenden Stimmung in weiten Kreisen des Unternehmertums wurde weiter festgestellt, dies sei besonders gefährlich »durch die straffe organisatorische Zusammenfassung dieser Menschen teils in Wirtschaftsbünden (Gewerkschaften), teils in politischen Bewegungen (V. M. S. P.[33], K. P. D.) alle von einem gleichen Ziel erfüllt, von gleichem Willen beseelt, entschlossen, das Prinzip einer demokratischen Mehrheitsbestimmung nur solange als bindend anzuerkennen, solange nicht die Wahrscheinlichkeit vorhanden ist, durch brutalste Machtanwendung die Demokratie durch die Diktatur des Proletariats ablösen zu können. Und in rasender Schnelligkeit eilt Deutschland diesem letzten Schicksale entgegen.« Getreu dem Vorbild der Alldeutschen und der Deutschnationalen werden auch in der Argumentation der Nazis die rechten sozialdemokratischen Führer als Leute hingestellt, denen gar nichts anderes übrig bleibe, als zu versuchen, »die Macht vollständig zu erringen und nach russischem Muster die Träger eines allenfalls möglichen Widerstandes (die geistige Führerschaft) auszurotten«.

Bereits 1923 war, wie in der Weltwirtschaftskrise, das stärkste Argument der Nazis ihr Appell an die Revolutionsfurcht des Bürgertums, und dieses Argument erwies sich 1923 wie 1932 um so wirkungsvoller, je stärker sich der revolutionäre Kampfwille des Proletariats manifestierte. Es wäre freilich ganz falsch, daraus zu schlußfolgern, die Monopolbourgeoisie habe sich nur aus Furcht vor der Revolution den Nazis in die Arme geworfen. Die Alternative: Bolschewismus oder Faschismus stimmte weder

---

Zusammenhang zwischen Volksgeist und kriegerischen Tugenden nicht erkannt und ihr nicht Rechnung getragen hat … Ein schwerer Wahn ist es, zu glauben, und ihm huldigen leider viele im Wirtschaftsleben stehende Männer, daß die Volkswirtschaft allein die Wiedergeburt bewirken könne. Sie unterschätzten den Wert des Volksgeistes, wie vor dem Kriege, statt ihn klar zu erkennen und ihn werktätig zu fördern. Ohne deutschen Volksgeist bringt die Wirtschaft nur Stoff hervor; durch Volksgeist gehoben, führt Arbeit das Volk zusammen und damit zur Genesung …« *Erich Ludendorff*, Kriegführung und Politik, Berlin 1922, S. 330, 338.

32 In seiner Rede vor den Industriellen vom 26. Januar 1932 wiederholte Hitler diesen Gedanken in folgender Form: »Wie soll ein Volk überhaupt noch einen Faktor nach außen darstellen, wenn 50 Prozent am Ende bolschewistisch orientiert sind und 50 Prozent nationalistisch oder antibolschewistisch? … es ist undenkbar, ein starkes und gesundes Deutschland zu schaffen, wenn 50 Prozent seiner Angehörigen bolschewistisch und 50 Prozent national orientiert sind …« – VB v. 19.4.1932.

33 Richtig: VSPD (Vereinigte Sozialdemokratische Partei Deutschlands); so nannte sich die SPD vorübergehend nach der Vereinigung mit dem Rest der USPD (Sept. 1922).

1923, wie die Entwicklung der Jahre ab 1924 bewies, noch 1933, wo von einer akut revolutionären Situation nicht die Rede sein konnte, noch nahmen die entscheidenden Kreise des Monopolkapitals diese Alternative ernst; sie brachten 1933 Hitler nicht aus Furcht vor der Revolution an die Macht, sondern weil sie eine Rückkehr zu einem System der parlamentarischen Demokratie nicht zulassen wollten.[34] Diese Scheinalternative wurde aber von eben diesen Kreisen des Monopolkapitals und allen ihren politischen Repräsentanten von Claß bis Hugenberg als reale Alternative hingestellt, um einen möglichst großen Teil des gesamten Bürgertums für die Unterstützung ihres Kurses auf Errichtung der offenen Diktatur zu gewinnen. Die Nazis nutzten diese Argumentation natürlich für sich aus, indem sie sich der Bourgeoisie als die einzigen empfahlen, die imstande seien, der marxistischen Gefahr mit ebenbürtigen Waffen entgegenzutreten und große Teile der Arbeiterschaft dem Einfluß des Marxismus zu entreißen. So hieß es in der Denkschrift, auf der »sogenannten bürgerlichen Seite« sei noch nicht begriffen worden, daß es sich »um einen Kampf auf Leben und Tod zwischen zwei Weltanschauungen« handele, deshalb fehle dort auch »die unbändige Entschlossenheit«. Dem »brutalen Machtkoloß« des Marxismus stehe deshalb »zum Teil jämmerlichste Unzulänglichkeit gegenüber«. Nachdem die Denkschrift solcherart dargelegt hatte, daß es auf der politischen Rechten keine Kraft zur Rettung vor dem Verhängnis gäbe, gingen die Verfasser zur Mythenbildung über die Geschichte der NSDAP über: »In der voraussehenden Erkenntnis dieser Katastrophe und der Unzulänglichkeit der Mittel zu ihrer Abwehr wurde vor drei Jahren, am 5. Januar 1919, die Nationalsozialistische Deutsche Arbeiterpartei gegründet.[35] Ihr Ziel heißt ganz kurz: Vernichtung und Ausrottung der marxistischen Weltanschauung.« Daß dieses Ziel nicht nur als »Weltanschauungskampf« erreicht werden sollte, sondern mit den brutalsten Mitteln physischer Gewalt und Vernichtung des Gegners, besagten die folgenden Sätze: »Mittel hierzu sollen sein

1. eine unvergleichliche, genial aufgezogene Propaganda- und Aufklärungsorganisation, alle Möglichkeiten menschlicher Beeinflussung umfassend;
2. eine Organisation rücksichtslosester Kraft und brutalster Entschlossenheit, bereit, jedem Terror des Marxismus einen noch zehnfach größeren entgegenzusetzen, die sogenannte ›Sturmabteilung‹ der Bewegung.«

34 Deutsche Führerbriefe Nr. 85 und 86, v. 1. und 4. November 1932, Artikel »Jena oder Sedan«. Auszüge in: Dokumente zur deutschen Geschichte 1929-1933, S. 81f.

35 In der Denkschrift für Kirdorf erklärte Hitler, die nationalsozialistische Bewegung sei als Keimzelle und Kampftruppe eines neuen Reiches gegründet worden in der Erkenntnis, »daß die handelnden Faktoren unseres heutigen politischen Lebens, angesteckt vom allgemeinen Zeitgeist, bewußt oder unbewußt die breite Masse teils verderblich organisiert, teils in träger Gleichgültigkeit widerstandslos gemacht haben ...« – *Turner*, S. 55.

Als Beweis dafür, daß die Partei nicht zuviel verspreche, wurde auf bisherige »Erfolge« verwiesen und dabei kurzerhand die Unterdrückung der Arbeiterbewegung, welche die Reaktion in Bayern vor allem dank der Reichswehr und des Zusammenwirkens aller Kräfte der Rechten erreicht hatte, als eigenes Verdienst in Anspruch genommen. »Trotzdem diese Bewegung durch gänzlich unbekannte Männer einst gegründet wurde, drei Jahre lang ohne jegliche auch nur nennenswerte Unterstützung den Kampf durchgefochten hat, ist es ihr heute gelungen, sich nicht nur einen Namen zu erfechten, sondern vor allem ein Gebiet Deutschlands von der bolschewistischen Seuche gründlich freizumachen. In der zweitbedeutendsten Hauptstadt des Reiches, in München, ist durch diese junge Bewegung nach kaum dreijährigem Kampf der marxistische Terror vollständig gebrochen und die Wiederauferstehung des deutschen Gedankens begründet worden.«

Das hieß nun freilich, den Mund sehr voll nehmen, aber das war auch notwendig, wollte man die Forderung nach einer Unterstützung in Höhe von nicht weniger als 53 Millionen Papiermark (das entsprach etwa 100.000 Goldmark) begründen. In der Denkschrift wurde nämlich nun weiter ausgeführt, daß aus der Unzulänglichkeit der Mittel die NSDAP zunächst ihr segensreiches Wirken auf Bayern beschränken mußte. Natürlich würde sie auch ohne Unterstützung durch das Bürgertum schließlich zum entscheidenden Faktor im Kampfe gegen den Marxismus werden, würde dann aber dazu etwa 30 bis 40 Jahre brauchen. »Da diese Zeit jedoch der Lösung dieser Frage nicht zur Verfügung steht, muß durch Einsatz größter Mittel die notwendige Zeit der Entwicklung auf das äußerste gekürzt werden, ja es besteht die Gefahr, daß bereits in den nächsten Monaten die Entwicklung der Dinge in Deutschland eine katastrophale sein wird und daß bei dem vollständigen Fehlen irgendeines wertvollen Gegengewichtes außerparlamentarischer Art gegen die marxistische Welle der Kampf auf Leben und Tod beginnt und die junge Bewegung als einzige stoßkräftige Organisation führend in diesen Kampf einzugreifen gezwungen sein wird.« Unter Ausnutzung des großen Eindrucks, den der Terrorfeldzug der italienischen Faschisten gegen die Arbeiterschaft auf die deutsche Bourgeoisie machte, hieß es dann weiter: »Gleich der faszistischen Bewegung in Italien hat es die junge Bewegung bisher verstanden, selbst bei einer Minorität an Zahl durch rücksichtslosesten Kampfwillen den jüdisch-marxistischen Terror niederzubrechen.« Und nun folgt das direkte Angebot als Schutz- und Bürgerkriegstruppe des Kapitals: »Soll die Bewegung also in den kommenden Kämpfen mit Aussicht auf Erfolg Volkstum, Staat und *damit aber auch die Wirtschaft* verteidigen, so ist ihre Organisation in den oben bereits gekennzeichneten zwei Richtungen mit äußerster Schnelligkeit auszubauen. Also: Vervollständigung und Vertiefung der Propagandaorganisation und zweitens, äußerste Verstärkung derjenigen Machtmittel, die da, wo Propaganda versagt, allein in der Lage sind, den kommenden Terror niederzubrechen, *die nationale*

Wirtschaft in Gang zu erhalten.[36] Der Ausbau der Propagandaorganisation bedeutet die günstigste Vorbereitung des späteren Erfolgs. Was durch Papierkugeln zu gewinnen ist, braucht dereinst nicht durch stählerne gewonnen zu werden.«

In kaum zu übertreffender Weise ist hier der Zwillingscharakter von Terror und Propaganda im Faschismus dargelegt, zugleich jedoch auch die dienende Rolle der Propaganda gegenüber dem Terror: die Propaganda hat die Aufgabe, das Terrain vorzubereiten, damit die Widerstandskraft des vorgesehenen Opfers gegen seine gewaltsame Niederwerfung schon im voraus so weit wie möglich gelähmt wird. Dieses Opfer ist in erster Linie die Arbeiterklasse: »Was der nationalen Seite heute fehlt, ist ... in erster Linie eine Presse, die nicht nur von Mittelstand und Intelligenz gelesen wird, sondern die in volkstümlicher Auffassung den nationalen Gedanken in die ärmste Hütte hineinzutragen geeignet erscheint ... Die ... in Ton und Farbe grundsätzlich auf günstige Beurteilung seitens der sogenannten Intelligenz verzichtend sich nur an die wendet, die es in erster Linie zu gewinnen gilt, den Arbeiter.« An diese Feststellung wird die Forderung nach »Ausbau des Völkischen Beobachters, der zur Zeit wöchentlich zweimal erscheint, zur Tageszeitung« geknüpft als »eine der wesentlichsten Aufgaben des Augenblicks«. Die Kosten einer solchen Umstellung werden nach einer sehr ins Einzelne gehenden Berechnung der dazu notwendigen Voraussetzungen mit 16 Millionen Mark angegeben. Für den »sonstigen Ausbau der Propagandaorganisation« werden weitere 10 Millionen veranschlagt. Für den Ausbau des Terrorapparates der Sturmabteilungen werden runde 27 Millionen in Anschlag gebracht.

Zum Abschluß wird den Kapitalisten, an die sich diese Denkschrift wendet, klargemacht, wie geringfügig die geforderten Summen doch seien, verglichen mit dem Gewinn, den sie mit ihnen erreichten: »Es beträgt somit das Gesamterfordernis zu einem augenblicklich durchzuführenden großzügigen Ausbau der Bewegung: 53.240.000 Mark, das sind in Friedenswährung 95.000 Mark, ein lächerlicher Betrag einer Sache gegenüber, die so oder so von größter Bedeutung für die Zukunft unseres Vaterlandes sein wird ... Sollte es der Bewegung beschieden sein, im kommenden Entscheidungskampfe um Deutschlands Zukunft oder Ende selbst nur den kleinsten Erfolg zu erringen, würde der ziffernmäßig ausgedrückte Erfolg ein Hunderttausendfaches der jetzt aufgewendeten Summe sein.« Und da man weiß, daß man es mit kühlen Rechnern zu tun hat, die nichts auf leere Versprechungen geben, muß wieder der italienische Faschismus als Kronzeuge für die eigene Leistungsfähigkeit herhalten: »Der italienische Faszismus hat dem italienischen Staat Milliarden an Goldwerten gerettet«. Und dann folgt noch eine Kapuzinerpredigt an die Adresse des deutschen Bürgertums, die z.T. von Ludendorff abgeschrieben ist: »Fünfzig Jahre hindurch hat das deutsche

36 Hervorhebungen von mir; K.G.

Bürgertum seine Verpflichtung der breiten Masse gegenüber nicht erkannt und dieses Volk willenlos der Führung fremder Elemente überlassen.[37] In entsetzlicher Weise hat die Geschichte diesen sträflichen Leichtsinn gerächt. Man hoffte Hunderttausende zu ersparen und hat einen Staat geopfert. Wenn aber auch heute noch dieses Bürgertum sich seiner Aufgabe (nämlich die Nazis zu finanzieren!; K. G.) nicht bewußt wird, dann wird es wertlose Papiermillionen ersparen, aber das Leben verlieren ... Der Widerstand gegen diese Entwicklung wird nicht von den Parlamenten ausgehen. Die Parlamente konnten einst nicht die Katastrophe des 9. November 1918 verhindern, wohl aber hätten in jeder Stadt 300 entschlossene Männer genügt, den Spuk der Revolution zu einem Nichts werden zu lassen. Die Dreihundert haben damals gefehlt. Die Organisation dieser Hunderte und Zehntausende ist heute gebildet ... Wenn die kommende Zeit von Zehntausenden von Männern fordern wird, daß sie ihr Leben ... weihen, dann haben diese das heiligste Recht, von den anderen Zehntausenden zum mindest zu fordern, daß sie ihr Gold nicht diesem Zweck entziehen.« Mit diesen Worten endet dieses wahrhaft »historische« Dokument, der Bettelbrief des V-Mannes der Reichswehr, der die Anerkennung als V-Mann der ganzen deutschen Bourgeoisie erstrebt und ihr zu diesem Zweck versichert, er wolle nichts als die Mittel, um ihr Leben, ihre Ordnung und ihre Wirtschaft retten und in Gang halten zu können.

Die Denkschrift hatte offensichtlich weitgehend die erhoffte Wirkung. Denn nahezu alle Vorhaben, deren Kosten in ihr so genau aufgeführt worden waren, konnten verwirklicht werden: ab 8. Februar 1923 erschien der Völkische Beobachter als Tageszeitung! Auch die übrige Propagandatätigkeit wurde Ende 1922 / Anfang 1923 enorm gesteigert. Am 30. November 1922 veranstaltete die NSDAP die bereits erwähnten gleichzeitigen fünf Versammlungen mit einem Propagandaaufwand von 600.000 bis 700.000 Mark[38], am 13. Dezember gar zehn Versammlungen allein in München![39] Mitte Dezember wurde ein großer SA-Aufmarsch veranstaltet, an dem zahlreiche auswärtige SA-Stürme teilnahmen.[40] Der Januar 1923 sah am 11.1. eine Großveranstaltung im Zirkus Krone[41], und vom 27. bis 29. den ersten »Reichsparteitag« der NSDAP, der mit zwölf Massenversammlungen am 27. Januar eingeleitet wurde.[42] Die kostspielige Gigantomanie der Nazis tobte sich damals vor allem in der Jagd nach Ver-

37 Ähnliches hatte Ludendorff in seinem Buch »Kriegführung und Politik« (S. 48) schon ausgeführt – siehe in der vorliegenden Arbeit, Kap. II.

38 Münchener Post v. 3.12.1922, zit. nach: *Franz-Willing*, Die Hitlerbewegung, S. 187. Eine Goldmark war am 30.11.1922 gleich 1.822,30 Papiermark. – *Elster*, S. 439.

39 *Franz-Willing*, Die Hitlerbewegung, S. 167.

40 Ebenda; *Bennecke*, S. 45.

41 *Franz-Willing*, Die Hitlerbewegung, S. 168.

42 Ebenda.

sammlungsrekorden aus, die jedoch ihren genau berechneten politischen Sinn hatten; nicht nur, daß Hitler mit seinen aufpeitschenden Reden – er pflegte an solchen Tagen auf allen Versammlungen kurze Ansprachen zu halten – eine große Zahl von Zuhörern erreichte: vor allem erweckte die NSDAP mit diesen Veranstaltungen den Eindruck, nicht nur die aktivste, sondern auch die stärkste politische Kraft in der bayerischen Hauptstadt zu sein – ein Eindruck, dem die Wirklichkeit durchaus nicht entsprach, wie sich am 9. November 1923 eindeutig erweisen sollte.

Auch der Punkt über den Ausbau der SA wurde weitgehend verwirklicht. Die Mitgliederzahlen entwickelten sich wie folgt:

September 1922: 700-800 Mann (davon 500 in München); Ende 1922: 1.000-1.100 Mann (davon ca. 700 in München); März 1923: 1.400 Mann (davon ca. 800 in München).[43] Der Aufschwung, den die Partei in den letzten Monaten des Jahres 1922 und danach nahm, war ganz wesentlich verstärkten finanziellen Zuwendungen geschuldet. Zu seinem Geburtstag im April 1923 erhielt Hitler als »Kampfspende« 11 Millionen Mark, außerdem aus der Tschechoslowakei 7.341 Kronen und aus dem übrigen Ausland nochmals Valuten im Werte von 2 Millionen Mark.[44] Als Spender für die NSDAP hatten wir bereits kennengelernt: die Thule-Gesellschaft, den Alldeutschen Verband und die bayerische Reichswehr; ferner einige führende vermögende Mitglieder der Nazipartei. In den Jahren 1922/23 erweiterte sich der Kreis der Spender erheblich, besonders stark nach dem Rücktritt Cunos, als Stinnes und die gesamte Rechte den gewaltsamen Sturz der Regierung Stresemann und die Beseitigung der Weimarer Republik vorbereiteten. Eine vollständige Übersicht über alle Geldgeber konnte natürlich nicht gewonnen werden. Immerhin sind nach dem fehlgeschlagenen Hitler-Ludendorff-Putsch, im darauffolgenden Prozeß und durch den Untersuchungsausschuß des bayerischen Landtages so viele Fakten zutage gefördert worden, daß alle Bagatellisierungsversuche der Franz-Willing, Fest usw. die Feststellung nicht umzustoßen vermögen, daß erst die Kombination des Geldes der Bourgeoisie und der vielseitigen Hilfestellung der Reichswehr mit den agitatorischen Fähigkeiten eines Hitler und der anderen Naziführer diese »Arbeiterpartei« instand gesetzt hat, aus einem Winkelverein zu einem ernstzunehmenden politischen Faktor heranzuwachsen.

Hoegner brachte das Ergebnis der Untersuchungen des Landtagsausschusses in etwas kabarettistischer Zuspitzung auf die Formel: »Die Geldgeber Hitlers waren das Ausland, die Frauen und die Großindustrie.«[45] Ohne die Berechtigung dieser Aussage zu bestreiten, werden wir eine andere Einteilung der Finanzquellen der NSDAP vornehmen.

---

43 *Bennecke*, S. 42, 45, 58.

44 *Vogt*, S. 238; (der Goldmarkkurs betrug am 21.4.1923 6.086 Papiermark. – *Elster*, S. 441).

45 Hitler und Kahr, II, S. 99.

1. Spenden vermögender Mitglieder und Sympathisierender der NSDAP

Bei dieser ersten Kategorie verzichten wir darauf, alle bereits an anderer Stelle genannten Namen erneut aufzuführen. Nach ihnen müssen dann in der Tat die Namen einer Reihe von Frauen aufgeführt werden. Es handelt sich dabei um Helene Bechstein, die Frau des Berliner Pianofabrikanten, um Frau Elsa Bruckmann[46], die Frau eines bekannten Münchener Verlegers völkischer Literatur, um eine Frau Carola Hofmann[47], die sich gerne die »Hitler-Mutti« nennen hörte, um eine Fabrikbesitzerin namens Landes[48], die Baltendeutsche Gertrud v. Seidlitz und Winifred Wagner, die aus England gebürtige Frau des Richard-Wagner-Sohnes Siegfried Wagner.

Frau Bechstein gab in einer polizeilichen Vernehmung am 27. Mai 1924 zu Protokoll: »Ich und mein Mann sind mit Hitler freundschaftlich verbunden. Wir haben ihn durch Dietrich Eckart kennengelernt. Hitler speist bei uns, so oft er in Berlin ist. Als er in Landsberg auf Festung kam, habe ich ihn, um bei ihm vorgelassen zu werden, fälschlich als meinen Adoptivsohn ausgegeben ... Mein Mann hat Hitler wiederholt finanziell zur Stützung seines Zeitungsunternehmens unter die Arme gegriffen ... Persönlich habe ich Hitler in der Weise unterstützt, daß ich ihm Kunstgegenstände zur Verwertung übergab mit dem Bemerken, er könne damit machen was er wolle. Es handelt sich um solche von höherem Wert. »[49]

Gertrud v. Seidlitz, aus dem Baltikum stammende Arztwitwe, Mitglied der NSDAP seit Frühjahr 1921, sagte vor der Polizei am 13.12.1923 aus: »Ich bin mit vollen Kräften bemüht, Geld für die Partei herbeizuschaffen, wo es mir nur möglich ist.« Dafür hatte sie viele Möglichkeiten, sogar in Finnland. Dort »gelang es mir auch bei Kreisen, die sich für unsere Partei interessieren, Geld ... aufzubringen. Diese Beträge wurden von dort an die Partei geschickt. Wie hoch sich diese Beträge belaufen, weiß ich nicht. Ich würde es auch gar nicht angeben, wenn ich es wirklich wüßte. Über die Kreise und die Namen verweigere ich jede Auskunft, weil ich versprochen habe, nichts darüber auszusagen. Daß Beträge aus Finnland öfters eingegangen sind, habe ich durch Amann und andere Persönlichkeiten erfahren ... Soweit ich aus meiner eigenen Tasche Gelder gestiftet habe, stammte das Geld von meinen Zinsen aus dem Besitz ausländischer Wertpapiere.«[50] Winifred Wagner lernte Hitler durch die Familie Bechstein kennen (der Pianofabrikant

46 Sie war ihrer Herkunft nach eine rumänische Prinzessin namens Cautacuzene. – Siehe *Pool*, S. 61.

47 *Franz-Willing*, Die Hitlerbewegung, S. 186.

48 Ebenda, S. 188.

49 Hitler und Kahr, II, S. 102.

50 Ebenda, S. 103

war Winifreds Vormund gewesen). Sie schloß sich schon Anfang der zwanziger Jahre unter dem Einfluß der Bechsteins der Nazipartei an, wurde eine der nicht wenigen weiblichen Gönner Hitlers, die ihn und seine Partei auch finanziell unterstützten. »Außerdem setzte sie den Einfluß ihres Namens, wo immer möglich ein, um Geld für die Partei zu erhalten«, sogar – dies trug sich allerdings erst 1924 zu – bei Henry Ford.[51]

Als weitere Geldgeber in Bayern wurden in den polizeilichen Untersuchungen namentlich bekannt: Der Guts- und Brauereibesitzer Simon Eckart aus Niederviehbach;[52] der Fabrikant Dr. Grandel, Augsburg; der Zoologe Dr. Franz Wacker (er überwies noch kurz vor dem Putsch vom 8./9. November an Amann 200 Schweizer Franken).[53] Aus dem Parteitagebuch ist zu ersehen, daß ein Philipp Mathes aus München am 20. Dezember 1920 1.000 Mark spendete. Nach Maser begann damit seine Unterstützung der NSDAP.[54] Ab 1923 gehörte auch der Leiter der Elektro-Chemischen Werke in München, Albert Pietzsch, zu den finanzkräftigen Förderern der NSDAP, der er 1927 als Mitglied beitrat.[55] Ein Kommerzienrat Roekl griff der NSDAP mit einer Spende von 200.000 Mark unter die Arme.[56]

Richard Lewinsohn nannte noch den Kulmbacher Fabrikanten Fritz Hornschuch und die bekannte Münchener Industriellenfamilie Maffei als Geldgeber der Nazipartei.[57] Aus Kreisen der Nürnberger Industrie wurden nach Zeitungsmeldungen 20.000 Dollar für den Marsch nach Berlin zur Verfügung gestellt.[58]

Verhältnismäßig viele Spenden erhielt die NSDAP von württembergischen Unternehmern. Als einen der wichtigsten Geldgeber der NSDAP bis zu ihrer Auflösung nach dem Putsch bezeichnete der Polizeibericht den Inhaber der Firma Becker-Geislingen, Heinrich Becker, der auch einer der Gründer der NSDAP in Württemberg war. Kommerzienrat Heinrich Otto aus Stuttgart überwies der NSDAP am 6. Juni 1923 30 Dollar[59], zum damaligen Kurs waren das etwa 2,4 Millionen Mark. Nach

51 *Pool*, S. 62, 112ff.

52 *Plewnia*, S. 70.

53 Hitler und Kahr, II, S. 99.

54 *Maser*, Die Frühgeschichte, S. 407.

55 *Martin Broszat*, Der Staat Hitlers. Grundlegung und Entwicklung seiner inneren Verfassung, München 1974, S. 78.

56 *Wilhelm Pieck*, Bekämpft den Faschismus, die Hoffnung der internationalen Reaktion! Rede zur Großen Anfrage im Preußischen Landtag, 24. November 1922, in: *ders.*, Reden und Aufsätze, Bd. IV, Parlamentsreden, Auswahl aus den Jahren 1906-1933, Berlin 1955, S. 134.

57 *Lewinsohn*, S. 147

58 *Franz-Willing*, Die Hitlerbewegung, S. 189.

59 Für Becker siehe *Franz-Willing*, Die Hitlerbewegung, S. 188, 193; für Otto siehe Hitler und Kahr, II, S. 104. – Für Becker und viele andere zog Franz-Willing einen Artikel der Zeitung »Bayerischer Kurier« vom 5. Januar 1928 über »Hitlers Geldgeber« heran, dessen Aussagen er allerdings

den staatsanwaltschaftlichen Ermittlungen gehörte zu den Geldgebern der Nazis auch die Stuttgarter Firma Römer;[60] der Bankier Kommerzienrat Schwarz[61], und der Fabrikant Storer.[62] Der deutschnationale Abgeordnete Franz Wider übergab dem Büro der NSDAP in Stuttgart nach Angaben des »Bayerischen Kurier« im Oktober 1923 400 Dollar[63], eine Summe, die in Mark kaum noch auszudrücken war, kam doch der Dollar am 1. Oktober auf 242 Millionen Mark, am 31. Oktober bereits auf 73 Milliarden Mark! Ein weiterer württembergischer Geldspender war der Fabrikant Winkler von der Maschinenfabrik Eßlingen.[64]

Nach dem »Bayerischen Kurier« waren Großspender und Sammler für die NSDAP in Sachsen: Geheimrat v. Philipp, Inhaber der Firma Fritz Schulz jr.[65]; Fabrikbesitzer Küchenmeister[66], und Kapitänleutnant Hellmuth v. Mücke[67] als besonders eifriger und erfolgreicher Sammler. Mücke gab selbst an, Hitler 1923 nach einer USA-Reise 500 Dollar gespendet zu haben[68]. Seit 1920 spendete auch R. Grundmann von der Dresdner Firma Gebrüder Klinge für die NSDAP[69]; und natürlich darf hier der Plauener Spitzenfabrikant und spätere Gauleiter Mutschmann nicht vergessen werden, der »zur Unterstützung der NSDAP Geld, wahrscheinlich in größeren Mengen, beisteuerte.«[70]

Aus Berlin schickten u. a. ein Kommerzienrat Wollheim[71] und der Kaffeefabrikant Richard Frank (»Kornfrank«)[72] finanzielle Munition nach München. Dieser Frank war einer der frühesten Förderer Hitlers. Gegen Hinterlegung von Schmuck, den Hitler offenbar von seinen wohlhabenden Verehrerinnen geschenkt erhielt, gab »Kornfrank«

---

abzuschwächen sucht mit der Bemerkung, die Pressemitteilungen seien mit Vorsicht aufzunehmen – *Franz-Willing*, Die Hitlerbewegung, S. 188f. Wir dürfen aber ohne weiteres davon ausgehen, daß mögliche Übertreibungen mehr als ausgeglichen werden durch die Fälle, die unbekannt geblieben sind. Im übrigen: selbst wenn man nur die polizeilich ermittelten und durch Selbstzeugnisse feststehenden Angaben gelten ließe, wäre die Grundtatsache der Finanzierung dieser Partei durch das Besitzbürgertum unumstößlich erwiesen.

60 *Franz-Willing*, Die Hitlerbewegung, S. 193.

61 Ebenda, S. 188.

62 Ebenda.

63 Ebenda.

64 Ebenda.

65 Ebenda.

66 Ebenda.

67 Ebenda.

68 *Maser*, Die Frühgeschichte, S. 398.

69 Ebenda, S. 407.

70 Ebenda, S. 398.

71 Hitler und Kahr, II, S. 103.

72 *Franz-Willing*, Die Hitlerbewegung, S. 193.

außerdem beträchtliche Darlehen. So schloß er z. B. im September 1923 einen Vertrag mit Amann ab, der zum Inhalt hatte, daß Frank als Sicherheit für ein Darlehen von 60.000 Schweizer Franken, das spätestens im August 1926 zurückgezahlt werden sollte, Wertgegenstände erhielt wie z. B. einen Smaragdanhänger mit Platin und Brillanten mit Platinkettchen, einen Rubinring in Platin mit Brillanten und ähnliches, insgesamt sechs Positionen.[73] Ein weiterer Parteigänger der NSDAP in Berlin war der Bankier v. Heimburg.[74]

Aber auch hohe Offiziere, wie z. B. Major a. D. von Douglas[75], Oberst a. D. Fromm[76], Admiral Vollerthun[77] und hohe Beamte, wie der Oberregierungsrat Rößler aus Württemberg[78] und der bayerische Regierungsrat Panzerbieter[79], zählten zu denjenigen, die ihre Zukunftshoffnungen auf die NSDAP setzten und die »Bewegung« finanziell unterstützten.

2. Zuschüsse von einzelnen Großkapitalisten und Großgrundbesitzern

Hier stoßen wir bereits 1922 auf Namen aus der Spitze der deutschen Monopolbourgeoisie; im Herbst 1923 sogar auf Namen mächtigster Männer der deutschen Ruhrindustrie.

Von Ernst v. Borsig war bereits die Rede. Daß er zu den Geldgebern Hitlers gehörte, wurde bereits 1924 aufgedeckt, später durch ein Schreiben seines langjährigen Privatsekretärs Dr. Fritz Detert vom 23. Oktober 1937 an Borsigs Sohn bekräftigt. Das Schreiben ist durch den Zeitpunkt, in dem es entstand, von zusätzlichem Interesse. Während sich die Apologeten heute bemühen, aus der Tatsache, daß Unternehmer nicht nur eine, sondern mehrere Parteien finanzierten, flugs eine Exkulpation zu drechseln mit der Behauptung, die Finanzierung der NSDAP sei nur unter Druck erfolgt, die Zuwendungen an die anderen Parteien seien der Beweis dafür, daß die politischen Sympathien der Betreffenden bei diesen gelegen hätten, argumentiert Detert genau umgekehrt (und wahrheitsgemäßer!), indem er dem Sohne entschuldigend

73 *Maser*, Die Frühgeschichte, S. 409.

74 *Plewnia*, S. 66.

75 *Franz-Willing*, Die Hitlerbewegung, S. 188.

76 Ebenda.

77 Ebenda.

78 Ebenda.

79 Ebenda.

erklärt, weshalb sein Vater damals nicht in der Lage war, seine Unterstützung für die Nazis und andere Rechtsgruppen offen unter seinem Namen zu gewähren. Detert schrieb an Borsig junior: »Wie ich Ihnen schon mündlich mitteilte, ist Ihr Herr Vater wohl einer der ersten gewesen, der hier in Berlin Beziehungen zu unserem Führer aufgenommen und seine Bewegung mit erheblichen Mitteln unterstützt hat. Dazu ist es wie folgt gekommen: Wie Sie wissen, bin ich Ende Februar 1919 direkt aus dem Corps Lüttwitz, und zwar Kavallerie-Schützen-Division, zu Ihrem Vater gekommen, um seine persönlichen, vertraulichen Angelegenheiten, die wegen ihrer Vertraulichkeit in der Firma nicht mitbearbeitet werden konnten, als Privatsekretär zu erledigen ...« (Allein die Wahl eines solchen Privatsekretärs ist eine Kennzeichnung Borsigs, die keines weiteren Kommentars bedarf!«[80]). »Ihr Herr Vater war in jener Zeit zum Teil gleichzeitig, zum Teil nacheinander Vorsitzender der Vereinigung der Deutschen Arbeitgeberverbände, Präsidialmitglied im Reichsverband der Deutschen Industrie, Vorsitzender des Vereins Deutscher Maschinenbau-Anstalten, Vorsitzender des Gesamtverbandes Deutscher Metallindustrieller ... usw. Er war also damals der führende deutsche Arbeitgeber und mußte in seiner politischen Betätigung auf seine führende Stellung und die Zusammensetzung der Verbände und auf die damalige Regierung, von welcher das Werk mit seiner 7.000köpfigen Belegschaft insbesondere bei der Vergebung der Lokomotivaufträge abhängig war, Rücksicht nehmen. Trotzdem hat er aus seiner nationalen Gesinnung niemals ein Hehl gemacht und alle nationalen Regungen und aktivistischen Kräfte unterstützt. Diese Unterstützungen gingen in den meisten Fällen mit Rücksicht auf die damaligen Verhältnisse durch meine Hand und unter meinem Namen. Um einige Beispiele anzuführen: So sind auch Ehrhardt, Roßbach, Oberland, der Abwehrkampf an der Ruhr, die Schwarze Reichswehr, der Stahlhelm u. a. durch erhebliche Geldzuwendungen gefördert worden.

Als im Jahre 1922 Adolf Hitler seinen ersten Vortrag im roten Berlin, und zwar im Nationalen Club hinter verschlossenen Türen hielt, war auch Ihr Herr Vater dazu eingeladen, konnte jedoch ... nicht teilnehmen. Ich erhielt daher von ihm den Auftrag, ... ihm über meinen Eindruck ... Bericht zu erstatten. Dieser Bericht fiel so aus, daß Ihr Herr Vater zu dem zweiten Vortrag, den Adolf Hitler im Nationalen Club hielt, persönlich hinging, um ihn kennenzulernen. Ihr Herr Vater war durch das Erlebnis dieses Abends so stark gepackt, daß ich von ihm den Auftrag erhielt, mich mit Adolf Hitler ohne Mittelspersonen direkt in Verbindung zu setzen und mit ihm darüber zu sprechen, wie und mit welchen Mitteln die Bewegung, die damals noch fast ausschließlich auf Süddeutschland, insbesondere auf Bayern beschränkt war, nach Nord-

80 Die Kavallerie-Schützendivision war jene Truppe, die den Mord an Rosa Luxemburg und Karl Liebknecht durchführte.

deutschland, insbesondere nach Berlin, ausgedehnt werden könnte. Dem Wunsch Ihres Herrn Vaters nach einer solchen direkten Aussprache unter vier Augen kam Adolf Hitler bereitwillig nach, wir trafen uns im damaligen ›Rheingold‹ Potsdamer Straße. Adolf Hitler war über die seiner Bewegung von Ihrem Vater zugesagte Unterstützung erfreut und entwickelte mir den Plan der Errichtung einer Geschäftsstelle in Berlin und der zur Errichtung und Unterhaltung erforderlichen Geldmittel.

Die tatkräftige Durchführung dieses Planes schon in der damaligen Zeit scheiterte an der Zusammensetzung der Industrie und Wirtschaft in Berlin, die überragend von nichtarischen Elementen ... beherrscht wurde. Infolgedessen mußte sich Ihr Herr Vater darauf beschränken, mit einigen unentwegten Nationalisten unter seinen intimsten industriellen Freunden zu sprechen und sie für die Unterstützung der Bewegung zu gewinnen. Die so zusammengebrachten Mittel sind dann durch den damaligem Betriebsdirektor der Borsigwerke in Tegel, Herrn Direktor Dr. Litz, der in München studiert und dem dortigen Corps angehört hatte, nach München gebracht und an Pöhner abgeliefert worden ... Damals mußte alles, was für die nationalen aktivistischen Kräfte getan wurde, mit größter Heimlichkeit durchgeführt werden.«[81]

Zu den »intimsten nationalen Freunden« Borsigs dürfte auch Direktor Dr. Karl Burhenne von den Siemenswerken Berlin gehört haben, denn auch er trat 1922 in den Kreis der Förderer der NSDAP ein;[82] Vermittler zwischen Burhenne und der NSDAP war Dr. Emil Gansser, ein anderer leitender Angestellter des Siemenskonzerns.[83] Er war befreundet mit Eckart und wohl durch ihn 1920 auf die Nazipartei aufmerksam geworden. Gansser war es auch, der die Einladung Hitlers zu den Vorträgen im Nationalklub Berlin im Frühjahr 1922 arrangierte.[84] Dazu hatte er Burhenne am 8. März 1922 eine von ihm selbst verfaßte Niederschrift über die NSDAP, zusammen mit Zeugnissen von Hitlers Regiments- und Bataillonskommandeuren über dessen Führung während des Krieges und einem »Verzeichnis von Persönlichkeiten, welche die Bedeutung seiner Arbeit rückhaltlos anerkennen« geschickt, mit dem bezeichnenden Bemerken, Burhenne möge dieses Verzeichnis ebenso wie die Niederschrift »streng vertraulich behandeln ..., da anderenfalls der Sache nicht ersetzbarer Schaden erwachsen könnte«.[85]

---

81 Abgedruckt bei: *Hans Radandt*, Kriegsverbrecher-Konzern Mansfeld, Berlin 1957, S. 12ff.; siehe auch *Heiden*, Geschichte, S. 146.

82 Karl Burhenne war seit 1919 Leiter der sozialpolitischen Abteilung der Siemenswerke, im »Dritten Reich« erhielt er zu seiner Direktorfunktion noch die eines Generalbevollmächtigten der Siemenswerke. – Wer ist Wer? Bd. XII, 1955, S. 156. Zu Burhenne siehe auch Dok. Nr. 2-4 der vorliegenden Arbeit.

83 ZStAP, RKO, Nr. 562/41, Bl. 12.

84 *Franz-Willing*, Die Hitlerbewegung, S. 185.

85 Archiv des Instituts für Zeitgeschichte, München, (im folgenden: Archiv IfZ), Film MA 743. Es handelt sich dabei um Abschriften der Originalbriefe.

Aus Ganssers Schreiben geht hervor, daß Hitlers Vorträge im Nationalklub als eine Art Testveranstaltung gedacht waren zur Erprobung der Brauchbarkeit Hitlers für das Geschäft der »Nationalisierung« der Arbeiterschaft. Gansser schrieb nämlich an Burhenne: »Es wäre natürlich am wertvollsten, wenn Hitler hier (in Berlin; K. G.) vor einer großen Massenversammlung sprechen könnte, doch halte ich ein nur einmaliges Auftreten im gegenwärtigen Augenblick für nicht zweckmäßig. Aber auch ohne die Wirkung auf die Massen direkt beobachten zu können, ist der persönliche Eindruck Hitlers ein derartiger, daß sich jedermann leicht seine Wirkung auf die Arbeitermassen erklären kann.« Ganz auf dieses Kernproblem war auch die beigelegte Niederschrift Ganssers zugeschnitten, denn sie begann mit der Frage: »Wie kann die Masse des deutschen Volkes von der Roten Internationale auf den Boden des deutschen Volkstums zurückgeführt werden, oder wie schaffen wir einen deutschen Willensblock?«[86]

Am 2. August 1922 sandte Gansser an Burhenne einen Stimmungsbericht aus München[87], in dem er einerseits die Fortschritte der Nazibewegung beschrieb, (wobei er wider besseres Wissen die Sache so hinstellte, als seien alle Anhänger Hitlers und alle Besucher seiner Versammlungen Arbeiter), andererseits aber nachdrücklich zu verstehen gab, daß man der Bewegung kräftige Finanzspritzen geben müsse, wenn sie zum Ziele kommen solle. »Kann sich die bayerische Regierung nicht auf einen erheblichen Teil der intelligenten Arbeiterschaft stützen«, hieß es in diesem Brief (geschrieben nach dem Rathenaumord!), »so ist ihr Umfall gegenüber der Berliner Judenregierung unvermeidlich, dann werden wir in kurzer Zeit auch hier soweit sein wie in Thüringen«. Hitler aber habe den sichtbaren Beweis dafür geliefert, »daß die Arbeiterschaft direkt glücklich ist, von dem roten Terror der jüdischen Gewerkschaften sich freizumachen, wenn nur die starke Hand ihr geboten wird«. In Hitlers letzter Versammlung habe die Hutsammlung 33.000 Papiermark[88] »wirklicher Arbeitergroschen« ergeben; Gansser fügte hinzu: »Aber allein können diese Arbeiter die Sache nicht schaffen!«

Sehr aufschlußreich ist der Schluß des Briefes: »Ich weiß wohl«, schrieb Gansser an den Siemensdirektor, »daß Sie nichts unversucht lassen, die Patentsache zur Lösung zu bringen. Mögen Ihre frdl. Bemühungen bald vollen Erfolg haben!« Mit der »Patentsache« war höchstwahrscheinlich das schon im Mai erörterte Projekt der Eröffnung einer Geschäftsstelle der NSDAP in Berlin gemeint.[89]

---

86 *Franz-Willing,* Die Hitlerbewegung, S. 185.

87 Archiv IfZ, Film MA 743; siehe Dok. Nr. 3 der vorliegenden Arbeit.

88 Am 2. August 1922 stand der Markkurs bei 776 Papiermark für 1 Dollar.

89 Auf dem unteren Rand der Abschrift des Briefes befindet sich als Erläuterung zur »Patentsache« der handschriftliche Vermerk: »Das heißt: die Bewegung in Berlin zu fördern.«

Am 1. Dezember 1922 schickte Gansser an Burhenne eine Skizze, überschrieben: »Ein Abend bei A.[dolf] H.[itler]«[90], von der Gansser meinte, sie gäbe ein recht gutes Bild der Lage. Allerdings hatte er nun doch auch einige kritische Einwände gegen den seiner Meinung nach allzu vordergründigen Antisemitismus der Hitlerschen Agitation. »Ich wünschte nur«, schrieb er, »daß die Leute anstatt des vorwiegend gegen die Rasse der Marxisten gerichteten Kampfes vielmehr den Kampf gegen die Lehren der Verführer betonen würden, und den Rückschluß auf den damit allerdings unzertrennlich verbundenen anderen Teil des Problems vielmehr den offenen Augen und Ohren ihrer Arbeitsgenossen überlassen möchten. Damit wäre Manches wesentlich erleichtert.« Gansser hatte dabei sicherlich die Schwierigkeiten bei seinen Geldsammelaktionen im Auge, die ihm durch den offenen und brutalen Antisemitismus der Nazis entstanden. Aber es hieß natürlich die Fähigkeiten Hitlers und der Faschisten zu überfordern, wenn Gansser von ihnen eine vorwiegend ideologische Auseinandersetzung mit dem Marxismus erhoffte; sie hatten nun einmal der Lehre vom Klassenkampf nichts anderes als die Irrlehre vom Rassenkampf in ihrer primitivsten antisemitischen Ausprägung entgegenzusetzen.

Es bleibt festzuhalten, daß der Nazifaschismus bereits in dieser Frühphase seiner Entwicklung einen bedeutsamen Rückhalt beim führenden deutschen Elektrokonzern Siemens besaß, mithin auch Vertreter des »wendigen« Flügels der deutschen Monopolbourgeoisie zu seinen ganz frühen Paten gehörten.

Auch der Stern erster Ordnung der Automobilindustrie, Daimler, nahm an der Finanzierung der NSDAP teil, und zwar sowohl durch das Werk in Stuttgart-Untertürkheim als auch durch das Werk in Berlin-Marienfelde.[91] Desgleichen die Mannesmann-Röhrenwerke, die saarländische Firma Gebrüder Röchling, die Zigarettenfirma Zuban, die Bayerische Hypotheken- und Wechselbank, München, und die ebenfalls in München beheimatete Allianz / Versicherungs AG.[92]

Im Oktober 1923 war es dann soweit, daß auch einer der mächtigsten Männer des Ruhrgebiets, Fritz Thyssen, direkten Kontakt zur NSDAP aufnahm. Wie es dazu kam, berichtete Thyssen in seinem vielzitierten Buch (dessen Authentizität Turner aus durchsichtigen Gründen und mit fadenscheinigen Argumenten in Frage zu stellen bemüht ist[93]), wobei er auch über die Situation des Jahres 1923 einige bemerkenswerte Details mitteilte: »Im Oktober 1923, nach Beendigung des passiven Widerstandes, unternahm ich eine Reise nach München. Ich folgte einem Rufe General Erich Luden-

---

90 Archiv IfZ, MA 743; siehe Dok. Nr. 3 der vorliegenden Arbeit.

91 *Franz-Willing,* Die Hitlerbewegung, *S.* 193.

92 *Pieck, S.* 134.

93 *Turner,* S. 87ff.

dorffs, den ich während des Krieges im Hause meines Vaters kennengelernt hatte. Ich hatte für Ludendorff immer große Bewunderung empfunden … Nach der Revolution von 1918 erfreute sich General Ludendorff großen Ansehens unter den Patrioten … Als die Ruhr besetzt wurde, nahm Stinnes Verbindung mit ihm auf und Ludendorff kam nach Berlin in der Absicht, militärischen Widerstand gegen die Besetzung zu organisieren mit Unterstützung der Regierung und General von Seeckts.« Letztere hätten aber den Plan eines militärischen Widerstandes mit gutem Grund fallen lassen. In München habe Thyssen Ludendorff gegenüber beklagt, daß es in Deutschland keine Männer gäbe, deren energischer nationaler Geist imstande sei, die Situation zu meistern. Ludendorff habe darauf geantwortet: »Es gibt nur eine Hoffnung, … und die ist verkörpert in den nationalen Gruppen, die unsere Wiederaufrichtung erstreben«. Thyssen berichtet dann weiter: »Er hob besonders den Bund Oberland hervor, vor allem aber die Nationalsozialistische Partei Adolf Hitlers. Das waren alles Vereinigungen von jungen Leuten und Kriegsteilnehmern, die entschlossen waren, den Sozialismus als die Ursache all der Unordnung zu bekämpfen.« Über Hitler sagte Ludendorff, dies sei der einzige Mann mit politischem Verstand. Thyssen solle ihn sich einmal anhören. Er habe dann einige Versammlungen besucht, auf denen Hitler sprach und habe dabei seine rednerische Begabung und seine Fähigkeit, die Massen zu lenken, erkannt. Am meisten habe ihn aber die Zucht auf diesen Versammlungen und die nahezu militärische Disziplin beeindruckt. Einige Tage später habe er Hitlers Bekanntschaft im Hause von Scheubner-Richter gemacht; diese Begegnung sei von Ludendorff arrangiert worden. Ihre Unterhaltung drehte sich um die Möglichkeiten, von Bayern aus die Weimarer Republik zu beseitigen. Thyssen schrieb: »Bayern schien inmitten all des Chaos die letzte Bastion von Ordnung und Patriotismus zu sein … Bayern hatte sich von allen deutschen Ländern als erstes wiederaufgerichtet und München war zum Mittelpunkt all derer geworden, die Disziplin und Autorität wiederhergestellt sehen wollten … Ludendorff und Hitler stimmten darin überein, eine militärische Expedition gegen Sachsen zu unternehmen, um die kommunistische Regierung Dr. Zeigners zu stürzen. Das letzte Ziel des beabsichtigten Feldzuges war der Sturz der Weimarer Demokratie, deren Schwäche Deutschland in die Anarchie führte. Es fehlte jedoch an Mitteln. Ludendorff … hatte bereits die Hilfe verschiedener Industrieller erbeten und erhalten, insbesondere diejenige von Herrn Minoux von der Firma Stinnes. Ich meinerseits gab ihm hunderttausend Goldmark. Dies war meine erste Zahlung an die Nationalsozialistische Partei.« Er habe diese Summe aber nicht Hitler oder Scheubner-Richter übergeben, sondern Ludendorff, mit der Vollmacht, sie so zu verwenden, wie dieser das für das Beste halte. Die folgende Bemerkung Thyssens, so beiläufig und belanglos sie scheinen mag, charakterisiert in treffender Weise das Verhältnis zwischen Monopolkapital als Auftraggeber und Faschismus als dessen Geschäftsführer: »Ich kümmerte mich nicht um die Einzelheiten des Planes von Ludendorff und Hitler. Ich habe bereits gesagt, daß ich mich nicht in die Politik einzumischen wünschte.«[94]

Derartige Bemerkungen, von Monopolapologeten gewöhnlich begierig aufgegriffen als Beweis für die angebliche politische Indolenz der Monopolherren, belegen nur, daß das Monopolkapital, nachdem es sich davon überzeugt hat, daß die Ziele und Absichten der faschistischen Führer in voller Übereinstimmung stehen mit seinen eigenen, sich darauf beschränkt und beschränken kann, die zur Durchführung notwendigen Mittel zur Verfügung zu stellen, die Einzelheiten aber dann schon den dafür engagierten faschistischen Geschäftsführern zu überlassen.

Im Thyssen-Bericht wurde auch bereits die Unterstützung der Nazi-Partei durch Stinnes über dessen agilen Direktor Minoux erwähnt. Auch diese Verbindung lief vor allem über Scheubner-Richter oder direkt zu Ludendorff.

Fast noch zahlreicher als die bekanntgewordenen industriellen Förderer Hitlers sind die aus Adels- und Grundbesitzerkreisen. Dazu gehören ein Prinz Arenberg (»der bekannte Kolonialmensch«)[95], Graf Behr[96], der Herzog von Coburg[97], der Fürst zu Reuß[98], der Alldeutsche Otto Fürst Salm-Horstmar[99], der Schloßgutsbesitzer und königlich belgische Generalkonsul Eduard August Scharrer[100], Freiherr v. Türkheim[101], Fürst v. Wolfegg[102], und Fürst Karl Wrede. Letzterer war zugleich auch Inhaber einer Parkettfabrik; er stellte 1923 auf eigene Kosten ein SA-Reiterkorps auf.[103]

3. Zuschüsse aus politischen Fonds von Organisationen der herrschenden Klasse

Außer der Reichswehr und dem Alldeutschen Verband zweigten auch noch andere Institutionen und Organisationen Gelder für die NSDAP ab. In erster Linie ist hier der Bayerische Industriellen-Verband zu nennen. Die Beziehungen zu ihm liefen über

94 *Fritz Thyssen,* I paid Hitler, London 1941, S. 109ff.

95 Hitler und Kahr, II, S. 103.

96 *Franz-Willing,* Die Hitlerbewegung, S. 188.

97 Ebenda, S. 191.

98 Ebenda, S. 188.

99 Ebenda.

100 Ebenda, S. 193; *Maser,* Die Frühgeschichte, S. 406.

101 *Franz-Willing,* Die Hitlerbewegung, S. 188.

102 Ebenda.

103 Ebenda, S. 191.

mehrere Personen. Bereits an der Wiege der NSDAP stehend haben wir Dr. Tafel kennengelernt, der schon vor dem Kriege zur Vorstandsschaft der Sektion Nürnberg-Fürth des Industriellen-Verbandes gehörte. Im Jahre 1923 nahm die Leitung des Verbandes durch Hermann Aust und Alfred Kuhlo direkten Kontakt mit der NSDAP auf. Kommerzienrat Aust war der maßgebliche Mann des Verbandes der bayerischen Industriellen, sein Schwiegersohn Dr. Alfred Kuhlo dessen Syndikus.[104] In ihren Aussagen vor dem Ermittlungsrichter stritten sie natürlich ab, daß der Verband als solcher Hitler unterstützt hatte, es habe sich nur um Spenden von Einzelpersönlichkeiten gehandelt. Immerhin mußte Aust zugeben, daß auf Initiative des Verbandes Hitler dreimal eingeladen wurde, vor den Spitzen der bayerischen Unternehmerschaft seine Ziele darzulegen, und daß Hitler Geldspenden erhielt. Er gab am 5. Januar 1924 u.a. folgendes zu Protokoll: »Zum Zwecke einer Besprechung, insbesondere über bis dahin noch nicht schriftlich veröffentlichte Ziele Hitlers auf wirtschaftlichem Gebiet fand einmal eine Besprechung mit Hitler über diesen Punkt im Bureau des Geheimrats Dr. Kuhlo statt, wobei außer diesem auch noch Dr. Nöll, ferner der Vorsitzende des Bayerischen Industriellenverbandes[105] und ich teilnahmen. Durch die bezeichnete Aussprache im Bureau des Industriellenverbandes – wie in der Presse bekannt wurde – wurde auch noch eine kleine Besprechung im Herrenklub, dem aber nicht bloß Mitglieder des Verbandes angehören, veranlaßt und eine größere Versammlung im Kaufmannskasino. Herr Hitler hielt dort einen Vortrag über seine Ziele. Er fand vielen Beifall, die Anerkennung äußerte sich ferner darin, daß einige Herren, welche mit Hitler nicht bereits persönlich bekannt waren, aber von mir dies annahmen, mir Geldspenden für seine Bewegung übergaben mit der Bitte, sie Hitler zuzuführen. An die einzelnen Beträge und die Höhe der Gesamtsumme kann ich mich nicht erinnern (diese Art von Gedächtnisschwäche ist bei Unternehmern sehr stark verbreitet!; K.G.). Ich habe diese Spenden vielmehr als eine Sympathiekundgebung aufgefaßt. Ich war in diesen Fällen nur ersucht, die Spenden abzuführen, förmlicher Beauftragter zur Zuführung von Geldmitteln an die genannten Organisationen war ich niemals und von keiner Seite her. Einzelne Persönlichkeiten der Geldgeber sind mir nicht ohne weiteres erinnerlich. Ich glaube mich zu erinnern, daß unter den durch meine Hand gegangenen Spenden sich auch Schweizer Franken befanden.«[106]

Wenn man diese absichtlich verharmlosende Aussage präzisiert, dann ist festzustellen: Zunächst hat die Spitze des Bayerischen Industriellen-Verbandes Hitler gebeten,

104 Hitler und Kahr, II. S. 104; *Franz-Willing*, Die Hitlerbewegung S. 188, 193; *Heiden*, Geschichte, S. 145.

105 Anton v. Rieppel, Generaldirektor der MAN.

106 Hitler und Kahr, II, S. 104f.

in kleinstem Kreise die Ziele seiner Partei darzulegen. Der Inhalt dieser Darlegungen dürfte in den Grundzügen mit der uns bekannten Denkschrift vom Oktober 1922 übereingestimmt haben. Weil man mit diesen Zielen vollständig einverstanden war und in Hitler und seiner Partei eine nützliche Kraft zur Erreichung der eigenen Ziele sah, wurde in diesem Kreis beschlossen, zum Zweck der Verbreiterung der Unterstützung der NSDAP Hitler auch vor einem größeren Kreise auftreten zu lassen. Dazu dienten die Veranstaltung vor dem Münchener Herrenklub und die Versammlung des Industriellen-Verbandes im Kaufmannskasino. Wer auch nur von ferne mit den Gepflogenheiten der Unternehmerverbände und solcher Versammlungen vertraut ist, für den kann es nicht zweifelhaft sein, daß es natürlich nicht bei der einen, von Aust zugegebenen Spendenaktion geblieben ist, sondern daß zumindest auf jeder dieser Veranstaltungen die Brieftaschen für die NSDAP geöffnet wurden; ihr eigentlicher Zweck und sicher auch ihr Ergebnis dürfte jedoch in der Sicherstellung *regelmäßiger* finanzieller Zuschüsse bestanden haben. Auf jeden Fall trifft die Schlußfolgerung Hoegners zu: »Die Großindustrie hat also die Hitlerbewegung finanziert, weil sie in Hitler den ›Zerbrecher des Marxismus‹ sah, wie er sich selber genannt hat. Sie hat sich mit Hitlers wirtschaftlichem Ziel einverstanden erklärt, während sie gegen die wirtschaftlichen Ziele der freien Gewerkschaften … den schärfsten Klassenkampf führt.«[107] Aber auch weitere bayerische Unternehmerorganisationen, wie der Verein der Münchener Brauereien (die ja allen Grund hatten, Hitler für die Steigerung des Bierkonsums dankbar zu sein), und der Bayerische Arbeitgeberverband für das Baugewerbe trugen mit beträchtlichen Summen dazu bei, daß Hitlers NSDAP in diesem Sinne noch erfolgreicher wirken konnte.[108]

Die NSDAP profitierte ferner auch durch Spenden von katholischer Seite an die »aktivistische Rechtsbewegung«.[109]

Der bayerische Gutsbesitzer und Industrielle Freiherr v. Cramer-Klett, ein »eifriger Parteigänger des katholischen Faschismus«[110] finanzierte freigiebig die »vaterländischen Verbände, zu denen ja auch die NSDAP gehörte; die Summen, die er dafür aufbrachte, wurden mit 300.000 Goldmark beziffert.[111] Auch von evangelischer Seite erhielt die Nazipartei bereits zu jener Zeit Unterstützung. Der Vorsitzende des Evangelischen Bundes, Lizenziat Otto Everling, war als Geldsammler für die NSDAP tätig.[112]

---

107 Ebenda, S. 103; siehe auch *Vogt*, S. 238; (der Vertreter der Reichsregierung in München, Haniel v. Haimhausen, berichtet am 18.3.1923, die Industriellen unterstützten die Nazipartei, um der gewerkschaftlichen Bewegung Abbruch zu tun.).

108 *Pieck*, S. 134.

109 *Franz-Willing*, Die Hitlerbewegung, *S.* 191.

110 Ebenda.

111 Ebenda.

112 Hitler und Kahr, II, S. 100.

Auch über den Nationalklub Berlin, zumindest jedoch auf dessen Veranlassung, dürften der Nazibewegung nach Hitlers dortigem Auftritt Mittel zugeflossen sein. Durch diese Verbindung wurde Hitler im Jahre 1922 auch von dem Generaldirektor der Firma Kaffee Hag in Bremen, Ludwig Roselius – einem engen Mitarbeiter Kapps in der »Vaterlandspartei« –, in Bremen empfangen.[113]

Auch die Beziehungen zur Ruhrindustrie beschränkten sich nicht auf Thyssen und Stinnes. Als Sammler für die NSDAP wirkte im »Revier« Hauptmann a. D. Wachenfeld, »der u. a. vom Verein der Eisenhüttenleute beträchtliche Summen erhielt«.[114]

Über ein weiteres Konsortium, von dem Gelder in die Kassen der Nazis flossen, berichtet Richard Lewinsohn: »Die politischen Geldgeber finden sich, zufällig, auch in gemeinsamen Wirtschaftsunternehmungen zusammen. Es ist Hochinflation, und jeder tüchtige Geschäftsmann ist darauf bedacht, sich seinen kleinen ›Stinnes-Konzern‹ zu gründen. So trifft man die Namen der nationalen bayerischen Geldgeber ziemlich komplett in der Außenhandels-AG Eugen Hoffmann & Co. wieder. Es ist ein erlesener Kreis, der sich da dem Import und Export widmet: neben den Münchner Kommerzienräten nehmen Freiherr von Cramer-Klett, Graf Einsiedel aus Sternberg, Fürst Guido Henckel-Donnersmarck aus Rottach und sogar der Herzog Ludwig Wilhelm von Bayern daran teil. Eine besondere Zierde des deutschvölkisch-nationalen Konsortiums aber bilden einige russische Monarchisten: der Zarengeneral Wassilj Biskupski und der Baron Koeppen.«[115]

4. Ausländische Finanzquellen

Die Auslandsquellen, aus denen die NSDAP bereits in diesen Jahren schöpfen konnte – und gerade in diesen Inflationsjahren waren diese Quellen besonders lebensspendend! – waren erstaunlich zahlreich und vielseitig. In den wenigsten Fällen besaßen die Spender freilich direkte Beziehungen zur Parteileitung; die Gelder wurden vielmehr durch Vertrauensleute mit besonders guten Auslandsbeziehungen und besonderem Geschick für derlei delikate Missionen im Auslande oder von Ausländern in Deutschland gesammelt. Deshalb sind die genauen Quellen nur selten bekannt geworden.

An erster Stelle muß hier wiederum *Dr. Emil Gansser* genannt werden. Er war wohl der aktivste und erfolgreichste Geldsammler im In- und Ausland für die junge und noch fast unbekannte NSDAP, gewissermaßen der Hjalmar Schacht ihrer Früh-

113 *Stegmann*, S. 405.

114 *Franz-Willing*, Die Hitlerbewegung, S. 188.

115 *Lewinsohn*, S. 147.

zeit. Dabei kamen ihm sicherlich die weitverzweigten Auslandsbeziehungen seines, des Siemenskonzerns, zugute. Sein Hauptwerbegebiet war die Schweiz.[116] Hier arbeitete er sogar mit Unteragenten. In der Zeit vom 6. April bis 30. Dezember 1923 hielt sich Gansser mindestens sechsmal in Zürich, Winterthur und Basel auf. Er versandte von ihm selbst verfaßte Werbebriefe an sorgfältig ausgesuchte Adressen von Schweizer Großbürgern, die er dann auch persönlich aufsuchte. In diesen Briefen malte er die »bolschewistische« und – speziell auf die vorwiegend reformierten Deutschschweizer zugeschnitten – die »jesuitische« Gefahr in den düstersten Farben aus, um die Nazipartei dann als einzig entscheidende Kämpferin gegen beide zu empfehlen und um ihre Unterstützung zu bitten.[117] Auch Hitler selbst hielt sich im Spätsommer 1923 in Zürich und Bern auf und sprach dort mit und vor Industriellen und rechtsstehenden Politikern.[118]

Bei einer Haussuchung in Ganssers Wohnung wurde eine Aufstellung gefunden, aus der hervorging, daß seinem Bankdepot am 22. Dezember 1922 1.496 Schweizer Franken gutgeschrieben wurden, für die er an die NSDAP insgesamt 900.000 Mark auszahlte. Gansser war mit seinen Sammlungen so erfolgreich, daß die NSDAP sich erlauben konnte, ihre SA-Führer in Schweizer Franken zu bezahlen! Der Führer des »Deutschen Kampfbundes«, Hermann Kriebel, erhielt 200 sfrs. im Monat.[119] Der SA-Stabsfeldwebel Julius Schreck sagte bei seiner Vernehmung vor der Polizei aus: »Es ist richtig, daß ich für meine Tätigkeit als Stabsfeldwebel im Oberkommando der nationalsozialistischen Sturmabteilung monatlich 80 Schweizer Franken als Bezahlung erhalten habe … Für die Monate September, Oktober und November 1923 habe ich demnach insgesamt 240 Schweizer Franken erhalten. Die Auszahlung dieses Geldes erfolgte durch Major a. D. Hans Streck. Es ist richtig, daß Hoffmann und Baldenius für ihre Tätigkeit im Oberkommando der nationalsozialistischen Sturmabteilung die gleichen Beträge erhalten haben, Major Streck aber 90 Schweizer Franken. Ich habe die Beträge öfters bei der Bank abgeholt, bei welcher Bank werde ich nicht angeben. Über die Geldbeschaffung könnte Hitler am besten Auskunft geben.«[120]

Die Bank, deren Namen der standhafte Söldner Schreck nicht preisgeben wollte, war die Hansa-Bank in München. Ihr Direktor war ein intimer Freund Hitlers.[121] Sowohl der Völkische Beobachter als auch die NSDAP selbst besaßen hier Konten, auf

116 Hitler und Kahr, II, S. 100.

117 Ebenda, S. 99f.

118 *Franz-Willing*, Die Hitlerbewegung, S. 197.

119 *Heiden*, Geschichte, S. 146. Näheres über den »Deutschen Kampfbund« im Kapitel IX der vorliegenden Arbeit.

120 *Franz-Willing*, Die Hitlerbewegung, *S.* 196.

121 Hitler und Kahr, II, S. 99.

die Einzahlungen in wertbeständiger Währung erfolgten, darunter befanden sich sogar Überweisungen aus Südafrika (einmal 17 und einmal 47 Pfund Sterling).[122]

Nach Gansser war *Maximilian Erwin v. Scheubner-Richter* wohl der wichtigste Geldsammler der NSDAP. Er war allerdings viel mehr als das – nämlich der bedeutendste Kopf des »Deutschen Kampfbundes« und der eigentliche politische Stratege der NSDAP im Herbst 1923.[123] Nur fünf Jahre älter als Hitler, war Scheubner-Richter doch schon ein in vielen Sätteln erprobter Mann, als er 1920 Hitler kennenlernte, zu einem Zeitpunkt also, zu dem jener an der Hand seiner Reichswehrmentoren gerade seine ersten Schritte als »Politiker« unternahm. In einer wohlhabenden, aus Sachsen eingewanderte Familie namens Richter 1884 in Riga geboren, diente er in der russischen Armee und beteiligte sich schon an der Niederwerfung der Revolution von 1905. Seinen Doppelnamen und das adlige »von« legte er sich nach der Heirat mit einer Mathilde v. Scheubner, der Tochter eines Fabrikbesitzers, zu.

1910 übersiedelte Scheubner-Richter nach München, wo er ein Ingenieurstudium aufnahm, das er nach Unterbrechung als promovierter Chemotechniker abschloß. Er nahm die deutsche Staatsangehörigkeit an und trat in ein feudales bayerisches Regiment ein. Im ersten Weltkrieg war er zunächst an der Westfront, wurde dort im Januar 1913 zum Leutnant befördert und später nach Konstantinopel versetzt. In der mit Deutschland verbündeten Türkei wurde Scheubner-Richter als Dolmetscher für Russisch in den Dienst des Auswärtigen Amtes übernommen und an das deutsche Konsulat in Erzerum versetzt. Bald darauf erfolgte dort seine Ernennung zum Vizekonsul. Im Oktober 1916 kehrte er nach München zurück, nahm sein Studium an der technischen Hochschule wieder auf und beendete es mit der Promotion. Danach wurde er – nach Zwischenstationen an der Westfront und in Stockholm – an die deutsche Gesandtschaft im von den Deutschen besetzten Riga versetzt; dort leitete er bis November 1918 die Pressestelle. Als im November-Dezember 1918 in den baltischen Provinzen Rußlands die Sowjetmacht errichtet wurde und die Mitarbeiter der deutschen Gesandtschaft zusammen mit den deutschen Truppen abzogen, blieb der die russische Sprache perfekt beherrschende Scheubner-Richter zurück und wurde vom »Reichskommissar für die baltischen Provinzen«, August Winnig, ab 1. Januar 1919 mit der Leitung der Gesandtschaft beauftragt. Scheubner-Richter wurde von den Sowjetbehörden in Riga für kurze Zeit in Haft genommen, danach offenbar ausgewiesen. Er ging nach Ostpreußen und wurde dort von Winnig, der auch Oberpräsident der Provinz Ostpreußen war, mit offenen Armen aufgenommen und als eine Art Beauftragter z. b. V eingesetzt.

---

122 Ebenda, S. 101.

123 Für die folgenden Angaben zu Scheubner-Richter siehe *Pool,* S. 53ff.; *Franz-Willing,* Putsch und Verbotszeit, S. 10ff.

Winnig, obwohl Mitglied der SPD, war mitbeteiligt an den Putschvorbereitungen des Generallandschaftsdirektors in Ostpreußen, Kapp. Durch Winnig wurde auch Scheubner-Richter mit einbezogen; er war für den Posten des Pressereferenten der Kapp-Regierung vorgesehen, traf jedoch in Berlin erst ein, als es die Putschregierung schon nicht mehr gab.

Wie andere, noch prominentere Putschteilnehmer begab sich Scheubner-Richter ins gelobte Land aller Reaktionäre, in die »Ordnungszelle« Bayern. Dort wurde er rasch ein unentbehrlicher Vertrauter Ludendorffs und dessen wichtigster Verbindungsmann sowohl zu Bayerns weiß-blauen Legitimistenkreisen wie auch zu norddeutschen rechtsstehenden Industriellen und Politikern.

In München kam Scheubner-Richter auch wieder mit Rosenberg in Verbindung, den er schon von Riga her kannte. Wohl durch dessen Anregung interessierte er sich für die NSDAP, lernte Hitler kennen und schloß sich der Partei als Mitglied an. Sein Hauptbetätigungsfeld war jedoch um diese Zeit nicht Bayern und die NSDAP, sondern nach wie vor der Kampf gegen die Sowjetmacht. Noch war der Bürgerkrieg in Sowjetrußland nicht beendet. Auf der Krim stand noch die Wrangelarmee, und im Westen hofften Imperialisten darauf, daß es Wrangel im Verein mit den polnischen Interventen doch noch gelingen könnte, die Sowjetmacht zu stürzen. Im Auftrage bayerischer Industrieller reiste Scheubner-Richter 1920 auf die Krim zu Wrangel, um die Lieferung von Waffen gegen russischen Weizen zu organisieren und rechtzeitig günstige Vorzugsbedingungen auf handelspolitischem Gebiet für die deutschen Kapitalisten auszuhandeln. Er gründete sogar zusammen mit deutschen Unternehmern und russischen Emigranten eine deutsch-russische Gesellschaft zur Monopolisierung des Handels zwischen Deutschland und den von den Weißen besetzten Gebieten Rußlands, doch bevor die Gesellschaft in Aktion treten konnte, wurde Wrangels Armee von der Roten Armee vernichtet.

Nachdem sich so die Hoffnungen auf einen baldigen Sturz der Sowjetmacht zerschlagen hatten, wandte sich Scheubner-Richter in stärkerem Maße der bayerischen Politik und der Ausnutzung seiner vielfältigen und weitreichenden Beziehungen für die finanzielle Versorgung der Nazipartei zu. Aber dabei war er nicht etwa ein gewöhnlicher Gefolgsmann Hitlers. Für ihn blieb Ludendorff der Mann, der zur Führung Deutschlands berufen war, und er war vielmehr Ludendorffs Verbindungsmann zu Hitler als umgekehrt.

Im Folgenden soll jedoch nur von Scheubner-Richters Bedeutung für die finanzielle Versorgung der Nazipartei die Rede sein. Franz-Willing bezeichnet ihn als den bedeutendsten Mittelsmann Hitlers zur besitzenden Oberschicht ab 1922. »Seit 1920 der NSDAP angehörig, stellte er dank seiner ausgezeichneten Beziehungen die Verbindung zu Ludendorff, zu Großindustriellen, zum Adel und zur Kirche her, wie auch zum Hause Wittelsbach. Er war der Mittelsmann zwischen allen Persönlichkeiten und

Organisationen der Restauration. Er brachte auch die Gelder für die deutsch-russische Gesellschaft auf. Die Mittel, die er organisierte, flossen meist zu Ludendorff, von dem aus sie an die verschiedenen völkischen Organisationen weiterverteilt wurden, darunter auch an die NSDAP.«[124]Scheubner-Richter war zugleich auch wichtigster Mittelsmann zur weißrussischen Emigration.

Die Mittel, die von der russischen Emigration für die nationalen Verbände und den Staatsstreich vom November 1923 flossen, gingen ebenfalls durch Scheubners Vermittlung über Ludendorff. Vor allem Großfürstin Viktoria, die Gemahlin des »legitimen« russischen Thronfolgers Prinz Kirill (Coburg), nahm an den Restaurationsbestrebungen aktiven Anteil und sorgte für finanzielle Unterstützung. Diese Gelder kamen teils unmittelbar aus dem Fonds der großfürstlichen Familie, teilweise von reichen russischen Industriellen und Magnaten, so von einem russischen Ölmagnaten und vom spanischen Königshaus.«[125]

In den Jahren 1922/23 erhielt Ludendorff von Kirill und seiner Frau eine halbe Million Goldmark.[126]

Maser ergänzt die Liste der von Franz-Willing genannten weißgardistischen Geldgeber Scheubner-Richters: »Dazu gehörten zum Beispiel neben dem monarchistischen ukrainischen General Skoropadski ... Skoropadskis ›Presseagent‹ Dr. Nemirowitsch-Dantchenko, der reiche General Biskupski.«[127]

Die weißgardistische Emigration spielte überhaupt eine recht große Rolle bei der Förderung der NSDAP. Außer durch Scheubner-Richter und Rosenberg wurden die Beziehungen zu ihr auch durch den völkischen Abgeordneten Dr. Hermann Glaser hergestellt, dessen Mutter aus Petersburg stammte.[128] Auch er spielte eine nicht unbedeutende Vermittlerrolle zwischen den Vaterländischen Verbänden und der weißgardistischen Emigration.

Die Vermittlung von Spenden aus der westlichen Himmelsrichtung, vor allem aus den USA, lag in den Händen von »Putzi« Hanfstaengl und Kurt Lüdecke, beides recht undurchsichtige Gestalten und untereinander in fortwährende Rivalitätskämpfe verwickelt.

Ernst Hanfstaengl, »Sohn einer angesehenen und kultivierten Münchener Kunstverleger-Familie«[129], hatte dank seiner amerikanischen Mutter in Harvard studiert und

---

124 *Franz-Willing*, Die Hitlerbewegung, S. 191.

125 Ebenda.

126 *Pool*, S. 107.

127 *Maser*, Die Frühgeschichte, S. 405.

128 *Franz-Willing*, Die Hitlerbewegung, S. 191; *Maser*, Die Frühgeschichte, S. 405.

129 *Heiden*, Geschichte, S. 144.

»wertvolle Beziehungen auf beiden Seiten des Atlantik«[130] anknüpfen können. Im November 1922 stieß Hanfstaengl zu Hitlers NSDAP und wurde einer ihrer wichtigsten Vermittler zu begüterten in- und ausländischen Kreisen. Er verhalf ihr durch diese Beziehungen zu Devisen und zu Verbindungen zur Auslandspresse.[131] Im März 1923 gab er der NSDAP ein Darlehen von 1.000 Dollar, (nach damaligem Kurs fast 21 Millionen Mark), wofür ihm das ganze Inventar des VB verpfändet wurde.[132] Nach der Wiedergründung der NSDAP erreichte Hanfstaengl, daß Hitler ihn 1930 zum Auslandspressechef der Partei machte.[133] Hanfstaengl stand mit dem Pressechef von Henry Ford, dem amerikanischen Automobilkönig, in engster Verbindung.[134] Hoegner schrieb über die Unterstützung der Nazis durch Ford: »Von dem amerikanischen Automobilfabrikanten Ford haben die Nationalsozialisten nach Angabe des Staatsanwalts ebenfalls Mittel erhalten. Ford spielte in der Nationalsozialistischen Partei eine große Rolle. Man wollte ihn nach München kommen lassen und hier wie einen König empfangen. Für sein Buch ›Der internationale Jude‹ und seine Ideen wurde in nationalsozialistischen Kreisen Propaganda gemacht.«[135]

Hanfstaengls Rivale und Gegenspieler war Kurt Lüdecke, ein ziemlich windiger Abenteurer[136], dessen Angaben in seinem dickleibigen Buche mit großer Vorsicht aufzunehmen sind. Auch er stammte aus einem wohlhabenden Hause, sein Vater betrieb eine chemische Fabrik in Oranienburg.[137] Schon von Hause aus als Antisemit erzogen, wurde er im Kriege endgültig ein Anhänger der völkischen Rassenlehre.[138] Im übrigen führte er ein unstetes, abenteuerliches Leben. Vor dem ersten Weltkrieg diente er als Freiwilliger im bayerischen Regiment Kronprinz, im Krieg drückte er sich erfolgreich vor dem Frontdienst und verstand es, als Einkäufer für Industrie und Behörden ins neutrale Ausland geschickt zu werden, wobei er gleichzeitig Aufträge des deutschen Geheimdienstes erledigte.[139]

---

130 *Luedecke*, S. 94f.

131 *Franz-Willing*, Die Hitlerbewegung, S. 190.

132 *Heiden*, Geschichte, S. 144. Nach Heiden verkaufte Hanfstaengl später »die Forderung Hitlers altem Freund und Kampfgenossen Christian Weber, der mit der Forderung seinem Führer manchen Kummer bereitete.« – Ebenda.

133 Ebenda, S. 144.

134 *Franz-Willing*, Die Hitlerbewegung, S. 189.

135 Hitler und Kahr, II, S. 102.

136 Siehe dazu die undatierte behördliche Aufzeichnung über Lüdecke in den Akten des Generalstaatsanwalts München, abgedruckt bei: *Deuerlein*, Hitlerputsch, S. 544ff.

137 *Luedecke*, S. 17.

138 Ebenda, S. 18, 28.

139 Ebenda, S. 31.

Auslandserfahrungen hatte er schon vor dem Kriege gesammelt in London, Paris, Monte Carlo, als Kaufmann, Korrespondent und Glücksspieler. Nach dem Kriege verließ er Deutschland erneut, trieb sich in den USA und Südamerika umher, kehrte nach Deutschland zurück, ging als Vertreter einer Draht-Firma nach Reval und machte dort gewinnbringende Geschäfte; danach reiste er wieder ins Ausland, nach Wien, Italien, und wieder in die USA. Als er nach Deutschland zurückkehrte, suchte er Anschluß an antisemitische Kreise. Dabei stieß er in Berlin auf den Grafen Reventlow, der ihn bei Pittinger und dessen Kreis einführte. Zunächst machte er also bei »Bayern und Reich« mit, bis er im August 1922 mit den Nazis und dem Redner Hitler bekannt wurde. Auch er witterte, daß hier der Mann war, der mit genügender Unterstützung am ehesten imstande sein würde, die Massen zu mobilisieren, und bot in einer vierstündigen Unterhaltung mit Hitler diesem seine Dienste an. Er schlug ihm vor, er, Lüdecke, wolle für die NSDAP den Kontakt zu Mussolini herstellen. Etwa einen Monat vor Mussolinis sogenanntem Marsch auf Rom traf Lüdecke tatsächlich mit Mussolini zusammen, der sich zu dem Gespräch jedoch vor allem deshalb bereit fand, weil Lüdecke sich als Vertrauensmann Ludendorffs einführte. Besonders stark interessierte sich Lüdecke für die Taktik der italienischen Faschisten zur Terrorisierung (»Eroberung«) von Arbeitervierteln.[140]

Lüdecke wurde nach seinen eigenen Angaben zunächst Geheimmitglied der NSDAP, um für diese Partei weiterhin als Kundschafter in den anderen vaterländischen Verbänden, besonders bei »Bayern und Reich«, wirken zu können. Er gibt an, einen ganzen SA-Sturm auf eigene Kosten organisiert und ausgerüstet zu haben. Dieser »sein« Sturm soll Ende 1922 100 Mann stark gewesen sein, außerdem sollen ihm noch 40 aktive Reichswehr-Soldaten angehört haben. Dank seiner guten Beziehungen zu Reichswehroffizieren habe Lüdecke den Sturm voll mit Waffen ausrüsten können, darunter mit 15 Maschinengewehren und 175 Gewehren, und die militärische Ausbildung habe er in der Exerzierhalle seines ehemaligen Regiments Kronprinz durchführen lassen können.[141]

Woher er die Mittel besaß, die ihm ein so großzügiges Umgehen mit Geldern erlaubte, blieb dabei immer in geheimnisvollem Dunkel. Diese Tatsache und die inneren Fehden der Naziführer wurden ihm mehrfach zum Verhängnis. Lüdecke setzte auf Rosenberg und versuchte über diesen seinen Einfluß auf Hitler zu befestigen. Damit machte er sich jedoch dessen Gegner, Amann, vor allem aber Esser, zu Feinden. Als Hitler um die Jahreswende 1922/23 im Beisein Lüdeckes von Amann Geld verlangte, dieser ihm aber keines geben konnte, sprang Lüdecke »großzügig« ein und überreichte

140 Ebenda, S. 67ff., 78.

141 Ebenda, S. 101ff.; *Maser*, Die Frühgeschichte, S. 403.

Amann dreihundert französische Franken.[142] Amann, ob aus echtem Argwohn oder nur unter Ausnutzung der günstigen Gelegenheit, zeigte Lüdecke bei der Polizei als französischen Spion an, und als die Nazis am 26. Januar 1923 ihren Parteitag eröffneten, wurde Lüdecke in seiner Wohnung verhaftet und erst nach zehn Wochen wieder freigelassen, nachdem die Untersuchung keinen Beweis für die Richtigkeit der gegen ihn erhobenen Beschuldigung erbringen konnte.[143] Trotz dieses für ihn so unangenehmen Intermezzos – wie Lüdecke berichtete, fand er zudem seine Wohnung nach seiner Rückkehr vollständig ausgeraubt vor[144] – stellte er sich Hitler sofort wieder zur Verfügung. Nach seinen Angaben reiste er als Hitlers außenpolitischer Berater erneut nach Rom und auch nach Budapest. Dort nahm er Kontakt mit der faschistischen Bewegung »Erwachende Ungarn«, mit Gömbös, auf[145]; auch diese Organisation hat nach polizeilichen Feststellungen die NSDAP finanziell unterstützt.[146]

Nach dem Mißlingen des Putsches besuchte Lüdecke Hitler in seiner komfortablen Zelle in Landsberg und erhielt von ihm die Vollmacht (mit Datum vom 24. Januar 1924) zur Geldsammlung für die NSDAP in den USA.[147]

Damit sind die ausländischen Finanzierungsquellen bei weitem noch nicht vollständig aufgezählt. Der »Bayerische Kurier« schrieb z. B. darüber, daß auch die böhmischen Großindustriellen Duschnitz, Arthaber und verschiedene Direktoren der Škoda-Werke namhafte Beträge der NSDAP zuführten, und daß auch ein Freiherr v. Bissing in Holland Gulden für Hitler sammelte.[148] Der uns bereits bekannte Syndikus des Bayerischen Industriellen-Verbandes Kuhlo sagte am 5. Januar 1924 vor dem Ermittlungsrichter aus: »Es ist mir bekannt, daß Hitler aus dem Ausland, insbesondere aus der Tschechei, Schweiz und den nordischen Ländern Geldmittel im großen Umfange bekommen hat, weil diese Leute der Ansicht waren, daß er der einzige Mann sei, welcher berufen wäre, die Arbeiter aus den Klauen des Marxismus zu retten und in das vaterländische Lager hinüberzuziehen.«[149]

---

142 *Luedecke*, S. 106ff.; *Franz-Willing*, Die Hitlerbewegung, S. 190.

143 *Luedecke*, S. 114; nach Lüdeckes Angaben war er so lange festgehalten worden, weil man ihn mit einem Namensvetter Hugo E. Luedecke verwechselt hatte, der ein internationaler Spion und Agent des Secret Service gewesen sei.

144 Ebenda, S. 122.

145 Ebenda, S. 127, 139. – Die Verbindungen der Nazis zu den ungarischen Faschisten liefen auch über Scheubner-Richter (dieser hatte im Januar 1923 sogar eine Begegnung mit Horthy). – *Maser*, Die Frühgeschichte, S. 404.

146 *Maser*, Die Frühgeschichte, S. 403.

147 *Luedecke*, S. 190.

148 *Franz-Willing*, Die Hitlerbewegung, S. 189.

149 Hitler und Kahr, II, S. 104.

Es steht auch fest, daß nicht nur über Lüdecke französische Gelder in die Kassen der NSDAP flossen.[150] Auch aus England und Schweden gingen Spenden ein.[151]

Sowohl in politischer wie in finanzieller Hinsicht gehörte die NSDAP zu den Inflationsgewinnlern. Während viele ihrer Anhänger durch die Inflation um ihr bescheidenes Vermögen gebracht wurden, ging diese aus der Inflation immerhin mit einem Vermögen von 170.000 Goldmark hervor.[152]

Es mag Verwunderung hervorrufen, daß die Nazipartei schon in einem so frühen Stadium ihrer Entwicklung eine so bemerkenswerte, wenn man die Inflationsverhältnisse berücksichtigt, geradezu lebenswichtige, Unterstützung aus dem Auslande erhielt. Dies erklärt sich vor allem aus der Schlüsselposition, die Deutschland im Kalkül der Weltreaktion für den Ausgang des Kampfes zwischen Revolution und Konterrevolution einnahm. Reaktionäre Kräfte im Auslande unterstützten die NSDAP, weil sie in ihr eine der entschiedenen und radikalen antikommunistischen und antibolschewistischen Kräfte in Deutschland sahen, von denen sie erhofften, daß sie Deutschland zur Aufmarschbasis und zum Stoßtrupp des geplanten Kreuzzuges gegen den Bolschewismus machen würden. Von ihren frühesten Tagen an war die NSDAP also schon eines der Pflegekinder reaktionärster Kreise nicht nur des deutschen, sondern des Weltimperialismus, natürlich bei weitem nicht das einzige und auch nicht das am meisten bevorzugte – ähnliche Aufstellungen über Finanzierung aus Kreisen der herrschenden Klasse ließen sich über jede der anderen rechtsradikalen Gruppen und Organisationen aufstellen, die wir bisher erwähnten[153] –, aber auf jeden Fall die einzige, die sich als »sozialistische Arbeiterpartei« bezeichnete, und dennoch – oder gerade deswegen – von den grimmigsten Arbeiterfeinden subsidiert wurde.

---

150 Nach beeideten Aussagen eines Ohrenzeugen erklärte der englische Politiker Morel im Oktober 1923 Kahr gegenüber: »Ich möchte Ihnen mitteilen, daß meine in hohen Stellungen befindlichen Pariser Freunde, darunter ein Mitglied des französischen Kabinetts, mir aufs bestimmteste erklärt haben, daß ein großer Teil des Geldes, das Hitler erhält, aus französischer Quelle stammt. Das Geld geht durch acht bis neun Stellen über das besetzte Gebiet.« – Ebenda, S. 102.

151 *Franz-Willing,* Die Hitlerbewegung, S. 197.

152 *Maser,* Die Frühgeschichte, S. 396.

153 Über großzügige Finanzierung des Bundes »Oberland« und der »Orgesch« durch Industrie und Großagrarier finden sich Berichte z. B. im ZStAP, RKO, Nr. 345, Bl. 172, 180: Ein Hauptmann a. D. Friedrich Wilhelm v. Plodowski, Offizier in verschiedenen Wehrverbänden, vor allem im Freikorps »Oberland«, sagte am 10. März 1922 über die Finanzierung dieser Verbände folgendes aus: »Wir waren vollständig organisiert und ausgerüstet. Die Gelder, die dazu erforderlich waren, wurden uns von der Großindustrie bereitwilligst zur Verfügung gestellt.« An anderer Stelle erklärte er zur Finanzierung der Organisation Escherich: »Finanziell wurde und wird die Organisation Orgesch durch die Großindustrie und durch die Landwirtschaft unterstützt. Mir ist es bekannt, daß in Schlesien der Großgrundbesitz für den Heimschutz pro Morgen und Jahr 10 Mark Beitrag zahlt ... Daraus ist zu ermessen, daß unheimlich viel Gelder eingehen und nur [so] ist das weitere Fortbestehen der Orgesch im Geheimen möglich ... Bestimmt weiß ich, daß in Pommern und Brandenburg diese Abgaben ebenfalls erfolgen.«

Kapitel VIII

Reichswehr, Landesregierung und NSDAP während des »Ruhrkampfes«

Der Beginn des Jahres 1923 markierte auch den Beginn einer neuen Etappe in den Beziehungen zwischen herrschender Klasse und NSDAP. Diese neue, vierte Etappe stand im Zeichen des »Ruhrkampfes« und der sich in seinem Gefolge mit wachsender Beschleunigung zuspitzenden ökonomischen und politischen Krise. Diese Etappe endete mit dem Sturz der Cuno-Regierung im August 1923.

Die Beziehungen zwischen herrschender Klasse und NSDAP gestalteten sich in dieser Etappe noch enger, zugleich aber auch komplizierter. Die NSDAP und ihre SA wurden für die Reichswehr immer interessanter im Hinblick auf bestimmte geheime Vorbereitungen auf eine eventuelle gewaltsame Auseinandersetzung mit Frankreich. Die NSDAP wurde über die SA mit anderen Wehrverbänden verbunden und gewissermaßen »militarisiert«.

Zum anderen aber machte sich im Lager der bayerischen Reaktion eine immer größere Gegensätzlichkeit zwischen der auf den Kronprinzen Rupprecht, auf Kahr und Pittinger eingeschworenen »weiß-blauen« Gruppierung und den »Nationalaktiven« bemerkbar; unter letzteren errang die NSDAP im Verlaufe dieser Etappe eine Führungsposition. Das Verhältnis der bayerischen Staatsregierung unter dem Ministerpräsidenten Knilling zur Ludendorff-Hitler-Richtung wurde durch wiederholte Versuche der letzteren, sich als eine Art Nebenregierung zu etablieren und der Staatsregierung ihren Willen aufzuzwingen, mehrfach schweren Belastungen ausgesetzt. Einen scharfen Dissens gab es bereits in den ersten Tagen des Januar in der Frage der »nationalen Einheitsfront«.

1. Die »Nationale Einheitsfront« und die NSDAP

Am 11. Januar 1923 marschierten französische und belgische Truppen ins Ruhrgebiet ein. Damit begann die von den deutschen Imperialisten mit Stinnes an der Spitze vorsätzlich provozierte, vom französischen Imperialismus lange geplante Besetzung des

Ruhrgebietes. Der deutsche Imperialismus spekulierte darauf, mit Unterstützung Englands und der USA Frankreich eine Niederlage beibringen, dessen Reparationsforderungen abschütteln und es zu einer wirtschaftlichen Zusammenarbeit. zu den von ihm geforderten Bedingungen zwingen zu können. Die französischen Imperialisten beabsichtigten ihrerseits, durch ihre bewaffnete Aktion die Ruhrindustriellen zu zwingen, einer wirtschaftlichen Vereinigung der Ruhrindustrie mit der französischen Schwerindustrie zuzustimmen, bei der die französische Seite das Übergewicht haben würde.[1]

Die deutsche Regierung rief die Bevölkerung der besetzten Gebiete zum »passiven Widerstand« und die Bevölkerung ganz Deutschlands zur nationalen Einheitsfront, die politischen Parteien zum »Burgfrieden« auf. In Erinnerung an den 1. August 1914 versuchte sie, eine hurrapatriotische Hochstimmung zu erzeugen.

Dem Aufruf zur »nationalen Einheitsfront« schlossen sich alle Regierungsparteien und auch die Sozialdemokratische Partei an, ebenso die Länderregierungen, auch die Regierung Knilling in München[2]. Am 14. Januar fand in München eine Kundgebung anläßlich des französischen Ruhreinbruchs statt, auf der Sprecher der Regierung und der ihr nahestehenden Verbände ihr Bekenntnis zur nationalen Einheitsfront ablegten.

Hitler – wie übrigens auch Ludendorff – war der Veranstaltung ferngeblieben. Er hatte schon am 11. Januar auf einer NSDAP-Massenversammlung vor 8.000 Teilnehmern im Zirkus Krone eine scharfe Absage an die »nationale Einheitsfront« erteilt und sich schroff von deren Befürwortern mit den Worten abgegrenzt: »Wenn sie noch nicht kapiert haben, daß Versöhnungsduselei (mit »Sozis« und »Juden«; K. G.) unser Tod ist, dann ist ihnen nicht zu helfen. Wir werden künftig unsere Versammlungen allein machen … Unsere Forderung bleibt: An den Galgen mit den Novemberverbrechern … Nicht nieder mit den Franzosen, es kann jetzt nur heißen: Nieder mit den Novemberverbrechern!«[3]

Mit dieser Erklärung stellte sich die NSDAP nicht nur gegen die offizielle Politik, sondern auch gegen die überwiegende Stimmung im »nationalen« Bürgertum.

Aus dieser Stellungnahme Hitlers konstruierten bürgerliche Autoren im Sinne der Hitlerlegende einen Beweis für die Selbständigkeit, Kühnheit und Weitsicht Hitlerscher Politik, indem sie die Sache so darstellten, als habe Hitler mit dieser Position allein auf weiter Flur gestanden. So schreibt z. B. Fest, mit der Stellungnahme gegen die

---

1 Ausführlich dazu *Günther Hortzschansky*, Der nationale Verrat der deutschen Monopolherren während des Ruhrkampfes 1923, Berlin 1961.

2 Siehe die Rede des bayerischen Ministerpräsidenten Knilling am 12. Januar 1923, in: Ursachen und Folgen, Bd. 5, S. 28.

3 *Günther Schubert*, Anfänge nationalsozialistischer Außenpolitik, Köln 1963, S. 197f.; *Karl Frank/Heinz Neumann*, Die vaterländischen Mörder Deutschlands! Bayern in der kleinen Entente, Berlin 1923, S. 39; *Franz-Willing*, Krisenjahr, S. 36; ZStAP, RKO, Nr. 231, Bl. 265.

nationale Einheitsfront habe sich Hitler »wie ein wirklicher Revolutionär« verhalten, der »ohne Umschweife … der revolutionären Haltung den Vorrang vor der nationalen« gegeben habe.[4]

Diese Deutung ist völlig willkürlich und abwegig, sie steht in schreiendem Widerspruch zu den Tatsachen, fügt sich aber dafür umso besser in das »neue« Festsche Hitlerbild, mit dem er der Welt die blutigste Figur der deutschen Konterrevolution als die Verkörperung der »deutschen Revolution« präsentiert.

Hitler selber begründete später seine Ablehnung der »nationalen Einheitsfront« mit folgenden Worten: »So wie es sich im Jahre 1918 blutig gerächt hat, daß man 1914 und 1915 nicht dazu überging, der marxistischen Schlange einmal für immer den Kopf zu zertreten, so mußte es sich auch auf das unseligste rächen, wenn man im Frühjahr 1923 nicht den Anlaß wahrnahm, den marxistischen Landesverrätern und Volksmördern endgültig das Handwerk zu legen. Jeder Gedanke eines wirklichen Widerstandes gegen Frankreich war blanker Unsinn, wenn man nicht denjenigen Kräften den Kampf ansagte, die … den deutschen Widerstand auf den Schlachtfeldern von innen her gebrochen hatten … Hätte man zu Kriegsbeginn und während des Krieges einmal zwölf- oder fünfzehntausend dieser hebräischen Volksverderber unter Giftgas gehalten,… dann wäre das Millionenopfer der Front nicht vergeblich gewesen.«[5]

Hitlers Stellungnahme erklärt sich aus Vorstellungen, die damals bei den extremrechten Kräften ziemlich verbreitet waren, und die er Ende Dezember 1922 in einer Art Prognose der künftigen Ereignisse darlegte.[6] Der Kernpunkt dieser Vorstellung war, daß Deutschland kurz vor dem Entscheidungskampf zwischen Rechts und Links, also vor dem Bürgerkrieg stehe, der nur mit einer Diktatur von rechts oder einer Diktatur von links enden könne. Der Norden werde, so Hitler, wegen der Schwäche und Unorganisiertheit der Rechten zunächst bolschewistisch werden; Bayern sei deshalb dazu berufen, Hauptstützpunkt im Kampf gegen den Bolschewismus zu sein. Dazu müsse in Bayern eine Rechtsdiktatur errichtet werden: »Als Gegenmaßregel gegen die bolschewistische Bewegung kommt einzig und allein eine Rechtsdiktatur in Bayern in Betracht, die sogleich mit eiserner Faust die Gewalt im ganzen Lande an sich reißt … Als Diktator eignet sich kein Parlamentarier, sondern nur ein Mann, der nötigenfalls

4 *Fest*, S. 238.

5 *Hitler*, Mein Kampf, S. 771f. – Immerhin weiß man nun wenigstens, was ein Joachim Fest unter einem »wirklichen Revolutionär« und einer »revolutionären Haltung« versteht! – Zur Haltung Hitlers siehe auch ZStAP, Vertretung der Reichsregierung München, Bd. 40, Bl. 78f., Bericht Nr. 10, darin Information über die Naziversammlung v. 11.11.23.

6 Ebenda, Bl. 90ff., Information eines ungenannt bleibenden Gewährsmannes aus München, überschrieben: »Bericht nach Hitlers persönlichen Ausführungen Ende Dezember 1922«. Siehe auch Dok. Nr. 6 der vorliegenden Arbeit.

über Blut und Leichenfelder gehen will.[7] Dieser Mann muß sogleich gefunden werden.« Nicht schwer zu erraten, wo nach Hitlers Meinung dieser Mann zu finden war!

Der Sieg der »nationalen« Kräfte im Bürgerkrieg würde – so weiter die Ansicht Hitlers – mit Hilfe Englands und Italiens errungen werden. »Mit der Niederwerfung des Bolschewismus muß in Deutschland die Diktatur mit eiserner Faust herrschen.« Im folgenden entwickelte Hitler seine Auffassungen über die Außenpolitik dieser faschistischen Diktatur – denn um nichts anderes handelte es sich bei seiner Vision –, wobei auffällt, daß er hier erstmals in aller Deutlichkeit den Gedanken formulierte, der später in »Mein Kampf«[8] der Kerngedanke des Abschnittes über die nationalsozialistische Außenpolitik werden sollte: »Außenpolitisch müßte sich Deutschland auf reine Kontinentalpolitik unter Vermeidung der Verletzung englischer Interessen einstellen. Es wäre die Zertrümmerung Rußlands mit Hilfe Englands zu versuchen. Rußland gäbe genügend Boden für deutsche Siedler und ein weites Betätigungsfeld für die deutsche Industrie. Bei der Abrechnung mit Frankreich würde dann England nicht dazwischen reden«.

Wer von solchen Vorstellungen ausging, für den wurde mit der Proklamierung der nationalen Einheitsfront gegen Frankreich die »richtige« Reihenfolge durcheinandergebracht und der Kampf zum falschen Zeitpunkt und mit falschen Bundesgenossen eröffnet, weil erst die Linke im Innern zertrümmert werden müßte, bevor der Kampf nach außen begonnen werden könne. Nachdem aber die Umstände eine andere Reihenfolge erzwungen hatten, durfte der Kampf gegen Frankreich nach Hitlers, aber keineswegs nur nach seiner Ansicht, nicht zu einer Einheitsfront mit der Sozialdemokratie führen, sondern mußte ausgenutzt werden. um deren nationale »Unzuverlässigkeit« zu beweisen und somit einen Vorwand für ihre Ausschaltung und für die Errichtung einer Rechtsdiktatur zu erlangen.

Die Behauptung, mit seiner Ablehnung der nationalen Einheitsfront habe Hitler ganz allein gestanden, gehört ins Reich der Hitlerlegende. Eine richtige Einordnung der Haltung der NSDAP kann nur erfolgen, wenn man sich die damalige Situation des deutschen Imperialismus vor Augen führt.

Mit der Bildung der Regierung Cuno verfolgte die deutsche herrschende Klasse zwei Ziele, die sich zugleich bedingten und gegenseitig im Wege standen: innenpolitisch eine entschiedene Rechtswendung, vor allem durch Einbeziehung der Partei Stinnes' – der Deutschen Volkspartei – in die Regierung, und außenpolitisch die Kraftprobe mit Frankreich.

7 Man erinnere sich hierbei an die Ausführungen von Heß in seinem preisgekrönten Aufsatz über die notwendigen Eigenschaften des künftigen Führers Deutschlands. – Siehe vorliegende Arbeit, S. 156.

8 Siehe Hitler, Mein Kampf, S. 153f.

Die entschiedene Rechtswendung schloß die Ausschaltung der Sozialdemokratie aus der Regierung ein. Sie wurde mit der Bildung des Kabinetts Cuno erreicht.

Aber auch diesem Kabinett war es nicht möglich, beide Seiten des Stinnes-Programms, das innenpolitische der »nationalen Diktatur« und das außenpolitische der Kraftprobe mit Frankreich zugleich durchzusetzen. Die Außenpolitik besaß zu dieser Zeit Vorrang. Der Kampf gegen Frankreich konnte im Ruhrgebiet aber nur durchgeführt werden, wenn sichergestellt war, daß die Arbeiterschaft des Ruhrreviers in ihrer Mehrheit nicht den Klassenkampflosungen der Kommunisten, sondern den Parolen von der »nationalen Einheitsfront« folgten. Die KPD zeigte den Massen auf, daß französische und deutsche Arbeiter und Werktätige von den Imperialisten beider Länder im Interesse ihres schmutzigen imperialistischen Konkurrenzkampfes gegeneinander gehetzt wurden. Sie machte klar, daß nicht die französischen Arbeiter im Soldatenrock, sondern die deutschen und französischen Imperialisten die Feinde sowohl der deutschen wie der französischen Werktätigen waren, die es gemeinsam zu schlagen galt. Sie faßte diese Linie in der Losung zusammen: Schlagt Poincaré und Cuno an der Ruhr und an der Spree![9]

Um gegenüber dieser internationalistischen Kampforientierung die Linie nationalistischer Verhetzung unter der Parole der »nationalen Einheitsfront« durchzusetzen, war die Mitwirkung der SPD und der Freien Gewerkschaften unentbehrlich. Außerdem war das größte Land, Preußen, zu dem das besetzte Ruhrgebiet gehörte und ohne dessen Unterstützung keine Reichsregierung Politik machen konnte, von einer sozialdemokratisch geführten Koalition mit Otto Braun als Ministerpräsident und Carl Severing als Innenminister regiert. Obwohl die SPD also nicht mehr in der Regierung vertreten war, befand sich die Cuno-Regierung in kaum geringerer Abhängigkeit von ihrer Unterstützung als ihre Vorgängerin. Das machte es ihr unmöglich, die nationalistische Verhetzung zugleich auch zur Entfesselung einer Hetze gegen die »Novemberverbrecher« auszunutzen. Die Regierung war vielmehr gezwungen, öffentlich die Sozialdemokratie und ihre Gewerkschaften als unentbehrliche Stützen und Partner in der nationalen Einheitsfront anzuerkennen. Faktisch war die SPD damit in eine Front mit allen übrigen bürgerlichen Parteien bis hin zur Deutschnationalen Volkspartei eingereiht. Das konnte natürlich all jene nicht freuen, die in der Untergrabung des Masseneinflusses der Sozialdemokratie zugunsten der Rechten eines ihrer Ziele sahen, und dazu gehörten nicht nur die Nazis, sondern auch die Deutschnationalen, und nicht nur sie, sondern auch Cuno selbst und die Kreise des Monopolkapitals, die er repräsentierte.

Diese Kreise befanden sich folglich in einer recht widerspruchsvollen Lage: einerseits waren sie aufs höchste daran interessiert, die Arbeiter mit Hilfe der Sozialdemo-

9 Dokumente zur deutschen Geschichte 1919-1923, S. 70f.

kratie bei der »nationalen« Stange zu halten, zum anderen aber waren sie nicht weniger darauf aus, den »Ruhrkampf« zur Vorbereitung der erstrebten »nationalen Diktatur« zu benutzen durch Stärkung aller rechtsradikalen Kräfte auf Kosten der Arbeiterbewegung.

Was die großen Rechtsparteien betraf – Deutschnationale und Deutsche Volkspartei – so mußten sie selbstverständlich offiziell die Politik der nationalen Einheitsfront mitmachen, um die Arbeiterschaft nicht zu provozieren und der SPD ihrerseits das Mittun nicht unmöglich zu machen. Sie stimmten deshalb der Regierungserklärung Cunos in der Reichstagssitzung vom 13. Januar 1923 zu. Die Deutschnationalen begleiteten diese Zustimmung jedoch mit einer Erklärung, die in bestimmten Punkten mit derjenigen übereinstimmte, die Hitler zwei Tage vorher im Zirkus Krone abgegeben hatte. Ihr Sprecher verlangte nämlich außer dem sofortigen Abbruch der Beziehungen zu den »Einbruchsmächten« Belgien und Frankreich die »Bestrafung der Verräter an der deutschen Volksgemeinschaft«, vor allem der Befürworter der bisherigen »Erfüllungspolitik«. Die DNVP setzte den Kampf gegen die Sozialdemokratie trotz »Burgfrieden« fort, jedoch mit der taktischen Begründung, die SPD, vor allem in Gestalt der Preußenregierung und ihres Innenministers Severing, sabotiere die Einheitsfront durch Verfolgung von nationalen Männern und Organisationen. Das bezog sich vor allem auf das Verbot der DVFP in Preußen.[10]

Die DVFP, da im Parlament nur eine bedeutungslose Splitterpartei mit drei Abgeordneten, konnte sich ohne Gefahr für die Regierung Cuno erlauben, bei der Abstimmung über die Regierungserklärung das Vertrauensvotum zu verweigern. Sie konnte auch – was der DNVP verwehrt war – offen gegen die Politik der »nationalen Einheitsfront« polemisieren, und tat das ausgiebig. In der Aussprache zur Regierungserklärung erklärte Graefe, wenn die nationale Einheitsfront »nicht eine lächerliche Geste, eine sinnlose Demonstration« sein solle, müßte die Regierung auch nach innen den ernsten Willen der Schaffung einer wirklichen Volksgemeinschaft tatkräftig bekunden. Es wirke aber »wie ein Faustschlag ins Gesicht der zur Sammlung Aufgerufenen, wenn fast gleichzeitig mit dem Einheitsruf des Kanzlers weitere nationale Verbände, ja sogar Parteien, wie der Nationalverband deutscher Soldaten, die Großdeutsche Arbeiterpartei usw. durch Herrn Severing unter unerhörter Mißachtung der Verfassung geradezu politisch niedergeknüttelt werden und nationale Kundgebungen meiner Freunde beschlagnahmt werden … Ist das, Herr Reichskanzler, der Weg zur nationalen Einheit?«[11]

10 *Klaus Pabst*, Der Ruhrkampf, in: Zwischen Ruhrkampf und Wiederaufbau, hg. von Walter Förster, Köln / (West-)Berlin 1972, S. 25.

11 Ursachen und Folgen, Bd. 5, S. 36f.

Der DVFP-Abgeordnete Wulle formulierte die Absage an die »Einheitsfront« am 16. Februar im Reichstag noch deutlicher: »In letzter Zeit haben wir wieder von allen Seiten das Wort von der nationalen Einheitsfront gehört. Ein schönes Wort! Wer wollte nicht lieber als wir, daß wir wirklich zu einer nationalen Abwehrfront gegenüber dem Vernichtungswillen unserer Feinde kommen! Aber der Glaube an eine solche Abwehrfront, an eine nationale Einheitsfront ist uns geschwunden angesichts der Tatsache, daß im Innern Deutschlands ein Krieg gegen alles geführt wird, was bewußt völkisch und bewußt national ist.«[12] In einem Rundbrief der politischen Abteilung der DVFP vom 7. März 1923 wird von einer »jüdischen Regie des ›nationalen‹ Einheitsfronttheaters« gesprochen. Die »nationale Einheitsfront« sei nur »die Attrappe«, hinter der das »internationale Judentum« mit Hilfe der »unter jüdischer Führung stehenden Novemberverbrecher« die Macht in Deutschland an sich reißen wolle.[13]

Die Regierung Cuno war nach außen hin bemüht, sich den Anschein der Beschützerin der »Einheitsfront« zu geben, duldete aber mit großem Wohlwollen die rechtsradikalen Wühlereien und Hetzereien gegen die Republik und gegen die »nationale Einheitsfront«[14]; der mit Hitler verbündete Roßbach konnte im Februar 1923 im Mitteilungsblatt seiner Organisation unwidersprochen verlauten lassen: »Wir sind genau darüber informiert, daß der Reichskanzler Cuno in der preußischen Regierung, vornehmlich in Severing, genau dieselben Schädlinge sieht, wie alle national denkenden Deutschen. Wir wissen auch, daß er sich die denkbar größte Mühe gibt, dieses Hindernis loszuwerden.«[15]

Aber dieses Hindernis loszuwerden war unter den gegebenen Umständen nicht möglich. Cuno ging es da ganz ähnlich, wie einige Jahre später dem Kanzler Brüning, der auch gerne das linke gegen das rechte Standbein ausgewechselt hätte, dies aber nicht konnte, weil er ohne die Assistenz der SPD und der rechten Gewerkschaftsführer nicht das Stillhalten der reformistisch geführten Arbeitermassen gegenüber seiner die Not verordnenden Politik erreicht hätte.

Die Sozialdemokratie stellte sich, wie gehabt, »in der Stunde der Gefahr« hinter die Regierung. Severing ging sogar noch viel weiter. Er schloß mit dem Reichswehrminister Geßler am 30. Januar 1923 ein Abkommen, in dem er sich als preußischer Innenminister verpflichtete, mit der Reichswehrführung bei der Aufstellung der Schwarzen Reichswehr zusammenzuarbeiten. Als Gegenleistung versprach die Reichswehrführung, die Unterstützung von »privaten Organisationen« – gemeint waren die Wehrverbände –

---

12 ZStAP, AV, Nr. 228, Bl. 38f.

13 Ebenda, Bl. 52.

14 In sehr zurückhaltenden Wendungen wird das auch von dem Bearbeiter der Aktenpublikation »Das Kabinett Cuno«, Karl-Heinz Harbeck, angedeutet; siehe dort S. XXIII f.

15 *Carl Severing,* Mein Lebensweg, Bd. I, Köln 1950, S. 378.

abzubauen und bis zum 31. März 1923 zu beenden.[16] Selbst ein so weit rechts stehender Sozialdemokrat wie der Oberpräsident von Sachsen-Anhalt, Friedrich Otto Hörsing, – bekanntlich der Hauptverantwortliche für die im März 1921 erfolgte Provokation der mitteldeutschen Arbeiter – war über dieses Abkommen entsetzt und lehnte seine Durchführung ab.[17] Wie gar nicht anders zu erwarten, wurde von dem Abkommen nur das verwirklicht, wozu sich die preußische Regierung verpflichtet hatte. Wie die Reichswehrführung ihre Verpflichtungen einhielt, darüber schrieb Severing in seinen Memoiren: »Das Gegenteil dieser Zusicherungen trat ein: Die Ausbildung und Unterweisung junger Leute im Waffengebrauch, die Auffüllung von Freikorps und die Abhaltung von Ausbildungskursen für Zivilpersonen in Kasernen und auf Truppenübungsplätzen gingen weiter. Ich war daher gezwungen, dem RWeM zu erklären, daß ich dieses Treiben der Zeitfreiwilligen und anderer Zivilpersonen als Vorbereitung zum Bürgerkrieg ansehe und entschlossen sei, mit allen mir zu Gebote stehenden Mitteln dagegen einzuschreiten.«[18]

Severing war dazu um so mehr gezwungen, als sein Abkommen mit Geßler, das als strenges Geheimnis gehütet werden sollte, bereits wenige Tage später in der Presse veröffentlicht wurde und unter den Anhängern der SPD einen Sturm der Empörung auslöste. Severing konnte nur dadurch Öl auf die Wogen gießen, daß er in den folgenden Wochen einige energische Schritte gegen die DVFP und den mit deren Führern Graefe, Wulle und Henning eng zusammenarbeitenden Freikorpsführer einleitete.[19] Severing unternahm diese Schritte aber auch deshalb, weil er eine Wiederholung eines Rechtsputsches mit all den Folgen, die der Kapp-Putsch 1920 nach sich gezogen hatte, – Rote Ruhrarmee! – fürchtete. Damals war es ihm nur mit Mühe gelungen, durch das Bielefelder Abkommen die Rote Armee auseinanderzusprengen.[20] Es mußte nach diesen Erfahrungen unter den Bedingungen des Jahres 1923 und mit einer erstarkten Kommunistischen Partei, die immer mehr Einfluß unter den Klassen gewann, sehr fraglich erscheinen, ob ihm das ein zweites Mal gelingen werde.

Der vom deutschen Imperialismus leichtfertig provozierte Ruhrkrieg bürdete den Massen schwere Lasten auf. Die Geldentwertung ließ die Preise immer rascher ansteigen, gleichzeitig wuchs die Arbeitslosigkeit. Das Ergebnis war eine scharfe Zu-

---

16 Das Kabinett Cuno, S. 207f.; siehe auch *Schüddekopf*, S. 144.

17 Schreiben des Staatssekretärs a. D. Dr. Wilhelm Abegg an Staatsminister a. D. Carl Severing v. 31. Mai 1947, in: *Thilo Vogelsang*, Reichswehr, Staat, NSDAP, Stuttgart 1962, S. 407.

18 *Severing*, S. 117.

19 In der Sitzung des preußischen Staatsministeriums vom 27. März begründete Severing die Notwendigkeit des Vorgehens damit, daß Vertreter von Gewerkschaften und SPD wegen des Abkommens mit der Reichswehr mißtrauisch geworden seien, und daß die »Rote Fahne« Severing als Hehler des Seeckt-Putsches bezeichnet habe. – Das Kabinett Cuno, S. 334.

20 Dokumente zur deutschen Geschichte 1919-1923, S. 43.

spitzung der Klassengegensätze und ein Aufschwung der Arbeiterkämpfe, an deren Spitze sich die KPD stellte. Auf ihre Initiative entstanden Organe des gemeinsamen Kampfes gegen die Offensive des Kapitals und gegen die wachsende faschistische Gefahr, wie die Kontrollausschüsse, die Erwerbslosenausschüsse und die Proletarischen Hundertschaften. Ein großer Erfolg des wachsenden Strebens zur Einheitsfront von Sozialdemokraten und Kommunisten war der Abschluß eines Abkommens zwischen Kommunisten und linken Sozialdemokraten in Sachsen am 15. März 1923, auf dessen Grundlage letztere eine Landesregierung unter dem Ministerpräsidenten Zeigner bildeten, die von der KPD unterstützt wurde.[21] Die Radikalisierung der Massen und der wachsende Einfluß der KPD stellten eine von Monat zu Monat wachsende Sorge der Reichsregierung wie auch der preußischen Regierung dar.

Severing handelte deshalb im wohlverstandenen Interesse der deutschen Monopolbourgeoisie und in Übereinstimmung mit dem klügeren Teil von ihr, wenn er die Bürgerkriegs- und Putschvorbereitungen der Rechtsparteien und -verbände und ihrer Hintermänner in der Reichswehr durchkreuzte und soweit als möglich unterband. Als Severing erfuhr, daß Roßbach zum 17. März 1923 einige Reichswehroffiziere und Mannschaften zu einer Konferenz nach Wannsee eingeladen hatte, ließ er durch Polizei die Personalien aller Teilnehmer feststellen.[22] Dabei stellte sich heraus, daß an dieser Versammlung auch aktive Offiziere und 21 Mannschaftsdienstgrade der Reichswehr aus Potsdam, Pommern und Mecklenburg teilgenommen hatten. Roßbach hatte gesprochen und dabei ausgeführt, wenn die preußische Regierung die Auflösung der »nationalgesinnten Vereine«, d. h. der als »Turnerschaften« und »Selbstschutzverbände« getarnten Schwarzen Reichswehr erzwingen wolle, müsse es zum »offenen Entscheidungskampf zwischen uns und den linksgerichteten Vereinen und Organisationen kommen.« Er forderte die Reichswehrangehörigen dazu auf, dafür zu wirken, daß die Reichswehr in diesem Falle sich »unter moralischer Unterstützung der nationaldenkenden Vereine neutral hält«. Er sagte ferner, er habe sowohl Cuno als auch Seeckt diese Pläne offen dargelegt. Diese hatten ihn daraufhin nicht etwa festgesetzt, sondern sich nur »kühl und uninteressiert« gezeigt![23]

Roßbach wurde von der preußischen Polizei verhaftet. Gleichzeitig wurden auch in Schlesien Haussuchungen bei führenden Leuten der DVFP durchgeführt, die Material über die Aufstellung von Hundertschaften und Vorbereitungen zum »gewaltsamen Verfassungsumsturz« zutage förderten.[24]

---

21 GdA, Bd. 3, S. 386ff.

22 Das Kabinett Cuno, S. 335ff.

23 Ebenda, S. 341.

24 Ebenda, S. 329.

Die Umtriebe erfolgten mit Wissen und stillschweigender Billigung des Reichskanzlers und auch des Chefs der Heeresleitung, Seeckt, worauf sich Roßbach, aber auch Graefe, in ihren Beschwerden über das Vorgehen des preußischen Innenministers immer wieder beriefen;[25] denn Severing verfügte auf Grund des beschlagnahmten Materials am 22. März 1923 die Auflösung der DVFP in Preußen. Die Aufdeckung der heimlichen Zusammenarbeit der Reichsregierung und der Reichswehrführung mit den »Völkischen« zeigte die ganze Brüchigkeit und Unwahrhaftigkeit der sogenannten »nationalen Einheitsfront« auf. Immerhin sahen sich Regierung und Reichswehr gezwungen, sich offiziell nunmehr von der Roßbach-Graefe-Gesellschaft zu distanzieren. Seeckt gab am 23. März 1923 sogar einen Tagesbefehl heraus, der unter Anspielung auf die Wannsee-Konferenz vor den »verbrecherischen« Versuchen von nationalsozialistischer Seite warnte, die Offiziere und Mannschaften zum Ungehorsam gegen die Befehle der Vorgesetzten zu verleiten und die Disziplin in der Armee zu erschüttern.[26]

Die Aufdeckung der Bürgerkriegsvorbereitungen, das Verbot der DVFP und die Verhaftung Roßbachs hatten die Pläne der Rechtskräfte empfindlich gestört. Allerdings wurden diese Maßnahmen umgehend dazu benutzt, nun ein noch schärferes Vorgehen gegen die Kommunistische Partei und gegen die Selbstschutzorganisation der Proletarischen Hundertschaften zu verlangen[27]; bald darauf, am 12. Mai, wurden die Proletarischen Hundertschaften in Preußen verboten.

Das Vorgehen der Preußenregierung gegen die radikalen Rechten ließ diese noch mehr als vorher ihre Hoffnungen auf Bayern setzen und ihre Aktivitäten dort verstärken, darunter auch die innige Zusammenarbeit mit der dortigen Reichswehr. Auf diese Weise kam Severings Vorgehen gegen die Deutschvölkischen der NSDAP zugute, die für die norddeutschen Faschisten im gleichen Maße an Bedeutung gewann, wie die Bewegungsfreiheit der »Schwesterpartei« DVFP, die bisher in Preußen viel mehr Beachtung gefunden hatte als die Nazipartei, eingeschränkt wurde. Graefe, Wulle und Henning, die als Reichstagsabgeordnete Immunität besaßen, verstärkten die ohnehin schon recht regen Kontakte mit der NSDAP, mit der bereits im Februar 1923 ein Abkommen zur »Zusammenarbeit im Freiheitskampf« abgeschlossen worden war; in diesem Abkommen wurde den Mitgliedern der in den meisten norddeutschen Ländern verbotenen NSDAP freigestellt, für die Dauer des Verbotes der DVFP beizutreten.[28] Auf dem Vertretertag der DVFP am 10. Februar in Berlin hatte

25 Das Kabinett Cuno, S. 316ff., 520ff.

26 Ebenda, S. 321.

27 Ebenda, S. 339f., (Reichskanzler Cuno und Staatssekretär Hamm fordern nunmehr auch energisches Vorgehen gegen die KPD).

28 Berliner Tageblatt, Nr. 119 v. 11.2.1923.

Wulle ausdrücklich erklärt, die DVFP sei im Norden das Gegenstück zur Hitlerbewegung.[29]

Hitler stand also mit seiner Stellungnahme gegen die »nationale Einheitsfront« keineswegs allein; sie wurde von den Deutschnationalen zwar nicht verbal, aber faktisch geteilt. Ludendorff hatte am 24. Januar auf der Reichsgründungsfeier des Bundes Oberland die nationale Einheitsfront als eine bloße Fassade bezeichnet, solange sich noch Marxisten in leitenden Stellungen befinden und solange nicht Nationalisten in der Reichsregierung und in allen Landesregierungen herrschen.[30] In einer Wiener Zeitung schrieb derselbe Ludendorff, das deutsche Volk könne im Augenblick noch nicht daran denken, dem französischen Imperialismus Widerstand zu leisten, es müsse sich gegen den inneren Feind wehren.[31] Auf diesem Standpunkt standen auch die Führer der in der »Arbeitsgemeinschaft der Vaterländischen Kampfverbände«[32] vereinten Wehrverbände, allen voran ihr spiritus rector, Ernst Röhm, der am 17. Januar in einer Lagebeurteilung die Ansicht äußerte, »daß eine bewaffnete Auseinandersetzung mit Frankreich erst nach einer Klärung der inneren Frage in Betracht komme.«[33]

Auch in diesem Falle wird man Bennecke gegen die Verbreiter der Hitlerlegende recht geben müssen, wenn er unter Berufung auf die erwähnte Lagebeurteilung Röhms feststellt, daß Hitlers Stellungnahme gegen die nationale Einheitsfront ganz zu Unrecht »als Ausdruck seines Machtstrebens« gedeutet werde, und fortfährt: »Auch hier muß Hitler als Sprecher von militärischen Kreisen gesehen werden.«[34]

Jeder Grundlage entbehren dagegen die Betrachtungen Masers über eine angebliche Diskrepanz zwischen den Auffassungen Röhms und Hitlers in dieser Frage. Maser zufolge habe Hitlers taktisches Programm darin bestanden, »möglicherweise sogar mit französischer Unterstützung die SA auszurüsten und sich eventuell zum Diktator des deutschen Reiches zu machen«, während Röhm »im Frühjahr 1923 an einen Krieg gegen Frankreich gedacht« habe; dies aber – so wird, gestützt auf einen aus dem Zusammenhang gerissenen Satz aus Hitlers »Mein Kampf« behauptet – habe Hitler als Wahnsinn betrachtet.[35] Entgegen solchen haltlosen Spekulationen ist festzustellen, daß Röhm und Hitler von Beginn der Ruhrbesetzung an die gleiche Auffassung vertraten: daß nämlich der passive Widerstand nur zu rechtfertigen sei, wenn er dazu benutzt

29 ZStAP, AV, Nr. 228, Bl. 36.

30 Vorwärts, Nr. 40 vom 25.1.1923.

31 *Frank/Neumann,* Die vaterländischen Mörder, S. 39.

32 Über diese Arbeitsgemeinschaft siehe den folgenden Abschnitt.

33 *Bennecke,* S. 49.

34 *Heinrich Bennecke,* Die Reichswehr und der »Röhm-Putsch«, München/Wien 1964, S. 11.

35 *Maser,* Die Frühgeschichte, S. 374.

würde, den aktiven Widerstand vorzubereiten; daß dies aber nur unter einer »nationalen« Regierung, die sich nicht auf die Sozialdemokratie stützt, sondern sich durch Vernichtung der Arbeiterbewegung den Rücken freigemacht habe, möglich sei.[36] Die Grundlagen dieser Auffassung, insbesondere die Ablehnung einer Einheitsfront mit »den marxistischen Führern«, trugen beide, Röhm und Hitler, gemeinsam als Vertreter der »Arbeitsgemeinschaft der vaterländischen Kampfverbände« einem Begleiter des Reichskanzlers Cuno vor[37], als dieser am 22. März 1923 München besuchte, um mit den Vertretern der Landesregierung und der Parteien persönlichen Kontakt aufzunehmen, sie über die Ziele der Politik des Reichskabinetts zu informieren und für ihre Unterstützung zu werben. Diese Besprechung fand in den Diensträumen Röhms im Wehrkreiskommando statt.

Im Gegensatz zu den Vertretern der »Arbeitsgemeinschaft« wurden die Delegierten der zur Staatsregierung stehenden »Vaterländischen Vereinigungen« von Cuno persönlich zu einer Unterredung empfangen. Aber auch von diesen bekam er eine Stellungnahme zur »nationalen Einheitsfront« und zum »passiven Widerstand« zu hören, die sich jetzt nur noch wenig von derjenigen der »Arbeitsgemeinschaft« unterschied. So erklärten sie Cuno, die nationale Einheitsfront sei nicht ohne Konzessionen aufrecht zu erhalten. Solche Konzessionen dürften aber nicht gemacht werden. Wie auch die »Arbeitsgemeinschaft« forderten sie die »Vorbereitung und Durchführung des aktiven Befreiungskampfes«, auch wenn dazu die Bewaffnung nicht ausreichend sei, denn bei »Existenzkämpfen von Völkern« sei »der Geist mindestens ebenso wichtig wie die Waffen.«[38]

Gar so fremd war im übrigen der Gedanke an bewaffneten Widerstand gegen Frankreich auch der Reichsregierung und der Reichswehrführung nicht. Seeckts Biograph von 1940, Rabenau, behauptete jedenfalls: »Seeckt hat zweifellos ursprünglich nicht den passiven, sondern den aktiven Widerstand gewollt, wobei der aktive das schließliche Ziel und der passive der vorläufige Zustand sein sollte.«[39] Tatsächlich wurde unter Ausnutzung des Umstandes, daß nach der Ruhrbesetzung die alliierten Kontrollkommissionen zur Überwachung der Abrüstung Deutschlands ihre Tätigkeit einstellten, im ganzen unbesetzten Deutschland unter Heranziehung der Wehrverbände und der Schwarzen Reichswehr eine eifrige Vorbereitung für den »Ernstfall« betrieben; ab März waren in allen Wehrkreisen Mobilmachungsvorbereitungen im Gange.[40]

---

36 *Hitler*, Mein Kampf, S. 769ff.; *Röhm*, S. 168; siehe auch *Franz-Willing*, Die Hitlerbewegung, S. 231.

37 *Röhm*, S. 169.

38 Das Kabinett Cuno, S. 323.

39 *Rabenau*, S. 324; siehe auch *Schüddekopf*, S. 124.

40 *Rabenau*, S. 330.

Was Rabenaus Darstellung der Absichten Seeckts betrifft, so muß man allerdings berücksichtigen, daß es ihm darauf ankam, Seeckts Denken und Handeln in möglichst große Übereinstimmung mit der Politik des faschistischen Deutschland und mit Hitlerschen Ausführungen in »Mein Kampf« zu bringen.[41] Seeckts bundesrepublikanischer Biograph Meier-Welcker stellte sich dagegen das Ziel, Seeckt von jedem Verdacht zu befreien, einer der Totengräber der Weimarer Republik gewesen zu sein, und ihn in ein Licht zu stellen, das ihn als einen Mann von verfassungstreuer Pflichterfüllung selbst einem ungeliebten Staat gegenüber zeigt. So bestreitet Meier-Welcker auch die Seeckt von Rabenau zugeschriebene Absicht zum aktiven Widerstand, außer für den Fall eines weiteren Vormarsches der Franzosen aus dem Ruhrgebiet auf Berlin.[42] Aber selbst Meier-Welcker muß die tatsächlich getroffenen materiellen und personellen Vorbereitungen für einen militärischen Einsatz gegen Frankreich bestätigen.[43] Und schließlich spricht die von Meier-Welcker wiedergegebene Aufzeichnung des Adjutanten von Seeckt, Oberleutnant v. Selchow, eine recht eindeutige Sprache: »In die Entwicklung im Ruhrgebiet greife die Reichswehr zur Zeit nicht aktiv ein, sondern überlasse alle Maßnahmen den dortigen Kräften. Rein militärisch gesehen könne sich die Wehrmacht nur wünschen, daß eine kriegerische Entscheidung noch hinausgeschoben werde, denn man könne bestimmt damit rechnen, mit der Zeit stärker zu werden.«[44]

Bei den geheimen militärischen Vorbereitungen mußte die Reichswehrführung größtes Interesse an den Verhältnissen und Vorgängen in Bayern haben; in keinem anderen Lande konnten diese Maßnahmen so ungestört von behördlichen Eingriffen und Einsprüchen erfolgen, wie hier. Andererseits konnten die gar zu offenkundigen, in aller Öffentlichkeit betriebenen Rüstungsmaßnahmen und die unverhüllte Aktivität von Reichswehroffizieren wie Röhm und Heiß in den rechtsradikalen Wehrverbänden erhebliche innen- und außenpolitische Komplikationen herbeiführen.[45] Auf jeden Fall lag Seeckt viel daran, über die Ereignisse in München ständig auf dem Laufenden zu sein.[46]

Das war auf eine etwas außergewöhnliche Art gewährleistet; seine »gesellschaftlich sehr gewandte und vielseitig interessierte Frau lebte nämlich ständig in München und hielt dort einen Salon, dem man politischen Charakter nicht gerade absprechen konnte.«[47]

---

41 Ebenda, S. 323f.

42 *Meier-Welcker,* S. 350.

43 Ebenda, S. 350ff.

44 Ebenda, S. 352 (Hervorhebungen von mir; K. G.).

45 *Röhm,* S. 153f., 167; *Bennecke,* Hitler und die SA, S. 57; *Meier-Welcker,* S. 358.

46 *Karl Schwend,* Bayern zwischen Monarchie und Diktatur. Beiträge zur bayerischen Frage in der Zeit von 1918 bis 1933, München 1954, S. 222.

47 *Hofmann,* S. 79.

Im Zusammenhang mit den Vorbereitungen auf eine eventuelle Auseinandersetzung mit Frankreich nahm Seeckt auch persönlichen Kontakt mit den Vertretern der bayerischen Wehrverbände auf, am 21. Februar 1923 mit Ludendorff in Berlin, am 10. oder 11. März 1923 in München mit Lossow und auf dessen Vermittlung hin auch mit Hitler. Über den Inhalt der Besprechung mit Hitler gibt es keine Aufzeichnungen. Es steht auch nicht fest, ob sie auf Wunsch von Seeckt zustandekam, um den Mann kennenzulernen, mit dem die bayerische Reichswehrführung so engen Kontakt pflog und über dessen Wirkung als Volksredner, der selbst die größten Säle Münchens füllte, ihm seine Frau wohl berichtet haben dürfte, oder ob die Begegnung auf Anregung Lossows zustandekam, um Seeckt von der Brauchbarkeit Hitlers für die Ziele der Reichswehrführung zu überzeugen.

In einem Bericht, den Seeckts damaliger Adjutant Hans Harald v. Selchow im Jahre 1939 verfaßte, schrieb er, das Gespräch mit Hitler habe Seeckt tief und nachhaltig beeindruckt.[48] Im Jahre 1956 verfaßte derselbe Selchow erneut einen Bericht über die gleiche Unterredung. Nunmehr behauptete Selchow jedoch, das Gespräch habe ein abruptes Ende dadurch gefunden, daß Seeckt nach Morddrohungen Hitlers gegen die Reichsregierung sich ostentativ mit den Worten erhoben habe: »Von heute ab, Herr Hitler, haben wir uns nichts mehr zu sagen.«[49] Bei solch wandelbaren Erinnerungen eines der nächsten Augen- und Ohrenzeugen verläßt man sich bei der Beurteilung der Bedeutung dieser Begegnung besser auf die Wirkungen, die sie zeitigte. Nach diesen zu urteilen, war sie für Seeckt nicht mehr als eine informative Begegnung zum persönlichen Kennenlernen des Führers einer Partei, die besonders unter den Bedingungen der Ruhrbesetzung auch für die zentrale Reichswehrführung nicht ohne Interesse sein konnte. Irgendwelche bemerkenswerte Veränderungen in den Beziehungen der bayerischen Reichswehrprotektoren der NSDAP zu ihrem Schützling als Folge dieser Begegnung sind nicht feststellbar. Spätere Erlasse Seeckts, die eine Lösung der Beziehungen der Reichswehr zu den Wehrverbänden verlangten, hatten nichts mit seiner Unterhaltung mit Hitler zu tun, sondern waren die Folge verschiedener Enthüllungen und des Vorgehens der Preußenregierung gegen Roßbach und die norddeutschen Nationalsozialisten.

Nicht ganz so ergebnis- und folgenlos blieb die Unterredung Seeckts mit Ludendorff vom 21. Februar (an der auch Reichskanzler Cuno teilnahm), die auf eine Anregung von Hugo Stinnes hin zustandekam und in der Wannsee-Villa von Stinnesdirektor Minoux stattfand.[50] In einer kurz danach, am 26. Februar in Berlin durchgeführten

48 *Rabenau*, S. 348.

49 *Meier-Welcker*, S. 362.

50 *Rabenau*, S. 331; *Meier-Welcker*, S. 359.

Besprechung der Führer der »vaterländischen« Verbände aus ganz Deutschland, darunter Röhm und Heiß, Graefe, Roßbach u. a., überraschte Ludendorff die Versammelten mit der Erklärung, man müsse jetzt Cuno und Seeckt gegen den äußeren Feind unterstützen.[51]

Die Röhm, Heiß, Roßbach und Graefe blieben jedoch bei ihrer Ablehnung der »nationalen Einheitsfront« und dabei, daß in der jetzigen Situation der Kampf gegen die »Novemberverbrecher« Vorrang habe. Eine solche Position entsprach dem Parteiinteresse der »Völkischen« und der Nazis, hätten sie doch andernfalls sich und ihre bisherige Agitation unglaubwürdig gemacht. Zugleich lag die Bekämpfung der Sozialdemokratie durchaus auch im Interesse der reaktionärsten Kreise der Monopolbourgeoisie, die zwar gezwungen waren, die Politik der »nationalen Einheitsfront« mitzumachen, die zugleich aber bestrebt sein mußten, zu verhindern, daß die Sozialdemokratie aus dieser Politik einen Popularitätsgewinn ziehen konnte.

Andererseits aber mußte der Kampf der Verbände der »Arbeitsgemeinschaft« und der NSDAP gegen die »nationale Einheitsfront« einen Gegensatz zur Regierung Knilling aufreißen, die im Gesamtinteresse des deutschen Imperialismus die Regierung Cuno unterstützte. Was Cuno selbst betrifft, so hatte er großes Verständnis für die Abneigung gegenüber einer Einheitsfront mit der Sozialdemokratie und beschränkte sich auf belehrende Mahnungen, wenn die Nazis die Angriffe gegen die Einheitsfrontpolitik der Regierung gar zu weit trieben und dabei auch seine Person nicht schonten. An den Förderer der Nazipartei, Konsul Scharrer, schrieb Cuno am 2. Mai 1923 beispielsweise: »Mit Ihnen bin ich der Meinung, daß man gewisse Überschwenglichkeiten und allzu laute Temperamentsausbrüche nationalsozialistischer Bewegungen nicht tragisch zu nehmen braucht. Aber ich möchte auch daraus keinen Hehl machen, daß ich in der Art und Weise, wie die nationalsozialistischen Führer und die nationalsozialistische Presse, etwa der ›Völkische Beobachter‹ politische Fragen unter völliger Verkennung der realpolitischen Bedingtheit unserer Lage behandeln, wie wenn es nur von uns abhinge, um von heut auf morgen frei zu werden, eine ernste Gefahr für die Einheit unseres Volkes sehe. Wir müssen jetzt alles auf die Einheitlichkeit der Abwehrfront an Rhein und Ruhr einstellen, und diesem Zweck wird durch solche Ausbrüche nicht nur nicht gedient, sondern schwer geschadet.«[52]

Die Formel Hitlers: Nicht nieder mit den Franzosen, sondern nieder mit den Novemberverbrechern! war auch in Paris aufmerksam registriert worden, wie alles, was in Bayern geschah. Sie dürfte viel dazu beigetragen haben, daß nunmehr auch fran-

---

51 *Heiden*, Geschichte, S. 123f.; *Meier-Welcker*, S. 359; *Franz-Willing*, Krisenjahr, S. 53; (nach seinen Angaben war auf dieser Tagung auch Hitler anwesend.).

52 Das Kabinett Cuno, S. 360.

zösische Gelder auf dunklen Wegen in die Kasse der NSDAP flossen, geriet die Partei doch mit dieser Haltung zumindest vom äußeren Schein her in eine Front mit den separatistischen Kräften. In Wirklichkeit gehörte sie, wie bereits gezeigt, ebenso wie die Deutschvölkischen zu denen, die sich mit dem passiven Widerstand nicht zufrieden geben, sondern die schnellsten Voraussetzungen für den Übergang zum »aktiven« Widerstand, zum Krieg gegen Frankreich, herbeiführen wollten.

Liest man die Reden, die Hitler in den ersten vier Monaten des Jahres 1923 gehalten hat, dann muß man allerdings den Eindruck gewinnen, daß er ganz bewußt mit Angriffen auf Frankreich bis zur fast völligen Abstinenz zurückhielt, um so heftiger dafür jedoch über die »inneren Feinde« herfiel[53]. Tatsächlich war die NSDAP durch den Beginn des »Ruhrkampfes« in eine Situation geraten, die es ihr mit einem Schlage unmöglich machte, die bisher gewohnte Rolle des schrillsten Schreiers, des radikalsten und gewalttätigsten Vorkämpfers breitester Kreise der nationalistischen Kräfte in Bayern zu spielen. Sie hatte zu den brennendsten Fragen, die in diesen Kreisen Tag für Tag leidenschaftlich erörtert wurden, zum Kampf gegen die Ruhrbesatzung, nichts zu sagen, außer spärlichen, ganz allgemeinen Phrasen. Ihre ablehnende Haltung zur Politik der Regierung Knilling brachte sie zunächst in eine Stellung abseits von der Stimmung der Mehrheit der »vaterländischen« Kreise. Sie versuchte das mit gesteigertem Aktivismus, mit imponierender Zurschaustellung einer Massengefolgschaft und Demonstration der Stärke ihres Wehrverbandes, der SA, zu kompensieren. Dem sollte auch der für den 27. bis 29. Januar 1923 angekündigte »Reichsparteitag« der NSDAP dienen.[54]

Dieser Parteitag erhielt seine Bedeutung nicht durch das Spektakel, das mit dem Aufmarsch von 5.000 Angehörigen der Wehrverbände, darunter etwa 2.000 SA-Männer, und mit der Einweihung von vier Standarten veranstaltet wurde, sondern dadurch, daß er wie selten ein Ereignis zuvor die NSDAP als Protektionskind der Reichswehr auswies, deren Eingreifen Hitler vor einer schweren politischen Niederlage bewahrte.

Als die Naziführung ankündigte, sie wolle aus Anlaß des Parteitages zwölf Versammlungen und Kundgebungen unter freiem Himmel veranstalten, untersagte die Regierung Knilling aus Besorgnis über einen möglichen Naziputsch alle Kundgebungen unter freiem Himmel und erlaubte nur sechs statt zwölf Versammlungen.[55]

Über die darauf folgenden Vorgänge gab Heiden bereits 1932 eine Schilderung, die hinsichtlich der erzählten Ereignisse durch die späteren Forschungen in allen we-

53 Siehe Adolf Hitlers Reden, München 1925.

54 ZStAP, Vertretung der Reichsregierung München, Nr. 40, Bl. 124; siehe Dok. Nr. 8 der vorliegenden Arbeit.

55 Ebenda, RKO, Nr. 231, Bl. 253.

sentlichen Punkten bestätigt wurde[56], darüber hinaus auch ein treffendes Bild der Persönlichkeit Hitlers entwarf: »Hitler stürmte zum Polizeipräsidenten Nortz und führte dort eine unbeschreibliche Szene auf … Nortz, der Musterbeamte, wollte korrekte Staatsbürger sehen, also gab sich Hitler als loyaler Mann, der genau solch besonnener Patriot ist wie der Präsident selbst – nur mit den Massen muß man in ihrer Sprache reden; ihm selbst aber ist die Sprache der Präsidenten durchaus geläufig. Der Präsident muß einsehen, daß das Verbot des Parteitages nicht nur für Hitler ein Verhängnis, sondern für die nationale Bewegung ein Schlag und daher für das Vaterland eine Wunde wäre. Hitler wird warm und bewegt, wird ganz menschlich. Ein dunkelblonder junger Krieger beschwört den graubärtigen Beamten, spricht innig vom Vaterlande.« Doch der Präsident »sagt etwas Kühles von der Staatsautorität und den Polizeikarabinern, denen auch die Patrioten zu parieren haben. Da ändert Hitler den Ton und bricht los: Er werde auf jeden Fall marschieren, möge die Polizei auch schießen, er werde vorn marschieren und sich erschießen lassen.

Die Regierung ließ sich aber nicht aus der Fassung bringen, sondern verhängte zur Sicherheit den Ausnahmezustand und verbot alle zwölf Versammlungen …

Hitlers Lage war verzweifelt. Er wußte …, daß ein Zurückweichen vor der Regierung seine Autorität bei Ehrhardts alten Landsknechten, deren Führer er heute war, endgültig untergraben mußte.« Da aber »griff … zu seinen Gunsten die Macht ein, die ihn damals nicht zum letzten Male gerettet hat. Es war die Reichswehr.« Röhm und Epp »haben in jenen Tagen ihren persönlichen Einfluß als Inhaber eines wesentlichen Teils der Reichswehr in die Schanze geschlagen und Hitler vor einer vielleicht nicht mehr gutzumachenden Niederlage gerettet. Sie wußten freilich, was sie taten. Es war ja ihre Partei, die politische Truppe, die sie mit ihrem Geld und ihren Menschen geschaffen hatten.« Auf einer Besprechung über die angespannte Lage, zu der General Lossow seine Offiziere zusammenrief, »polterte Epp los, es sei unerträglich, wie die Regierung eine nationale Bewegung wie die Nationalsozialisten behandele. Keinesfalls dürfe die Reichswehr eine solche Schädigung des nationalen Gedankens dulden. Jetzt faßten auch die Jüngeren Mut, und Lossows neuer Mitarbeiter Röhm beschuldigte die Regierung offen des Verrats an der nationalen Sache …« Nach der Versammlung, die zu keinem Entschluß geführt hatte, veranlaßte Röhm den General Epp, nochmals mit Lossow zu sprechen, damit dieser bei der Regierung zugunsten der NSDAP vorstellig werde. Auf Epps Drängen erklärte sich Lossow einverstanden, persönlich mit

56 *Heiden*, Geschichte, S. 117ff.; zum Vergleich siehe StADr, Sächsische Gesandtschaft, Nr. 397, Bl. 120ff.; ebenfalls Politik in Bayern, S. 120f.; ferner Das Kabinett Cuno, S. 198f.; *Deuerlein*, Hitlerputsch, S. 53f. *Gordon*, Hitlerputsch, S. 169ff. Siehe auch die Schilderungen des Naziparteitages bei *Franz-Willing*, Die Hitlerbewegung, S. 232ff., bei *Bennecke*, Hitler und die SA, S. 48ff. und bei *Röhm*, S. 164ff.

Hitler zu sprechen. Hitler wurde rasch herbeigeholt. »Der General von Lossow kannte Herrn Adolf Hitler bisher nicht. Er lernt ihn jetzt von seiner besten Seite kennen. Denn Hitler, der in plötzlichen Situationen so Unbeherrschte, kann nach sorgfältiger Vorbereitung sich wie ein gemütlicher Biedermann benehmen, der nur das allgemeine Beste will. Dem General machen der Mann und seine Sache einen fast geringfügigen Eindruck. Keinesfalls lohnt es sich, um dieses entflammten Spießbürgers willen seine Offiziere und die wackeren Wehrverbände zu vergrämen.

Könnten Sie nicht wenigstens dem Minister Schweyer versprechen, daß Sie keinen Putsch machen werden? fragt er zur Vorsicht. Aber das ist zuviel für Hitlers vorbereitete Selbstbeherrschung. Er hat doch vor zwei Monaten dem Minister schon einmal solch ein Ehrenwort gegeben ... ›Dem Minister Schweyer gebe ich überhaupt kein Ehrenwort mehr!‹, brüllt er, ›aber ich versichere Eure Exzellenz – immer noch brüllend – mit meinem Wort, daß ich am 26. Januar keinen Putsch mache. Ich werde mich am 28. Januar 1923 wieder bei Exzellenz melden. ›Was für ein aufgeregter Herr‹, denkt der General. ›Ist ja wirklich ein kostbarer Revolutionär, Ehrenwort, keinen Putsch!‹«[57] Unter dem Druck Lossows gab die Regierung nach und gestattete den Nazis die Abhaltung des Parteitages zu den ursprünglichen Bedingungen: nur sechs statt zwölf Versammlungen, und keine Fahnenweihe im Freien, sondern im Zirkus Krone. Aber jetzt, im Bewußtsein des starken Rückhalts, den er bei Epp und Lossow gefunden hatte, wurde Hitler wieder kühn: nicht im Zirkuszelt, sondern, wie von Anfang an geplant, auf dem Marsfeld nahm er die Fahnenweihe vor, und statt der zugelassenen sechs wurden durch Veranstaltung von Parallelversammlungen *vor* den Sälen doch zwölf Versammlungen durchgeführt. In seiner Ansprache verhöhnte Hitler, der »seine Massenversammlungen nur (hatte) abhalten können, weil er kriecherisch darum gebeten ... hatte«[58], die Regierung und spielte sich als der kühne und trotzige Kämpfer auf, der die feigen Minister zum Zurückweichen gezwungen hat: »Die Herren von der Regierung klammern sich zu sehr an ihre Ministersessel, um die Verantwortung dafür zu übernehmen, daß auf wehrlose Männer geschossen wird ... Dieser Abend zeigt uns, daß wir triumphiert haben. Trotz Ausnahmegesetz und Belagerungszustand finden unsere Massenversammlungen statt, und morgen wird unsere Fahnenweihe abgehalten werden.«[59]

Die einzige Wirkung des Ausnahmezustandes bestand darin – und das entsprach nun ganz und gar dem »Ordnungszellen«-Geist –, daß die für den 26. Januar angesetzten *sozialdemokratischen* Massenversammlungen *nicht* stattfinden durften![60]

---

57 *Heiden,* Geschichte, *S.* 120.

58 *Gordon,* Hitlerputsch, *S.* 174f.

59 Ebenda, S. 175.

60 Politik in Bayern, S. 121, Moser-Bericht v. 29.1.1923.

Hitlers Unfähigkeit zu nüchterner und realer Kräftebeurteilung zeigte sich nun wieder darin, daß er durch das Zurückweichen der Regierung vor den Forderungen der Militärs sich in dem Irrglauben bestätigt sah, diesen bürgerlichen Politikern könne er alles bieten, und sie würden ihm zu guter Letzt alles durchgehen lassen, wenn er nur hart und unbeugsam blieb, weil sie zu entschiedenem Handeln zu schwach und zu feige seien.[61] Befangen in seinen eigenen Propagandamythen von den Männern, die Geschichte machen, war er außerstande, die wirklichen geschichtswirksamen Kräfte erkennen und einschätzen zu können. Er glaubte fest daran – und seine späteren Erfahrungen mindestens bis zum Münchener Abkommen von 1938 bestärkten ihn darin –, daß er bei den Herrschenden im entscheidenden Moment immer Fürsprecher und Helfer aus der Not finden werde, wenn er nur an seiner Entschlossenheit, den Bolschewismus auszurotten, keinen Zweifel aufkommen ließ. Der Antikommunismus, die Revolutionsfurcht der Bourgeoisie – das war die Trumpfkarte, die er unentwegt ausspielte, der er in allererster Linie seine Erfolge verdankte, die er aber – schlechter und primitiver Hasardspieler, der er war und blieb – mehrfach überreizte, ohne daraus mehr als neue taktische Kniffe zu lernen.

Der Ausgang der Kraftprobe zwischen Regierung und NSDAP war – daran konnte kein Zweifel bestehen – »eine schmähliche Niederlage der Staatsgewalt vor den Augen der Staatsbürger«, wie Heiden feststellte.[62] Er fuhr jedoch fort: »Für die Wissenden freilich war es mehr ein Zurückweichen des Zivils vor dem Militär, aber weder die breite Öffentlichkeit noch die Mannschaften der SA gehörten zu den Wissenden. Für sie erschien Hitler als der starke Mann, der sich vor dem Feuer der Karabiner nicht fürchtete und mit seinen besseren Nerven über den schwachen Polizeipräsidenten und einen böswilligen Minister gesiegt hatte.«[63]

So trug auch der »Sieg« über die Staatsmacht zur Steigerung der Popularität Hitlers und zur Anziehungskraft der NSDAP bei; er verschlechterte aber zur gleichen Zeit das Verhältnis zwischen ihr und der Regierung.

Allerdings zeigte sich Ministerpräsident Knilling im Gegensatz zum Innenminister Schweyer sehr besorgt darum, rasch wieder zu einem guten Einvernehmen mit den Nazis zu kommen, wohl nicht zuletzt auch deshalb, weil im Februar / März, wie schon

---

61 Gordon stellt als eine Schwäche Hitlers, »die für ihn während seiner ganzen Laufbahn charakteristisch war«, heraus, daß er, nachdem er eine Lösung gefunden hatte, die auf einen bestimmten Fall paßte, sie zum zweiten Male in einer ganz anders gearteten Lage wieder anwandte und dann natürlich Schiffbruch erlitt. – *Gordon,* Hitlerputsch, S. 175.

62 *Heiden,* Geschichte, S. 121; Moser berichtete am 29.1.1923 nach Stuttgart: »Es herrscht hier nun mit Recht allgemein das Gefühl, daß die Regierung sich gründlich blamiert habe«. – Politik in Bayern, S. 120.

63 *Heiden,* Geschichte, S. 121.

berichtet, von Seeckt und Cuno ernsthafte Bemühungen unternommen wurden, die rechten Verbünde fest hinter die Regierung zu bekommen, und weil auch in Bayern maßgebliche Stimmen sich zugunsten der Nazibewegung zu Wort meldeten. So nahmen die »Münchner Neuesten Nachrichten«, die unter der Kontrolle Reuschs standen, in einem Artikel des Chefredakteurs Fritz Gerlich ganz überraschend gegen die Regierung und deren ursprüngliche Maßnahmen gegen den Naziparteitag und für Hitler Stellung[64], und der bereits als großzügiger Finanzier der Nazipartei erwähnte Konsul Scharrer arrangierte für den 2. Februar im Regina-Palast-Hotel in München eine Begegnung Knillings mit Hitler, an der er selbst auch teilnahm. Hitler versicherte dabei dem Ministerpräsidenten, er habe zu ihm volles Vertrauen, werde auch nichts gegen die Regierung unternehmen, gab aber zu verstehen, daß das Verbleiben Schweyers als Innenminister ein ernsthaftes Hindernis darstelle für ein gutes Einvernehmen mit der Staatsregierung.[65]

Scharrer bemühte sich in diesen Tagen parallel zu den Aktivitäten Seeckts emsig um die Einigung aller »vaterländischen« Verbände. Zu diesem Zweck hatte er zehn Tage nach der Unterredung Knilling-Hitler ein Gespräch mit dem Forstrat Escherich, dem er eröffnete, er, Scharrer, werde den vaterländischen Verbänden eine Milliarde Mark zur Verfügung stellen, wenn sie sich unter einem Führer einigten.[66] Escherich, mit dem am 15. Februar schon Seeckt konferiert hatte[67], traf am 22. Februar mit Hitler zusammen, offenbar um zu sondieren, wie dieser sich zu der von Seeckt und Scharrer angeregten Vereinigung aller »Vaterländischen« stellte. Diese Unterredung blieb ergebnislos. Escherich notierte in seinem Tagebuch lediglich: »Bin noch mehr von ihm enttäuscht, als ich erwartet habe. Kleiner Demagoge, der nur mit Schlagworten arbeiten kann.«[68]

Die Versuche, Hitlers Zustimmung zu dem erstrebten Einigungswerk zu erhalten, mußten scheitern, weil Hitler gar keine Entscheidungsfreiheit in dieser Angelegenheit besaß. Er mußte sich dem Willen jener fügen, die in Wahrheit über das Schicksal seiner Partei und seiner SA bestimmten, und das waren vor allem seine Schirmherren in der Reichswehr, Röhm, und der anerkannte Führer aller schwarz-weiß-roten Vaterländischen, General Ludendorff.[69]

64 StADr, Sächsische Gesandtschaft, Nr. 397, Bl. 128; siehe auch *Franz-Willing,* Krisenjahr, S. 37.

65 Ebenda, S. 22f.

66 Ebenda, S. 24.

67 *Hallgarten,* S. 27.

68 *Franz-Willing,* Krisenjahr, S. 25.

69 In einem Bericht v. 29.1.1923 über die Stellung Lossows zu Hitler vermerkte Haniel, General Ludendorff habe einem Bekannten gegenüber die Garantie dafür übernommen, daß die Nationalsozialisten in diesen Tagen nichts unternehmen würden, und dem hinzufügt, das sei eine

Auch Lossow war unter dem Einfluß Röhms zu der Ansicht gelangt, daß die NSDAP trotz aller »Schlacken und Auswüchse« eine so bedeutsame und tragfähige Bewegung sei, weil sie die »besten und gebildetsten Elemente unserer heutigen hiesigen Jugend« gewonnen habe, daß man durch enge Fühlungnahme mit dieser Partei und ihren Führern »den gesunden und erfreulichen Kern herausschälen und erhalten« müsse.[70] Er stimmte zu diesem Zeitpunkt offenbar weitgehend mit den Absichten und Zielen Röhms in der Verwendung der NSDAP und Hitlers für die Ziele und Zwecke der bayerischen Reichswehrführung überein und ließ ihm dafür freie Hand. Die Abkühlung der Beziehungen der Nazipartei zur Staatsregierung wurde so zunächst mehr als wettgemacht durch die gleichzeitige Intensivierung der Beziehungen der Reichswehr zur SA.

2. Die SA in der »Arbeitsgemeinschaft der vaterländischen Kampfverbände«

Wenn die Reichswehrführung den Ruhrkampf zur verstärkten heimlichen Rüstung mit Hilfe der Wehrverbände ausnutzte, dann ganz besonders in Bayern, wo sie seitens der Landesregierung mit keinerlei störenden Eingriffen zu rechnen hatte. Das war ja einer der Gründe für die persönliche Kontaktaufnahme Seeckts mit den bayerischen Politikern und Wehrverbandsführern gewesen. Im Mittelpunkt dieser Aktivitäten der bayerischen Reichswehr stand – wie hätte es anders sein können – wiederum der Hauptmann Röhm. Röhm nahm Kurs auf die Sammlung aller Wehrverbände unter seiner Führung. Das erforderte als erstes, den Bund »Bayern und Reich« und dessen Führer Pittinger aus ihrer privilegierten Stellung zu verdrängen. Röhms Verhältnis zu Pittinger hatte sich ohnehin seit jenem verunglückten PP-Putsch im August 1922 ständig verschlechtert.

Der Bruch wurde eingeleitet durch den Austritt der NSDAP aus den VVVB, in denen »Bayern und Reich« die dominierende Stellung einnahm, unmittelbar nach dem 11. Januar. Dem Beispiel der Nazis folgten bald darauf jene Verbände, die gleich der NSDAP unter dem unmittelbaren Einfluß Röhms standen: die Gruppe Zeller (VVM), die »Reichsflagge« des Hauptmann Heiß und der »Bund Oberland«.[71]

Äußerung, »die immerhin auf eine enge Fühlungnahme Ludendorffs mit den Nationalsozialisten schließen läßt.« – ZStAP, Vertretung der Reichsregierung, Nr. 40, Bl. 144. Zu diesem Zeitpunkt waren also die Beziehungen Ludendorffs zur NSDAP der Öffentlichkeit noch nicht bekannt und befanden sich wohl auch noch in einem frühen Stadium. Erste Kontakte zwischen Ludendorff und Hitler hatte allerdings Rudolf Heß schon im Frühjahr 1921 vermittelt. *Auerbach,* S. *30.*

70 ZStAP, Vertretung der Reichsregierung, Nr. 40, Bl. 144.

71 *Röhm,* S. 163ff.; *Fenske,* S. 185ff.

Am 27. Januar 1923 löste Röhm mündlich und am 30. Januar auch schriftlich – nachdem er dazu die Zustimmung Epps eingeholt hatte – offiziell das Abkommen mit Pittinger, durch das seinerzeit »Bayern und Reich« die monopolartige Vermittlerstellung zwischen Reichswehr und den Wehrverbänden erhalten hatte. Damit besaß Röhm freie Hand für eine Umgruppierung der Kräfte im Lager der Verbände nach seinen Vorstellungen. Die Führungsposition erhielt nun die »Reichsflagge«, was dadurch auch nach außen hin dokumentiert wurde, daß Heiß am 31.1.1923 Röhm – der noch immer aktiver Offizier im Stabe des Landeskommandanten Lossow war! – zum Mitglied des Arbeitsstabes der »Reichsflagge« und zu seinem bevollmächtigten Vertreter in München machte.[72] Der Hauptstützpunkt und das Hauptwirkungsfeld der »Reichsflagge« blieb aber Franken. Wie die NSDAP in München, so erfreute sich Heiß dort der besonderen Förderung staatlicher Stellen. Röhm berichtet darüber: »Das vaterländische Wirken des Hauptmann Heiß fand in der Polizeidirektion Nürnberg in dem Polizeidirektor Gareis und seinem treuen Gehilfen Schachinger in mancher schweren Stunde eine wirksame Stütze ... dieses Dioskurenpaar (stand) hinter seinen Amtsgenossen in München, Pöhner und Frick, kaum zurück.«[73] Dieser Hauptmann Heiß – auch er wie Röhm noch immer aktiver Offizier der Reichswehr! – kann nicht besser charakterisiert werden als durch das, was er als Ziel seines politischen Wollens verkündete, nämlich »die gründliche, unerbittliche Säuberungsaktion ... die Waffenentscheidung zwischen unserer germanischen Weltanschauung mit der marxistisch-jüdischen Internationale. Die deutsche Not hat nur ein Gebot: ›Schlag tot!‹«[74]

Aber der Bruch mit Pittinger war nur der erste Schritt für Röhm. Ihm kam es darauf an, die »aktivistischen« Verbände unter *einer* Leitung zu vereinen, und diesen »Zusammenschluß der Verbände möglichst eng und straff zu gestalten, um dadurch die militärische und politische Stoßkraft zu erhöhen.«[75]

Zu diesem Zweck rief er am 4. Februar 1923 die »Arbeitsgemeinschaft der vaterländischen Kampfverbände« ins Leben, der außer der »Reichsflagge«, der Gruppe Zeller und dem Bund Oberland sowie einigen kleineren Organisationen auch die SA der Nazipartei angehörte. Die für Röhm wichtigste Abmachung der Verbände der »Arbeitsgemeinschaft« lag im Ausschluß von Sonderverhandlungen einzelner Verbände mit der Staatsregierung;[76] dadurch sollte das einheitliche politische und militärische Auftreten im Sinne der durch Röhm repräsentierten bayerischen Reichswehrführung

72 *Röhm,* S. 167ff.

73 Ebenda, S. 174.

74 Ebenda, S. 161.

75 Ebenda, S. 175.

76 Ebenda, S. 171.

gewährleistet werden. Als militärischen Führer der »Arbeitsgemeinschaft« gewann Röhm den früheren Stabsführer der Einwohnerwehren, Oberstleutnant a. D. Hermann Kriebel. Das war insofern wichtig, als damit eine Persönlichkeit an der Spitze der »Arbeitsgemeinschaft« stand, die eine große werbende Wirkung auf die Mitglieder von »Bayern und Reich« auszuüben imstande war; denn Röhms Pläne gingen dahin, später auch »Bayern und Reich« und alle anderen der in der VVVB vereinigten Organisationen unter dem Dache der »Arbeitsgemeinschaft« zu vereinen.[77]

Zum politischen Leiter hätte Röhm am liebsten Hitler gemacht. Aber daran war vorläufig noch nicht zu denken. So sehr Hitlers Leistung als Agitator von den Führern der Rechtsverbände anerkannt wurde, so wenig ernst wurde er von ihnen als politischer Führer genommen. Kriebel war noch im Oktober 1923 der Ansicht, daß Hitler für eine leitende Stellung überhaupt nicht in Frage komme.[78] Politischer Geschäftsführer der »Arbeitsgemeinschaft« wurde deshalb Christian Roth, den wir schon als Justizminister unter Kahr kennengelernt haben; er erfreute sich in Rechtskreisen großen Ansehens und war auch geeignet, den Kontakt zur Regierung zu pflegen.

Wie weit der Einfluß Röhms reichte, zeigt sich auch daran, daß, nachdem er mit Pittinger gebrochen hatte, der Schriftleiter des Bundesorgans der Pittingerorganisation, »Heimatland«, Hauptmann a. D. Wilhelm Weiß, die Fahne wechselte und sein Blatt der »Arbeitsgemeinschaft« zur Verfügung stellte.[79]

Um der »Arbeitsgemeinschaft« und der Politik, die er mit ihr zu treiben gedachte, einen festen Rückhalt beim Landeskommandanten zu verschaffen, verfaßte Röhm eine Denkschrift, die er am 1. Februar 1923 Lossow übergab.[80] Er begründete darin seinen Standpunkt, daß ein Offizier nicht unpolitisch sein dürfe, sondern »radikal national« sein müsse. Entschieden nahm er gegen die »nationale Einheitsfront« Stellung. Von einer Einheitsfront in Berlin könne nicht gesprochen werden, denn »die Forderungen der Marxisten und Gewerkschaften« würden »immer unerträglicher und unverschämter«. Sodann machte Röhm Lossow klar, weshalb es notwendig sei, besonders die NSDAP zu unterstützen: »Die vaterländische Front in Bayern hat in der jüngsten Zeit ihre wesentlichste Richtung und Stärkung durch den Führer der Nationalsozialisten, Adolf Hitler, erhalten. Ich habe die Überzeugung, daß der Kampf, den wir um unsere nationale Existenz führen müssen, nur gelingen kann, *wenn wir den Arbeiter wieder national gemacht*

77 Ebenda, S. 175. Am 13. März 1923 wurde die »Arbeitsgemeinschaft« endgültig konstituiert durch eine Vereinbarung aller ihr angeschlossenen Verbände. (Der Wortlaut der Vereinbarung ist wiedergegeben bei *Franz-Willing,* Putsch und Verbotszeit, S. 339.)

78 Hitler und Kahr, II, S. 47.

79 *Röhm,* S. 172. Wilhelm Weiß wurde später Chefredakteur des »Völkischen Beobachter«. – *Deuerlein,* Hitlerputsch, S. 567.

80 *Röhm,* S. 175ff.

haben. Da ich der Überzeugung bin, daß keine bürgerliche Partei oder nationale Bewegung dazu imstande ist, erscheint mir die Stärkung der nationalsozialistischen Bewegung eine wesentliche Voraussetzung und Kraftquelle der vaterländischen Kampffront zu sein.«[81] Schließlich machte Röhm Lossow klar, was er mit der »Arbeitsgemeinschaft« beabsichtigte: sie solle die – bisher völlig unzulänglichen – Maßnahmen zur militärischen und politischen Vorbereitung der »Durchsetzung nationaler Forderungen« (offen von Vorbereitungen auf den Krieg zu sprechen, war selbst in einer vertraulichen Denkschrift nicht angängig) vorantreiben. Dabei dürfe man aber »nicht wieder den Fehler machen … wie bisher: zunächst einen Führer zu ernennen und dann die Verbände zusammensuchen, sondern vorher müssen die Verbände zusammengebracht werden. Der Führer wird aus ihnen heraus dann schon erstehen.«[82] Wenn Röhm offen gesprochen hätte, so hätte er natürlich formulieren müssen: Sind die Verbände erst einmal zusammengebracht, dann werden sie früher oder später auch den Führer akzeptieren, den ich ihnen präsentiere. Daß er genau dies im Sinne hatte, sollte sich im September 1923 erweisen.

Für die NSDAP und Hitler brachte die Aufnahme der SA in die Arbeitsgemeinschaft nicht nur Vorteile. Gewiß spielten sie im Rahmen der »Arbeitsgemeinschaft« eine gewichtigere Rolle als vorher in der VVVB. Vor allem gehörten die SA jetzt zu jenen Wehrverbänden, die offiziell als Wehrergänzung durch die Reichswehr anerkannt waren;[83] dementsprechend übernahm die Reichswehr die militärische Ausbildung auch der SA-Einheiten und deren Ausrüstung und Bewaffnung. Damit war die SA in eine bessere Position gekommen als Pittingers ehemals so stolzer Bund »Bayern und Reich«, denn der erfreute sich seit Röhms Bruch mit Pittinger nicht mehr der Anerkennung als Wehrergänzung.[84]

Das hatte aber auf der anderen Seite zur Folge, daß die Reichswehr die SA nun noch stärker unter Kontrolle nehmen konnte und dadurch auch die NSDAP und ihre Führer. »Lossow übt auf Hitler starken Einfluß dadurch, daß dieser nun mit seinen Sturmabteilungen in die Organisation eingegliedert ist«, berichtete Staatssekretär Hamm am 2. April aus München.[85] Heiden schilderte die Situation, vielleicht etwas sehr zugespitzt, aber im wesentlichen doch zutreffend, wie folgt: »Hitler war nicht mehr Herr bei sich. Gerade die SA, die er als Instrument seiner persönlichen Herrschaft über die Partei geschaffen hatte, wurde ihm von den Militärs aus der Hand genommen … Die SA wuchs freilich, aber gerade deshalb konnte Hitler sie nicht mehr in der Hand

81 Ebenda, S. 177 (Hervorhebung voll mir; K. G.)

82 Ebenda, S. 178.

83 Das Kabinett Cuno, S. 360.

84 Ebenda, S. 359.

85 Ebenda, S. 360.

behalten. Im März des Jahres 1923 war die Truppe so weit, drei Standarten, zuletzt je drei bis fünftausend Mann stark, in Bayern aufstellen zu können; auf Betreiben Röhms hießen die Standarten später Regimenter. Die Reichswehr machte mit ihnen, wie mit den anderen Verbänden, große Nachtübungen und Paraden, und Hitler war bei diesem Kriegsspiel nicht viel mehr als ein rednerischer Schlachtenbummler ... Das wachsende Heer geriet Hitler im Laufe des Jahres so aus der Hand, daß er für seine internen Parteizwecke eine Sondertruppe schaffen mußte. Im August stellte ein alter Mitkämpfer aus dem Kreise der Parteigründer, der Leutnant a. D. Berchtold, eine Art Stabswache, den ›Stoßtrupp Hitler‹ auf. Dieser Stoßtrupp wurde die Keimzelle der heutigen SS.«[86]

Eine ähnliche Einschätzung der Situation gibt auch Bennecke, der die Dinge ja aus eigener Anschauung genauestens kannte: »Die intensive nationalsozialistische Propaganda in den ersten Monaten des Jahres 1923 ... darf nicht darüber hinwegtäuschen, daß der Dienst der SA durch ihre Einbeziehung in die Kampfverbände immer mehr von rein militärischen Erwägungen beeinflußt wurde. Dadurch wurde der SA-Dienst zu einer Frage der Landesverteidigung und geriet unter die Bestimmungen der Geheimhaltung. Gerade, weil sich die Entwicklung der SA zwischen Februar und November in erheblichem Umfang unter Ausschluß der Öffentlichkeit vollzogen hat, ist es schwierig, die Zusammenhänge klar zu erkennen. Die nationalsozialistische Propaganda trug in den späteren Jahren durch ihr Bestreben, die nationalsozialistische Unabhängigkeit während der ersten Jahre der Tätigkeit der Partei besonders zu betonen, weiterhin zur Verwirrung des Sachverhaltes bei.«[87]

Ein früherer enger Mitarbeiter des Hauptmann Heiß schilderte das Verhältnis zwischen Röhm und Hitler zur damaligen Zeit so: »Man kann wohl ohne Übertreibung sagen, daß Hitler bei Röhm damals ein- und ausgegangen ist und zwischen beiden ein ausgesprochenes Vertrauensverhältnis bestanden hat. Es war aber keineswegs so, als ob Hitler bereits damals einen unbedingten, alleinigen Führungsanspruch vertreten hätte. Meines Erachtens suchte Hitler Anschluß an die maßgebenden militärischen Männer in München ... Bei Röhm wurden (in den Diensträumen des Wehrkreiskommandos!; K. G.) Lagebesprechungen durchgeführt, es wurde diskutiert und mehr oder weniger kameradschaftlich beraten.«[88]

86 *Heiden*, Geschichte, S. 124; siehe auch *Franz-Willing*, Die Hitlerbewegung, S. 134; *ders.*, Krisenjahr, S. 59ff.

87 *Bennecke*, Hitler und die SA, S. 55.

88 Ebenda, S. 55f. Röhm sicherte sich auch über einen Befehl Hitlers vom 1.4.1923 die oberste Befehlsgewalt über die SA; dieser Hitlerbefehl lautete:»Hauptmann Röhm ist militärischer Leiter des Kampfbundes. Ich befehle hiermit, daß seinen Anordnungen von sämtlichen Mitgliedern und besonders Führern der SA der N. S. D. A. P. Folge zu leisten ist. Wer den Befehlen des Hptm. Röhm nicht unbedingt Folge leistet, gilt nicht mehr als zur SA gehörig.« – *Franz-Willing*, Krisenjahr, S. 65.

Bei diesen Besprechungen zwischen Röhm und Hitler dürften auch »die grundsätzlichen Fragen über die Führung und Gliederung der SA«[89] besprochen worden sein, die im Februar / März 1923 zu Veränderungen führten, welche auch nach außen hin die Entwicklung weg von der Parteitruppe und hin zur Wehrergänzungsorganisation deutlich machten. Im Februar legte Klintzsch die Leitung der SA nieder; an seine Stelle als SA-Führer trat Hauptmann a. D. Hermann Göring.

Göring, damals 29 Jahre, war im Herbst 1922 der NSDAP beigetreten.[90] Er war eine außerordentlich wertvolle »Neuerwerbung« für die Partei, brachte er doch nahezu alles mit, was sie brauchte, um in den »nationalen« Kreisen des Bürgertums an Ansehen und Gewicht zu gewinnen: militärisch-glanzvollen Ruhm als letzter Kommandant des legendenumwobenen Richthofen-Geschwaders und als Träger des Ordens »Pour le mérite«; eine Herkunft aus »bestem Hause« – war doch sein Vater der erste Gouverneur der Kolonie »Deutsch-Südwestafrika« gewesen; vielseitige Beziehungen zu den oberen Kreisen der Gesellschaft im In- und – was fast noch schwerer wog wegen des damit verbundenen Zuganges zu Beträgen in ausländischer Währung – Ausland, hatte er doch nach Kriegsende ein paar Jahre als Schauflieger und Leiter von Luftfahrtgesellschaften in Dänemark und Schweden gelebt, bevor er nach München gekommen war, um dort ein Studium aufzunehmen.[91] Aus Schweden hatte er auch seine Frau Karin, eine geborene Baronin v. Fock-Kantzow, mitgebracht, deren Vermögen ihm einen einigermaßen komfortablen Lebensstil gestattete, allein schon durch den Valutavorteil der schwedischen Währung.[92]

Schließlich sprach für ihn gerade in München, daß er aus Bayern stammte; sein Geburtsort war Rosenheim.

Der Beitritt zur NSDAP war für Göring allerdings alles andere als eine Sache »weltanschaulicher« Überzeugung.[93] Ihm genügte es, daß die NSDAP nationalistisch und konterrevolutionär war, an Lautstärke und »Aktivismus« alle anderen übertraf und ihm die Gelegenheit bot, eine führende Rolle zu spielen. Im Unterschied zu Hitler, Esser und anderen führenden Nazis dieses Typs war für Göring die NSDAP nicht der Rettungsring, der ihn vor dem Absinken ins gesellschaftliche Nichts bewahrte; seiner Herkunft und seiner gesellschaftlichen Stellung nach standen ihm viele Möglichkeiten offen. Wenn er sich den Nazis zuwandte, erwies er ihnen damit eine Gunst, die

---

89 *Bennecke*, Hitler und die SA, S. 55.

90 *Heiden*, Geschichte, S. 125; *Maser*, Die Frühgeschichte, S. 381.

91 *Heiden*, Geschichte, S. 125; *Ernst Hanfstaengl*, Zwischen Weißem und Braunem Haus. Memoiren eines politischen Außenseiters, München 1970, S. 88; *Maser*, Die Frühgeschichte, S. 381; *Auerbach*, S. 35.

92 *Hanfstaengl*, S. 89.

93 Ebenda, S. 88.

sie zu honorieren hatten und auch honorierten. Er spielte in der Partei immer eine Sonderrolle, gehörte immer zu den wichtigsten und einflußreichsten ihrer Führer, und dies, obwohl er später nie ein Amt in der eigentlichen Parteiführung bekleidete. Aber er war und blieb der Mann mit den weitreichendsten Verbindungen in die Kreise der Geldaristokratie. Kurzum: Er konnte Hitler und die NSDAP sehr wohl entbehren, sie aber ihn je länger, desto weniger. Deshalb konnte er sich auch später erlauben, den Führerkult um Hitler demonstrativ nur pro forma mitzumachen, dabei immer durchblicken lassend, daß der eigentliche große, glanzvolle Führer, die »Renaissancefigur« der Nazibewegung, kein anderer als er war. In diesem Sinne, im Sinne der Unabhängigkeit von der Partei, kann man Hanfstaengl zustimmen, wenn er schreibt, Göring sei nie in seinem Leben Nationalsozialist gewesen, und fortfährt: »Er war immer nur der Darsteller eines solchen, ein Mann, der aus Geltungsbedürfnis jede Rolle zu spielen verstand, die der jeweiligen Situation entsprach. Weder Held … noch ein Charakter, dafür aber umso überzeugender als Helden- und Charakterdarsteller, reichte sein Repertoire vom brutalen Tatmenschen über den aufrechten Soldaten bis zum gutmütig-jovialen Volkshelden, vom junkerlichen Typ mit den entsprechenden Allüren und Passionen bis zum Volkstribun, der als Paladin Hitlers die Wünsche des kleinen Mannes verfocht.«[94] Bliebe nur hinzuzufügen, daß der »brutale Tatmensch«, der zu jedem Verbrechen nicht nur fähige, sondern es genießende Faschist durchaus keine Rolle, sondern der echte Göring selbst war. Genau in diesem Punkte herrschte zwischen ihm und seinem Rivalen Röhm volle Harmonie, die sich auch in der Beschreibung ausdrückt, die Röhm von Göring gab: »Als Vertreter Hitlers, der oft nicht kommen konnte (zu den Sitzungen des Ausschusses der »Arbeitsgemeinschaft«; K. G.) nahm sein neuer SA.-Kommandeur … Hauptmann Göring, an den Sitzungen teil. Das frische, unbekümmerte Draufgängertum dieses bewährten deutschen Fliegeroffiziers … belebte stets die an sich schon kampffrohe Stimmung in unserem Kreis … Ich gewann den temperamentvollen Offizier bald recht gern und verlebte mit ihm manche frohe Stunde.«[95]

Als er dies schrieb, konnte Röhm noch nicht ahnen, daß der gleiche Göring dereinst – am 30. Juni 1934 – einer von denen sein würde, die ihn einen gewaltsamen Tod sterben ließen.

Nachdem Göring die Führung der SA übernommen hatte, wurde im März die SA-Führung in Anlehnung an die Reichswehr in ein »Oberkommando« umgebildet. Ihm gehörte zunächst Klintzsch noch eine Weile an. Als Stabschef trat an Görings Seite wiederum ein Ehrhardt-Offizier, Kapitänleutnant Hoffmann, sowie ein weiterer

---

94 Ebenda, S. 89f.

95 *Röhm*, S. 173.

Offizier der Marinebrigade, »so daß Göring zunächst nur von Ehrhardtoffizieren umgeben war«.[96]

Im Zuge der Umbildung der SA von einer Parteitruppe zum Wehrergänzungsverband wurden die Hundertschaften in Kompanien umbenannt und mehrere Hundertschaften zu Bataillonen zusammengefaßt. Die SA-Standarten wurden zu Regimentern, die Münchener SA zum »Regiment München« umgebildet mit dem Oberleutnant d. R. a. D. Wilhelm Brückner als Kommandeur; sein Adjutant wurde, wie schon erwähnt, der mehrfach zitierte Bennecke. Außerdem wurden im Zuge dieser Umbildungen Sondereinheiten aufgestellt: zur bereits vorhandenen Motorstaffel und dem schon erwähnten Reiterkorps kamen noch eine »Technische Abteilung«, eine »Artillerieabteilung«, eine »Radfahrabteilung«.[97]

Die Pläne, die Röhm mit der Bildung der »Arbeitsgemeinschaft« der Verbände und der Einbeziehung der Nazis verfolgt hatte, sollten sich indessen sehr bald als undurchführbar erweisen. Die nächsten Monate waren angefüllt mit heftigen Auseinandersetzungen, die die Arbeitsgemeinschaft nicht nur mit Pittingers »Bayern und Reich« und der bayerischen Landesregierung, sondern zunehmend auch mit Lossow führen mußte. Es zeigte sich immer mehr, daß der Landeskommandant nicht bereit war, die von Röhm betriebene Hineinziehung der Reichswehr in die Politik der Arbeitsgemeinschaft uneingeschränkt mitzumachen; außerdem zeigte sich, daß auch nicht alle Führer der in der Arbeitsgemeinschaft zusammengeschlossenen Verbände die von Röhm für richtig gehaltene Politik schroffer Konfrontation mit der Landesregierung mitzumachen geneigt waren. »In politischen Fragen glaubte … jeder Verband, seine eigenen Wege gehen zu können«, beklagte sich Röhm. »Die Sitzungen der Arbeitsgemeinschaft drohten in politische Diskussionsabende auszuarten … Die Arbeitsgemeinschaft war meiner Anschauung nach auf dem besten Wege, das zu werden, was wir bekämpften, nämlich ein Parlament. Ich verlor kostbare Zeit, die zu wichtigeren Dingen fehlte.«[98]

Röhm sah, daß diesem ärgerlichen Zustand durch militärische Befehle nicht beizukommen war. Den ewigen Streitereien konnte nur durch Einigung auf ein gemeinsames politisches Programm ein Ende gesetzt werden. Wer aber konnte eine solche Einigung bewerkstelligen? Röhm setzte wieder einmal seine Hoffnung auf Hitler. »Mein Sinnen und Trachten (war) allein darauf gerichtet, Hitler die diktatorische politische und Kriebel die diktatorische militärische Führung in den Kampfbünden zu

96 *Bennecke*, Hitler und die SA, S. 54. – Ulrich Graf, Hitlers Leibwächter Nr. 1 in diesen Jahren, urteilte über die »Arbeitsteilung« zwischen Göring und Hoffmann wie folgt: »Kptlt. Hoffmann ist mit Göring gekommen und war damals der, der gearbeitet hat.« – *Franz-Willing*, Krisenjahr, S. 62.

97 Ebenda, S. 103; *Bennecke*, Hitler und die SA, S. 68f.

98 *Röhm*, S. 190.

verschaffen.«[99] Deshalb bat er Hitler, »da es so nicht weitergehen durfte – schließlich war ich der Hausherr und hatte meine Räume zur Verfügung gestellt –«, eine Denkschrift zu verfassen über Zweck, Aufgabe und politische Ziele der Arbeitsgemeinschaft. Hitler, erfreut über diesen neuen Beweis seiner Unentbehrlichkeit, beeilte sich, die ihm genauestens bekannten Gedanken Röhms zu dessen vollster Zufriedenheit zu Papier zu bringen: »Hitler entledigte sich seiner Aufgabe in meisterhafter Weise«, lobte der.[100] In der Denkschrift wurde Röhms Standpunkt, daß nur der Soldat das Recht zu führen habe[101], von Hitler in die Worte gefaßt: »Das Recht zu regieren hat nur, wer bereit ist zu sterben.«[102] In langen Passagen wurde gegen die Seecktsche These von der Notwendigkeit der politischen Neutralität der Reichswehr zu Felde gezogen und daraus für die Kampfverbände abgeleitet: »Die vaterländischen Kampfverbände haben die Pflicht, politisch zu denken und politisch zu handeln.«

Die Aufgabe der Kampfverbände, in erster Linie die Bürgerkriegstruppe gegen den »inneren Feind« zu sein, wurde in einer Formulierung zum Ausdruck gebracht, die zugleich dem bayerischen Partikularismus Rechnung trug, wenn es hieß: »Sie haben dafür Sorge zu tragen, daß mit unerbittlicher Konsequenz Bayern zum Nationalstaat innerhalb der Grenzen des verseuchten Reiches gemacht wird. Zum Nationalstaat, der nicht zwischen Deutschen und Nichtdeutschen verhandeln will, sondern der dem Deutschen alle Rechte gibt und dem nicht deutsch sein Wollenden höchstens den Tod übrig läßt … Die vaterländischen Kampfverbände haben vor allem die Aufgabe, die innere Voraussetzung für die Durchführung des äußeren Kampfes zu schaffen, d. h. die Kräfte zu brechen, die den äußeren Widerstand entweder nicht beginnen lassen oder später lähmen würden.«[103]

Röhm, der gehofft hatte, durch diese Denkschrift Hitlers die Führer der Verbände geneigt zu machen, Hitler als den politischen Diktator der Arbeitsgemeinschaft zu akzeptieren, sah sich in dieser Hoffnung getäuscht; es gelang ihm nicht einmal, dem in der Denkschrift vorgelegten politischen Programm zur Annahme zu verhelfen.[104]

Die Bürgerkriegsmanöver, genannt »Felddienstübungen«, der faschistischen Kampfverbände riefen wachsende Empörung in der demokratischen Öffentlichkeit, ganz besonders in der Arbeiterschaft hervor. Unter dem Druck der wachsenden antifa-

---

99 Ebenda.

100 Ebenda. – Maser stellt hier, wie vielfach, die Dinge auf den Kopf, um im Sinne der Hitlerlegende Hitler als den treibenden, drängenden und führenden Teil darzustellen. – *Maser,* Die Frühgeschichte, S. 383ff.

101 Röhms Buch (Geschichte eines Hochverräters) endet S. 367 mit dem Satz: »Aus Not und Schmach Volk und Vaterland zu Freiheit und Ehre zu führen, vermag nur der Soldat.«

102 Ebenda, S. 191; *Bennecke,* Hitler und die SA, S. 59.

103 *Röhm,* S. 192f.; *Bennecke,* Hitler und die SA, S. 59.

104 *Röhm,* S. 193.

schistischen Einheitsbewegung hatte sich, wie wir sahen, die Preußenregierung bereits zum Vorgehen gegen die norddeutschen Faschisten veranlaßt gesehen. Die Reichsregierung und die Reichswehrspitze konnten schließlich die Enthüllungen über die ungenierte offene Kumpanei zwischen bayerischer Reichswehr und bayerischen Wehrverbänden nicht mehr unbeachtet lassen. Als dann Röhm gar noch das Mißgeschick passierte, daß ein Befehl, den er für eine Feldübung der Verbände der »Arbeitsgemeinschaft« in seiner Eigenschaft als Führer der Reichsflagge München erlassen hatte, auf dem Redaktionstisch der sozialdemokratischen »Münchener Post« landete und diese ihn abdruckte, war die Reichswehrführung in Berlin gezwungen zu reagieren; in dem Befehl waren nämlich aktive Reichswehroffiziere als Übungsleiter der »Reichsflagge« namentlich erwähnt worden. Unter dem Druck der Öffentlichkeit erließ Geßler am 24. April 1923 eine Anordnung, in der es u. a. hieß: »Wiederholt haben Übungen von Vereinen in aller Öffentlichkeit stattgefunden, an denen Reichswehrangehörige und auch Truppenteile teilgenommen haben. Die darüber in der Presse verbreiteten Nachrichten werden den Franzosen ein hochwillkommenes Material liefern. Jede Beteiligung Reichswehrangehöriger an solchen Übungen muß daher unterbleiben. Insbesondere ersuche ich, dem Hauptmann Röhm die Bearbeitung derartiger Sachen abzunehmen. Mit politischen Vereinigungen ist vielfach zusammengearbeitet worden. Die Beziehungen müssen gelöst werden.«[105]

Lossow sah sich gezwungen, nunmehr auch für die bayerische Reichswehr die Zugehörigkeit zu den vaterländischen wie zu allen anderen Organisationen zu verbieten. Für Röhm bedeutete dies, daß er offiziell die Führung der »Reichsflagge« München niederlegen mußte und als spiritus rector der »Arbeitsgemeinschaft« nur noch inoffiziell wirksam werden konnte.[106] Dies aber tat er um so eifriger im Sinne einer Steigerung der Aktivität und des provozierenden Auftretens der »Arbeitsgemeinschaft«, wobei er die stärkste Unterstützung in Hitler fand. Ein erwünschter Vorwand für derartige Aktivitäten bot sich ihnen in der Vorbereitung der Arbeiterparteien auf ihre traditionelle Maifeier.

3. Das Fiasko der »Arbeitsgemeinschaft« und Hitlers am 1. Mai 1923

Ein führendes Schweizer Blatt, die »Neue Zürcher Zeitung«, die aufmerksam die politische Entwicklung im benachbarten Bayern verfolgte, gab am 4. April 1923 folgende Lagebeurteilung: »Hitler ist geschlagen, er verliert mit jeder Woche mehr an Boden;

105 Ebenda, S. 194.

106 Ebenda, S. 194f.

schon drängen seine Unterführer zu einem entscheidenden Schlag, dessen Aussichten sonst immer schlechter werden.«[107]

Tatsächlich waren die ersten Monate des Jahres 1923 für die Nazis und überhaupt für die von Röhm so genannten »Nationalaktiven« eine schwierige Zeit, da sie zwar mit ihren radikalen Forderungen nach Übergang zum aktiven Widerstand gegen Frankreich, nicht aber mit ihrer Agitation gegen die Reichsregierung Cuno und das Kabinett Knilling, die ja nicht zu Unrecht beide als Rechtsregierungen galten, die Zustimmung der rechtsorientierten Öffentlichkeit fanden. Deshalb mußten sich die Nazis in dieser Agitation zurückhalten; darunter aber litt ihre agitatorische Durchschlagskraft, denn deren Geheimnis bestand vor allem in der unbedenklichen Rücksichtslosigkeit im Angriff auf Machtinhaber, die zum Sündenbock für alles das gemacht werden konnten, was den »kleinen Mann«, vor allem den Kleinbürger bedrückte, zur Verzweiflung und Empörung trieb. Gegenüber Cuno und Knilling war das nicht angängig, sie konnte man nicht als zu beseitigende Feinde attackieren, sondern lediglich als nicht genügend energische, aber im »nationalen« Wollen Gleichgesinnte kritisieren. Wie Haniel in seinen Berichten seit Januar 1923 mehrfach konstatiert hatte, war der Naziagitation durch die Bildung der Cuno-Regierung und den Ruhrkampf viel Wind aus den Segeln genommen worden.

Andererseits war auch die Regierung Knilling gegenüber der »Arbeitsgemeinschaft« und den Nazis in einer schwierigen Lage, denn wenn sie nicht die Sympathien und ihren Ruf als eine stramm nationale Regierung, die sich auf die vaterländischen Kräfte stützt, aufs Spiel setzen wollte, konnte sie sich ein scharfes Vorgehen gegen sie nicht erlauben. Dieses Dilemma wird recht deutlich bei der Lektüre eines Berichtes des Staatsekretärs Hamm über Besprechungen, die er am 2. April 1923 mit Knilling und Schweyer geführt hatte. Hamm hatte Knilling gegenüber zum Ausdruck gebracht, es sei doch »ein gewißes Gleichmaß des Vergehens gegen die äußerste Rechte wie die äußerste Linke« vonnöten, und deshalb wäre es »ein Akt einer weitschauenden bayerischen Reichspolitik …, wenn Bayern von sich aus gegen allzu sichtbare offenkundige Mißstände auf der äußersten Rechten, … die in Bayern selbst als ärgerlich und unwürdig empfunden« würden, vorgehen würde. Knilling antwortete darauf, an »eine praktische Auflösung der Sturmabteilungen könne man nicht herangehen«. Er gab nach dem Bericht von Hamm zwar zu, »daß diese Sturmabteilungen etwas sehr Unerfreuliches« seien, und daß »auch Herr v. Kahr nun an Hitler irre geworden sei und gewisse Auswüchse bedauere«, fügte dem jedoch hinzu, die Stimmung sei »in München aber so nationalaktivistisch, daß man damit rechnen müsse«[108].

107 Ebenda, S. 185.

108 Das Kabinett Cuno, S, 537.

Dazu, daß die Anziehungskraft der Nazis im Frühjahr 1923 stagnierte, trug ferner in gewissem Maße auch der Versuch der Reichsregierung zur Eindämmung der Inflation bei.

Im Januar 1923 war die Geldentwertung noch rasch fortgeschritten; am 2. Januar stand der Kurs des Dollars noch bei 7.260 Papiermark, am 31. Januar jedoch bei 49.000. Im Februar setzte die Aktion zur Stützung des Markkurses ein. Mitte des Monats war der Kurs des Dollars auf 19.500 Papiermark heruntergedrückt worden und wurde während des ganzen Monats März mit Ausnahme der ersten sechs Tage auf einem Kurs unter 21.000 gehalten. In der ersten Hälfte April stieg der Papiermarkkurs je Dollar nur geringfügig auf rund 21.000. Ab 18. April kam der Kurs ins Gleiten, hielt sich aber bis Monatsende noch unter 30.000. Der eigentliche Kurssturz begann am 2. Mai. Von einem Tag auf den anderen, vom 2. zum 3. Mai, fiel der Kurs um fast den gleichen Betrag wie im ganzen Monat April, nämlich von 31.700 auf 39.250, und am Ende des Monats Mai stand er schon bei 69.500.[109]

Das zeitweilige Anhalten oder wenigstens die Verlangsamung der Drehung der Inflationsschraube in den Monaten Februar bis April hatte aber zweifellos dazu beigetragen, die Wirkung der Naziagitation und der Agitation der Rechtsradikalen überhaupt gegen die Reichsregierung stark zu beeinträchtigen.

Um die Dinge in ihrem Sinne in Bewegung zu bringen, suchten Röhm, Kriebel und Hitler nach einer Gelegenheit, wo sie sich der Massenstimmung sicher sein konnten, wenn sie massiven Druck auf die Staatsregierung ausübten. Eine solche Gelegenheit schien ihnen der 1. Mai zu sein. Sie spekulierten darauf, daß es gelingen werde, die Veranstaltung einer Maifeier in München durch die Arbeiterparteien der »nationalen« Bevölkerung als eine nicht hinzunehmende Provokation darzustellen, mit der Begründung, eine solche Veranstaltung stelle erstens einen Bruch der »nationalen Einheitsfront« dar und sei zweitens eine unerhörte Zumutung, da der 1. Mai der Jahrestag der »Befreiung« Münchens von der Räteherrschaft sei. Die »Arbeitsgemeinschaft« richtete also an die Regierung die Aufforderung, die Maifeiern der Arbeiterparteien und der Gewerkschaften durch Verhängung des Ausnahmezustandes zu verbieten.[110] Als auf diese Aufforderung hin die Regierung »nur« den großen Maiumzug verbot, aber kleinere Umzüge und eine Kundgebung auf der Theresienwiese erlaubte, »entschloß sich … die Arbeitsgemeinschaft zu selbständigem Vorgehen«.[111] Geplant war, durch bewaffnetes Auftreten und Besetzung der Zugänge zur Innenstadt das Stattfinden der

109 *Elster,* S. *440.*

110 *Deuerlein,* Hitlerputsch, S. 56ff., 713ff., Berichte der Polizeidirektion München an das bayerische Staatsministerium des Innern über die Vorgänge des 1. Mai 1923; *Gordon,* S. 175ff.; *Franz-Willing,* Krisenjahr, *S.* 77ff.

111 *Röhm,* S. 196f.

Maifeier gewaltsam zu verhindern. Wie immer bei derartigen Aktionen der »Nationalaktiven« konnte nicht ausgeschlossen werden, daß daraus ein Putsch entwickelt wurde.

Röhm, Hitler und Kriebel rechneten offenbar damit, die Regierung werde, wie im Januar beim NSDAP-Parteitag, vor dem Druck der »Arbeitsgemeinschaft« zurückweichen und entweder selbst die Maifeiern verbieten oder den Verbänden freie Hand zur »Selbsthilfe« lassen. Aber diesmal hatten sie sich verrechnet. Sie vermochten nicht, über den bayerischen Zaun zu sehen und die völlig veränderte politische Situation richtig einzuschätzen.

Innenpolitisch krachte die »nationale Einheitsfront« bereits in allen Fugen. Die Aufklärung der Kommunistischen Partei über den wirklichen Hintergrund des »Ruhrkampfes«, nämlich den Streit der deutschen und französischen Imperialisten um die Führung in einem deutsch-französischen Montantrust, und darüber, daß die französischen und deutschen Arbeiter gemeinsam gegen die deutschen und französischen Imperialisten zusammenstehen und kämpfen müssen, fand umso mehr Resonanz bei den Massen, als immer deutlicher wurde, daß die Lasten des Ruhrkampfes mit Arbeitslosigkeit, Teuerung, Verschlechterung der Ernährung einseitig den Werktätigen aufgebürdet wurden, während die Ruhrmagnaten, allen voran Stinnes, ihre Macht und ihren Reichtum mit Hilfe des Staates in beispielloser Weise vergrößern konnten. Eine auf Initiative der revolutionären Betriebsrätebewegung des Ruhrgebiets im März 1923 nach Frankfurt am Main einberufene internationale Arbeiterkonferenz gab dem proletarischen, internationalistischen Kampf gegen die Ruhrbesetzung, gegen den deutschen und den französischen Imperialismus, gegen die Cuno-Regierung und gegen den Vormarsch des Faschismus, für die Bildung von proletarischen Hundertschaften und von Kontrollausschüssen starke neue Impulse.[112] An dieser Konferenz hatten auch Mitglieder der USPD und der SPD als Delegierte teilgenommen. Angesichts dieser Entwicklung der Massenstimmung wurde es für die Führung der SPD immer schwieriger, ihren Anhängern gegenüber die Unterstützung der Cuno-Regierung und der verschlissenen Parole der »nationalen Einheitsfront« zu verteidigen.

Ein bewaffneter Überfall der bayerischen Faschisten auf eine sozialdemokratische Maifeier in Bayern konnte unter diesen Umständen zu unabsehbaren Folgen führen. Ein solcher Überfall mußte auch die Pläne zum Verbot der proletarischen Hundertschaften behindern, wenn nicht vereiteln, da die unvermeidliche Folge nur die Verstärkung der Selbstschutzanstrengungen der Arbeiterschaft sein konnte.

Auch die außenpolitische Situation des deutschen Imperialismus hatte sich inzwi-

---

112 *Hortzschansky*, S. 152f.; *Heinz Köller*, Kampfbündnis an der Seine, Ruhr und Spree. Der gemeinsame Kampf der KPF und KPD gegen die Ruhrbesetzung 1923, Berlin 1963, S. 170ff.

schen so gestaltet, daß ein bewaffnetes Vorgehen der extremen Rechten seine Position weiter verschlechtern mußte. Der »passive Widerstand« war im Grunde bereits gescheitert.[113] Die Ruhrbesetzung konnte – das zeichnete sich schon ab – nur noch auf politischem Wege, durch Verhandlungen, beendet werden. Dazu aber bedurfte der deutsche Imperialismus der Unterstützung Englands und der Vereinigten Staaten. Bewaffnete Provokationen von rechts konnten nur dazu führen, daß das dringend erwartete hilfreiche Eingreifen der Angelsachsen noch länger hinausgeschoben wurde.

Außerdem: Im Januar war es nur darum gegangen, den Nazis die Abhaltung ihres Parteitages zu ermöglichen. *Jetzt* stellten die Verbände der Arbeitsgemeinschaft die Forderung auf die Herausgabe ihrer in Reichswehr-Verwaltung befindlichen Waffen!

Als Lossow dies ablehnte, wurde von der »Arbeitsgemeinschaft« am 30. April das Gerücht in Umlauf gesetzt, ein Linksputsch sei geplant, an die Arbeiter der Maffei-Werke seien bereits Waffen ausgegeben worden, und auswärtige Kommunisten würden in München zusammengezogen.[114] Hitler erbat wieder eine Unterredung mit Lossow, in der Hoffnung, unter der Wirkung dieses Gerüchts und mit der Unterstützung Röhms, der an der Unterredung teilnahm, Lossow eine Zustimmung abringen zu können. Lossow blieb aber diesmal fest, allerdings mit der bezeichnenden Begründung, er halte den jetzigen Zeitpunkt für die »innere Reinigung« für verfrüht![115] Dadurch kamen die Führer der Arbeitsgemeinschaft, besonders aber Hitler, der den Mund wieder am vollsten genommen hatte mit Versicherungen, man werde die Maifeiern auf jeden Fall und mit allen Mitteln unterbinden[116], in eine höchst peinliche Situation. Wollten sie nicht völlig das Gesicht verlieren und als Maulhelden zum Gespött der Leute werden, mußten sie versuchen, ihre Aktion auch ohne Zustimmung der Regierung durchzuführen. Das wurde denn auch beschlossen. Um an die Waffen heranzukommen, fuhren in der Frühe des 1. Mai Angehörige der Kampfverbände, darunter auch der SA, zu den Kasernen, in denen ihre Waffen deponiert waren, um sie sich durch Offiziere, die mit ihnen sympathisierten, aushändigen zu lassen. Das gelang allerdings nur in wenigen Fällen.[117] Die meisten Offiziere hielten sich an das vorher ergangene Ausgabeverbot.

113 *Meier-Wecker,* S. 363.

114 *Röhm,* S. 197: »Am 30.4.1923 spitzte sich die Lage zu. Nach eingetroffenen Nachrichten, die sich allerdings später als falsch herausstellten (!), waren an die Maffeiarbeiter Waffen ausgegeben worden ...« – siehe auch *Deuerlein,* Hitlerputsch, S. 57, 718.

115 Hitler und Kahr, I, S. 17.

116 Hitler hatte erklärt, »die roten Kundgebungen« würden nur stattfinden, »wenn die Manifestanten« über seine »Leiche marschieren« würden. – *Maser,* Die Frühgeschichte, S. 389.

117 *Gordon,* Hitlerputsch, S. 182: »Major a.D. Streck gelang es, mehrere Lastwagenladungen Waffen und den Panzerwagen aus der Kaserne zu bringen, aber Göring, der sich wie immer verspätet hatte, wurde abgewiesen, als er versuchte, sich einige Geschütze zu beschaffen.«

Am Vormittag des 1. Mai sammelten sich etwa 2.000 Angehörige der Kampfverbände auf dem nahegelegenen Übungsgelände Oberwiesenfeld. Heiden (der die ganze Affäre allerdings einseitig als alleinige Aktion Hitlers schilderte statt als Aktion der Arbeitsgemeinschaft, und die Rolle Röhms als des Inspirators und Kriebels als des militärischen Leiters völlig unbeachtet ließ), gab – von dieser Einseitigkeit abgesehen – eine kurze und treffende Schilderung des Verlaufes und des blamablen Endes der Aktion: »Statt mit einer wohlbewaffneten Armee am Morgen des 1. Mai die Brennpunkte der Stadt zu besetzen, führte er (Hitler) sie vor das Weichbild auf den Exerzierplatz Oberwiesenfeld. Damit brachte er als vorsichtiger Stratege nicht weniger als die ganze Stadt München zwischen sich und den Gegner, der am andern Stadtende auf der Theresienwiese friedlich die Maireden anhörte.

Auf dem Oberwiesenfeld fraternisierten die Kampfverbände mit der dort übenden Reichswehr, während die Führer verlegen berieten, was nun zu tun sei. Inzwischen erfuhr v. Lossow von dem Waffenraub. Als der General, nachdem er Röhm mächtig heruntergeputzt hatte, wutentbrannt seinen Leuten die Entwaffnung der nationalistischen Rebellen befahl, da blieb nichts übrig, als sich eben möglichst freundschaftlich über die Entwaffnung zu verständigen. Es gelang Hitler gerade noch, die schimpfliche Waffenauslieferung auf dem Felde zu vermeiden. Die Verbände durften sie selbst in die Kaserne zurückfahren. Das war die ›Abrechnung‹ mit den Marxisten. Es war die schwerste Niederlage, die Hitler bisher erlebt hatte. Schon deshalb, weil offenbar wurde, daß er kein Kämpferherz besaß.«[118]

Röhm hatte sich diesmal auf die Rolle des mehr aus dem Hintergrund konspirativ Mitwirkenden beschränken müssen, weil er sich persönlich »mit Rücksicht auf den mir erst vor wenigen Tagen erteilten Befehl des Landeskommandanten von allen Ereignissen fernhalten (mußte)«.[119] Er behauptete auch, an den vorbereitenden Besprechungen nicht teilgenommen zu haben[120], doch geht aus den erhalten gebliebenen Teilnehmerlisten hervor, daß er bei den wichtigsten Beratungen zugegen war.[121] An der Aktion selbst konnte er jedoch nicht teilnehmen, sondern saß in seinem Dienstzimmer im Wehrkreiskommando, um den Gang der Ereignisse am Telefon zu verfolgen; er mußte

118 *Heiden,* Geschichte, S. 127; Gordon beschreibt die Oberwiesenfeldszene wie folgt: »Die Hauptkräfte auf dem Oberwiesenfeld unternahmen nicht mehr als der Bund Oberland. Nachdem sie stundenlang mit dem Gewehr in der Hand herumgestanden hatten, während die Landespolizei ihnen gegenüberstand, gaben sie ihre Waffen ganz zahm wieder zurück und verließen das Feld in kleinen Trupps. Einige von ihnen hatten sich allerdings schon gedrückt, bevor es zur allgemeinen Kapitulation kam.« *Gordon*, Hitlerputsch, S. 182f.

119 *Röhm*, S. 198.

120 Ebenda, S. 197.

121 *Gordon*, Hitlerputsch, S. 179, Fn. 37.

jedoch bald feststellen, daß sein Apparat überwacht wurde.[122] An seiner Stelle befehligte Hauptmann a. D. Joseph Seydel die Münchener »Reichsflagge«, der als Röhms »Strohmann«[123] dessen Nachfolge als offizieller Führer der Einheit übernommen hatte, nachdem Röhm befehlsgemäß die Führung hatte niederlegen müssen.

Den Fehlschlag der Aktion gestand Röhm in seinen Erinnerungen mit den Worten ein: »Für die Arbeitsgemeinschaft ... war die Aktion des 1. Mai kein Erfolg. Hatte sie schon im Stande der Vorbereitung ihre mangelnde innere Geschlossenheit erwiesen, so gab der 1. Mai selbst das Bild, daß eine Reihe von Verbänden für den Kampf nur bedingt brauchbar war.«[124] In der Tat war die Bilanz der Teilnahme der Verbände der Arbeitsgemeinschaft niederschmetternd: Das Zeitfreiwilligenkorps München, das in einem Kartellverhältnis zur Arbeitsgemeinschaft stand, hatte sich überhaupt nicht beteiligt; von den 30.000 Mann der VVM waren lediglich 2.500 Mann in den Bezirksquartieren zu dem von ihrem Vorsitzenden Zeller angeordneten Bereitschaftsdienst angetreten, nachdem der Polizeipräsident am Vorabend seine Zustimmung zu ihrem Einsatz als Notpolizei widerrufen hatte; vom Bund Oberland waren 800 Mann zum befohlenen Sammelplatz am Maximilianeum (dem Landtagsgebäude am Ostufer der Isar) gekommen. Auf dem Exerzierplatz Oberwiesenfeld hatten sich 130 SA-Leute, 200 Mann der Münchener »Reichsflagge« und 400 Mann des nur in loser Verbindung zur Arbeitsgemeinschaft stehenden Blücherbundes eingefunden, zusammen also knapp 2.000 Mann.[125] Der 1. Mai hatte die Schwäche der Kampfverbände und der Nazis auch in anderer Hinsicht recht deutlich in Erscheinung treten lassen: während von den Angehörigen der Kampfverbände nur 5.000 bis 6.000 angetreten waren, nahmen an der Maikundgebung auf der Theresienwiese über 25.000 Münchener teil![126]

Die Folgen der Niederlage vom 1. Mai 1923 waren tiefgreifend und vielfältig.

Zunächst einmal half es Röhm nichts, daß er sich bei der Vorbereitung der Aktion und am Tage der Aktion selbst im Hintergrunde gehalten hatte; seine Rolle als Motor der Arbeitsgemeinschaft konnte er dadurch nicht verschleiern. Am 3. Mai teilte ihm Lossow seine Dienstenthebung und Versetzung als Kompaniechef nach Bayreuth mit. Damit endete seine Rolle als »Maschinengewehrkönig« und einflußreichster Reichswehrprotektor der NSDAP.

Vor Schlimmerem, nämlich seiner Entlassung aus der Reichswehr, wußte sich Röhm jedoch dadurch zu schützen, daß er in einer Beschwerdeschrift indirekt damit

122 *Röhm*, S. 198.

123 *Gordon*, Hitlerputsch, S. 98, 150.

124 *Röhm*, S. 199.

125 *Franz-Willing*, Krisenjahr, S. 81f.

126 *Deuerlein*, Hitlerputsch, S. 724.

drohte, über Lossow »auszupacken«. Dieser schloß deshalb Heiden zufolge mit Röhm »einen Waffenstillstand, der es dem Hauptmann gestattete, zu bleiben und sein Gehalt weiter zu beziehen.[127] Als jedoch die Situation im September die Möglichkeit eines neuen Putsches in Aussicht stellte, wollte Röhm sich aller Bindungen entledigen, die ihn daran hindern konnten, sich voll und ganz dieser Aufgabe zu widmen; er reichte deshalb am 26. September 1923 seinen Abschied ein[128], der jedoch erst lange nach dem Putsch vom 9. November, nämlich am 16. Dezember 1923, bewilligt wurde![129] Er konnte also seine Staatsstreichvorbereitungen weiterhin auf Staatskosten betreiben.

Auch die »Arbeitsgemeinschaft« hatte im Grunde ihre Rolle ausgespielt. Die Reichswehrführung nahm die Verbände jetzt straffer an die Leine, indem sie ab 23. Mai von allen ihren Mitgliedern, die von der Reichswehr ausgebildet wurden, die Unterzeichnung einer Erklärung verlangte, in der es hieß: »Dafür, daß die Reichswehr es übernimmt, mich im Waffenhandwerk auszubilden, verpflichte ich mich: ... nichtaufgerufen mich an keiner feindseligen oder gewalttätigen Handlung gegen die bayerische Reichswehr oder Landespolizei zu beteiligen.«[130]

Am schlimmsten war die Auswirkung der blamablen Niederlage auf die Nazipartei. Die Anziehungskraft, die sie auf große Teile des Münchener nationalistischen Kleinbürgertums ausgeübt hatte, ließ merklich nach. Am 31. Juli 1923 berichtete der Vertreter der Reichsregierung in München, Haniel, an die Reichskanzlei u. a., daß eine starke Entspannung der Lage in München dadurch stattgefunden habe, »daß sich gerade die unruhigsten Elemente, die Nationalsozialisten, von der Demütigung, die sie nach allgemeiner hiesiger Auffassung am 1. Mai hier erlitten, nicht wieder erholt haben. Leute, die früher in Herrn Hitler den kommenden Retter Deutschlands sahen, rücken jetzt deutlich von ihm ab und erwähnen seine Tätigkeit nur noch mit Achselzucken. Damit ist eingetroffen, was sich für eine so gänzlich auf Aktion eingestellte Bewegung wie die nationalsozialistische voraussehen ließ, daß sie nämlich abflauen würde, wenn ihr kein populäres Angriffsziel gegeben würde.«[131]

Der Korrespondent einer amerikanischen Zeitung stellte fest: »Hitler hat aufgehört, die Phantasie des Volkes zu beschäftigen«.[132] Daran konnte weder die von Esser erfundene und im VB verbreitete Erzählung über ein Mordkomplott gegen Hitler etwas ändern, zumal das nur die Wiederholung eines bereits im April angewandten

127 *Heiden,* Geschichte, S. 128.

128 *Röhm,* S. 200.

129 Ebenda, S. 275.

130 *Bennecke,* Hitler und die SA, S. 67; Ursachen und Folgen, Bd. 5, S. 428.

131 Das Kabinett Cuno, S. 696.

132 *Heiden,* Geschichte, S. 129.

und entlarvten Tricks war, noch das provozierende Auftreten der Nazis zum Deutschen Turnfest am 14. Juli 1923, wo sie nach einer Hitlerrede im Zirkus Krone auf der Straße eine Schlägerei mit der Polizei vom Zaune brachen.[133]

»Der Rückschlag des 1. Mai warf die nationalsozialistische Partei in eine politische, Hitler in eine persönliche Krise.«[134] Die Staatsanwaltschaft leitete gegen die Verantwortlichen des Waffenraubes ein Verfahren ein. Die Bewährungsfrist für Hitler aus seiner letzten Verurteilung (wegen des Überfalls auf Ballerstedt)[135] war noch nicht abgelaufen. Hitler mußte also mit einer Verurteilung rechnen, möglicherweise sogar mit der Ausweisung. Wie schon im Jahr zuvor, reagierte er zunächst mit einer Flucht aus der Politik in die Zurückgezogenheit. Aber damit konnte er natürlich einen Prozeß nicht aufhalten. Dem Vorbild seines Freundes Röhm folgend, griff er daher zum Mittel der erpresserischen Drohung. Hatte jener eine Beschwerdeschrift verfaßt, so reichte dieser dem Staatsanwalt eine Denkschrift ein, in der er ausführte: »Da ich seit Wochen in Presse und Landtag auf das ungeheuerlichste beschimpft werde, ohne daß mir infolge der Rücksicht, die ich dem Vaterlande schuldig bin, die Möglichkeit einer öffentlichen Verteidigung zur Verfügung steht, bin ich dem Schicksal nur dankbar, daß es mir nun gestattet, diese Verteidigung im Gerichtssaale und damit frei von diesen Rücksichten führen zu können.«[136] Eine solche Drohung mit der Aufdeckung der Zusammenarbeit zwischen Reichswehr, Landesregierung und Wehrverbänden einschließlich SA und NSDAP bei der illegalen Aufrüstung war das Nächstliegende, weil mit nahezu absoluter Sicherheit wirksame Erpressungsmittel. Das erwies sich auch in diesem Falle. Der Staatsanwalt Dresse berichtete umgehend an den Justizminister Gürtner, der ohnehin mit den Nazis sympathisierte: »Es besteht die Gefahr, daß die Führer der Kampfverbände nicht davor zurückschrecken werden, eine Verteidigung zu führen, die geradezu landesverräterisch wirken müßte. Hitler ist sogar so weit gegangen, mit einer Veröffentlichung seiner Denkschrift in der Presse zu drohen.«[137]

Gürtner, der im Gegensatz zu seinem Ministerkollegen Schweyer keinerlei Interesse an einem Prozeß gegen die Führer der Kampfverbände im allgemeinen, gegen Hitler im besonderen, hatte, wies den Staatsanwalt an, die Klage »auf eine ruhigere Zeit« zu vertagen, ohne von dieser Anweisung Schweyer Mitteilung zu machen.[138] Es zeigte sich wieder einmal, daß die Nazis, auch nachdem ihr mächtigster und wichtigster Schutz-

133 *Deuerlein*, Hitlerputsch, S. 63ff.; *Franz-Willing*, Krisenjahr S. 141f.

134 *Heiden*, Geschichte, S. 128.

135 Siehe vorliegende Arbeit, S. 209.

136 *Heiden*, Geschichte, S. 130; *Franz-Willing*, Putsch und Verbotszeit, S. 355 (voller Wortlaut der Denkschrift).

137 *Heiden*, Geschichte, S. 130.

138 Ebenda.

patron, Röhm, nicht mehr seine schützenden Hände über sie halten konnte, noch immer genügend einflußreiche Freunde im Staatsapparat besaßen, die ihnen behilflich waren, über schwierige Zeiten wohlbehalten hinwegzukommen.

Dennoch – Hitler war wieder einmal schwer angeschlagen und hatte große Mühe, sich wieder zu fangen. Wochenlang kümmerte er sich weder um die Partei noch überhaupt um Politik, flüchtete nach Berchtesgaden zu Eckart, oder in die Umgebung seiner begüterten Verehrerinnen, von denen er sich trösten und in seiner »Mission« bestätigen ließ. »Hitlers Privatleben erlitt um diese Zeit einen Bruch«, berichtet Heiden, »Er hatte freundschaftlichen Zutritt bei einer der ersten Münchener Familien gefunden, deren Namen heute in der Bewegung eine gewisse Rolle spielt. Er bekam von dort Geld, Ablenkung und die Gewöhnung an das Leben in gepflegten Kreisen.«[139]

Hitler hatte Zutritt zu mehreren solcher Familien, wie wir schon gesehen haben. In diesem Falle dürfte es sich um die Familie gehandelt haben, in deren Villa in Uffing am Staffelsee Hitler oft zu Gast war, sich dabei von Hanfstaengl auf dem Klavier seinen geliebten Wagner vorspielen ließ und die junge Frau Hanfstaengls mit Blumengeschenken, Handküssen »und verzehrenden Blicke(n)«[140] bedachte.

Die Partei indessen durchschritt »halb führerlos, eine Zone des Schweigens«[141] und geriet immer tiefer in die Krise; Hitlers Autorität als »Führer« der Partei schwand mehr und mehr. »Bei den immer unzufriedenen Parteiveteranen erregte das Ärgernis,« berichtete Heiden weiter, »und es liefen Glossen um über den ›Arbeiterführer bei Sekt und schönen Frauen‹. Der alte Mitbegründer der Partei, Körner, der zweite Parteivorsitzende Jacob und ein paar andere schlossen sich zu einer Art Bund zur Rettung von Hitlers Arbeiterseele zusammen. An der Spitze standen Gottfried Feder und ein mit Hitler befreundeter höherer Reichsbahnbeamter.[142] Feder machte geltend, daß man den Führer zwar als künstlerischen Menschen nicht mit kleinlichem Maßstab messen dürfe, andererseits aber beurteile man die Partei nach seinem Verhalten.«[143] In dieser Situation schrieb Feder den bereits früher zitierten Brief an Hitler[144], der sehr deutlich werden läßt, wie wenig noch im August diejenigen, die wie Feder geholfen hatten, Hit-

139 Ebenda, S. 129.

140 *Hanfstaengl*, S. 61.

141 *Heiden*, Geschichte, S. 129.

142 Fritz Lauböck, leitender Eisenbahnbeamter in München; – siehe *Hanfstaengl*, S. 51, 56; siehe auch *Plewnia*, S. 92.

143 *Heiden*, Geschichte, S. 129; *Tyrell*, Führer befiehl, S. 58ff.

144 Siehe Dok. Nr. 11 der vorliegenden Arbeit. Ähnlich kritische Briefe erhielt Hitler in dieser Zeit von verschiedenen wohlmeinenden, aber über die Hitlersche »Schlamperei« und über seinen Umgang erbitterten Anhängern und Gönnern, wie z. B. Fürst Wrede und Graf Treuberg; – siehe *Franz-Willing*, Krisenjahr, S. 153f.

ler »aufzubauen«, ihm etwa kritiklos und unterwürfig gegenüberstanden. In diese Zeit fällt auch der Beginn eines Zerwürfnisses mit Dietrich Eckart. Eckart stand seit April 1923 wegen seines Artikels im VB unter Strafverfolgung und hatte es vorgezogen, sich aus München zurückzuziehen.[145] Schon vorher, im März 1923, war die Hauptschriftleitung des VB von Eckart an Rosenberg übergegangen, aber Eckart hatte noch als Herausgeber gezeichnet, ohne jedoch noch großen Einfluß auf das Blatt ausüben zu können. Ab 29. August 1923 entfiel auch seine Nennung als Herausgeber.[146]

Eckart, der wie kaum ein zweiter zur Entfaltung des »Führerkultes« um Hitler beigetragen hatte, ging offenbar die Mischung von jämmerlicher Verzagtheit und theatralischer Aufgeblasenheit, verbunden mit immer deutlicheren Anzeichen eines messianischen Größenwahns, auf die Dauer auf die Nerven. Jedenfalls beklagte er sich bei Hanfstaengl nach dessen Zeugnis recht drastisch über die »skandalöse« Aufführung Hitlers. Eckart habe am 31. Mai 1923 auf eine Bemerkung Hanfstaengls über Hitlers »seltsames inaktives Verhalten« hin seinem Herzen Luft gemacht:

»Ein Skandal, wie der Bursche sich zur Zeit wieder aufführt! ... Ewig scharwenzelt er um diese Brunhilde mit dem Goldzahn herum« – so bezeichnete Eckart die Pensionswirtin – »fuchtelt mit der Nilpferdpeitsche umher, die sie ihm verehrt hat, und stampft unter großen Tönen über den Vorplatz wie über einen Kasernenhof. Und das alles, um als wilder Mann diesem Frauenzimmer zu imponieren! Ich sage Ihnen, Hanfstaengl, es wird immer schlimmer mit ihm. Vor ein paar Tagen kam die Rede auf Berlin und seinen dortigen Besuch – wissen Sie, was er da gesagt hat? ›Wenn ich nach Berlin komme, dann wird es so sein wie damals, als Christus in den Tempel kam und die Wechsler davonjagte!‹ Was sagen Sie dazu? Das ist schon Größenwahn auf der halben Strecke zwischen Messiaskomplex und Neronismus!«[147]

---

145 Das Kabinett Cuno, S. 396ff.; *Plewnia*, S. 91.

146 *Heiden*, Geschichte, S. 121.

147 *Hanfstaengl*, S. 109. – Der Groll Eckarts über seine Kaltstellung und über die Verhältnisse in der Partei spricht auch aus den folgenden Zeilen eines Briefes, den er am 1. Oktober 1923 an Amann schrieb: »Auf jeden Fall werde ich mir nach wie vor erlauben, meine Stimme zu erheben, wenn ich es für nötig halte. Ich lasse mich nicht kaltstellen, um so weniger, als ich bis zum heutigen Tage noch auf keinen grundsätzlichen Irrtum festgenagelt werden konnte. Bleibt mir der ›Beobachter‹ gesperrt, werde ich ›Auf gut Deutsch‹ wieder aufmachen. Tatkräftige Freunde habe ich noch genug auf der Welt. Und mit meinem Witz kann ich, wenn's pressiert, noch ein paar Dutzend Redaktionen versorgen ... Ich halte es nicht für gut, daß wir so mit Ludendorff Spektakel machen. Wir sind eine Arbeiterpartei, kein Veteranenverein. Was Ludendorff über das Judentum weiß, hat er gelernt, nicht aus sich selber geschöpft. Während des Krieges ging er stockblind am wichtigsten vorüber. Genial ist anders. Seine großen militärischen Verdienste leugne ich nicht; sie waren aber für die Katz', weil er den inneren Feind nicht sah. Daß er auch jetzt noch nicht aufhört, von seinem ›erhabenen‹ Kaiser, dem Strohkopf Wilhelm, zu faseln, zeigt ihn wahrhaftiger Gott nicht auf der Höhe. Mit solchen Anschauungen ist uns nichts gedient, sie stoßen den Arbeiter vor den Kopf. Byzanz wird nie wieder auferstehen! Weder in Berlin, noch in – München.« – ZStAP, Film NSDAP, Nr. 11036.

Langsam wuchs indessen Gras über die 1. Mai-Angelegenheit. Ab Mitte Juli 1923 wurde die SA wieder zur Ausbildung durch die Reichswehr zugelassen.[148] Daß indessen der Einfluß Hitlers auch auf die SA zurückgegangen war zugunsten der militärischen Führung, d. h. Görings und vor allem Kriebels, ließ eine neue Verpflichtungsformel für die SA-Männer erkennen. Hatte sich Anfang des Jahres jeder SA-Mann unterschriftlich verpflichten müssen, den ihm »von seinen Führern erteilten Befehlen« zu gehorchen, so lautete die entsprechende Verpflichtung ab August 1923 nur auf »unbedingten militärischen Gehorsam«, den »militärischen Vorgesetzten und Führern gegenüber.«[149]

Am 1. August wurden auch die behördlichen Untersuchungen über die Vorgänge des 1. Mai »vorläufig« eingestellt.

Kaum daß Hitler die Gefahr einer Strafverfolgung beseitigt sah, stürzte er, der inzwischen Zeit genug gehabt hatte, die Phase seiner Depressionen zu überwinden, sich wieder in sein Element, die Redeschlachten. Kurze Zeit danach, am 12. August, mußte das Kabinett Cuno abtreten; ihm folgte das Kabinett Stresemann. Damit hatte die gesamte Rechte, also auch die NSDAP, wieder eine Reichsregierung als Zielscheibe, die man ohne Rücksichtnahme aus allen Kalibern unter Feuer nehmen konnte. Das war die Rettung. »Erst im August ist die NSDAP durch die immer schärfer und intensiver werdenden und immer weitergreifenden Spannungen zwischen München und Berlin vor dem allmählichen Bankrott bewahrt worden.«[150] Auch der Sächsische Geschäftsträger Dziembowski ließ in seinem Bericht vom 1. September 1923 den Zusammenhang zwischen den wiederaufgenommenen Attacken der Bourgeoisie in Bayern gegen die Reichsregierung und dem neuen Aufstieg der Nazibewegung deutlich durchblicken, wenn er schrieb, die Wirtschaftskreise, darunter der Bayerische Industriellen-Verband und der Bayerische Gewerbebund – bliesen zum Sturm auf Berlin, und es kurz danach als die bemerkenswerteste Tatsache bezeichnete, daß der »Völkische Beobachter« seit 29. August, »in einem Augenblick, wo alle übrigen Blätter um ihre Existenz mehr oder minder zu kämpfen haben«, in einem neuen, größeren, damals in Deutschland noch ganz ungewohnten Format erschien. Das lasse, so der Kommentar des Diplomaten, auf eine bedeutende Stärkung des Kapitals der NSDAP schließen. Dziembowski vermerkte abschließend, die Wirtschaftslage und die Änderung der Reichsregierung sei den Nationalsozialisten sehr förderlich gewesen, man rechne allgemein damit, daß Hitler erneut starken Zulauf erhalte.[151] Eine neue Etappe im Verhältnis herrschende Klasse – NSDAP begann.

---

148 Hitler und Kahr, II, S. 6; *Franz-Willing*, Krisenjahr, S. 111f.; *ders.*, Putsch und Verbotszeit, S. 345f.

149 *Bennecke*, Hitler und die SA, S. 69; *Tyrell*, Führer befiehl, S. 58.

150 *Maser*, Die Frühgeschichte, S. 417. – Hanfstaengl weist auf den Zusammenhang zwischen Antritt der Regierung Stresemann und neuerlichem Aufschwung der Nazibewegung hin. – *Hanfstaengl*, S. 113.

151 StADr., Sächsische Gesandtschaft München, Nr. 381, Bl. 175f., Bericht Nr. 488 v. 1.9.1923.

Es verdient übrigens besondere Beachtung, daß die fortschreitende Inflation seit Mai 1923 – vom 1. Juni bis 30. Juli, also in nur zwei Monaten, stieg die Dollarparität gegenüber der Mark um das Zehnfache! – und die damit verbundene Steigerung der Not und Verzweiflung der Massen sich diesmal nicht zugunsten der NSDAP ausgewirkt hatte. Ihr neuerlicher Aufstieg begann erst, als sich das Interesse der reaktionärsten Kreise der herrschenden Klasse im Zusammenhang mit der Aktivierung ihrer Staatsstreichpläne gegen die Regierung Stresemann für sie neu belebte und man ihr wieder erlaubte, ihrer demagogischen Massenverhetzung ungehemmt die Zügel schießen zu lassen. Erst dadurch wurde es ihr möglich gemacht, ihren alten Einfluß wiederzuerlangen und noch zu steigern.

Kapitel IX

Der Putsch im Bürgerbräu und seine Hintergründe

Die neue Etappe in der Entwicklung der NSDAP und in der Gestaltung des Verhältnisses zwischen herrschender Klasse und Nazipartei stand ganz im Zeichen der fieberhaften Vorbereitungen der gesamten deutschen republikfeindlichen Rechten zum gewaltsamen Sturz der Stresemann-Regierung und zur Errichtung der »nationalen Diktatur«. Die Vorgänge in Bayern bildeten einen untrennbaren Bestandteil dieser Umtriebe.

In dieser Situation wurde eine Partei wie die NSDAP, die geeignet war, sowohl eine außerstaatliche Bürgerkriegstruppe als auch eine breite Massenbasis für eine solche Diktatur zu schaffen, mehr denn je gebraucht. Gerade für diesen Fall war sie ja von ihren militärischen und zivilen Gönnern auf die Beine gestellt und großgezogen worden. Im Herbst 1923 wurde die NSDAP sogar ins Kalkül der mächtigsten Ruhrmagnaten, wie Thyssen und Stinnes, gezogen.

Schon seit Juli, seit abzusehen war, daß die Cuno-Regierung sich nicht mehr lange würde halten können, waren die Bemühungen intensiviert worden, alle rechten Organisationen zusammenzufassen und unter eine Führung zu bringen. Zu diesem Zweck waren auch Fäden gesponnen worden zwischen Kriebel als militärischem Führer der Arbeitsgemeinschaft und dem Führer des Alldeutschen Verbandes, Claß.[1] Aber alle derartigen Versuche scheiterten wie bisher an »widerwärtige(n) Vorrangstreitigkeiten, kleinliche(n) Intrigen, gehässige(n) Unterstellungen«, die »das Auf und Ab, das Für und Wider, das Hin und Her in der Rechtsbewegung« kennzeichneten und »alle Einigungsbemühungen zum Scheitern (brachten)«.[2]

Der Rivalitätskampf der beiden Hauptrichtungen der Putschplaner in Bayern, der weiß-blauen und der schwarz-weiß-roten, wurde umso erbitterter, je mehr sie sich durch die politische Entwicklung im Herbst 1923 in Zugzwang versetzt fühlten.

---

1 *Franz-Willing,* Krisenjahr, S. 101.

2 Mit diesen Worten schildert *Franz-Willing* die Situation im »vaterländischen« Lager. – Ebenda, S. 108.

1. Der deutsche Imperialismus am Scheideweg

Der deutsche Imperialismus war in eine Sackgasse geraten. Er mußte sein außenpolitisches Abenteuer liquidieren aus Furcht, andernfalls selbst durch die Revolution liquidiert zu werden.

Die Lage der Massen war unerträglich geworden.[3] Die Inflationsspirale drehte sich immer rascher. Am 26. Juli 1923 mußte man für einen Dollar »nur« 760.000 Papiermark bezahlen, am 30. Juli schon 1,1 Millionen, am 7. August bereits das Dreifache, also 3,3 Millionen! Ein Kilo Roggenbrot kostete im August bereits 75.000 Mark[4] und wurde täglich, bald sogar stündlich teurer. Zur Inflation kam als zweite Geißel die Arbeitslosigkeit. Hunger und Elend nahmen Ausmaße an, wie sie in Friedenszeiten für ein hochkapitalistisches Land wie Deutschland nicht für möglich gehalten wurden.

Die Empörung der Massen gegen die Cuno-Regierung wuchs von Tag zu Tag und machte sich Luft in Massenkundgebungen, Hungerdemonstrationen und Streiks.[5] Immer größere Teile der Arbeiterklasse wandten sich von der SPD ab und der Kommunistischen Partei zu. Das zeigte sich bei Wahlen in verschiedenen Gewerkschaftsverbänden. In Berlin erhielt auf der Delegiertenkonferenz des Deutschen Metallarbeiter-Verbandes (DMV) Anfang August 1923 die Liste der oppositionellen, unter Führung der KPD stehenden Gewerkschafter 54.000 Stimmen gegen nur 22.000 Stimmen für die sozialdemokratische Liste.[6] In München wurden bei den entsprechenden Wahlen für die Liste der KPD sogar 3.900 von insgesamt 6.000 Stimmen abgegeben![7]

Bei den Landtagswahlen in Oldenburg (Juni 1923) und Mecklenburg-Strelitz (Juli 1923) erwies sich, daß der Einfluß der KPD auch in diesen überwiegend agrarischen Gebieten erheblich angewachsen war.[8]

Der vom 8. Parteitag der KPD in Leipzig zu Beginn des Jahres beschlossene Kurs hatte sich als richtig erwiesen, wenngleich seine Durchsetzung durch innerparteiliche Auseinandersetzungen mit rechtsopportunistischen Tendenzen (ihr wichtigster Vertre-

---

3 Siehe dazu GdA, Bd. 3, S. 386ff.; *Wolfgang Ruge,* Deutschland von 1917-1933. Von der Großen Sozialistischen Oktoberrevolution bis zum Ende der Weimarer Republik, Berlin 1974, S. 214f.

4 Ebenda, S. 214.

5 Zur Streikbewegung siehe *Wilhelm Ersil,* Aktionseinheit stürzt Cuno. Zur Geschichte des Massenkampfes gegen die Cuno-Regierung 1923 in Mitteldeutschland, Berlin 1963, S. 244ff.

6 Dokumente und Materialien, Bd. VII/2, S. 398.

7 StADr, Sächsische Gesandtschaft München, Nr. 381, Bl. 153, Bericht Dziembowskis Nr. 447 v. 7.8.1923.

8 *Ruge,* Deutschland, S. 212.

ter war Heinrich Brandler[9], Vorsitzender des Politbüros) und ultralinken (ihre Hauptvertreter waren Ruth Fischer und Arcady Maslow) erschwert war.[10] Der 8. Parteitag hatte der Politik der »nationalen Einheitsfront« die Politik des gemein samen Kampfes der deutschen und französischen Arbeiter gegen den deutschen und französischen Imperialismus entgegengesetzt, die Politik der Einheitsfront der ganzen deutschen Arbeiterklasse gegen die Cuno-Regierung und gegen die faschistischen Banden, für die Bildung einer Arbeiterregierung.

Auf Initiative der Kommunisten waren als überparteiliche proletarische Klassenorgane Kontrollausschüsse zur Unterbindung von Spekulation und Preistreiberei, und proletarische Hundertschaften für den Selbstschutz gegen Polizeiwillkür und faschistischen Terror entstanden, hatten sich im Kampfe bewährt und die Unterstützung breiter Kreise auch nichtproletarischer Werktätiger gefunden.[11]

Die Kommunisten hatten aus der Niederlage der italienischen Arbeiter die Schlußfolgerung gezogen, den deutschen Faschisten, wo immer sie auftraten, eine sofortige und gründliche Abfuhr zu erteilen. Das bekamen die Roßbach-Faschisten und die der »Deutschvölkischen Freiheitspartei« schon Anfang des Jahres 1923 nachdrücklich zu spüren. Als am 26. Januar 1923 etwa 300-400 »Roßbacher«, aus Berlin kommend mit Ziel München, wo sie am Naziparteitag teilnehmen wollten, auf dem Bahnhof in Gera eintrafen, wurden sie dank der Wachsamkeit der dortigen Arbeiter allesamt verhaftet und unter Bewachung wieder nach Berlin zurücktransportiert.[12] In Sachsen und Thüringen, wo linkssozialdemokratische Regierungen mit Unterstützung der Kommunisten an der Regierung waren, konnten die Kontrollausschüsse und die proletarischen Hundertschaften ihre Tätigkeit zugunsten des werktätigen Volkes weitaus stärker entfalten, als in den anderen Teilen des Reiches. In Bayern waren beide verboten, die proletarischen Hundertschaften seit dem 12. Mai 1923 auch in Preußen.

Dennoch ließen die Arbeiter die Faschisten in Berlin und Umgebung gar nicht erst Fuß fassen. Roßbachs Stellvertreter Kurt Bork beschwerte sich am 21. März beim Reichskommissar für Überwachung der öffentlichen Ordnung darüber, daß die Kommunisten in Nowawes bei Potsdam die Durchführung einer Versammlung der gerade

---

9 Zu den Auffassungen Heinrich Brandlers und seiner Richtung siehe *Ernst Diehl,* Zur Politik der Kommunistischen Partei Deutschlands im Jahre 1923. Phil. Diss., I. Teil, Berlin 1967, S, 101ff.

10 Siehe dazu *Ernst Thälmann*, S. 159ff.

11 Siehe dazu auch *Ginsberg,* S. 108ff.

12 ZStAP, RKO, Nr. 285, Bl. 68, Bericht der alldeutschen »Deutschen Zeitung«, Nr. 46 v. 28.3.1923; Bl. 81, Reichsdiensttelegramm des RKO vom 26.1.1923 an das bayerische Innenministerium: »Mit Zug 4.25 ab Anhalter Bahnhof sind ca. 2-300, angeblich Angehörige der Deutschvölkischen Freiheitspartei, zum großen Teil Rossbachleute, aus Mecklenburg und Pommern kommend, nach München abgefahren. 2 Hakenkreuzfahnen wurden ihnen hier abgenommen. Die Leute führen erhebliche Geldmittel mit sich.«

gegründeten Ortsgruppe der DVFP verhinderten und außerdem das Geschäft des Vorsitzenden dieser Ortsgruppe, des Besitzers einer Wein- und Likörprobierstube, ruiniert habe, da kein Gast es wegen der kommunistischen »Hetze« gegen die Deutschvölkischen noch wage, sich in der Probierstube zu zeigen.[13]

Ähnliche Klagen über das entschlossene Vorgehen von Antifaschisten brachte die Rechtspresse aus den verschiedensten Teilen des Reiches: aus Leipzig, Chemnitz, Berlin-Charlottenburg, sogar aus Lübz in Mecklenburg[14] und aus Bayern. Fürther Arbeiter waren am Ostersonntag in großer Zahl zum Bahnhof gezogen, als sie erfuhren, daß dort in dem Zug, der nach Bamberg fuhr, 80 uniformierte »Oberländer« saßen; sie forderten die anwesenden Polizisten sehr nachdrücklich auf, die Oberland-Faschisten nach Waffen zu durchsuchen, und die Polizisten kamen dieser Aufforderung unter den wachsamen Augen der Arbeiter auch nach. Der rechtsstehende »Fränkische Kurier« empörte sich über diesen Vorfall: Die Polizei hätte nicht nachgeben dürfen und ein solches Ansinnen ablehnen müssen. Es gehe nicht an, daß die Polizeigewalt politischen Einflüssen zugänglich sei.[15]

Als in der zweiten Hälfte des Juli 1923 ersichtlich wurde, daß die Tage der Cuno-Regierung gezählt waren und zu erwarten stand, daß die extrem reaktionären Kräfte nunmehr mit Hilfe der Faschisten zum Schlage ausholen würden, um mittels Staatsstreich die »nationale Diktatur« zu errichten, entfaltete die KPD eine große Aktivität zur Mobilisierung aller Antifaschisten zur Verhinderung solcher Pläne. Am 25. Juli rief sie alle Werktätigen auf, den 29. Juli als Antifaschistentag zu begehen. Die Arbeiter riefen sie dazu auf, an diesem Tage ihren Willen zu demonstrieren, sich nicht mehr angreifen zu lassen durch die bewaffneten Banden der Faschisten und dazu, überall Abwehrorganisationen zu bilden, »die, wenn nötig, mit Waffen in der Hand einen faschistischen Umsturz verhindern würden.«[16]

Aber nicht nur an die Arbeiter appellierte die KPD. Mit einem Aufruf »An den arbeitenden Mittelstand, an die Beamten und Bauern Deutschlands!« wandte sie sich an die Schichten, aus denen die Faschisten vorzugsweise ihre Gefolgschaft rekrutierten, und rief ihnen zu: »Laßt euch nicht von den Junkern, von den Eisen- und Kohlenbaronen, laßt euch nicht von den Aasgeiern eurer Not als Kanonenfutter gegen die

13 Ebenda, RKO, Nr. 286, Bl. 108.

14 Ebenda, RKO, Nr. 285, Bl. 141, 154, 172. In Lübz endete die Versammlung mit der Entwaffnung des faschistischen Saalschutzes und der Flucht des faschistischen Versammlungsredners. – Ebenda, Bl. 173.

15 Ebenda, RKO, Nr. 343, Bl. 236. – Das schrieb ein der bayerischen Regierung nahestehendes Blatt, das es ganz in der Ordnung fand, daß die vaterländischen, extrem rechten Verbände, wie Oberland, als Notpolizei zum Polizeidienst herangezogen wurden!

16 Dokumente und Materialien, Bd. VII/2, S. 373.

Arbeiterklasse gebrauchen!«[17] In ausführlicher Argumentation wurde in diesem Aufruf die soziale und antisemitische Demagogie der Faschisten entlarvt und klargestellt, daß die Massen des Mittelstandes ihre Interessen wirkungsvoll nur an der Seite und als Verbündete der Arbeiterklasse verteidigen können.

Der Antifaschistentag wurde zu einer wuchtigen Bekundung der Entschlossenheit von Hunderttausenden von Arbeitern zum schonungslosen Kampf gegen den Faschismus, zugleich eine eindrucksvolle Demonstration der gewaltigen Autorität der Kommunistischen Partei, eine Heerschau, die bezeugte, daß sich Armeen von Arbeitern der Führung der KPD anvertraut hatten. »Sogar in Bayern, unter dem weißen Terror der Knilling-Regierung, demonstrierten die Arbeiter ihren Willen zum Kampf trotz aller Verbote.«[18]

Der Antifaschistentag wurde von der KPD als »Tag der Sammlung der Kräfte« eingeschätzt.[19] Nun rief sie dazu auf, den Kampf fortzusetzen mit dem Ziel: »Gemeinsamer Kampf aller Werktätigen in Stadt und Land zur Eroberung der politischen Macht, zur Erkämpfung der Arbeiterregierung.«[20]

Auf dem EKKI-Plenum vom Juni 1923 hatte Clara Zetkin in ihrem bereits mehrfach erwähnten Referat über den Faschismus mit großem Nachdruck auf die lebenswichtige Bedeutung der Gewinnung oder wenigstens Neutralisierung der Mittelschichten für den Kampf der Arbeiterklasse um die Macht hingewiesen. Die KPD hatte sich diese Lehre voll zu eigen gemacht. Davon zeugen die »Richtlinien der Zentrale der KPD vom 5. August 1923 für die politische Massenarbeit unter den Mittelschichten«[21] ebenso wie die »Thesen über den Faschismus« vom 10. August 1923.[22] Die Richtlinien sind ein außerordentlich wichtiges Dokument, stellen sie doch das erste ausführliche Programm der KPD für eine »Mittelstands«politik dar, das bereits wesentliche Elemente des Programms der KPD zur nationalen und sozialen Befreiung von 1930 enthält. Die zentrale Losung der Partei für diese Schichten lautete: »Ohne den Sieg der Arbeiterklasse keine Rettung der Nation«. Um den Inhalt dieser Losung zur eigenen Erfahrung dieser Schichten werden zu lassen, wurde im Dokument als erforderlich bezeichnet:

1. Die Befreiung des Kleinbürgertums von dem wirtschaftlichen Druck, den das Großkapital auf dieses ausübt;
2. die Sicherung der kleinbürgerlichen Existenzen aus den Mitteln der Großbourgeoisie.

---

17 Ebenda.

18 Ebenda, S. 378, Aus dem Aufruf der Zentrale der KPD vom 31.7.1923 zur Fortsetzung des Kampfes nach dem Antifaschistentag.

19 Ebenda.

20 Ebenda, S. 380.

21 Ebenda, S. 382ff.

22 Ebenda, S. 398ff.

Die beiden Dokumente legen auch Zeugnis ab von dem Bemühen der Führung der KPD um die präzise Erkenntnis des Klassenwesens des Faschismus und von den dabei erzielten Fortschritten. Während sich in den Richtlinien noch zutreffende und irrige Einschätzungen nebeneinander befinden, geben die Thesen bereits eine genaue Kennzeichnung der Rolle des Kleinbürgertums im Faschismus. In den Richtlinien wurde zunächst zutreffend von einer Tendenz »der Abschwenkung des Kleinbürgertums auf die Seite der Großbourgeoisie (unter dem Schein einer selbständigen Bewegung des Kleinbürgertums) gesprochen.[23] Dann aber wurde in der folgenden Definition der Schein für das Wesen genommen: »Der Faschismus ist in Deutschland eine oppositionelle Bewegung des Kleinbürgertums zur Verbesserung der eigenen politischen und sozialen Lage – eine Bewegung, die von der Großbourgeoisie für ihre eigenen Zwecke ausgenutzt wird.«[24] Die Thesen über den Faschismus stellen demgegenüber einen großen Fortschritt an theoretischer Klarheit dar. Dort hieß es: »Im Faschismus tritt das Kleinbürgertum dem Proletariat als Kampftruppe des Großkapitals entgegen« – es ist also keine Rede mehr von einer »Bewegung des Kleinbürgertums zur Verbesserung der eigenen Lage.« Sodann wurde begründet, weshalb das Kleinbürgertum objektiv außerstande ist, eine eigene »Klassenorganisation« zu formieren: »Das Kleinbürgertum ist keine Klasse, sondern nur ein Überbleibsel einer vom Großkapital vernichteten dritten Schicht. Es lebt zwischen den beiden Klassen, dem Proletariat und der Bourgeoisie. Es hat deshalb keine eigenen Klassenziele, sondern schließt sich immer dem Stärkeren an oder dem, den es für den Stärkeren hält. Es kann nur im Gefolge und unter der Führung entweder der Arbeiterklasse oder des Großkapitals kämpfen.«[25]

Des weiteren wurde eine richtige Darstellung der *Entstehung* der faschistischen Organisationen gegeben: »Das Industrie-, Finanz- und Agrarkapital finanziert und führt in Hunderten von Organisationen legaler und illegaler Art sowie durch die großkapitalistische Presse die um ihre Existenz kämpfenden Mittelschichten gegen das revolutionäre Proletariat. Von deklassierten Militärs organisiert, vom Schwerkapital finanziert und bewaffnet, sind die faschistischen Kampfverbände der gefährlichste Feind des Proletariats. Die Richtungskämpfe der führenden Personen in den faschistischen Verbänden … sind nur Reflexbewegungen der Differenzen und Spaltungen der großen Bourgeoisie im Streit um die Beute untereinander … Geführt von der großen Bourgeoisie in Verbindung mit den ökonomischen und staatlichen Machtmitteln des Großkapitals, ist der Faschismus der Hauptfeind des Proletariats.«[26]

23 Ebenda, S. 383.

24 Ebenda.

25 Ebenda, S. 398f.

26 Ebenda, S. 399.

Wie die Ergebnisse der Gewerkschaftswahlen zeigten, übte der Kampf der KPD um die Einheitsfront gegen die Cuno-Regierung und gegen den Faschismus eine große Anziehungskraft auf sozialdemokratische Arbeiter aus. Daran konnten auch die sozialdemokratischen Führer nicht vorbeigehen. Am 29. Juli, während auf den Straßen die Arbeiter gegen den Faschismus demonstrierten, fanden sich 30 in Opposition zum Parteivorstand stehende Reichstagsabgeordnete der VSPD in Weimar zu einer Konferenz zusammen und beschlossen ein 10-Punkteprogramm.[27] Darin wurde verlangt, die VSPD solle den sofortigen Rücktritt der Cuno-Regierung fordern, sie solle jede Koalition ablehnen, »solange nicht die Partei durch eine klare, selbständige proletarische Politik sich die Macht sichergestellt hat, die ihr das Übergewicht in jeder Koalition sichert«; ferner wurde »Zusammenarbeiten mit den Kommunisten zur Erreichung der nächsten proletarischen Ziele« bei »vollster Wahrung der Anschauungen, Ziele und Selbständigkeit der SPD« befürwortet und wurden einheitliche Maßnahmen der VSPD in den Ländern, Regierungen und Landtagen gegen den Faschismus sowie der Aufbau eines einheitlichen Selbstschutzes der Partei gefordert.

Unter dem wachsenden Druck in den eigenen Reihen sah sich auch die rechte VSPD-Führung gezwungen, an die Regierung Cuno ein Forderungsprogramm zugunsten der Werktätigen zu richten, und für den Fall seiner Nichtverwirklichung dem Kabinett den Entzug der Unterstützung anzukündigen.[28] Aber zu einem solchen Schritt entschloß sich die Parteiführung erst, nachdem am 11. August 1923 um 12 Uhr vormittags die Vollversammlung der Betriebsräte Berlins einen dreitägigen Generalstreik ausgerufen hatte, der in Berlin noch am gleichen Tage befolgt wurde.[29] Erst jetzt, aber noch am 11. August, faßte die Reichstagsfraktion der VSPD in aller Eile einen Beschluß, mit dem sie der Regierung Cuno das Vertrauen entzog.[30]

Die deutsche Monopolbourgeoisie war zutiefst beunruhigt über die unübersehbaren Anzeichen eines herannahenden neuen revolutionären Ausbruches und den rasch wachsenden Einfluß der Kommunistischen Partei.[31] Um die Situation zu entschärfen und sich die Möglichkeit für eine Umgruppierung der Kräfte zu verschaffen, ließ sie die Cuno-Regierung am 12. August fallen und präsentierte innerhalb von 24 Stunden ein Kabinett der Großen Koalition, d.h. unter Einbeziehung von Sozialdemokraten, unter Leitung des Führers der DVP, Gustav Stresemann.

Innerhalb der herrschenden Klasse begann nun aber erst richtig eine erbitterte

27 Ebenda, S. 377f.

28 Ebenda, S. 381f.

29 Ebenda, S. 402f.

30 Ebenda, S. 403.

31 Seeckt bezeichnete den Rücktritt Cunos als »Sieg der Angst einerseits vor den Franzosen, andererseits vor den Kommunisten«. – *Meier-Welcker,* S. 368f.

Auseinandersetzung darüber, auf welchem Wege ihre erschütterte und bedrohte Herrschaft zu festigen sei. Zwar entsprach nur einer der beiden umstrittenen Wege dem nationalen und internationalen Kräfteverhältnis, aber natürlich bedeutete das noch keine Gewähr dafür, daß bei dem Ringen der beiden Fraktionen der Bourgeoisie gerade jene die Oberhand behalten würde, die diesen Weg einschlagen wollte und nicht jene, die den anderen, abenteuerlichen und für die Bourgeoisie möglicherweise halsbrecherischen Weg zu gehen beabsichtigte. Die ersteren wollten den Weg einer verfassungskonformen Krisenlösung betreten. Eine solche – vom Standpunkt des deutschen Imperialismus klügere und realistischere Lösung – wurde von Stresemann als Exponent des »wendigen« Flügels der deutschen Monopolbourgeoisie verfochten.

Sie lief darauf hinaus, mit Hilfe der Sozialdemokratie die Kommunisten zu schlagen und den Achtstundentag abzuschaffen; mit Hilfe Englands und der USA, Frankreich aus dem Ruhrgebiet wieder hinauszudrängen; mit Auslandskrediten die Währung zu stabilisieren und damit auch den zum Putsch drängenden rechtsradikalen Kräften den Anlaß und die Ansatzpunkte für die Verwirklichung ihrer Pläne zu nehmen.

Dieser Variante des flexiblen Flügels stand das Konzept all jener gegenüber, die auf dem kürzesten Wege zur »nationalen Diktatur« gelangen wollten: die monopolistischen Ultras aus der Schwerindustrie mit Hugo Stinnes an der Spitze; die Junker mit ihrem Reichslandbund; die politischen Vertreter dieser Fraktionen der Bourgeoisie in der Deutschnationalen Volkspartei, im Alldeutschen Verband, auf dem rechten Flügel der Deutschen Volkspartei (der Stinnes selber angehörte); der Chef der Heeresleitung, Hans v. Seeckt, und natürlich auch die Deutschvölkische Freiheitspartei und all die anderen »völkischen« und »aktivistischen« Gruppen und Verbände.[32]

Sie wollten die Zuspitzung der politischen Krise dazu benutzen, doch noch das Ziel zu erreichen, das 1920 beim Kapp-Putsch verfehlt worden war. Um nicht wieder das gleiche Fiasko wie damals zu erleben, sollte jedoch nach den Vorstellungen der Klügsten von ihnen »legal« vorgegangen werden. Wie sich Stinnes das dachte, wurde vom damaligen USA-Botschafter, Houghton, der es von Stinnes persönlich gehört hatte, am 21. September 1923 wie folgt nach Washington berichtet: »Um Mitte Oktober werden drei oder möglicherweise vier Millionen Menschen arbeitslos sein. Die Kommunisten werden versuchen, diese Lage zum Ausbruch einer Revolution auszunutzen … Unterdessen wird die Stresemann-Regierung ihre Unfähigkeit, mit der ihr gestellten Aufgabe fertig zu werden, erwiesen haben, und die Nation wird vor der Frage stehen, ihre Rettung bei den Rechts- oder bei den Linksparteien zu suchen. Sobald die Kommunisten ihre Operation beginnen, wird Ebert im Namen der Republik einen Mann oder, wenn möglich, ein Komitee von drei Männern als Diktator ernennen und

32 *Gossweiler*, Großbanken, S. 232.

wird die ganze militärische Gewalt unter des Diktators Befehl stellen. Von da ab wird die parlamentarische Regierung zu Ende sein. Die Kommunisten werden rücksichtslos zerschmettert werden, und wenn sie zum Generalstreik aufrufen, wird dieser ebenfalls mit Gewalt unterdrückt. Wenn alles gut geht, denkt Stinnes, wird die ganze Lage innerhalb drei Wochen nach Beginn geklärt sein. Der Sozialismus wird nach diesen Erwartungen als eine politische Daseinsform in Deutschland für immer beseitigt und die Gesetze und Verordnungen, die die Produktion hindern und keinem nützlichen Zweck dienen, werden unverzüglich widerrufen werden.«[33]

Natürlich entsprang das Verlangen nach der Diktatur bei Stinnes, wie überhaupt bei den Monopolisten und Junkern, die dem gleichen Ziele zustrebten, ganz handfesten ökonomischen Interessen. Stinnes sprach ganz offen aus, daß die Diktatur notwendig sei, um die Arbeiter zu zwingen, wieder zehn statt acht Stunden zu arbeiten. Houghton kabelte, Stinnes sei überzeugt, »daß die deutsche Arbeiterschaft auf diese Notwendigkeit nicht eingehen wird und daher hierzu gezwungen werden muß. Deshalb, sagt er, muß ein Diktator gefunden werden, ausgestattet mit Macht, alles zu tun, was irgendwie nötig ist.«[34] Natürlich war dies nicht das einzige Ziel, das mit der Diktatur erreicht werden sollte. Aber die Beseitigung des Achtstundentages, die Schaffung der Möglichkeit zur extensiven Ausdehnung der Ausbeutung und der Mehrwertproduktion stand um diese Zeit wegen der bevorstehenden Währungsstabilisierung vor den Kapitalisten als vordringlichstes Ziel.

Der Botschafter berichtete weiter: »Die eine Schwierigkeit, die Stinnes fürchtet, ist die Möglichkeit, daß die Bewegung durch einen Angriffsakt der Rechtsparteien ausgelöst werden könnte. Er möchte, daß die Kommunisten beginnen. Jeder andere Anfang, meint er, wird die Außenwelt gegen Deutschland einnehmen. Er meint, daß die kommunistische Aktion von Frankfurt ausgehen wird, obwohl sie auch von Sachsen oder Thüringen kommen kann.«[35]

Worauf aber sollte sich der Diktator oder das diktatorische Triumvirat stützen? Auch darüber hatte Stinnes bereits nachgedacht: »So ein Mann« – gemeint ist der Diktator – »muß die Sprache des Volkes reden und selbst bürgerlich sein, und so ein Mann steht bereit. Eine große, von Bayern ausgehende Bewegung, entschlossen, die alten Monarchien wiederherzustellen, sei nahe ... vielleicht zwei bis drei Wochen entfernt ... Der Bewegung ... würden sich alle Rechtsparteien anschließen und eine ansehnliche Gruppe gemäßigter Männer in der Mitte, und sie würde in erster Linie einen Kampf gegen den Kommunismus bedeuten ... Ich fragte ihn, ob

33 Dokumente zur deutschen Geschichte 1919-1923, S. 80f.

34 Ebenda.

35 Ebenda.

die Industriellen sich mit der Bewegung vereinen würden. Stinnes erwiderte, daß sie das würden.«[36]

Die »Ordnungszelle Bayern«, die all die Jahre schon die große Hoffnung und der Stützpunkt aller Republikfeinde war, gewann nun, da der große Schlag zum Sturz der Weimarer Republik in kürzester Zeit, in zwei bis drei Wochen, erfolgen sollte, für die Stinnes, Claß usw. größere Bedeutung als je zuvor.

Aber nicht nur in diesem Zusammenhang ist der Stinnesplan für uns von Interesse. Dieses Dokument gewinnt große Bedeutung auch als Zeugnis für die Wahrheit und Richtigkeit der marxistischen Erkenntnis über das Monopolkapital als Ursprung des Faschismus. Hier haben wir nämlich alles zusammen: das ökonomische Interesse nach Beseitigung aller gesetzlichen Beschränkungen für die Ausbeutung des Proletariats, das die Diktatur erstrebenswert macht; den Willen zur endgültigen Vernichtung des Sozialismus als Triebkraft, die die »normale« Repression des bürgerlichen Staates in ein faschistisches Terrorregime hinübertreibt; die Suche nach einem »volkstümlichen« Diktator (heiße er nun Hitler oder Kahr oder wie auch immer), der hilft, den wirklichen Charakter der Diktatur als einer Diktatur des Finanzkapitals zu verschleiern; und das Verhältnis dieses Diktators zur Finanzoligarchie: »ausgestattet mit Macht, alles zu tun, was irgendwie nötig ist« – für die Erreichung *ihrer* Ziele: der Diktator absolut, solang er ihren Willen tut!

Von hier, von den Stinnes und Thyssen, Aust und Kuhlo und ihren politischen Zielen und *nicht* von den bayerischen Kleinbürgern ging der *erste, entscheidende* Anstoß für den neuen Aufschwung der ganzen Rechtsbewegung in Bayern, die NSDAP eingeschlossen, aus.

2. Diktaturpläne in Berlin und München

Der Regierungswechsel in Berlin, der Eintritt der Sozialdemokraten in das Kabinett Stresemann bewirkte zunächst eine Zurückdrängung der Gegensätze der »vaterländischen« Rivalen in Bayern und ihre Annäherungen aus dem Bewußtsein heraus, im Kampf gegen die Reichsregierung aufeinander angewiesen zu sein. So wurde der »Deutsche Tag«, der von der »Reichsflagge« zum 1. und 2. September nach Nürnberg einberufen worden war, wieder wie üblich als Gemeinschaftskundgebung aller »vater-

36 Ebenda. – In meinem Buch »Großbanken, Industriemonopole, Staat«, S. 214, nahm ich an, mit dem volkstümlichen Diktator habe Stinnes Hitler gemeint. Einem Hinweis Werner Röslers im Entwurf seiner Dissertation über die Ordnungszelle Bayern folgend bin ich jedoch zu der Ansicht gelangt, daß die Bemerkung von Stinnes nicht auf Hitler, sondern auf Kahr gemünzt war.

ländischen« Organisationen vorbereitet.[37] Er stand ganz im Zeichen eines nahe bevorstehenden Kampfes zum Sturz der Republik. Heinrich Gareis, der beamtete Kumpan des »Reichsflaggen«-Führers Heiß, berichtete als Leiter des Staatspolizeiamtes Nürnberg-Fürth an seine vorgesetzte Dienststelle: »Wohl keine festliche Veranstaltung der letzten Jahre hat in derartigem Maße ihre Schatten vorausgeworfen wie der ›Deutsche Tag‹ am 1. und 2.9.1923. Bereits seit Wochen war in allen politischen Lagern eine starke Bewegung zu verspüren, welche durch die Erwartungen oder Befürchtungen, die an diesen ›Deutschen Tag‹ geknüpft wurden, verursacht war.«[38]

Aus allen Teilen Bayerns hatten die Verbände Zehntausende ihrer Mitglieder nach Nürnberg geschafft, um dort, in der Hochburg der nordbayerischen Arbeiterbewegung, zwei Tage lang einen »Generalappell der Reaktion« abzuhalten, einen »Aufmarsch wohlorganisierter Militärbanden«[39] zu dessen Programm die Provokation von Zusammenstößen mit den »Roten« gehörte, Zusammenstöße, bei denen viele Arbeiter durch Schüsse der Faschisten verletzt wurden und ein Gewerkschaftsfunktionär ermordet wurde.[40]

Zu den Ehrengästen dieser Zusammenrottung von Faschisten und Reaktionären aller Färbungen gehörten »Seine Königliche Hoheit Prinz Ludwig Ferdinand von Bayern«, der Herzog von Coburg, General Ludendorff und viele andere Exponenten des imperialistischen und militaristischen Deutschland, wie der Schlächter der mitteldeutschen Arbeiter, General Maerker. Den Vorbeimarsch der Verbände nahmen deren Führer Pittinger, Heiß, Hitler, Weber usw. ab. Der Polizeichef Gareis gab in seinem amtlichen Bericht eine enthusiastische Schilderung des Spektakels, die mit aller nur wünschenswerten Deutlichkeit die Durchsetzung des bayerischen Staatsapparates mit Parteigängern des Faschismus belegt: »Nach dem Gottesdienst ...«, hieß es da, »formierten sich die Verbände zum Festmarsch, voran die Fahnen der alten Armee, begleitet von Landespolizei zu Pferd und zu Fuß, dann die Kriegervereine, Offiziersbünde und Vaterländischen Verbände. Die Straßenzüge waren in ein Meer von schwarzweißroten und weißblauen Fahnen gehüllt, brausende Heilrufe der Straße, Gehsteige und Fenster in dichtgedrängten Massen füllenden Bevölkerung umtosten Ehrengäste und Zug, zahllose Arme streckten sich ihm mit wehenden Tüchern entgegen, ein Regen von Blumen und Kränzen schüttete sich von allen Seiten über ihn: Es war wie ein

37 *Deuerlein*, Hitlerputsch, S. 67, gibt eine Schilderung des üblichen Ablaufs dieser sog. »Deutschen Tage«, der erkennen läßt, daß die Tradition dieser reaktionären, chauvinistischen Veranstaltungen heute in der BRD in Gestalt der Pfingsttreffen der »Landsmannschaften« aufrechterhalten und gepflegt wird.

38 Ebenda, S. 166.

39 So das nordbayerische Organ der USPD, das »Regensburger Echo«. – *Deuerlein*, Hitlerputsch, S. 171.

40 Ebenda, S. 171f.

freudiger Aufschrei hunderttausender Verzagter, Verschüchterter, Getretener, Verzweifelnder, denen sich ein Hoffnungsstrahl auf Befreiung aus Knechtschaft und Not offenbarte.«[41] Dieser Polizeibericht, den der »Völkische Beobachter« ohne weiteres als eine reife Leistung nationalsozialistischen Journalismus hätte bringen können, zeigt zugleich, daß dieser »Deutsche Tag« in Nürnberg den Nazis als Urbild für die Inszenierung ihrer späteren Nürnberger »Reichsparteitage« diente, eine Inszenierung, die von vielen bürgerlichen Autoren so gerne als die höchst persönliche Erfindung Hitlers hingestellt wird.

Gareis fährt, noch ganz hingerissen, fort: »Der Vorbeimarsch dauerte über zwei Stunden ... Nach Sachverständigenurteil betrug die Zahl der Zugteilnehmer mindestens 100.000, meist gute Gestalten in tadelloser Haltung, vielfach, besonders bei Reichsflagge, bäuerlicher Einschlag. Am stärksten vertreten waren Nationalsozialisten und Reichsflagge.«[42]

Ganz so harmonisch, wie von Gareis dargestellt, verlief der »Deutsche Tag« indessen nicht. Ludendorff, einer der Ehrengäste, trat ganz heftig in das weißblaue Fettnäpfchen, indem er kräftig auf die preußische Hohenzollernpauke schlug, als er in seiner Festrede von der früheren Kraft und Einheit des deutschen Volkes sprach, die »das Werk seiner Fürsten und an erster Stelle des heute nur zu oft geschmähten, weil gefürchteten und bestgehaßten Hohenzollernhauses« gewesen sei; die Hohenzollern seien »die staatliche Macht« gewesen, »die die deutschen Stämme einte«.[43]

Den anwesenden Getreuen und Angehörigen des Hauses Wittelsbach mißfielen diese Töne aufs höchlichste, und Rupprecht, nach dem Tode seines Vaters für jeden braven bayerischen Monarchisten legitimer König[44], ließ denn auch mit einer spitzen Antwort nicht lange auf sich warten. Am 8. September hielt er eine Ansprache im Nationalverband Deutscher Offiziere, in die er beiläufig die Bemerkung einfließen ließ, nicht jeder sei berufen, eine führende Rolle zu übernehmen, und nicht jeder Feldherr könne Staatsmann zugleich sein wie Friedrich der Große.[45]

Hinter dieser Polemik steckte natürlich mehr als nur persönliche Animosität, nämlich der Gegensatz zwischen bayerischem Föderalismus und unitarischem Zentralismus, bei dem sich beide Seiten kurioserweise auf die Verfassung des Bismarckreiches

---

41 Ebenda, S. 170.

42 Ebenda.

43 *Erich Ludendorff*, Auf dem Wege zur Feldherrnhalle, München 1937, S. 47; *Heiden*, Geschichte, S. 133f.

44 So war z. B. in Verlautbarungen des Landesverbandes Bayern des Nationalverbandes Deutscher Offiziere vom Prinzen Rupprecht als von »Seine Majestät der König, Unser Allerhöchster Kriegsherr« die Rede. – *Ludendorff*, S. 50f.

45 *Deuerlein*, Hitlerputsch, S. 68.

beriefen: die »Weiß-blauen« wegen der dort festgelegten Reservatrechte Bayerns, die »Schwarz-weiß-roten« wegen der dort ebenfalls verankerten Vorherrschaft Preußens im Reich.

An diesem Gegensatz war ein Ende August unternommener Versuch Pittingers gescheitert, die in der »Arbeitsgemeinschaft« vereinigten Kampfverbände für die Unterstützung einer Diktatur Kahrs zu gewinnen. Am 27. August 1923 schlug Pittinger Kriebel in einer Unterredung vor, in Bayern ein Direktorium zu schaffen, das von Kahr als Generalstaatskommissar geleitet werden sollte, und dem außerdem noch Pöhner und Hitler angehören sollten. Als erste Schritte sollte dieses bayerische Direktorium den Steuerstreik gegenüber dem Reich erklären und eine eigene bayerische Währung einführen.[46] Es war das ein Versuch, unter Ausnutzung der nicht eben glänzenden Situation der NSDAP und des bekannten Ehrgeizes ihres Führers die schwarz-weiß-roten Kampfverbände vor den weiß-blauen Karren Kahrs und der BVP zu spannen. Heiden kommentierte dieses Angebot Pittingers wie folgt: »Das war allerdings eine gewaltige Verführung. Hitler hatte in diesem sonst so schmerzlichen Jahr auch einiges Schmeichelhafte erlebt. An seinem 34. Geburtstag … hatte Roth, leibhaftiger Justizminister a. D., ihn als großen Führer gefeiert; mit Ludendorff und Lossow hatte er über Deutschlands Schicksal geredet – aber Pittingers Angebot übertraf doch alles. Bayerns einflußreichster Kulissenschieber wollte ihn zum Mitregenten des Landes machen! Zugegeben, er wollte ihn damit fangen – ›er soll nicht mehr soviel Zirkusreden halten‹, sagte Pittinger; aber welch hohen Fangpreis war er doch schon wert!«[47]

Pittingers Angebot wurde abgelehnt. Auch für den entscheidenden Grund dieser Ablehnung gibt Heiden eine zutreffende Erklärung: »Wie Hitler für sich allein die Lokkung beantwortet hätte, wissen wir nicht … Aber … er mußte einfach seiner Verstrikkung gehorchen. Der Gefangene der Reichswehr durfte, selbst wenn er es wollte, keine weißblaue Politik machen, von der die nationalistische Jugend, die Offiziere und die außer-bayerischen Gönner nichts wissen wollten.«[48] Und auch die folgende Situationsschilderung trifft ins Schwarze: »Wieder einmal marschierten die beiden bayerischen Fronten gegeneinander auf: die schwarzweißrote und die weißblaue. An der Spitze der einen stand Ludendorff, ihm folgten die Kampfverbände: Reichsflagge unter Heiß, Bund Oberland unter dem neuen Führer, dem Tierarzt Dr. Weber, die SA unter Göring, schließlich die radikalen Reichswehroffiziere, an ihrer Spitze Röhm … Auf der anderen Seite stand als geistiger Führer Pittinger mit seinem Bund Bayern und Reich und dessen Ehrenvorsitzendem Kahr, standen Prinz Rupprecht, mit einiger Distanz

46 Hitler und Kahr, II, S. 10.

47 *Heiden*, Geschichte, *S.* 132.

48 Ebenda.

der Kardinal Faulhaber und ein Teil der bayerischen Minister. Gar mancher stand immer noch dazwischen, des Gegensatzes kaum bewußt oder doch nicht gewillt, etwas von ihm zu wissen. Namentlich jene bayrischen Notabeln, die keineswegs Bayern abkapseln wollten, sondern am liebsten die weißblaue Fahne auf dem Brandenburger Tor aufgepflanzt hätten, irrten zwischen den Lagern umher: Pöhner, Roth und Professor Bauer, der Führer der mehr in der Phantasie als in Wirklichkeit existierenden ›Vaterländischen Verbände‹.«[49]

Statt der von Kahr und Pittinger angestrebten Unterordnung der Kampfverbände der »Arbeitsgemeinschaft« schlossen diese sich auf dem »Deutschen Tag« in Nürnberg noch enger zusammen zum »Deutschen Kampfbund«. Sie erließen eine Kundgebung, verfaßt von Hauptmann Weiß, dem Herausgeber des »Heimatland«, und Gottfried Feder.[50] Diese Kundgebung macht deutlich, wie weit die SA inzwischen ihren Charakter als Truppe der NSDAP verloren hatte und Bestandteil einer Vereinigung von Wehrverbänden jenseits der Parteien geworden war. Es hieß dort: »Wir sind eine vaterländische Kampfbewegung, keine Partei! Wir treiben keine Parteipolitik ...«[51]

Der Kampfbund erhob den Anspruch, die »geistige Waffenschmiede für den Befreiungskampf« zu sein. Im programmatischen Teil der Kundgebung finden sich Punkte, die völkische Allgemeinplätze waren und sich auch im Programm der NSDAP befanden; dort allerdings mit stärkerer Betonung der sozial-demagogischen Akzente, die hier auf den einen Satz beschränkt wurden: »Die Herrschaft der überstaatlichen Geldmächte in Staat und Wirtschaft ist zu brechen, Kapital und Wirtschaft dürfen keinen Staat im Staate bilden.«[52] Mit Rücksicht auf die Konkurrenz von »Bayern und Reich« und auf die föderalistischen Stimmungen unter den eigenen Anhängern wurde als Ziel der staatlichen Organisation nicht der zentralistische Einheitsstaat, sondern der »Bundesstaat im Geiste Bismarcks, in dem die Staatspersönlichkeit der Einzelstaaten gewahrt ist«[53],genannt. Unterzeichner des Aufrufes waren der Oberlandführer Weber, der Führer der Reichsflagge Heiß und Hitler als Führer der »Sturmabteilungen der N. S. D. A. P.«, nicht etwa als Führer der Partei. Die eigentlichen Organisatoren und Hintermänner des Kampfbundes, Ludendorff und Röhm, blieben ungenannt im Hintergrund. Hitler konnte in dem neuen Gebilde zunächst keine führende Rolle spielen. »Es war keine gute Zeit für Hitler«, vermerkt Heiden. »Die Kampfverbände, seine eigene SA eingeschlossen, wurden in Nürnberg noch einmal zusammengenäht,

49 Ebenda, S. 132f.

50 *Röhm*, S. 210; *Franz-Willing*, Putsch und Verbotszeit, S. 348ff.

51 Ebenda, S. 211.

52 Ebenda, S. 212.

53 Ebenda.

ohne daß von einer Führung Hitlers die Rede war … Hitler verhielt sich apathisch … politischer Geschäftsführer des Kampfbundes (wurde) Ludendorffs Vertrauensmann Scheubner-Richter.«[54]

Durch den Kampfbund verstärkte sich der Einfluß Ludendorffs auf die dort zusammengefaßten Verbände erheblich; zugleich trat er auch in ein immer engeres Verhältnis zur NSDAP und zu Hitler. Das allerdings bedeutete für diesen einen beträchtlichen Prestigegewinn, denn Ludendorff besaß damals ein »Ansehen im Lager der ganzen Rechten«, das »wahrhaft übermenschlich war«![55] Um diese Zeit galt er, nicht Hindenburg, noch weithin im »nationalen« Lager als der größte Feldherr des ersten Weltkrieges, der Sieger von Tannenberg, als der siegbringende Kriegsgott. Und natürlich hielt er sich selbst dafür.

In Wirklichkeit war er bereits damals ein geistig und psychisch defekter Mann, der mit der Niederlage Deutschlands, die er als ganz persönliche Niederlage empfand, nicht fertig wurde. Der bayerische Oberregierungsrat Sommer urteilte über Ludendorff recht treffend, daß dieser »ohne Zweifel jedes Augenmaß für die reale Wirklichkeit verloren hat. Der Zusammenbruch des Oktober 1918 mit all den furchtbaren Folgen ist auf seine seelische Verfassung nicht ohne Einfluß geblieben.«[56] Ludendorff forschte mit geradezu manischer Besessenheit nach den »dunklen Mächten«, die ihm den vermeintlich sicheren Sieg heimtückisch entwunden hatten. Da es sie geben mußte, fand er sie auch: es waren die gleichen Feinde, auf die schon seit Jahrzehnten deutsche nationalistische Hetzer wie Claß und andere die Wut und die Empörung der unzufriedenen Massen abzulenken suchten: die Juden, die Jesuiten und die Freimaurer. Was aber bei Claß und auch bei Hitler noch deutlich zuerst und vor allem Mittel zur Volksverführung war, das war für Ludendorff in erster Linie eine »Erkenntnis« von Zusammenhängen, die er für sich selbst brauchte. Dadurch wurde er unfähig, diese »Erkenntnis« je nach Bedarf zur politischen Manipulierung anzuwenden oder auch nicht anzuwenden; bei ihm wurden derlei Ansichten aus Mitteln, Politik zu machen, indem man andere in bestimmte Richtungen lenkte, zu starren fixen Ideen, nach denen er seine Umgebung beurteilte, für die er nur zwei Kategorien bereit hatte: Werkzeuge der Juden, Jesuiten und Freimaurer – das waren alle, die seine Sicht der Dinge nicht teilten – und gute, »rassenbewußte« Deutsche, als welche am Ende nur er selber und seine spätere Frau Mathilde übrigblieben, eine Frau, die es fertig brachte, mit ihren Wahnideen als Neuschöpferin einer »germanischen« Religion Ludendorff in den nachfol-

54 *Heiden*, Geschichte, S. 134.

55 Ebenda.

56 Aus einer Denkschrift des Oberregierungsrates im bayerischen Staatsministerium des Äußeren, Karl Sommer, vom 31. Januar 1924, in: *Deuerlein*, Hitlerputsch, S. 612.

genden Jahren um den Rest seiner Vernunft zu bringen und zu einer Karikatur seiner selbst werden zu lassen. Im sogenannten Hitler-Ludendorff-Prozeß wegen des Putsches vom 8./9. November 1923 sagte Lossow als Zeuge aus, er habe 1923 in Gesprächen mit Ludendorff ständig gegen »nicht existierende Gespenster ankämpfen müssen, aber ohne Erfolg.«[57] Um die besondere Art der »völkischen« Verrücktheit Ludendorffs zu kennzeichnen, seien einige seiner Auslassungen vorgeführt. In seiner Weltsicht waren »Juda und Rom ... sich in dem Streben einig, das Deutsche Volk völlig zu zerschlagen und es immer mehr den Siegerstaaten und dem Weltkapital zu verschreiben.«[58] Der »Jude Rathenau« war für ihn der »rote Prophet der Weltrevolution.«[59]

Damals, 1923, stand Ludendorff allerdings erst am Beginn des Prozesses seines Persönlichkeitszerfalls, und er übte sowohl durch seine Vergangenheit als auch durch politische Leitsätze, die er in Wort und Schrift verfocht, noch einen ungebrochen starken Einfluß im »nationalen« Lager, nicht zuletzt auch auf Hitler aus. Viele Ideen und Maximen Hitlers in »Mein Kampf«, die in der bürgerlichen Literatur als typische Hitlerideen und Hitlermaximen ausgegeben werden, finden sich bereits in Ludendorffs Schriften. So etwa die Auffassung vom Krieg als »letztes, einzig entscheidendes Mittel der Politik«[60]; das Verlangen nach »Zusammenfassen aller Kräfte zur staatlichen Selbstbehauptung, also Geschlossenheit des deutschen Volkes in allen seinen Kreisen und Berufen«[61]; die Forderung nach »bedingungsloser Unterordnung« unter den Führer, »Zurückstellung eigener Gedanken und Vertrauen zum Führer, gepaart mit Ehrfurcht«[62]; die Gleichsetzung von »Deutschtum« mit »Rassegefühl«[63]; die Zurückweisung von Majoritätsentscheidungen, ausgedrückt in dem Satz: »Nicht in der Verbreiterung, sondern einer Verschmälerung liegt die Stärke der Regierung, die im Drange der Not zur Führerschaft eines Einzelnen wird und die ... die eigensüchtig widerstrebenden Teile des Volkes rücksichtslos und, wenn es sein muß, mit Gewalt zur Pflichterfüllung anhält«[64], u. a. m.

Über seine damaligen Studienrichtungen berichtete Ludendorff, er habe Gottfried Feder gelesen, und dessen wirtschaftliche Anschauungen hätten ihn angesprochen; besonders aber habe er sich in die Rassenkunde vertieft, die Bücher von Gobineau,

57 Der Hitler-Prozeß. Auszüge aus den Verhandlungsberichten, München 1924, S. 114.

58 *Ludendorff*, Auf dem Wege, S. 22.

59 Ebenda.

60 Ebenda, S. 16.

61 Ebenda, S. 17.

62 Ebenda, S. 18.

63 Ebenda.

64 Ebenda, S. 19.

Ludwig Schemann und Hans Günther gelesen; gleichzeitig habe er sich mit der Erbgesundheitspflege beschäftigt und mit dem »Unheil des Alkohols auf das lebende Geschlecht und dessen Nachkommenschaft«.[65] Man wird wohl kaum fehlgehen in der Annahme, daß Ludendorff für die NSDAP und Hitler nicht nur in politischer, sondern auch in ideologischer Hinsicht in dieser Zeit eine bestimmte prägende Rolle gespielt hat. Im Hitler-Ludendorff-Prozeß erklärte der militärische Kampfbundführer Kriebel ausdrücklich, Ludendorff sei ihr geistiger Führer gewesen.[66] Auf den Kampfbund konnte Ludendorff nicht nur direkt, sondern auch über dessen militärischen Führer, Kriebel, sowie über den Geschäftsführer des Kampfbundes, Scheubner-Richter, Einfluß nehmen. Kriebel kannte er noch aus der Obersten Heeresleitung, in die jener 1918 kommandiert worden war;[67] Scheubner-Richter war nach Ludendorffs eigenen Worten »eine Art Verbindungsmann zwischen Adolf Hitler und mir«.[68] Ludendorff sah in Hitler den Mann, der ihm die Massen bringen konnte, die er zur Durchführung seiner Pläne brauchte.

»Die völkische Bewegung«, erklärte er vor Gericht, »machte den international denkenden Arbeiter wieder national. Ich und meine Freunde von ›Oberland‹ und von den ›Nationalsozialisten‹ haben immer geglaubt, daß wir nur durch die Gesundung der deutschen Arbeiterschaft zur Freiheit kommen können.«[69]

Die Nazis hatten sich gerade die Gewinnung der Arbeiterschaft zur Aufgabe gestellt und Hitler hatte auch auf dem Gebiete der Propaganda einige »Erkenntnisse« Ludendorffs zu seinen eigenen gemacht. Zu diesen »Erkenntnissen« gehörte z. B., daß entscheidend für den Ausgang des Kriegs die Überlegenheit der anderen auf dem Gebiete der – Propaganda gewesen sei. »Wir sind«, so Ludendorff, »an der feindlichen Propaganda zugrunde gegangen, und ich sehe in der Propaganda ein Kampfmittel allerersten Ranges.«[70]Solche »Einsichten« mußten bei Hitler auf fruchtbarsten Boden fallen. Da seine stärkste Seite die agitatorischen Fähigkeiten waren (im nationalsozialistischen Verständnis bestand zwischen Agitation und Propaganda kein Unterschied), mußte er sich als berufener »Führer der Bewegung« bestätigt fühlen durch eine Auffassung, nach der die Propaganda die stärkste, Massen und Völker bewegende Kraft darstellte. So heißt es denn verräterisch genug in »Mein Kampf«, ein großer Theoretiker werde höchst selten ein großer Führer sein. »Viel eher wird das der Agitator sein ... Ein

65 Ebenda, S. 24.

66 Der Hitler-Prozeß, S. 51.

67 Kriebel im Hitler-Ludendorff-Prozeß: »Ich (hatte) die Ehre, unter Ludendorff persönlich ein Jahr zu dienen als Abteilungschef des Generalquartiermeisters« – Der Hitler-Prozeß, S. 48.

68 *Ludendorff*, Auf dem Wege, S. 58.

69 Der Hitler-Prozeß, S. 55.

70 Ebenda, S. 56.

Agitator, der die Fähigkeit aufweist, eine Idee der breiten Masse zu vermitteln, muß immer Psychologe sein, sogar wenn er nur Demagoge wäre.«[71] Die Ludendorffschen Auffassungen über die Kriegspropaganda fanden ihre Verarbeitung durch Hitler, vermischt und erweitert durch Erkenntnisse amerikanischer Reklamefachleute, die ihm sein Freund und Gönner Hanfstaengl vermittelt hatte, in einem speziellen Kapitel seines Buches. Nachdem er sich selbst dort bestätigte, ein »allergenialster Seelenkenner« zu sein – nur solchen dürfe man Propaganda anvertrauen – finden wir dort folgende Ausführungen im Sinne der Ludendorffschen Ansicht von der kriegsentscheidenden Rolle der Propaganda: »So bot die deutsche Kriegspropaganda ein unübertreffliches Lehr- und Unterrichtsbeispiel für eine in den Wirkungen geradezu umgekehrt arbeitende ›Aufklärung‹ infolge vollkommenen Fehlens jeder psychologisch richtigen Überlegung. Am Gegner aber war unendlich viel zu lernen für den, der mit offenen Augen und unverkalktem Empfinden die viereinhalb Jahre lang anstürmende Flutwelle der feindlichen Propaganda für sich verarbeitete … Wie sehr diese Art von Propaganda wirksam war, zeigte am schlagendsten die Tatsache, daß sie nach vier Jahren nicht nur den Gegner noch streng an der Stange zu halten vermochte, sondern sogar unser eigenes Volk anzufressen begann.«[72]

Ludendorff sah in Hitler den fähigsten Verbreiter und Vollstrecker seiner Ideen. Man könne, so sagte er im Hitler-Ludendorff-Prozeß aus, »den Marxismus nicht mit dem Gewehrkolben totschlagen«, sondern müsse dem Volke eine neue Idee geben. Deshalb habe er freien Lauf für die Propaganda der NSDAP (die durch den Ausnahmezustand eingeschränkt war) gefordert. Umgekehrt war für Hitler und die Leute des Kampfbundes Ludendorff die Gewähr dafür, daß die Reichswehr mit ihnen, zumindest aber nicht gegen sie sein würde, wenn es zum Putsch käme. Denn daß die Reichswehr auf den Feldherrn Ludendorff schießen würde, das war für sie ebenso undenkbar wie für Ludendorff selbst. Wenn der Landeskommandant Lossow in Gesprächen mit Hitler Zweifel an der Zweckmäßigkeit der engen Verbindung der NSDAP mit Ludendorff äußerte, weil der Name des Preußen Ludendorff auf viele bayerische »vaterländische« Kreise wie ein rotes Tuch wirkte, erklärte ihm Hitler: Die Reichswehr, die bringt der Name Ludendorff mit. Auf jeden Fall würde die Reichswehr, wenn schon nicht mit Ludendorff, so doch auf keinen Fall gegen ihn gehen. Die Generale, die an ihren Freßkrippen hingen, die wären vielleicht nicht für Ludendorff. Aber vom Major abwärts, das wisse man unbedingt sicher, sei alles für Ludendorff. Dies war auch die feste Überzeugung Ludendorffs selbst, die er ebenfalls Lossow gegenüber zum Ausdruck brachte.[73] So war

71 *Hitler,* Mein Kampf, S. 650.

72 Ebenda, S. 199f., 202.

73 Der Hitler-Prozeß, S. 114.

für die Nazis das Mittun Ludendorffs ein ganzes Armeekorps wert – weshalb denn auch von Ludendorff als dem »Armeekorps auf zwei Beinen« gesprochen wurde.[74] Hitler hielt deshalb auch stets an der Kandidatur Ludendorffs als Befehlshaber der nach erfolgreichem Putsch zu schaffenden »Nationalarmee« fest.[75] Ludendorff seinerseits unterstützte die Bemühungen Röhms, die Führer der im Kampfbund vereinten Verbände dahin zu bringen, Hitler als politischen Führer neben Kriebel als militärischem zu akzeptieren.

Der Mann, auf den die diktaturlüsternen Kräfte im Reich die meisten Hoffnungen setzten, war jedoch der Chef der Heeresleitung, General Seeckt, der gegenüber jedermann, auch gegenüber dem Reichspräsidenten Ebert, gelassen und selbstsicher erklärte: »Die Reichswehr steht hinter mir!« Besonders ab 23. September setzte, und das nicht nur von seiten seiner militärischen Umgebung, »das Drängen auf eine führende politische Rolle Seeckts ein.«[76] Am 24. September erhielt Seeckt den Besuch des Führers der Alldeutschen, Claß. Der wollte von ihm wissen, wie sich die Reichswehr verhalten werde, wenn im Lande ein gewaltsamer Versuch zur Errichtung der Diktatur unternommen würde. Auf eine ähnliche Frage, die Anfang Juni 1923 im Auftrage von Claß dessen militärischer Vertrauensmann, der aktive General Otto v. Below, an Seeckt gerichtet hatte, hatte Seeckt positiv reagiert: er sei in einem solchen Falle bereit, wohlwollende Neutralität zu üben, bis sich der Umschwung durchgesetzt habe. Jetzt jedoch, da Seeckt bereits seine eigenen Staatsstreichpläne verfolgte, die er von niemand gefährden lassen wollte, erklärte er Claß kurz und unmißverständlich, er würde in einem solchen Falle »auf rechts genau so schießen lassen wie auf links«.[77] Tatsächlich gab er einen entsprechenden Befehl, als am 1. Oktober 1923 der mit der Aufstellung der Schwarzen Reichswehr beauftragte Major Bruno Ernst Buchrucker in Küstrin mit dem Ziel putschte, sich selbst zum Diktator auszurufen.[78] Für Claß und die hinter ihm stehenden norddeutschen Rechtsverbände schied damit Seeckt als möglicher Verbündeter aus.[79]

---

74 *Heiden,* Geschichte, S. 123.

75 Der Hitler-Prozeß, S. 142; *Gordon,* Hitlerputsch, S. 230; *Bennecke,* Hitler und die SA, S. 88.

76 *Meier-Welcker, S.* 374, 393.

77 *Kruck, S.* 147f.

78 Ebenda, S. 144f.

79 Ebenda, S. 145. – Wie 1924 im sogenannten »Thormann-Grandel-Prozeß« zur Sprache kam, plante Claß nach diesem enttäuschenden Erlebnis mit Seeckt dessen Beseitigung, äußerstenfalls sogar durch ein Attentat, und seine Ersetzung durch einen ihm, Claß, genehmen General; im Gespräch waren dafür die Generale Richard Berendt, Befehlshaber des Wehrkreises III (Berlin), und General Walther Reinhardt, Befehlshaber des Wehrkreises V (Stuttgart). – ZStAP, AV, Nr. 672; siehe ferner Attentäter, Spitzel und Justizrat Claß. Der Seeckt- und Harden-Prozeß, bearb. von Karl Brammer. Politische Prozesse, Heft V, Berlin 1924, S. 10f.

Ein anderer Besucher, den Seeckt in diesen Tagen empfing, war der in München lebende reaktionäre Philosoph Oswald Spengler. Diese Begegnung hatte der Haniel-Generaldirektor Paul Reusch, der »intimste Freund, Berater und Förderer Oswald Spenglers«[80], vermittelt.[81] Aber die Unterredung verlief für beide unerfreulich. Spengler qualifizierte Seeckt nach diesem Gespräch als Opportunisten, Seeckt seinerseits den Philosophen als »politischen Narren«, von dem er in Anspielung auf dessen »Bestseller«-Buch »Der Untergang des Abendlandes« bissig bemerkte, er wünschte, Spengler wäre »mit dem Abendland untergegangen«.[82]

Anders verhielt es sich mit einem weiteren Besucher, mit Stinnes' Generaldirektor Friedrich Minoux. Er suchte Seeckt am 25. September auf, einen Tag vor Verkündung des Abbruchs des passiven Widerstandes durch die Reichsregierung. Minoux diente Stinnes als Vermittler zu Seeckt, um die beiderseitigen Diktaturpläne zu koordinieren, und dies zunächst mit Erfolg. Denn in Seeckts Direktoriums-Liste hatte Minoux als Wirtschafts-Sachverständiger einen festen Platz, und in den folgenden Tagen trafen beide, Seeckt und Minoux noch mehrfach zu Besprechungen zusammen, so am 27. September und am 1. und 2. Oktober.[83]

In ständigem Kontakt mit ihren norddeutschen Komplizen rüsteten auch die bayerischen Staatsstreichplaner für den Tag des Losschlagens. Dabei entwickelte sich jedoch ein regelrechter Wettlauf zwischen dem weiß-blauen und dem schwarz-weiß-roten Lager. Jeder wollte dem anderen zuvorkommen, und jeder befürchtete, der andere könnte schneller sein.

Am 18. September berichtete der württembergische Gesandte nach Stuttgart, kürzlich habe der BVP-Abgeordnete Held mit Kronprinz Rupprecht darüber beraten, wie man Kahr wieder an eine einflußreiche Stellung in der Regierung bringen könne, ohne deshalb einen Regierungswechsel vornehmen zu müssen. Moser vermutete, daß für Kahr das Amt eines Staatspräsidenten geschaffen und er »eine Art Diktator werden« sollte. Die BVP-Führung wolle sich Kahrs bedienen, »weil man hofft, in Anbetracht des großen Einflusses, den er auf die Rechtsaktivisten ausübt, dieselben eher im Zaume halten zu können und ein Gegengewicht gegen Ludendorff zu gewinnen«[84].

Während so auf Seiten der bayerischen Monarchisten Pläne über einen Ausbau der »Ordnungszelle« geschmiedet wurden, die sicherstellen sollten, daß die »Rechtsaktivisten« keinen Putsch auf eigene Faust unternahmen, sondern nur auf das Kommando

80 *Petzold,* Konservative Theoretiker, S. 14.

81 *Meier-Welcker,* S. 373.

82 Ebenda.

83 Ebenda, S. 390.

84 Politik in Bayern, S. 130.

der Staatsregierung und der bayerischen Reichswehrführung in Aktion traten, wurden auf Seiten des »Deutschen Kampfbundes« gegenteilige Überlegungen darüber angestellt, wie man jede Abhängigkeit abschütteln und sich die Führung beim kommenden Putsch und der zu bildenden Diktaturregierung sichern konnte. Diese Überlegungen schlugen sich in zwei bemerkenswerten Dokumenten nieder, die offenbar beide ohne Zutun Hitlers entstanden. Das erste Dokument ist ein Brief des Grafen Ernst zu Fischler v. Treuberg[85] an den deutschnationalen Förderer des Kampfbundes und der Nazipartei, Hermann Glaser, vom 18. September 1923.[86]

Zunächst wandte sich Treuberg in seinem Brief an Glaser der Taktik des Vorgehens zu, die eine möglichst breite Massenunterstützung sichern sollte: »Kriebel ist der Meinung, daß Pittinger uns jetzt zuvorkommen will mit einer Aktion, die dann Kahr an die Spitze stellen wird. Pittinger wird dann ohne Zweifel uns aufzulösen versuchen. Ich habe dringend gewarnt, vorzeitig irgend etwas Aktionsartiges zu machen. Pittingers Aktion ist tatsächlich eine separatistische und dann haben wir den Vorteil, dem Volk gegenüber die verbrecherischen Lostrennungsbestrebungen Pittingers und Ziel der dauernden Trennung vom Reich öffentlich zu brandmarken und sofort den Gegenstoß im Wege des Angriffs im letzten Augenblick machen zu können. Wir müssen in der Pittinger-Leitung einen Vertrauensmann bekommen, der uns über den Augenblick der Pittinger-Aktion unterrichtet, der man dann zuvorkommen muß. Wir müssen dann aber ganze Arbeit machen und nicht nur die roten Bonzen verhaften und füsilieren, sondern auch Pittinger und Xylander – unter Umständen auch Kahr – verhaften und gegen diese sofort ein Verfahren einleiten wegen Hochverrats gegen den Bestand des Reiches und Versuches einer Aufrichtung eines losgetrennten Süddeutschland unter einer Monarchie. *Wir haben dann sofort die bessere Arbeiterschaft wenn nicht für uns, so doch als abwartend neutrale … Man muß im Volke unter allen Umständen den Eindruck hervorrufen und festigen, daß unsere Aktion keine reaktionäre,* sondern eine tatsächlich rein deutsche ist. Wenn wir Leute wie Pittinger, Xylander, Kahr usw. … packen, kann keine Seele uns reaktionärer Gesinnung beschuldigen. In das Wirtschaftsleben darf man nicht sofort mit Federschen Ideen eingreifen und auch die Juden darf man wirtschaftlich erst dann scharf anpacken, wenn nach etwa acht Tagen unsere Herrschaft sicher steht.«[87]

---

85 Treuberg gehörte zum Kreise derer, die, erbost über Hitlers Verhalten nach dem Fiasko des 1. Mai 1923, diesem mahnend ins Gewissen redeten. Treuberg hatte am 30. Juni 1923 in einem Brief an Hitler scharfe Kritik an Esser und Hanfstaengl geübt und Hitler vorgeworfen, er dulde eine »wilhelminische Hofkamarilla« um sich; er hatte ferner gefordert, die Parteileitung durch die Schaffung voll Fachabteilungen für Verwaltung, Justiz, Wirtschaft und militärische Angelegenheiten und deren Besetzung mit geeigneten Persönlichkeiten zur Lösung der kommenden Aufgaben zu befähigen. – *Franz-Willing,* Krisenjahr S. 153f.

86 Hitler und Kahr, II, S. 91ff.

87 Hervorhebungen von mir; K. G.

Sodann wandte sich Treuberg den Problemen der Führung der Aktion und der Diktaturregierung zu. »Kriebel will als militärischer Leiter einen politischen Leiter haben. Das Direktorium Hitler-Weber-Heiß genügt ihm nicht, er will es nur mit *einem* politischen Leiter zu tun haben. Das ist falsch, denn gerade das endlich errichtete Triumvirat ist dem Volke gegenüber gut. Trotzdem muß und kann dafür gesorgt werden, daß der *primus inter pares* Hitler ist. Als Innenminister kommt meiner Ansicht nur Dr. Roth in Frage, da er allein die Staatsmaschine kennt und genügend beherrschen wird. Unter ihm als Generalstaatskommissar ist Pöhner der einzig geeignete[88], weil er allein scharf und rücksichtslos genug ist.«

Treuberg stellte sodann eine komplette Liste von Ministern seiner Wahl auf und nannte dann die Maßnahmen, die seiner Meinung nach als erste durchzuführen wären, wobei als besonders bemerkenswert seine Feststellung zitiert sei: »Die erste Zeit darf als Strafe überhaupt nur die Todesstrafe gelten, denn alle anderen Strafen helfen nichts, weil sie den Bestraften nur ins Lager des Gegners bringen.« Der Verfasser dieser Zeilen, das sei hier ausdrücklich festgestellt, hieß weder Hitler noch Göring, sondern Graf v. Treuberg!

Zum Schluß kam Treuberg nochmals auf die Führungsfrage zurück: »Hitler hat zweifellos großen staatspolitischen Instinkt, mit dem er aber allein nichts anfangen kann, dazu – zur Auswirkung seiner Ideen – muß er Roth und Pöhner haben ... Scheubner-Richter als Kenner des Auslandes und speziell Rußlands ist zweifellos der gegebene Außenpolitiker und Mentor des primus inter pares im Direktorium. Ludendorff tritt am besten erst dann in Erscheinung, wenn der Staat fertig ist und wieder fähig, gegen den äußeren Feind zu schlagen.« Nachdrücklich fügte Treuberg dem hinzu, daß die militärischen Führer Ludendorff und Kriebel unbedingt der politischen Führung untergeordnet sein müßten und das militärische Instrument nur »so lange zu blasen« hätten, »als der politische Kapellmeister den Takt dazu gibt«, – eine Vorstellung, die in schroffem Gegensatz stand zur Ansicht Röhms, Ludendorffs und Kriebels.

Abschließend stellte Treuberg an die Vorbereitung der Aktion eine Forderung, von der er nur zu gut wußte, daß ihre Erfüllung von Hitler am allerwenigsten zu erwarten war, die er aber gerade deshalb offenbar mit allem Nachdruck erhob und mit der Aufforderung versah, die Führer sogar durch Gewaltandrohung zur »Pflichterfüllung« zu zwingen: »Es nutzt uns nichts, wenn wir nur wissen, daß der Ruf bald erschallt, wir müssen beim Ertönen des Rufes voll und ganz gerüstet sein und in die Tat hineingehen mit dem Bewußtsein, daß es gelingen muß, gelingen wird, *weil alles wohl durchdacht und klar und bis zum letzten Knopf bereit ist,* weil jeder einzelne ... das Bewußtsein

88 Gemeint ist offenbar, daß Pöhner Generalstaatskommissar werden sollte; vgl. dazu das »Aktionsprogramm« Scheubner-Richters, in: vorliegende Arbeit, S. 339ff.

in sich trägt: ›Ich selbst bin nichts! Alles für den Sieg!‹ Und gerade an dem Pflichtgefühl, sich selbst restlos dem Ziel unterzuordnen, scheint es mir noch gerade unter den Führern zu fehlen! Zu diesem Bewußtsein und dem Handeln im Sinne solcher Pflicht können – wie die Dinge liegen – die Führer nur letzten Endes von den Geführten gezwungen werden, und wenn es nicht anders geht, unter Drohung mit Gewalt.«[89]

Das zweite Dokument, von dem hier die Rede sein soll, trägt die Überschrift »Vorschlag für ein Aktionsprogramm des Deutschen Kampfbundes«, das Datum vom 24. September 1923 und ist unterschrieben von Scheubner-Richter als Geschäftsführer des Kampfbundes.[90] Das Dokument kennzeichnet ebensosehr das gespannte Verhältnis zwischen den weiß-blauen und den schwarz-weiß-roten »Vaterländischen« wie seinen Verfasser und dessen Rolle als des maßgebenden strategischen Kopfes des Kampfbundes und der Nazipartei.

Scheubner-Richters Ausarbeitung begann mit einer Kritik der bisherigen Taktik des Kampfes um die politische Macht in Bayern. Diese Taktik – (die darin bestand, sich lediglich auf die Kraft der Kampfverbände zu stützen) – habe sich nicht bewährt. Es habe sich erwiesen, »daß bei dem Kampfe um die politische Macht der militärische Apparat des Staates unter allen Umständen in Rechnung gesetzt werden muß«, und zwar vor allem die Landespolizei als das wichtigste Machtinstrument der Staatsregierung. Als eigentliche Aufgabe der Kampfverbände bezeichnete Scheubner-Richter »die Niederkämpfung des Marxismus«; der 1. Mai habe aber gezeigt, daß sie diese »erst dann mit Erfolg betreiben können, wenn sie in Bayern im Besitz der staatlichen Machtmittel sind«. Das aber bedeute vor allem die Besetzung des Innenministeriums mit einem Vertrauensmann der Kampfverbände. Die Situation sei also die: »die nationale Revolution darf in Bayern der Übernahme der politischen Macht nicht vorausgehen, sondern die Besitzergreifung der polizeilichen Machtmittel des Staates bildet die Voraussetzung für die nationale Revolution.«

An alledem ist zunächst einmal die Offenheit erfreulich, mit der Scheubner-Richter ausspricht, daß sich hinter dem großen Wort von der »nationalen Revolution« nichts anderes verbarg als die blutige Konterrevolution, nämlich die »Niederkämpfung des Marxismus«, und daß die Kampfverbände eben dafür die Macht erobern wollten. Das eigentlich Bedeutsame des Aktionsprogramms lag jedoch in der Legalitätskonzeption, die Scheubner-Richter in den folgenden Sätzen entwickelt: es müsse »der Versuch gemacht werden, die Polizeimacht des Staates auf einem wenigstens nach außen hin

---

89 Hervorhebung im Original.

90 Hitler und Kahr, II, S. 12ff. – Mit Berufung auf spätere Aussagen von Hauptmann Weiß behauptet Franz-Willing, (Putsch und Verbotszeit, S. 24), Scheubner-Richter sei nicht der Verfasser des Aktionsprogramms gewesen; aber auch er muß einräumen, daß es die Scheubner-Richterschen Gedankengänge zum Ausdruck brachte.

legalen Weg in die Hand zu bekommen,« was natürlich mehr oder minder illegalen Druck nicht ausschließt.

Wie schon in Treubergs Brief, so galt auch in Scheubner-Richters Aktionsprogramm die Hauptsorge der Gewährleistung der Unterstützung der Machtübernahme durch breite Bevölkerungskreise. Scheubner-Richter schlug dafür aber ein anderes Rezept vor als Treuberg. Er schrieb: »Der Beschreitung des sogenannten legalen Weges kommt zweifellos die gegenwärtig in der Bevölkerung herrschende Unzufriedenheit mit den Zuständen sehr entgegen ... Es handelt sich darum, diese Atmosphäre für die beabsichtigte Aktion auszunützen und dafür den psychologischen Moment richtig zu wählen. Da bekanntlich die politische Einstellung der Bevölkerung ausschließlich von wirtschaftlichen Gesichtspunkten bestimmt wird, d.h. von der Höhe des Bier- und Brotpreises, so muß jede von uns in Aussicht genommene politische Aktion einen wirtschaftlichen Ausgangspunkt wählen.« Alle Forderungen, die die Kampfverbände an die Regierung zu stellen hätten, sei es die Forderung nach Auslieferung des Innenministeriums oder die des Polizeipräsidiums oder eines zu schaffenden Generalstaatskommissariats an einen Vertrauensmann der Kampfverbände dürften nicht den eigenen Willen zur Macht in den Vordergrund stellen, sondern müßten mit der Notwendigkeit der Sicherung der Ernährung begründet werden.

Zur Führungsfrage hieß es in dem Dokument, die eigentliche diktatorische Gewalt müsse in die Hände eines Generalstaatskommissars für Bayern gelegt werden. Für die Besetzung der Führungsposten kämen nur Pöhner und Roth in Frage, da die »Auswahl, die den Kampfverbänden ... überhaupt zur Verfügung steht, ... nicht allzu groß« sei. Pöhner solle Generalstaatskommissar und zugleich Polizeipräsident von München, Roth Innenminister werden. Von Hitler, aber auch von Ludendorff war mit keinem Wort die Rede.

»Die Eroberung des Staatsapparates auf diesem Wege bildet die Voraussetzung für alle weiteren Aktionsmöglichkeiten der Kampfverbände.« Der Generalstaatskommissar habe »den Kampfverbänden alle staatlichen Hilfsmittel zum Ausbau ihrer Organisation und zur Vorbereitung der militärischen Aktion zur Verfügung zu stellen.«

Abschließend begründete Scheubner-Richter nochmals die Dringlichkeit einer baldigen Aktion: »Die politische Lage ist heute so, daß über kurz oder lang entscheidende Handlungen erfolgen müssen, so oder so. Die Situation ist zudem für die Kampfverbände dadurch erschwert, daß sie mit einer dauernden ›Konkurrenz‹ zu rechnen haben in der Firma Kahr-Pittinger. Der Grund, warum die letzteren noch nicht zur Aktion geschritten sind, ist zweifellos darin zu suchen, daß sie weder über die Machtmittel des Staates[91] noch in München über eigene nennenswerte Kräf-

91 Am 24. September 1923, als dieses Dokument verfaßt wurde, war Kahr noch nicht Generalstaatskommissar, sondern nur Regierungspräsident von Oberbayern.

te verfügen.[92] In diesem letzteren Punkte sind wir ihnen überlegen. Dieser Vorteil muß daher von uns ausgenutzt werden, wenn wir nicht haben wollen, daß uns das weißblaue Bayern zuvorkommt. Der Erfolg ist um so eher zu erwarten, je besser wir den psychologischen Moment ausnützen. Denn das Risiko, das mit jeder Aktion verbunden ist, wird uns nie erspart bleiben. Es wird aber um so kleiner sein, je mehr die Aktion von der Stimmung des Volkes getragen ist und je legaler sie nach außen hin wirkt.«

Das Dokument läßt erkennen, daß sein Verfasser einer der fähigsten Köpfe der Kampfbund- und der NSDAP-Führung war, wenn nicht überhaupt ihr fähigster Mann. Es ist – außer dem Brief Treubergs an Glaser – kein Dokument von Naziführern bekannt, in dem mit ähnlicher Nüchternheit versucht wird, eine Analyse des Kräfteverhältnisses zu geben und daraus einen strategischen und taktischen Plan abzuleiten. Stellt man diesem Dokument die Ausarbeitungen oder gar die Reden Hitlers aus diesen Jahren gegenüber, dann enthüllt sich deren geistige Armut, die ständige Wiederholung der gleichen Klischees, die Unfähigkeit zu realistischer Lagebeurteilung und zur Entwicklung konkreter politischer Planungen, kurz, der Mangel jener Fähigkeiten bei Hitler, die einen begabten Demagogen erst zu einem echten politischen Führer der Rechten machen könnten, besonders deutlich.

Hitlers »Führerturn« beruhte auf seinem konkurrenzlosen Talent als Massenverführer, nicht auf echten Führungseigenschaften, zu denen unabdingbar die Fähigkeit zu nüchterner Lagebeurteilung gehört. Heiden sagte von Hitler, so scharfsinnig und zwingend dessen Schlußfolgerungen seien, so fahrig, schnellfertig und weltfremd seien seine Wahrnehmungen. »In der Deduktion aus einem gegebenen Tatbestand ist er unübertrefflich; in der Feststellung des Tatbestandes trifft er oft unheimlich daneben, weil er, statt zu konstatieren, der Gefangene früherer Schlußfolgerungen bleibt.«[93] Das lag daran, da0 es Hitler nicht darum ging, zu erfahren, wie die Dinge wirklich waren, – sein Weltbild stand ohnehin fest, und was da nicht hineinpaßte, existierte nicht für ihn – sondern darum, wie man sie zu interpretieren hatte, damit den Massen die eigenen Zielsetzungen als zwingende Konsequenz aus den Tatsachen vorgeführt werden konnten. Sein von Heiden gerühmter Scharfsinn war darauf gerichtet, das demagogische Lügengebäude als ein streng logisches, auf dem festen Grund »eherner Wahrheiten« ruhendes Gedankengebäude auszugeben. Er wollte anfangs gar nicht Politik machen, sondern die Massen so zubereiten, daß sie für eine Politik mobilisierbar wurden, deren oberstes Ziel die »Vernichtung des Marxismus« und die Erringung der

92 Pittingers »Bayern und Reich« rekrutierte die Masse seiner Mitglieder aus der bäuerlichen Bevölkerung und war in München nur schwach vertreten.

93 Heiden, Geschichte, S. 64.

deutschen Weltherrschaft war.[94] In einer faschistischen Bewegung, deren spezifische Funktion in der Gewinnung einer Massenbasis für die »nationale Diktatur« bestand und die ihrem innersten Wesen nach auf dem Führerprinzip beruhte, konnte es jedoch nicht ausbleiben, daß der beste Trommler zum populärsten und unentbehrlichsten Mann und der populärste und unentbehrlichste Mann unvermeidlich zum »Führer« wurde, mochte er nun die zu einem Führer notwendigen Eigenschaften besitzen oder nicht. Besaß er sie – wie etwa Mussolini – umso besser; besaß er sie jedoch nicht, dann mußte dieser Mangel durch seine engsten Mitarbeiter und die Legendenbildung wettgemacht werden.

Von allen Mitarbeitern Hitlers war Scheubner-Richter derjenige, der Hitler am glücklichsten ergänzte. Hitler wußte wohl, was er an diesem »sehr beziehungsreich(en), gewandte(n), begabte(n) und diplomatisch erfahrene(n)« Mann verloren hatte, als er nach dem Tode Scheubner-Richters – er gehörte zu denen, die am 9. November bei der Schießerei an der Feldherrnhalle ums Leben kamen – äußerte, alle seien ersetzbar, nur einer nicht, Scheubner-Richter.[95]

Zur Beilegung der Führungskrise im Kampfbund und zur Beratung über das künftige Vorgehen nach dem Abbruch des passiven Widerstandes durch die Reichsregierung fand am 25. September eine Sitzung der Kampfbundleitung statt. Teilnehmer waren Kriebel als militärischer Leiter, Röhm, Scheubner-Richter (der wenige Tage danach anstelle von Hauptmann Weiß Geschäftsführer des Kampfbundes wurde), sodann die Führer der angeschlossenen Verbände: Hitler und Göring (SA), Heiß (Reichsflagge), Seydel (Reichsflagge München), und Weber (Oberland).[96] Den Versammelten lag sicherlich das Scheubner-Richtersche Aktionsprogramm zur Beratung vor; im Mittelpunkt der Tagesordnung stand jedoch die Frage der einheitlichen politischen Führung des Kampfbundes. In dieser Frage sah Röhm endlich seine hartnäkkigen Bemühungen von Erfolg gekrönt: nachdem Hitler zweieinhalb Stunden auf sie eingeredet und sie zum Schluß gebeten hatte, ihm die politische Leitung zu übertragen, war der Widerstand von Heiß und Weber endlich gebrochen; sie kamen seiner Bitte nach und akzeptierten ihn als politischen Führer des Kampfbundes.[97] Röhm schilderte dieses Ergebnis im Stile eines vaterländischen Rührstückes: »Einem inneren Zwange folgend, mit Tränen in den Augen, streckte ihm (Hitler; K. G.) Heiß die Hand entgegen und verpflichtete sich seiner politischen Führung. Nicht minder von der

94 Der vorletzte Satz in Hitlers »Mein Kampf« lautet: »Ein Staat, der im Zeitalter der Rassenvergiftung sich der Pflege seiner besten rassischen Elemente widmet, muß eines Tages zum Herrn der Erde werden.« – *Hitler*, Mein Kampf, S. 782.

95 *Franz-Willing*, Die Hitlerbewegung, S. 133.

96 *Heiden*, Geschichte, S. 135; *Röhm*, S. 215.

97 Ebenda

Bedeutung der Stunde durchdrungen, folgte Weber seinem Beispiel. Auch mir traten Tränen in die Augen, als ich, vor innerer Erregung bebend, das Gestalt werden sah, was ich so lange ersehnt hatte.«[98] Diese sentimental-verlogene Darstellung wird von den Tatsachen Lügen gestraft. Die Mitteilung des Kampfbundes, in der das Ergebnis der Tagung bekannt gemacht wurde, war von fast unterkühlter Nüchternheit: »Angesichts des Ernstes der politischen Lage« – hieß es da – »empfinden wir die Notwendigkeit einer Einheitlichkeit in der politischen Leitung. In voller Übereinstimmung im Weg und Ziel übertragen wir Führer der Kampfverbände bei voller Wahrung deren innerer Geschlossenheit diese politische Leitung Herrn Adolf Hitler.«[99] Noch distanzierter war die Mitteilung, die Weber seinen Oberländlern am 26. September über diesen Vorgang machte. Er sagte darin: »Nachdem eingehende vorhergegangene Besprechungen ergeben hatten, daß zwischen den 5 Führern der Kampfverbände nicht nur über das Ziel, sondern vor allem [auch über den] dorthin führenden, einzuschlagenden Weg und die dabei anzuwendenden Mittel Einmütigkeit bestehe, nachdem weiter sich ergeben hatte, daß die innere Einstellung Hitlers die Voraussetzung einer engen Zusammenarbeit mit Oberland gewährleistet und daß schließlich die unbedingte Bindung Hitlers an unseren obersten Führer (d. i. Ludendorff; K. G.) vorhanden ist und unbedingtes gegenseitiges Vertrauen herrscht, erfolgte der oben mitgeteilte Schritt. Vor irgendwelchen Handlungen von politischer Bedeutung hat auch jetzt die Zustimmung der Führer der beiden anderen Verbände zu erfolgen.«[100]

Weber erläuterte des weiteren, der Führungsbeschluß sei erfolgt, »um ›Wirkung und Stoßkraft‹ der schwarz-weiß-roten Verbände Bayerns« zu erhöhen, da »die politische Lage in Deutschland ... zweifellos vor bedeutungsvollen Entscheidungen« stehe.

Um für diese Entscheidungen die Hände frei zu bekommen und an keinerlei Befehle von Vorgesetzten mehr gebunden zu sein, reichte Röhm nunmehr, am 26. September, seinen Abschied vom aktiven Heeresdienst ein. Das war für ihn die einzige Möglichkeit, in München zu bleiben und die weitere Tätigkeit des Kampfbundes in den bevorstehenden entscheidenden Wochen maßgeblich zu beeinflussen; denn inzwischen war ein Befehl des Reichswehrministers Geßler eingetroffen, der Röhm

98 *Röhm*, S. 196. Diese schwülstige Schilderung Röhms wurde von Franz-Willing noch überboten mit folgendem Kommentar: »Die emotionale Kraft, die von ihm (Hitler; K. G.) ausstrahlte, rührte harte Männer zu Tränen, der magische Zwang, den er mit seiner dämonischen Redegewalt auszuüben vermochte, bestimmte die Führer der Verbände ..., sich ihm zu unterstellen. Der ganze Vorgang beleuchtet die tiefe seelische Erschütterung der Frontsoldatengeneration, den Durchbruch der irrationalen Mächte, die sich in Hitler verkörperten.« – *Franz-Willing*, Krisenjahr, S. 120. So wird die Hitlerlegende heute aufgefrischt und weiterentwickelt mit unverkennbar neonazistischer Zielsetzung.

99 Röhm, S. 197.

100 ZStAP, RKO, Nr. 343, BI. 315f.

nach Berlin versetzte;[101] diesem Befehl hätte er ohne das Abschiedsgesuch Folge leisten müssen. Wie wir bereits wissen, wurde dem Gesuch aber erst im Januar 1924 stattgegeben.

Nach seiner Wahl zum politischen Kampfbundführer empfand Hitler das dringende Bedürfnis, sich in dieser seiner neuen Position der Öffentlichkeit in spektakulärer Weise vorzustellen. Zunächst wandte er sich mit einem Aufruf an die Parteimitglieder, um ihnen mitzuteilen, daß er »mit dem heutigen Tage die politische Führung des ›Deutschen Kampfbundes‹ übernommen« habe, und sie aufzufordern, »aus allen militärischen Verbänden, die nicht dem Kampfbund angehören, sofort auszutreten und in die Reihen der Sturmabteilungen der Nationalsozialistischen Deutschen Arbeiterpartei, ›Reichsflagge‹ oder ›Oberland‹ einzutreten«; wer dem nicht innerhalb von zehn Tagen nachkomme, werde aus der Partei ausgeschlossen.[102] Vor allem aber wollte Hitler »nach Antritt seiner Führung das tun, was er gewöhnlich in entscheidenden Augenblicken« tat, »er wollte reden, und zwar in nicht weniger als vierzehn Versammlungen an einem Abend«[103], und das bereits zwei Tage später, am 27. September.

Die bayerische Regierung betrachtete die Wahl Hitlers zum politischen Kampfbundführer völlig zu recht als Vorbereitung auf eine Aktion des Kampfbundes zur Übernahme der Macht in Bayern, und die geplanten vierzehn Versammlungen als Auftakt dafür. Sie war entschlossen, sich die Initiative von der schwarz-weiß-roten Konkurrenz nicht aus der Hand nehmen zu lassen.

Am 25. September war in einer Besprechung der Reichsregierung mit den Regierungschefs der Länder, an der auch Knilling teilgenommen hatte, einmütig der Beschluß zum Abbruch des passiven Widerstandes gefaßt worden, wobei Knilling sich jedoch die Möglichkeit zu weiteren Angriffen auf die Regierung Stresemann durch die Forderung offen ließ, diese dürfe den Versailler Vertrag nicht mehr als verbindlich für Deutschland anerkennen.[104]

Am 26. September verkündete die Reichsregierung offiziell die Einstellung des passiven Widerstandes. Die bayerische Staatsregierung packte diese Gelegenheit beim Schopfe. Sie trat am gleichen Tage zusammen und bestellte Kahr »bis auf weiteres« zum Generalstaatskommissar (GSK).[105] Der Ministerrat beschloß ferner die sofortige Verhängung des Ausnahmezustandes. Knilling begründete diese Maßnahmen mit der Gefahr, daß im Zusammenhang mit dem Abbruch des passiven Widerstandes

101 Der Hitler-Prozeß, S. 61.

102 ZStAP, Oberreichsanwalt, Nr. 12 J 503/23, Bl. 9.

103 *Heiden*, Geschichte, S. 136.

104 Ursachen und Folgen, Bd. 5, S. 389.

105 *Deuerlein*, Hitlerputsch, S. 180ff., Niederschrift über die Ministerratssitzung v. 26.9.1923.

»abenteuerliche Entschlüsse reifen könnten«. Deshalb solle ein Mann zum Generalstaatskommissar gewählt werden, der wenigstens einen Teil der vaterländischen Kreise hinter sich habe. Das Verhältnis des GSK zur Landesregierung umriß Knilling mit den Worten, der GSK solle dem Gesamtministerium unterstehen, aber freie Hand für die Ausübung der vollziehenden Gewalt besitzen. Im Text der dann beschlossenen Verordnung wurde der GSK jedoch eindeutig über die Landesregierung und sogar über die Reichsregierung gestellt;[106] auf ihn wurde die Exekutive übertragen; seine Anordnungen gingen nach dem Wortlaut der Verordnung den Anordnungen und Verfügungen aller anderen Behörden vor. Er wurde mit fast uneingeschränkten diktatorischen Vollmachten ausgestattet.

Die Konstruktion des GSK und sein Verhältnis zur weiter amtierenden Landesregierung war also alles andere als eindeutig, und Konflikte zwischen beiden waren somit vorprogrammiert. Zunächst jedoch hatte sich das Ministerium mit seinem Beschluß selbst weitgehend ausgeschaltet. Die politischen Entscheidungen lagen nunmehr bei dem GSK Kahr, bei Lossow als dem Landeskommandanten und bei Seisser als dem Chef der Landespolizei. Dieses Triumvirat war sich darin einig, die ihm übertragenen Machtvollkommenheiten rücksichtslos einzusetzen, um Bayern zur Hauptstoßkraft gegen die Berliner Regierung auszubauen. Dazu war als erstes die noch weitergehende Knebelung der Linken notwendig. Kahr machte sich umgehend daran, die Ausnahmegesetze in diesem Sinne anzuwenden. Den Arbeiterparteien wurde durch den Ausnahmezustand jede aktive Tätigkeit untersagt, sogar der sozialdemokratische Selbstschutz, die »Auergarde«, wurde verboten, während die SA und die anderen rechten Wehrorganisationen natürlich unangetastet blieben[107], sollten sie doch gemeinsam mit der bayerischen Reichswehr den Marsch nach Norden antreten.

Gleichzeitig setzte Kahr das Republikschutzgesetz für Bayern außer Kraft und ließ am 28. September den aufgrund dieses Gesetzes verurteilten und seit seiner Flucht aus der Leipziger Untersuchungshaft steckbrieflich verfolgten Kapitänleutnant Ehrhardt mit einem Dienstwagen aus Tirol nach München holen; er erteilte ihm den Auftrag, mit seinen Leuten an der Grenze nach Thüringen eine als Grenzschutz getarnte Truppe für den geplanten Vormarsch aufzustellen.[108] Kahr ging also demonstrativ auf Kollisionskurs gegenüber der Reichsregierung.

Um jedoch die eigenen Vorbereitungen vor Störungen durch ein eigenmächtiges

---

106 Ursachen und Folgen, Bd. 5, S. 388f. Abs. 4 der VO lautete: »Sämtliche Behörden des Reichs, des Landes und der Gemeinden … haben … den Anordnungen und Verfügungen des Generalstaatskommissars Folge zu leisten.« Diese Bestimmung war unvereinbar mit Artikel 13 der Reichsverfassung: »Reichsrecht bricht Landesrecht«.

107 Politik in Bayern, S. 133.

108 Der Hitler-Prozeß, S. 232; Hitler und Kahr, II, S. 22ff.; *Bennecke*, S. 85.

Vorprellen seitens des Kampfbundes zu sichern, wandte Kahr den Ausnahmezustand auch gegen ihn an, indem er die von Hitler angekündigten vierzehn Versammlungen verbot.[109]

Die Einsetzung Kahrs als Generalstaatskommissar und die Verhängung des Ausnahmezustandes hatte in der Tat die Planungen des Kampfbundes durcheinandergebracht und durchkreuzt; sie waren ein harter Schlag für den neugebackenen Kampfbundleiter Hitler. Der verlor darüber wieder einmal alle Fassung. Er tobte in sinnloser Wut und wollte den Kampfbund in einen sofortigen Putsch hineinhetzen; das wurde jedoch durch den Einspruch Röhms verhindert.[110]

Die taktische Linie, die der Kampfbund jetzt einschlug, kam im Entwurf einer Flugschrift mit der Überschrift »Was von Kahr gefordert werden muß«, zum Ausdruck, die deutlich die Handschrift Scheubner-Richters trug.[111] In diesem Dokument hieß es: »Die über Nacht gekommene Diktatur Kahrs ist für alle Völkischen ein schwerer Schlag ... Da der Name Kahr leider Gottes in vaterländischen Kreisen auch jetzt noch einen guten Klang hat, ist die Ausrufung der Diktatur Kahr geeignet, im völkischen Lager verwirrend und lähmend zu wirken. So günstig noch 24 Stunden vorher die Ergreifung der Macht durch die Kampfverbände im Volke beurteilt worden war ... so sehr ist die Stimmung durch das kluge Zuvorkommen der Gegner umgeschlagen.[112] Es ist ... heute erst dann möglich etwas gegen Kahr zu unternehmen, wenn die Führung der bayerischen Politik durch ihn als den völkischen Interessen zuwiderlaufend, öffentlich gebrandmarkt worden ist. Zu dieser Zeit (soll wohl heißen: zu diesem Zweck; K. G.) sind in aller Öffentlichkeit eine Reihe Forderungen an ihn zu stellen, deren tatkräftige unzweideutige Durchführung darüber entscheidet, ob die Kampfverbände ihn unterstützen können. Weicht er aus oder erklärte er sich klar dagegen, so ist die schärfste Kampfstellung der Kampfverbände gegen ihn die Folge und sie wird dann auch in der Volksgesinnung ihre Deckung finden. Auf politischem Gebiet hat Kahr vor allem zu erklären:

1. Die Berliner Regierung hat durch ihre Unterwerfung unter Frankreich den Anspruch verscherzt als deutsche Regierung zu gelten. Bayern bewahrt nach wie vor dem Reich unerschütterliche Treue, muß es aber gerade deswegen solange ablehnen, Befehlen aus Berlin Folge zu leisten, bis wir wieder eine deutsche Reichsregierung haben ...«

Die dann folgenden politischen Forderungen betrafen die Wiederherstellung der

109 Politik in Bayern, S. 131.

110 *Röhm*, S. 216f.; *Heiden*, Geschichte, S. 137.

111 *Deuerlein*, Hitlerputsch, S. 183ff. Die Autorenschaft Scheubner-Richters wurde auch von den polizeilichen Untersuchungsorganen vermutet. – Ebenda, S. 185.

112 Siehe auch Politik in Bayern, S. 131, Bericht Mosers v. 27.9.1923: »Diese Maßnahmen haben entschieden günstig gewirkt und sofort eine Entspannung und Beruhigung herbeigeführt.«

früheren bayerischen Hoheitsrechte, die Nichtanerkennung des Versailler Vertrages, die Wiedereinführung der allgemeinen Wehrpflicht und die rücksichtslose Bekämpfung »staatsfeindlicher Bestrebungen«.

Entsprechend der im Scheubner-Richterschen Aktionsprogramm zum Ausdruck gebrachten Auffassung, daß die Massenstimmung vor allem von wirtschaftlichen Fragen beeinflußt werde, war der gewichtigere Teil des Dokumentes den Forderungen auf wirtschaftlichem Gebiet gewidmet. Hier konnte sich die Sozialdemagogie der Nazis voll entfalten; da las man z. B:

»1. Die Diktatur hätte im Sinne der durchaus einfachen Lebensnotwendigkeiten, unbeeinflußt von den spekulativen Machtgruppen des Kapitals, in der korrupten Geldwirtschaft innerhalb des Staatsgebietes mit dem Schwindel zu brechen und dafür zu sorgen, daß jeder, der ehrlich arbeitet, auch wieder ein ehrliches Auskommen hat … Der Weg hierzu kann nur darin bestehen, daß die Diktatur sich in erster Linie der Zügel auf dem Lebensmittelmarkt bemächtigt und die Inlandwerte … dem Wucher- und Schiebertum entreißt und der Volksversorgung zuführt. Jede Diktatur, welche an dieser Aufgabe vorübergeht, ist volksfeindlich …

3. Strengste Überwachung des Marktverkehrs mit strengsten Strafbestimmungen bis zur Todesstrafe auf Grund öffentlichen Verdikts.

4. Sofort ist die Versorgungsregelung in Angriff zu nehmen für Bier, Brot, Fleisch und Kartoffeln, aber nicht mit den gleichen Maßnahmen im Sinne der lahmen bayerischen Verordnungen … Jede Diktatur, die nicht schnellstens und in erster Linie hier Ordnung schafft, muß zusammenbrechen an ihrer inneren Unwahrheit und Unnatur. Wer jetzt die Zügel einer Diktatur ergreift, hat mit Rücksicht auf die furchtbar ernste Lage mit seinem Kopf den Nichtgebrauch oder Mißbrauch seiner Gewalt zu büßen.«[113]

Mit dieser Ausarbeitung war die Linie des beabsichtigten Verhaltens des Kampfbundes Kahr gegenüber vorgezeichnet. Als Kahr bei Hitler anfragte, wie sich der Kampfbund zum GSK stellen würde, erhielt er am 27. September zur Antwort, die Stellung des Kampfbundes zum Generalstaatskommissar sei abhängig von der Haltung, die dieser dem Kampfbund gegenüber einnehme. Hitler fügte dieser Auskunft den Vorwurf hinzu, daß die Ernennung des Generalstaatskommissars »ohne vorherige Fühlung mit dem Deutschen Kampfbund erfolgt« sei.[114]

Indessen führte bereits der erste Versuch zur Verwirklichung der taktischen Marschroute des Kampfbundes eine Situation herbei, die ihn zunächst zwang, sich hinter Kahr zu stellen.

---

113 *Deuerlein,* Hitlerputsch, S. 183f.

114 *Röhm,* S. 198.

Die Reichsregierung hatte die Ernennung Kahrs zum GSK und die gleichzeitige Verhängung des Ausnahmezustandes in Bayern durchaus richtig als eine hauptsächlich gegen Berlin gerichtete Kampfansage verstanden. Sie parierte das bayerische Vorgehen damit, daß sie nun ihrerseits noch am gleichen Tage, also am 26. September, den Ausnahmezustand im ganzen Reich erklärte und die Exekutivgewalt an den Reichswehrminister Geßler übergab, dem alle Wehrkreiskommandandeure, also auch Lossow, unterstanden.[115]

Soweit dieser Schritt eine Antwort auf das bayerische Vorgehen war, hatte er allerdings nur vorbeugenden Charakter. Weder die Reichsregierung noch Geßler waren daran interessiert, einen Konflikt mit Bayern heraufzubeschwören. Dieser Schritt zielte in erster Linie auf die von linken Sozialdemokraten geführten Landesregierungen in Sachsen und Thüringen; ihnen sollte mit Hilfe des Ausnahmezustandes ein baldiges Ende bereitet werden.

Da erschien am 27. September im »Völkischen Beobachter« ein Schmäh-Artikel gegen den Chef der Heeresleitung, General Seeckt, der den weiteren Verlauf der Dinge in eine Richtung drängte, die die Planungen aller Beteiligten – Kahrs wie Stresemanns und Geßlers, aber auch jene der Kampfbundführer – durcheinander brachten.

In dem VB-Artikel war behauptet worden, Seeckts Frau sei Jüdin, und unter ihrem Einfluß sei Seeckt Vollstrecker von Befehlen »der Juden und Sozialdemokraten«. Reichswehroffiziere, die Seeckt unterstützten, wurden als Offiziere bezeichnet, die, »unpolitisch bis in die Knochen, ihren eigenen Metzger unterstützen.«[116] Zwar entschuldigte sich Hitler hinterher bei Seeckt wegen dieses Artikels[117], und behauptete, der Artikel sei ohne sein Wissen und gegen seinen Willen erschienen.[118] Das kann zwar nicht völlig ausgeschlossen werden, ist aber bei Berücksichtigung des Charakters der faschistischen Partei und der politischen Bedeutung eines derartigen Artikels außerordentlich unwahrscheinlich. Viel näher liegt die Erklärung, da8 der Artikel darauf abzielte, im Sinne der von Scheubner-Richter dargelegten Taktik Kahr dadurch in eine kompromittierende Lage zu bringen, daß ein Verbot des VB seitens Berlins provoziert wurde. Dann mußte Kahr sich entweder als Schwächling und Handlanger der Berliner Regierung erweisen – wenn er nämlich das Berliner Verbot einer »vaterländischen« Zeitung ausführte –, oder er mußte sich offen Berlin widersetzen, wodurch er gezwungen sein würde, sich auf Gedeih und Verderb mit dem Kampfbund zu verbünden. Wenn dies die Berechnung Hitlers und seiner Mitarbeiter war, dann mußten sie bald erkennen, daß die Dinge auch für sie nicht ganz nach Wunsch liefen.

---

115 Ursachen und Folgen, Bd. 5, S. 205f.

116 *Deuerlein,* Der Hitlerputsch, *S. 74ff.*

117 *Schulz,* S. *429.*

118 *Deuerlein,* Hitlerputsch, S. 76f.

Reichswehrminister Geßler als Inhaber der vollziehenden Gewalt sprach in der Tat ein Verbot des VB aus und verlangte dessen Vollstreckung von General Lossow als dem Kommandeur des VII. Wehrkreises, an den aufgrund des Reichsausnahmegesetzes die Exekutive in seinem Befehlsbereich übergegangen war. Lossow aber kam der Forderung nicht nach, sondern gab die Weisung Geßlers an Kahr weiter »mit dem Ersuchen um weitere Veranlassung.«

Kahr hatte nun eine Gelegenheit, seinen Ruf als starker Mann und Verteidiger der bayerischen Eigenständigkeit unter Beweis zu stellen, eine Gelegenheit auch, die bajuwarische Kampfstimmung gegen die »jüdisch-marxistische« Reichsregierung anzufachen, und er stürzte sich mit Vehemenz in dieses Unternehmen. Es mußte ihn dabei allerdings stören, daß sein Gegenspieler nicht Stresemann, sondern der Reichswehrminister und bald darauf Seeckt selber war; denn der Marsch nach Norden konnte nur im Einvernehmen mit der Reichswehr, auf keinen Fall gegen sie angetreten werden. Aber Kahr hatte gar keine Wahl. Ihm war es nicht möglich, einzulenken; er konnte nur darauf bauen, daß man in Berlin davor zurückschrecken würde, den Konflikt auf die Spitze, nämlich bis zum bewaffneten Einschreiten gegen Bayern, zu treiben. Ein solches Vorgehen seitens der Reichsregierung und der Reichswehrführung war ausgeschlossen, dessen war man sich in München sicher, und man hatte recht damit.

So also weigerte sich Kahr, das Verbot des VB durchzuführen und beließ es lediglich bei einer Verwarnung des verantwortlichen Hauptschriftleiters. Lossow, mit Kahr völlig einig, telegrafierte daraufhin am 1. Oktober an Geßler: »Generalstaatskommissar hat gegen bewaffnetes Einschreiten wegen schwerster Gefährdung der öffentlichen Sicherheit Einspruch erhoben. Da nach letzter mündlicher Weisung offener Konflikt mit Staatskommissar vermieden werden soll und von mir auch unter allen Umständen vermieden werden wird, ist Befehl unausführbar.«[119]

Das war glatte Meuterei, hinter der der Anlaß – der VB-Artikel und das ausgesprochene Verbot – an Bedeutung weit zurücktrat. Jetzt ging es um die Frage, ob die Reichswehr in allen ihren Teilen noch als ein stets und unter allen Umständen zuverlässiges Instrument der Obersten Führung funktionierte[120], eine Frage, die in der angespannten Situation dieser Tage, da mit bald ausbrechenden Unruhen und bewaffneten Auseinandersetzungen gerechnet werden mußte, von entscheidender Bedeutung für die Reichswehrführung war. Die Sache wurde dadurch nicht gebessert, daß Kahr am 4. Oktober nun von sich aus den VB bis zum 14. Oktober wegen eines anderen Artikels verbot, denn in einem Telegramm an den Reichswehrminister Geßler hatte er kurz und herausfordernd mitgeteilt, er habe vom Befehl an das Wehrkreiskommando

119 Ebenda, S. 186.

120 Ebenda, S. 243f., – Seeckt zum Disziplinbruch Lossows.

Kenntnis erhalten, die Ausführung aber für untunlich gehalten und daher »als Generalstaatskommissar von Bayern gegen befohlenes Vorgehen der Reichswehr Einspruch erhoben.«[121] Für Kahrs weiteres Vorgehen war kennzeichnend, daß er systematisch auf eine Verschärfung des Konfliktes hinarbeitete, indem er das Verfassungsgebot »Reichsrecht bricht Landesrecht« ignorierte und sich darauf berief, seine Anordnungen hätten Vorrang vor den Anordnungen aller anderen Stellen; er ging dabei soweit, die Überführung von der Reichsbank gehörendem Gold aus Nürnberg nach Berlin und die Überweisung von Steuern nach Berlin zu verhindern.[122]

In einem Schreiben an Lossow vom 9. Oktober brachte Seeckt zum Ausdruck, er habe nicht mehr das Zutrauen, daß Lossow willens und in der Lage sei, die Belange der Reichswehr und die Autorität des Reiches gegenüber örtlichen politischen Widerständen durchzusetzen, und ersuchte ihn, daraus »die Folgerungen für seine Person zu ziehen.«[123] Da Lossow diese Folgerung – nämlich Rücktritt – nicht zog, und Kahr trotz mehrfacher Verständigungsversuche seitens des Reichskabinetts und des Reichswehrministers[124] keinerlei Bereitschaft zum Einlenken zeigte, sprach Reichswehrminister Geßler am 20. Oktober die Entlassung Lossows aus und ernannte zum Kommandeur des Wehrkreises VII den Generalmajor Freiherr Kreß v. Kressenstein. Wie für diesen Fall seitens Kahrs und der Bayerischen Landesregierung bereits beschlossen, setzten sie am gleichen Tage Lossow als bayerischen Landeskommandanten ein und beauftragten ihn mit der Weiterführung der VII. Division.[125] Am 22. Oktober gingen sie noch einen Schritt weiter und verpflichteten die Reichswehrtruppen in Bayern auf die bayerische Landesregierung »als Treuhänderin des deutschen Volkes bis zur Wiederherstellung des Einvernehmens zwischen Bayern und dem Reich.«[126] Das war ein klarer, unverhüllter und herausfordernder Verfassungsbruch, bei dem es aber wiederum nicht um partikularistische, sondern um allgemein-reaktionäre Ziele ging.

Kein anderer als Kahr erklärte unmißverständlich, daß es sich bei diesem Konflikt nicht um die Verteidigung irgendwelcher bayerischer Sonderrechte handelte, sondern um den Kampf zur Beseitigung der Weimarer Republik. In einer Offiziersversammlung, die am 19. Oktober stattfand, hatte er ausgeführt: »Der vorliegende Streitfall ist kein militärischer, sondern ein rein politischer ... Es handelt sich hier nicht um General v. Lossow, nicht um Bayern, nicht um die bayerische Regierung und nicht um

121 Ebenda, S. 195.

122 *Hofmann*, S. 113; *Deuerlein*, Hitlerputsch, S. 92.

123 Ebenda, S. 205.

124 *Deuerlein*, Hitlerputsch, S. 241, 243, 245.

125 Ebenda, S. 84.

126 Ursachen und Folgen, Bd. 5, S. 391ff.

die Reichsregierung. Es handelt sich um den großen Kampf der zwei für das Schicksal des ganzen deutschen Volkes entscheidenden Weltanschauungen, der internationalen marxistisch-jüdischen und der nationalen deutschen Auffassung. Hie Deutsch, hie Nichtdeutsch, das ist die Frage … Bayern hat die Schicksalsbestimmung, in diesem Kampf für das große deutsche Ziel die Führung zu übernehmen … Dabei war ich mir stets im klaren, daß die Weimarer Verfassung nicht von deutschem Geist getragen ist, daß sie dem deutschen Volk zum Unheil gereicht und im Interesse unseres Vaterlandes baldmöglichst einer anderen Platz machen muß. Es gilt für jeden, sich zu entscheiden, ob er deutsch sein will oder nicht … Wir müssen den Mut zur Verantwortung haben und: Tapferkeit bezwingt das Schicksal!«[127]

Einen Tag nach Kahrs Auftritt, am 20. Oktober 1923 spät abends, hielt Kahrs Stellvertreter als Generalstaatskommissar, Freiherr von und zu Aufseß, die bereits an anderer Stelle zitierte Ansprache, die noch deutlicher und unverhohlener als die Rede Kahrs offener Hochverrat war und in dem Ruf »Auf nach Berlin« gipfelte.

Dieser Konflikt komplizierte die ohnehin schon genügend verworrene Lage auf seiten der zur Errichtung der offenen Diktatur drängenden Kräfte, indem er Lossow, der Seeckts Diktaturpläne kannte und gewillt war, bei ihrer Verwirklichung mitzuwirken[128], ganz entgegen seiner Absicht in Frontstellung gegen Seeckt brachte. Das wiederum gab der Kampfbundführung die Hoffnung, Lossow ganz auf ihre Seite ziehen zu können; sie stellte sich deshalb am 4. Oktober demonstrativ hinter ihn gegen Seeckt und die Reichsregierung[129], trotz der scharfen Differenzen mit Kahr. Wie scharf diese waren, und wie erfolgreich Kahr daran arbeitete, die inneren Gegensätze im Kampfbund zu dessen Sprengung zu benutzen, um seine Führer zu zwingen, sich ihm unterzuordnen, sollten sie kurz danach spüren; der Führer der Reichsflagge, Heiß, der auf der Führerberatung vom 25. September nach Röhms Schilderung angeblich mit Tränen in den Augen Hitler die Hand entgegengestreckt hatte, dieser selbe Heiß verweigerte einfach Hitler das Wort, als der auf der Tagung der Reichsflagge, die am 6. und 7. Oktober in Nürnberg stattfand, als politischer Führer des Kampfbundes gegen Kahr zu sprechen verlangte. Nicht einmal von seinem alten Freunde Röhm ließ sich Heiß umstimmen. »Heiß war fest entschlossen, mit Hitler zu brechen. Er hatte sich für Kahr entschieden.«[130] Damit war der Kampfbund nur noch ein Torso, bestehend aus Bund Oberland und der SA. Röhm gelang es allerdings, die Münchener Gruppe der Reichsflagge und einige andere Gruppen in Oberbayern von der Reichsflagge abzuspalten

127 *Deuerlein*, Der Hitlerputsch, S. 238.

128 Der Hitler-Prozeß, S. 109; *Bennecke*, S. 82.

129 *Meier-Welcker*, S. 379; Der Hitler-Prozeß, S. 22, 114.

130 *Röhm*, S. 220. Hitler erklärte daraufhin, daß er die politische Führung der Kampfverbände niederlege. – *Franz-Willing*, Putsch und Verbotszeit, S. 36.

und unter dem Namen »Reichskriegsflagge« zu einem neuen Verband zusammenzufassen, der im Kampfbund verblieb.[131] Aber der Vorgang bewies, daß auch die politische Führung durch Hitler nicht das von Röhm erhoffte Mittel war, den Spaltungs- und Zersplitterungstendenzen im Lager der Kampfverbände Einhalt zu gebieten; im Falle Heiß hatte sie eher noch das Gegenteil bewirkt.

In Berlin verschlechterte sich inzwischen die Lage der Regierung Stresemann zusehends. Die Entspannung der innenpolitischen Situation, die durch den Eintritt der SPD-Minister ins Kabinett zunächst eingetreten war, hatte nicht lange vorgehalten. Das Kabinett sah sich einer wachsenden Zahl von Problemen gegenüber, eines schwieriger zu lösen als das andere.[132]

Wilhelm Groener, in den Tagen der Novemberrevolution Eberts Hauptstütze bei der Niederschlagung der revolutionären Arbeiter, kennzeichnete die Situation in einem Brief an den Reichspräsidenten vom 1. November 1923 so: »Man braucht nicht viel Ahnungsvermögen zu haben, um sich zu sagen, die Gefahr einer neuen großen Revolution steht vor der Tür. Der seit dem 13. August amtierenden Regierung ist es trotz vieler Geschäftigkeit nicht gelungen, die drei wichtigsten Aufgaben der drängenden Zeit zu lösen: Das Währungsproblem, die Kommunistenbekämpfung und die bayerische Frage.«[133]

Der Abbruch des passiven Widerstandes an der Ruhr hatte im Westen Deutschlands schlagartig die separatistische Gefahr akut werden lassen. Sie war deshalb besonders ernst zu nehmen, weil es Ruhrmagnaten wie Stinnes und rheinische Bankiers, Industrielle und Politiker wie Louis Hagen, Otto Wolff und Konrad Adenauer waren, die auf die Bildung eines selbständigen rheinisch-westfälischen Staates von Frankreichs Gnaden hinarbeiteten.[134]

Die Inflation erreichte unter der Regierung Stresemann ihren Höhepunkt. Der Wert der Papiermark fiel in immer rasenderem Tempo ins Bodenlose, wie Tabelle 3 (siehe folgende Seite) zeigt.

Ein Pfund Brot kostete im Sommer 1923 »nur« 5.000 Mark, im November dagegen 260 Milliarden Mark, für ein Pfund Butter mußte man im November 6 Billionen (=6.000 Milliarden) Mark bezahlen![135] Aber für dieses wertlose Papier gaben die Bauern und Großgrundbesitzer keine Lebensmittel mehr her. Um nicht zu verhungern, mußten die Werktätigen aus der Stadt sich die Lebensmittel, Kartoffeln, Getreide,

131 Politik in Bayern, S. 136.

132 Siehe dazu GdA, Bd. 3, S. 408ff., 659ff.; *Ruge*, Deutschland, S. 221ff.

133 Bundesarchiv Koblenz (im folgenden: BAK), N 42 (Schleicher-Nachlaß), Bd. 19, Bl. 15.

134 *Gossweiler*, Großbanken, S. 266ff.

135 Ebenda, S. 331.

Tabelle 3
Stand der Mark nach dem Dollarkurs (in Millionen Mark)

30. August:	11	11. Oktober:	5.060
6. September:	33,2	22. Oktober:	40.000
17. September:	132,2	1. November:	130.000
1. Oktober:	242	3. November:	420.000
4. Oktober:	550	13. November:	840.000
8. Oktober:	838	15. November:	2.520.000
9. Oktober:	1.200	20. November:	4.200.000

Quelle: Jedermanns Lexikon, Bd. 5, S. 330f.

selber von den Äckern holen. Gegen die »Felddiebstähle« gingen jedoch die Landwirte brutal mit Stöcken und Flinten vor; für die »Flurschützer« wurden gegen die hungernden Mütter und Kinder, wie gegen das Wild, Hochstände gebaut, von denen aus die Gendarmen darüber wachten, daß nicht »gestoppelt«, das heißt, liegengebliebene Ähren von den Stoppelfeldern aufgelesen und in der Erde gebliebene Kartoffeln nachgerodet wurden.

Das irrsinnige Tempo der Inflationsspirale machte jede Berechnung unmöglich. Das Wirtschaftsleben kam zum Erliegen. Die Industrieproduktion fiel auf ein Fünftel des Vorkriegsstandes. Die Arbeitslosenzahl stieg auf 3 Millionen, ebensoviele Beschäftigte mußten kurzarbeiten.

Den Werktätigen Deutschlands drohte eine Hungerkatastrophe. Sie konnten diese Zustände nicht länger ertragen. Sie wehrten sich trotz Ausnahmezustand durch Streiks und Demonstrationen, die nicht nur für Lohnerhöhung, sondern gegen Entlassungen und Schließung von Betrieben, aber auch für politische Forderungen, wie die Aufhebung des Ausnahmezustandes, die Zulassung der Kontrollausschüsse und der proletarischen Hundertschaften und gegen das provokatorische Auftreten der Faschisten durchgeführt wurden.[136] Doch das genügte nicht mehr. Es wuchs der Drang und der Wille zu einer grundlegenden Änderung der Dinge zugunsten der arbeitenden Menschen.

All dies trug dazu bei, daß sich der Masseneinfluß der KPD stetig vergrößerte. Innerhalb eines Dreivierteljahres wuchs die Mitgliederzahl der KPD von 200.000 auf 300.000. Ihr Einfluß in den Gewerkschaften begann vielerorts den der SPD zu überflügeln. Auch die Hinwendung der KPD zu den Mittelschichten in Stadt und Land

136 GdA, Bd. 3, S. 412f.

blieb nicht ohne Erfolg. Ein Zeichen dessen war die Gründung der Arbeitsgemeinschaft der schaffenden Landwirte, Pächter und Siedler im November 1923.[137]

Die Zeichen standen für die deutsche Monopolbourgeoisie auf Sturm. Die KPD mobilisierte die Massen zum Kampf um die Macht, um die Bildung einer Arbeiter- und Bauernregierung in Deutschland. Als die linkssozialdemokratischen Regierungen in Sachsen und Thüringen unter dem Ausnahmezustand einem immer stärkeren Druck des Militärbefehlshabers General Müller und der von Bayern ausgehenden faschistischen Drohung ausgesetzt waren, beschloß die KPD, am 6. Oktober in diese Regierungen einzutreten. Zur Begründung für diesen Schritt erklärte sie: »Angesichts der großen Gefahr, die dem deutschen Proletariat und vor allem der sächsischen und thüringischen Arbeiterschaft droht, die das erste Angriffsziel des Faschismus bildet, hat die Zentrale der KPD beschlossen, alle Bedenken zurückzustellen und in die thüringische und sächsische Regierung einzutreten, um gemeinsam mit den thüringischen und sächsischen Sozialdemokraten die Arbeiterschaft zur Abwehr der faschistischen Gefahr zusammenzuschweißen.«[138] Am 10. Oktober wurde dieser Beschluß durch den Eintritt von Kommunisten in die Regierung in Sachsen, am 16. Oktober auch in diejenige Thüringens verwirklicht. So entstanden in diesen beiden Ländern Arbeiterregierungen, die nach den Vorstellungen der Kommunistischen Partei und großer Teile der deutschen Werktätigen die Ausgangsbasis für die Bildung einer Reichs-Arbeiterregierung sein sollten.[139]

Am 20. Oktober beschloß die Führung der KPD angesichts der Vorbereitungen der reaktionären Kräfte zum bewaffneten Vorgehen gegen die Arbeiterregierungen den Generalstreik einzuleiten, der in die bewaffnete Erhebung zum Sturz der Stresemann-Regierung münden sollte. Der Aufruf zum Generalstreik und zum Kampf um eine Arbeiter- und Bauernregierung für ganz Deutschland sollte von einer Konferenz der sächsischen Arbeiterregierung mit Vertretern der Betriebsräte, Gewerkschaften und Kontrollausschüsse Sachsens ausgehen, die für den nächsten Tag, den 21. September, nach Chemnitz, dem heutigen Karl-Marx-Stadt, einberufen war. Es wurde ferner festgelegt, daß am 23. Oktober die bewaffnete Erhebung in Hamburg als Signal für den Aufstand in ganz Deutschland beginnen sollte.[140]

Aber die Konferenz in Chemnitz nahm einen anderen als den vorgesehenen Verlauf. Die linkssozialdemokratischen Führer waren nicht bereit, einem Beschluß zum Generalstreik zuzustimmen. Brandler nahm das zum Anlaß, den Beschluß der Partei-

137 Ebenda, *S.* 414.

138 Dokumente und Materialien, Bd. VII/2, S. 445.

139 GdA, Bd. 3, S. 415f.

140 GdA, Bd. 3, S. 427.

führung vom Vortage zurückzunehmen und stimmte dem sozialdemokratischen Vorschlag zu, diese Frage einer Kommission zur Beschlußfassung zu übergeben, obwohl inzwischen die Reichswehr mit bewaffneten Aktionen begonnen hatte.[141]

Für die deutsche Monopolbourgeoisie stellte die Revolutionsgefahr die Hauptsorge dar. Reichskanzler Stresemann befürchte jedoch, ein Putschversuch von Rechts würde die revolutionäre Gefahr noch erheblich vergrößern, statt sie zu beseitigen. Er bemühte sich deshalb hartnäckig und geschickt darum, die Putsch- und Diktaturplanungen zu durchkreuzen, indem er einige ihrer Ziele selbst zu erreichen suchte. Vor allem wollte er der deutschen Arbeiterklasse eine entscheidende Niederlage bereiten. Schon am 6. Oktober, also noch vor dem Eintritt der Kommunisten in die sächsische Landesregierung, hatte der Reichswehrminister Geßler in einer Kabinettssitzung eine rasche Reichsexekution gegen Sachsen und Thüringen gefordert.[142] Am 21. Oktober, während in Dresden die Regierung mit den Betriebsräten beriet, besetzte die Reichswehr Dresden, Leipzig, Meißen und Pirna, nachdem der Reichspräsident Ebert den Generalleutnant Müller mit der »Aufrechterhaltung der Ordnung« in Sachsen beauftragt hatte.[143] Am 27. Oktober forderte der Reichskanzler den Rücktritt der sächsischen Landesregierung, und als der sächsische Ministerpräsident Zeigner diese Forderung mit der Begründung zurückwies, nur der Landtag habe über die Landesregierung zu entscheiden, besetzte die Reichswehr die Regierungsgebäude in Dresden und jagte die rechtmäßige Landesregierung gewaltsam auseinander. Einige Tage später wurde auch der Arbeiterregierung in Thüringen auf ähnliche Weise ein Ende bereitet.[144]

Die gewaltsame »Reichsexekution« gegen die verfassungsmäßige sächsische Landesregierung bei gleichzeitiger Untätigkeit gegenüber der in offener Meuterei gegen die Reichsregierung befindlichen bayerischen Rechtsregierung rief einen Sturm der Empörung in der Arbeiterschaft gegen die Stresemann-Regierung hervor, der die Führung der SPD zwang, ihre Minister aus dieser Regierung zurückzuziehen; am 2. November trat die SPD aus der Regierungskoalition aus.

Dieser Schritt konnte jetzt, nachdem die Arbeiterklasse in Sachsen und Thüringen eine Niederlage erlitten hatte und auch der Aufstand der Vorhut der Hamburger Arbeiterklasse in dreitägigen Kämpfen (23. bis 25. Oktober 1923) niedergeschlagen worden war[145], die Position der Stresemann-Regierung nicht mehr gefährden, im Gegenteil: er verbesserte ihre Stellung gegenüber der extremen Rechten, war doch

141 Ernst Thälmann. Eine Biographie, S. 181.

142 *Gustav Stresemann*, Vermächtnis. Der Nachlaß in drei Bänden, Bd. I, Berlin 1932, S. 166.

143 GdA, Bd. 3, S. 433.

144 GdA, Chronik, Teil II: Von 1917 bis 1945, Berlin 1966, S. 157.

145 Zum Hamburger Aufstand siehe Ernst Thälmann. Eine Biographie, S. 181ff.; *Heinz Habedank*, Zur Geschichte des Hamburger Aufstandes 1923, Berlin 1958.

dieser das Argument genommen, die Stresemann-Regierung sei vom »Marxismus« abhängig.

Allerdings führten diese Erfolge der Reichsregierung im Kampf gegen die Arbeiterregierung in Sachsen nun zu einer Art Torschlußpanik bei Seeckt und Stinnes, die jetzt mit vervielfachter Energie auf den Sturz Stresemanns und die Bildung einer Direktoriums-Diktatur hinarbeiteten. Als Mitglied eines solchen Direktoriums waren außer Seeckt an erster Stelle der ehemalige Kruppdirektor und damalige deutsche Botschafter in Washington, Otto Wiedfeldt, ferner Minoux und Kahr in Aussicht genommen.[146]

Im September oder Oktober – das genaue Datum ist nicht feststellbar – hatte Seeckt im Hinblick auf eine solche Lösung bereits ein Regierungsprogramm und eine Regierungserklärung entworfen.[147] Darin war von der »Absage an alle marxistischen Theorien und Maßnahmen« die Rede und von der Beseitigung der Gewerkschaften.

Aber auch nach Seeckts Vorstellungen sollte sich die Errichtung der Diktatur äußerlich in legalen Formen vollziehen[148], d. h. mit Billigung des Reichspräsidenten. Es mußte also erreicht werden, daß Stresemann auf andere als gewaltsame Weise zum Rücktritt veranlaßt wurde (was natürlich *Drohung* mit Gewalt nicht ausschloß), um den Weg für die Berufung der Direktoriumsregierung freizumachen. Und natürlich mußte Seeckt darauf bedacht sein, zu verhüten, daß von anderer Seite ein gewaltsames Vorgehen versucht würde; er befürchtete nicht zu Unrecht, daß ein solches Vorprellen alles verderben und sogar die akute Gefahr eines machtvollen Gegenstoßes von Links hervorrufen würde.

Seeckt wandte sich an den Reichspräsidenten Ebert, mit dem er am 3. November eine lange Unterredung hatte, von der er und seine militärischen Ratgeber seine Beauftragung mit der Bildung einer Direktoriumsregierung erwarteten.[149] Seeckt muß seiner Sache sehr sicher gewesen sein, denn er hatte zu diesem Vormittag die Oberbefehlshaber zu einer Besprechung zu sich befohlen. Aber die Unterredung mit Ebert verlief anders, als erwartet. Zwar hatte Ebert zugestimmt, daß ein Kabinett Stresemann nicht mehr möglich und ein Direktorium der Ausweg sei; aber er hatte eine sofortige Entscheidung vermieden, indem er Seeckt beauftragte, an Wiedfeldt zu schreiben und ihm das Kanzleramt anzubieten. Über diesen Ausgang der Besprechung war Seeckt höchst unzufrieden. Was sollte er nun seinen Oberbefehlshabern sagen? Diese hatten auf den Beginn der angesetzten Besprechung fünf Stunden lang warten müssen. In dieser Zeit besprachen sie die Lage unter sich und kamen dabei einmütig zu der Ansicht, »Seeckt

146 *Rabenau*, S. 346. Kahr wurde von norddeutschen Rechtskreisen sogar für den Posten des Reichspräsidenten in Aussicht genommen. – Hitler und Kahr, II, S. 47; *Deuerlein*, Hitlerputsch, S. 304.

147 Ebenda, S. 390ff.; Gossweiler, Großbanken, S. 256f.

148 *Rabenau*, S. 347.

149 *Ebenda*, S. 364ff.; *Meier-Welcker*, S. 400.

hätte nun alle Trümpfe in der Hand. Er müsse jetzt die Lage ausnutzen. Wenn er jetzt käme, werde er die Militärdiktatur und sein Programm verkünden.« Einer der Herren meinte sogar: »Wenn er jetzt die Gewalt nicht an sich reißt, dann muß er weg!«[150] Dies erklärt, weshalb Seeckt, der die Stimmung seiner Herren sehr genau kannte, als er schließlich von Ebert kam »offensichtlich abgespannt und in grimmiger Stimmung« war. Er konnte sich denken, was er von ihnen zu hören bekommen würde, wenn er es zu einem Disput kommen ließ. Deshalb schilderte er nur knapp die Lage und schickte sie kurzerhand fort. »Alle waren vollständig bestürzt. Niemand war gefragt worden. Die Generale gingen mit dem Gefühl einer gänzlich unbefriedigenden Lösung davon. Sie waren der Ansicht, daß Seeckt einen falschen Entschluß gefaßt hatte«, schildert einer der Beteiligten, General v. Tschischwitz, die Reaktion der Offiziere.[151]

Seeckt aber blieb nichts anderes übrig, als sich an den Schreibisch zu setzen und an Wiedfeldt zu schreiben. In diesem Brief hieß es: »Die Ereignisse drängen der Entscheidung zu. Mit dem endgültigen Zusammenbruch des Kabinetts Str.[esemann] muß gerechnet werden. Der Nachfolger muß bereit stehen; denn wir vertragen keine regierungslose Zeit ... Eine erfolgreiche Regierung mit dem Parlament ist nach Ausscheiden der S. P. D. ausgeschlossen. Es muß dann ein kleines Kabinett mit Direktoriums-Charakter und Ausnahme-Vollmachten folgen. Sie wissen, daß ich diese Entwicklung voraussehe und anstrebe. Sie naht ihrer Verwirklichung«.[152]

Davon, daß Reichspräsident Ebert ihn beauftragt hatte, Wiedfeldt das Kanzleramt anzubieten, ließ Seeckt in seinem Brief jedoch kein Wort verlauten. Er beabsichtigte offenbar noch immer, das Amt des Regierungschefs für sich selbst zu reservieren.

Nach seiner Niederlage – denn als solche mußte Seeckt den Ausgang seines Vorstoßes beim Reichspräsidenten empfinden – unternahm er am 5. November einen erneuten Versuch, bei Ebert die Entlassung Stresemanns zu erwirken, jedoch wiederum ohne Erfolg. Diesmal scheiterte Seeckt an der Haltung des Reichswehrministers Geßler. Ebert schickte nämlich Seeckt, der sich diesmal in Begleitung Geßlers zum Reichspräsidenten begeben hatte, zu Stresemann, damit er diesem selbst die Forderung nach Rücktritt stelle. Als Seeckt dies mit den an Stresemann gerichteten Worten tat: »Herr Reichskanzler, mit Ihnen ist der Kampf (gemeint war: gegen Thüringen) nicht zu führen. Sie haben das Vertrauen der Truppe nicht«, und Stresemann darauf fragte: »Sie kündigen mir damit den Gehorsam der Reichswehr?«, erwiderte Geßler, noch bevor Seeckt zu Wort kam: »Herr Reichskanzler, das kann nur ich.«[153]Damit war der Weg des kalten, »legalen«

150 *Rabenau,* S. 364, 366.

151 Ebenda.

152 *Meier-Welcker*, S. 400f.

153 *Otto Geßler*, Reichswehrpolitik in der Weimarer Zeit, Stuttgart, 1958, S. 229.

Putsches erneut abgeschnitten. Wollte Seeckt dennoch ans Ziel kommen, mußte er sich nun zum heißen Putsch entschließen. Aber die Erfahrungen des Kapp-Putsches schreckten auch ihn. Er scheute vor diesem riskanten Schritt zurück.

Sein Direktoriumsplan wies aber auch noch andere schwache Stellen auf: Die Antwort Wiedfeldts aus Washington auf seinen Brief vom 3. November fiel ablehnend aus.[154] Diese Ablehnung dürfte auf den Wunsch bestimmter Kreise der USA hin erfolgt sein, Stresemann als Kanzler zu halten. In einem Gespräch des US-Außenministers Hughes am 5. November mit Botschafter Wiedfeldt gewann letzterer »den Eindruck, daß jede Art militärischer Diktatur oder Monarchie Amerikas Bemühungen für die damals im Verein mit England erstrebte Konferenz gefährde und die amerikanische Getreidelieferung wie auch den guten Beginn des großen amerikanischen Hilfswerkes in Frage stelle.«[155]

Außer Wiedfeldt hatte sich Ende Oktober auch Minoux von Seeckt abgewandt und sich seinem Direktoriumsplan versagt, weil Minoux, wie Hasse notierte, »ganz im bayerischen Fahrwasser segelte«.[156]

Während so zwei der Direktoriumskandidaten Seeckts, wenn auch aus entgegengesetzten Gründen, sich von Seeckt absetzten, wartete der Dritte, Kahr, in München vergeblich auf das Signal zum Handeln aus Berlin und geriet dadurch in immer größere Schwierigkeiten.

Nicht weniger nachdrücklich als Seeckt bemühte sich Stinnes darum, Stresemann vom Kanzlerstuhl zu stoßen. Den Höhepunkt erreichten diese Bemühungen am 5. und 6. November. An diesen beiden Tagen fanden Beratungen der Reichstagsfraktion der DVP statt. Stinnes und die anderen schwerindustriellen Interessenvertreter attackierten Stresemann in massivster Weise und forderten seinen Rücktritt, weil er das Vertrauen der Wirtschaft verloren habe. Darüber hinaus begründete Stinnes die Rücktrittsforderung mit dem Argument: »Wer mit Bayern nicht in Ordnung kommt, kann in Deutschland nicht regieren.«[157] Deutlicher konnte er das Zusammenspiel der Ruhrmagnaten mit den »Ordnungszellenpolitikern« in München gar nicht zum Ausdruck bringen. Stresemann als Exponent jener Kreise der deutschen Monopolbourgeoisie, die kein neues Kapp-Abenteuer und auch keine weitere »legale« Herausforderung der Arbeiterschaft wünschten, sondern ein rasches Ende der ständigen Bürgerkriegsatmosphäre als Voraussetzung für das Hereinfließen von dringend benötigten Auslandskrediten; der sich außerdem der Unterstützung durch maßgebliche Kreise des engli-

---

154 *Stresemann*, S. 200.

155 *Deuerlein*, Hitlerputsch, S. 661.

156 *Meier-Welcker*, S. 390.

157 *Stresemann*, S. 197.

schen und amerikanischen Finanzkapitals gewiß war, lehnte es hartnäckig ab, dem auf ihn ausgeübten Druck nachzugeben, ob er nun von Seeckt oder von Stinnes kam. In der dramatisch zugespitzten Auseinandersetzung in der Fraktion sprach er davon, daß sich in dieser Woche entscheiden werde, ob die »nationalen Verbände« den Kampf wagen würden, und rief dann aus: »Wenn die Banden in Berlin eindringen sollten – ich gehe nicht nach Stuttgart, dann sollen sie mich niederschießen an dem Platz, an dem zu sitzen ich ein Recht habe.«[158] Dies war als Warnung vor allem an die Adresse von Stinnes gerichtet, über dessen Beziehungen zu den »Banden« Stresemann wohlunterrichtet gewesen sein dürfte. Daß er sich über den Zusammenhang der bayerischen Putschvorbereitungen mit den rechtsradikalen Kräften in den übrigen Teilen Deutschlands, zugleich aber auch über die widerstreitenden Tendenzen, Rivalitäten und Meinungsverschiedenheiten in ihren Reihen im Klaren war, geht aus seinen Darlegungen in der Kabinettssitzung am gleichen 5. November hervor, in der er ausführte, in der Gegend von Coburg sei eine Anzahl rechtsradikaler Verbände versammelt, denen jedoch ein klares Ziel und eine ernstzunehmende Führung fehle. In rechtsradikalen Organisationen in Pommern, Brandenburg und anderswo sei zweifellos eine gewisse Aktionsbereitschaft festzustellen, und die Gefahr gewaltsamer Putschversuche sei nicht ohne weiteres von der Hand zu weisen, wenngleich auch hier das Fehlen einer klaren politischen Zielsetzung und der Mangel einer Leitung festzustellen sei. Während die einen die Absetzung des Generals Seeckt verlangten, forderte eine andere Gruppe ein Direktorium, für dessen Besetzung Namen wie Kahr, Wiedfeldt, Minoux genannt worden seien.[159] Stresemann erwies sich also als bestens informiert über die verschiedenartigen Vorbereitungen auf seinen – »friedlichen« oder gewaltsamen – Sturz.

Die Vorgänge in Bayern waren also nur Teil in einem größeren, ganz Deutschland erfassenden Spiel, aber sie waren zugleich einer Eigendynamik unterworfen, die sich aus der weitgehenden Ausschaltung der Gegenkräfte auf der Linken in Bayern ergab sowie aus der Stärke, die die faschistischen Kräfte dank der vielseitigen Förderung dort im Gegensatz zum ganzen übrigen Deutschland erreicht hatten.

Am 24. Oktober fand im Wehrkreiskommando München eine Besprechung statt, bei der der Landeskommandant Lossow den Kommandeuren der bayerischen Reichswehr, der Landespolizei und der »Vaterländischen Verbände« erklärte, es gelte sofort die Vorbereitungen aufzunehmen für den Marsch auf Berlin, der innerhalb der nächsten 2 bis 3 Wochen erfolgen müsse, um die nationale Diktatur auszurufen.[160] Lossow führte aus:

158 Ebenda, S. 196.

159 Ebenda, S. 197f.

160 *Deuerlein,* Hitlerputsch, S. 257f.

»Meine Herren! Es gibt drei Möglichkeiten:

1. Einmarsch nach Berlin und Ausrufung der Errichtung der nationalen Diktatur,
2. Weiterwursteln und ›Bayern bei der Stange bleiben‹.
3. Trennung Bayerns vom Reich.

Für uns in Bayern kommt nur die erste Möglichkeit in Betracht.

Und zwar haben wir dazu keine lange Zeit mehr; sobald alles vorbereitet ist, tritt die erste Möglichkeit in Kraft.«[161]

Anschließend an Lossows Ansprache wurde eingehend darüber beraten, wie die bayerische Reichswehrdivision innerhalb kürzester Zeit durch die Einheiten der Wehrverbände verstärkt werden könnte.

Das Ergebnis dieser Beratung wurde am 26. Oktober in einem Befehl Lossows mit der Tarnbezeichnung »Herbstübung« an die Reichswehrdienststellen weitergeleitet. In diesem Befehl hieß es, mit der Vorbereitung der Verstärkung der VII. Division »für den Fall innerer Unruhen« sei sofort zu beginnen; die Vorbereitungen seien so zu treffen, daß nach der telephonischen Übermittlung des Stichwortes durch Lossow die Verstärkung der Division innerhalb dreimal 24 Stunden abgeschlossen sei. In einer Anlage zu diesem Befehl wurden die Einzelheiten der Durchführung bis ins Kleinste festgelegt.

Zur Durchführung der Verstärkung sollten alle wichtigen Wehrverbände herangezogen werden, darunter an erster Stelle der Kampfbund, ferner Bayern und Reich, die Reichsflagge, der Stahlhelm u. a.[162]

Am 25. Oktober hatte bei Kahr ebenfalls eine wichtige Besprechung stattgefunden, bei der es um die personelle Zusammensetzung der Regierung der »nationalen Diktatur« ging. Wichtigste Teilnehmer waren der Stinnesdirektor Minoux und Ludendorff; weiter waren anwesend Lossow und Seisser. Bei dieser Beratung konnten Minoux und Ludendorff sich jedoch nicht darüber einigen, wer als Finanzberater für das Direktorium herangezogen werden sollte. Minoux schlug als Finanzsachverständige mit inter nationalem Ruf zwei jüdische Bankdirektoren vor, nämlich Carl Joseph Melchior und Max M. Warburg, wogegen Ludendorff jedoch heftige Einwände erhob.[163] Aber nicht darin bestand die entscheidende Bedeutung dieser Besprechung. Vor allem lieferte sie einen weiteren Beweis für den engen Zusammenhang der Diktaturplanungen in Norddeutschland und in Bayern, und sie zeigt im Zusammenhang mit der vorangegangenen Besprechung Lossows mit den Kommandeuren und dem Befehl »Herbstübung«, daß die Putschvorbereitungen Ende Oktober in ein ganz akutes Stadium getreten waren.

---

161 Ebenda, S. 238.

162 Ebenda, S. 277.

163 *Heiden,* Geschichte, S. 141.

Um bei den Massen die notwendige Unterstützung für die geplante Aktion gegen die Weimarer Republik zu finden, hatten alle Rechtsgruppen in Bayern eine aktivistische Siedehitze und eine hochgespannte Erwartung auf den Tag des »Losschlagens« erzeugt, die zur Entladung drängte. Am 2. November 1923 führte der bayerische deutschnationale Landtagsabgeordnete Hilpert auf einer Landesausschußsitzung seiner Partei aus: »… die Erreichung des vordringlichen Zieles … das ist und bleibt schleuniger Ersatz der marxistisch gebundenen Regierung Stresemann durch eine nationale Diktatur … Bayern hat den Rubikon überschritten und es führt keine Brücke mehr auf das andere Ufer.«[164]

Das Dilemma der Führer war, daß sie sich über das Vorgehen weder klar waren noch einigen konnten. Während Kahr erst dann zur Aktion schreiten wollte, wenn in Berlin die Entscheidung zugunsten des Direktoriums gefallen war, also auf eine entsprechende Nachricht von Seeckt wartete, waren die Führer des »Kampfbundes« der Überzeugung, man müsse unabhängig von Berlin zunächst in Bayern losschlagen, von dort aus den Marsch nach Berlin beginnen in der Erwartung, damit das Signal für ein bewaffnetes Vorgehen aller anderen Verbände im übrigen Deutschland zu geben, dem sich die Reichswehr anschließen, zumindest nicht entgegenstellen werde, wenn an der Spitze der Bewegung Ludendorff stehen würde. Der Landeskommandant Lossow schwankte zwischen beiden Varianten unentschlossen hin und her. Sehr deutlich kam diese schwankende, zweideutige Haltung Lossows in einem Artikel zum Ausdruck, den er am 28. Oktober persönlich Ludendorff übergab, und in dem er zu der Kampfbund-Propaganda für die Bildung einer »Angora«-Regierung in Bayern Stellung nahm.[165] Der Artikel trug die Überschrift: »Her mit der Angora-Regierung!« Dreiviertel des Artikels waren indessen dem Nachweis gewidmet, daß die Verhältnisse in der Türkei völlig anders lagen als in Deutschland, daß hinter der türkischen Angora-Regierung alles stand, was türkisch war, während sich die Führer einer deutschen Angora-Regierung nur auf eine relativ kleine Gefolgschaft in Bayern und gewisse nationale Kreise von unbekannter Stärke außerhalb Bayerns stützen könnten; daß sie außer der Mehrheit der Bevölkerung Deutschlands aber auch starke Teile der militärischen Kräfte gegen sich hätten. Er schrieb: »Die Aussichten, daß eine in Bayern gebildete Angora-Regierung, so wie diese Bildung gedacht ist, sich durchsetzt, sind gering. Dem Hosianna der ersten Tage würde gerade im Norden das Kreuzige folgen.« Nach alledem hätte nur die Schlußfolgerung kommen können, daß eine »Angora-Regierung« in Deutschland unmöglich war. Aber Lossow schlug einen logischen Purzelbaum, indem er fortfuhr: »Die Angora-Regierung, die wir für Deutschland brauchen, läßt sich nicht auf so breiter Basis wie die türkische bilden. Aber auf breitere wie in den Besprechungen dargelegt,

164 Hitler und Kahr, II, S. 40.

165 *Deuerlein,* Hitlerputsch, S. 492; Wortlaut des Lossow-Artikels S. 502f.

muß sie gestellt werden. Es müssen Führer außerhalb Bayerns an der Bildung beteiligt sein, mit denen die führenden Köpfe in Bayern übereinstimmen und mit denen sie gemeinsam handeln können. Es muß Gewähr sein, daß wenigstens der größte Teil der vorhandenen militärischen Kräfte hinter dieser Regierung steht.« Lossow beendete seine Ausarbeitung mit der Forderung, es müsse ein Weg gefunden werden, »der nicht zum sicheren Mißerfolg führt, sondern auf ähnliche Wege, wie sie die türkische Angora-Regierung gegangen ist.«[166] Kein Wunder, wenn Ludendorff aus alledem nur herauslas, daß auch Lossow mit dabei sein würde, wenn es gelang, einige »Herren aus dem Norden«, mit denen man ja in ständigem Kontakt war, zum Mitmachen zu gewinnen, und wenn man Lossow ein wenig vorwärts stieß.

Den Vorwand für den geplanten Marsch nach Norden sollte die angebliche Bedrohung durch einen »kommunistischen Angriff« proletarischer Hundertschaften aus Thüringen abgeben. Nachdem aber die Regierung Stresemann die sächsische Arbeiterregierung am 29. Oktober durch Reichswehrtruppen gewaltsam hatte absetzen lassen und ein entsprechendes Vorgehen gegen Thüringen vorbereitete, wurde für die bayerischen Putschplaner offenkundig, daß ihnen nicht mehr viel Zeit verbleiben würde, denn wenn auch Thüringen erst einmal von Reichswehrtruppen besetzt und die thüringische Arbeiterregierung beseitigt war, gab es schon keinen plausiblen Vorwand mehr für einen bewaffneten Vormarsch nach Norden und stand auch nicht mehr zu erwarten, daß die Reichswehr einem solchen Versuch nicht entgegentreten würde.[167]

Sowohl bei Kahr als auch beim Kampfbund wuchs die Ungeduld und die Nervosität. Kahr und Lossow schickten deshalb am 2. November Seisser zu einer Erkundung nach Berlin, um dort festzustellen, wie weit die Verhandlungen um die Direktoriumslösung gediehen waren. Was er dort an Informationen erhielt, konnte ihn kaum optimistisch stimmen.

Aufschlußreich sind bereits Seissers Gesprächspartner: Die Redaktion des Stinnesblattes »Deutsche Allgemeine Zeitung«; der Stinnes-Bevollmächtigte Minoux; die Reichslandbundführer Amo Kriegsheim und Dewitz; Major a. D. v. Bock, Führer der Vaterländischen Verbände Berlins; General Seeckt, und schließlich der Führer der Kampfbünde Berlin, Oberst Friedrichs.[168]

Minoux ging in seiner Unterredung mit Seisser davon aus, daß das neue Kabinett Stresemann, das nach dem Ausscheiden der sozialdemokratischen Minister gebildet worden war, »höchstens 14 Tage« halte. (Alle weiteren Ausführungen von Minoux an

166 Ebenda, S. 503.

167 *Meier-Welcker*, S. 395.

168 Den Wortlaut von Seissers Niederschrift über die in Berlin geführten Besprechungen siehe *Deuerlein*, Hitlerputsch, S. 301; die folgenden Angaben sind dieser Quelle entnommen.

diesem 3. November sind unter dieser Voraussetzung zu betrachten.) Minoux äußerte Zweifel darüber, ob Seeckt den Entschluß zur Bildung eines Direktoriums finden werde. Einen Putsch lehnte er jedoch ab und empfahl »Abwarten in Bayern«. Die Zeit sei noch nicht erfüllt, man müsse Hunger und Kälte noch mehr wirken lassen; dann werde es zu Unruhen kommen, die eine Änderung hervorrufen. Minoux berichtete Seisser sodann über eine Unterredung, die er mit Ebert gehabt habe: Ebert denke nicht daran, ohne Parlament zu regieren und werde sich auch nicht einschüchtern lassen. Minoux warnte im Namen von Hugo Stinnes nochmals eindringlich vor einem Putsch und erklärte, daß Leute, die sich an einem Putsch beteiligten, für eine Regierung unmöglich würden. Auch über Hitler und Ludendorff wurde mit Minoux gesprochen, doch ist aus den Aufzeichnungen nicht zu entnehmen, in welchem Sinne. Es heißt dort nur: »Stellung gegenüber Hitler-Ludendorff unverändert, ebenso Judenfrage«. Letzteres bezog sich offenbar auf die Differenzen zwischen Minoux und Ludendorff über die Heranziehung der jüdischen Bankiers als Finanzsachverständige. Bei den Herren des Landbundes fand Seisser starkes Mißtrauen gegen Seeckt vor, von dessen Untätigkeit man zutiefst enttäuscht war. Da die ins Auge gefaßte »gewaltsame Lösung nur mit R.W. möglich« sei, wolle man »zunächst noch einmal versuchen, Seeckt durch starken Druck zum Entschluß zu bringen«. Gelinge dies nicht, wollte man einen »Wechsel in der Leitung des R.W.« erreichen und General Richard v. Behrendt, nach Seeckt ranghöchster Offizier der Reichswehr[169], an Seeckts Stelle setzen. Berendt sei damit einverstanden.[170]

Im Gegensatz zu den Landbundvertretern hielt der Führer der Vaterländischen Verbände Berlin, Major v. Bock, zu Seeckt und vertrat die Ansicht, dieser sei zum Bruch mit Stresemann entschlossen, und ohne Seeckt gehe es nicht.

Mit Seeckt selbst sprach Seisser offenbar *nach* dessen so enttäuschender Unterredung mit Ebert. Seisser berichtete darüber: »Ich schilderte kurz die Auffassung in Bayern und das großdeutsche Ziel Kahrs: Schaffung einer vom Parlament freien nationalen Diktatur, die mit durchgreifenden Maßnahmen gegen den sozialistischen Unrat vorgeht. Seeckt: Das ist auch mein Ziel, aber ich habe es erheblich schwieriger als Sie in Bayern. Zweifel an Stresemann. Unterschied im Tempo, aber nicht im Ziel. Legaler Weg muß gegangen werden. Frage, wie steht Kahr zu Ludendorff?«[171]

Seeckt erkundigte sich ferner bei Seisser besorgt nach den bayerischen Truppenzusammenziehungen an der thüringischen Grenze und nach der Rolle, die Ehrhardt dabei spielte. Seisser beschwichtigte und log, es handele sich dabei nur um polizeilichen Grenzschutz; mit Ehrhardt habe man keine Verbindung.

---

169 *Meier-Welcker*, S. 386.

170 *Deuerlein*, Hitlerputsch, S. 302.

171 Ebenda, S. 303.

Seisser kam es darauf an, Seeckt zum Handeln zu drängen und sich zugleich zu vergewissern, daß einem Vorgehen von Bayern aus die Reichswehr keinen Widerstand entgegensetzen würde. Er unterstrich deshalb, daß auf Kahr ein »starker Druck aller Vaterländischen Kräfte in Bayern ... zum Eingreifen gegen Berlin für nationale Diktatur« ausgeübt werde, und »Mißtrauen gegen Seeckt in den vaterländischen Kreisen« herrsche. Eine baldige Lösung sei notwendig. Man dürfe die Stärke der Bewegung in Bayern nicht unterschätzen. Er klopfte bei Seeckt auf den Busch, indem er Gerüchte über ein Vorgehen Seeckts gegen Bayern erwähnte. Ein solches hatte Ebert schon mehrfach von Seeckt verlangt, der hatte aber immer mit dem Hinweis darauf abgelehnt, gegen Bayern könne man erst nach Bereinigung der Situation in Thüringen vorgehen. Jetzt erklärte er Seisser – und das war wohl das einzig Beruhigende, das dieser von seiner Sondierungsreise nach München mitnehmen konnte –: »Ich mache den Krieg 66[172] nicht zum zweiten Male, das ist ausgeschlossen. Ich gebe mich auf keinen Fall dazu her, mit R.W. und proletarischen Hundertschaften gegen Bayern vorzugehen, habe in dieser Hinsicht einen scharfen Zusammenstoß mit Ebert gehabt, dem ich nachdrücklich erklärte, daß ich R.W. Führer, aber nicht Führer proletarischer Hundertschaften sei und daß ich niemals für solche Sachen zu haben sei. Vorgehen gegen Thüringen erfolgt in den nächsten Tagen.«[173]

Als Seeckt die Bemerkung fallen ließ, daß die Dinge sich in Bayern sehr viel einfacher machen ließen, fühlte sich Seisser in die Rolle des Lehrmeisters versetzt und schilderte Seeckt, »wie es damals (gemeint war die Absetzung der Regierung Hoffmann und die Einsetzung Kahrs im März 1920) gemacht worden sei«.[174] Natürlich kam auch der »Fall Lossow« zur Sprache. Seeckt gab dabei zu verstehen, daß diese Angelegenheit kein Hindernis für ein Zusammenwirken für das gemeinsame Ziel der Errichtung der Diktatur sein dürfte: »Personalfragen dürfen das gemeinsame Ziel nicht hindern, sie werden so oder so zu erledigen sein.«[175] Zum Abschluß kündigte Seeckt an, daß noch am gleichen Tage ein Brief an Kahr abgehen werde.

Die Gespräche, die Seisser zum Abschluß seiner Informationsreise mit Führern der Kampfverbände hatte, ergaben ein trauriges Bild über den Zustand und die Kampfkraft dieser Verbände. Und als Gesamtergebnis mußte Seisser feststellen, daß über die entscheidende Frage, nämlich die Zusammensetzung des in Aussicht genommenen Direktoriums »noch völlige Unklarheit« herrschte. Die entsprechenden Aufzeichnungen Seissers lauteten:

---

172 Gemeint ist der Krieg zwischen Preußen und Österreich von 1866, der über das endgültige Verbleiben Österreichs außerhalb des Deutschen Reiches entschied.

173 *Deuerlein,* Hitlerputsch, S. 303.

174 Ebenda.

175 Ebenda.

»Über Zusammensetzung des nationalen Direktoriums noch völlige Unklarheit; genannt werden:

Otto von Below[176]
Berendt oder Seeckt
Minoux (will aber anscheinend nicht)
Lange oder Langer[177] } Landwirtschaft
v. Dewitz } und Ernährung
v. Kahr Reichspräsident
Gürtner für Justiz«[178]

Bei dieser Lage der Dinge in Berlin blieb dem Triumvirat Kahr–Lossow–Seisser nichts weiter übrig, als weiterhin auf eine Entscheidung in Berlin zu warten und die eigenen drängenden Anhänger und die Verbände bis auf weiteres mit verheißungsvollen Erklärungen zurückzuhalten.

Der Brief, den Seeckt an Kahr schickte – allerdings nicht am 3., sondern erst am 5. November – mußte diese ihre Haltung noch verstärken. In diesem Brief bekräftigte Seeckt die Übereinstimmung mit Kahr in der Zielsetzung und versuchte diesbezügliche Zweifel als unbegründet nachzuweisen; zugleich kam es ihm darauf an, erneut und entschieden vor einem bayerischen bewaffneten Alleingang gegen Thüringen zu warnen.

Seeckt rechtfertigte in dem Brief sein »Festhalten an den verfassungsmäßigen Formen und Wegen«, die »nur im Falle äußerster Not aufgegeben werden sollten«[179], und hatte dem im ersten Briefentwurf ein Bekenntnis folgen lassen, das er dann aber in die endgültige Brieffassung vorsichtigerweise nicht mit aufnahm: »Die Weimarer Verfassung ist für mich kein noli me tangere[180]; ich habe sie nicht mit gemacht und sie widerspricht in den grundlegenden Prinzipien meinem politischen Denken. Ich verstehe daher vollkommen, daß Sie ihr den Kampf angesagt haben ... Was meine Einstellung der intern. Soz. Dem. gegenüber anbelangt, so muß ich eingestehen, daß ich an die Möglichkeit der Gewinnung eines Teils derselben zu nationaler Mitarbeit anfänglich geglaubt habe, daß ich aber von dieser Annahme seit langem schon ... zurückgekommen war, soweit es die soz. dem. Partei, nicht die deutsche Arbeiter-

176 Otto v. Below war Mitglied des »Kampfverbandes« Berlin. – Ebenda, S. 739.

177 Langer war Reichslandsbundvertreter. – Ebenda, S. 748.

178 Ebenda, S. 304.

179 Otto-Ernst Schüddekopf verfälscht diese Briefstelle in einen Beweis für das angebliche Festhalten Seeckts »an den verfassungsmäßigen Formen der Republik«. – *Schüddekopf*, S. 186. In Seeckts Brief ist aber von etwas ganz anderem, nämlich vom Festhalten an den verfassungsmäßigen Formen und Wegen zur Beseitigung der Republik die Rede!

180 Rühr-mich-nicht-an.

schaft als solche betrifft ... Ich sehe klar, daß ein Zusammengehen mit der soz. dem. Partei ausgeschlossen ist, weil sie sich dem Gedanken der Wehrhaftigkeit verschließt ... Wenn dieser Kampf gegen die Sozialdemokraten im außerbayerischen Deutschland nicht oder noch nicht mit der wünschenswerten Schärfe geführt worden ist, so liegt das an dem andersgearteten Kräfteverhältnis und vor allem an der Machtstellung der Soz. Dem. in Preußen, die ihr im wesentlichen von den bürgerlichen Parteien ohne Not bisher eingeräumt wurde.«

Über seine Einstellung zur Regierung Stresemann offenbarte sich Seeckt Kahr gegenüber mit folgenden Worten: »Ich halte ein Kabinett Stresemann auch nach einer Umbildung nicht für lebensfähig ... Mehr noch, *ich sehe ohne Umschwung in der Reichsregierung den Bürgerkrieg mit Sicherheit voraus.* Sein Ausgang ist ungewiß; sein Verlauf auf alle Fälle für uns vernichtend, wenn er nicht mit klarer Einheitsfront aller national Gesinnten geführt wird. Dann ist er mit Aussicht auf Erfolg zu führen.«[181] Mit diesem Gedanken leitete Seeckt zu dem Appell an Kahr über, um jeden Preis für Ruhe an der thüringischen Grenze zu sorgen: »Die Reichswehr darf dabei nicht in die Lage gebracht werden, sich gegen Gesinnungsgenossen für eine ihr wesensfremde Regierung einzusetzen. Andererseits kann sie nicht dulden, daß von unverantwortlicher und unberufener Seite mit Gewalt eine Änderung herbeizuführen unternommen wird. Sie wird zerbrechen in diesem Kampf, wenn sie nach zwei Seiten die Staatsautorität verteidigen muß.

Dann haben wir Frankreichs Spiel gespielt, dann dem Moskauer Kommunismus die letzte Chance zum Erfolg geboten ... Ich darf hierbei auf die Zustände an der thüring.-bayr. Grenze hinweisen. Hier müssen Unbedachtsamkeiten, die unberechenbare Folgen haben müssen, verhindert werden. Ich bitte Sie, Ihren ganzen Einfluß dafür einzusetzen. Wir werden in Thüringen militärisch Ordnung schaffen; die Befehle dafür sind gegeben. Ihre Ausführung kann durch Eingriff von unberufener Seite nur erschwert und gehindert werden.«[182]

Aus diesem Brief ergibt sich, daß Seeckt mit dem Bürgerkrieg rechnete, wenn Stresemann dem auf ihn ausgeübten Druck nicht nachgeben und nicht »freiwillig« zurücktreten würde. Dieser Bürgerkrieg konnte natürlich nur durch einen Staatsstreich von rechts ausgelöst werden, denn die Arbeiterklasse hatte mit der Auseinanderjagung der sächsischen Arbeiterregierung (29. Oktober) und der Niederschlagung des Hamburger Aufstandes (25. Oktober) eine so schwere Niederlage erlitten, daß sie zu offensivem revolutionärem Kampf zu diesem Zeitpunkt nicht imstande war. Um diesen Bürgerkrieg erfolgreich führen zu können, rief Seeckt zur Einheit der »Nationalgesinnten« auf.

181 Ursachen und Folgen, Bd. 5, S. 405f. (Hervorhebung K. G.)

182 Ebenda, S. 406f.

Am gleichen 5. November, an dem Seeckt diesen Brief an Kahr abschickte, erhielt der amerikanische Botschafter wieder einmal den Besuch von Hugo Stinnes. Stinnes ließ dem Botschafter gegenüber seiner Wut über die Halsstarrigkeit Stresemanns freien Lauf, so daß der Botschafter am nächsten Tag an den US-Außenminister telegraphierte: »Hatte gestern abend eine lange Unterredung mit Stinnes. Er ist ziemlich aufgebracht über Stresemanns von ihm so genannte Widerspenstigkeit, eine neue Regierung anzuerkennen, die sich auf die Rechtsparteien stützt. Er beriet Stresemann in diesem Sinne bei einer Fraktionssitzung der Volkspartei gestern nachmittag. Stresemann erwiderte jedoch, daß England, Amerika und selbst Frankreich seinen Sturz als Unglück betrachten würden, und daß er unter diesen Umständen nicht von seinem Posten zurücktreten könne. Stinnes antwortete, daß niemand, der Bayerns Vertrauen verloren habe, als Kanzler im Amt bleiben dürfe ... Stresemanns kommender Sturz unterliegt keinem Zweifel. Ich fürchte, daß, wenn er nicht freiwillig geht, man versuchen werden wird, ihn mit Gewalt zu entfernen.«[183]

Sowohl Seeckt gegenüber Kahr wie Stinnes gegenüber dem USA-Botschafter ließen also an diesem 5. November durchblicken, daß Gewalt angewandt würde, wenn Stresemann seinen Posten nicht freiwillig räume. Stinnes teilte dies Houghton sicherlich in der Hoffnung mit, dieser würde seine Regierung angesichts solcher Perspektiven veranlassen, auf Stresemann ebenfalls im Sinne eines Rücktritts einzuwirken, zumal dieser ja seine »Widerspenstigkeit« ausdrücklich mit der Haltung der USA-Regierung begründet hatte. Auf jeden Fall geht aus den Aufzeichnungen Houghtons eindeutig hervor, daß Stinnes seine Absicht, Stresemann zu stürzen, keineswegs aufgegeben hatte. Houghton fuhr nämlich fort: »Stinnes sagte mir weiter, daß er glaube, daß Wiedfeldt abberufen werden würde, um als Reichskanzler und Außenminister an die Spitze der neuen Regierung zu treten, und daß Minoux, ein Industrieller von großem Format, ... Finanzminister werden ... wird.« Das setzte die Beseitigung Stresemanns als Reichskanzler voraus[184]; daß diese durch den freiwilligen Rücktritt Stresemann erreicht werden könnte, kann Stinnes nach dem Verlauf der am gleichen Tage stattgehabten Auseinandersetzung in der DVP-Fraktion nicht mehr geglaubt haben.

Somit steht fest, daß sowohl an der höchsten Stelle der Reichswehr als auch bei dem mächtigsten Exponenten des deutschen Monopolkapitals an diesem Tage die Möglichkeit eines gewaltsamen Vorgehens gegen die verfassungsmäßige Reichsregierung ins Auge gefaßt wurde als letztes Mittel, Stresemanns »Widerspenstigkeit« zu brechen und eine Regierung der »nationalen Diktatur« zu installieren. Mit einem sol-

183 *Hallgarten*, S. 70.

184 Es verdient Beachtung, daß für Seeckt als Reichskanzler in der von Stinnes projektierten Regierungsmannschaft kein Platz vorgesehen war. Hier liegt ganz offenbar die Ursache für das Abrücken Minoux' von Seeckt.

chen Vorgehen rechnete, auf ein solches Vorgehen wartete im übrigen seit Wochen jedermann im sogenannten nationalen Lager.

Groener schrieb darüber an Ebert in seinem Brief vom 1. November: »Die vaterländischen Verbände sind neuerdings in Württemberg unter einheitlicher Leitung verbunden und haben im Lande einen Einfluß gewonnen, der nicht viel zurücksteht hinter dem in Bayern. Für die badischen Gebiete im südlichen Schwarzwald gilt dasselbe. Daß auch in den preußischen Provinzen je nach ihrer Eigenart diese Verbände eine große Verbreitung haben, ist allgemein bekannt. Sie alle, ob in Bayern, Württemberg oder im Norden, sind zu den verwegensten Entschlüssen bereit, sie warten und hoffen auf die Losung aus Bayern und betrachten Herrn v. Kahr (weit mehr als Hitler oder Ludendorff) als ihren Mann, dessen Führerschaft und Ruf sie zu folgen nicht zaudern werden … Wenn auch zwischen Ludendorff und Kahr keine Einmütigkeit besteht, im gegebenen Falle wird man sich finden; ein Kollegium von Kahr, Ludendorff und Hitler, das den alten Feldmarschall als Popanz heraussteckt, wird noch weitere Kreise gewinnen. In Bayern jedenfalls sind mobilmachungsmäßige Vorbereitungen getroffen, nicht nur militärischer Art, vielleicht, ja wahrscheinlich auch wirtschaftlicher Natur. Man darf sich nicht darüber täuschen, daß bis tief in demokratische Kreise hinein die Bewegung Anhänger besitzt.«[185]

Nicht weniger aufmerksam wurden die Putschvorbereitungen der Rechten von der Führung der KPD verfolgt.

Am 4. November gab die engere Leitung der Zentrale der KPD an alle Bezirksleitungen eine Direktive für den Fall eines faschistischen Putsches heraus. Darin wurde erklärt, daß nach Nachrichten aus einer sehr glaubwürdigen Quelle sich die faschistischen Banden in Südmecklenburg sammeln, »die über Wittstock auf Berlin marschieren sollen.« Weiter hieß es, daß gleichzeitig die Hitlerleute von Coburg aus losschlagen sollten. Es wurde unterstrichen, daß diese Nachricht volle Glaubwürdigkeit verdiene, »da der Zerfall der großen Koalition, der katastrophale Marksturz die Entschlossenheit der extremen faschistischen Kreise äußerst gesteigert« habe. Nach der eindringlichen Warnung, daß »der Sieg der Hitler und Ehrhardt … den Beginn einer Arbeitermetzelei« bedeute, gab die Zentrale an die Bezirksleitungen folgende Anweisung: »Wir fordern alle Parteiorganisationen auf, sofort mit der Agitation für den Generalstreik einzusetzen und in den Generalstreik zu treten bei den ersten Nachrichten über den Vormarsch oder beim Eintreffen des Telegramms: Emil gestorben. Falls von uns aus ein bestimmter Tag für den Beginn des Generalstreiks angegeben wird, so enthält das Telegramm noch folgende Worte: ›Beerdigung (folgt Angabe des Tages). Die Hundertschaften sofort alarmieren!‹« Besondere Aufmerksamkeit verdient die nachfolgende Anweisung:

185 BAK, N 42, Bd. 19, Bl. 13f.

»Die bewaffneten Kämpfe nur in dem Fall aufnehmen, wo es zu Kämpfen zwischen Faschisten, der regierungstreuen Reichswehr und der Schupo kommt. Front nur gegen faschistische Verbände.« Des weiteren wurde angewiesen, den Generalstreik auch dann durchzuführen, wenn die Gewerkschaften und die SPD sich dagegen wenden würden. Die Transporte der Faschisten müßten mit allen Mitteln verhindert werden. In einem vorbereiteten Aufruf für den Fall eines faschistischen Marsches auf Berlin wurde an die Massen appelliert: »Haltet Euch bereit zum sofortigen Generalstreik gegen den Faschistenputsch! Werktätige! Seid zum Gegenschlag bereit! Nur einheitlicher Kampf rettet Euch!«[186]

In dieser Situation rief das bayerische Triumvirat Kahr-Lossow-Seisser die Führer der vaterländischen Verbände am 6. November zu einer Besprechung zusammen, die einen Versuch darstellte, im Sinne der Botschaft Seeckts an Kahr alle Führer zu verpflichten, jedes eigenmächtige Vorgehen zu unterlassen und sich völlig dem Triumvirat, d.h. dem Befehl Lossows, für die bevorstehende Aktion zu unterstellen.[187]

Kahr, der als erster sprach, erklärte die Schaffung einer nationalen Reichsregierung für das Vordringlichste. Er warnte aber die Verbände vor selbständigem Losschlagen, denn er rechne auf die Mitarbeit der Verbände, wenn der »anormale« Weg beschritten werde. Unter dem »anormalen« Weg verstand er den gewaltsamen, nichtlegalen Weg der Regierungsumbildung. Er führte weiter aus, ob der »normale« Weg beschritten werden könne, sei fraglich nach der Situation, wie sie sich jetzt gestaltet habe. Also auch bei Kahr wie bei Seeckt und Stinnes wurde der Weg des Staatsstreiches in Rechnung gestellt, und zwar noch massiver als bei diesen beiden. Der »anormale« Weg, meinte er, müsse jetzt sofort vorbereitet werden; aber wenn er beschritten werde, dann müßten alle zusammenstehen. Es müßte nach einem einheitlichen, gut vorbereiteten und durchdachten Plan vorgegangen werden, und man müsse genau wissen, wer dabei mittun werde. In seinen weiteren Ausführungen sprach er über die Frage der Zusammensetzung des Direktoriums. Er erwarte stündlich definitive Nachrichten aus Berlin. Die Unterhandlungen seien bereits im Gange. Es seien verschiedene Persönlichkeiten in Aussicht genommen, und die abschließenden Nachrichten erwarte er jetzt. Wenn sie da seien, könne vorgegangen werden. Den Befehl zur Aktion werde er selbst geben. Die militärische Leitung habe Lossow, ihm müsse sich alles unterstellen. Wer nicht mitmachen wolle, der solle es sagen, dann würden Reichswehr und Landespolizei es alleine durchführen.

---

186 Institut für Marxismus-Leninismus beim ZK der SED, Zentrales Parteiarchiv, Sig 3/3; siehe auch *D. S. Davidovič,* Orudie germanskogo imperializma i militerizma. K istorii vozniknovenija germanskogo fašizma (1919-1923gg.) in: Novaja i novejšaja istorija (im folgenden: NNI), 3/1976, S. 120f.

187 Die Darstellung des Inhalts der Besprechung nach *Deuerlein,* Hitlerputsch, *S.* 95f.

Kriebel und Weber, die beiden Kampfbundvertreter, konnten aus diesen Ausführungen wenigstens das eine mit Gewißheit entnehmen, daß nämlich weder für Ludendorff noch etwa gar für Hitler in Kahrs Plänen ein Platz an verantwortlicher Stelle vorgesehen war.

Nach Kahr sprach Lossow. Er stellte sich hinter alle Ausführungen seines Vorredners und erklärte, die bayerische Division stünde bereit. Sie werde jede Reichstruppe unterstützen, wenn die Sache einigermaßen Aussicht auf Erfolg habe. Wenn es sich dagegen bloß um einen Kapp- oder Küstrinputsch handele, könne er nicht mittun. Er forderte: »Alles muß so vorbereitet sein, daß, wenn ich in München auf den Knopf drücke, in spätestens drei Tagen alles bereit ist.«[188] Nach Lossow ergriff Seisser das Wort, um noch einige Erklärungen über die Vorbereitungen seitens der Landespolizei abzugeben. Eine Aussprache zu diesen Ausführungen wurde nicht zugelassen; Hauptziel der Veranstaltung bestand offensichtlich darin, bei den Führern der Verbände den Eindruck hervorzurufen, daß das Triumvirat zur Aktion entschlossen sei, diese kurz bevorstehe und deshalb Aktionen auf eigene Faust überflüssig seien. In einer Unterhaltung, die sich an die offizielle Veranstaltung anschloß und in der Kriebel nochmals in Lossow drang, nicht mehr länger zu zögern, rief dieser »verzweifelt sein berühmtes Wort: ›Ich will ja marschieren, Herrgott, ich will ja marschieren, aber nur wenn ich einundfünfzig Prozent Wahrscheinlichkeit habe.‹« Kriebel gab ihm darauf zurück, das klänge gerade so wie »ich möchte schon, aber traue mir nicht.«[189] Aber trotz fehlenden Wagemuts – unbestreitbar hatte sich das Triumvirat den Verbandsführern gegenüber fest verpflichtet, so oder so, »normal« oder »anormal«, legal oder gewaltsam, gemeinsam mit ihnen und an ihrer Spitze den Sturz der Berliner Regierung und die Bildung einer Regierung der nationalen Diktatur herbeizuführen.

Am gleichen oder am folgenden Tage[190] führte Lossow noch eine weitere Besprechung durch, diesmal mit den Kommandeuren seiner Division. Vorausgegangen war dem eine dienstliche Meldung des Kommandeurs des in Bayreuth stationierten Infanterieregiments, Oberstleutnant Mittelberger, an Lossow über den Inhalt eines Berichtes, den er von dem SA-Führer von Bayreuth erhalten hatte. Der war nach Mittelbergers Angaben Teilnehmer einer in München am 2. November durchgeführten SA-Führerbesprechung gewesen, wo ihnen mitgeteilt worden war: »Hitler wird demnächst losschlagen. Kahr, Lossow, Seisser, auch Ludendorff sind einverstanden. Die

188 Zit. nach: Stenographische Berichte der Verhandlungen des Reichstags, 369. Sitzung, 27. Januar 1928, S. 12451.

189 Heiden, Geschichte, S. 151; Der Hitler-Prozeß, S. 46.

190 Mittelberger nannte in seinen Erinnerungen den 6. November. – Siehe Ursachen und Folgen, Bd. 5, S. 437; nach *Franz-Willing*, (Putsch und Verbotszeit, S. 58, Fn. 146) fand die Kommandeursbesprechung bei Lossow jedoch erst am 7. November statt.

ganze bayerische Reichswehr wird auf Seiten Hitlers stehen. Der genaue Zeitpunkt des Beginns der Aktion ist nicht bekanntgegeben worden; aber den SA-Führern wurden versiegelte Briefumschläge ausgehändigt, die die notwendigen Anweisungen enthielten und auf ein telegraphisches Stichwort zu öffnen sind.«[191]

Diese Mitteilung wurde in der Kommandeursbesprechung verlesen und von Lossow mit den Worten kommentiert: »Meine Herren, glauben Sie mir, einen solchen Wahnsinn werde ich nicht mitmachen.«[192] Merkwürdigerweise unternahm der solcherart vorgewarnte Lossow aber nicht das mindeste, um eine Aktion der Nationalsozialisten oder des Kampfbundes von vornherein unmöglich zu machen, es sei denn, man wäre bereit, die Vergatterung der Verbandsführer auf der Besprechung mit dem Triumvirat am 6. November als eine solche Maßnahme anzusehen. Diese Besprechung allerdings hatte eher eine gegenteilige Wirkung.

3. Der Putsch

Nach der Besprechung mit Kahr, Lossow und Seisser begaben sich Kriebel und Weber zu Hitler, um über die Konsequenzen für den Kampfbund zu beraten.[193] In dieser Beratung wurde beschlossen, nicht länger auf ein Signal von Lossow und Kahr zu warten, sondern auf eigene Faust loszuschlagen. Am 7. November wurde dieser Beschluß in einer Beratung der Kampfbundleitung, an der trotz ihres Abstreitens wohl auch Ludendorff und Röhm teilgenommen hatten[194], bestätigt. Dabei sollen zuerst zwei Varianten im Gespräch gewesen sein; nach der ersten sollte eine Nachtübung vom 11. zum 12. November mit einem Einmarsch nach München und der bewaffneten Machtübernahme abgeschlossen werden. Nachdem aber Kriebel davon Mitteilung machte, daß am 8. November eine Kundgebung der vaterländischen Organisationen einberufen wurde, auf der Kahr sprechen und das ganze Kabinett anwesend sein würde, entschied man sich dafür, diese Versammlung zu benutzen, um in leichter Abwandlung des Legalitätskonzeptes der Scheubner-Richterschen Denkschrift das

191 Ursachen und Folgen, Bd. 5, S. 436. – Nach Franz-Willing soll bereits am 4. November eine zwischen Kahr und dem Kampfbund vereinbarte Putschaktion geplant gewesen sein. Die an diesem Tage stattfindende Heldengedenkfeier habe dazu benutzt werden sollen, den anwesenden Kronprinzen Rupprecht zum König auszurufen. Weil jedoch Kahr vorzeitig weggegangen sei und Seisser und Ludendorff überhaupt nicht anwesend waren, sei die Aktion nicht zustande gekommen. – *Franz-Willing,* Putsch und Verbotszeit, S. 57ff.

192 Ursachen und Folgen, Bd. 5, S. 437.

193 Der Hitler-Prozeß, S. 247, Plädoyer des Verteidigers von Weber, Dr. Holl, der jedoch irrtümlich ein falsches Datum, nämlich den 7. statt des 6. November angab.

194 *Gordon,* Hitler-Putsch, S. 235.

Mitmachen der legalen Gewalten Kahr, Lossow und Seisser durch einen Handstreich zu erzwingen.[195]

Über die Motive für den Entschluß zu einer eigenen Aktion gibt es verschiedene sich z.T. widersprechende Versionen. Die erste ist die von den Putschisten und ihren Verteidigern im Prozeß vorgebrachte, wonach sie in der festen Überzeugung, im vollen Einvernehmen mit Kahr, Lossow und Seisser zu handeln, die Aktion nur unternommen hätten, um diesen den »Absprung« zu erleichtern.[196] Das war eine reine Schutzbehauptung, deren Unhaltbarkeit im Prozeß mehrfach nachgewiesen wurde.[197] Dennoch war sie außerordentlich wirkungsvoll, weil sie insofern zutraf, als auch Kahr, Lossow und Seisser ein bewaffnetes Vorgehen gegen die Reichsregierung, also Hochverrat, geplant, darüber mit den Führern der Verbände zahlreiche Besprechungen, zuletzt am 6. November, durchgeführt und lediglich davor gewarnt hatten, auf eigene Faust loszuschlagen. Deshalb konnte das Triumvirat Feststellungen Hitlers und der anderen Angeklagten wie die folgende nicht entkräften: »Tatsache war eines, Lossow, Kahr und Seisser haben das gleiche Ziel gehabt wie wir, nämlich die Reichsregierung zu beseitigen in ihrer heutigen internationalen und parlamentarischen Einstellung und an ihre Stelle eine antiparlamentarische Regierung zu setzen. Wenn tatsächlich unser ganzes Unternehmen Hochverrat gewesen wäre, dann müßten Lossow, Seisser und Kahr die ganze Zeit mit uns Hochverrat getrieben haben ... Ich leugne jede Schuld ab, solange nicht meine Umgebung ergänzt wird durch jene Herren, welche die Dinge bis ins Kleinste mitvorbereitet haben«[198]

Die zweite Version wurde, obwohl sie die Argumentation der ersten aufhob, ebenfalls von den Angeklagten im Prozeß vorgebracht. Sie lief darauf hinaus, sie hätten sich zum Losschlagen veranlaßt gesehen, weil sonst die Gefahr der Separation Bayerns vom Reich gedroht habe. Zugrunde liegt dieser Version eine Begebenheit, die sich am 8. November zutrug. Graf Helldorf (der spätere SA-Führer und Polizeipräsident von Berlin), damals noch der junge Mann des Stahlhelmführers Duesterberg, war um die Mittagszeit dieses Tages bei Lossow und erzählte diesem, »es sei halt nichts in Berlin, die drücken immer umeinander, man rede immer, aber es werde nichts«.[199] Darauf erklärte Lossow wütend, wenn die Leute dort oben selbst zu nichts kämen und nur meinten, in Bayern müßte etwas geschehen, dann könnten sie ihnen den Buckel runterrutschen und gestohlen bleiben. Lossow erzählte weiter, er habe Helldorf mit den

195 *Heiden,* Geschichte, S. 151f.

196 Der Hitler-Prozeß, S. 23f., Aussage Hitlers.

197 Ebenda, S. 221f., Plädoyer des Staatsanwalts.

198 Ebenda, S. 23, 28, Aussage Hitlers.

199 Ebenda, S. 175, Aussage Lossows.

Worten hinausgeworfen: »Wir allein können's in Bayern auch nicht schaffen. Wir sind schwarzweißrot, aber wenn das nur darin bestehen soll, daß wir den allgemeinen Marasmus mitmachen sollen, dann pfeifen wir drauf.«[200] Wie Heiden berichtete, ließ Lossow dann noch die Worte folgen: »Hat der Norden keinen Willen zum Leben, so muß das doch schließlich, ob wir wollen oder nicht, zu einer Art von Separation führen.«[201] Helldorf ging anschließend sofort zu Scheubner-Richter und berichtete, daß die Bayern mit Separation drohten. Heidens Kommentar dazu: »Scheubner-Richter, der damals Hitlers politische Schritte leitete, scheint darauf tatsächlich einen nahen separatistischen Putsch in Bayern befürchtet zu haben und sah für die völkische Bewegung den geschichtlichen Augenblick gekommen, Deutschland vor Zerfall, Donaumonarchie und Jesuitengefahr zu retten. Jetzt war keine Stunde mehr zu verlieren.«[202]

So treffend Heiden hier das Verhältnis Scheubner-Richters zu Hitler zeichnete, so dürfte er doch die Bedeutung der Helldorf-Episode überschätzt haben in ihrem Gewicht für den Entschluß zum Putsch. Der war unabhängig davon schon seit dem vorhergehenden Tag beschlossene Sache und die Vorbereitungen dafür bereits in ihre Abschlußphase getreten. Dennoch spielte diese Episode, wie erwähnt, in der Verteidigung der Angeklagten eine gewisse Rolle. Was als »rationeller Kern« hinter der angeblichen Furcht vor Separation steckte, wurde wenige Tage nach dem Putsch vom »Regensburger Anzeiger«, einer Zeitung der BVP ausgesprochen, als er schrieb, für den Zeitpunkt der Auslösung des Putsches sei auch folgende Überlegung bestimmend gewesen:

»Man durfte nicht solange warten, bis das föderalistische Ziel Bayerns erreicht ist, bis Bayern den Unitarismus zerschlagen und seine Selbständigkeit im Rahmen des Deutschen Reiches erlangt hat … Ein nach den Plänen der Bayerischen Volkspartei im Deutschen Reich selbständiges Bayern, das langsam aber sicher in der letzten Zeit im Anzug war, mußte alle unitarischen Träume der Hitlerleute auf lange Zeit hinaus in Trümmer schlagen … Wir sind den phantastischen Reichsplanern Hitlers und den groß-preußischen Gedankengängen Ludendorffs im Wege gestanden.«[203] Mit den Plänen der BVP war die Restauration der Wittelsbacher Monarchie gemeint, die Kahr als die Hauptaufgabe seiner Tätigkeit als GSK ansah.

Eine dritte Version spielte zwar in der Verteidigung kaum eine Rolle, dafür bringt sie aber eine echte Motivation für den Putsch zum Ausdruck, wenigstens was die Motive Ludendorffs und Hitlers anbelangt. Es war dies die Erkenntnis, daß Kahr, Lossow

200 Ebenda.

201 *Heiden*, Geschichte, S. 152.

202 Ebenda.

203 ZStA Potsdam, Reichskommissar für Überwachung der öffentlichen Ordnung, Nr. 213/1, Akten betreff Hitler-Putsch, Bl. 70. Regensburger Anzeiger, Nr. 262 v. 14. XI. 1923.

und Seisser sich mit den »Herren aus dem Norden« auf eine Lösung geeinigt hatten, die für die Kampfbundführung, insbesondere für Ludendorff und Hitler, keinen Platz an führender Stelle bereithielt, weder in Bayern noch gar im Reich.[204]

Dies mußte insofern bei den Kampfbundführern alarmierend wirken, als sie bis in die ersten Tage des November die Überzeugung hegten, daß Lossow und Seisser bereit waren, mit ihnen gemeinsam vorzugehen. Das geht aus einem Bericht über die Ausführungen Görings auf der Besprechung mit den SA-Führern vom 23. Oktober 1923[205] klar hervor. Göring hatte von drei möglichen Fällen von Aktionen in der nächsten Zeit gesprochen, erstens Separation Bayerns vom Reich, was sehr wahrscheinlich sei, zweitens militärische Offensive der Reichswehr unter Führung Seeckts gegen Bayern, womit man rechnen müsse, und drittens: »In München wird eine Reichsdiktatur mit dem Ziel ausgerufen, der nationalen völkischen Idee mit Gewalt in Deutschland zum Siege zu verhelfen.« Dieser Fall werde »mit allen Mitteln angestrebt; die Vorbereitungen sind getroffen. Der Zeitpunkt steht noch nicht fest. Es kann noch einige Wochen dauern, vielleicht erfolgt die Proklamation der Reichsdiktatur schon in den allernächsten Tagen. Reichsdiktator General Ludendorff, Reichswehrminister General Lossow, Hitler gleichfalls in der Regierung Ludendorff, Lossow und Hitler sind völlig einig und treffen die Vorbereitungen gemeinsam. Ob Kahr gewonnen werden kann, ist noch zweifelhaft, aber wahrscheinlich.«

Diese Überzeugung wurde offenbar erst am 4. November erschüttert, als Seisser aus Berlin zurückkam und – entgegen seinem Versprechen, das er Hitler gegeben hatte – nichts von sich hören ließ. Als nämlich Hitler am 1. November in einem Gespräch mit Seisser in der Wohnung des Oberlandführers Weber darauf drängte, mit dem Losschlagen nicht mehr länger zu warten, hatte Seisser erklärt, er werde am 3. November in Berlin sein, um sich persönlich ein Bild von der Situation zu machen; bis zu seiner Rückkehr am 4. solle Hitler von eigenen Schritten Abstand nehmen. Hitler sagte das zu, drängte aber zugleich darauf, daß nach Seissers Rückkehr nicht länger gezögert werden dürfe. Es mußte natürlich bei Hitler und Ludendorff Argwohn hervorrufen, daß Seisser nach seiner Rückkehr ihnen aus dem Weg ging.[206]

Von Kahr kann als ziemlich sicher gelten, daß er niemals bereit war, die Kandidatur Ludendorffs und Hitlers für führende Positionen zu akzeptieren.

---

204 Der Hitler-Prozeß, S. 221, Plädoyer des Staatsanwalts; *Heiden,* Geschichte, S. 151.

205 Zu dieser Besprechung siehe Hitler und Kahr, II, S. 113. – Hitler, der eingangs eine kurze Ansprache gehalten hatte, verließ die Besprechung vorzeitig.

206 *Ludendorff,* Auf dem Weg, S. 59: »Es scheint auch, daß Oberst v. Seisser aus Berlin die Weisung mitbrachte, die Kampfbünde, die zu Deutsch eingestellt waren und überdies das Unglück hatten, als Rückhalt meines vermeintlichen Ehrgeizes zu gelten, und mich selbst beiseite zu schieben. Auch Rom hatte entsprechende Wünsche«.

Auf einer Pressekonferenz am 10. November 1923 legte Kahr die Gründe dar, weshalb ihm von Anfang an klar gewesen sei, daß das Ludendorff-Hitler-Unternehmen zusammenbrechen mußte: »Ich wußte ..., daß bei allen übrigen Verbänden die Dinge nicht so lagen, wie sich die Herren das vorgestellt hatten. Dann wußte ich auch, daß Ludendorff in Norddeutschland bei einem großen Teile der vaterländischen Kreise abgelehnt werde, schon wegen der außenpolitischen Wirkung. Ich wußte weiter, daß Hitler in Norddeutschland nur einen kaum nennenswerten Anhang besitzt und fast einhellig nicht bloß abgelehnt, sondern direkt bekämpft würde. Es war mir auch bekannt, daß in den norddeutschen vaterländischen Kreisen über die Ziele und die Wege noch große Uneinigkeit herrschte.«[207] Man wird Kahr glauben dürfen, daß diese post festum abgegebene Erklärung eine richtige Darstellung seiner Sicht der Dinge vor dem 8. November gibt.

Seisser, vor allem aber Lossow, müssen sich in den Unterredungen mit Ludendorff und Hitler jedoch so zweideutig ausgedrückt haben, daß letztere daraus eine Zusage entnehmen konnten oder gar mußten. Es scheint so, als sei deren Argumentation nach dem Konflikt Lossows mit Seeckt doch nicht so ganz ohne jeden Eindruck auf Lossow geblieben, wie es dieser vor Gericht darstellte. Er hatte dort ausgesagt: »Hitler glaubte, daß ich á conto dieses Konflikts seinem Plane zustimmen werde ... Seine damaligen Besuche begann er mit einer langen Leichenrede, ich sei als meuternder General ein toter Mann und könne nur Rettung finden, wenn ich mit ihm ginge. Auch diese Dinge wurden mit einer gewissen suggestiven Beeinflussung gesprochen.«[208] Der letzte Satz darf wohl als verschämtes Eingeständnis betrachtet werden, daß die Logik dieser Ausführungen ihm zeitweilig eingeleuchtet hat. Damit war es aber spätestens zu Ende, nachdem Seisser von Seeckt zurückkam mit der Nachricht, daß auch dieser einer persönlichen Beilegung des Konfliktes nicht im Weg stehen werde. Von da an dürfte Lossows und Seissers Haltung dem entsprochen haben, was beide darüber vor Gericht aussagten.[209]

Kahr, Lossow und Seisser waren spätestens von da ab einig, Ludendorff und Hitler keine Position an führender Stelle zu überlassen. Im Prozeß gaben Lossow und Seisser eine entsprechende Beschreibung ihrer Einstellung zu Ludendorff und Hitler.

Lossow erklärte, er habe »nicht nur Hitler und Ludendorff gegenüber, sondern auch bei den Führern der vaterländischen Verbände des öfteren betont, daß der Name Ludendorff innen- und außenpolitisch für eine Diktatur nicht tragbar sei, daß aber

207 ZStAP, RKO, Nr. 213/1, Bl. 130; Münchener Post, Nr. 262 v. 27. XI. 1923.

208 Der Hitler-Prozeß, S. 114.

209 Lossow erklärte zu dem Angebot Hitlers, ihn zum Reichswehrminister zu machen: »Ich war ja kein berufsloser Komitatschi, der durch Putsch zu neuen Würden kommen wollte, ich war ja in Amt und Würden ... Ich habe diesem Anerbieten keine Bedeutung beigemessen, es war so, wie wenn Kinder spielen: du bist der Kaiser, du bist der Papst usw.« – Ebenda.

Ludendorff einer derartigen Diktatur oder dem Direktorium wohlwollend gegenüberstehen müsse, daß auch Hitler nicht zur Führung einer solchen Diktatur befähigt sei, wohl aber, daß man seine Fähigkeiten auf dem Gebiete der Propaganda für die Diktatur ausnützen müsse. Ich war damit einverstanden, daß Hitler der politische Trommler sein könne.«[210] Für eine solche Einstellung gab es gute Gründe. Selbst in völkischen Kreisen war man, wie wir sahen, dafür, daß Ludendorff erst hervortreten solle, wenn sich die erstrebte Diktatur bereits gefestigt habe. Und was Hitler betraf, so wissen wir bereits, daß er selbst von vielen seiner Unterführer nur als Agitator, nicht aber als politischer Führer ernst genommen wurde. Im Frühjahr 1923 sei Hitler noch bescheiden gewesen, führte Lossow aus, da habe er keinen Posten für sich gefordert, sondern immer betont, er wolle nur Propaganda machen und das Feld bereiten für den kommenden Diktator. Aber seit dem »Deutschen Tag« in Nürnberg – fuhr er fort – »schien mir der Maßstab für das wirkliche Kräfteverhältnis auf seiten des Kampfbundes mehr und mehr geschwunden zu sein. Man glaubte, man könne jetzt sozusagen alles tun, und Hitler ... hielt sich für den deutschen Mussolini, für den deutschen Gambetta, und seine Gefolgschaft, die das Erbe des Byzantinertums der Monarchie angetreten hatte, bezeichnete ihn als den deutschen Messias.«[211] Heiden geht auf diese Aussage Lossows ein und ergänzt sie durch die Erklärung, die Hitler dem Oberstleutnant Otto v. Berchem gab, dem Stabschef Lossows. Als er darauf aufmerksam gemacht wurde, daß Ludendorff außenpolitisch nicht tragbar sei, erwiderte Hitler, Ludendorff habe lediglich militärische Aufgaben, er brauche ihn zur Gewinnung der Reichswehr, in der Politik werde ihm Ludendorff nichts dreinzureden haben; auch Napoleon habe sich bei Bildung seines Direktoriums nur mit unbedeutenden Männern umgeben.[212] »Hitlers engere Mitarbeiter«, fährt Heiden fort, »lachten freilich über solche Verstiegenheiten; zumal daß Ludendorff nichts besseres als ein Heldendenkmal auf Rädern sein sollte, auf Hitlers Wink an die Rampe zu schieben – das nahm damals keiner ernst ... Und Göring hatte den SA-Führern schon am 23. Oktober erklärt, selbstredend werde Ludendorff Reichsdiktator; Hitler werde man schon ›irgendwie in die Regierung mit hineinnehmen‹. Irgendwie – Göring wußte nicht genau, wie der Volkstribun nach der Machtergreifung noch nützlich beschäftigt werden solle.«[213]

Auch Seisser hatte seine Erfahrungen mit Hitler gemacht, die es ihm schwer machen mußten, diesen Mann als Politiker ernst zu nehmen. »Nach der ersten Kraftprobe

210 Ebenda, S. 116.

211 Ebenda, S. 113.

212 *Heiden*, Geschichte, S. 150; Hitler und Kahr, II, S. 116f.

213 *Heiden*, Geschichte, S. 150; *Deuerlein*, Hitlerputsch, S. 98; »Auch wurde Hitler, der nach Münchener Auffassung mehr Regisseur politischer ›Gaudi‹ als Gestalter politischer Verhältnisse war, nicht ernst genommen.«

des 1. Mai, die mit einem Fiasko des Kampfbundes endete«, sagte er vor Gericht aus, »trat eine gewisse Ernüchterung ein, bis dann der Deutsche Tag in Nürnberg der Bewegung und ihren Führern einen bis ins Maßlose gesteigerten Größenwahn gegeben hat. Die glänzende Rednergabe Hitlers, sein suggestiver Einfluß, eine mit ganz außergewöhnlichen Geldmitteln arbeitende Propaganda haben den Beifall erzeugt, dem Hitler erlegen ist. Aus dem Trommler der Bewegung wurde der Mann, der allein imstande war, die Geschicke des Reiches zu lenken. Es gab nur noch einen Kampfbund, wer nicht dazugehörte, war Nachtwächter, separatistisch-monarchistisch, päpstlich oder französisch gesinnt.«[214]

Kein Wunder also, daß in einem Direktorium nach den Plänen des Triumvirats kein Platz für solche Phantasten und wirklichkeitsfremde Fanatiker wie Ludendorff und Hitler vorgesehen war, sobald sich von Berlin aus eine andere Möglichkeit aufzutun schien.

Eine solche Kaltstellung aber war für einen Ludendorff noch unerträglicher als für Hitler. Seit 1918 hatte Ludendorff nur dafür gelebt, hatte er den Kapp-Putsch aus der Kulisse mit inszeniert und nach seinem Scheitern nun in Bayern die völkische Bewegung zu seiner Bewegung gemacht, um mit deren Hilfe in voller Größe als Deutschlands Retter erneut auf die Bühne der Weltgeschichte zurückzukehren. Es durfte somit einfach nicht zugelassen werden, daß die Aktion zur Errichtung der Diktatur hinter seinem Rücken von anderen gestartet wurde. Es durfte aber auch nicht geschehen, daß es überhaupt zu keiner Aktion kam, weil der richtige Moment verpaßt wurde. Beides würde das Ende aller Hoffnungen für Ludendorff bedeutet haben, seinen endgültigen, ruhmlosen Abgang.

In dem bereits erwähnten Bericht des bayerischen Oberregierungsrates Sommer über den Hitler-Ludendorff-Putsch[215] wird über die Rolle Ludendorffs ausgeführt: »Der Kopf der völkischen Bewegung ist Ludendorff. Die Analyse des Sinnes und Zweckes der Bewegung läßt sich nur hier gewinnen ... Vorauszuschicken ist, daß Ludendorff ohne Zweifel jedes Augenmaß für die reale Wirklichkeit verloren hat ... Geduldig auf die Zeit der Ernte warten, entsprach nicht seinem aufgepeitschten seelischen Naturell. Vielmehr reifte in ihm der Entschluß, diese Kraft (der »nationalen Gesinnung« in Bayern; K. G.) seinen zäh festgehaltenen Plänen dienstbar zu machen. Zuerst trat er vorsichtig aus seiner Reserve in die Öffentlichkeit. Dann förderte er offen den aktivistischen Teil der Bewegung, die Nationalsozialisten, und stellte ihnen seine Erfahrungen auf dem Gebiete der Organisation und Propaganda zur Verfügung. Im Winter 1922 auf 1923 begann er die Keimzellen der nationalen Revolution (sic!)

214 Der Hitler-Prozeß, S. 139.

215 Siehe vorliegende Arbeit, S. 331.

in alle vaterländischen Verbände zu tragen. Die erste Phase auf diesem Gebiet war die im Januar 1923 erfolgte Gründung der Arbeitsgemeinschaft der vaterländischen Kampfverbände … Aus der verworrenen Fülle der nun folgenden Ereignisse schälte sich für den aufmerksamen Beobachter immer deutlicher der Plan eines zweiten Kapp-Putsches heraus. Der Marsch der Brigade Ehrhardt … nach Berlin sollte wiederholt werden, diesmal in Anlehnung an das Mussolinische Beispiel unter Zusammenfassung aller Kräfte in Bayern vom Süden her.«[216]

Zur Rolle Ludendorffs sei noch aus einer Schrift mit dem Titel »Ludendorff in Bayern« zitiert, die bald nach dem Putsch erschien; in ihr wurde Ludendorff als der eigentliche Planer und Führer des Putsches dargestellt. Nachdem richtig ausgeführt wurde, daß nach dem Scheitern des Kapp-Putsches Ludendorff nach einer Kraft suchte, mit deren Hilfe er sein Ziel erreichen könnte, hieß es weiter: »Und eines Tages hatte er sie … entdeckt, jene, die er suchte, seinen wahren Teig, den er kneten und formen konnte: die Hitlergarde. Sie wurde aber erst reif für ihn, als sie begann, den Wehrgedanken praktisch aufzugreifen … War es diesem gestikulierenden Kerl, der … sich Tag für Tag in den Münchener Bierkellern oder im Zirkus Krone heiser brüllte, wirklich ernst mit der völkischen Erneuerung und mit einer nationalen Arbeiterschaft? Des Generals Vertraute erzählten ihm Wunderdinge. Ja, wahrhaftig, da hätte dieser Agitator, dieser Menschenfischer und Beherrscher von Tausenden in bescheidener Demut bekannt, daß er nur der Schmied sei, der das Schwert schmiede für den kommenden Helden, daß er, wie Max Maurenbrecher bekannte, ›einen Größeren hinter sich brauche, an den er sich anlehnen könne‹. Dem Manne konnte geholfen werden. Nicht wahr, mein lieber Scheubner-Richter?… Geld strömte zu in Hülle und Fülle. Man watete darin. Der Kapitalismus warf wahnsinnige Summen dem Agitator zu Füßen.«

Dann kam der Verfasser auf Ludendorffs Argwohn gegen Kahr zu sprechen: »Dieser Herr von Kahr ist imstande und macht mit einem rechtsgerichteten Berlin zusammen auch die ganze Aufräumarbeit da droben und wir haben das Nachsehen. Das waren schlimme Tage und Nächte für den General … Noch einige Stunden, und das Bayernland marschiert, marschiert dahin, wo er, der preußische General, hinführt.«[217]

In den beiden Darstellungen wird zweifelsohne die Rolle des »Preußen« Ludendorff überhöht, um dahinter diejenige aller bayerischen Persönlichkeiten, wie etwa Röhms u. a., zurücktreten zu lassen. Dennoch kommen diese Darstellungen der Wirklichkeit entschieden näher, als die heute gängigen bürgerlichen Darstellungen, die Hitler zum Mittelpunkt der politischen Ereignisse in Bayern und zum souveränen Führer der aktivistischen Rechtsbewegung machen.

---

216 *Deuerlein*, Hitlerputsch, S. 612.

217 Siehe ZStAP, RKO, Nr. 213/1, Bl. 198, Ludendorff in Bayern, von Veni Vidi.

Als am 6. November ein eifriger Vermittler zwischen den norddeutschen und bayerischen Putschplanern, ein gewisser Major Vogts, Ludendorff die Nachricht brachte, daß es nun endlich doch gelungen sei, auch Kahr und Lossow zum Mitmachen »in der gedachten Form« zu gewinnen, erklärte Ludendorff dem überraschten Major, daß er das zwar sehr begrüße, aber er lehne es ab, »in der Weise, wie vorgeschlagen, bei der Bewegung tätig zu sein, er wolle, wenn überhaupt, dann schon die erste Stelle einnehmen, und alle Macht auf sich vereinigen, weil nach seiner Lebenserfahrung in kritischen Zeiten nur dann eine erfolgversprechende Tätigkeit möglich sei, wenn alle Macht in einer Hand ruhe, und er also sonst die Verantwortung nicht übernehmen könne.«[218]

In Ludendorffs Plänen war Hitler der Mann, der ihm die Massen zuführte, ohne die nichts zu machen war, solange er nicht wieder einer Armee befehlen konnte. Er war daher auf Hitler ebenso angewiesen wie dieser auf ihn, solange es um die Vorbereitung der Aktion ging. Zugleich war allerdings auch unschwer vorauszusehen, daß der »Treubund« der beiden die Aktion selbst nicht lange überdauern würde, gleichgültig, ob diese erfolgreich sein oder mit einem Mißerfolg enden würde, da jeder den anderen als Gehilfen für die eigenen Zwecke betrachtete.

Auch für Hitler hätte es das Ende einer Laufbahn und den Absturz in die Bedeutungslosigkeit bedeutet, wenn Kahr-Lossow-Seisser die Sache mit den »Herren aus dem Norden« alleine abmachten, oder wenn der Kampfbund untätig blieb. Hitler, der Mann, der den Massen immer von seinem »unbändigen Willen« sprach, der die bürgerlichen Politiker mit Hohn und Spott übergoß als zur rettenden Tat unfähige Bürokraten und Beamtenseelen, der jeden Tag von neuem die Parole ausgab: in vierzehn Tagen wird marschiert![219] – er wäre politisch erledigt und nur noch ein Gegenstand für Witzblätter gewesen, wenn er den bombastischen Worten keine Tat folgen ließ. Er war in Wahrheit gar nicht mehr Herr seiner Entschlüsse, er *mußte* den Absprung wagen. So sprang er denn – aber er sprang im Unterschied zu Ludendorff, der doch immerhin eine Persönlichkeit war, die keines Anstoßes von anderen zum Handeln bedurfte – mit furchtsamem Herzen und mit Todesentsetzen bei dem Gedanken, der Sprung könnte fehlgehen. Ludendorff wurde zur Tat getrieben durch den Wunsch, der miserablen Gegenwart zu entkommen und wieder die Höhen der Vergangenheit zu erklimmen. Bei Hitler war es eher umgekehrt. Ihn trieb die Furcht zur Tat, ohne sie könnte ihn seine nichtige Vergangenheit wieder einholen. Er entschloß sich zum Handeln nicht als ein Politiker, der eine Sache zum Erfolg führen, ein politisches Ziel erreichen will, sondern um sich selbst als »Führer« zu retten; nicht wie einer, der weiß,

218 Hitler und Kahr, 11, S. 112.

219 *Hanfstaengl*, S. 122.

daß seine Sache nicht verloren ist, wenn eine Schlacht mit einer Niederlage endet; sondern wie ein Glücksspieler, der das Leben derer, die an ihn glauben, verantwortungslos auf eine einzige Karte setzt, weil er sich zu tief in Schulden gestürzt hat.

Eine vierte Version über den Beweggrund zum Losschlagen hängt mit der dritten eng zusammen und betrifft überdies eine der wichtigsten Fragen, die sich die Bourgeoisie hinsichtlich der Nützlichkeit und Brauchbarkeit des Faschismus stellen muß und immer wieder gestellt hat, die Frage nämlich, wie weit eine mit solch beispielloser sozialer Demagogie aufgezogene Massenbewegung unter Kontrolle zu halten ist. Diese Version besagt, daß die Kampfbundführer losschlagen mußten, weil sonst die hungernden und Not leidenden Mannschaften nicht mehr zu halten gewesen wären und entweder auf eigene Faust losgeschlagen hätten oder zu den Kommunisten abgewandert wären. So hatte z. B. Kriebel dem bereits erwähnten Major Vogts erklärt, es sei nicht mehr viel Zeit zu verlieren; seine Leute seien sehr beunruhigt darüber, daß kein Geld mehr da sei, und es sei sehr schwer, das Ganze noch zusammenzuhalten.[220]

Brückner, Kommandeur des SA-Elite-Regiments München, mußte Hitler erklären: »Es kommt der Tag, da kann ich die Leute nicht mehr halten. Wenn jetzt nichts geschieht, dann petzen die Leute weg.« Vor Gericht sagte er weiter aus: »Wir hatten sehr viele Erwerbslose darunter, Leute, die ihr letztes Gewand, ihre letzten Schuhe, ihr letztes Zehnerl an die Ausbildung taten und sagten: es geht jetzt bald los, dann werden wir in die Reichswehr eingestellt und sind aus dem ganzen Schlamassel heraus.«[221]

Die wirtschaftliche Lage, die unvorstellbare Not der Massen, die wachsende Bedrohung der Existenz der Mehrheit der Bevölkerung, der tägliche Hunger von vielen Millionen, dies alles bildete den Untergrund für die revolutionäre Nachkriegskrise, aber auch für die konterrevolutionären Putsche der Nachkriegsjahre. Auf diese Stimmung spekulierten, wie wir sahen, Stinnes und Minoux, aber auch Lossow, was er im Prozeß mit folgenden Worten zum Ausdruck brachte: »Damals, ich möchte ausdrücklich an die Zustände in Deutschland erinnern, wo man, wenn man mittags 12 Uhr sein Gehalt bekam, rennen mußte, um einzukaufen, weil um 2 Uhr alles noch einmal so teuer war, damals mußte man hoffen, daß die täglich zunehmende Not, der daraus sich folgernde immer stärker werdende Druck der nationalen Parteien und aller Leute, die mit dem bisherigen Regime unzufrieden waren, daß dieser Druck das herbeiführen würde, was wir hofften, das Direktorium.«[222]

---

220 Hitler und Kahr, II, S. 112.

221 *Heiden*, Geschichte, S. 143; siehe auch *Deuerlein*, Hitlerputsch, S. 335. Oberlandführer Weber über die Situation vor dem 8. XI: ein längeres Zuwarten sei »aus den verschiedensten Gründen (Stimmung im Volk, in den Verbänden, Witterungsverhältnissen, wirtschaftliche Lage) unmöglich«. Siehe auch *Hanfstaengl*, S. 167; *Röhm*, S. 230.

222 Der Hitler-Prozeß, S. 110.

Die Stinnes und Kahr und Lossow wollten die Nazipartei und ihren massenwirksamen Führer dazu benutzen, auf der Grundlage der geschilderten Stimmung in der Bevölkerung möglichst große Massen für den von ihnen geplanten Streich gegen die Republik zu mobilisieren. Je erfolgreicher die Naziführer in dieser Richtung wirksam waren, desto mehr wurde indessen deutlich, daß diese in Bewegung gesetzten, verhetzten und auf den Tag des »Losschlagens« scharf gemachten Massen einen Druck auf ihre Führer und eine Eigendynamik in Richtung der ihnen überreichlich gemachten Verheißungen entwickelten, der eine unkontrollierte und vielleicht sogar unkontrollierbare Explosion befürchten ließ, wenn ihren aufgestauten Energien nicht ein Ventil geöffnet würde.

Am stärksten und unmittelbarsten spürten diesen Druck natürlich die Demagogen, deren Appell diese Massen in Bewegung gebracht hatte, und die die Gefolgschaft dieser Massen sich nur erhalten konnten, wenn sie von der Tat nicht nur redeten, sondern bewiesen, daß es ihnen ernst damit war. Es ist also gar nicht zu bezweifeln, daß der Druck der eigenen Gefolgschaft ebenfalls den Entschluß zur Sonderaktion beeinflußt hat. Entscheidend und ausschlaggebend war er jedoch nicht. Ausschlaggebend für den Entschluß war der Wille der Putschisten aus der herrschenden Klasse zur Aktion gegen die Republik; der Druck der eigenen Anhänger konnte hier nur verstärkend, nicht aber initiierend wirken.

Damit wird die Frage berührt, ob und in welchem Ausmaße der Hitlerputsch in Verbindung stand mit den Plänen und Absichten jener norddeutschen Kreise, die ebenfalls auf den Sturz Stresemanns hinarbeiteten. Bevor wir diese Frage untersuchen, müssen wir uns den Putschereignissen selbst zuwenden.

Der Plan, den die Kampfbundführung (Kriebel, Ludendorff, Hitler, Weber, Göring, Scheubner-Richter) am Vormittag des 7. November beschlossen, sah vor, die Kahr-Versammlung im Bürgerbräu, zu der selbstverständlich auch die Vertreter des Kampfbundes eingeladen waren, zu benutzen, um die »Reichsdiktatur« auszurufen und Kahr, Lossow oder Seisser zu veranlassen, sich dem Vorgehen – freiwillig oder unter Zwang – anzuschließen. Gleichzeitig sollten alle anderen im Saale befindlichen Mitglieder der bayerischen Regierung – vor allem Knilling und Schweyer, von denen man den meisten Widerstand erwartete – verhaftet werden. Die bewaffneten Kräfte des Kampfbundes sollten währenddessen alle wichtigen Punkte in der Stadt besetzen und die Reichswehreinheiten in den Kasernen zum Anschluß an die »nationale Revolution« gewinnen. Synchron mit diesem Vorgehen in München sollte die Macht in allen großen bayerischen Städten übernommen werden.[223] Selbstverständlich sah der Plan vor, daß sofort alle Führer der Arbeiterparteien und der Gewerkschaften zu ver-

---

223 *Gordon,* Hitlerputsch, S. 235f.

haften seien. Schon auf der SA-Führertagung vom 23. Oktober hatte Göring erklärt, bei der Machtübernahme müsse »mit schärfstem Terror vorgegangen werden, wer die geringste Schwierigkeit macht, ist zu erschießen. Es ist notwendig, daß sich die Führer jetzt schon die Persönlichkeiten heraussuchen, deren Beseitigung notwendig ist. Mindestens einer muß zur Abschreckung nach Erlaß des Aufrufes sofort erschossen werden.«[224]

Einer der beamteten Nazis, der Oberlandesgerichtsrat Theodor von der Pfordten, Teilnehmer des Ludendorff-Hitler-Putsches, hatte für die »nationale Diktatur« bereits eine Verfassung entworfen, wobei ihm als Vorlage bezeichnenderweise die Ausarbeitung eines »Notverfassungs«-Entwurfes des Alldeutschen Verbandes diente; eine große Zahl der Paragraphen des Entwurfes von der Pfordtens stimmt wörtlich mit der alldeutschen »Notverfassung« überein.[225]Das hervorstechendste Kennzeichen dieser »Verfassung« war die Errichtung von Standgerichten und die blutrünstige Androhung von Todesstrafen selbst für geringste »Vergehen« gegen die Anordnungen der »nationalen Diktatur«, ein weiteres die Vorwegnahme eines Teiles der faschistischen antijüdischen Gesetzgebung. Einige Beispiele aus diesem »gründlicher durchdachten, rechtlich besser fundierten« (nämlich als der alldeutsche Notverfassungsentwurf) Werk des »hochqualifizierten Juristen«[226] von der Pfordten sollen hier folgen:

In Paragraph 3 heißt es: »Alle parlamentarischen Körperschaften ... sind aufgelöst. Wer an einer hiernach aufgelösten Körperschaft weiterhin teilnimmt und wer zur Teilnahme auffordert, wird mit dem Tode bestraft.«

Aus Paragraph 4: »Alle Amtsinhaber der Reichs-, Landes- und Selbstverwaltung, die ihre Berufung, Anstellung oder Beförderung einer Partei verdanken, sind entlassen ... Entlassene dürfen bei Todesstrafe Amtshandlungen nicht mehr vornehmen. Dieselbe Strafe trifft den, der bewußt Anordnungen entlassener Beamter ausführt oder befolgt ... Jüdische Beamte sind bis auf weiteres vom Dienst enthoben und auf Wartegeld gesetzt.«

---

224 Hitler und Kahr, II: S. 114.

225 Beide Entwürfe sind nebeneinandergestellt bei *Hofmann,* S. 284ff. – Hofmann unternimmt den eigenartigen Versuch, beide Dokumente als Beweisstücke für den »ausgeprägten Rechtssinn« (!) ihrer Verfasser, sowohl der Alldeutschen wie von der Pfordtens hinzustellen, die als bürgerliche »Nationalkonservative« nur die öffentliche Ordnung und die Versorgung im Moment einer Staatsumwälzung hätten sichern wollen, im Gegensatz zu den Rechtsradikalen, die eine Diktatur errichten wollten. Er glaubt, diese kühne Konstruktion durch den Hinweis darauf abstützen zu können, daß sowohl Seeckt als auch Kahr mindestens einen der beiden Entwürfe gekannt hätten und wenigstens Kahr diesen auch gebilligt haben dürfte; – ebenda, S. 154f. Das trifft wahrscheinlich sogar zu, beweist aber nur ein übriges Mal die Einigkeit im Ziel von »Konservativen« und Faschisten und die innere Wesensverwandtschaft beider.

226 Ebenda, S. 154.

Paragraph 13: »Aussperrungen und Arbeitseinstellungen werden mit dem Tode bestraft. Die gleiche Strafe trifft jeden, der dazu auffordert, anreizt oder zu verleiten versucht.«

Paragraph 14: »Das gesamte bewegliche und unbewegliche Vermögen der Angehörigen des jüdischen Volkes kann beschlagnahmt werden.«

Paragraph 15 bedroht jeden mit dem Tode, der Vermögen, das nach Paragraph 14 der Beschlagnahme unterliegt, der Beschlagnahme zu entziehen sucht oder dabei Hilfe leistet.

Paragraph 16: »Die Landesverweser treffen schleunigst ... Maßnahmen zur Säuberung und Entlastung der Städte, Bäder und Fremdorte, insbesondere zur Entfernung aller sicherheitsgefährlichen Personen und unnützen Esser. Diese sind nach Bedarf in Sammellager zu verbringen und nach Möglichkeit zu gemeinnützigen Arbeiten heranzuziehen. Wer sich der Überführung entzieht oder zu entziehen versucht, wird mit dem Tode bestraft. Die gleiche Strafe trifft den, der dabei Vorschub oder Hilfe leistet.«

Aus Paragraph 22: »Waffenbesitz ohne Waffenschein wird mit dem Tode bestraft.«

Damit noch nicht genug, werden in Paragraph 24 noch acht weitere Delikte unter Todesstrafe gestellt, z.T. mit Kautschukbestimmungen, die es völlig der Willkür der Richter überlassen, zu entscheiden, ob ein »Vergehen« unter diese Bestimmungen fällt oder nicht; mit dem Tode bestraft werden: »1. Tätlichkeiten gegen den Reichsverweser, die Landesverweser, die Mitglieder der Reichs- und Landesregierungen und die Amtsverweser; 2. Handlungen und Unternehmungen, die geeignet sind, den Bestand der Staatsordnung zu erschüttern oder zu gefährden oder die Durchführung der Grundsätze dieser Verordnung zu hindern oder zu erschweren; 3. Bewußte Schädigung der Sicherheit und Wohlfahrt des Reiches und der Länder.«

So bereitete ein Jurist bereits damals den »gesetzlichen« Rahmen für den faschistischen Terror der Nazibandenführer vom Schlage eines Hermann Göring vor.

Durch motorisierte Kuriere wurden die Einsatzbefehle im Laufe des 7. November an die örtlichen Kampfbundführer (Oberland, Reichskriegsflagge und SA) übermittelt in versiegelten Umschlägen, die erst am 8. November, abends um halb neun Uhr zu öffnen waren. Sie enthielten die Mitteilung, daß in München die »nationale Diktatur Kahr-Ludendorff-Pöhner« ausgerufen sei und gaben Anweisungen für das eigene Vorgehen.[227]

Am gleichen 7. November hatte Kriebel einen merkwürdigen »Befehl« erlassen, in dem er als militärischer Führer des Kampfbundes »feierlich« eine Solidaritätsbekun-

227 ZStAP, RKO, Nr. 213/1, Bl. 137; Bayerische Staatszeitung, Nr. 279 v. 1.12.1923.

dung an alle außerhalb des Kampfbundes stehenden Verbände zur bewaffneten Hilfeleistung gegen ein mögliches Vorgehen der Reichswehr und der Landespolizei abgab. Der Befehl hatte folgenden Wortlaut: »Die Besprechung am 6. November abends beim Herrn Generalstaatskommissar hat gezeigt, daß er mit der Uneinigkeit der Verbände rechnet. Der Herr Generalstaatskommissar hat durch Landeskommandant und Oberst von Seisser klar und unzweideutig erklärt, daß er fest entschlossen ist, gegen jeden Verband, der aus sich selbst heraus einen gewaltsamen Umschwung herbeizuführen sucht, mit Waffengewalt vorzugehen. Ich erkläre als militärischer Führer des Kampfbundes feierlich, daß Meinungsverschiedenheiten, mögen sie noch so schwerer Art sein, die ein Zusammengehen mit den einzelnen Verbänden nicht möglich machen, nicht hindern können, mich mit der gesamten militärischen Macht des Deutschen Kampfbundes an die Seite des Verbandes zu stellen, gegen den Reichswehr und Landespolizei mit Waffengewalt aufgeboten wird.«[228] Dieser Befehl konnte gar keinen anderen Sinn haben, als eine entsprechende Solidaritätsversicherung seitens dieser Verbände an den Kampfbund zu erwirken, zumindest aber deren Neutralität bei einem möglichen Vorgehen von Reichswehr und Landespolizei gegen den Kampfbund zu sichern.

Auch einige wirtschaftliche Maßnahmen waren bereits vorbereitet worden für den Fall eines Erfolges; so veröffentlichte der Völkische Beobachter am 9. November eine »Bekanntmachung« eines »Volkskomitees« mit der Unterschrift Gottfried Feders, die lautete: »Bis zur gesetzlichen Regelung des gesamten Geld- und Kreditwesens werden alle Banken und sonstigen Geldinstitute ihres privatwirtschaftlichen Charakters entkleidet und unter Staatsaufsicht gestellt.« Weiter hieß es: »Jede Veränderung oder Verschiebung der Vermögensbestände wird bestraft.« Diese »Bekanntmachung« erhielt ihre Würze erst einige Tage später, nachdem bekannt wurde, daß der Verfasser dieser »Bekanntmachung«, Gottfried Feder, einige Stunden vor dem Putsch am 8. November bei einer Münchener Bank erschien, um sein dort lagerndes Depot abzuheben! Diese echt »völkische« Vorsichtsmaßnahme schlug jedoch fehl, weil ein Teil der hinterlegten Wertpapiere nicht in München deponiert war.[229] Übrigens war auch der Nationalheld und Todfeind des schnöden Mammons, Ludendorff, nicht weniger vorsorglich als Feder: er hatte schon zwei Tage früher und erfolgreicher seine Bank aufgesucht, um dort sein Guthaben abzuheben.[230]

Dem Niveau solcher Beweise »nationaler« und »sozialistischer« Gesinnung entsprach dann alles übrige. Wenn auf das Jahr 1923 kein 1933, auf den Bierkellerputsch

228 Ebenda, Bl. 112; Miesbacher Anzeiger, Nr. 263 v. 14.11.1923.

229 Ebenda, Bl. 123; Vaterland, Nr. 270 v. 24.XI.1923.

230 *Gordon,* Hitlerputsch, S. 238.

kein »Drittes Reich« gefolgt wäre, – die Vorgänge des 8. und 9. November wären für immer als eine lächerliche Farce, als eine dilettantische Inszenierung von der Güte vorstädtischen Schmierentheaters in die Geschichte eingegangen. Da es der Geschichte aber einfiel, die »klassische« Reihenfolge: Tragödie – Farce umzukehren und als Komödie beginnen zu lassen, was als blutigste und grauenvollste Tragödie sich wiederholen sollte, können wir nicht umhin, in dem Operettenputsch von 1923 nach den Ankündigungen der künftigen Tragödie zu forschen. Aber das darf uns nicht daran hindern, was lächerlich ist, der Lächerlichkeit preiszugeben und die Hitlerlegende auch dort bis auf den Grund zu zerstören, wo sie aus einer Schmierenkomödie ein Heldenepos und aus der Stümperei politischer Ignoranten eine geschichtliche Tat zu machen sucht; denn die Ankündigungen der Tragödie sind weniger bei den agierenden Personen auf der Bühne des Bürgerbräukellers als bei ihren mächtigen Gönnern und deren Todfeindschaft gegenüber der Weimarer Republik zu finden.

Zunächst begann der Abend im »Bürgerbräu« programmgemäß mit der Rede Kahrs, einer Kampfansage an den Marxismus, die von seinem Pressereferenten, Adolf Schiedt, dem Chefredakteur der »Münchner Neuesten Nachrichten«, Fritz Gerlich, und dem Herausgeber der »Süddeutschen Monatshefte«, Paul Nikolaus Cossmann, ausgearbeitet worden war.[231] Obwohl sie nur zu einem Bruchteil vorgetragen werden konnte, wurde ihre schriftliche Fassung im vollen Wortlaut bekannt. Mit vollem Recht schrieb die »Frankfurter Zeitung« über diese Rede, daß sie auch von Hitler hätte stammen können.[232] Zu Beginn beschäftigte sich Kahr mit der Frage, woher der Masseneinfluß des Marxismus komme, und wie man ihm entgegenwirken könne. Wir finden hier wieder die »Entdeckung«, über die wir schon ganz zu Anfang sagten, daß sie zu dem Versuch führte, dem Marxismus eine »Weltanschauung« entgegenzustellen, die Entdeckung nämlich, der Marxismus fessele die Menschen dadurch auf die Dauer an sich, daß er ihnen eine Lebensidee gebe. Und er kam, nachdem er ein völlig verzerrtes Bild von der marxistischen »Lebensidee« gegeben hatte, zu der Schlußfolgerung, man müsse »genau wie bei einem Einbruch in die feindliche Front die Lücke mit eigenen Truppen, d. h. mit eigenen gefühlsbetonten Ideen, besetzen ...« Die »Frankfurter Zeitung« glossierte diese Kahrsche Entdeckung mit der Bemerkung, dieses Gegenmittel sei gar nichts anderes, »als die Methode der Nationalsozialisten, deren ganze Kunst darin besteht, die Ressentiments, an denen heute kein Mangel ist, ... aufzufangen und ... (ihnen) eine andere Richtung zu geben.«[233]

231 Der Hitler-Prozeß, *S.* 248, Plädoyer des Verteidigers von Weber, Dr. Holl. Gerlich wurde wie Kahr am 30. Juni 1934 im Zuge der Mordaktion gegen die SA-Führer umgebracht.

232 ZStAP, RKO, Nr. 213/1, Bl. 66; Frankfurter Zeitung, Nr. 845 v. 14. XI. 1923.

233 Ebenda.

Kahr folgte den Nazis auch in der Phrase von der Schaffung des »neuen deutschen Menschen« als der Hauptaufgabe der Gegenwart, eines Menschen, den »weder Standes- noch Klassenvorurteile, weder Geburt noch Mammon … entscheidend fördern oder hemmen« dürften, und er kam auf diesem merkwürdigen Wege zur »sittlichen« Begründung der Diktatur: »In der Zeitaufgabe der Schaffung des neuen Menschen liegt die sittliche Berechtigung der Diktatur«, rief er aus. Danach stellte er Betrachtungen darüber an, daß die Diktatur auch einer Basis in den Massen bedarf. Gerade hatte er erklärt: »Auch der stärkste und mit der größten Macht ausgestattete Mann kann das Volk nicht retten ohne tatkräftige und aus nationalem Geist getriebene Hilfe aus dem Volke«[234], als wie auf ein Stichwort hin diese »Hilfe« sich gewissermaßen zur Stelle meldete. Was nun folgte, wird in der Anklageschrift des Hitler-Prozesses wie folgt beschrieben:[235] Kahr wurde »etwa um 8.45 Uhr … unterbrochen durch Lärm und starkes Gedränge. Hitler stürmte mit bewaffneten Leuten durch den Saal gegen das Podium zu. Gleichzeitig wurde der Saaleingang von Angehörigen des Hitlerschen Stoßtrupps besetzt, die am Saaleingang ein schweres Maschinengewehr mit Schußrichtung gegen das Publikum aufstellten … Hitler stieg nahe dem Podium auf einen Stuhl, gebot Ruhe, gab einen Schuß aus seiner Pistole gegen die Decke ab und rief: ›Die nationale Revolution ist ausgebrochen, der Saal ist von 600 Schwerbewaffneten besetzt, niemand darf den Saal verlassen. Die bayerische Regierung und die Reichsregierung sind abgesetzt, eine provisorische Reichsregierung wird gebildet, die Kasernen der Reichswehr und Landespolizei sind besetzt, Reichswehr und Landespolizei rücken bereits unter den Hakenkreuzfahnen heran.‹«

Dies war die erste, die »heroische« Szene des Vorstadtspektakels. Es folgte die nächste Szene, das Revolutionsdrama á la Hitler, beginnend mit brutaler Vergewaltigung und endend mit sentimentalem treudeutschem Handschlag: »Hitler forderte sodann die Herren v. Kahr, v. Lossow und Seisser auf, mit ihm zu einer Besprechung den Saal zu verlassen. Die Herren folgten dieser Aufforderung.« Im Nebenzimmer wandte sich Hitler an Kahr: »Die Reichsregierung ist gebildet, die bayerische Regierung ist abgesetzt. Bayern ist das Sprungbrett für die Reichsregierung, in Bayern muß ein Landesverweser sein. Pöhner wird Ministerpräsident mit diktatorischen Vollmachten, Sie werden Landesverweser, Reichsregierung Hitler, Nationalarmee Ludendorff, Seisser Polizeiminister.« Dann fuhr der neue selbsternannte »Regierungschef« fort: »Ich weiß, daß den Herren das schwer fällt, der Schritt muß aber gemacht werden, man muß es den Herren erleichtern, den Absprung zu finden. Jeder hat den Platz einzunehmen, auf den er gestellt wird. Tut er das nicht, so hat er keine Daseinsberechtigung. Sie müssen

234 Ebenda, Bl. 16; Regensburger Anzeiger, Nr. 258 v. 10. XI. 1923.

235 Der Hitler-Prozeß, S. 8ff.

mit mir siegen oder mit mir sterben. Wenn die Sache schief geht: vier Schüsse habe ich in meiner Pistole, drei für meine Mitarbeiter, wenn sie mich verlassen, die letzte Kugel für mich.« Dieser echt Hitlersche melodramatische Schwulst beeindruckte keinen der »Herren«. Kahr erwiderte Hitler, er könne ihn festnehmen, totschießen lassen oder selber totschießen, das sei für ihn jetzt ohne Bedeutung. Seisser warf Hitler Wortbruch vor, weil er versprochen habe, keinen Putsch zu machen. Darauf Hitler, der sich von der Drohung aufs Bitten zu verlegen begann: »Ja, das habe ich getan, im Interesse des Vaterlandes, verzeihen Sie mir.« Lossow wollte wissen, wie Ludendorff zu der Sache stehe. Hitler erwiderte darauf: »Ludendorff ist bereitgestellt und wird gleich geholt werden.«

Inzwischen hatte die SA-Studentenkompanie unter Leitung von Heß die im Saale anwesenden Minister des Kabinetts Knilling verhaftet und dadurch eine ungeheure Erregung unter den Anwesenden hervorgerufen.[236] Um sie zu beschwichtigen, begab sich Göring aufs Podium, knallte ebenfalls einen Schuß gegen die Decke und hielt eine Ansprache, in der er den »Volksgenossen« kundtat, daß nunmehr die nationale Republik beginne. Sie richte sich »in keiner Form« gegen Kahr, von dem man vielmehr hoffe, daß er in das Reichsdirektorium eintrete. Sie richte sich auch nicht gegen die Truppen und die Polizei, sondern ausschließlich »gegen die Berliner Judenregierung«. Dann ließ er die neue »Reichsregierung Hitler-Ludendorff-Pöhner-Kahr« hochleben.[237] Als die Unruhe sich noch immer nicht legen wollte, rief er den Honoratioren zu: sie sollten endlich Ruhe geben, sie hätten doch ihr Bier!

Derweilen hatte sich Hitler, der von den dreien noch immer keine Zusage erhalten hatte, wieder in den Saal begeben, um dort seine erste Rede als »Staatsmann« zu halten. Diese Rede sei – so wird von einem allerdings Hitler sehr wohlgesonnenen Zeugen, dem Professor Karl Alexander v. Müller, bezeugt, der Hitlers Rednergabe als Vortragender auf den Reichswehrkursen schon 1919 bewundert hatte – eine Meisterleistung gewesen und habe die Stimmung im Saale herumgedreht, »wie man einen Handschuh umdreht«[238]. »Das Kabinett Knilling ist abgesetzt«, erklärte Hitler, »eine

236 Die festgesetzten Minister wurden bis auf zwei bis zum 9. November mittags festgehalten, dann verdrückten sich die Wachen, nachdem sie erfahren hatten, daß der Putsch gescheitert war. Für Innenminister Schweyer und den Landwirtschaftsminister Wutzlhofer hatten sich die unter Leitung von Heß stehenden Wachen einen besonderen »Spaß« ausgedacht: sie luden die beiden in einen offenen Wagen und fuhren mit ihnen mehrere Stunden in der Umgebung Münchens herum, wobei mehrere Male im Walde Halt gemacht und ihnen angekündigt wurde, sie würden jetzt erschossen. Schließlich überließen die SA-Helden die Minister dem Chauffeur, der sie wieder in die Stadt brachte. (Politik in Bayern, S. 144f.)

237 Der Hitler-Prozeß, S. 8ff. ZStAP, RKO, Ns.213/1, Bl. 16, Regensburger Anzeiger, Nr. 258, v. 10.XI.1923.

238 Der Hitler-Prozeß, S. 90f.

bayerische Regierung wird gebildet. Ich schlage als Landesverweser Herrn v. Kahr, als Ministerpräsident Pöhner vor. Die Regierung der Novemberverbrecher in Berlin wird für abgesetzt erklärt. Eine neue deutsche Nationalregierung wird in Bayern hier in München heute noch ernannt. Eine deutsche Nationalarmee wird sofort gebildet. Ich schlage vor, bis zum Ende der Abrechnung mit den Verbrechern, die Deutschland tief zugrunde richteten, übernehme die Leitung der provisorischen Nationalregierung ich. Ludendorff übernimmt die Leitung der deutschen Nationalarmee, Lossow wird Reichswehrminister, Seisser Reichspolizeiminister. Die Aufgabe der provisorischen Regierung ist, mit der ganzen Kraft dieses Landes und der herbeigezogenen Kraft aller deutschen Gaue den Vormarsch anzutreten in das Sündenbabel Berlin. Ich frage Sie nun – draußen sind drei Männer, Kahr Lossow, Seisser, bitter schwer wird ihnen der Entschluß –, sind Sie einverstanden mit dieser Lösung der deutschen Frage? Sie sehen, was uns führt, ist nicht Eigendünkel und Eigennutz, sondern den Kampf wollen wir aufnehmen in zwölfter Stunde für unser deutsches Vaterland, aufbauen wollen wir einen Bundesstaat föderativer Art, in dem Bayern das erhält, was ihm gebührt.« Nach diesem eher plumpen als geschickten Wink mit dem weiß-blauen Zaunpfahl schloß er zum zweiten Male mit dem markigen Gelöbnis von »Sieg oder Tod«: »Der Morgen findet entweder in Deutschland eine nationale Regierung oder uns tot.«[239]

Danach begab er sich wieder in das Nebenzimmer, wo die drei, noch immer verstockt, keine Bereitschaft zeigten, auf sein Spiel einzugehen. Da nahte endlich der Mann, auf den er mit brennender Ungeduld gewartet hatte, der einzige, der – wie Hitler meinte – das Fiasko des ganzen Unternehmens abwenden konnte –

Ludendorff. Er war von Scheubner-Richter mit dem Auto abgeholt und von diesem schnell über die Vorgänge ins Bild gesetzt worden. Das weitere schildert die Anklageschrift wie folgt: »Ludendorff – von Hitler empfangen – trat sofort auf Kahr, Lossow und Seisser zu und erklärte: ›Meine Herren, ich bin ebenso überrascht wie Sie, aber der Schritt ist getan, es handelt sich um das Vaterland, um die große nationale, völkische Sache, und ich kann Ihnen nur raten, gehen Sie mit uns, tun Sie das gleiche.‹«

Die Behauptung Ludendorffs, er sei überrascht, war eine glatte Lüge.[240] Hitler hatte nicht umsonst davon gesprochen, daß Ludendorff bereitstehe. In seiner ersten

239 Ebenda, S. 9.

240 Ludendorffs damalige Frau Margarethe Ludendorff widmete in ihrem Erinnerungsbuch dem Putsch ein ganzes Kapitel, worin sie bestätigt, daß ihr Mann aktiv an der Aktion des 8. November beteiligt war. Ludendorff hatte ihr abends gegen 21 Uhr gesagt: »Ich muß noch in die Stadt fahren, ich werde gleich von einem Auto abgeholt. Man braucht mich auf einer nationalen Versammlung.« Das Auto, das Ludendorff kurz danach abholte, wurde von ihrem Sohn, Ludendorffs Stiefsohn, Leutnant Heinz Pernet, gesteuert. – *Margarethe Ludendorff,* Als ich Ludendorffs Frau war, München 1929, S. 296f. Auch Pernet spielte bei dem Unternehmen eine wichtige Rolle; er führte die Angehörigen der Münchener Infanterieschule an, die am 8. November am Putsch teilnahmen.

Vernehmung nach dem Scheitern des Putsches hatte Ludendorff dann auch soviel über seine wirkliche Rolle ausgesagt, daß der Vernehmungsrichter das Protokoll dieser Vernehmung unter den Tisch fallen ließ, damit es nicht den im voraus programmierten Freispruch Ludendorffs gefährden würde; er ersetzte dieses Vernehmungsprotokoll einfach durch eine spätere Aussage Ludendorffs, in der dieser im Gegensatz zur ersten steif und fest behauptete, vom Putschvorhaben überhaupt nichts gewußt zu haben.[241] Später, in seinem 1937 erschienenen Erinnerungsbuche gab Ludendorff, ohne seine im Prozeß gemachten Aussagen direkt zu widerrufen, und ohne die inzwischen in die Geschichtsbücher eingegangenen parteiamtlichen Legenden über den Bierkellerputsch zu desavouieren, zu verstehen, daß er vom Putschvorhaben natürlich wußte und sich ihm zur Verfügung stellte; er schrieb: »Natürlich wußte ich, daß jederzeit irgend ein Handeln Adolf Hitlers möglich war. Dazu war mein Verkehr mit den Führern des völkischen Kampfbundes eng genug. Einzelheiten kannte ich nicht, und brauchte ich auch nicht zu kennen. Adolf Hitler konnte wissen, daß ich gewillt war, mit ihm und den Herren v. Kahr, v. Lossow und v. Seisser in die Führung der gegen Berlin gerichteten Bewegung, und zwar als Führer der ›Nationalarmee‹, einzutreten.«[242]

In der Anklageschrift heißt es dann weiter: »Das Erscheinen Ludendorffs ändert den Charakter der Vorgänge, die Pistolen waren verschwunden, alles wurde auf gütliches Zureden eingestellt. Zu einer Besprechung Kahrs, Lossows und Seissers untereinander ließ man es aber auch jetzt nicht kommen. Kurz nach Ludendorff traf Pöhner ein. Es setzte nun ein dringendes Zureden ein. Schließlich erklärten Lossow und Seisser ihre Zustimmung. Kahr erklärte erst nach langer Zeit: ›Ich bin bereit, die Leitung der Geschicke Bayerns als Statthalter der Monarchie zu übernehmen‹.« Soweit die nüchterne Prosa der Anklageschrift. In der Hitlerschen Courths-Mahler-Poesie liest sich die gleiche Szene so: »Alle waren tief ergriffen, Lossow und Seisser hatten Wasser in den Augen. Lossow sagte zu Ludendorff: Exzellenz, Ihr Wunsch ist mir Befehl, er reichte ihm die Hand – es war ein Augenblick, in dem alles ruhig war. Seisser, ebenfalls auf das tiefste ergriffen, reichte Ludendorff die Hand ... Von Kahr, auch auf das tiefste ergriffen, willigte nicht nur ein, sondern reichte mir beide Hände und sah mir ganz offen lange in das Auge. Ich sagte ihm: Ich habe gegen Sie nie etwas gehabt. Kahr: Sie wissen ja, wie ich zu Ihnen stand. Ich erwiderte: Exzellenz, ich versichere, daß ich treu wie ein Hund hinter Ihnen stehen werde. Sie sollen sich über mich nie beklagen.«[243] Nach dem brutalen Hitler also der hündische ... Erstaunlich daran ist nur, daß Hitler selbst es war, der diese »Hundeszene« dem Gericht erzählte; offenbar sollte durch

241 *Gordon*, Hitlerputsch, S. 428.

242 *Ludendorff*, Auf dem Wege, S. 60.

243 Der Hitler-Prozeß, S. 25f.

diese Erzählung der »Verrat« Kahrs als besonders schwarz und verrucht herausgestellt werden.

Nun war also alles bereit zur letzten vaterländischen Rührszene auf offener Bühne. »Hitler drängte darauf«, so die Anklageschrift, »diese Erklärung im Saal abzugeben. Kahr sträubte sich, gab aber schließlich nach. Die Beteiligten gingen hierauf in den großen Saal zurück. Dort verkündete Hitler die Neubildung der Regierung und die Bereitwilligkeit der genannten Herren, die ihnen angebotenen Ämter anzunehmen.« Seine Ansprache schloß Hitler mit einem von falschem Pathos überfließenden Gelöbnis: »Nicht zu ruhen, bis die Verbrecher des Novembers 1918 zu Boden geworfen sind, bis auf den Trümmern des heutigen jammervollen Deutschlands wieder auferstanden sein wird ein Deutschland der Macht und Größe, der Freiheit und Herrlichkeit, Amen.« Danach sprach militärisch kurz Ludendorff: »Ergriffen von der Größe des Augenblicks und überrascht« stelle er sich »kraft eigenen Rechts« der deutschen Nationalregierung zur Verfügung. Gewitzigt durch das Mißgeschick beim Kapp-Putsch, hatte Ludendorff sein Mittun so arrangiert, daß er sich bei einem Scheitern auch dieses Anlaufes immer auf die Position zurückziehen konnte, von den Vorbereitungen nichts gewußt und erst nach vollzogenem Putsch vor vollendete Tatsachen gestellt worden zu sein und sich dann selbstverständlich der nationalen Sache zur Verfügung gestellt zu haben.[244]

Auch Kahr gab eine kurze Erklärung ab, ebenso wie Lossow, Seisser und Pöhner. In seiner Erklärung sagte Kahr, er übernehme »schweren Herzens« die Leitung der Geschicke Bayerns »als Statthalter der Monarchie«. Die Versammelten hatten zum überwiegenden Teil die Überzeugung gewonnen, daß es allen, die sich da oben auf der Bühne die Hände schüttelten und versprachen, gemeinsam ans Werk zu gehen, voller Ernst war, und daß in dieser Stunde in diesem Münchener Bierkeller deutsche Geschichte gemacht worden sei.

Die Kampfbundführung war auch davon überzeugt, die ganze Sache sei planmäßig abgelaufen. Der Siegesrausch sollte jedoch nicht lange dauern. Kahr, Lossow und Seisser hatten sich in ihre Dienststellen begeben, angeblich, um die notwendigen Befehle und Anordnungen zu erlassen. Von da ab waren sie aber für Hitler, Ludendorff und Kriebel nicht mehr zu erreichen. Die Besetzung der Kasernen war mit einer Ausnahme fehlgeschlagen; die Ausnahme war die Infanterieschule, deren Schüler, seit längerem von Roßbach und Ludendorff bearbeitet und in ihrer überwiegenden Mehrzahl für den Putsch gewonnen, unter der Leitung von Roßbach gegen 21 Uhr zum Bürgerbräukeller zogen, um sich Ludendorff und der »Nationalarmee« zur Verfügung zu stellen. Erfolgreich verlief auch die Besetzung des Wehrkreiskommandos, der früheren Dienststelle Röhms, durch die »Reichskriegsflagge« unter Röhms Kommando. Das

244 *Heiden,* Geschichte, S. 158f.

waren aber die einzigen Erfolge dieses Abends. In der Frühe des 9. November wurde Ludendorff, Kriebel und Hitler dann zur Gewißheit, was ihnen im Lauf der Nacht immer mehr zur bangen Ahnung geworden war, daß nämlich Kahr, Lossow und Seisser nun wirklich den »Absprung« gefunden hatten – aber den Absprung von dem Wagen, in den einzusteigen sie gestern abend von ihnen mit vorgehaltenen Pistolen gezwungen worden waren.

Gegen 5 Uhr morgens überbrachte ein Offizier, Oberst Ludwig Leupold, den Putschisten die Mitteilung, er habe von Lossow selbst gehört und sei dienstlich davon unterrichtet worden, daß sich Kahr, Lossow und Seisser an die ihnen unter Zwang abgepreßte Zusage nicht gebunden fühlten, und daß die 7. Division nicht hinter dem Putsch stünde. Er habe außerdem gehört, daß Truppen von außerhalb herangeholt würden zur Wiederherstellung der Ordnung.[245]

In Berlin, wo Stresemann die Nachricht vom Putsch in München um 23.30 Uhr erhielt, war sofort das Kabinett zusammengetreten und Ebert hatte die vollziehende Gewalt von Geßler, dem Reichswehrminister, auf Seeckt übertragen, der auf diese Weise über Nacht geworden war, was er bisher trotz allen Drucks und aller Intrigen nicht hatte werden können: Militärdiktator! Allerdings nicht als Sieger über Stresemann, sondern Arm in Arm mit diesem gegen die bayerischen Meuterer, zu denen nach den ersten Meldungen, die Berlin erreichten, sogar Kahr und Lossow gehören sollten, mit deren Hilfe Seeckt doch Stresemann hatte stürzen wollen![246]

Selbst wenn Lossow wirklich im Bürgerbräu bereit gewesen sein sollte, Ludendorffs und Hitlers Putsch mitzumachen – im Prozeß bestritt er das entschieden und erklärte, Kahr, Seisser und er hätten nur Komödie gespielt, um so schnell als möglich ihre Handlungsfreiheit wiederzugewinnen –, so mußte ihm nach seiner Rückkehr in die Kasernen angesichts der Reaktion seiner Offiziere, vollends aber nach Bekanntwerden der Ernennung Seeckts zum Militärdiktator, klargeworden sein, daß der Putsch völlig aussichtslos und eine Frontstellung gegen die Putschisten die einzige Möglichkeit für ihn war, aus der Sache noch mit einem blauen Auge herauszukommen.[247]

Bei den Putschisten selbst breitete sich Ratlosigkeit und Unsicherheit aus. Man begann darüber zu beraten, was weiter geschehen solle. Hitler, der schon wieder die Nerven verloren hatte, schwankte zwischen wilden Kampfparolen und völliger Verzagtheit. Als Kriebel vorschlug, einen Kampf auf Biegen und Brechen zu wagen, war Hitler erst auch dafür.[248] Ludendorff wollte jedoch keinen Kampf mit der Reichswehr.

245 Der Hitler-Prozeß, S. 14

246 *Stresemann*, S. 204f.; *Gossweiler*, Großbanken, S. 254f.

247 *Heiden*, Geschichte, S. 160.

248 *Gordon*, Hitlerputsch, S. 296.

Kriebel schlug daraufhin vor, einen geordneten Rückzug anzutreten und bei Rosenheim eine Verteidigung aufzubauen, in der Hoffnung, dort das Regiment Chiemgau des Bundes »Bayern und Reich« auf seine Seite ziehen zu können.[249] Hitler aber gab bereits jede Hoffnung auf einen glücklichen Ausgang des Abenteuers verloren und tat, was er immer tat, wenn er sich in eine aussichtslose Lage manövriert hatte: er suchte Schutz und Hilfe bei den Mächtigen, bei den Repräsentanten der herrschenden Klasse; diesmal rief er den Schutz des Kronprinzen Rupprecht an. Er schickte Leutnant a. D. Neunzert, einen Offizier, der auf gutem Fuße mit Rupprecht stand, zum Prinzen mit der Bitte, dieser solle an Kahr herantreten, damit ein Zusammenstoß zwischen Reichswehr und Kampfbund vermieden werde; zugleich ließ er Rupprecht bitten, er solle sich auch dafür einsetzen, daß kein Strafverfahren gegen ihn und seine Kumpane eingeleitet werde. Neunzert richtete seine Mission aus, und der Prinz ließ Kahr auch seinen Wunsch zukommen, es dürfe auf keinen Fall geschossen werden, und es solle alles getan werden, um ein Hochverratsverfahren zu vermeiden.[250] Aber die Ereignisse waren schneller als die Auswirkungen der prinzlichen Wünsche.

Während der stundenlangen Beratungen darüber, was nun getan werden solle, kam auch Streicher zu dem bereits völlig ratlosen Hitler und erinnerte ihn daran, daß man doch in die Stadt müsse, um die Bevölkerung aufzuklären. Aber nicht einmal die Aussicht, redend vor die Massen treten zu können, vermochte jetzt noch Hitlers Stimmung zu heben. Er fragte Streicher nur: »Wollen Sie es machen?«, und als der bejahte, schrieb er auf einen Zettel: »Streicher ist die gesamte Organisation übertragen«.[251] Das klang bereits nach Abdankung.

Ludendorff, der in diesen trüben Stunden entschieden mehr Haltung bewies als Hitler, schlug vor, mit allen verfügbaren Einheiten einen »Erkundungsmarsch« ins Stadtinnere zu unternehmen. Er wolle doch sehen, ob man es wagen werde, auf Deutsche zu schießen.[252] »Für ihn war es jetzt doppelt wichtig, unter Beweis zu stellen, daß er auch ohne einen bayerischen Prinzen die Gewehrläufe des Staates senken konnte. Als Neunzert von Hitler seinen Auftrag erhielt, stand Ludendorff dabei und sprach kein Wort.«[253] Hitler, der befürchtete, durch einen solchen Erkundungsmarsch könne die von ihm eingeleitete Vermittlungsaktion gestört werden, aber nicht offen gegen Ludendorffs Vorschlag auftreten wollte, um nicht als Feigling dazustehen, wagte nur einen zaghaften Einwurf, es könnte möglicherweise aber doch geschossen werden. Lu-

249 Ebenda, S. 296f.

250 *Heiden*, Geschichte, S. 169f.; vgl. auch *Hofmann*, S. 201.

251 Der Prozeß gegen die Hauptkriegsverbrecher vor dem Internationalen Militärgerichtshof, Nürnberg, Bd. XII, S. 340; *Baird*, S. 685.

252 ZStAP, RKO, Nr. 213/1, Bl. 94, Miesbacher Anzeiger, Nr. 266 v. 17. XI. 1923.

253 *Heiden*, Geschichte, S. 170.

dendorff aber wischte den Einwand kurz beiseite: »Wir marschieren!« erwiderte er in einem Ton, der keinen Widerspruch mehr zuließ.[254]

Am 9. November gegen 11 Uhr vormittags setzte sich der Zug von etwa 2.000 Kampfbundleuten vom Bürgerbräu in Richtung Stadtzentrum in Bewegung. In den Straßen, durch die sie zogen, klebten neben der Proklamation der »Nationalen Regierung«, wo gemeinsam mit den Namen Hitlers und Ludendorffs auch die Namen von Kahr, Lossow und Seisser prangten, folgender Aufruf des Generalstaatskommissars Kahr, (der jedoch erst am späten Vormittag angebracht worden war): »Trug und Wortbruch ehrgeiziger Gesellen haben aus einer Kundgebung für Deutschlands nationales Wiedererwachen eine Szene widerwärtiger Vergewaltigung gemacht. Die mir, General v. Lossow und dem Obersten Seisser mit vorgehaltener Pistole erpreßten Erklärungen sind null und nichtig. Ein Gelingen des sinn- und ziellosen Umsturzversuches hätte Deutschland mitsamt Bayern in den Abgrund gestoßen. An der Treue und dem Pflichtbewußtsein der Reichswehr und der Landespolizei ist der Verrat gescheitert. Auf diese Getreuen gestützt, ruht die vollziehende Gewalt fest in meiner Hand. Die Schuldigen werden rücksichtslos der verdienten Strafe zugeführt. Die nationalsozialistische Arbeiterpartei, die Bünde Oberland und Reichskriegsflagge sind aufgelöst. Unbeirrt durch Unverstand und Tücke werde ich mein deutsches Ziel verfolgen: unserem Vaterlande die innere Einheit zu erringen.«[255]

Der Marsch sollte ins Zentrum, zum Marienplatz, gehen. Dort gedachte man umzukehren. Am Marienplatz angekommen, bog der an der Spitze marschierende Ludendorff jedoch in Richtung Residenzstraße-Odeonsplatz ein, in der Absicht, in die Ludwigstraße zu ziehen, zum Wehrkreiskommando, das von Röhm besetzt war und noch gehalten wurde.

Wie der Marsch der Putschisten dann endete, ist bekannt. Als der Zug, mit Ludendorff, Hitler, Scheubner-Richter in der ersten Reihe sich anschickte, eine Sperrkette der Landespolizei in der Residenzstraße in Höhe der Feldherrnhalle zu durchbrechen, blieb das erwartete Wunder aus. Angesichts der drohend gegen die Herannahenden gerichteten Gewehrläufe der Landespolizei rief einer der Kampfbundleute: »Nicht schießen, Exzellenz Ludendorff kommt!« Aber das Zauberwort verfehlte seine Wirkung völlig. Als ein einzelner Schuß fiel, von dem hinterher nicht mehr einwandfrei festgestellt werden konnte, von welcher Seite er abgefeuert worden war, antwortete die Polizei mit einer Salve; es kam zu einem kurzen Feuerwechsel, in dessen Ergebnis 14 Leute des Kampfbundes und drei Landespolizisten tot auf dem Pflaster blieben. Auf der Seite der Putschisten war Scheubner-Richter gefallen, nach Heiden der geistige

---

254 Ebenda, S. 205; ZStAP, RKO, Nr. 213 / 1, Bl. 94, Miesbacher Anzeiger, Nr. 266 v. 17.11.1923.

255 Ursachen und Folgen, Bd. 5, S. 440.

Urheber des Putsches;[256] ferner der Oberlandesgerichtsrat von der Pfordten, Verfasser des blutrünstigen Verfassungsentwurfes der siegreichen »nationalen Diktatur«, und der 2. Vorsitzende der NSDAP, Oskar Körner. Hitler hatte sich so heftig zu Boden geworfen, oder war von dem stürzenden Scheubner-Richter mitgerissen worden, daß er sich dabei die Schulter verrenkte; sobald die Schießerei aufhörte, wandte er sich, ohne sich weiter um seine Gefolgschaft zu kümmern, zur Flucht, bestieg ein bereitstehendes Auto und suchte Unterschlupf im Hause Putzi Hanfstaengls in Uffing.[257] Der erfindungsreiche Hitler wob auch um diese schmähliche Flucht eine versöhnliche Legende, indem er – fünf Jahre nach dem Putsch – eines Tages mit einem Knaben an der Hand die Tribüne einer Versammlung betrat und verkündete, diesen Jungen habe er damals an der Feldherrnhalle gefunden, ergriffen und aus dem Feuerbereich gebracht![258]

Auch Ludendorff hatte sich zunächst zu Boden geworfen[259], als die Schießerei losging, war dann aber aufgestanden und durch die Reihen der Polizisten gegangen, wo er verhaftet, aber gegen das Ehrenwort, sich nicht politisch zu betätigen, wieder freigelassen wurde. Einige der Führer entkamen ins nahegelegene Österreich, so Göring, Esser und Roßbach. Andere, so Röhm, Frick, Pöhner, Brückner, wurden verhaftet; Kriebel stellte sich freiwillig. Hitler aber wurde am 11. November von der Polizei in seinem Versteck aufgestöbert und nach Landsberg gebracht. Wessen Geistes Kind der verhaftende Polizeioberleutnant war, geht aus dem amtlichen Bericht über die Verhaftung hervor, in dem es heißt, der Auftrag, den ihm im weißen Schlafanzug gegenübertretenden Hitler zu verhaften, sei dem Oberleutnant Belleville »sehr schwer angekommen«, habe er doch 1920 mit Hitler zusammengearbeitet. Und dann heißt es in diesem Bericht weiter: ›Bei der Ankunft in Weilheim wußte bereits alles, daß Hitler verhaftet wurde … In Weilheim hatten sich besonders Juden angesammelt, um sich das Schauspiel anzusehen. Oblt. Belleville ließ sie verächtlich bei Seite schaffen.«[260] Hitler selber war überzeugt davon, daß er erschossen werde[261] – nächst dem Putsch selbst wohl der krasseste Beweis für seine Unfähigkeit zu realistischen politischen Einschätzungen.[262]

256 *Heiden*, Geschichte, S. 151f., 167.

257 Ebenda, S. 167.

258 Ebenda, S. 167; *Hofmann*, S. 212.

259 Nach Ludendorffs eigener Darstellung schritt er, das Feuer nicht achtend, weiter und zwischen den Gewehrläufen der Landespolizei hindurch auf den Odeonsplatz, wo er verhaftet wurde. Augenzeugen, wie z. B. Graefe, behaupteten jedoch, daß während der Schießerei sich alle hingeworfen haben, auch Ludendorff. – ZStAP, RKO, Nr. 213/1, Bl. 21; siehe auch *Heiden*, Geschichte, S. 167.

260 *Deuerlein*, Hitlerputsch, S. 373.

261 Ebenda.

262 Immerhin hielt auch der von den Kampfbundleuten verhaftete Ministerpräsident Knilling ein Todesurteil gegen Hitler für wahrscheinlich, sah aber auch voraus, daß Hitler begnadigt würde. – Politik in Bayern, S. 144.

Wir müssen nun zu unserer Frage nach den Zusammenhängen zwischen dem Münchener Putsch und norddeutschen Kreisen und Vorgängen zurückkehren.

Sowohl die Gruppe Kahr-Lossow-Seisser als auch die Gruppe Ludendorff-Hitler waren in der Vorbereitungsphase in ständiger Verbindung mit norddeutschen Persönlichkeiten und politischen Gruppen. Wir hatten bereits Minoux als Verbindungsmann zwischen Stinnes, Seeckt, Kahr und Ludendorff kennengelernt; wir erinnern ferner an Seissers Informationsreise nach Berlin und an die mehrfachen Kontaktreisen von Major Vogts. Auf Veranlassung Ludendorffs wurde am 7. November sein norddeutscher Vertrauensmann, der Führer der Deutschvölkischen, Graefe, nach München gerufen; er kam allerdings zum Bierkellerputsch zu spät, da er erst am Morgen des 9.11. eintraf, war dann aber Teilnehmer des Zuges zur Feldherrnhalle.

Es steht außerdem fest, daß nicht nur die DVFP, sondern auch die deutschnationale Volkspartei-Führung über einen bevorstehenden Putsch in München vorher informiert worden war. Der »Vorwärts« berichtete darüber: »Es war ein wundersames Zusammentreffen, daß ausgerechnet der deutschnationale Berliner ›Tag‹ einen Sonderberichterstatter in der Kahrkundgebung am Abend des 8. November hatte, ebenso wunderbar, daß Berliner deutsch-nationale Redaktionen für diese Nacht verlängerten Dienst angesetzt hatten. Sie waren augenscheinlich bis ins einzelne davon informiert, daß sich an diesem Abend in München die ›nationale Revolution‹ abspielen solle.«[263]

Stresemann hielt in seinen Tagesnotizen zum 8. November fest: »Man wußte in Norddeutschland, was in Süddeutschland vorging. Die deutschnationalen Zeitungen hatten Nachtdienst eingerichtet, um den Sieg der völkischen Bewegung und den Vormarsch nach Berlin zu melden. Dem Führer einer Großgrundbesitzervereinigung wurde am 7. November, als er wichtige Verhandlungen finanzieller Art in Berlin wollte, gesagt, es habe keinen Sinn, mit dieser Regierung zu verhandeln, am 10. November hätte man im Reich eine neue Regierung.«[264]

Hugenbergs Berliner Zeitung »Der Tag« erschien am 9. November in zwei Ausgaben, die erste, als man noch glaubte, der Putsch in München sei erfolgreich verlaufen, die zweite, nachdem sein Scheitern bekanntgeworden war. Die erste Ausgabe feierte triumphierend den vermeintlichen Sieg. »Nationaler Umsturz in Bayern. General Ludendorff Machthaber. Kahr Statthalter für die Monarchie. Hitler verkündet Vormarsch nach Berlin. Reichsregierung und Reichspräsident abgesetzt. Sitz der neuen deutschen Regierung in München« lauteten die Schlagzeilen. Im Text wurde u. a. ausgeführt: »Heute vor 5 Jahren erfolgte in Berlin der Umsturz. Gestern vor 5 Jahren

---

263 ZStAP, RKO, 213/1, Bl. 21.

264 *Stresemann*, S. 203.

war München vorangegangen. Gestern, am 5. Jahrestag der Münchener Revolution, ist München abermals vorangegangen. Wird Berlin heute nachfolgen? Wir stehen am Beginn einer Rechts-›Revolution‹«.[265]

Sprechen diese Äußerungen von voller Solidarisierung mit den Münchener Putschisten und der Hoffnung, daß in Berlin bald auch die Rechts-»Revolution« siegen möge, so mußte man sich doch auch darüber Rechenschaft ablegen, daß der Weg dazu noch voller Gefahren war, weshalb es dann beschwörend hieß: »Wir mahnen zur nationalen Eintracht. Wir stehen am Scheidewege. Es steht alles auf dem Spiel«.

Die zweite Ausgabe des »Tag« enthielt verständlicherweise nichts mehr, was auf Solidarität mit den bereits geschlagenen Putschisten hinwies, sondern man beschränkte sich jetzt auf den Abdruck der Aufrufe der Reichsregierung und Seeckts gegen den Putsch. Wie immer nach mißglückten Unternehmungen dieser Art, gingen nun die Mitwisser und Mitmischer daran, die Spuren möglichst vollkommen zu verwischen. Aber wenn die Führung der DNVP über die Putschpläne der Ludendorff-Hitlergruppe informiert war, dann darf man mit Sicherheit annehmen, daß dies auch für jene »Herren aus dem Norden« zutrifft, die sich, wie z. B. Minoux, auf bayerische Angelegenheiten spezialisiert hatten.

Die Frage erhebt sich, ob zwischen den Andeutungen über eine gewaltsame Beseitigung der Stresemann-Regierung, die Stinnes am 5. November dem US-Botschafter gegenüber fallen ließ, und den Vorgängen in München ein Zusammenhang besteht.

Mit Sicherheit wird man sagen können, daß eine »Reichsdiktatur« unter Hitler und deren Errichtung auf dem Wege eines bewaffneten Marsches nach Berlin zum Sturz der verfassungsmäßigen Regierung nicht dem entsprach, wie sich Stinnes die Errichtung und Führung der Diktatur vorstellte. Das schließt jedoch nicht aus, daß ein bewaffneter Umsturz in München und der drohende Abfall Bayerns oder auch eine drohende bewaffnete Auseinandersetzung mit einem meuternden Bayern durchaus in die Pläne von Stinnes paßte, Stresemann zum Rücktritt zu zwingen mit dem ja bereits vorgebrachten Argument, wer mit Bayern nicht ins Reine komme, könne nicht Kanzler bleiben. Es ist wahrscheinlich, daß Stinnes von den Putschplänen der Ludendorff und Hitler wußte und sie in seine taktischen Pläne zum Sturz Stresemanns einbaute. Dafür spricht, daß Stinnes an dem gleichen 8. November, an dem Hitler-Ludendorff in München gegen die Reichsregierung putschten, dem in Barmen tagenden Rheinischen Provinziallandtag grünes Licht gab für die Schaffung einer separaten »Rheinisch-westfälischen Republik«, und damit Stresemann vor die Alternative stellte: Rücktritt oder Reichszerfall.[266] Die Münchener Ereignisse verliehen dieser Alternati-

265 ZStAP, RKO, Nr. 213/1, Bl. 140; »Vorwärts«, Nr. 526 v. 9. XI. 1923.

266 Siehe dazu auch *Gossweiler,* Großbanken, S. 254.

ve noch größeres Gewicht, indem sie der Gefahr des Reichszerfalls noch die Gefahr des Bürgerkrieges hinzufügte. In diesem Zusammenhang ist die Berichterstattung des Stinnesschen Hausblattes, der »Deutschen Allgemeinen Zeitung«, über die Münchener Ereignisse ganz aufschlußreich. Am 9. November erschien die Zeitung mit einem Eigenbericht aus München unter der Überschrift »Der Staatsstreich. ›Marsch nach Berlin!‹« Danach folgte ein zwar kommentarloser, aber sehr wohlwollender Bericht über den Putsch: »Der Umsturz in München ist«, war da zu lesen, »soweit die Landeshauptstadt in Frage kommt, geglückt. Sämtliche Regierungsgebäude sowie Bahn, Post usw. sind in den Händen der provisorischen Regierung. Hitler erklärte die Reichsregierung und den Reichspräsidenten für abgesetzt. Als erste Aufgabe der neuen nationalen Regierung bezeichnete Hitler den Marsch nach dem Sündenbabel Berlin.« Es folgte dann eine Meldung der Hugenbergschen Telegraphen-Union, in der es hieß: »Gegenwärtig, in der elften Abendstunde, ist der große Saal des Bürgerbräukellers noch stark besetzt und durch Militär abgeschlossen. In der zehnten Stunde bewegte sich vom Löwenbräukeller aus ein gewaltiger Zug von Angehörigen der Kampfverbände mit Fahnen und Musik nach dem Bürgerbräukeller.«[267]

Nachdem das Scheitern des Putsches klar war, nahm die DAZ die Putschisten in Schutz und gab die Schuld für deren Vorgehen der Reichsregierung. Mit der Niederschlagung des Staatsstreiches sei es nicht getan; es komme darauf an, die Quellen zu verstopfen, aus denen die Putschversuche ihre Kraft bezögen. (Unter dem Ausnahmezustand konnte das Blatt nicht deutlicher werden.) Die DAZ schrieb weiter, an der nationalen Gesinnung und Reichstreue jener Leute sei nicht zu zweifeln, aber ihr mangelhaft geschulter politischer Blick habe sie in falsche Bahnen geleitet.[268]

Mit dieser Sympathieerklärung für die Putschisten bestätigte die DAZ die Feststellungen des linksbürgerlichen Journalisten Georg Bernhard, der die Frage stellte, aus wessen Taschen eigentlich die ungeheuren Gelder geflossen sind, »mit denen seit Jahren Waffen angeschafft, Verbände organisiert, Mörder gedungen« worden seien, und darauf die Antwort gab, dies seien die Industriellen gewesen, die ihre Inflationsgewinne dazu benutzten, Putschorganisationen zu bezahlen und eine Putschpresse zu finanzieren, »die es ihnen erleichtern soll, je nach Bedarf von Woche zu Woche neue Krisen hervorzurufen.«[269]

Gegenüber den Schilderungen des Putsches, die im Sinne der Hitlerlegende geschrieben sind, müssen folgende Fakten nochmals hervorgehoben und unterstrichen werden:

267 DAZ, Nr. 521 v. 9. XI. 1923.

268 ZStAP, RKO, Nr. 213/1, Bl. 41.

269 Ebenda.

Erstens: Der Putsch vom 8./9. November war nur der abschließende Höhepunkt einer vehementen Kampagne der reaktionärsten Kreise des deutschen Monopolkapitals und des deutschen Militarismus zum Sturz der Stresemann-Regierung als Auftakt zur Errichtung der offenen Diktatur.

Zweitens: Der Putsch war keineswegs die alleinige Angelegenheit Hitlers oder der NSDAP, sondern Sache des Kampfbundes, dessen entscheidende Persönlichkeiten Ludendorff, Röhm und Kriebel waren und von denen keiner daran dachte, sich etwa Hitler unterzuordnen.[270]

Drittens: Auch bei diesem Putsch waren die NSDAP und ihre Führer, wie auch die ganze Zeit vorher, keine selbständig agierende politische Kraft, sondern eine Zugkraft, eingespannt in Projekte, die sie zwar zu ihren eigenen machten, deren Urheber aber Vertreter der herrschenden Klasse und ihres Herrschaftsapparates waren.

Viertens: Wie bei jedem gescheiterten Unternehmen der Reaktion wurden hinterher die größten Anstrengungen unternommen, die wahre Sachlage zu verfälschen, die Hauptverantwortlichen als Unbeteiligte und die Handlanger als die Hauptverantwortlichen hinzustellen. Vor allem zu diesem Zweck wurde der sogenannte Hitlerprozeß inszeniert. Wie wir sofort sehen werden, diente er jedoch gleichzeitig auch noch dem weiteren Ziel, die Verwendbarkeit des talentierten Demagogen Hitler für etwaige künftige Bedarfsfälle nicht völlig auszuschließen.

270 In diesem Zusammenhang ist ein Schreiben des Oberpräsidenten der Provinz Oberschlesien vom 18.9.1924 an den preußischen Innenminister von Interesse, in dem er über das Ergebnis einer Haussuchung bei einem oberschlesischen Oberlandführer berichtete. Aus dem Material, das bei diesem Manne gefunden wurde, ging hervor, daß der Bund Oberland beim Putsch vom 8./9. November 1923 wegen seiner Beziehungen zur Reichswehr keine geringere Rolle als die NSDAP gespielt hatte. – Siehe ebenda, Nr. 344, Bl. 40f.

Kapitel X

Der aufgehaltene Absturz: Der Hitler-Ludendorff-Prozeß

Nach dem Fehlschlag des operettenhaften Bierkellerputsches, über den das Gesamturteil nach Heiden lauten muß: »schlechte Mache«[1], nach Hitlers feiger Flucht und der Enthüllung seiner kernigen Kraftsprüche als großmäulige Prahlereien eines politischen Komödianten, war er politisch ein erledigter Mann; wenigstens war das die Überzeugung so gut wie aller, die sich noch ein nüchternes Urteil bewahrt hatten. Unterschiede in dieser Beurteilung bestanden lediglich darin, daß die einen dies mit Genugtuung, die anderen mit Bedauern feststellten.

Das Blatt des Alldeutschen Verbandes, die »Deutsche Zeitung«, schrieb am 12. November: »Wir haben es ausdrücklich gesagt, daß Hitlers Werk bestehen bleiben muß, auch wenn der Mann in der Verwirrung einer einzigen Stunde sich für sein weiteres Leben politisch unmöglich gemacht hat.« Sodann werden Mängel und »Verdienste« Hitlers gewürdigt: »Von einem politischen Führer erwarten wir die Festigkeit der Nerven, daß er nicht wie ein Hysteriker plötzlichen Eindrücken zum Opfer fällt. Wer diese Festigkeit nicht hat, ist nicht Führer im echten Sinne des Wortes, sondern er wird zum Spielball einer nervös überhitzten Umgebung. Wir haben seit Monaten solche Eigenschaften an Hitler bemerkt. ... Aber unsere Stellung zum Nationalsozialismus und zu Hitlers Werk in der Sache wird dadurch nicht im geringsten verändert. Der neue Arbeiternationalismus, wie ihn Hitler agitatorisch am ersten und am stärksten im nachrevolutionären Deutschland vertreten hat, ist unter allen Umständen eine der Säulen, auf die der Neubau des Vaterlandes sich zu stützen hat. Das ist von der Person Hitlers völlig unabhängig.«[2]

---

1 *Heiden*, Geschichte, S. 168. – In einem Bericht des RKO hieß es über den Putsch: »Die ganze Aktion Hitlers war noch viel schlechter vorbereitet wie der Kapp-Putsch. Oberflächlich und zerfahren wie an Alles ist er auch an diese Sache herangegangen. Daß der Putsch in München halbwegs geklappt hat, ist den Stoßtruppführern zuzuschreiben, im Lande war so gut wie nichts vorbereitet, über geheimnisvolle Andeutungen war man nicht hinausgekommen ... Die ganze ›Hitlerei‹ war ein Theater mit schlecht verteilten Rollen und noch schlechteren Akteuren.« – ZStAP, RKO, Nr. 231, Bl. 335ff.

2 ZStAP, RKO, Nr. 213/1, Bl. 50, Deutsche Zeitung, Nr. 500 v. 13.XI.1923.

Mit der nachdrücklichen Betonung der Notwendigkeit des »neuen Arbeiternationalismus« für die herrschende Klasse ist bereits der entscheidende Grund dafür genannt, weshalb es für die kompromittierte NSDAP und ihren durchgefallenen Führer dennoch ein Comeback geben konnte.

Ganz ähnlich wie das alldeutsche Blatt urteilte die reaktionäre Wochenzeitung »Fridericus«: »Daß Hitler, der die Menge faszinierte und mitriß, nun selber von der Menge mitgerissen wurde, daß er es nicht fertig brachte, den Schmeichlern und Byzantinern, die einen Halbgott aus ihm machen wollten, die echte und rechte Führerpersönlichkeit und den Willen des Führers entgegenzusetzen, daß er, der einer der bedeutendsten Agitatoren, einer der mutigsten Kämpfer ist, seine Kraft überschätzte, daß er da, wo er Bahnbrecher sein konnte, sich zum Diktator aufzuschwingen versuchte und daran zerbrach, das ist sein tragisches und für die Bewegung tieftrauriges Geschick … Von Bayern, so hofften wir, käme Deutschlands völkische Erneuerung … Wir haben diese Hoffnung begraben«.[3]

Begreiflicherweise sehr viel weniger freundlich äußerte sich das Blatt Pittingers »Bayern und Reich«. Dort wurde über Hitler ausgeführt: »Größenwahns-Anwandlungen und eine liebedienerische Umgebung stießen ihn immer mehr in jene sich überbietende und überschlagende Steigerung, von der es, wollte er anders nicht auf das Niveau des parlamentarischen Alltagsdemagogen herabsinken, ein Zurück nicht mehr gab. Schmarotzende und überzeugte Anhänger, sie alle riefen ihm insolange und so oft ihr ›Heil dem deutschen Mussolini!‹ zu, bis Hitler selbst daran glaubte. Und doch hatte er von diesem neuitalienischen Stern in Wirklichkeit vom Genialen nichts, vom Demagogen alles.« Das Blatt fuhr fort, den tiefer Eingeweihten habe Entsetzen ergriffen, wenn er vernahm, mit welcher Naivität und Stümperhaftigkeit dieser als Genie sich gebärdende, in Wirklichkeit laienhafte Dilettant die politischen und wirtschaftlichen Probleme ihrer Lösung zuzuführen gedachte. »Mit diesem selben Wahnsinnsglauben und mit dieser gleichen Unzulänglichkeit trat Hitler auch seinen ›Donnerstag‹ – Putsch an, fest überzeugt, daß er in wenigen Tagen in Berlin das Ruder des Staatsschiffes steuern werde.«[4]

Trotz aller aus dem Konkurrenzverhältnis sich ergebenden sarkastischen Zuspitzungen wird man nicht sagen können, daß die hier gegebene Charakteristik Hitlers unzutreffend sei. Ungerechtfertigt und irreführend war jedoch der hier unternommene, völlig in der Linie der Kahr-Gruppe liegende Versuch, Hitler die Alleinverantwortung für den Putsch zuzuschreiben.

Die »Bayerische Volkspartei-Korrespondenz« richtete das Hauptfeuer gegen den »Preußen« Ludendorff. Ihr Kommentar zu Hitler fiel demgegenüber herablassend-milde aus: »Daß der phantastische Hitler in seiner nahezu krankhaften Ideologie auf

3 Ebenda, Bl. 22, Fridericus, Nr. 46, November 1923.

4 Ebenda, Bl. 141, Bayern und Reich, Nr. 30/31, 1923.

die Barrikade stieg, kann man schließlich begreifen ... Genaue Kenner seiner Psyche haben Adolf Hitler immer schon rein pathologisch genommen«.[5]

Die bürgerlich-liberale Presse fand scharfe Worte zur Kennzeichnung Hitlers und des Putsch-Unternehmens. Die »Frankfurter Zeitung« beispielsweise schrieb über Hitler: »Die Großmäuligkeit dieses Gewalthelden kann wohl kaum übertroffen werden. Jeder Deutsche, dem am Ruf und geistigen Rang seines Landes etwas liegt, wird sich beglückwünschen dürfen, daß dieser im Dunst der Münchener Bierkeller großgewordene exaltierte Mensch auch nicht auf Tage Deutschland repräsentieren durfte.«[6]

Ähnliche Urteile wie die zitierten fällte auch die Weltpresse. Der holländische »Telegraaf« schrieb in einem Bericht aus Berlin vom 9. November 1923: »Selten hat die Welt ein lächerlicheres Triumvirat gesehen als die Bundesgenossenschaft der drei Männer Hitler, Ludendorff und Pöhner ... Die Häuptlinge der Rechten sind durch Hitlers lächerliches Abenteuer stark blamiert.«[7]Die »New York Times« schrieb: »Ludendorff und Hitler sind unten durch und in den übelsten Ruf gekommen.«[8]

In der Tat war die Reputation Ludendorffs noch gründlicher zerstört als das Ansehen Hitlers. Der »New York Herald« meinte: »Dieser Sturm im Wasserglas hat eine so lächerliche Seite, daß Ludendorff das Gelächter kaum jemals wird in Vergessenheit bringen können.«[9] Und die amerikanische Provinzzeitung »Cincinnati-Times-Star« bemerkte: »Der überraschendste Teil der Bayerischen Bierkeller-Revolution ist die Schande Ludendorffs. Napoleon hatte sein Waterloo, und Ludendorff sein München, aber was für ein Unterschied in den Schluß-Kampagnen! ... Er ist ›spurlos versenkt‹.«[10]

Im Falle Ludendorffs erwies sich die Lächerlichkeit tatsächlich als tödlich; zwar nicht im physischen, wohl aber im psychischen Sinne. Von jetzt ab verfiel Ludendorff endgültig dem Wahn, hinter allem und jedem die jüdisch-jesuitisch-freimaurerische Weltverschwörung zu erkennen.

Auch Hitler geriet in seine tiefste persönliche Krise, da er sich nur zu gut bewußt war, daß er sich auf der ganzen Linie als Versager erwiesen hatte. Er hatte für Stunden den starken Mann gespielt, aber schon beim ersten Rückschlag die Nerven verloren und bei Rupprecht um Hilfe gefleht, war vor den Schüssen der Polizei ausgerissen – kurzum, er hatte sich in jeder Hinsicht als das Gegenteil von dem gezeigt, als was er von seinen Getreuen, wie Heß und Esser, den Massen immer hingestellt wurde und

5 Ebenda, Bl. 131, BVP-Korrespondenz v. 10.11.1923.

6 Ebenda, RJuM, Nr. 5053/27, Bl. 87, FZ, Nr. 214 v. 20.3.1924.

7 *Deuerlein*, Der Hitler-Putsch, S. 672.

8 Ebenda, S. 671.

9 Ebenda.

10 Ebenda.

was er zu sein sich und den anderen immer vorgetäuscht hatte. Er war überzeugt, daß dies das Ende seiner Laufbahn als Politiker war, also die Katastrophe, der Sturz in den Abgrund, aus dem er gekommen war, aber diesmal aus einer Höhe, die diesen Sturz tödlich machen mußte. Er hatte sich derartig daran gewöhnt, umjubelt und als Messias vergöttert zu werden, daß ihn der Gedanke daran, von nun an, wo immer er sich hinwenden würde, vom Hohn und Spott der Gegner, der Verachtung der früheren Anhänger und den Flüchen der Angehörigen der Toten des 9. November verfolgt zu werden, an Selbstmord denken ließ. Nach einem Bericht von Hans Knirsch, den wir schon als Führer der Nationalsozialisten in der Tschechoslowakei kennengelernt haben, soll Hitler in der Untersuchungshaft in Landsberg in den Hungerstreik getreten sein, um auf diese Weise sein Leben zu beenden. Knirsch, der nach den Ereignissen des 8./9. November nach München gekommen war, um sich an Ort und Stelle über das Geschehen zu informieren, erwirkte eine Besuchererlaubnis und fand dort »den Mann, der sich noch vor wenigen Tagen im Bürgerbräukeller zum Führer des neuen Deutschland proklamiert hatte, in einem jammervollen Zustand vor, abgemagert und in tiefer Depression.«[11] Wer ein so großes Fiasko erlebt habe, sagte Hitler zu Knirsch, habe kein Recht mehr weiterzuleben. Natürlich ging es dabei nicht um das »Recht zu leben«; gegen moralische Anfechtungen war Hitler, wie er sich ja selbst rühmte, gefeit. Es ging um die Furcht vor dem Weiterleben. Jetzt, nach seiner Katastrophe, zeigte sich am deutlichsten, daß diesen Mann keine von all den Ideen und keines der Ideale erfüllte, über die er zu seinen Zuhörern immer so leidenschaftlich gesprochen hatte. All das war nur dazu da, ihn selbst nach oben zu tragen. Jetzt, da er den Glauben, noch einmal nach oben zu gelangen, verloren hatte, versank er in Stumpfheit und Apathie. Alle Versuche von Knirsch, Hitler ins Gewissen zu reden, er sei verpflichtet, weiterzuleben, er habe eine Aufgabe zu erfüllen, trafen auf taube Ohren. Auch auf den Appell, er dürfe seine Anhänger nicht führerlos lassen, hatte Hitler nur die resignierte Frage, wer denn schon fortfahren würde, einem Manne zu folgen, der ein solches Fiasko erlebt hat. Erst als Knirsch ihm auf diese Frage antwortete, daß nach dem Putsch die Begeisterung seiner Anhänger sich noch gesteigert habe und daß doch auch andere große Persönlichkeiten ähnliche Tiefen durchschreiten mußten, bevor sie die Gipfel erreichten, belebte sich Hitler und gab Knirsch schließlich die Erlaubnis, der Gefängnisverwaltung mitzuteilen, daß er seinen Hungerstreik aufgebe.[12]

---

11 *Fabian v. Schlabrendorff,* The secret War against Hitler, London 1966, S. 345f.

12 Ebenda, S. 346. – Das »Verdienst«, Hitler von Selbstmordgedanken und Hungerstreik abgebracht zu haben, nehmen mehrere Leute für sich in Anspruch, und ganz offensichtlich brauchte Hitler auch die Ermunterung vieler seiner Kumpane und Bewunderer – genannt werden u. a. Drexler, Esser, Frau Hanfstaengl – um von seiner düsteren Stimmung wieder befreit zu werden. – Vgl. *Heiden,* Geschichte, S. 170f.; *Maser,* Die Frühgeschichte, S. 455; *Hanfstaengl,* S. 154.

Aber dennoch mußte er mit ziemlicher Sicherheit damit rechnen, daß seine politische Rolle in Deutschland ausgespielt war. Denn der Paragraph 9 des Republikschutzgesetzes sah für Ausländer bei Delikten wie dem Putsch zwingend die Ausweisung vor.[13] Hitler hatte also allen Grund, den Prozeß zu fürchten, zumal dieser nach dem Republikschutzgesetz nicht vor einem Bayerischen Gerichtshof, sondern vor dem Staatsgerichtshof in Leipzig stattfinden mußte.

Was jedoch nun folgte, ist die Geschichte der wunderbaren Wiederbelebung des politischen Leichnams Hitler durch Justitia, genauer: durch die deutsche Klassenjustiz, ist Hitlers Präparierung und Bereitstellung für künftigen Einsatz durch eine Justizkomödie, die nicht weniger schlechtes Theater war als der Bürgerbräuputsch, aber um vieles gefährlicher und folgenreicher.

Der Prozeß mußte stattfinden, ihn zu verhindern war nicht möglich. Verhindert werden mußte aber auf jeden Fall, daß er die Wahrheit zutage förderte;[14] denn die Wahrheit bestand darin, daß Ludendorff und Hitler mit Kahr, Lossow und Seisser Hochverrat betrieben, Kahr, Lossow und Seisser ihrerseits dasselbe mit Seeckt getan und den Sturz der Republik vorbereitet hatten. Der Prozeß mußte also so geführt werden, daß keiner der »Staatsdiener« als Hochverräter auf die Anklagebank kam, und er mußte darüber hinaus auch die »Unschuld« Ludendorffs erweisen, denn daß das Idol des »nationalen« Deutschland, der führende Feldherr des deutschen Imperialismus wegen Hochverrat hinter Festungsmauern müßte – so etwas konnte es wohl bei den Bolschewisten geben, aber niemals in der Weimarer Republik!

Diese Interessenkonstellation führte zwangsläufig dazu, den ganzen Prozeß so anzulegen, daß aus Hitler der große Alleintäter und Alleinverantwortliche wurde, die »Seele des ganzen Unternehmens«, wie es dann tatsächlich in der Anklageschrift hieß.[15] Nur wenn dies gelang, konnten die Kahr, Lossow und Seisser der Anklagebank entgehen und Ludendorff die Anklagebank mit einem Freispruch verlassen. Die Linie dieses Vorgehens wurde bereits im Dezember 1923 durch eine Denkschrift des Wehrkreiskommandos VII., d. h. also Lossows und seines Stabes, über Vorgeschichte und Ablauf des Putsches vorgezeichnet.[16] Absicht und Wirkung der Denkschrift war es, »Hitler als Hauptperson auch für die Zeit vor dem Putsch herauszustellen. Hitler hatte mehrere Besprechungen mit v. Lossow gehabt, die nun

13 Der entsprechende Absatz des § 9 des Republikschutzgesetzes lautet: »Dem [wegen Hochverrat] Verurteilten kann im Urteil der Aufenthalt in bestimmten Teilen oder an bestimmten Orten des Reiches auf die Dauer bis zu fünf Jahren angewiesen werden; gegen Ausländer ist auf Ausweisung aus dem Reichsgebiet zu erkennen.« – RGBl, Teil I, Nr. 52 v. 23. Juli 1922, S. 587.

14 *Hoegner*, Die verratene Republik, S. 170ff.; *Hallgarten*, S. 39; *Gordon*, Hitlerputsch, S. 423f.

15 Der Hitler-Prozeß, S. 15.

16 Wiedergabe der Denkschrift bei *Deuerlein*, Hitlerputsch, S. 488.

in einseitiger Wiedergabe des Sachverhaltes so dargestellt wurden, als ob Hitler bei dieser Gelegenheit nur die Einsetzung einer ›Reichsdiktatur Hitler-Ludendorff‹ angestrebt habe … Die Nennung Hitlers vor Ludendorff … wurde … der Bewertung der beiden Persönlichkeiten in der Öffentlichkeit zum damaligen Zeitpunkt nicht gerecht … Die Rolle Ludendorffs wurde verkleinert, so daß die Bestrebungen, Ludendorff einer Bestrafung zu entziehen, erleichtert wurden. Und grundsätzlich traten durch die Heraushebung des politischen Moments, verkörpert durch Hitler, die militärischen Fragen, das wirkliche Bindeglied zwischen Hitler und der Reichswehr in München, in den Hintergrund.«[17] Bezeichnenderweise wurden entscheidende Passagen dieser Lossow-Denkschrift wortwörtlich in die Anklageschrift übernommen![18] Noch vor dieser Denkschrift hatten die bayerischen Offiziersverbände in einer Vorstandssitzung eine Erklärung angenommen, deren Ziel es war, eine Brücke zur Verständigung und Aussöhnung zwischen Kahr–Lossow–Seisser auf der einen und Ludendorff auf der anderen Seite auf Kosten Hitlers zu bauen. Über diesen Versuch berichtete der berüchtigte »Miesbacher Anzeiger« unter der Überschrift »Soll Hitler Sündenbock werden?«.[19]

Nach Entgegennahme eines Berichtes, in dem wahrheitswidrig behauptet wurde, Ludendorff sei in den Bürgerbräukeller erst gekommen, als Kahr, Lossow und Seisser ihre zustimmende Erklärung gegenüber Hitler bereits abgegeben hätten und er somit »nicht wissen konnte, daß diese Zustimmung abgepreßt und die nachfolgenden Erklärungen ein Täuschungsmanöver waren«, nahm der Vorstand der Offiziersverbände eine Entschließung an, in der gesagt wurde: »Der Vorstand schließt aus vorstehenden Mitteilungen, daß Mißverständnisse und Irrtümer daran schuld sind, daß Kahr in Ludendorff einen Teilnehmer am Putsch sieht, während Ludendorff sich von Kahr getäuscht und beleidigt fühlt … Exzellenz von Kahr, General von Lossow und Oberst von Seisser haben am Donnerstag Abend in der klaren Voraussicht, daß ohne Täuschung der Hitlerleute ein schwerer Konflikt entstehen werde, ihre Ehre und ihr Ansehen auf's Spiel gesetzt, um Staat und Vaterland zu erhalten und schwerste Erschütterungen zu vermeiden … Ludendorff konnte die Erklärung von Kahr, Lossow und Seisser in der Bürgerbräu-Versammlung nicht als Täuschungsmanöver erkennen. Ludendorff hat sich daher mit seiner Erklärung in gutem Glauben der Bewegung angeschlossen. Kahr, Lossow und Seisser dagegen mußten auf Grund der Vorgänge annehmen, Ludendorff handle im Einverständnis mit Hitler; sie unterließen daher eine spätere Benachrichtigung des Generals Ludendorff über ihre angewandte List.«

17 *Bennecke*, Hitler und die SA, S. 98.

18 Ebenda, S. 228, Anm. 13.

19 ZStAP, RKO, Nr. 213/1, Bl. 94, Miesbacher Anzeiger, Nr. 266 v. 17. XI. 1923.

Dank der Bemühungen vieler Freunde und Tröster, darunter auch seines Verteidigers Roder – wie die Verteidiger aller übrigen Angeklagten ein Parteigänger der Putschisten[20] –, war Hitler allmählich wieder aufgerichtet worden. Seine Berater hatten ihm zu der Erkenntnis verholfen, daß nicht er den Prozeß zu fürchten hatte, sondern die Kahr, Lossow und Seisser[21], und daß darüber hinaus der Prozeß ihm eine einmalige Gelegenheit bieten würde, die Niederlage vom 8./9. November nachträglich noch in einen moralischen Sieg umzuwandeln, wenn er es nur verstand, die Absicht der Anklagevertretung, ihn als den Alleinverantwortlichen hinzustellen, in der richtigen Weise zu nutzen. Ein großer Teil der nationalen Bevölkerung Münchens bis weit in das wohlsituierte Bürgertum hinein sah in den Putschisten Nationalhelden und in Kahr, Lossow und Seisser finstere Verräter und Wortbrüchige. Die Teilnehmer an der Versammlung des 8. November waren nahezu vollständig davon überzeugt gewesen, daß das Triumvirat aus freien Stücken und ohne jeden Hintergedanken mit Ludendorff und Hitler gemeinsame Sache gemacht hatte, und bis in die späten Vormittagsstunden des 9. November mußte nach den Plakaten und nach den Meldungen der Zeitungen jeder Münchener die gleiche Überzeugung gewonnen haben. Das »nationale« München lebte bereits im Taumel einer nationalistischen Hochstimmung, und wurde von den Verlautbarungen des Triumvirats gegen die »ehrgeizigen Gesellen« wie von einem Keulenschlag getroffen. Für viele, vor allem für die Mehrzahl der Studenten der Münchener Universität, stand fest, daß nicht Ludendorff und Hitler wortbrüchig waren, sondern Kahr und Lossow. Tagelang kam es zu Demonstrationen gegen das Triumvirat und zu Zusammenstößen der Polizei mit den Demonstranten.[22]

Hitler begriff, daß ihm der Prozeß die Möglichkeit geben würde, wenigstens nachträglich, bei der Rekonstruktion des Putsches vor Gericht, die Heldenrolle zu spielen, die im Leben zu spielen ihm damals so fürchterlich mißlungen war. Die Anklage wollte auf seine Kosten alle anderen entlasten? Gut, er würde die Rolle des Alleinverantwortlichen übernehmen, um das alleinige Verdienst für diese nationale Rettungstat zu

---

20 *Bennecke*, Hitler und die SA, S. 100: »Die Angeklagten ... wurden von Juristen verteidigt, die selbst den Verbänden angehörten oder ihnen wenigstens nahestanden.«

21 Zu Hanfstaengl, der Hitler während des Prozesses im Zellenteil des Gerichtsgebäudes besuchte, erklärte dieser auf die Frage nach dem vermutlichen Ausgang des Prozesses: »Was können sie mir schon tun? Ich brauche nur ein wenig mehr auszupacken, vor allem über Lossow, und der große Skandal ist da. Das wissen die Eingeweihten genau, und ich habe deshalb keinen Anlaß, von diesen Dingen mehr preiszugeben, als unbedingt erforderlich ist.« – *Hanfstaengl*, S. 156.

22 *Deuerlein*, Hitlerputsch, S. 357f., 373f.; Politik in Bayern, S. 143. – Bei den Krawallen an der Universität wurde auch Professor Sauerbruch, der für Kahr Stellung nahm, niedergeschrien und von einem Soldaten durch einen Kolbenschlag am Kopfe verletzt. – ZStAP, RKO, Nr. 213/1, Bl. 57. Unter den prohitlerischen Rednern tat sich auch »ein Herr Schmalix« hervor (ebenda, Bl. 57, 59), der sich in den folgenden Jahren als faschistische Lokalgröße in Erfurt einen gewissen Namen machte. – Siehe dazu *Kahl*, S. 547ff.

ernten! Bei der Festlegung dieser Prozeßtaktik dürfte Hitlers Verteidiger Lorenz Roder keine geringe Rolle gespielt haben. Roder war es jedenfalls, der dafür sorgte, daß Hitler dieses Alleinverdienst nicht dadurch streitig gemacht werden würde, daß etwa Göring auf die gleiche Idee käme wie Kriebel, sich freiwillig zu stellen. Zum Jahresende bekam Göring in Innsbruck den Besuch Roders, der ihm mitteilte, Hitler habe alles auf sich genommen: er trage allein die Verantwortung, habe alles allein ausgedacht, geplant und ausgeführt. Er sagte Göring auch noch, daß man Ludendorff so weit wie möglich aus der Sache heraushalten wolle.[23] Schon um diese Zeit also war Hitler sicher, »daß er durch ihn (den Prozeß; K. G.) noch berühmter werden müsse als durch seinen Putsch.«[24]

Hitler konnte sich um so unbedenklicher zur Übernahme der Alleinverantwortlichkeit entschließen, als er seit Ende November wußte, daß der Prozeß nicht vor dem Staatsgerichtshof in Leipzig, sondern vor dem sogenannten »Volksgericht« in München stattfinden würde. Das hatten die Angeklagten Kahr zu verdanken, dem noch mehr als ihnen daran liegen mußte, den Prozeß in seinem Machtbereich stattfinden zu lassen. Er hatte deshalb strikt die Auslieferung der Angeklagten an den Staatsgerichtshof verweigert mit der Erklärung, daß der Prozeß bereits bei den bayerischen Justizbehörden anhängig sei[25], womit man sich in Leipzig und Berlin nur zu gerne zufrieden gab.[26] Die Angeklagten durften somit sicher sein, wohlwollende Richter und sogar einen wohlwollenden Ankläger zu finden.

Der Beginn des Prozesses vor diesem Sondergericht wurde auf den 24. Februar 1924 festgelegt. Kurz vor Prozeßbeginn, am 18. Februar, trat Kahr als Generalstaatskommissar zurück, und Lossow reichte, von Reichswehrminister Geßler dazu gezwungen, seinen Abschied ein. In der Nacht vom 8. zum 9. November war Kahrs Nimbus verflogen, der bajuwarische Löwe hatte sich als ganz gewöhnlicher Kater erwiesen; man war seiner herzlich überdrüssig geworden, und hatte nur eine Sorge – wie man ihn

23 *Bennecke,* Hitler und die SA, S. 99.

24 *Heiden,* Geschichte, S. 173.

25 ZStAP, RKO, Nr. 213/1, Bl. 108, Deutsche Tageszeitung, Nr. 535 v. 25. XI. 1923.

26 Das Reichskabinett hatte zunächst, wie es das Republikschutzgesetz verlangte, die Aburteilung der Putschisten vor dem Staatsgerichtshof in Leipzig gefordert. Auf der Kabinettssitzung am 19. November 1923 setzte sich jedoch der sozialdemokratische Innenminister Wilhelm Sollmann – entgegen der Ansicht aller seiner bürgerlichen Ministerkollegen! – dafür ein, dem Verlangen der bayerischen Behörden nach Durchführung des Prozesses vor dem Münchener Volksgericht nachzukommen. So geschah es denn auch; zwar wurde, um den Schein der Rechtsstaatlichkeit aufrechtzuerhalten, vom Oberreichsanwalt Ebermayer ein Hochverratsverfahren gegen Hitler, Ludendorff und Pöhner vor dem Staatsgerichtshof eingeleitet, aber am 5. Mai 1924 nach Beendigung des Prozesses in München, mit der Begründung, daß nicht zwei Verfahren in der gleichen Sache durchgeführt werden könnten, eingestellt. – ZStAP, RJuM, Nr. 5053/26, Bl. 2ff.; ebenda, Oberreichsanwalt, Nr. 1.

schnellstens nicht nur als Generalstaatskommissar, sondern auch als Regierungspräsident von Oberbayern loswerden konnte.[27]

Eine »sonderbare Regie«[28] führte am 21. Februar, also fünf Tage vor dem festgesetzten Prozeßbeginn, die Selbstauflösung des bayerischen Landtages herbei. Die Neuwahlen wurden auf den 6. April festgesetzt. Der Prozeß dauerte bis zum 1. April.[29] »So wurde der Prozeß Debattierstoff während des gesamten Landtagswahlkampfes.«[30] Das war, wie die Wahlergebnisse zeigten, eine wirksame Wahlhilfe für den »Völkischen Block«. Er erreichte bei den ersten Wahlen, an denen sich die Nazis beteiligten, auf Anhieb die gleiche Stimmenzahl wie die SPD, nämlich eine halbe Million Stimmen![31]

Der Prozeß selbst war ganz darauf angelegt, Hitler aus einem Verbrecher gegen den Staat, als der er angeklagt war, zu einem verhinderten Retter des Staates zu machen. Kein Ereignis und kein Vorgang zuvor hatten solchen Anteil an der Schaffung der Hitlerlegende wie dieser Prozeß. Die Bemerkung des Hitler-

Verteidigers Roder, die auf die Aussagen von Kahr, Lossow und Seisser gemünzt waren: »In diesem Prozess wundert mich nichts mehr, als daß die Balken der Dekke noch nicht durchgebrochen sind«[32], hatte noch viel mehr Berechtigung für die Aussagen der Angeklagten und ihrer Verteidiger. Die dort absichtsvoll vorgetragenen Geschichtsfälschungen bildeten fortan die Grundlage der parteioffiziellen Geschichtsschreibung, auf die sich noch heute die Mehrzahl der bürgerlichen Autoren stützt, um die Hitlerlegende am Leben zu halten und sie womöglich noch auszubauen.

Die Verteidigung konnte natürlich nicht darauf verzichten, die Hochverrats-Beschuldigung mit dem Argument zurückzuweisen, die Angeklagten hätten nichts anderes im Sinne gehabt und getan, als Kahr, Lossow und Seisser auch zu tun beabsichtigten. Durch die Teilung des Prozesses in öffentliche und nichtöffentliche Sitzungen hatte der Vorsitzende die Möglichkeit, alle Beweise der Verteidigung für diese Argumentation in die Dunkelkammer der nichtöffentlichen Sitzungen zu verweisen, zum Schutze der Behauptung der Kahr, Lossow und Seisser, sie hätten im Gegensatz zu Hitler nie an Gewaltanwendung zum Sturz der Reichsregierung, sondern nur an die Ausübung lega-

27 *Deuerlein,* Hitlerputsch, S. 691; *Bennecke,* Hitler und die SA, S. 99; Politik in Bayern, S. 157.

28 So *Bennecke,* Hitler und die SA, S. 99.

29 Da die bayerischen Sondergerichte nach dem 1. April 1924 aufzulösen waren, mußte bis zum 1. April der Prozeß abgeschlossen sein, andernfalls hätte er vor dem Staatsgerichtshof in Leipzig weitergeführt werden müssen. – Siehe ZStAP, RJuM 5050/28, Bl. 22.

30 *Bennecke,* Hitler und die SA, S. 99.

31 Die SPD erreichte 513.590, der »völkisch-nationale Block«, der die Stimmen für die verbotene NSDAP sammelte, 512.271 Stimmen.

32 Der Hitler-Prozeß, S. 242.

len »Druckes« gedacht[33], also niemals Hochverrat begangen oder begehen wollen. Das Gericht ließ jedoch zu, daß auf Kahr, Lossow und Seisser als Zeugen von Anfang an der Schatten der Unglaubwürdigkeit fiel, indem es dem Antrag der Verteidigung entsprechend auf ihre Vereidigung verzichtete[34], sie auf diese Weise allerdings auch davor bewahrend, wegen Meineides belangt werden zu können. Im übrigen ließ der Vorsitzende, Landgerichtsdirektor Georg Neithardt, wohlwollend die Verwandlung dieses angeblichen Tribunals gegen Hitler und Konsorten in eine Tribüne für Hitler und die Mitangeklagten zur Hetze gegen die Reichsregierung, die Republik, die »Novemberverbrecher« und zur leidenschaftlichen Anklage gegen die »Verräter« Kahr, Lossow und Seisser zu. Hitler hatte von diesem Gericht, dessen Laienbeisitzer »fanatisch für die Angeklagten«[35]waren und deren Freispruch verlangten, nichts zu befürchten und wußte das. Er konnte also wieder ungehemmt den starken, unbeugsamen »Führer« spielen, zumal er auch den Saal gefüllt wußte mit seinen Anhängern. Er fand während des Prozesses zu seiner Hochform zurück wie in den besten Tagen der Versammlungen im nahegelegenen Zirkus Krone, angefeuert noch durch die Anwesenheit der besten Reporter der Weltpresse. »Vor dieser Weltöffentlichkeit wuchs sein Selbstgefühl noch über die steile Höh, wo Fürsten und Minister stehn, hinaus.«[36]

Für die Prozeßführung war folgende Szene charakteristisch:[37] Nach scharfen Ausfällen Kriebels gegen Kahr und Lossow konnte Staatsanwalt Stenglein nicht umhin, an den Vorsitzenden gewandt sehr zurückhaltend und milde zu bemerken, er bitte doch, daß solche Bemerkungen zunächst doch noch gerügt würden, solange die Angegriffenen noch nicht Gelegenheit gehabt hätten, darauf zu erwidern. Vorsitzender Neithardt erwiderte darauf unter dem Beifall der Zuhörer sehr scharf: »Es ist nicht Aufgabe der Staatsanwaltschaft, dem Vorsitzenden eine Rüge zu erteilen. Ich habe keinen Anlaß gefunden, den Angeklagten zu unterbrechen.« Der Verteidiger Kohl setzte das Tüpfelchen auf das i, indem er bemerkte: »Das Urteil, das Oberstleutnant Kriebel über das Verhalten der drei Herren ... abgegeben hat, ist das Urteil aller anständig Denkenden in Deutschland, und ich nehme an, daß der Staatsanwalt auch zu den anständig Denkenden gehört.« Pflichtgemäß, aber ohne jeden Nachdruck erklärte jetzt der Vorsitzende: »Eine solche Äußerung kann ich nicht zulassen.« Kohl fuhr unbeirrt fort: »Der Staatsanwalt erfüllt seine Pflicht, die ihm selbst lästig sein muß.« Der Staatsanwalt hatte darauf nichts anderes zu erwidern als dies: »Ich habe schon gesagt, daß die Staats-

33 Ebenda, S. 128.

34 *Bennecke*, Hitler und die SA, S. 100.

35 *Heiden*, Geschichte, S. 176.

36 Ebenda, S. 173.

37 Der Hitler-Prozeß, S. 48f.

anwaltschaft nicht dazu da ist, Kahr, Lossow und Seisser zu halten, habe auch nicht gesagt, ob ich ihr Verhalten billige oder nicht billige, sondern nur festgestellt, daß man doch auch die andere Seite gehört haben muß, bevor man den Stab über sie bricht.« Wer deutsche Staatsanwälte in jener Zeit bisher nur aus Prozessen gegen Linke, seien es Sozialdemokraten oder Kommunisten, kannte, konnte sich nur wundern, wie schüchtern und sanftmütig diese gegen links so schneidend kalten und rasiermesserscharfen Diener der Justiz in diesem Prozeß sein konnten! Vor einem solchen Gericht den verfolgten »nationalen« Helden zu spielen, war wahrhaftig äußerst billiges Theater!

In der Presse – soweit sie nicht mit den Angeklagten oder der Kahr-Lossow-Gruppe sympathisierte – wurde die Einmaligkeit dieser Prozeßführung gebührend herausgestellt. So schrieb das liberale »Berliner Tageblatt«: »Diese Art der Verhandlung ist ... beschämend, und dem Zweck des Strafprozesses, Aufklärung und Bestrafung der Schuldigen zu bringen, dient eine solche politische Agitation im Gerichtssaal gewiß nicht ... Der Übermut der Angeklagten kannte keine Grenzen mehr. Sie bestimmten, unter dem Beifall des Publikums, den Gang der Verhandlung und warfen sich zu Anklägern und Richtern auf ... Die Verhandlung, wie sie sich unter dem Vorsitzenden des Münchener Volksgerichtes, Herrn Neidhardt, entwickelt hat, ist ein Justizskandal schlimmster Art ... Er ist energisch eigentlich nur einmal geworden und zwar gegen die Staatsanwaltschaft.«[38]

Das ziemlich weit rechts stehende Zentrumsorgan »Germania« kommentierte den Prozeßverlauf wie folgt: »Eine derartige Gerichtsverhandlung hat es in Deutschland wohl noch nicht gegeben. Die Art, wie dieser Gerichtssaal zu einer nationalsozialistischen Agitationstribüne gemacht wurde, und die Mittel, mit denen das geschah, oft mit geradezu terroristischen gegen den Vorsitzenden selber, das alles mußte man selbst Auge in Auge und Ohr zu Ohr wahrgenommen haben.« Es wurden »unter unbegreiflicher Duldung des Vorsitzenden die unerhörtesten Reden gegen Staats- und Reichsverfassung und die Träger der Verantwortung, gegen den Reichspräsidenten, Reichsregierung, Minister, Reichstag usw. gehalten, oftmals geradezu unflätige Beschimpfungen ausgesprochen ... Ganz systematisch ist eine Stimmung großgezogen und nicht nur erhalten, sondern bis zum Schluß ... gesteigert worden, die auf eine großzügige Werbepropaganda für die Deutschvölkischen hinauslief.«[39]

Kriebel und Hitler führten einen »edlen« Wettstreit darum, wer für die Aktion verantwortlich sei. Kriebel hatte in der Voruntersuchung erklärt, daß er für alles, was er als militärischer Führer getan und angeordnet habe, ganz allein die Verantwortung trage. Dem widersprach Hitler heftig, denn er sah darin einen Angriff auf seinen Anspruch

38 ZStAP, RJuM, Nr. 5053/28, Bl. 22, BT, Nr. 113 v. 6.3.1924.

39 Ebenda, Nr. 5053/27, Bl. 139, Germania, Nr. 111 v. 30.3.1924.

auf alleinige Führerschaft: »Ich protestiere dagegen, daß Kriebel die Verantwortung für die militärischen Maßnahmen auf sich nimmt, die Verantwortung trage ich allein.«[40] Kriebel war aber keineswegs bereit, sich so ohne weiteres aus der Ruhmeshalle der nationalen Rettergestalten verdrängen zu lassen, deshalb bestand er in seinem Schlußwort fest darauf, die Verantwortung für sein Tun »restlos« auf sich zu nehmen: »Das, was ich als militärischer Führer des Kampfbundes in den Tagen des 8. und 9. November angeordnet habe, das verantworte ich restlos allein.«[41] Solche »Verantwortungsfreudigkeit« war als Demonstration deutscher Treue und männlicher Tapferkeit auf naive Gemüter außerordentlich wirkungsvoll und dabei vor einem solchen Gericht nicht nur völlig risikolos, sondern sogar strafmildernd. Und so ist es denn auch kein Wunder, daß in seinem Schlußwort auch noch Oberlandführer Weber in diesen Wettstreit eingriff mit den kerndeutschen Worten: »Wenn das, was am 8. November geschah, Strafe verdient – meine Überzeugung ist, daß ich nur meine Pflicht als Deutscher und Oberländer tat –, dann bitte ich das hohe Gericht zu bedenken, daß unter denen, die hier als Angeklagte stehen, ich allein mit meinem Freund Hitler die volle Mitverantwortung und Mitschuld trage, – und nicht Herr Oberstleutnant Kriebel, der ja nur ausführendes Organ war – und deshalb die gleiche Strafe zugemessen erhalten muß, wie Herr Hitler.«[42]

Hitler zog auch vor Gericht wie in seinen Versammlungen in raffinierter Berechnung wieder alle Register; die sentimentale Klage über die schnöde Welt, die ihn verfolge und schmähe, gehörte allemal dazu: »Man wollte uns eben die Mitglieder rauben dadurch, daß man uns als Schurke hinstellte. In dieser Zeit wollte ich nichts mehr wissen von dieser verlogenen Welt.«[43] Er fühle sich »als bester Deutscher, der das Beste für das deutsche Volk gewollt« habe.

Eine einzige Bemerkung Hitlers verdient als zutreffende Selbstcharakteristik festgehalten zu werden; wohl, um der von der Sozialdemokratie so gerne benutzten Kennzeichnung der Nazis als »Rechtsbolschewisten« entgegenzuwirken und Leute zu beruhigen, die sich dadurch erschrecken ließen, daß die Nazis sich als Revolutionäre bezeichneten, erklärte Hitler, er stehe vor Gericht als »Revolutionär gegen die Revolution«[44], als Gegenrevolutionär also, und das war die reine Wahrheit, und daraus erklären sich ja die vielen Merkwürdigkeiten dieses Prozesses, in dem Gegenrevolutionäre über Gegenrevolutionäre zu Gericht sitzen mußten.

40 Der Hitler-Prozeß, S. 27.

41 Ebenda, S. 256.

42 Ebenda, S. 261.

43 Ebenda, S. 27f.

44 Ebenda, S. 27.

In der bürgerlichen Geschichtsschreibung ist es üblich, wenn über den Prozeß gesprochen wird, nur Ausführungen Hitlers zu zitieren; damit wird der Eindruck hervorgerufen, als habe er eine besonders eindrucksvolle, mutige Haltung an den Tag gelegt, eben die Haltung eines Führers. Nun, Mut brauchte er wahrhaftig nicht zu solchen Ausfällen wie etwa: »Ich klage an Ebert, Scheidemann und Genossen des Landesverrats und des Hochverrats. Ich klage sie an, weil sie ein 70-Millionen-Volk vernichtet haben«[45], die brachten nur eine sanfte Mahnung des Vorsitzenden ein, es gehe zu weit, Ebert, Scheidemann und Genossen des Hochverrats zu bezichtigen. Den »Mut«, die Republik zu beschimpfen und lächerlich zu machen, ließ nicht einer der Angeklagten vermissen. Der ehemalige Polizeipräsident Pöhner erklärte, er habe von Anfang an diese Obrigkeit abgelehnt; das seien »Afterregierungen«, die man nur zu bekämpfen habe. Diese Auffassung habe er immer vertreten und seinen Vorgesetzten sogar schriftlich gegeben. Er habe abgelehnt, vor dem Staatsgerichtshof zu erscheinen, weil er ihn nur als Revolutionstribunal ansehe, demgegenüber er nicht zum Gehorsam verpflichtet sei. Er sei deshalb vom bayerischen Justizministerium nie gerügt worden, im Gegenteil, es habe von sich aus sein Nichterscheinen vor dem Staatsgerichtshof entschuldigt. Als Pöhner vom Reichspräsidenten als von »Ebert Fritze« sprach, bemerkte der Vorsitzende, nachdem Pöhner lang und ausführlich seine Geringschätzung und Mißachtung gegenüber allen Einrichtungen der Republik drastischen Ausdruck verliehen hatte, mild: »Die Äußerung ›Ebert Fritze‹ kann als Geringschätzung aufgefaßt werden«, worauf Pöhner erwiderte: »Dann sage ich Fritz Ebert«.[46]Kriebel sagte über seine Stellung zur Weimarer Verfassung aus: »Ich kenne weder die Weimarer noch die bayerische Verfassung. Aber ich weiß, daß die Reden im Parlament, die Reden der Minister, aller vaterländischen Vertreter, auch Kahrs, doch auf den Ruf eingestellt waren: Kampf gegen die Weimarer Verfassung. Da habe ich mir in meinem einfachen Soldatengemüt gedacht, wenn alles schreit, warum soll ich dann nicht dagegen kämpfen.«[47]

Hitlers Schlußwort mußte aber selbstverständlich die Konstruktion der Anklage, daß er »die Seele des ganzen Unternehmens« gewesen sei, und seinen eigenen Führungsanspruch, rechtfertigen. Deshalb war sein Schlußwort als eine große »historische« Rede konzipiert, gewissermaßen gespickt mit »goldenen Führerworten« wie etwa diesem: »Ich halte es eines großen Mannes nicht für würdig, seinen Namen der Geschichte nur dadurch überliefern zu wollen, daß er Minister wird … Was mir vor Augen stand, das war vom ersten Tage an tausendmal mehr, als Minister zu werden. Ich wollte der Zerbrecher des Marxismus werden. Ich werde diese Aufgabe lösen, und

45 Ebenda, S. 265.

46 Ebenda, S. 258.

47 Ebenda, S. 47.

wenn ich sie löse, dann wäre der Titel eines Ministers für mich eine Lächerlichkeit … Nicht aus Bescheidenheit wollte ich damals ›Trommler‹ sein; das ist das Höchste, das andere ist eine Kleinigkeit.«[48] Oder die unerträglich schwülstige Schlußpassage dieser Rede, in der er von der Versöhnung mit der Reichswehr »beim ewigen letzten Gottesgericht, zu dem anzutreten wir willens sind« daherredete, und sich in ein künstliches Pathos steigerte, dessen Unechtheit auch die Sprache total verdarb und groteske Bilder entstehen ließ – (»Dann wird aus unseren Knochen und aus unseren Gräbern die Stimme des Gerichtshofes sprechen …«[49]usw.). Man halte sich dieses Münchener Gericht von Nazis und Nazifreunden vor Augen, und man empfindet die Hohlheit und lächerliche Theatralik, die völlig unangemessene Feierlichkeit, den leeren Bombast dieser Rede, man erkennt die primitiven Vorstellungen dieses Mannes über historische Größe und seine krampfhaften Bemühungen, diese Größe leibhaftig vorzuführen, wenn man diese letzten Sätze seines Schlußwortes liest: »Ihr Urteil, das Sie fällen werden, kenne ich. Aber jenes Gericht wird uns nicht fragen: Habt Ihr Hochverrat getrieben? … Mögen Sie uns tausendmal schuldig sprechen, die Göttin des ewigen Gerichtes der Geschichte wird lächelnd den Antrag des Staatsanwaltes und das Urteil des Gerichtes zerreißen; denn sie spricht uns frei.«[50]

Der sichere Freispruch durch die »Göttin des ewigen Gerichts der Geschichte« konnte ihn in einem Punkte allerdings keineswegs beruhigen: in der Frage der Ausweisung. Da kannte er das Urteil nicht sicher genug, und deshalb richtete er einen leidenschaftlichen Appell an das Gericht, ihn nicht auszuweisen; nicht für sich bitte er darum, sondern weil seine Ausweisung »für das deutsche Volk dereinst schmachvoll und schändlich sein würde«. Denn es sei »das Zeichen eines minderwertigen Volkes, wenn es nicht mehr imstande« sei, »sich gegenseitig so zu achten, daß es nicht zu Ausweisungen greift.«[51]

Das Plädoyer des Staatsanwaltes war bei weitem die wichtigste und enthüllendste Rede des ganzen Prozesses, denn sie machte klar, daß dieser Prozeß Hitlers politische Tätigkeit nach dem Willen des Gerichtes – das hier stellvertretend stand für die herrschende Klasse zunächst in Bayern – nicht beenden, sondern nur »läutern« sollte. Der Prozeß war gedacht als pädagogische Lektion für den begabten Demagogen, auf dessen Dienste man auch künftig nicht verzichten wollte. Deshalb wurde ihm durch den Staatsanwalt ausdrücklich hinter die Ohren geschrieben, was er falsch gemacht hatte und wie er es künftig besser machen müsse. Die Ungeduld der national-aktivistischen Kreise, die da meinten, mit einem Gewaltstreich das alte Deutsche Reich in seiner

48 Ebenda, S. 267.

49 Ebenda, S. 269.

50 Ebenda.

51 Ebenda, S. 268.

strahlenden Herrlichkeit wieder aufrichten zu können, habe sich als schädlich erwiesen, dozierte der Staatsanwalt. »Ich verkenne den guten Kern darin nicht«, versicherte er väterlich, »und es ist verständlich, daß gerade unsere begeisterungsfähige Jugend diesem Gedanken verfällt. Aber sie muß gezügelt und in die rechte Bahn gelenkt werden. An Stelle von Ungeduld muß harte eiserne Geduld treten, die in der Stille arbeitet, aber tatenfreudig und der Zukunft sicher, die Geduld, die mit zusammengebissenen Zähnen wartet, bis die Saat reif zum Gelingen ist.«[52] Nach dieser Mahnung zur Geduld wurde Hitler auf den legalen Weg zum »Gelingen« verwiesen: »Die Weimarer Verfassung bildet die Grundlage des Reiches. Die Gegnerschaft gegen diese Verfassung, mag sie auch aus nationalen Gründen berechtigt erscheinen, darf niemals dazu führen, daß man die Verfassung mit Gewalt zu ändern oder zu beseitigen versucht.« Das waren zwei wichtige Grundlehren, die da dem immer noch jungen und gelehrigen Hitler auf den Weg gegeben wurden, und er sollte sie sich gut einprägen. Im übrigen stellte der Staatsanwalt Hitler ein vorzügliches Zeugnis aus. Aus einfachen Verhältnissen hervorgegangen, habe er den Weltkrieg als Freiwilliger mitgemacht »und sich durch hervorragende Tapferkeit ausgezeichnet«. Anerkennend wurde vermerkt, daß Hitler »sich über die Revolution hinaus seine Gesinnung erhalten« und »aus den bescheidensten Anfängen heraus die nationalsozialistische Bewegung ins Leben gerufen« habe, »die sich als Ziel die Bekämpfung des Marxismus, des Judentums und die Abrechnung mit den Novemberverbrechern gesetzt« habe. Über Hitlers politische Fähigkeiten habe er nicht zu urteilen, aber: »Seine Tätigkeit, den Glauben an die Große Deutsche Sache zu verbreiten, bleibt sein Verdienst«. Es sei ungerecht, ihn »schlechthin als einen Demagogen« zu bezeichnen. Sein Privatleben habe er stets rein erhalten. Kurz, der Staatsanwalt hatte eigentlich nichts an ihm auszusetzen bis zu dem Zeitpunkt, da ihn seine Umgebung verdorben habe. Unter der »steigenden Verhimmelung seiner Anhänger und der Einwirkung seiner Umgebung« sei in ihm der Glaube an seine Berufung als Retter Deutschlands zum Durchbruch gekommen, und infolge der Verhimmelung habe er sich über die Grenzen des Zulässigen hinaus begeben. Wie Hitler ja selbst zugegeben habe, treffe ihn die Hauptschuld für die Geschehnisse, womit er sich des Hochverrats schuldig gemacht habe. Aber: »Gerechte Strafbemessung verlangt die Würdigung der Person des Täters. Er ist ein Mann, der sich im Krieg durch hervorragende Tapferkeit ausgezeichnet hat, er hat nach dem Krieg weitergekämpft für die deutsche Sache. Eigennützigkeit kann ihm nicht vorgeworfen werden. Bei der Tat hat nicht persönlicher Ehrgeiz gesprochen, sondern die Begeisterung für die Sache. Als Menschen können wir Hitler unsere Achtung nicht versagen. Die ständige Verhimmelung trübte ihm allmählich seinen Blick.«[53]Soweit der Staatsanwalt zu

---

52 Ebenda, S. 219.

53 Ebenda, S. 223f.

Hitler. Danach war klar, daß sein Strafantrag – acht Jahre Festungshaft – von ihm selbst nicht ernst genommen wurde. Zur Ausweisungsfrage fand er natürlich auch eine juristische Hintertür, um der zwingenden Anweisung des Republikschutzgesetzes zu entgehen mit der Begründung, dieses Gesetz sei ja durch den Generalstaatskommissar am 28. September für Bayern außer Kraft gesetzt worden. Das Gericht müsse deshalb selber über diese Frage entscheiden.[54] Das Urteil des Gerichts lautete für Hitler, Weber, Kriebel und Pöhner auf je fünf Jahre Festungshaft mit Aussicht auf Bewährungsfrist nach Verbüßung von sechs Monaten Haft. Die Ausweisung Hitlers wurde mit der Begründung abgelehnt, Hitler sei Deutschösterreicher. Er betrachte sich als Deutscher. Auf einen Mann, der so deutsch denke und fühle wie Hitler, der freiwillig viereinhalb Jahre lang im deutschen Heere Kriegsdienst geleistet usw. könne »nach Auffassung des Gerichts die Vorschrift des § 9, Abs. II des Republikschutzgesetzes ihrem Sinne und ihrer Zweckbestimmung nach keine Anwendung finden.«[55]

Ludendorff wurde selbstverständlich freigesprochen[56], die übrigen Angeklagten zwar zu einem Jahr, drei Monaten Festungshaft, aber mit Bewährungsfrist, verurteilt. Die »Göttin des ewigen Gerichts der Geschichte« hat den Angeklagten also bereits mit dem Gesicht des Gerichtsvorsitzenden Neithardt zugelächelt.

»Das Urteil im Münchener Hochverratsprozess ist eine Farce und ein Hohn«, schrieb die »Frankfurter Zeitung«.[57] »Der 1. April war hier ein Symbol als Verkündigungstag für das Urteil ...; es ist ein Aprilscherz, ein höchst übler freilich«.[58]

So wurde der galvanisierte politische Leichnam Hitler von der deutschen Klassenjustiz zu einer historischen Figur der deutschen Geschichte aufgewertet und zur späteren Verwendung bei erneutem Bedarf ins Reservistenkorps für nationale Massenverführer eingereiht.

---

54 Ebenda, S. 228.

55 Ein halbherzig betriebenes Ausweisungsverfahren wurde am 26.3.1924 von der Polizeidirektion München eingeleitet; die diesbezüglichen Verhandlungen mit den österreichischen Behörden kamen jedoch nicht vom Fleck. Am 7. April 1925 beantragte Hitler von sich aus bei den zuständigen österreichischen Amtsstellen seine Entlassung aus der österreichischen Staatsbürgerschaft. Diesem Antrag wurde mit Wirkung vom 30. April 1925 entsprochen. Seitdem gehörte Hitler zur Kategorie der Staatenlosen. Siehe *Franz Jetzinger*, Hitlers »Ausbürgerung« aus Österreich. Ein Dokumentarbericht, in: Ernst Niekisch, zum 70. Geburtstag, Nürnberg 1959, S. 14ff.; Siehe auch *D. C. Watt*, Die bayerischen Bemühungen um Ausweisung Hitlers, in: VfZ, 1958, S. 270ff.

56 Ludendorff, der dem Gericht so sehr dabei geholfen hatte, diesen Freispruch verkünden zu können, raffte sich zu einem letzten Versuch auf, sein dadurch unheilbar beschädigtes Ansehen zu retten, indem er emphatisch ausrief: »Ich empfinde die Freisprechung als eine Schande, weil meine Kameraden verurteilt sind. Das hat dieser Ehrenrock nicht verdient.« – Hitler-Prozeß, S. 272.

57 ZStAP, RJuM, Nr. 5053/27, Bl. 162, FZ, Nr. 294 v. 2.4.1924.

58 Ebenda, Bl. 205, FZ, v. 5.4.1924.

Epilog

Bürgerliche Historiker gelangen bei der Beurteilung der Bedeutung des Putsches gewöhnlich zu einer Fehleinschätzung, weil sie zwischen dem Putsch und der zehn Jahre später erfolgten Ernennung Hitlers zum Reichskanzler eine direkte Beziehung herstellen, die in Wirklichkeit nicht bestand. So meint z. B. Hallgarten – der sich im übrigen mehr als alle anderen bürgerlichen Autoren darum bemühte, die Rolle von Vertretern des deutschen Monopolkapitals bei der Förderung der Nazipartei aufzuhellen – seine Niederlage habe Hitler zum Martyrium und zum späteren Wiederaufstieg verholfen.[1] Wir haben gesehen, wie unzutreffend eine solche Einschätzung ist, bedurfte es doch größter jahrelanger Anstrengungen – die mit dem Prozeß ihren Anfang nahmen – bis Hitler trotz seiner wenig ruhmvollen Niederlage wieder zu einer Figur heranwuchs, die im politischen Kräftespiel ernst genommen wurde. Nicht die Niederlage selbst, sondern was dann die Hitlerlegende aus ihr machte, verwandelte sie aus einem Hindernis zu einem fördernden Faktor für den Wiederaufstieg Hitlers.

Auch Gordon, der amerikanische Chronist des Hitlerputsches, überschätzt dessen Bedeutung – ganz abgesehen davon, daß er ein Hitlerbild ganz im Sinne der Hitlerlegende entwirft, obwohl er ausgezeichnet alle Tatsachen kennt, die mit diesem Bilde unvereinbar sind.[2]

Bracher, dessen Werke über den Nationalsozialismus[3] in der BRD weithin als Standardwerke gelten, leitet die Bedeutung des Putsches in völlig personalistischer Be-

---

1 *Hallgarten, S. 40.*

2 *Gordon* schreibt, Hitler habe sich durch die Putschniederlage aus einem »frenetischen Revolutionär« zu einem zu positiver Aufbauarbeit bereiten politischen Führer entwickelt; er faßt die Hitlerlegende gleichsam in zwei Sätzen zusammen: »Es gibt nur wenige Männer, die während ihres ganzen politischen Lebens unbeirrt ein einziges Ziel verfolgten … Hitler war ein solcher Mann, und die NSDAP war das Werkzeug, mit dessen Hilfe er seine Ziele verwirklichen wollte.« (S. 57) Und: »Hitlers erste Krise hatte ihn zum Revolutionär werden lassen, die zweite machte aus ihm den unangefochtenen Führer einer großen politischen Bewegung. Die dritte Krise brachte ihn in Deutschland ans Ruder, und die vierte führte ihn zu Eroberungen, zur Niederlage und in den Tod.« – *Gordon*, Hitlerputsch, S. 552f.

3 *Bracher*, Die Auflösung der Weimarer Republik; *Karl Dietrich Bracher / Gerhard Schulz / Wolfgang Sauer*, Die nationalsozialistische Machtergreifung, Köln / Opladen, 1962; *Bracher*, Die deutsche Diktatur.

trachtungsweise davon ab, welche Bedeutung sein Scheitern angeblich für Hitlers strategisches und taktisches Denken gehabt habe. Bei Bracher kommt heraus, daß Hitler völlig aus sich heraus die »Legalitätspolitik« entwickelte, »die der zweiten Phase der ›Kampfzeit‹ das Gepräge gab.«[4] Was diesem Erkennen der Notwendigkeit des »legalen« Weges an Verkennen der Situation, an Furcht und Hoffnungslosigkeit bei Hitler und an Aufrichtungsbemühungen so vieler Kumpane und wohlmeinender Helfer aus der »besseren Gesellschaft« voranging, welch wertvollen politischen Nachhilfeunterricht ihm der Staatsanwalt erteilte – von alledem kein Wort.

Überhaupt fällt auf, daß dem Münchener Prozeß seitens der bürgerlichen Historiker erstaunlich wenig Aufmerksamkeit gewidmet wird, obwohl er an Bedeutung den Putsch selbst weit übertraf und obwohl ohne seine Kenntnisse die weitere Geschichte der NSDAP weitgehend unverständlich bleiben muß. Aber diese Zurückhaltung ist natürlich kein Zufall, denn die Hitlerlegende kann sich nur dort halten, wo die Unkenntnis über die wirklich entscheidenden Vorgänge und Zusammenhänge aufrecht erhalten wird. Es müssen schon ganz besondere Interessenkonstellationen vorliegen, wie etwa bei Bennecke[5], wenn ein bürgerlicher Autor aus dem Rahmen der Hitlerlegende herausspringt und ausspricht, daß der Ursprung der sogenannten Ideen Hitlers in der Regel in Hitlers Umgebung zu finden ist, und daß deshalb die »direkten und indirekten Hinweise auf die Umgebung Hitlers und die auf ihn wirkenden Einflüsse ... Beachtung verdienen.«[6]

Bei unvoreingenommener Beurteilung der Bedeutung des Putsches wird man ihm kaum mehr als lokalen und episodischen Charakter zusprechen können, soweit es um seine unmittelbaren Folgewirkungen geht. Er hat das bestehende Kräfteverhältnis nicht verändert, sondern es nur blitzartig sichtbar gemacht; er hat in keiner Weise eine Wende herbeigeführt, sondern lediglich zur Beschleunigung von Prozeßabläufen beigetragen, die auch ohne ihn in gleicher Richtung verlaufen wären. Weder das Klassenkräfteverhältnis in Deutschland noch die internationale Position des deutschen Imperialismus ließen damals die Errichtung einer offenen Diktatur zu. Auch Seeckt, Stinnes, Claß und Kahr – hätten sie versucht, ihre Putschpläne zu verwirklichen – wären an diesem Kräfteverhältnis gescheitert.

Der Weg Stresemanns – der Weg der Einstellung des »Ruhrkampfes«, der Stabilisierung der Währung mit Hilfe ausländischer Kredite, der Anlehnung an England und

4 *Bracher*, Die deutsche Diktatur, S. 129.

5 Bennecke, der offenbar aus dem Kreise um Ehrhardt zur SA und erst auf diesem Wege zur NSDAP kam und sich den militärischen Führern wie Röhm und Kriebel mehr als Hitler verbunden fühlte, ging es augenscheinlich darum, die »Verdienste« dieser Leute, die von der Nazipropaganda im Interesse der Hitlerlegende verschwiegen wurden, in vollem Umfange sichtbar zu machen.

6 *Bennecke*, Hitler und die SA, S. 108f.

USA gegenüber dem Druck Frankreichs – blieb deshalb erfolgreich, weil er der einzige Weg war, auf dem der deutsche Imperialismus aus der Krise in eine – wenngleich nur relative – Stabilisierung gelangen konnte. Der Übergang in die relative Stabilisierung ließ aber auch in Bayern – mit oder ohne Putsch – auf längere Sicht keinen Raum mehr für die Fortsetzung der »Ordnungszellen«-Politik. Für ein bayerisches Generalstaatskommissariat gab es keinen Platz mehr. Kahrs Uhr war abgelaufen, als es der Reichsregierung gelang, die Arbeiterbewegung niederzuwerfen, ohne die militaristischen und faschistischen Kräfte der »Ordnungszelle« in Anspruch nehmen zu müssen, und nachdem ihr auch die Währungsstabilisierung und die – wenigstens teilweise – Beseitigung des Achtstundentages gelungen war. Der Putsch hat bestenfalls die Ablösung Kahrs etwas früher erfolgen lassen, als dies ohne Putsch der Fall gewesen wäre, aber das ist schon keineswegs sicher. Und was für Kahr gilt, gilt erst recht für Lossow. Spätestens mit Kahr mußte auch er fallen und seinen Platz dem vom Reichswehrminister als Nachfolger bestimmten Freiherrn Kreß v. Kressenstein räumen.

Der Putsch hat für keine Stunde etwas daran geändert, daß der Hauptgegner für die Reichsregierung die Arbeiterklasse, insbesondere ihre revolutionäre Vorhut, die KPD, war. Indem der Putsch den Anlaß für die Verschärfung der Militärdiktatur lieferte, erleichterte er der Staatsmacht, die ganze Schärfe der staatlichen Machtmittel zur Unterdrückung der KPD und ihrer Presse einzusetzen. Im Gegensatz zum Putsch selbst wurde auf dem Putschprozeß und durch ihn gar manche Weiche für die Zukunft gestellt; andere Weichenstellungen, die erst später erfolgen sollten, kündigten sich an. Das bürgerliche Klassengericht machte durch die Prozeßführung klar, daß die herrschende Klasse die faschistische Variante ihrer Machtbefestigung nicht ein für allemal abschrieb, sondern für künftige Bedarfsfälle in der Hinterhand behalten wollte. Indem der Staatsgerichtshof das skandalöse Münchener Urteil – faktischer Freispruch für alle Angeklagten – nicht anfocht, bestätigte er den Münchener »Volksrichtern«, daß sie im Sinne der herrschenden Klasse nicht nur Bayerns, sondern ganz Deutschlands »Recht« gesprochen hatten. Damit enthüllte – wir wiederholen dies, weil es der entscheidende Gesichtspunkt ist – der Prozeß das Grundverhältnis der herrschenden Klasse zum Faschismus; es wäre nicht nur ein Leichtes gewesen, durch den Prozeß Hitler und die NSDAP politisch für immer zu erledigen, es war sogar zwingend vorgeschrieben, dies zu tun, nach den Gesetzen, die das bürgerliche Parlament selbst erlassen hatte. Das bürgerliche Klassengericht setzte sich bedenkenlos über die eigene bürgerliche Gesetzlichkeit hinweg, weil es nicht bereit war, der eigenen Klasse ein so sehr benötigtes Instrument für den Kampf gegen die Arbeiterklasse aus der Hand zu nehmen. Alle Betrachtungen darüber, die Nazipartei sei als spontane Kleinbürgerbewegung unabhängig von der herrschenden Klasse zu einer solch starken Massenbewegung angewachsen, daß sich die herrschende Klasse mit ihr habe arrangieren müssen, indem sie sich zu einem Bündnis mit dieser Bewegung herbeiließ, erweisen ihre Haltlosigkeit, sobald sie mit den Tatsachen konfrontiert werden. Die Presseorgane der reaktionärsten Teile der deutschen Monopolbourgeoisie bekundeten ihre Sympathie und Solidarität mit Hitler und seinen Zielen gerade jetzt, nach seiner Niederlage. Am 19. März 1924 erschien in der »Berliner Börsen-Zeitung« ein Leitartikel, in dem zu lesen war: »Daß es den Umsturzparteien der Linken … gelungen ist, *gewaltsam* ihren Willen durchzusetzen, ist der Fluch, der seit dem November 1918 das Schicksal des deutschen Volkes beherrscht, der die Idee des gewaltsamen Umsturzes auch in die Parteien der extrem Rechten hineingebracht hat und der erst weichen wird, wenn das Unrecht der Revolution gesühnt wird … So lange in der deutschen Volksvertretung juristisch gleichberechtigt Sozialisten und Kommunisten sitzen dürfen, … werden wir auch die Rechtsrevolutionäre haben.« Zum Münchener Putsch direkt übergehend, schrieb das Blatt: »Jeder anständige Mensch wird … sowohl bei Hitler, Ludendorff … wie bei Kahr, Lossow und Seisser … anerkennen, daß sie sämtlich das Beste für das deutsche Volk gewollt haben … Die nationale Bewegung muß heil aus der Münchener Erschütterung herauskommen, selbst wenn die Männer, welche dabei die erste Rolle gespielt haben, aus dem politischen Vordergrund zurückzutreten hätten.« Sodann – und das ist höchst bemerkenswert –, nahm das Blatt gegen das »vorschnelle Urteil« Stellung, Hitler und Ludendorff seien Dilettanten gewesen; die Begründung dafür gibt offenbar die Erwartungen jener Kreise der norddeutschen Bourgeoisie wieder, die mit den Putschisten in München in Verbindung standen und beabsichtigten, mit ihnen gemeinsam loszuschlagen: »Wenn man an die Tage vorm Sturz des Kabinetts Cuno zurückdenkt, … dann wird man es jedenfalls auch nicht für ausgeschlossen halten dürfen, daß bei den viel schlimmeren Zuständen im November vorigen Jahres die von der Weimarer Verfassung gesetzten Instanzen auch vor einer großen *nationalen* Demonstration hätten zusammenknicken können«.[7] Noch viel weiter in der Solidarisierung mit Ludendorff und Hitler ging bemerkenswerterweise die »Rheinisch-Westfälische Zeitung«, ein Sprachrohr des Ruhrbergbaus. In einem Artikel zum Urteil im Hitlerprozeß wurden Kahr und Lossow heftig gescholten, daß sie »kaltblütig ihr Schäfchen ins Trockene gebracht und die Männer im Stich gelassen« hätten, »die felsenfest auf sie gebaut haben.« Kahr, Lossow und Seisser hätten sich »dazu mißbrauchen lassen, die große nationaldeutsche Bewegung zu verraten«.[8]

Nein, weder der viel berufene »Machtwille« Hitlers noch die Millionen kleinbürgerlicher Nazianhänger waren es, die der NSDAP den Weg an die Macht bahnten, sondern der Machtwille der reaktionärsten Kreise der Monopolbourgeoisie zur Liquidierung der Revolutionsergebnisse, zur endgültigen Beseitigung des Sozialismus als ei-

---

7 Berliner Börsen-Zeitung, Nr. 133 v. 19.3.1924.

8 ZStAP, RJuM, Nr. 5053/27, Bl. 154, Rheinisch-Westfälische Zeitung, Nr. 270 v. 1.4.1924.

ner politischen Daseinsform in Deutschland – um noch einmal die klaren, unmißverständlichen Worte von Stinnes zu zitieren – und die Millionen, die sie in die NSDAP investierten, damit diese eine massenwirksame Demagogie in der Arbeiterschaft und unter jenen Schichten entfalte, die von den anderen Rechtsparteien nicht oder nicht mehr erreicht wurden. Der Putsch und der anschließende Putschprozeß markieren in Deutschland den Abschluß der Phase des Frühfaschismus. In dieser Phase hat der Faschismus, der zunächst in einer Vielzahl von Gruppen, Verbänden und Organisationen gewissermaßen nach seiner adäquaten Ausformung suchte, in der NSDAP einen Kristallisationskern gefunden. Die NSDAP erregte vor allem deshalb das besondere Interesse und die besondere Sympathie bei Vertretern der Großbourgeoisie und des Militarismus, weil sie den aktiven terroristischen Antikommunismus mit dem eifrigen Bemühen um ideologische Eroberungen in der Arbeiterschaft verband. Wie wenig der deutsche Faschismus eine selbständige Bewegung mit eigener Konzeption war, erweist sich daran, daß die Kampfmethoden und Kampfziele der NSDAP jeweils in Abhängigkeit von Änderungen in den Kampfmethoden und -zielen des deutschen Imperialismus wechselten.

Von 1920 bis etwa zur Ruhrbesetzung, als nach dem Scheitern des Kapp-Putsches die »Nationalisierung« der Arbeiterschaft im Vordergrund der Bemühungen der reaktionärsten Kreise der deutschen Monopolbourgeoisie stand, lag das Schwergewicht der Aktivität der NSDAP in der Agitations- und Propagandatätigkeit. Nach der Ruhrbesetzung verlagerte sich das Schwergewicht auf die SA, die ihrerseits unter der Obhut der Reichswehr mit anderen Kampfverbänden zusammengespannt wurde. Ab August 1923 bildete die NSDAP zusammen mit anderen den äußersten radikalen Flügel der Kräfte, die in Bayern und im ganzen Reich zum Sturz der Reichsregierung Stresemann rüsteten. Nunmehr wurde nicht nur die SA, sondern auch Hitler selbst in eine Dachorganisation militärfaschistischen Typs, den Kampfbund, eingespannt, neben dem die NSDAP auf eine unterstützende Funktion als Propagandaorganisation beschränkt blieb.

Durch das Scheitern aller ihrer Versuche, im abgekürzten Putschverfahren die Weimarer Republik zu erledigen, waren die reaktionärsten Kreise des deutschen Finanzkapitals in den folgenden Jahren zwingend auf den langwierigeren »verfassungsmäßigen« Weg verwiesen worden.

Wir hatten gesehen, wie der Staatsanwalt Stenglein diese Geschichtslektion als Maxime künftigen politischen Handelns an Hitler weitergab. Nach allem, was er in diesem Jahr 1923 erlebt und was er auf dem Prozeß gehört hatte, hätte Hitler schon von nicht zu überbietender Begriffsstutzigkeit sein müssen, um diese Lehre nicht zu kapieren und sich künftig nicht nach ihr zu richten. Von jetzt ab würde er nichts mehr unternehmen, ohne sich vorher zu vergewissern, daß er damit nicht in eine gefährliche Kollision mit der Staatsmacht, insbesondere mit der bewaffneten Macht, geriet. Einer seiner ersten Schritte nach seiner Entlassung aus der Haft war deshalb ein Gang zum bayerischen Ministerpräsidenten Held, um diesem in aller Devotion Wohlverhalten zu versprechen.[9] Und wenn er dennoch Exponenten der Staatsmacht angreifen würde, dann nur, wenn er sicher sein würde, daß eine noch stärkere Macht als die von ihm angegriffene hinter ihm stand. Im Grunde genommen hatte er sich an dieses Rezept auch bisher gehalten, aber ihm war dabei der Fehler unterlaufen, die Kräfteverteilung falsch einzuschätzen, weil er, der mythengläubige Mythenbildner, sich selbst vom Ludendorffmythos hatte blenden und bluffen lassen.

Die Frühphase des Faschismus in Deutschland war also vor allem von den Experimenten der reaktionärsten Kreise der deutschen Monopolbourgeoisie geprägt, die Weimarer Republik im gewaltsamen Schnellverfahren zu beseitigen.

Das Fazit dieser Jahre bestand in der Klarstellung, daß in Deutschland der Faschismus nach dem Debakel des Jahres 1923 eine Entwicklungschance nur hatte, wenn er dem Legalitätskonzept folgte und auf diese Weise dem deutschen Imperialismus eine Massenbasis für den »verfassungsmäßigen«, »parlamentarischen« Weg der Errichtung der offenen Diktatur bereitstellte. Er mußte in Deutschland eine *Massenbewegung* werden, oder aus ihm würde überhaupt nichts werden. Diese Alternative lag nicht im Wesen des Faschismus begründet, sondern war durch die Besonderheiten des Klassenkräfteverhältnisses in Deutschland bedingt. Die internationalen Erfahrungen mit dem Faschismus in den Jahren 1919-1923, in Italien, Ungarn und Bulgarien, offenbarten, daß die Art und Weise, wie es zur Errichtung der faschistischen Diktatur kommt, ganz verschieden sein kann, und daß der »parlamentarische«, »legale« Weg keineswegs als der »normale«, der Weg des Staatsstreiches dagegen als die Ausnahme, betrachtet werden können. Hier hängt alles von den jeweiligen Bedingungen, vom Klassenkräfteverhältnis und auch von der außenpolitischen Konstellation ab. Es gibt kein Schema dafür, auf welchem Wege die reaktionärsten Kreise der herrschenden Klasse ihre faschistische Diktatur errichten und auch keines für die Ausgestaltung dieser Diktatur. Die Staaten faschistischen Typs variieren ebenso von Land zu Land und von Jahrzehnt zu Jahrzehnt, wie die bürgerlichen Demokratien. Nur eines kann und muß von ihnen allen gesagt werden: Die faschistischen Bewegungen sind Geschöpf und Instrument der reaktionärsten Kreise der imperialistischen Bourgeoisie, wie der Faschismus an der Macht die offen terroristische Diktatur der reaktionärsten, am meisten chauvinistischen, am meisten imperialistischen Elemente des Finanzkapitals und des mit ihm verfilzten Großgrundbesitzes ist. Der Faschismus ist der Todfeind der Völker und der ganzen Menschheit. Die Völker werden nicht eher in Frieden leben können, bevor sie ihn nicht mit den Wurzeln ausgerodet haben.

---

9 *Bennecke*, Hitler und die SA, S. 113; *Heiden*, Geschichte, S. 186f.

Anhang

Dokumente

Nr. 1: Brief des Hauptmanns a. D. Mayr an Wolfgang Kapp

München, 24.9.20
Skellstrasse 2 / 2

Hochzuverehrender Herr Geheimrath!
Euer Hochwohlgeboren werden überrascht sein von mir nach einer mehrmonatlichen Pause etwas zu hören; es hat sich eine, wie mich dünkt, zuverlässige Möglichkeit der Verbindung ergeben, die ich nun auch ergreifen möchte; ich möchte die Gelegenheit wahrnehmen, um Sie meiner unwandelbaren Verehrung zu versichern, um auf Einiges in der Vergangenheit zurückzukommen und um für Zukunftspläne Ihren Rat und Ihre Förderung zu erbitten.

Zweimal hatte ich den Vorzug, mit Ihnen sprechen zu dürfen, Hochzuverehrender Herr Geheimrath – einmal (im Rheingold) zusammen mit Herrn Eckart, einem gutdeutschen Mann, wenn auch etwas blindwütigen Antisemiten, das zweitemal tagsdarauf allein und zur Berichterstattung über mein Zusammentreffen mit General von Lüttwitz und General von Oldershausen. Bei dieser Gelegenheit hatte ich auch die Ehre, Ihrer Fräulein Tochter vorgestellt zu werden.

Meine Ihnen vorgetragenen Gedanken waren grossenteils kritisch-negativ. Ich verneinte die Fähigkeiten des Herrn Pabst, den ich als grossen »Wurstler« bezeichnete, ich betonte die Notwendigkeit engeren Einvernehmens mit den höheren Reichswehrbehörden und verlangte – Anfang März – noch mindestens 2 Monate Zeit, eine Forderung, die – wie ich bei rückschauender Betrachtung zugeben muss – aus aussenpolitischen Gründen im Wesentlichen *nicht* gerechtfertigt war. Darüber später! Wir machten aber in Bayern fürs Erste, was möglich war. Was erreicht wurde, einschl. der Beseitigung des soz. Ministeriums Hoffmann, ist letzten Endes durch m. Drahtziehertätigkeit erreicht worden. Der Vertrauensmann, den ich Ihnen in Berlin am Sonntag den 14. März oder Montag 15. in die Wilhelmstr. schickte und den Sie zu ½-stündiger Unterredung empfingen, orientierte Sie über die Lage in München und brachte, wie ich glaube, zum Ausdruck, dass ein festes Beharren in Berlin, insbesondere gegenüber dem Stuttgarter Regierungsgesindel, auch in München die Neigung für Berlin und den Einfluss unserer Gruppe automatisch kräftigen würde. In der Nacht 16. / 17. hatte ich einen längeren telf. Gedankenaustausch mit Herrn Schneider (Reichskanzlei). Noch Mittwoch Vorm. wollte ich das Ergebnis dieser Unterredung in Gestalt eines Nachr. Blattes, von dem ein Herrn Geheimrath vielleicht interessierender Bürstenabzug beiliegt, in Massen vertreiben, als auch schon die Unheilsnachricht Ihres Rücktritts einlangte. Der mit Flugzeug zu Ihnen geeilte Herr Eckart mit Begleiter traf in Berlin vollendete Tatsachen. Nebenbei: In München selbst erwies sich der kleine Herr Kieffer, den ich mir Ihnen gegenüber seinerzeit als quantité négligeable zu bezeichnen erlaubt hatte, wirklich nur als solche und bei allem wohlmeinenden Eifer, nicht als mehr. Welche Schwierigkeiten bei alledem in München selbst zu bewältigen waren, wollen Sie allein daraus ersehen, dass frühzeitig der Oberst von Epp gegen mich als geheimen Drahtzieher anging, der ihm die Gruppe aus der Hand zu stehlen versuche und mit Gedanken wie Verhaftung General von Möhls spiele. Man musste also arbeiten »klug wie die Schlangen« und doch »ohne Falsch wie die Tauben«, während doch bei Revolutionen rücksichtslose Brutalität das einzig Aussichtsvolle ist. Man durfte sich, glaube ich, auf die Tätigkeit älterer Offiziere von vornherein nicht verlassen. Die Gehirne vom Stabsoffizier aufwärts sind durch Krieg und Revolution versandet. Diese Leute paktieren um ihre Pfründen. Der Oberstlnt. v. Metzsch auf dem entscheidenden Posten in Dresden hat sofort sabotiert und mit telef. Rücksprache mit München von Anfang an Verschiedenes verdorben. Für durchgreifende Massnahmen sind als unentbehrliche Vollzugsorgane ältere Offiziere eben nicht mehr zu gebrauchen. Solche Massnahmen wären vor allem gewesen: Sofortige Verhaftung der Reichsregierung, Füsilierung renitenter Unterstaatssekretäre u. dgl. Denn es ist zu betonen, dass der 13. März weniger aus innen- wie aus aussenpolitischen Gründen der richtige Augenblick gewesen wäre. Der massgebendste dieser Gründe war die damals noch bestehende Stärke unserer Wehrmacht als internationalem Faktor gegenüber den verschiedenen Partnern der Entente, deren Kriegsmüdigkeit gerade zu jener Zeit eine besonders akute gewesen ist. Die Rettung deutschen Schicksals bleibt nach wie vor in erster Linie eine Frage aussenpolitischen Entschlusses, wenngleich vorläufig und bis auf weiteres (nach dem Scheitern Ihres Versuches) etwas anderes als ein fanatischer, opferwilliger Protest nicht übrig bleibt, denn heute sind die Hemmungen verschiedenster Art: die Entwaffnung, die wirtschaftl. Not, die nationale Gleichgültigkeit und Würdelosigkeit, separatistische Lockungen vor allem unter föderalistischem und wirtschaftlichem Gewande – alle diese Hemmungen sind heute so stark geworden, dass wir dem Feind gegenüber fast ohnmächtig geworden sind. Gerade aussenpolitisch war der 13. März der letztmögliche und ich muss bei rückschauender Betrachtung persönlich tief bedauern, dass mir diese Zusammenhänge damals noch nicht so zum Bewusstsein kamen wie heute – ich hätte mich sonst, glaube ich, doch entschlossen einige Leute gründlich zu beseitigen, die damals im Wege standen und meine Person auf jeden Fall zu verausgaben. Noch heute weiss ich auch nicht, ob Ludendorffs damalige Mitwirkung militärisch genügend vorbereitet war, zumal es ja nicht mehr dazu gekommen ist, mich mit Ludendorff persönlich bekannt zu machen. Er ist jetzt hier in München. Wenn Sie es für zweckmäßig erachten, Hochzuverehrender Herr Geheimrath, so bitte ich um eine Empfehlung, die mir auch von Ihrer Seite aus bei ihm Eingang verschafft.

Wir arbeiten weiter. Wir schaffen die Organisation des nationalen Radikalismus, ein Prinzip, das nebenbeibemerkt, mit *Nationalbolschewismus* nichts zu tun hat. Unser Programm liegt bei. Hinter dem Programm steht die Entschlossenheit, zu handeln. Der Zeitpunkt ist noch nicht gewählt. Aber wir lassen ihn uns sicher nicht aus den Händen stehlen. Ungeheuer gross ist meines Erachtens die Gefahr der Zersetzung des deutschen Reiches im Sinne der hergebrachten englisch-frzs. Auffassungen. Denn vom Standpunkt der Entente aus ist Quelle aller deutschen Grösse, Konkurrenzfähigkeit, Kulturblüte, sozialen Fortschritts die Begründung deutscher Einheit. Und während unsere Pazifisten mit leeren Worten und müden Gesten die Revidierung der Versailler Bedingungen des Jahres 1919 betreiben, arbeiten alle diplomatischen Schurken der Gegenseite auf die Zertrümmerung der Versailler Bedingungen von 1871 hin. Die Gefahr schien mir schon im Juli in die Augen springend, dass ich in jähem Entschluss die beiliegende Veröffentlichung losliess und meinen Reichswehrrock an den Nagel hängte, der mir durch die bekannte Reduzierung auf 100.000 Mann allerdings auch an sich zu eng geworden wäre. Mit den veröffentlichten Darlegungen, deren Kern – das Protokoll – in ihrer Richtigkeit nie bestritten worden ist, habe ich der Katze die Schelle umgehängt und man weiss seitdem, dass sie umgeht. Die Erörterungen und Warnungen haben nicht mehr aufgehört.

Dr. Heim hat zwar ein Trommelfeuer von Artikeln gegen mich eröffnen lassen, aber den springenden Punkt hat er nicht bestreiten können; in feierlichster Form hat er im Juli angekündigt, die »Verleumdungen« vor Gericht zu ziehen – bis zum heutigen Tage hat er S. Versprechen nicht stattgegeben. Wie weit aber tatsächlich die Dinge gediehen sind, bitte ich aus dem beiliegenden Programm der bay. Volkspartei zu ersehen. Absichtlich wähle ich einen mehrheitssozialistischen Kommentar, weil er ausnahmsweise recht hat.

Die nationale Arbeiterpartei muss die Basis geben für den starken Stosstrupp, den wir erhoffen. Das Programm ist gewiss noch etwas unbeholfen und vielleicht auch lückenhaft. Wir werden es ergänzen. Sicher ist nur, dass wir unter dieser Fahne doch schon recht viele Anhänger gewonnen haben. Seit Juli vorigen Jahres schon suche soweit mir möglich auch ich die Bewegung zu stärken. Das Wesentliche in jeder politischen kurz- oder langfristigen Aktion scheint mir die Auswahl der Persönlichkeiten zu sein neben dem Hochhalten des eigenen persönlichen Gedankens und Entschlusses. Ich habe sehr tüchtige junge Leute auf die Beine gebracht. Ein Herr Hitler z. B. ist eine bewegende Kraft geworden, ein Volksredner 1. Ranges. In der Ortsgruppe München haben wir über 2.000 Mitglieder, während es im Sommer 19 noch keine 100 waren. Im Juli oder August unternommen, hätte Ihre grosse Tat den nötigen Rückhalt, den nötigen Wiederhall hier gefunden, andererseits freilich ist zu bedenken, dass die nötige radikale Entschlossenheit vielleicht erst durch *Ihre* Tat, dass unsere Bewegung, mit deren weiterer Entwicklung nach meiner felsenfesten Ueberzeugung das Schicksal des deutschen Volkes eng verknüpft ist, recht eigentlich erst durch Sie zu tätigem Leben erweckt wurde.

Wir werden, und zwar nicht im parlamentarisch geruhsamen Tempo der deutsch-nationalen Volkspartei, einen glühenden Nationalismus pflegen. Bolschewismus, Separatismus, Aufgehen in westlerische Pseudokultur und wirtschaftliches Helotentum von Englands und Frankreichs Gnaden werden wir mit Hörnern und Klauen bekämpfen. Aber zur planmässigen Förderung der Stosstruppen gehört auch eine Presse in einer spezifischen Art, wie sie in Bayern und auch ausserhalb Bayerns bislang nicht zu finden ist. Auch braucht man eine Presse, um dafür sorgen zu können, dass die neue Truppe nicht in ein falsches Fahrwasser gerät. Ich möchte hierzu den »Münchener Beobachter« in meine Hand kriegen. 45.000 M fehlen mir noch. Könnten Herr Geheimrath mir irgendwie Quellen erschliessen? Eine entsprechende Sicherstellung, so, dass es sich nur um eine Leihgabe handeln kann, wird sich machen lassen.

All' das wollte ich Herrn Geheimrath vortragen. Die Zukunft liegt mir am Herzen. Immer noch erhoffe ich Entscheidendes von Ihrer Persönlichkeit. Aber auch der Vergangenheit wollte ich gedenken, so wenig festgeknüpft auch – leider – und von so kurzer Dauer meine persönlich-sachlichen Beziehungen zu Herrn Geheimrath waren.

Hinsichtlich des Befindens des Herrn Geheimraths erhoffe ich das Beste. Eine baldige Rückäusserung aber würde ich als besondere Auszeichnung betrachten. Zur Rückleitung von Mitteilungen könnte die gleiche Vermittlung benützt werden, die gegenwärtiges Schreiben besorgt, sofern nicht, was ich annehmen möchte Herr Geheimrath noch sicherere Mittelsleute haben.

In ausgezeichneter Hochachtung und Verehrung
K. Mayr.

Quelle: ZStAM, Rep. 92, Nachlaß Kapp, Bd. II 26, Bl. 338ff.

Nr. 2-4: Drei Briefe Emil Ganssers an den Siemensdirektor Burhenne.

Dr. Emil Gansser
Berlin, den 8. März 1922
Berlin NW 23, Brückenallee 11

– Vertraulich! –

Sehr geehrter Herr Doktor Burhenne!
Beifolgend übersende ich Ihnen eine kurze Niederschrift über die Hitlersche Bewegung, wie ich dieselbe auf Grund zweijähriger Beobachtung kenne, desgleichen 2 Zeugnisse des Regiments- bzw. Bataillons-Kommandeurs Hitlers während des Krieges.

Es wäre natürlich am wertvollsten, wenn Hitler hier vor einer größeren Massenversammlung sprechen könnte, doch halte ich ein nur einmaliges Auftreten im gegenwärtigen Augenblick für nicht zweckmäßig. Aber auch ohne die Wirkung auf die Massen direkt beobachten zu können, ist der persönliche Eindruck Hitlers ein derartiger, daß sich jedermann leicht seine Wirkung auf die Arbeitermassen erklären kann.

Das beiliegende Verzeichnis von Persönlichkeiten+, welche die Bedeutung seiner Arbeit rückhaltlos anerkennen, bitte ich ebenso wie die Niederschrift selbst streng vertraulich behandeln zu wollen, da anderenfalls der Sache nicht ersetzbarer Schaden erwachsen könnte.

Mit vorzüglicher Hochachtung
gez. E. Gansser

2 Einlagen
+ Das Verzeichnis ist in den Akten nicht mehr vorhanden. Ein späterer Brief Ganssers vom 7.6.22 enthielt eine freilich unvollständige Liste der Besucher des Vortrages im Nationalen Klub vom 29.5.22.

München, den 2. August 1922
Hotel »Rheinischer Hof«

Sehr geehrter Herr Doktor!
Täglich verschlechtert sich die deutsche Valuta! Im Februar hatte die Mark noch rund den 3fachen Wert wie heute, und in wenigen Wochen wird sie wohl nur noch den 6. oder gar den 10. Teil von ihrem Februarwert mehr haben!

Was wir damals noch mit 10 Millionen hätten erreichen können, wird also bis dahin 100 Millionen kosten, wenn es überhaupt durch die inzwischen verlorene und zwar unverantwortlich und unwiderruflich verlorene Zeit nur ungeheuer viel schwerer erkämpft werden kann.

Kann sich die bayrische Regierung nicht auf einen erheblichen Teil der intelligenteren Arbeiterschaft stützen, so ist ihr Umfall gegenüber der Berliner Judenregierung unvermeidlich, dann werden wir in kurzer Zeit auch hier soweit sein wie in Thüringen, wo jetzt bereits mit ausdrücklicher Erlaubnis des Herrn Reichspostministers Giesberts das Postgeheimnis aufgehoben wurde, und Listen der Leute angefertigt werden, die es noch wagen, sich eine »reaktionäre« dh. nichtrepublikanische Zeitung zu halten im Lande neudeutscher »Freiheit«. Andererseits liefert H.[itler] den sichtbaren Beweis, daß die Arbeiterschaft direkt glücklich ist, von dem roten Terror der jüdischen Gewerkschaften sich freizumachen, wenn nur die starke Hand ihr geboten wird, selbst wenn zunächst diese nationale bezw. nat. soz. Bewegung wirtschaftlich viel zu schwach ist, ihren Anhängern einen starken Rückhalt zu bieten, daß also zunächst nur große Opferfreudigkeit und wahrer Idealismus diese Arbeiter zu ihrer politischen Umstellung und Bekehrung veranlassen! Die Hutsammlung in H.[itler]s letzter Versammlung ergab rund M 33.000,– wirklicher »Arbeitergroschen«! Aber allein können diese Arbeiter die Sache nicht schaffen! Ich weiß wohl, daß Sie nichts unversucht lassen, die Patentsache zur Lösung zu bringen.+ Mögen Ihre frdl. Bemühungen bald vollen Erfolg haben!

Ihr Erg. E. G.

+ das heißt: die Bewegung in Berlin zu fördern.

Berlin NW 23, den 1.12.1922
Brückenallee 11

Sehr geehrter Herr Doktor!
Beiliegende Skizze »Ein Abend bei A.[dolf] H.[itler]« gibt ein recht gutes Bild der Lage. Ich wünsche nur, daß die Leute anstatt des vorwiegend gegen die Rasse der Marxisten gerichteten Kampfes vielmehr den Kampf gegen die Lehren der Verführer betonen würden, und den Rückschluß auf den damit allerdings unzertrennlich verbundenen anderen Teil des Problems den vielmehr offenen Augen und Ohren ihrer Arbeitsgenossen überlassen möchten. Damit wäre Manches wesentlich erleichtert. Am 30. XI. 22 waren in M.[ünchen] insgesamt 7 Parallelversammlungen in den größten Sälen der Stadt, die sämtlich polizeilich wegen Überfüllung gesperrt werden mußten. A.[dolf] H.[itler] hat in sämtlichen kurz selbst gesprochen. Es drängt schließlich doch alles mit Naturnotwendigkeit auf eine reinliche Scheidung der Geister, zumal bei der in kürzester Frist zu erwartenden bitteren Not.

Mit ergebensten Grüßen
Ihr ergebenster
gez. Gr.

Quelle: Archiv des Instituts für Zeitgeschichte München, Film MA 743. – Die mit einem + versehenen Bemerkungen unter den beiden ersten Briefen sind handgeschriebene Erklärungen, offenbar vom Archivsachbearbeiter angebracht.

Nr. 5: Bettelbrief der Naziführung an ihre Geldgeber

Denkschrift (Ausbau der Nationalsoz. Deutschen Arbeiterpartei)
Eine der Hauptursachen einer auch heute noch vorhandenen optimistischen Auffassung der deutschen Lage ist der Irrtum, daß die »Wirtschaft« wohl in der Lage wäre, den »Wiederaufbau« Deutschlands durchzuführen. Ein Irrtum deshalb, weil Wirtschaft laut geschichtlicher Erfahrung immer eine secundäre Erscheinung im Völkerleben ist, gebunden an die primäre Voraussetzung des Staatsgedankens und Staatserhaltungstriebes einer Nation.

Ein Irrtum aber besonders deshalb, weil ja auch in dem uns betreffenden Falle nicht die Wirtschaft der versagende Teil war, sondern auch hier und heute in Deutschland noch immer der Mangel an Nationalgefühl und Staatserhaltungstrieb die Ursache dessen ist, was wir mit »deutschem Zusammenbruch« bezeichnen.

Die Frage einer Genesung unseres deutschen Volkes ist nicht die der Genesung unserer Wirtschaft, sondern die der Wiedergewinnung jener inneren Einstellung unseres Volkes, die allein staatliche Größe, damit aber auch wirtschaftliche Wohlfahrt zu gewährleisten vermag.

Die Frage wird nicht entschieden werden durch Veränderungen in den derzeitigen Majoritätsverhältnissen der Parlamente. Das Verhängnis unseres Volkes liegt nicht darin, daß Deutschland etwa eine Linksmajorität besitzt, sondern es liegt ganz kurz gesagt darin, daß unser Volk kaum zur Hälfte mehr den Willen zur Erhaltung des Volkstums, den Willen zur Erhaltung des Staates besitzt, während die übrige Hälfte grundsätzlich Volk und Staat negiert.

Solange auch nur bei einem Drittel unseres Volkes diese Verneinung des Staates und des eigenen Volkstums vorhanden ist, ist jeder Wiederaufstieg deshalb unmöglich, weil im Augenblick des von einer (angenommen rechtsstehenden) Regierung an das Volk gerichteten Appells die innere Zerrissenheit sofort wieder zur lebendigen Gefahr werden würde.

Tatsächlich stellt die Summe der »international-marxistisch« eingestellten Angehörigen unseres Volkes über 40 % unserer Gesamtbevölkerung dar.

Eine entsetzliche Wahrheit besonders deshalb, weil in diesen 40 % die aktivsten, tatkräftigsten Elemente der Nation zur Zeit vereinigt sind.

Gefährlich aber noch ganz besonders durch die straffe organisatorische Zusammenfassung dieser Menschen teils in Wirtschaftsbünden (Gewerkschaften), teils in politischen Bewegungen (V. M. S. P., OO-KPD.), alle von einem gleichen Ziel erfüllt, vom gleichen Willen beseelt, entschlossen, das Prinzip einer demokratischen Mehrheitsbestimmung nur solange als bindend anzuerkennen, solange nicht die Wahrscheinlichkeit vorhanden ist, durch brutalste Machtanwendung die Demokratie durch die Diktatur des Proletariats ablösen zu können.

Und in rasender Schnelligkeit eilt Deutschland diesem letzten Schicksal entgegen.

Sowohl der unbändige Trieb zur Macht an und für sich, als aber auch der Trieb zur Selbsterhaltung zwingt die marxistische Bewegung auch in Deutschland zur letzten Auswirkung.

Der Trieb zur Macht; denn 50 Jahre hindurch wurde die Notwendigkeit und das Recht dieser Machtanwendung mittelst einer ungeheuerlichen Propaganda den Gehirnen der Massen eingehämmert. Der Wille, der so geweckt wurde, läßt sich heute nicht mehr verleugnen. Die Revolution des November 1918 hat das Tor geöffnet, ohne eine volle Befriedigung gewähren zu können.

In geschicktester Weise bezeichnet der Agitator der Linken den November 1918 als den »Beginn« der Weltrevolution.

Der Trieb der Selbsterhaltung; denn zuviel hatte man dem Arbeiter an Gütern des kommenden sozialistischen, irdischen Paradieses versprochen, als daß bei einer längeren Beibehaltung des heutigen Jammers die Massen nicht rebellisch würden und gegen ihre Führer sich aufbäumend Rechenschaft fordern würden.

Die Sozialdemokratie weiß nur zu genau, daß auch ihre Existenz heute an einem Faden hängt. Gelingt es ihr nicht, die Macht vollständig zu erringen und nach russischem Muster die Träger eines allenfalls möglichen Widerstandes (die geistige Führerschaft) auszurotten, so wird der Tag einer unbarmherzigen Vergeltung für die gewissenlosesten Volksbetrüger mit naturnotwendiger Sicherheit einst hereinbrechen.

Die steigende wirtschaftliche Not, die daraus sich resultierende Erbitterung der Massen, wird sich so oder so entladen. Gelingt es nicht der linken Seite, diese Empörung für sich zu benutzen, wird sie zu Gunsten der rechten wirken – und umgekehrt.

Heute muß gesagt werden, daß die größere Wahrscheinlichkeit dafür spricht, daß es der gigantischen Propaganda der marxistischen Maschinerie gelingt, die beginnende Wandlung der breiten Massen in ihren Dienst zu spannen. Denn Wirklichkeit und Zeit sind niemals Kampfgenossen an und für sich, sondern sie sind nur Waffen, die dem dienen, der sie zu verwerten versteht. 950 marxistische Zeitungen, die teils tagtäglich, teils wöchentlich, teils monatlich in die Massen hinausströmen, steht nur ein Bruchteil an Blättern der rechten Seite gegenüber. Der überwältigenden Organisation der marxistischen Bewegung jedoch auf nationaler Seite überhaupt nichts.

Denn um was es sich hier handelt, das ist nicht die Erringung einer Majorität, auch nicht die der sogenannten politischen Macht, sondern es handelt sich um einen Kampf auf Leben und Tod zwischen zwei Weltanschauungen, die beide nebeneinander nicht zu existieren vermögen und in deren Kampf es nur Sieger und Vernichtete geben wird. Diese Einstellung ist dem Marxismus in Fleisch und Blut übergegangen (siehe Rußland). Ein Sieg der marxistischen Idee bedeutet die vollständige Ausrottung der Gegner.

Da auf sogenannter bürgerlicher Seite dieses innerste Wesen dieses Kampfes bisher nicht begriffen wurde, fehlt dort mit der Erkenntnis aber auch die unbändige Entschlossenheit, dem brutalen Machtkoloß auf der einen Seite steht deshalb auf der anderen zum Teile jämmerlichste Unzulänglichkeit gegenüber. Die Erkenntnis eines Kampfes auf Leben und Tod fehlt hier vollständig und sie wird genau wie in Rußland erst dann kommen, wenn unter Maschinengewehrkugeln die geistige Führerschaft der Nation verblutet, wenn es zu spät ist. Die Bolschewisierung Deutschlands jedoch bedeutet die Vernichtung der gesamten christlich-abendländischen Kultur überhaupt.

In der voraussehenden Erkenntnis dieser Katastrophe und der Unzulänglichkeit der Mittel zu ihrer Abwehr wurde vor drei Jahren, am 5. Januar 1919, die Nationalsozialistische Deutsche Arbeiterpartei gegründet. Ihr Ziel heißt ganz kurz: Vernichtung und Ausrottung der marxistischen Weltanschauung. Mittel hierzu sollen sein

1. eine unvergleichliche, genial aufgezogene Propaganda- und Aufklärungsorganisation, alle Möglichkeiten menschlicher Beeinflussung erfassend;
2. eine Organisation rücksichtslosester Kraft und brutalster Entschlossenheit, bereit, jedem Terror des Marxismus einen noch zehnfach größeren entgegenzusetzen, die sogenannte »Sturmabteilung« der Bewegung.

Diese Vermählung von Wahrheit und Recht auf der einen Seite und brutalster, rücksichtslosester Kraft und Entschlossenheit auf der anderen, muß die Möglichkeit geben, den Kampf gegen diese größte Menschheitsgefahr aufzunehmen.

Trotzdem diese Bewegung durch gänzlich unbekannte Männer einst gegründet wurde, drei Jahre lang ohne jegliche auch nur nennenswerte Unterstützung den Kampf durchgefochten hat, ist es ihr heute gelungen, sich nicht nur einen Namen zu erfechten, sondern vor allem ein Gebiet Deutschlands von der bolschewistischen Seuche gründlich freizumachen. In der zweitbedeutendsten Hauptstadt des Reiches, in München, ist durch diese junge Bewegung nach kaum dreijährigem Kampf der marxistische Terror vollständig gebrochen und die Wiederauferstehung des deutschen Gedankens begründet worden.

Gerade aber die Unzulänglichkeit der Mittel zwang die Leitung, sich auf ein Gebiet zu beschränken, das im wesentlichen südlich der Donau liegt. Erst seit etwa einem Jahr beginnt die Bewegung mehr und mehr auch im übrigen Reich Fuß zu fassen und vermag heute wenigstens die Ansätze zu einer späteren Ausgestaltung auch im übrigen Reich aufzuweisen.

Soll diese Ausbreitung den kommenden Ereignissen gegenüber nicht zu spät eintreffen, muß ihre Beschleunigung mit allen Mitteln und um jeden Preis herbeigeführt werden. Die Führer der Bewegung sind so wie vor drei Jahren überzeugt, daß es auch bei gleichbleibender Indolenz des Bürgertums gelingen müßte und gelingen wird, die Bewegung im Verlaufe von 30 oder 40 Jahren zum entscheidenden Faktor im Kampfe gegen den Marxismus auszubauen. Da jedoch diese Zeit der Lösung dieser Frage nicht zur Verfügung steht, muß durch Einsatz größter Mittel die notwendige Zeit der Entwicklung auf das äußerste gekürzt werden, ja es besteht die große Gefahr, daß bereits in den nächsten Monaten die Entwicklung der Dinge in Deutschland eine katastrophale sein wird und daß bei dem vollständigen Fehlen irgendeines wertvollen Gegengewichtes außerparlamentarischer Art gegen die marxistische Welle der Kampf auf Leben und Tod beginnt und die junge Bewegung als einzige stoßkräftige Organisation führend in diesem Kampf einzugreifen gezwungen sein wird.

Ihre Eignung zu dieser Rolle hat sie bisher noch überall da bewiesen, wo zwischen Marxismus und Nationalsozialistischer Deutscher Arbeiterpartei der Kampf um die tatsächliche Macht entbrannte.

Gleich der faszistischen Bewegung in Italien hat es die junge Bewegung bisher verstanden, selbst bei einer Minorität an Zahl durch rücksichtslosesten Kampfwillen den jüdisch-marxistischen Terror niederzubrechen.

Soll die Bewegung also in den kommenden Kämpfen mit Aussicht auf Erfolg Volkstum, Staat und damit aber auch Wirtschaft verteidigen, so ist ihre Organisation in den oben bereits gekennzeichneten zwei Richtungen mit äußerster Schnelligkeit auszubauen. Also:

Vervollständigung und Vertiefung der Propagandaorganisation und zweitens, äußerste Verstärkung derjenigen Machtmittel, die da, wo Propaganda versagt, allein in der Lage sind, den kommenden Terror niederzubrechen, die nationale Wirtschaft in Gang zu erhalten.

Der Ausbau der Propagandaorganisation bedeutet die günstigste Vorbereitung des späteren Erfolges. Was durch Papierkugeln zu gewinnen ist, braucht dereinst nicht durch stählerne gewonnen zu werden.

Was der nationalen Seite heute fehlt, ist aber in erster Linie eine Presse, die nicht nur von Mittelstand und Intelligenz gelesen wird, sondern die in volkstümlichster Auffassung den nationalen Gedanken in die ärmste Hütte hineinzutragen geeignet erscheint. Die in unermüdlicher Eifrigkeit den tagtäglichen Kampf gegen die marxistischen Lügen und Volksverhetzungen aufnimmt, in Ton und Farbe grundsätzlich auf günstige Beurteilung seitens der sogenannten Intelligenz verzichtend, sich nur an die wendet, die es in erster Linie zu gewinnen gilt, den Arbeiter. Das wirksamste Kampfmittel dieser Art ist die Tageszeitung.

Der Ausbau des Völkischen Beobachters, der zur Zeit wöchentlich zweimal erscheint, zur Tageszeitung ist eine der wesentlichsten Aufgaben des Augenblicks.

Die Lösung dieser Aufgabe kann nur erfolgen, wenn Nachstehendes berücksichtigt wird:

1. ist die Schaffung einer Tageszeitung nicht nur mit größerem Kapitalaufwand an sich verbunden, sondern bei der heutigen wirtschaftlichen Entwicklung auch nicht rentabel. Zuschüsse sind immer nötig.

2. Ein Durchhalten der Zeitung erscheint nur gegeben dann, wenn es gelingt, ihre Auflagenzahl auf einer Höhe von mindestens 25-30 000 Exemplaren zu erhalten.

Der heutige Völkische Beobachter, das Hauptorgan der Bewegung hat z. Zt. eine Auflagezahl von 12-15 000 bei zweimaligem wöchentlichem Erscheinen. Der unerhörte Kampf, der von Seite der sozialistischen Parteien gegen dieses Blatt geführt wird, läßt eine dauernde Steigerung der Auflagezahl erst dann erwarten, wenn es der Bewegung gelingt, in mindestens 12-15 größeren Städten Deutschlands sich in den Besitz eigner Geschäftsstellen zu setzen, die als Parteikanzleien von einem besoldeten Berufsbeamten betraut das Gerippe für den Vertrieb der Zeitung abzugeben vermögen. 15 Geschäftsstellen in 15 großen Städten bedeuten, pro Geschäftsstelle bloß 1 000 Beobachter gerechnet, mit einem Schlage die Steigerung der Auflage auf rund 30 000 und damit die Möglichkeit eines Bestehens überhaupt. Sie geben zugleich der Bewegung das notwendige geschäftliche Gerippe, da diese Organisation von sogenannten »ehrenamtlichen« Arbeitern niemals in Sauberkeit und Schlagkraft geleistet werden kann.

Weiter ist die Herstellung der Zeitung selber zu verbilligen durch 1. Beteiligung der Bewegung an einer Druckerei durch evtl. Einlage in Form von Setzmaschinen oder Rotationsmaschine, 2. durch grundsätzlichen Selbstkauf des Papiers.

Punkt 1 bietet noch den Vorteil, eine solche Druckerei von vornherein mit Angehörigen der Nationalsozialistischen Deutschen Arbeiterpartei als Betriebspersonal zu besetzen und dadurch wenigstens eine Druckerei vollständig streikfrei zu erhalten.

Punkt 2 bedeutet die Ersparnis der Umsatzsteuer bzw. die Möglichkeit, durch günstige Papiereindeckung Millionenersparnisse zu erzielen. Die finanzielle Voraussetzung dafür ist folgende:

1. Sofortige Anschaffung der Einrichtung von 12-15 Geschäftsstellen (je 1Kassenschrank, Schreibmaschine, Schreibtisch, Tisch, Wandschrank, Bücher- und Schriftenregale, Tisch und Stühle). Gesamtbetrag etwa je 300 000 M. Summe: rund 4 Millionen Mark.
2. Niederlegung des Gehaltes für 12 Geschäftsführer auf 1Jahr (evtl. in ausländischen Valuten zur Verhinderung einer Geldentwertung) monatlich pro Geschäftsführer (für jetzt) 20 000 M, in der Gesamtsumme: rund 3 Millionen Mark.
3. Beteiligung der Bewegung an einer Druckerei durch Setzmaschine, evtl. Rotationsmaschine in der Höhe von 2 ½ – 3 Millionen Mark.
4. Sofortige Eindeckung mit 40-50 000 Kilogramm Papier, ausreichend bis Monat März, Kostenvoranschlag bei sofortigem Kauf etwa 5 ½ Millionen Mark.
5. Zur Umstellung des inneren Betriebes vom Wochenblatt zur Tageszeitung einen Garantiefond von rund 600 000 M.
6. Zum sonstigen Ausbau der Propagandaorganisation: Anstellung von vier Wanderrednern, Sicherung ihres Gehaltes auf 12 Monate und zwar pro Redner monatlich 30 000 M, insgesamt rund 2 Millionen.
7. Zur Anschaffung und großzügigsten Verbreitung von Flugblättern und sonstigem Propagandamaterial für die kommenden drei Monate: 8 Millionen Mark.

Gestellte Aufgabe: Überschwemmung mit Flugblättern, Propagandaschriften usw. von Nordbayern, Mitteldeutschland und Westdeutschland.

Der Ausbau der praktischen Machtmittel der Bewegung (Sturmabteilungen):

1. Ausbau der Geschäftsstelle evtl. durch Ankauf eines eigenen Hauses – der Betrag hierfür könnte unter Umständen auch in Form einer Belehnung aufgenommen werden – voraussichtlich benötigte Summe: 5-6 Millionen Mark.

2. Sofortige Anschaffung von Lastkraftwagen zur Ermöglichung von Mannschaftstransporten an irgendwie bedrohte Stellen: Für München eine Kraftwagenstaffel von zunächst 6 Kraftwagen, augenblicklicher Anschaffungspreis etwa 8 Millionen Mark. (Dieses Kapital könnte evtl. durch Belehnung der Wagen aufgebracht werden.
3. Sofortige Eindeckung mit Betriebsstoff: 10 000 kg Tetralit, Kostenpreis augenblicklich 1 940 000 Mark. 2 000 Liter Benzin (für Motorräder und Kraftwagen), Kostenpreis augenblicklich über 600 000 M.
4. Gleichmäßige Ausrüstung der Sturmabteilungen durch Anschaffung von Windjacken, Mützen, Lederkoppeln, Schutzwaffen usw. erste Kostensumme: 8 Millionen Mark.
5. Gründlicher Ausbau des Nachrichtendienstes: 600 000 M. Als Kampfschatz ein Depot in der Höhe von 2 Millionen aufwärts.

Gesamt-Kostenvoranschlag

A.

1. Geschäftsstelleneinrichtungen	4 000 000 M
2. Gehaltsdepot der Geschäftsführer	3 000 000 M
3. Rotations-, Setzmaschine	3 000 000 M
4. Papiereinkauf	5 500 000 M
5. Betriebsumstellung	600 000 M
6. Wanderredner	2 000 000 M
7. Propagandamaterial	8 000 000 M
Summe	26 100 000 M

B.

1. Neue Geschäftsstelle	6 000 000 M
2. Lastkraftwagen	8 000 000 M
3. Betriebsstoff (Tetralit)	1 940 000 M
Betriebsstoff (Benzin)	600 000 M
4. Ausrüstungen der Sturmabteilungen	8 000 000 M
5. Nachrichtendienst	600 000 M
6. Kampfschatz	2 000 000 M
Summe	27 140 000 M

Davon könnte der unter Zf. 2 und 6 bezeichnete Betrag in Raten eingezahlt bzw. garantiert werden, der unter Zf. 3 eingesetzte Betrag durch Verpfändung sichergestellt werden.

Davon können durch Pfand sichergestellt werden die unter Ziff. 1und 2 eingesetzten Beträge.

Es beträgt somit das Gesamterfordernis zu einem augenblicklich durchzuführenden großzügigen Ausbau der Bewegung:

53 240 000 Mark,

das sind in Friedenswährung rund 95 000 Mark, ein lächerlicher Betrag einer Sache gegenüber, die so oder so von größter Bedeutung für die Zukunft unseres Vaterlandes sein wird.

Von dieser Summe wären, wie schon oben erwähnt, 17 Millionen durch Pfänder sicherzustellen und mithin eigentlich nur ein unverzinsliches Darlehen.

Sollte es der Bewegung beschieden sein, im kommenden Entscheidungskampfe um Deutschlands Zukunft oder Ende selbst nur den kleinsten Erfolg zu erringen, würde der ziffernmäßig ausgedrückte Erfolg ein Hunderttausendfaches der jetzt aufgewendeten Summe sein.

Der italienische Faszismus hat dem italienischen Staat Milliarden an Goldwerten gerettet. Unsere junge Bewegung soll dereinst mithelfen, dem deutschen Volk mehr zu bewahren als nur dies, nämlich den Bestand des Staates und das Leben der Bürger.

Denn die kommende Entwicklung wird nicht Halt machen vor allen Reichtümern und Wirtschaftsgütern, sondern sie wird gleich wie in Rußland ein wüstes Chaos hinter sich zurücklassen.

Fünfzig Jahre hindurch hat das deutsche Bürgertum seine Verpflichtung der breiten Masse gegenüber nicht erkannt und dieses Volk willenlos der Führung fremder Elemente überlassen.

In entsetzlicher Weise hat die Geschichte diesen sträflichen Leichtsinn gerächt.

Man hoffte Hunderttausende zu ersparen und hat einen Staat geopfert. Wenn aber auch heute noch dieses Bürgertum sich seiner Aufgabe nicht bewußt wird, dann wird es wertlose Papiermillionen ersparen, aber das Leben verlieren.

Genauso gefühllos, wie wir heute auf dem Leichnam des russischen Volkes fremde Kapitalien arbeiten sehen, wird einst die Welt gefühllos den Hyänen an unserem eigenen Leibe zublicken.

Des deutschen Volkes Vernichtung aber heißt, wie schon oben erwähnt, letzten Endes ganz Europa in diesen unergründlichen Schlund des Verderbens mit hineinreißen. Der Widerstand gegen diese Entwicklung wird nicht von den Parlamenten ausgehen. Die Parlamente konnten einst nicht die Katastrophe des 9. November 1918 verhindern, wohl aber hätten in jeder Stadt 300 entschlossene Männer genügt, den Spuk der Revolution zu einem Nichts werden zu lassen. Die Dreihundert haben damals gefehlt.

Die Organisation dieser Hunderte und Zehntausende ist heute gebildet.

Sie wird ihre Aufgabe in den kommenden Monaten um so gründlicher lösen können, je tiefer die Erkenntnis der drohenden Gefahr und je großzügiger die Organisation zu ihrer Bekämpfung ausgebaut wird.

Wenn die kommende Zeit von Zehntausenden von Männern fordern wird, daß sie ihr Leben dem Bestande des Vaterlandes und der Erhaltung der nationalen Existenz weihen, dann haben diese das heiligste Recht von den anderen Zehntausend zum mindest zu fordern, daß sie ihr Gold nicht diesem Zwecke entziehen.

Denn kostbarer als alles Geld ist letzten Endes doch noch das Blut.

München, den *22.* Oktober 1922

Quelle: Albrecht Tyrell, Führer befiehl ..., Selbstzeugnisse aus der »Kampfzeit« der NSDAP. Dokumentation und Analyse. Düsseldorf 1969, S. 47f.

Nr. 6: Bericht nach Hitlers persönlichen Ausführungen Ende Dezember 1922 über dessen Ansichten zur innen- und außenpolitischen Lage Deutschlands

Das jetzige parlamentarische Regime wirtschaftet immer mehr ab. Die Regierung aus Parlamentariern gebildet, hat keinen ungeteilten Rückhalt beim Volk, da die regierenden Männer von ihren Parteien abhängig sind und um die Gunst der öffentlichen Meinung buhlen müssen.

An Stelle des parlamentarischen Regimes wird eine andere Form der Regierung treten müssen. Es kommt nun darauf an, wer von den Bewerbern um die Macht den Sieg davonträgt, die *Diktatur der Linken oder die Diktatur der Rechten.* Etwas anderes wie eine Diktatur kommt nicht in Frage, dafür ist die Situation viel zu verfahren.

Die links gerichteten Kreise, besonders die *bolschewistischen,* sind vor allem im nördlichen Deutschland bereits sehr *gut organisiert.* Die Sicherheitspolizei in den meisten Städten ist derart präpariert, dass sie ohne grosse Schwierigkeiten den Grundstock der zu schaffenden Roten Armee bilden könnte. Aus Frankfurt am Main wird berichtet, dass von der dortigen Sipo vielleicht 25-30 Mann bei einem Putsch von links überhaupt nicht mitmachen würden. Der Rest der Sipo Frankfurts ist links organisiert, grossenteils unter jüdischen Offizieren stehend und würde ohne weiteres als Cadre für die Rote Armee in Betracht kommen.

Die Reichswehr »sorgt für die Aufrechterhaltung von Ruhe und Ordnung« und »schützt die Verfassung«. Nun kann aber, wie das Beispiel vom 9.11.1918 lehrt, die Verfassung sehr wohl innerhalb weniger Tage sich grundlegend ändern. Die Reichswehr kommt also ebenfalls unter bestimmten Umständen als Schutztruppe der Linksdiktatur in Betracht. Die durchaus nationaldenkenden Führer derselben, wie General v. Seeckt, könnten mit Leichtigkeit im gegebenen Moment unschädlich gemacht werden.

Was von *nationalistischen Organisationen* des *nördlichen* Deutschland gesprochen würde, ist grösstenteils nur Bluff. Die Führer der dortigen Bewegung sind meist politisch kompromittiert und festgelegt. Die Organisationen selbst bestehen nur auf dem Papier. Ausserdem ist deren Existenz ungemein erschwert dadurch, dass die Grossstädte, welche die Zentren der Organisation sein sollten, bereits von den linken Organisationen vollständig kontrolliert sind. Post, Eisenbahn und alle sonstigen Verkehrsmittel werden von den Linken überwacht. Ausserdem fehlt es den nationalistischen Organisationen des nördlichen Deutschlands an genügenden Waffen. Die Landbevölkerung ist gleichfalls durch die bolschewistische Propaganda stark radikalisiert und entnationalisiert, so dass auch dort kein unbedingter Verlass bestehen kann. Überdies kann durch einen Generalstreik jegliche erspriessliche Tätigkeit der Rechtsorganisationen ausgeschaltet werden.

In Bayern liegen die Verhältnisse wesentlich anders. Hier besteht seit 3 ½ Jahren die nationalsozialistische Bewegung, die sich aus kleinen Anfängen kraftvoll durchgesetzt hat und zur Zeit immer noch an Macht gewinnt. Hitler ist der Überzeugung, dass seine Sache siegen wird. Er weiss, dass er, wenn der Bolschewismus siegen wird, kein Pardon zu erwarten hat. Die Regierungen machen durch ihre Verbote gerade in letzter Zeit unfreiwillig Propaganda für Hitler, da durch die Verbote seiner Bewegung die hundertfache Aufmerksamkeit geschenkt wird. Vorerst besteht nicht die Absicht, den Kampf mit dem Bolschewismus offen zu provozieren, da die Macht Hitlers auch auf friedlichem Wege täglich gewinnt. Jede Woche können zwei unbedingt ergebene Hundertschaften neu aufgestellt werden und treten Tausende von neuen Mitgliedern der Partei bei. Auf die Sicherheitspolizei in München sei volles Vertrauen zu setzen, da sie zu *3/4* als Mitglied der Nationalsozialistischen Deutschen Arbeiterpartei eingeschrieben sei. Bei der blauen Polizei sei das Verhältnis noch besser. Auch auf die Reichswehr könne man sich durchaus verlassen. Hitler hat in München zur Zeit 17 ihm unbedingt ergebene Hundertschaften, mit denen er die ganze Stadt beherrschen kann. Bolschewismus in München ist seiner Ansicht nach heute eine Utopie. Er hofft, dass er zur gegebenen Zeit über genügend Waffen verfügen wird, um jeder Bewegung Herr zu werden. Auch in Franken und dem sonstigen Nordbayern, selbst in Nürnberg und Fürth macht die Hitlersche Bewegung glänzende Fortschritte.

Die nächste *Entwicklung in Deutschland* wird folgende sein:

Das Kabinett Cuno wird sich nicht sehr lange halten können, da die Aufgaben von einer parlamentarischen Regierung überhaupt nicht gelöst werden können. Inzwischen ist die Hauptinstitution des Bolschewismus in Deutschland, der Zentral-Betriebsrätekongress, soweit erstarkt und ausgebaut, dass er bereits eine Art Nebenregierung neben jeglicher parlamentarischer Regierung bilden kann und wird. Zur gegebenen Zeit wird dem Volke weiss gemacht, dass die parlamentarische Regierungsform unbedingt durch eine Diktatur der Linksparteien abgelöst werden müsste. Man wird als Diktator Noske nehmen, der unbegreiflicherweise sich eines grossen Anhanges aus den Kreisen der Beamten und Offiziere erfreut. Unter seiner Diktatur wird versucht werden, die letzten Reste jeglicher nationaler Bewegung in Deutschland zu erwürgen. Wenn Noske seine Aufgabe erledigt zu haben glaubt, wird er zurücktreten und an seine Stelle wird eine unumschränkte bolschewistische Diktatur treten. Die etwa noch bestehenden bürgerlichen Parteien werden sich in alle Winde zerstreuen. Demokratische Parteien werden, soweit es die Bolschewisten für gut finden, zum Schein bestehen bleiben. Deren Führer werden durch Begebung mit Staatsstellen etc. festgelegt werden.

Diese mehr oder minder gesetzmässige Entwicklung kann jedoch durch unvorhergesehene Ereignisse sich mit grösserer Geschwindigkeit abspielen. Die Geschichte lehrt immer, dass, wenn nationale Bewegungen durch Zwangsmassnahmen von ihrer Betätigung in der Öffentlichkeit abgedrängt und zur Weiterentwicklung im Verborgenen gezwungen werden, sich stets Leute finden, die durch Handlungen im Affekt den Gang der Ereignisse beschleunigen.

Im Falle die bolschewistische Welle losbricht, wird im nördlichen Deutschland an einen ernstlichen Widerstand nicht zu denken sein, da es bis zu jenem Zeitpunkt unmöglich sein wird, etwas Aussichtsreiches auf dem Gebiete nationaler Organisationsversuche zu erreichen.

Es bleibt dann Bayern nichts Besseres übrig, als sich hermetisch gegen den Herd der bolschewistischen Bewegung abzuschliessen und den Gegenstoss zu organisieren. Voraussetzung für das Gelingen der Abwehr ist, dass es Bayern möglich wird, binnen 2 Wochen über seine Grenzen hinauszugreifen, da sonst die Ernährung und Fortführung der Wirtschaft infolge Brot- und Kohlenmangels in Frage steht.

Als *Gegenmassregel gegen die bolschewistische Bewegung* kommt einzig und allein eine *Rechtsdiktatur in Bayern* in Betracht, die sogleich mit eiserner Faust die Gewalt im ganzen Lande an sich reisst. Wenn dies nicht gelingt, so könnte man mit Revolution in Nürnberg und Fürth und dem Abfall der fränkischen Gebiete von Südbayern rechnen müssen. Als Diktator eignet sich kein Parlamentarier, sondern nur ein Mann, der nötigenfalls über Blut und Leichenfelder gehen will. Dieser Mann muss sogleich gefunden werden. Als erstes ist den Linksparteien und ihren sämtlichen Organisationen, Führern und Institutionen der Schutz der diktatorischen Regierung zu verweigern. Wenn sie sich dann wehrlos der Unzurechnungsfähigkeit der Masse gegenübersehen, werden sie um den Schutz der Regierung betteln und dadurch diese Regierung anerkennen, die ihrerseits Gewalt über sie bekommt.

Im Reiche selbst wird mit dem Kampf von links und rechts um die Macht ein *Bürgerkrieg* einsetzen, bei dem die nationalen Gruppen die *Unterstützung* derjenigen europäischen Völker haben werden, die ein Interesse an dem Weiterbestehen des deutschen Volkes haben. Vor allem kommt hierfür *England* in Frage.

England hat ein Interesse daran, dass wir nicht untergehen, da andernfalls Frankreich die grösste Kontinentalmacht Europas würde, während England sich mit dem Platz einer Macht dritten Ranges begnügen müsste. England wird selbstverständlich aus politischer Klugheit Deutschland seine Hilfe nicht zusichern, wird diese jedoch gewähren, wenn die deutsche Regierung im Auslande den Eindruck der Zuverlässigkeit macht. Die Hilfe Englands ist nur durch Festlegung auf gemeinsame Interessen zu erlangen, besonders wenn England sieht, dass in uns ein Feind Frankreichs erwächst, der England selbst nicht schädlich werden kann. Es ist klar, dass uns England, das vor dem Weltkrieg unsere wirtschaftliche Macht und während des Krieges unsere militärische Kraft gesehen hat, nicht mehr zur alten Höhe emporkommen lässt. Aber das Wichtigste, was wir vorerst erreichen können, ist, dass wir etwas Ellbogenfreiheit bekommen, dass die Ententekommissionen zurückgezogen werden etc., damit unsere Industrie allmählich wieder beginnen kann, im nationalen Sinne zu Gunsten der nationalen Verteidigung zu arbeiten. England wird uns dann sicher auch bei der Auseinandersetzung mit Frankreich freie Hand lassen.

Frankreich wird beim Entscheidungskampf Deutschlands gegen den Bolschewismus dem letzteren helfen, da es ein Interesse an der Zerrüttung Deutschlands hat, um selbst leichter im Trüben zu fischen. Es wird sich während des Kampfes sicherlich in die innenpolitischen Verhältnisse Deutschlands einmischen, durch Besetzung des Ruhrreviers etc. Das einzige, was dagegen getan werden kann, ist, dass Deutschland zu erreichen sucht, dass die Einmischungsmassnahmen nicht allein von Frankreich, sondern von der Entente unternommen werden, wobei Frankreich dann durch die eigenen Verbündeten kontrolliert würde.

Amerika wird an dem Kampf um die Macht in Deutschland nur ein sekundäres Interesse haben, insofern, als es dabei die einzelnen Methoden der Bekämpfung des Marxismus und Bolschewismus, der auch dort nicht mehr unbekannt ist, kennen lernen will.

Italien wird die Bewegung in Deutschland nicht ohne Interesse verfolgen. Seine Hilfsbereitschaft hängt davon ab, daß es nicht durch allzuschroffe Betonung des Anschlußgedankens von Deutschösterreich und der Aufrollung der südtiroler Frage vor den Kopf gestoßen wird. Mussolini will besonders die südtiroler Frage vorerst aus aller Erörterung ausgeschaltet haben. Deshalb dürfte die Politik des Andreas Hofer-Bundes nicht die richtige sein. Im übrigen bekommt man deutsche Streitkräfte leichter an den Rhein als nach Südtirol. Die südtiroler Frage ist vielleicht später auf dem Kompensationswege einfacher zu lösen. Das Verhältnis zu Italien ist insofern von Wichtigkeit besonders für Bayern, weil von dort allein im Falle der Abschnürung vom Norden Kohle und Rohstoffe, sowie Lebensmittel nach Bayern gelangen könnten.

Die Entwicklung *Rußlands* ist wachsam zu beobachten. Es kann sehr wahrscheinlich die Macht, sobald sie im Innern gefestigt ist, gegen uns kehren.

Mit der Niederwerfung des Bolschewismus muß in Deutschland die Diktatur mit eiserner Faust herrschen. *Außenpolitisch* müßte sich Deutschland auf reine Kontinentalpolitik unter Vermeidung der Verletzung englischer Interessen einstellen. Es wäre die Zertrümmerung Rußlands mit Hilfe Englands zu versuchen. Rußland gäbe genügend Boden für deutsche Siedler und ein weites Betätigungsfeld für die deutsche Industrie. Bei der Abrechnung mit Frankreich würde uns dann England nicht dazwischen reden.

Die Diktatur könnte dann durch eine Regierungsform ähnlich dem Lordprotektorat abgelöst werden. Auf diese würde später, wenn das Volk sich nach einer Befreiung von der harten Hand sehnt, eventuell eine Monarchie folgen. Der weise und gütige Herrscher würde dann vom Volk angebetet werden.

Falls alle Deutschen zum Stamme der Niedersachsen gehörten, wäre wohl die republikanische Staatsform die geeignetste, um alle Stürme zu überdauern und die besten Kräfte gleichsam zum Regieren heranzuzüchten. Nachdem dies nicht der Fall ist, wird das deutsche Volk immer wieder eines Idols in Gestalt eines Monarchen bedürfen.

Das Volk will eine *Regierung*, die unter eigener Verantwortung streng aber gerecht regiert, von der das Volk weiß, was sie tut, stets zum Wohle des Volksganzen getan ist, und der das Volk deshalb rückhaltlos Vertrauen schenken kann. (Beispiel Preußen unter Friedrich d. Gr.).

Der Staat muß großzügig ideal und sozial regiert werden. Über allen Staatshandlungen soll das Wohl des Volkes stehen. Die Wirtschaft wäre neu zu organisieren und von den Schlacken zu reinigen. Mit dem Auftauchen der Organisation des Kapitals als Arbeitgeber begann auch die Organisation der Arbeitnehmer in den Gewerkschaften. Die *Gewerkschaften* an sich sind nicht schädlich, sofern sie Interessenvertretungen sind, wie z. B. die englischen Gewerkschaften. Dadurch aber, daß die Gewerkschaften sich mehr und mehr politisierten und dadurch entnationalisierten, wurden sie eine Gefahr für den Bestand des Deutschtums und sind mit Schuld an unserem Zusammenbruch.

Eine *neue Währung* ist notwendig. Die Papiergeldflut ist gefährlich, weil sie die Lust und Logik des Sparens aufhebt, so die Massen mehr und mehr besitzlos macht und damit für den Bolschewismus heranreifen läßt.

Die Inflation ist eine Folge der *Unproduktivität der Staatsbetriebe.* Diese muß mit eiserner Strenge beseitigt werden. Die Beamtenmißwirtschaft kann nur durch einen *Diktator,* der sich nicht um das Geschrei der öffentlichen Meinung zu kümmern braucht, abgeschafft werden. Der geeignetste Zeitpunkt dafür ist der Beginn der Diktatur. Der Diktator wird unter dem Zeichen eines Generalstreiks in sein Amt treten.

Dabei wird er die Arbeitsaufnahme erzwingen dadurch, daß alles, was nicht unter den diktierten Bedingungen arbeiten will, als entlassen gilt. Pensionen müssen aufgehoben werden. Ein bankrotter Staat kann sich nicht leisten, Leuten in der vollen Arbeitskraft Pensionen zu zahlen, vielleicht nur, weil sie der öffentlichen Meinung wegen ausscheiden mußten. Es werden nur Altersversorgungen für wirklich dienstunfähige Beamte gezahlt. Parteipolitische Rücksichten bei Besetzung von Stellen haben aufzuhören. Es rnuß mehr und intensiver gearbeitet werden. Wenn es einem verschuldeten Privatbetrieb gelingt, sich wieder rentabel zu machen, so muß es auch den Staatsbetrieben gelingen, wenn es auch schwieriger sein wird.

Die *Verschuldung des Staates* muß diktatorisch beseitigt werden. Das deutsche Volksvermögen ist derart verschuldet, daß man eigentlich den Bankrott erklären müßte. Die Abtragung dieser Schulden ist unmöglich, sie würde die deutsche Wirtschaft auf ewige Zeiten belasten. Der Gegenwert der Staatsschulden wurde zum Teil in minderwertiger Papiermark gegeben, während die Amortisation und Verzinsung voraussichtlich wieder einmal in Goldmark zu leisten wäre. Das ist ein Unding. Überdies sind wir durch den Versailler Frieden und die Reparationsleistungen ärmer an Substanz geworden. Um die Schulden wie bisher zu decken, müßten immer neue Vermögensabgaben eingezogen werden, deren Ertrag Teile der Substanz des Nationalvermögens wären. Diese Abgaben flössen immer wieder in das Danaidenfaß der Schuldentilgung, bis sämtliche Sachwerte Deutschlands für den Tilgungsdienst aufgebraucht wären. Die Abschaffung dieses Systems wird Einzelnen natürlich schwere Verluste bringen, sie ist aber notwendig, weil sonst das Gesamtvermögen der Nation verloren geht. Zinsendienst ist immer gefährlich, wenn er mit dem Staat in Berührung kommt, während zur Belebung der privaten Wirtschaft von dem System der Verzinsung nicht abgegangen werden kann. Für die ganze Frage der Staatsfinanzwirtschaft ist das System Friedrichs des Großen vorbildlich.

Rückhaltlose Anerkennung des *Privateigentums* und der *persönlichen Freiheit* muß gewährleistet sein.

Der beeidigte Berufsrichter ist der einzige feste Stützpunkt der *Rechtsprechung*. Laiengerichte sind für das heutige komplizierte Staatswesen nicht unbedingt geeignet, da sie in ihren Urteilen zu schwankend sind.

Die christliche *Religion* ist die einzig mögliche ethische Grundlage des deutschen Volkes. Dabei soll der Unterschied der Konfessionen nicht in Erscheinung treten. Religionszwiste wären das schlimmste, was dem deutschen Volke widerfahren könnte.

Die katholische Kirche ist deshalb zu schätzen, weil sie in der Verfechtung ihrer Lehre stets konsequent fest bleibt und dabei auf Kompromisse nicht eingeht. Sie wird sich ewig jung erhalten, da sie ihre besten Kräfte für die höchsten kirchlichen Ämter stets von unten herauf zieht.

Die *Judenfrage* ist nach dem Beispiel Friedrich des Großen zu lösen, der die Juden dort heranzog, wo er sie sich nützlich machen konnte, sie jedoch dort entfernte, wo sie schädlich wirken konnten.

Aus dem politischen Leben sind die Juden auszuschalten, da sie dort unbedingt schädlich wirken. Sie sind vermöge ihrer Rasseneigenschaften durchaus ungeeignet zu herrschen und haben kein Organisationsgenie. Sie sind geboren zum Zerstören des Bestehenden, sie sind der Geist, der stets verneint, schaffen dabei aber manchmal Gutes. An Stelle der idealen Weltauffassung setzen sie die grob materialistische, an Stelle der Volksseele die Mathematik. Sie besitzen keine Kultur, wie sie auch keine eigene Kunst besitzen.

Allein aus einem jüdischen Hirn konnte der Marxismus entspringen, der aus dem Volke eine Masse ohne Intelligenz, ohne ideales Streben macht, ein gefügiges Werkzeug in der Hand ihrer Führer, der Juden.

Die Juden wollen die Völker in Kasten einteilen, was bisher noch stets zum Untergang der betreffenden Völker geführt hat. Sie wollen dem Deutschtum den Kopf wegnehmen und an dessen Stelle einen Kopf gebildet aus jüdischen Elementen setzen; so hoffen sie allmählich das gesamte Deutschtum unter ihre Macht zu bringen. Allein in Berlin sind 85 % aller Ärzte Juden. Durch die Schichtung in Kasten wollen die Juden vereiteln, dass sich das Deutschtum stets dadurch erneuert, dass es die tüchtigsten Geister aus der Tiefe an die Führerstellen heranzieht, was das Volk lebensfrisch erhalten könnte.

Die Juden schätzen das mechanisierende Talent höher ein als das aus sich schaffende Genie.

Eine Lösung der Judenfrage muss kommen. Wenn sie mit Vernunft gelöst wird, so wird dies das Beste für beide Teile sein. Wenn dies nicht erreicht wird, so gibt es nur zwei Möglichkeiten, entweder das deutsche Volk wird ein Volk wie die Armenier oder die Levantiner, oder es erfolgt eine blutige Auseinandersetzung. Man kann den Juden nicht verdenken, dass sie so sind, wie es in ihrer Rasse liegt; man kann aber vom deutschen Volke nicht verlangen, dass es sich vom Judentum beherrschen lässt, das keine Befähigung und keine Berechtigung hat, über arische Völker zu herrschen.

Kampf gegen das Judentum ist eines der Hauptmomente in der Orientierung der Massen der nationalsozialistischen Partei. Dieses Schlagwort kann nicht aufgegeben werden, denn dadurch wird erreicht, dass die Massen in jedem Gegner, der aufgezeigt wird, ihren Todfeind sehen und sich darnach einstellen.

Quelle: ZStAP, Vertretung der Reichsregierung München, Nr. 40, Bl. 90ff.

Nr. 7/8: Zwei Berichte des Vertreters der Reichsregierung in München, des Gesandten Haniel v. Haimhausen, über die Aktivitäten der Nationalsozialisten

München, den 12. Januar 1923

Die Nationalsozialisten haben am Abend des 11. Januar mehrere Versammlungen abgehalten, die äusserst stark besucht waren. An der Hauptversammlung im Zirkus Krone nahmen etwa 8.000 Personen teil; ausserdem fanden noch mehrere Parallelversammlungen statt. Das Thema der von den Führern Hitler, Esser u. a. gehaltenen Reden war die Abrechnung mit den »Novemberverbrechern« und der Protest gegen die neueste Vergewaltigung Deutschlands, an der letzten Endes die Apostel des internationalen Marxismus die Schuld trügen. Nach Schluss der Versammlungen zogen Gruppen der Teilnehmer unter Absingen patriotischer Lieder durch die Stadt; einige hiervon begaben sich in später Abendstunde vor das Hotel »Vier Jahreszeiten«, um gegen die dort untergebrachten Entente-Kommissionen zu demonstrieren; ein ausreichendes Polizei-Aufgebot verhinderte aber ernstere Störungen.

Kennzeichnend für die Hitlersche Propaganda ist die Tatsache, dass selbst in der gegenwärtigen aussenpolitischen Lage nicht der Zusammenschluss gegen den äusseren Feind, sondern Abrechnung mit den innerpolitischen Gegnern gefordert wurde; in diesem Sinne waren auch die Plakate gehalten, die zu den Kundgebungen einluden.

Bei meinen Besuchen bei den Mitgliedern der hiesigen Regierung konnte ich feststellen, dass auch der letzteren die national-sozialistische Bewegung erhebliche Besorgnis bereitet. Fast jeder der Minister kam spontan, und zwar vor Erörterung der aussenpolitischen Situation, auf den Nationalsozialismus zu sprechen. Die Beurteilung war durchweg ablehnend …

Bei den erwähnten Unterredungen mit den Mitgliedern des Kabinetts über den Nationalsozialismus wurden die negativen Tendenzen des letzteren hervorgehoben, die sich gegen Sozialdemokratie, Parlamentarismus und Judentum wenden, ohne selbst ein positives, aufbauendes Programm aufzustellen. Bemerkenswert sei auch, dass Hitler die Forderung einer straffen Zentralgewalt erhebe, ohne dass dies von den föderalistischen Bayern abgelehnt oder auch nur bemerkt wurde. Die Bedeutung der Bewegung liege darin, dass aus *allen* Parteien bis tief in die Sozialdemokratie hinein Hitler Anhänger oder Mitläufer gewonnen habe, die daneben ihre Zugehörigkeit zu den alten Parteien vorläufig beibehielten. Das leidenschaftliche Verlangen des breiten Mittelstandes nach einer Rettung aus der gegenwärtigen wirtschaftlichen und politischen Not treibe alle diese der neuen Lehre in die Arme.

Darüber, ob die Bewegung zu einer tatsächlichen Aktion führen werde, waren die Ansichten geteilt. Hitler selbst wurden grössere Führerqualitäten abgesprochen und ihm lediglich eine auf die Massen berechnete, aus Schlagworten zusammengesetzte Beredsamkeit zuerkannt. Gefürchtet wird daher auch, dass er, im Falle die Bewegung in ihm selbst unerwünschte radikale Bahnen einlenkt, nicht imstande sei, hemmend einzugreifen, ohne sofort seine Popularität zu verlieren. Was die Aussichten einer solchen Aktion betrifft, so waren meine Gewährsmänner der Ueberzeugung, dass Reichswehr und Schutzpolizei zwar Plünderungen und ähnliche Gewalttätigkeiten verhindern würden; bei deren vielfachen Sympathien mit der Bewegung sei es jedoch zweifelhaft, ob sie einer politischen Erhebung der Nationalsozialisten mit der Waffe entgegentreten würden. Im allgemeinen war man der Ansicht, dass die feste Haltung der Reichsregierung in den nationalen Fragen den Nationalsozialisten den hauptsächlichsten Boden für einen etwaigen Putsch entzogen habe und es daher wahrscheinlich auch weiterhin bei Rede und lärmenden Manifestationen sein Bewenden haben würde.

gez. Haniel

Quelle: ZStAP, Vertretung der Reichsregierung München, Nr. 40, Bl. 78f.

München, den 24. Januar 1923

Der 27. Januar wird einen kritischen Tag bilden. An ihm soll nämlich die ursprünglich auf den 20. Januar angesetzte Fahnenweihe der Nationalsozialisten stattfinden. Aus ganz Bayern werden dazu die Hitlerianer zusammenströmen und es ist nicht ausgeschlossen, dass es zu Unruhen kommt.

Gewisse Anzeichen deuten allerdings darauf hin, dass die nationalsozialistische Bewegung hier ihren Höhepunkt überschritten hat. Die Meinungsverschiedenheiten in ihren Reihen und auch die Zahl derjenigen, die offen von ihr abrücken, mehren sich. Mit den vaterländischen Verbänden hat sich Hitler anlässlich der Reichsgründungsfeier veruneinigt. Die Bauernschaft wendet sich gegen das nationalsozialistische Bodenreform-Programm, die klerikalen Kreise gegen die antikirchlichen Tendenzen. Aussenpolitisch hat die starke Haltung der Reichsregierung dem Nationalsozialismus das Wasser abgegraben. Bezeichnend für seine schwindende Volkstümlichkeit ist auch die Tatsache, dass der Nationalsozialismus von dem Abgeordneten Heim letzthin in Rosenheim rückhaltlos kritisiert und verurteilt wurde.

Gerade dieses Abbröckeln der öffentlichen Stimmung könnte aber für gewisse unverantwortliche Elemente eine Veranlassung sein, einen Putsch zu versuchen, ehe die Aussichten für einen solchen ganz geschwunden sind, und es fragt sich, ob in diesem Falle Hitler selbst, der versicherte, dass er keine Erhebung plane, bereit und im Stande sein würde, ein spontanes Losschlagen zu verhindern. Denn man darf nicht vergessen, dass eine Bewegung von so aggressiver und zerstörender Richtung ihre Lebensfähigkeit nur aus der Aussicht schöpft, bald zum Handeln zu kommen. Gelingt es daher, für die nächste Zeit Putschversuche zu verhindern, so wird die Gefahr von Tag zu Tag geringer und es ist zu hoffen, dass sich alsdann die Bewegung in wenigen Wochen oder Monaten totgelaufen haben wird.

Auch Herr von Knilling hält, wie er mir sagte, Ruhestörungen grösseren Umfanges am 27. Januar zwar nicht für wahrscheinlich, aber immerhin für möglich und versicherte, dass die Regierung ausreichende Vorkehrungen treffen werde und keine ernsten Befürchtungen hege. Ob man sich hierbei unbedingt auf die Schutzpolizei wird verlassen können, ist zweifelhaft, da in ihren Reihen der Nationalsozialismus zahlreiche Anhänger besitzen soll. Die Reichswehr gilt als zuverlässig.

Es ist mittelbar und unmittelbar versucht worden, auf Hitler mit aussenpolitischen Argumenten einzuwirken, um ihn in dieser Zeit höchster Not zum Eintritt in die Einheitsfront gegen den äusseren Gegner zu bewegen. Er bleibt jedoch starrsinnig bei seiner These, der Ausgang des Weltkrieges habe gezeigt, dass die Einheitsfront nur eine leere Fassade sei, solange der innere Feind i. e. Juden und Sozialisten nicht niedergekämpft sei.

gez. Haniel

Quelle: ZStAP, Vertretung der Reichsregierung München, Nr. 40, Bl. 124.

Nr. 9: Vertretung der Reichsregierung München über die Stellungnahme General Lossows zur NSDAP und zu Hitler

München, den 29. Januar 1923

Vertraulich! Persönlich!

Sehr verehrter Herr Hamm!

Sie fragten mich heute telephonisch nach der Stellungsnahme Herrn von Lossows. Ich habe gleich nachher eine längere Aussprache mit ihm gehabt. Seine Auffassung vom Nationalsozialismus ist die folgende: Es sei ebenso unrichtig, den Nationalsozialismus in Grund und Boden zu verdammen, wie ihm wahllos zuzustimmen oder ihn ignorieren zu wollen. Die ganze Bewegung sei so bedeutsam und so tragfähig, dass man sie eingehend studieren müsse. Gerade die besten und gebildetsten Elemente unserer heutigen hiesigen Jugend bekennten sich zum Nationalsozialismus. Das seien Tatsachen, über die man nicht hinwegkomme, die man auch nicht durch Ausnahmeverordnungen von heute auf morgen aus der Welt schaffen könne. Es gelte vielmehr den Versuch zu machen, den Nationalsozialismus von den unzweifelhaft vorhandenen Schlacken und Auswüchsen zu reinigen, um den ebenso unzweifelhaft gesunden und erfreulichen nationalen Kern heraus zu schälen und zu erhalten. Dies sei aber nur durch enge Fühlungnahme gerade mit den Führern und den besten Elementen der Bewegung und durch aufklärende Arbeit unter diesen zu erreichen.

Herr Hitler habe ihm persönlich versichert, dass man ihn doch nicht für einen solchen Esel halten möchte, dass er in der jetzigen Zeit eine Aktion unternehmen würde. Die Regierung habe aber, wodurch wisse er nicht, plötzlich die Nerven verloren und ganz unnötigerweise den Ausnahmezustand erklärt. Vorgefallen sei in diesen Tagen nichts und wäre es ebensowenig, wenn die Regierung nicht diese ausserordentlichen Massregeln getroffen hätte. Jedenfalls sei es weise gewesen, dass die Regierung nicht mit Gewalt vorgegangen sei, denn dasselbe was er oben im allgemeinen von der hiesigen Jugend gesagt habe, gelte auch von Reichswehr und Schutzpolizei. Gerade die Tüchtigsten unter ihnen ständen dem Nationalsozialismus in patriotischer Begeisterung innerlich nahe. Es würde eine höchst gefährliche Belastungsprobe für sie gewesen sein, von ihnen zu verlangen, dass sie mit der Waffe gegen ihre Gesinnungsgenossen vorgehen sollten.

Herr von Lossow betonte, dass er der ganzen Bewegung durchaus vorurteilsfrei gegenüberstände, dass er aber durch eingehende Beschäftigung mit ihr zu der obigen Ansicht gekommen sei. Abweichend von der Ansicht vieler, die Hitler nicht näher kennten, glaube er, dass Hitler die Bewegung fest in der Hand habe.

Vertraulich möchte ich bei der Gelegenheit noch bemerken, dass General Ludendorff einem Bekannten gegenüber am Sonnabend äusserte, er garantiere dafür, dass die Nationalsozialisten in diesen Tagen nichts unternehmen würden; eine Äusserung, die immerhin auf eine enge Fühlungnahme Ludendorffs mit den Nationalsozialisten schliessen lässt.

Quelle: ZStAP, Vertretung der Reichsregierung München Nr. 40, Bl. 144.

Nr. 10: Zuschrift eines Bürgers an den RKO über die Unterstützung der Nationalsozialisten durch die Münchener Reichswehr

München, 30.4.23

Geheim!

Die Nationalsozialisten in Bayern bereiten für die nächsten Monate den gewaltsamen Umsturz planmäßig vor. Sie werden hierbei von den Geheimorganisationen: Reichsflagge (Hptm. Heiß, Nürnb., Hptm. Röhm, München), Bund Oberland (Lt. a. D. Österreicher + wegen Bigamie erst aus dem Gefängnis entlassen, Dr. Weber München), Bund Blücher (Reg. Baum. Rudolf Schäfer u. kgl. preuß. Leutnant a. D. Timme, Schleißheim bei München), den ehem. Zeitfreiwilligenformationen bei denen größtenteils die Universitätsstudenten organisiert sind, (Oberst a. D. von Lenz, Oblt. a. D. Murr) u. die erst im Vorjahr gegründete bayr. Notpolizei (Eisengroßhändler Zeller) wirksam unterstützt.

2/3 der Reichswehr in Bayern u. zumindest die Hälfte der bayr. Landespolizei werden Hitler u. Röhm unbedingt Gefolgschaft leisten. Der übrige Teil wird wohlwollende Neutralität bewahren. Es muß bei dieser Gelegenheit anerkannt werden, daß der bayr. Landeskommandant v. Lossow, sowie General v. Epp und mehrere höherstehende Offiziere der Reichswehr u. der Landespolizei in Bayern der Gewaltaktion durchaus ablehnend gegenüberstehen. Diese Art »passiver Resistenz« kann aber m. E. gerade diesen Männern noch gefährlich werden. Und damit komme ich zur Hauptsache: Der eigentliche »Macher« der Hitlerbewegung ist indessen der im Wehrkreiskommando 7, beim Stab des Inf. Führers das Waffenreferat bearbeitende »Hauptmann Röhm«. Seine rechte Hand ist der »zur besonderen Verwendung« im Wehrkreiskommando 7 kommandierte Leutnant d. Res. Neunzert, der zugleich auch Verbindungsoffizier vom Wehrkreiskommando 7 zur politischen Abteilung der Münchner Polizeidirektion ist. Diese Verbindung mit der Abteilung 6a ist für Hptm. Röhm sehr wichtig u. für ihn sehr gebrauchsfähig, zumal Hptm. Röhm gewissermaßen als »gerichtlich beeidigter Sachverständiger in allen vorkommenden Waffenschiebungen« fungiert. Es ist aber eine Ironie des Schicksals, daß die Mehrzahl der Waffenschiebungen auf Hptm. Röhm selbst entfällt. Ich erinnere bei dieser Gelegenheit an den geheimen Staatsvertrag zwischen Bayern u. Ungarn, wo für dortige deutsche Organisationen Waffen und Ausrüstungsgegenstände in Milliardenwerten verschoben worden sind. Ferner, der Leiter der Abtlg. 6a (also der politischen Polizei) der Münchner Polizeidirektion Herr Regierungsrat Dr. Bernreutter, selbst Nationalsozialist, geht naturgemäß mit seinem Freund Röhm in allen diesen Fragen gerne u. vorbehaltlos mit. Neben General Ludendorff, der dieser Bewegung größtmögliche Förderung angedeihen läßt u. dem sattsam bekannten alten Schwätzer Dietrich Eckart (Stammgast, nebenbeibemerkt, der »Fledermausbar« in München) kommen demnach Hitler, Röhm, Heiß-Nürnberg, Reg. Rat Bernreutter u. Lt. Neunzert als sog. »Führer« in Frage. Außerdem sind Herrn Major Faber beim Stabe des Inf. Führers, Major Keller beim Stabe des Artl. Führers, sowie Hptm. Seidel im Vorzimmer des Hptm. Röhm, also sämtliche Herren im Wehrkreiskommando 7, gleichzeitig in der nationalsozialistischen Bewegung – wenngleich sie auch mehr Zurückhaltung üben – stark beteiligt.

Das zeigt sich beispielsweise gelegentlich von Besprechungen von Waffenfragen im engeren Stab Hitlers, wobei dieser in schwierigen Fällen stets Major Keller vom Wehrkreiskommando 7 kurzerhand telefonisch u. natürlich mit Auto herbeiholen läßt. Soweit ist es schon gekommen.

Ich werde auch hierüber strikte Beweise erbringen. Es ist geradezu staunenswert, wie verständnisvoll das Wehrkreiskommando 7 in München, denn das ist *»heute«:*

»Hptm. Röhm, Lt. Neunzert, Major Faber, Major Keller, Hptm. Seidel und last not least Hptm. Heiß« auf die Wünsche der Nationalsozialisten einzugehen versteht. Um diese Art Wünsche mitunter zu befriedigen, ist Hptm. Röhm und Hptm. Heiß, sowie seinem Anhang kein Mittel zu schlecht. Ich darf in diesem Zusammenhang an eine Äußerung des ehem. Reg. Kdrs., des früheren kgl. bayr. 13. Inf. Rgt. erinnern, der den damaligen Leutnant Röhm mit einer »hysterischen Frau« verglich; diese Beurteilung des alten, hochverdienten Offiziers gewinnt unter den heutigen Verhältnissen wieder Bedeutung u. bietet jedenfalls einen kleinen Beitrag zur Charakterisierung des »Herrn Hptm. Röhm.« In der Hitlerbewegung spricht man auch ganz offen über den »Feldzeugmeister Röhm«, wobei für die Majore Faber u. Keller, die Hauptleute Heiß u. Seidel, ferner für Lt. d. Res. Neunzert u. schließlich für Reg. Rat Dr. Bernreutter u. den gleichfalls in der Abtlg. 6a der Münchner Polizeidirektion tätigen Oberreg. Rat Obermayer führende Stellen in der kommenden »100 Tage« Regierung ausersehen sind. Denn weite Kreise in der bayr. Volkspartei rechnen bei einem Gelingen der »Hitlerschen deutschen Freiheitsbewegung« wie Hitler und sein Anhang ihr beabsichtigtes, gewaltsames Vorgehen (zunächst in Bayern) größenwahnsinnig bezeichnen, auf Grund der vorbereiteten Gegenmaßnahmen, offensichtlich mit einer nur kurzen Lebensdauer; erfahrungsgemäß kann indessen auch in kurzer Zeit großer Schaden angerichtet werden. Es ist bezeichnend, daß sich Herr General v. Epp vom Kraftwagenpark des Wehrkreiskdo. von einem ihm unbedingt ergebenen Offizier »für alle Fälle« bereits einen Kraftwagen »sichern« lassen hat. Erklärlich erscheint diese Vorsicht allerdings, wenn man bedenkt, daß Herr General v. Epp, der die staatsgefährdenden Pläne des Hptm. Röhm zum mindesten in einzelnen Teilen kennt, ein scharfer Gegner Röhms geworden ist.

Da eine Versetzung des Haupträdelsführers, des Hptm. Röhm nicht möglich ist, bleibt mithin nur die eine Möglichkeit übrig und zwar: »Beweismaterial herbeizuschaffen«, an Hand dessen die Verabschiedung des Hptm. Röhm u. eines Teils seines Anhangs durchgeführt werden kann.

Es ist angesichts der jetzigen schweren innen- wie außenpolitischen Lage eine staatspolitische Notwendigkeit, der bereits sehr weit vorgeschrittenen nationalsozialistischen Bewegung in Bayern, die der sächsischen, kommunistischen, auf allerdings andere Art, ähnelt, mit allen Mitteln noch rechtzeitig entgegenzutreten.

Für die Richtigkeit! , gez. Ried.

Quelle: ZStAP, RKO, Nr. 231, Bl. 336ff.
+ richtig Ludwig Oestreicher

Nr. 11: Mahnbrief Gottfried Feders an Hitler

München-Murnau 10.8.23

Lieber Herr Hitler!
Irgend ein Dichter hat das sehr ernste Wort ausgesprochen über einen grossen und bedeutenden Mann, der sich aber »nicht beherrschen konnte, und so zerrann ihm sein Werk wie sein Leben.«

Ernste Sorge um unser Werk – die deutsche Freiheitsbewegung des Nationalsozialismus – als dessen begeisterten Führer wir Sie alle neidlos anerkennen, veranlasst mich Ihnen in freimütiger Weise einiges zu sagen, was ich Ihnen teilweise schon mündlich gesagt habe.

Sie wissen selbst, dass unsere Bewegung so gewaltig und rasch gewachsen ist, dass der Ausbau der inneren Organisation damit nicht Schritt gehalten hat. Sie selbst klagten mir gegenüber über den verderblichen Mangel an Raum für die Unterbringung der einzelnen Abteilungen, die eben notwendigerweise da sein müssen, wenn man auch nur entfernt daran denkt einen todkranken Staat und Wirtschaft zu erneuern. Gewiss die Raumfrage ist schwierig, aber doch leichter zu überwinden als die zweite Frage – die Personenfrage. Ein wirklich befähigter Kreis von Mitarbeitern an den kommenden Staatsaufgaben ist schlechthin überhaupt noch nicht vorhanden. Wohl besitzen wir in Rosenberg eine erstklassige Kraft für unsere Zeitung – Kptlt. Hoffmann macht ebenfalls einen ganz hervorragenden Eindruck. Wenn ich sonst weiter keine Personen nenne, so soll dies keineswegs ein abfälliges Urteil über unsere weiteren Mitarbeiter sein, von denen ich die meisten sehr wohl für ihre Plätze geeignet halte, soweit ich es beurteilen kann. Eine andere Frage ist die, ob der bedeutende Aufgabenkreis unserer Bewegung nicht da und dort einen Personenwechsel angezeigt erscheinen lässt. Dies liegt aber nicht an den Leuten, sondern an dem Aufgabenkreis, der eben die Eignung der Einzelnen übersteigt. Ich denke da besonders an den braven Chr. Weber.

Ganz allgemein ist ja wohl ein ziemlicher Niveauunterschied festzustellen zwischen Ihnen selbst, der Sie mit Ihren grösseren Zwecken kongenial gewachsen sind, und den Männern ihres früheren nächsten Kreises. Sie empfinden das selbst, weshalb Sie sich gerne von Mister Hanfstaengl in die »Gesellschaft« einführen lassen. Ich möchte nun gleich vorwegnehmen, dass ich keineswegs – wie dies von vielen Seiten geschieht – in Hanfstaengl eine »Gefahr« oder eine Kamarilla sehe, dazu schätze ich viel zu sehr Hanfstaengls hingebungsvolle Begeisterung, seine Ehrlichkeit und Grundanständigkeit. Etwas anderes ist, dass auch ich mich nicht des unangenehmen Gefühls entschlagen kann, – als ob Sie selbst sich da etwas in der Richtung irren würden. Die »Gesellschaft« ist so ein Ding oder so ein Ungeheuer, das eigentlich mit Ihrer jetzigen Mission gar nichts zu tun hat. Sie haben keine gesellschaftlichen Verpflichtungen, sondern eine furchtbare Verantwortung gegenüber Staat und Volk. Gewiss können Sie da und dort »in Gesellschaft« einmal einen wertvollen Menschen finden – wahrscheinlich ist dies allerdings im allgemeinen nicht. Ich gönne Ihnen auch in Ihrer aufreibenden Arbeit gerne Ausspannen in Künstlerkreisen und im Kreise schöner Frauen. Aber was jetzt vor allem Not tut, ist die schleunigste Ausfüllung der Lücke zwischen Ihnen als Führer und all denen, die Ihnen nur folgen wollen in die deutsche Freiheit.

Diese Lücke muss ausgefüllt werden durch den Ausbau der Organisation, an deren Spitze ein sog. geistiger Generalstab stehen muss. Wie man diese Körperschaft nennt, ist ganz belanglos, jedenfalls passt dieser Ausdruck vorzüglich, um das klar zu machen, was ich meine.

Die Personenfrage ist freilich hier auch nicht leicht zu lösen, aber es gibt so viele vorzügliche Männer, die sich gerne Ihnen zur Verfügung stellen, sei es im Rahmen der Partei selbst, sei es ausserhalb derselben, dass zum mindesten viel berufen werden können.

Sie kennen die Herren, die mit mir zusammen den sog. Verfassungsentwurf in vielen und eingehenden Beratungen verfasst haben. Sie kennen die Herren, die den Aufruf der vaterländischen Kampfverbände mit mir ebenfalls in eingehenden und langen Beratungen formuliert haben. Im Beobachter hat sich kürzlich ein »Ausschuss für Volksernährung« zum Wort gemeldet, und in unseren »Führerbesprechungen« der auswärtigen Redner für die Partei ist ebenfalls ein Kreis von massgebenden Parteimitgliedern zusammengeschlossen. Also es fehlt durchaus nicht an Willen und nicht an Leistungen – aber all das sind doch nur lose nebeneinander herlaufende Kreise, die gegenseitig voneinander wenig oder gar nichts wissen.

Ein Hauptteil der Schuld daran trägt, – und nun kommen Sie selbst an die Reihe, – dass man *Sie selbst* bei diesen Beratungen und Besprechungen nie sieht. Es ist wirklich nicht leicht für Ihre Mitarbeiter an diesen verschiedenen Aufgaben, dadurch ihre Arbeit nicht genügend gewürdigt zu sehen. Nicht etwa aus persönlichen Gesichtspunkten sondern um der Sache willen, ist dies unbedingt ein grosser Schaden. Erstens würde die Arbeit ja viel schneller vor sich gehen und zweitens gerade durch Ihre Teilnahme – wenigstens an abschliessenden Sitzungen – auch wirklich vollendet und in den Rahmen der Gesamtarbeit eingestellt werden können.

Ich sagte Ihnen einmal, dass ich die *Anarchie in Ihrer Zeiteinteilung* wirklich für sehr misslich für die ganze Bewegung hielte. Sie *müssen* einfach Zeit haben für alle wichtigen Dinge, gerade das ist ja die Kunst eines grossen Mannes, dass er Zeit hat für Jeden, und dass er mit seiner hervorragenden Menschenkenntnis sofort das Wichtige vom Unwichtigen zu scheiden weiss, und dadurch ungeheuer viel Zeit spart. (Haben Sie nicht im »Hammer« den Aufsatz über Henry Ford gelesen?) Sie müssen stets zu erreichen sein, und wenn Sie nicht da sind, dann muss eine ganz ausgezeichnete Vertretung für Sie da sein. Ich denke da an eine Persönlichkeit wie Herr Kptltn. Hoffmann, etwa so einen Generalstäbler wie Hauptmann Gobsch, oder den mir von diesem benannten Oberstlt. Hasse, der strengste Disziplin und Zeiteinteilung hat, der auch Ihnen Ihren Tageszettel vorschreibt und Sie an alles erinnert und sorgt, dass Sie überall rechtzeitig hinkommen, der repräsentabel in jeder Beziehung ist, der die »Gesellschaft« auch in all ihren Nücken und Tücken kennt, der von Ihnen fern hält, was unwichtig ist, und der mit den verschiedenen Abteilungen in dauernder Fühlung steht.

Lieber Hitler! Ich bitte Sie inständigst, sorgen Sie dafür, dass diese organisatorischen Mängel schleunigst verschwinden, dann aber nur dann werden auch die *bösen* Klagen und Verstimmungen verschwinden, die auch Ihre treuesten Anhänger bekümmern. Sie dürfen nicht übersehen, dass wirklich starke Gärung herrscht, dass manche geringfügigen Vorkommnisse von der Fama masslos übertrieben und aufgebauscht in den immer unzufriedenen und ungeduldigen Massen teils Verzweiflung, teils Abkehr hervorrufen.

Sie wissen ja doch selbst wie schwankend die Masse ist und wie bös sie Männern mitspielt, die im Brennspiegel der Öffentlichkeit stehen, und zu Gerüchten Anlass geben. Sie wissen aber ebenso gut, dass eine Armee nicht marschieren kann, wenn kein Generalstab vorhanden ist, bei dem alle Fäden zusammenlaufen.

Die Zeit der Condottieri ist vorbei. Wir stehen vor so einer riesenhaften Aufgabe, dass einem schon der blosse Anblick und Überblick über die feindlichen Macht- und Hilfsmittel den Atem rauben könnte – wenn man nicht wüsste, dass die Macht des Feindes auf Lug und Trug aufgebaut ist, und dass alles, was gesund und vernünftig, alles was schöpferisch aufbauend ist, alles was kraftvoll und entschlossen ist – im *Grunde* ja in *unserem* Lager steht.

Sehen Sie, ich habe jetzt in monatelanger Arbeit mein neues Buch vollendet – ohne Sie – ich habe oft genug eingeladen und gebeten zu einer Aussprache – Sie fanden keine Zeit – und Sie hätten sehr wohl einmal nach Murnau statt nach Berchtesgaden fahren können. Ein Buch, das den gesamten Staatsaufbau des kommenden nationalsozialistischen Staates zu schildern unternimmt, *will* von Ihnen gelesen sein. Ich habe das Manuskript Herrn Obregrt. Lauböck gelassen, der es gerne lesen möchte. Von Amann ging auch der Vorschlag aus, dass Sie ein Vorwort zu dem Buch schreiben möchten, das nach seinem Erscheinen doch als massgebende Veröffentlichung der Gesamtpartei gelten wird. Von unseren Rednern wird die Veröffentlichung schon sehr erwartet. Ich bitte Sie also das Manuskript durchzusehen und dann eine Besprechung anzusetzen. Wenn Sie keine Zeit finden hierher nach Murnau zu kommen, dann können wir auch abends in München in meiner Wohnung in der Sternwartstr. 20 zusammenkommen. Jedenfalls bitte ich um Nachricht unter Tel. 25 688. Höre ich nichts, so gebe ich auf alle Fälle das Manuskript im Laufe der nächsten Woche in Druck.

Noch eine Angelegenheit halte ich dringend der gemeinsamen Besprechung notwendig. Die Frage der Beteiligung oder Nichtbeteiligung an den kommenden Wahlen. Es hat dies mit unserer grundsätzlichen Stellungnahme zum Parlamentarismus nichts zu tun, es ist mehr eine taktische Frage, ob wir auf diesen hervorragenden Resonanzboden verzichten sollen oder nicht. Stellen Sie sich vor, dass *Sie* im Parlament täglich oder wann sich eben eine Gelegenheit gibt, diesen Leuten immer wieder unsere Verachtung ob ihrer parlamentarischen Unfähigkeit der Verhältnisse Herr zu werden, aussprechen können, dass dies in der ganzen Presse des Landes zu lesen steht, denken Sie, welche peinlichen Fragen wir in den Parlamenten sowohl der Volksvertretung als auch der Regierung immer wieder stellen können. Schliesslich haben wir auch nicht das Recht von unseren Parteigenossen Wahlenthaltung zu verlangen und so würden wir natürlich nur die Geschäfte der Gegner bezw. des uns nahestehenden Rechtsblockes betreiben. Dies sind alles Fragen über die wir uns mit Ihnen aussprechen wollen. Wenn wir Ihnen gerne die Ehre einräumen der Erste zu sein, so doch nur *der Erste unter sonst Gleichen und Freien,* wie es alte beste germanische Sitte war. – Wir vermissen bei Ihnen etwas das Bedürfnis nach einem engeren Kontakt mit Ihren Mitarbeitern und den Männern, die sonst in der gleichen Richtung arbeiten. Gerade den Menschen, die wirklich was zu sagen haben, und die ihren Wert kennen, liegt es nicht, sich öfters anzubieten oder gar sich aufzudrängen, und wenn dies einer einmal im Namen vieler tut, so tut er dies nur um der Sache willen, denn mit solcher Arbeit ist weder Geld noch Ehre zu gewinnen. Wir wollen alle im Geiste Friedrich des Grossen *Diener* des Staates sein, wir räumen Ihnen gerne die erste Stelle ein, aber für tyrannische Neigungen haben wir kein Verständnis.

Glauben Sie mir, wir wollen Ihnen nur helfen im Dienste unseres Volkes, weil wir sehen, wie schwer dieser Kampf ist, wie sehr Sie sich selbst überanstrengen. Sie müssen all die vielen Kleinigkeiten von sich halten und mehr für die wichtigeren Dinge Zeit finden.

Mit herzlichem Heilgruss und in fester Zuversicht
Ihr
Gott. Feder

Quelle: Journal of Modern History, Dezember 1958, S. 360ff.

Nr. 12 Das Thüringische Innenministerium über die bayerischen Vorbereitungen zum »Marsch nach Norden«

Weimar, den 27. Oktober 1923

Lagebericht No. 9 vom 27. Oktober 1923 – 10.30 vormittags:

Ein nach Bayern entsandter Polizei-Offizier ist zurückgekehrt und meldet:

Im Hotel »Reichsgraf« in Coburg ist der Stab der Brigade Ehrhardt untergebracht. Kapitän Ehrhardt war in den letzten Tagen selbst nicht anwesend, er hält sich zurzeit in München und Nürnberg auf, kommt aber in diesen Tagen zurück. In seinem Stabe ist ein Major Kiaume und ein Leutnant Schultze. Ein Bataillon der Brigade Ehrhardt in Coburg wird durch einen Major Bachmann geführt. Das in Neustadt stehende Bataillon der Brigade Ehrhardt führt Oberleutnant Klintzsch. – Am vergangenen Sonntag haben in der Gegend Coburg grosse Übungen stattgefunden. Es waren 5 Reichswehr-Offiziere aus München anwesend. Die Infanteriekompagnien mit Gewehr 98 und Seitengewehr ausgerüstet. Jede M. G. K. hat 12 schwere Maschinengewehre 08. Die Ausrüstung der vaterländischen Verbände wird südlich Coburg mit grossem Eifer betrieben; Waffenverteilung geschieht durch Bayr. Landespolizei und Brigade Ehrhardt. An der ganzen thüringischen Grenze bemerkt man überall starke illegale Formationen. In Gegend Neustadt sind Schützengräben bereits aufgeworfen. Überall hört man die Ansicht, dass der Vormarsch bald beginnen könne. Man hofft schnell einen Grund zu haben durch Unruhen oder Bewaffnung von proletarischen Hundertschaften in Thüringen; auch beim Stab Ehrhardt hört man viel reden, von Marsch nach Berlin. – Auf Schloss Wiesen bei Sesslach liegen viel Waffen unter guter Bewachung, auch stehen dort Geschütze. – Bei Heidigersdorf übte am Sonntag Artillerie. – In Billentshausen habe ich 2 Feldkanonen mit rund 100 Schuss Munition festgestellt. Gauernstedt ist auch ein Knotenpunkt für Formationen. – In Gegend Rodach (?) sind die Formationen verstärkt. – Der Polizei-Offizier ist in Bamberg gewesen; dort wimmelt es von Truppen aller Art. Hier liegen die technischen Truppen der Brigade Ehrhardt; Infanterie und Artillerie und Train von Oberland; Infanterie und Artillerie der Nationalisten; Infanterie, Artillerie und Kavallerie der Reichsflagge; Infanterie und Artillerie und Flieger der 7. Div. Stosstruppe österr. Herkunft und das österr. Freikorps. Bewaffnung ist überall gut; sehr viel Maschinen-Fahrzeuge sind zu sehen. – Löhnung der Truppe ausser Reichswehr erfolgt in Devisen und zwar in österr. Kronen und französischen Franken. In Würzburg sammeln sich in erster Linie die Verbände der Reichsflagge.

Der *Grenzschutz* meldet: Im allgemeinen Lage unverändert. – In Hildburghausen haben die Arbeitslosen Demonstrationen, unter Umständen mit Gewaltanwendung, beschlossen. – Das Kommando in Sonneberg meldet: In Richtung Neustadt 2.30 Uhr vorm. lebhaftes Feuer. Kurz darauf überschritten 3 Herren die thür. Grenze und teilten mit: Wir sind am Muppberger Turm, unweit der Grenze soeben von Hitler-Leuten beschossen worden. An einer Strassenkreuzung sind uns 2 Lastkraftwagen begegnet; auf jeden war 1 Geschütz montiert. Ein 3. Geschütz war angehängt. Hitler ist seit dem 24. selbst in Coburg. – Sesslach und Mammelsdorf sind stark belegt. Waffenlager in Neukirchen, Weissenbrunn, Persbach. Im Lande selbst war diese Nacht Ruhe.

gez. Müller-Brandenburg

Beglaubigt: gez. Unterschrift Pol. Hauptmann

Quelle: ZStAP, RKO, Nr. 343, BI. 283.

Nr. 13 Bericht des RKO an das Reichsinnenministerium über Einigungsbestrebungen rechtsradikaler »Kampfverbände« in Norddeutschland v. 1.11.1923

Betr.: Gründung eines neuen »Kampfbundes für Norddeutschland.«

Am 26. und 27. Oktober fand in der Wohnung des Generals Freiherr von der Goltz, des bekannten Führers in dem Baltikum-Unternehmen, eine Sitzung von Organisations-Vertretern statt, die den Zweck hatte, die Gründung eines neuen Kampfbundes vorzubereiten. Dieser Kampfbund hat den Zweck, die zersplitternden, völkisch gerichteten Kampfverbände Norddeutschlands unter einheitlicher Leitung zusammenzufassen. Bei der Besprechung kam zum Ausdruck, dass sich General v. d. Goltz zunächst nicht ausgesprochen organisatorisch betätigen solle, er sollte lediglich beim Einsetzen der Verbände die Führung übernehmen und die Befehle erteilen. Zunächst sollte er lediglich als moralische Stütze gelten und nach Möglichkeit dahin wirken, die bestehenden Streitigkeiten zwischen den einzelnen Organisationen auszugleichen. General v. d. Goltz erklärte sich mit einer solchen Regelung einverstanden. Die ihm von verschiedenen Seiten zur Unterstützung angebotenen Stabsoffiziere lehnte er ab und erklärte, er wolle sich lediglich auf seinen früheren Adjutanten Hauptmann Böhmer stützen. Es wurde betont, dass im Falle des Einsatzes General v. d. Goltz weitere Stabsoffiziere von Ludendorff gestellt bekommen würde. Auch die Finanzierung sollte durch Ludendorff erfolgen, damit nicht einer oder der andere der Verbände einen besonderen Einfluss auf die gemeinsame Leitung ausüben könne.

Dem General v. d. Goltz unterstellt haben sich neben kleineren Verbänden Stahlhelm, Deutschvölkische Freiheitspartei, die Roßbach-Organisationen und die Orgesch in Norddeutschland, mit Ausnahme der Berliner Orgesch, die sich bei dieser Gelegenheit abgespaltet hat. Der Berliner Orgesch-Kreis macht die Unterstellung angeblich deshalb nicht mit, weil die Geldgeber in Berlin sich dem ausgesprochen völkisch eingestellten General v. d. Goltz nicht unterstellen wollen.

Für die Deutschvölkische Freiheitspartei war Herr von Graefe an den Verhandlungen beteiligt. Die Unterstellung dieser Partei unter den neuen Kampfbund erfolgte weniger freiwillig, als durch die Verhältnisse gezwungen, da die Partei, falls sie abseits bleiben würde, Gefahr laufen würde, einen grossen Teil ihrer Kampforganisationen, insbesondere die Roßbach-Organisationen, zu verlieren.

Bei den Verhandlungen brachte General v. d. Goltz zum Ausdruck, dass er sich auf keinen Fall in Gegensatz zu der Organisationsgruppe des Generals von Below stellen werde, die gleichfalls sich in letzter Zeit zusammengeschlossen habe. Es müsse, ebenso wie in Bayern, in Norddeutschland möglich sein, dass neben einem ausschliesslich völkisch orientierten Kampfbund ein anderer mit allgemeiner Tendenz bestehe.

Dazu ist zu bemerken, dass General v. d. Goltz das Attribut »völkisch« für seinen Bund in Anspruch nimmt. Der Zentral-Organisation des Generals von Below gehören gegenwärtig die Führer aller Organisationen an, die mit dem alldeutschen Verband, der in letzter Zeit als Geldgeber eine grosse Rolle spielt, zusammenarbeiten. Dieser Bund wird aus diesem Grund von der Deutschvölkischen Freiheitspartei stark bekämpft. Als zum Verband des Generals von Below gehörig werden weiter alle von der Organisation C abhängigen Verbände, der Stahlhelm, die Reste der schwarzen Reichswehr, der Wicking-Bund und eine Anzahl anderer Bünde gerechnet.

Der Einfluss des Generals v. d. Goltz bei den völkisch gerichteten Verbänden ist ausserordentlich gross, da sie in dem früheren Führer des Baltikum-Unternehmens einen ihrer bewährtesten Führer sehen.

Weiter ist General v. d. Goltz der Leiter des Vereins ehemaliger Baltikum-Kämpfer, der immer im engsten Zusammenhang mit dem Verband nationalgesinnter Soldaten bezw. mit dem Nationalverband deutscher Soldaten gestanden hat. General v. d. Goltz gilt als vorsichtiger ruhiger Führer, der nicht zu Unüberlegtheiten neigt.

In den Besprechungen wurde über die näheren Absichten und Pläne des neuen Bundes nichts geäussert. Es wurde lediglich betont, dass aus München die Weisung gekommen sei, in Norddeutschland vorläufig nichts zu unternehmen. Die Leitung der gesamten völkischen und nationalen Bewegung liege jetzt bei Bayern. Von dort aus werde alles gemacht werden.

Die Gründung des neuen Bundes ist ein Beweis dafür, dass die Konzentration der völkischen Kampfkräfte, die bisher durch innere Streitigkeiten ausserordentlich geschwächt wurde, nunmehr Fortschritte macht. Es bedarf keiner Betonung, dass sich dadurch, insbesondere auch wegen des engen Zusammenhanges mit den bayerischen Kampfverbänden, die von rechts drohende Gefahr merklich verschärft.

Quelle: ZStAP, RKO, Nr. 287, Bl. 151ff.

Verzeichnis der Dokumente

Quellen-und Literaturverzeichnis

1. *Klassiker des Marxismus-Leninismus und Führer der internationalen revolutionären Arbeiterbewegung*

Marx, Karl, Das Kapital. Zweiter Band, in: *Marx/Engels,* Werke, Bd. 24, Berlin 1970.

Lenin, W. I., Der »linke Radikalismus«, die Kinderkrankheit im Kommunismus, in: Werke, Bd. 31, Berlin 1959.

ders. Der Imperialismus und die Spaltung des Sozialismus, in: Werke, Bd. 23, Berlin 1960.

Dimitroff, Georgi, Über die Maßnahmen zum Kampf gegen den Faschismus und die gelben Gewerkschaften. Diskussionsbeitrag auf dem IV. Kongreß der Roten Gewerkschaftsinternationale, in: ders., Ausgewählte Schriften, Bd. 2, Berlin 1958, S. 365ff.

ders. Die Offensive des Faschismus und die Aufgaben der Kommunistischen Internationale im Kampf für die Einheit der Arbeiterklasse gegen den Faschismus. Bericht an den VII. Weltkongreß der Kommunistischen Internationale, 2. August 1935, in: *ders.*, ebenda, S. 523ff.

ders. Für die Einheit der Arbeiterklasse gegen den Faschismus. Schlußwort auf dem VII. Weltkongreß der Kommunistischen Internationale, 13. August 1935, in: ders., ebenda, S. 626ff.

Dutt, Rajani Palme, Faschismus und soziale Revolution, Frankfurt/M. 1972.

Pieck, Wilhelm, Reden und Aufsätze, Bd. IV, Parlamentsreden. Auswahl aus den Jahren 1906-1933, Berlin 1955.

Togliatti, Palmiro, Lektionen über den Faschismus, Frankfurt/M. 1973.

Zetkin, Klara, Der Kampf gegen den Faschismus. Bericht auf dem III. Erweiterten Plenum des Exekutivkomitees der Kommunistischen Internationale, in: Zur Theorie und Taktik der Kommunistischen Bewegung, Leipzig 1974.

2. *Archivalien*

a) Zentrales Staatsarchiv Potsdam

Alldeutscher Verband

Büro des Reichspräsidenten

Deutschnationale Volkspartei

Nachlaß Haushofer

Nationalsozialistische Deutsche Arbeiterpartei

Oberreichsanwalt

Reichsjustizministerium

Reichskommissar für Überwachung der öffentlichen Ordnung

Vertretung der Reichsregierung München

b) Zentrales Staatsarchiv, Dienststelle Merseburg

Nachlaß Kapp

c) Staatsarchiv Dresden

Außenministerium

Sächsische Gesandtschaft München

d) Archiv des Instituts für Zeitgeschichte München

Film MA 743

e) Bundesarchiv Koblenz

Nachlaß Schleicher

3. *Publizierte Quellen, Dokumente, Protokolle und Berichte, Hand- und Sachbücher u. dgl.*

Akten der Reichskanzlei, Weimarer Republik, hg. von Karl Dietrich Erdmann u. Wolfgang Mommsen.
- Die Kabinette Wirth I und II, Bd. 2. April 1922 bis November 1922, bearb. von Ingrid Schulze- Bidlingmaier, Boppard am Rhein 1973.
- Das Kabinett Cuno, 22. November 1922 bis 12. August 1923, bearb. von Karl-Heinz Harbeck, Boppard am Rhein 1968.

Baird, Jay W., Das politische Testament Julius Streichers. Ein Dokument aus den Papieren des Hauptmann Dolibois, Dokumentation, in: VfZ, 4/1978.

Deuerlein, Ernst, Hitlers Eintritt in die Politik und die Reichswehr. Dokumentation, in: VfZ 2/1959.

ders. (Hg.), Der Hitlerputsch. Bayerische Dokumente zum 8./9. November 1923, Stuttgart 1962.

Dokumente und Materialien zur Geschichte der deutschen Arbeiterbewegung, Bd. VII, 1. und 2. Halbbd., Berlin 1966.

Dokumente zur deutschen Geschichte 1929-1933, hg. von Wolfgang Ruge und Wolfgang Schumann, bearbeitet von Kurt Gossweiler unter Mitwirkung von Margarete Piesche, Berlin 1975.

Egelhaafs Historisch-politische Jahresübersicht für 1921, fortgeführt von Hermann Haug, Stuttgart 1922.

Dasselbe für 1922, Stuttgart 1923.

Dasselbe für 1923, Stuttgart 1924.

Das Deutsche Führerlexikon 1934/35, Berlin 1934.

Geschichte der deutschen Arbeiterbewegung, Chronik, Teil II. Von 1917-1945, Berlin 1966.

Hale, Oron James, Gottfried Feder calls Hitler to Order. An unpublished Letter on Nazi Party Affairs, in: Journal of Modern History, Jg. 1958.

Handbuch der Bayerischen Geschichte, hg. von Max Spindler, 4. Bd., 1. Teilband, Das neue Bayern 1800-1970, München 1974.

Handbuch der Deutschen Aktiengesellschaften, Berlin/Leipzig 1932.

Handbuch der Verträge 1871-1964, hg. von Helmuth Stoecker, Berlin 1968.

Hitler-Prozeß, Auszüge aus den Verhandlungsberichten, München 1924.

Hitler und Kahr. Die bayerischen Napoleonsgrößen von 1923. Ein im Untersuchungsausschuß des bayerischen Landtages aufgedeckter Justizskandal, 2 Teile, hg. vom Landesausschuß der SPD in Bayern, München 1928.

Hörster-Philipps, Ulrike, Wer war Hitler wirklich? Großkapital und Faschismus 1918-1945, Dokumente, Köln 1978.

Horkenbach, Cuno, Das Deutsche Reich von 1918 bis Heute, 1918-1930, Berlin 1930.

ders., Das Deutsche Reich von 1918 bis Heute, 1933, Berlin 1935.

Internationaler Militärgerichtshof Nürnberg. Der Prozeß gegen die Hauptkriegsverbrecher vor dem Internationalen Militärgerichtshof, Nürnberg, 14.XI.1945 bis 1.X.1946, Bd. XVI, Nürnberg 1948.

Jochmann, Werner, Im Kampf um die Macht. Hitlers Rede vor dem Hamburger Nationalklub von 1919, Frankfurt/M. 1960.

Die bürgerlichen Parteien in Deutschland. Handbuch der Geschichte der bürgerlichen Parteien und anderer bürgerlicher Interessenorganisationen vom Vormärz bis zum Jahre 1945, hg. Dieter Fricke, Bd. 1 u. 2, Leipzig 1968-1970.

Politik in Bayern 1919-1933. Berichte des württembergischen Gesandten Carl Moser von Filseck, hg. und kommentiert von Wolfgang Benz, Stuttgart 1971.

Sowjetsystem und demokratische Gesellschaft. Eine vergleichende Enzyklopädie, Bd. II, Freiburg/Basel/Wien 1968.

Tyrell, Albrecht, Führer befiehl ... Selbstzeugnisse aus der »Kampfzeit« der NSDAP. Dokumentation und Analyse, Düsseldorf 1969.

Ursachen und Folgen. Vom deutschen Zusammenbruch 1918 und 1945 bis zur staatlichen Neuordnung Deutschlands in der Gegenwart. Eine Urkunden- und Dokumentensammlung zur Zeitgeschichte, fünfter Bd., Die Weimarer Republik. Das kritische Jahr 1923. (West-)Berlin 1960.

Volz, Hans, Daten der Geschichte der NSDAP, Berlin-Leipzig 1936.

The Wiener Library (Bulletin), London.

Woytinsky, Wl., Zehn Jahre neues Deutschland. Ein Gesamtüberblick in Zahlen, Berlin 1929.

4. *Darstellungen, Biographien, Reden, Aufsätze, Erinnerungen*

Aretin, Erwein v., Krone und Ketten, Erinnerungen eines bayerischen Edelmannes, München 1955.

Auerbach, Hellmuth, Hitlers politische Lehrjahre und die Münchener Gesellschaft 1919-1923, in: VfZ 1/1977.

Barta, I./Berend, I.T./Hanák, P./Lacko, M./Makkai, L./Nagy, Zs.L. Ranki, Gy., Die Geschichte Ungarns, Budapest 1971.

Bauer, Otto, Der Faschismus. Zwischen zwei Weltkriegen? Die Krise der Weltwirtschaft, der Demokratie und des Sozialismus, Bratislava 1936, in: Faschismus und Kapitalismus. Theorien über die sozialen Ursprünge und die Funktion des Faschismus, hg. v. Wolfgang Abendroth, Frankfurt/M. 1967.

Bennecke, Heinrich, Hitler und die SA, München und Wien 1962.

ders., Die Reichswehr und der »Röhm-Putsch«, München-Wien 1964.

Beyer, Hans, Von der Novemberrevolution zur Räterepublik in München, Berlin 1957.

B. K., Die ungarischen Arbeiter unter der Herrschaft des weißen Terrors, in: Die Kommunistische Internationale, Nr. 13 (1920).

Böhnke, Wilfried, Die NSDAP im Ruhrgebiet 1920-1933, Bonn-Bad Godesberg 1974.

Bracher, Karl Dietrich, Die Auflösung der Weimarer Republik. Eine Studie zum Problem des Machtverfalls in der Demokratie, Stuttgart / Düsseldorf 1957.

ders., Die deutsche Diktatur. Entstehung, Struktur, Folgen des Nationalsozialismus, Köln / (West-)Berlin 1969.

ders., Staatsbegriff und Demokratie in Deutschland, in: Politische Vierteljahresschrift, Köln / Opladen,1 / 1968.

Bracher, Karl Dietrich / Schulz, Gerhard / Sauer, Wolfgang, Die nationalsozialistische Machtergreifung, Köln / Opladen 1962.

Brammer, Karl, Attentäter, Spitzel und Justizrat Claß. Der Seeckt- und Harden-Prozeß, in: Politische Prozesse, Heft V, Berlin 1924.

Bronder, Dietrich, Bevor Hitler kam. Hannover 1964.

Broszat, Martin, Der Staat Hitlers. Grundlegung und Entwicklung seiner inneren Verfassung, München 1974.

Bullock, Alan, Hitler. Eine Studie über Tyrannei, Düsseldorf 1957.

Carsten, Francis L., Der Aufstieg des Faschismus in Europa, Frankfurt/M. 1968.

Davidovič, D. S., Orudie germanskogo imperializma i militarizma. Kistorii vosniknovenija germanskogo fašizma (1919-1923), in: NNI, 3 / 1976.

Deuerlein, Ernst, Der Aufstieg der NSDAP in Augenzeugenberichten, Düsseldorf 1968.

ders., Hitler. Eine politische Biographie, München 1969.

Diehl, Ernst, Zur Politik der Kommunistischen Partei Deutschlands im Jahre 1923, Phil. Diss., I. Teil, Berlin 1967.

Drobisch, Klaus / Goguel, Rudi / Müller, Werner, Juden unterm Hakenkreuz, Berlin 1973.

Duisberg, Carl, Abhandlungen, Vorträge und Reden aus den Jahren 1882-1921, Berlin / Leipzig 1923.

Einhart (d. i. Heinrich Claß), Deutsche Geschichte, Leipzig 1912.

Elm, Ludwig, Der »neue« Konservatismus. Zur Ideologie und Politik einer reaktionären Strömung in der BRD, Berlin 1974.

Elster, Karl, Von der Mark zur Reichsmark. Die Geschichte der deutschen Währung in den Jahren 1914-1924, Jena 1928.

Ersil, Wilhelm, Aktionseinheit stürzt Cuno. Zur Geschichte des Massenkampfes gegen die Cuno-Regierung 1923 in Mitteldeutschland, Berlin 1963.

Faschismusforschung. Positionen, Probleme, Polemik, hg. von Dietrich Eichholtz und Kurt Gossweiler, Berlin 1980.

Fenske, Hans, Konservatismus und Rechtsradikalismus in Bayern nach 1918. Bad Homburg v. d. H. / (West-) Berlin / Zürich 1969.

Fest, Joachim, Hitler. Eine Biographie, Frankfurt/M. / (West-)Berlin / Wien 1973.

Frank, Karl / Neumann, Heinz, Die vaterländischen Mörder Deutschlands! Bayern in der kleinen Entente, Berlin 1923.

Franz-Willing, Georg, Die Hitlerbewegung. Der Ursprung 1919-1922. Hamburg / (West-)Berlin 1962.

ders., Krisenjahr der Hitlerbewegung 1923, Preußisch Oldendorf 1975.

ders., Putsch und Verbotszeit der Hitlerbewegung, November 1923-Februar 1925, Preußisch Oldendorf 1977.

Fryman, Daniel (d. i. Heinrich Claß), Wenn ich Kaiser wär'. Politische Wahrheiten und Notwendigkeiten, Leipzig 1912.

Galkin, A. A., Die Ideologie des Faschismus und des Neofaschismus, in: Sowjetwissenschaft, Gesellschaftswissenschaftliche Beiträge, 12 / 1975.

Geschichte der deutschen Arbeiterbewegung, Bd. 3, Berlin 1966.

Geßler, Otto, Reichswehrpolitik in der Weimarer Zeit, Stuttgart 1958.

Gincberg, L. I., Rabočee i kommunističeskoe dvišenie Germanii v bor'be protiv fašizma (1919-1933), Moskau 1978.

Gordon, Harold J., Hitlerputsch 1923. Machtkampf in Bayern 1923-1924, Frankfurt/M. 1971.

ders., Hitler and the Beer Hall Putsch, Princeton 1972.

Gossweiler, Kurt, Großbanken, Industriemonopole, Staat, Berlin 1971.

ders., Hitler und das Kapital 1925-1928, in: Blätter für deutsche und internationale Politik, Köln, 7 u. 8 / 1978.

ders., Ursprünge, Funktion und Erfolgsbedingungen faschistischer Bewegungen, in: Acta Universitatis Debreceniensis de Ludovico Kossuth Nominatae Series Historica XXVII, Egyetemes Történeti Tanulmányok XII., Debrecen 1978, S. 31ff.

Grotkopp, Wilhelm, Die große Krise. Lehren aus der Überwindung der Wirtschaftskrise 1929 / 32, Düsseldorf 1954.

Habedank, Heinz, Zur Geschichte des Hamburger Aufstandes 1923, Berlin 1958.

Haffner, Sebastian, Anmerkungen zu Hitler, München 1978.

Hallgarten, George W. F., Hitler, Reichswehr und Industrie, Frankfurt/M. 1955.

Hanfstaengl, Ernst, Zwischen Weißem und Braunem Haus. Memoiren eines politischen Außenseiters, München 1970.

Hanisch, Ernst, Literaturbericht Neuere Faschismustheorien, in: Zeitgeschichte, 1. Jahr, Heft 1, Oktober 1973, hg. von Erika Weinzierl, Historisches Institut der Universität Salzburg.

Hasselbach, Ulrich v., Die Entstehung der nationalsozialistischen Deutschen Arbeiterpartei 1919-1923, Phil. Diss., Leipzig 1931.

Heiber, Helmut, Adolf Hitler. Eine Biografie, Berlin-Dahlem 1960. *Heiden, Konrad*, Geschichte des Nationalsozialismus. Die Karriere einer Idee, Berlin 1932.

ders., Adolf Hitler. Eine Biographie, Erw. Neuauflg. in 2 Bänden, Bd. 1: Das Zeitalter der Verantwortungslosigkeit, Zürich 1936.

Heinrichsbauer, August, Schwerindustrie und Politik, Essen / Kettwig 1948.

Hennicke, Otto, Die Rote Ruhrarmee, Berlin 1956.

Hesse, Kurt, Der Feldherr Psychologos, Berlin 1922.

History of mankind. Cultural and scientific Development, vol. VI / 1, UNESCO (London), 1966.

Hitler, Adolf, Mein Kampf, München 1939. Adolf Hitlers Reden, München 1925.

Hoegner, Wilhelm, Die verratene Republik, München 1958.

Hofmann, Hans Hubert, Der Hitlerputsch. Krisenjahre deutscher Geschichte 1920-1924, Nymphenburg 1961.

Hortzschansky, Günther, Der nationale Verrat der deutschen Monopolherren während des Ruhrkampfes 1923, Berlin 1961.

Istorija fasizma v Zapadnoj Evrope, Moskau 1978.

Jeschow, Wsewolod, D., Herkunft und Klassenwesen des Faschismus, in: Gesellschaftswissenschaften, Moskau, 4 / 1977.

Jetzinger, Franz, Hitlers »Ausbürgerung« aus Österreich. Ein Dokumentarbericht, in: Ernst Niekisch zum 70. Geburtstag, Nürnberg 1959.

Kahl, Monika, Adolf Schmalix und die faschistische »Großdeutsche Volkspartei«, in: ZfG, 5 / 1976.

Kahn, Siegbert, Antisemitismus und Rassenhetze. Eine Übersicht über ihre Entwicklung in Deutschland, Berlin 1948.

Kerekes, Lajos, Abenddämmerung einer Demokratie, Mussolini, Gömbös und die Heimwehr, Wien / Frankfurt/M. / Zürich 1966.

Keynes, John Maynard, Allgemeine Theorie der Beschäftigung, des Zinses und des Geldes, München / Leipzig 1936.

Klassenkampf, Tradition, Sozialismus. Von den Anfängen der Geschichte des deutschen Volkes bis zur Gestaltung der entwickelten sozialistischen Gesellschaft in der DDR, Grundriß, Berlin 1974.

Klöss, Erhard (Hg.), Reden des Führers. Politik und Propaganda Adolf Hitlers 1922-1945, München 1967.

Kocka, Jürgen, Klassengesellschaft im Krieg. Deutsche Sozialgeschichte 1914-1918, Göttingen 1973.

Köller, Heinz, Kampfbündnis an der Seine, Ruhr und Spree. Der gemeinsame Kampf der KPF und KPD gegen die Ruhrbesetzung 1923, Berlin 1963.

Köller, Heinz / Töpfer, Bernhard, Frankreich. Ein historischer Abriß. Teil 2, Heinz Köller, Von Ludwig XIII. bis zur Gegenwart, Berlin 1973.

Koszyk, Kurt, Paul Reusch und die »Münchener Neuesten Nachrichten«, Dokumentation, in: VfZ 1 / 1972.

Krebs, Albert, Tendenzen und Gestalten der NSDAP. Erinnerungen an die Frühzeit der Partei, Stuttgart 1959.

Krebs, Willi, Der Alldeutsche Verband in den Jahren 1918-1930, ein politisches Instrument des deutschen Imperialismus, Phil. Diss., Ms., Berlin 1970.

Kruck, Alfred, Geschichte des Alldeutschen Verbandes 1890-1939, Wiesbaden 1954.

Kuczynski, Jürgen, Studien zur Geschichte des deutschen Imperialismus, Bd. II, Propagandaorganisationen des Monopolkapitals, Berlin 1950.

ders., Zur Soziologie des imperialistischen Deutschland, in: Jahrbuch für Wirtschaftsgeschichte, II / 1962.

Lewinsohn, Richard (Morus), Das Geld in der Politik, Berlin 1930.

Lochner, Louis P., Die Mächtigen und der Tyrann. Die deutsche Industrie von Hitler bis Adenauer, Darmstadt 1955.

Lozek, Gerhard / Richter, Rolf, Legende oder Rechtfertigung? Zur Kritik der Faschismustheorien in der bürgerlichen Geschichtsschreibung, Berlin 1979.

Ludendorff, Erich, Auf dem Wege zur Feldherrnhalle, München 1937.

ders., Kriegführung und Politik, Berlin 1922.

Ludendorff, Margarethe, Als ich Ludendorffs Frau war, München 1929.

Luedecke, Kurt G. W., I knew Hitler, New York 1937.

Maser, Werner, Die Organisierung der Hitlerlegende. Studien zur Frühgeschichte der NSDAP bis 1924, Phil. Diss. Erlangen 1954.

Maser, Werner, Die Frühgeschichte der NSDAP. Hitlers Weg bis 1924. Frankfurt/M. / Bonn 1965.

ders., Adolf Hitler, Legende, Mythos. Wirklichkeit, München / Esslingen 1974.

[*Mayr, Karl*], I was Hitler's Boss, By a former officer of the Reichswehr, in: »Current History« (1941).

Meier-Welcker, Hans, Seeckt, Frankfurt/M. 1967.

Mittenzwei, Werner, Exil in der Schweiz, Leipzig 1978.

Mohrmann, Walter, Antisemitismus. Ideologie und Geschichte im Kaiserreich und in der Weimarer Republik, Berlin 1972.

Mühsam, Erich, Namen und Menschen. Unpolitische Erinnerungen, Leipzig 1949.

Murase, Okio, Nationalsozialismusforschung in Japan seit 1945, in: Immanuel Geiss / Bernd Jürgen Wendt (Hg.), Deutschland in der Weltpolitik d. 19. u. 20. Jahrhunderts, (Fritz Fischer zum 65. Geburtstag) Düsseldorf 1973.

Niekisch, Ernst, Gewagtes Leben, Begegnungen und Begebnisse, Köln / (West-)Berlin 1958.

Nishikawa, Masao, Interpretations of Japanese Fascism, Tokyo 1974, (Ms).

Nolte, Ernst, Der Faschismus in seiner Epoche, München 1963.

ders. Die faschistischen Bewegungen. Die Krise des liberalen Systems und die Entwicklung der Faschismen, München 1966.

ders., (Hg.), Theorien über den Faschismus. Köln / (West-)Berlin 1967.

ders., Hitlers Aufstieg und die Großindustrie, in: *ders.*, Der Nationalsozialismus, Frankfurt/M. / (West-) Berlin / Wien 1970.

ders., Marxismus, Faschismus, Kalter Krieg, Vorträge und Aufsätze 1964-1976, Stuttgart 1977.

Norden, Albert, Fälscher. Zur Geschichte der deutsch-sowjetischen Beziehungen, Berlin 1959.

Noske, Gustav, Erlebtes aus Aufstieg und Niedergang einer Demokratie, Offenbach/M. 1947.

Nuß, Karl, Militär und Wiederaufrüstung in der Weimarer Republik, Berlin 1977.

Nußbaum, Manfred, Wirtschaft und Staat in Deutschland während der Weimarer Republik, Berlin 1978.

Nusser, Horst, Militärischer Druck auf die Landesregierung Johannes Hoffmann vom Mai 1919 bis zum Kapputsch. Unter besonderer Berücksichtigung der geheimdienstlichen Überwachung der USP und KP in München und Umgebung. in: Zeitschrift für Bayerische Landesgeschichte, Bd. 33, H. 2, München 1970.

Nyomarkay, Joseph, Charisma and Factionalism in the Nazi Party, Minneapolis 1967.

Opitz, Reinhard, Über die Entstehung und Verhinderung von Faschismus, in: Das Argument 87, (West-) Berlin, November 1974.

Ormos, Maria / Incze Miklos, Über die Typen der mitteleuropäischen faschistischen Staatensysteme zwischen den zwei Weltkriegen, in: Acta Universitatis Debreceniensis / de Ludovico, Kossuth Nominatae Series Historica XXVII, Egyetemes Történeti Tanulmánok XII., Debrecen 1978, S. 51ff.

Pätzold, Kurt, Faschismus, Rassenwahn, Judenverfolgung, Berlin 1975.

Pabst, Klaus, Der Ruhrkampf, in: Zwischen Ruhrkampf und Wiederaufbau, hg. v. Walter Först, Köln/(West-)Berlin 1972.

Petzold, Joachim, Die Dolchstoßlegende. Eine Geschichtsfälschung im Dienst des deutschen Imperialismus und Militarismus, Berlin 1963.

ders., Das politische Programm Oswald Spenglers im System der imperialistischen Ideologie. in: Jahrbuch für Geschichte, Bd. 5, Berlin 1971.

ders., Konservative Theoretiker des deutschen Faschismus. Jungkonservative Ideologen in der Weimarer Republik als geistige Wegbereiter der faschistischen Diktatur, Berlin 1978.

Phelps, Reginald H., Hitler and the Deutsche Arbeiterpartei, in: The American Historical Review, July 1963.

ders., Dokumentation: Hitler als Parteiredner im Jahre 1920, in: VfZ, 3/1963.

ders., Before Hitler came: Thule Society and Germanen Orden, in: Journal of modern History, Jg. 1963.

ders., Hitlers »grundlegende« Rede über den Antisemitismus, in: VfZ; 1968.

Picker, Henry, Hitlers Tischgespräche im Führerhauptquartier 1941-1942, Stuttgart 1965.

Plewnia, Margarete, Auf dem Weg zu Hitler. Der »völkische« Publizist Dietrich Eckart, Bremen 1970.

Pogany, J., Die Krise der Kleinen Entente und Ungarn, in: Die Kommunistische Internationale, Nr. 19 (1922).

Pool, James u. Suzanne, Hitlers Wegbereiter zur Macht. Die geheimen deutschen und internationalen Geldquellen, die Hitlers Aufstieg zur Macht ermöglichten, Bern/München 1979.

Priester, Karin, Der italienische Faschismus. Ökonomische und ideologische Grundlagen, Köln 1972.

Rabenau, Friedrich v., Seeckt. Aus seinem Leben, 1918-1936, Leipzig 1940.

Radandt, Hans, Kriegsverbrecher-Konzern Mansfeld, Berlin 1957.

Rauschning, Hermann, Gespräche mit Hitler, Zürich/Wien/New York 1940.

Röhm, Ernst, Die Geschichte eines Hochverräters, München 1934.

Rosenberg, Alfred, Der Zukunftsweg einer deutschen Außenpolitik, München 1927.

ders., Wesen, Grundsätze und Ziele der Nationalsozialistischen Deutschen Arbeiterpartei, München 1937.

Ruge, Wolfgang, Deutschland von 1917-1933. Von der Großen Sozialistischen Oktoberrevolution bis zum Ende der Weimarer Republik, Berlin 1974.

ders., Germanskaja monopolističeskaja buržuasija i rcvolucionnyj krisis 1919-1923 gg.; in: Germanskij imperializm i militarizm, Sbornik statej, Moskau 1965.

Salomon, Ernst v., Der Fragebogen, Hamburg 1952.

Saradow, K. I., Der gegenwärtige Faschismus und die Realität seiner Gefahr, in: Probleme des Friedens und des Sozialismus, 4/1973.

Sasuly, Richard, IG Farben, Berlin 1952.

Sauer, Wolfgang, National Socialism: Totalitarianism or Fascism? in: The American Historical Review, December 1967.

Schlabrendorff, Fabian v., The secret War against Hitler, London 1966.

Schubert, Günter, Anfänge nationalsozialistischer Außenpolitik, Köln 1963.

Schüddekopf, Otto-Ernst, Das Heer und die Republik. Quellen zur Politik der Reichswehrführung 1918 bis 1933, Hannover / Frankfurt/M. 1955.

ders., Bis alles in Scherben fällt. Die Geschichte des Faschismus, München / Gütersloh / Wien 1973.

Schulz, Gerhard, Zwischen Demokratie und Diktatur. Verfassungspolitik und Reichsreform in der Weimarer Republik, Bd. I, Berlin 1963.

Schwarzwäller, Wulf, »Der Stellvertreter des Führers« Rudolf Hess – der Mann in Spandau, Wien / München / Zürich 1974.

Schwend, Karl, Bayern zwischen Monarchie und Diktatur. Beiträge zur bayerischen Frage in der Zeit von 1918-1933, München 1954.

Schottendorf, Rudolf v., Bevor Hitler kam, München 1934.

Severing, Carl, Mein Lebensweg. Bd. I, Vom Schlosser zum Minister, Köln 1950.

Smith, Bradley F., Adolf Hitler, His Family, Childhood and Youth, Stanford 1967.

Stegmann, Dirk., Zum Verhältnis von Großindustrie und Nationalsozialismus 1930-1933, in: Archiv für Sozialgeschichte, hg. von der Friedrich-Ebert-Stiftung, XIlI. Bd. 1973.

Stresemann, Gustav, Vermächtnis. Der Nachlaß in drei Bänden, Bd. I, Berlin 1932.

Ernst Thälmann. Eine Biographie, hg. von einem Autorenkollektiv unter Leitung von Günter Hortzschansky, Berlin 1979.

Thyssen, Fritz, I paid Hitler, London 1941.

Turner, Henry Ashby, Faschismus und Kapitalismus in Deutschland, Göttingen 1972.

Tyrell, Albrecht, Vom ›Trommler‹ zum ›Führer‹, München 1975.

Vietzke, Siegfried / Wohlgemuth, Heinz, Deutschland und die deutsche Arbeiterbewegung in der Zeit der Weimarer Republik 1919-1933, Berlin 1966.

Vogelsang, Thilo, Reichswehr, Staat, NSDAP, Stuttgart 1962.

Vogt, S. *Martin,* Zur Finanzierung der NSDAP zwischen 1924 und 1928, in: Geschichte in Wissenschaft und Unterricht (GWU) 4 / 1970.

Weißbecker, Manfred, Untersuchungen über die Auswirkungen der Großen Sozialistischen Oktoberrevolution und der Novemberrevolution auf die Parteien und das Parteiensystem des deutschen Imperialismus in den Jahren 1917 bis 1923, Habilitationsschrift, Jena 1967.

ders., Entteufelung der braunen Barbarei. Zu einigen neueren Tendenzen in der Geschichtsschreibung der BRD über faschistische Führer, Berlin 1975.

Weltgeschichte in zehn Bänden, Bd. 9, Redaktion: L. I. Subok, Berlin 1967.

Winkler, Heinrich August, Mittelstand, Demokratie und Nationalsozialismus. Die politische Entwicklung von Handwerk und Kleinhandel in der Weimarer Republik, Köln 1972.

Yasushi Yamaguchi, Faschismus als Herrschaftssystem in Japan und Deutschland. Versuch eines Vergleichs, in: Tradition und Neubeginn. Internationale Forschungen zur deutschen Geschichte im 20. Jahrhundert. Köln / (West-)Berlin / Bonn / München 1975.

Abkürzungsverzeichnis

Abs.	Absatz
Abtlg.	Abteilung
AG (A.-G., A.G.)	Aktiengesellschaft
a.D.	außer Dienst
Artl.	Artillerie
AV (auch: ADV)	Alldeutscher Verband
BAK	Bundesarchiv Koblenz
B.A.S.F.	Badische Anilin- und Sodafabrik
BMP	Bayerische Mittelpartei
BOB	Bayerischer Ordnungsblock
BRD	Bundesrepublik Deutschland
BT	Berliner Tageblatt
BVP	Bayerische Volkspartei
Co.	Kompanie
DAP	Deutsche Arbeiterpartei
DAZ	Deutsche Allgemeine Zeitung
DDP	Deutsche Demokratische Partei
DDR	Deutsche Demokratische Republik
Div.	Division
DMV	Deutscher Metallarbeiter-Verband
DNSAP	Deutsche Nationalsozialistische Arbeiterpartei
DNVP	Deutschnationale Volkspartei
d. R. (auch: d. Res.)	der Reserve
DSP (auch: DsP)	Deutschsozialistische Partei
DSTB	Deutschvölkischer Schutz- und Trutzbund
DVFP	Deutschvölkische Freiheitspartei
DVP	Deutsche Volkspartei
EKKI	Exekutivkomitee der Kommunistischen Internationale
EW	Einwohnerwehren
FZ	Feldzeugmeisterei
FZ	Frankfurter Zeitung
GdA	Geschichte der deutschen Arbeiterbewegung
Gruko	Gruppenkommando
GSK	Generalstaatskommissar
GWU	Geschichte in Wissenschaft und Unterricht

Hptm.	Hauptmann
IfZ	Institut für Zeitgeschichte
IG	Interessengemeinschaft
Inf.	Infanterie
Inprekor	Internationale Presse-Korrespondenz
IR	Infanterieregiment
JfWG	Jahrbuch für Wirtschaftsgeschichte
Jungdo	Jungdeutscher Orden
kgl.	königlich
KPD (auch: K.P.D.)	Kommunistische Partei Deutschlands
Kptlt.	Kapitänsleutnant
k. u. k.	kaiserlich und königlich
Lt. (auch: Ltnt.)	Leutnant
M	Mark
MAN	Maschinenfabrik Augsburg-Nürnberg
m.b.H.	mit beschränkter Haftung
MEW	Marx/Engels, Werke
Min.	Ministerial-
MNN	Münchener Neueste Nachrichten
MP	Münchener Post
nat. soz.	nationalsozialistisch
Nazi-	Nationalsozialistisch-
NNI	Novaja i novejšaja istorija
NS	Nationalsozialisten
NSAP	Nationalsozialistische Arbeiterpartei (Tschechoslowakei)
NSDAP (N.S.D.A.P.)	Nationalsozialistische Deutsche Arbeiterpartei
NSP	Nationalsozialistische Partei (Oberschlesien)
Oblt. (Oberltnt.)	Oberleutnant
OC	Organisation Consul
Orgesch	Organisation Escherich
Org.Pi.	Organisation Pittinger
Orka	Organisation Kanzler
Pg.	Parteigenosse der NSDAP
PP-Putsch	Pittinger-Pöhner-Putsch
RDI	Reichsverband der Deutschen Industrie
Reg. Baum.	Regierungsbaumeister
Reg. Kdr	Regimentskommandeur

Reg. Rat	Regierungsrat
Rgt.	Regiment
RJuM	Reichsjustizministerium, -minister
RKO	Reichskommissar für Überwachung der öffentlichen Ordnung
RM	Reichsmark
R.W.	Reichswehr
RWeM	Reichswehrministerium, -minister
SA	Schutz-Abteilungen der bayerischen SPD
SA (S.A.)	Sturmabteilung(en) der NSDAP
SED	Sozialistische Einheitspartei Deutschlands
sfr.	Schweizer Franken
Soz. Dem. (soz. dem.)	Sozialdemokraten, sozialdemokratisch
SP	Sozialdemokratische Partei
SPD (S.P.D.)	Sozialdemokratische Partei Deutschlands
SS	Sturmstaffel(n) der NSDAP
StaDr	Staatsarchiv Dresden
UNESCO	United Nations Educational, Scientific and Cultural Organization
US	United States
USA	United States of America
USP	Unabhängige Sozialdemokratische Partei
USPD	Unabhängige Sozialdemokratische Partei Deutschlands
V-	Vertrauens-
VB	Völkischer Beobachter
VfZ.	Vierteljahreshefte für Zeitgeschichte
V.M.S.P.	siehe VSPD
vorm.	vormals
VSPD	Vereinigte Sozialdemokratische Partei Deutschlands
VVM	Vaterländischer Verein München
VVVB	Vereinigung der Vaterländischen Verbände Bayerns
z.b.V.	zur besonderen Verwendung
ZDI	Zentralverband Deutscher Industrieller
Zf. (auch: Zif.)	Ziffer
ZFG	Zeitschrift für Geschichtswissenschaft
ZK	Zentralkomitee
ZStAM	Zentrales Staatsarchiv der DDR, Merseburg
ZStAP	Zentrales Staatsarchiv der DDR, Potsdam

Personenregister

Organisationen

Konzerne